JOHN HEARTFIELD

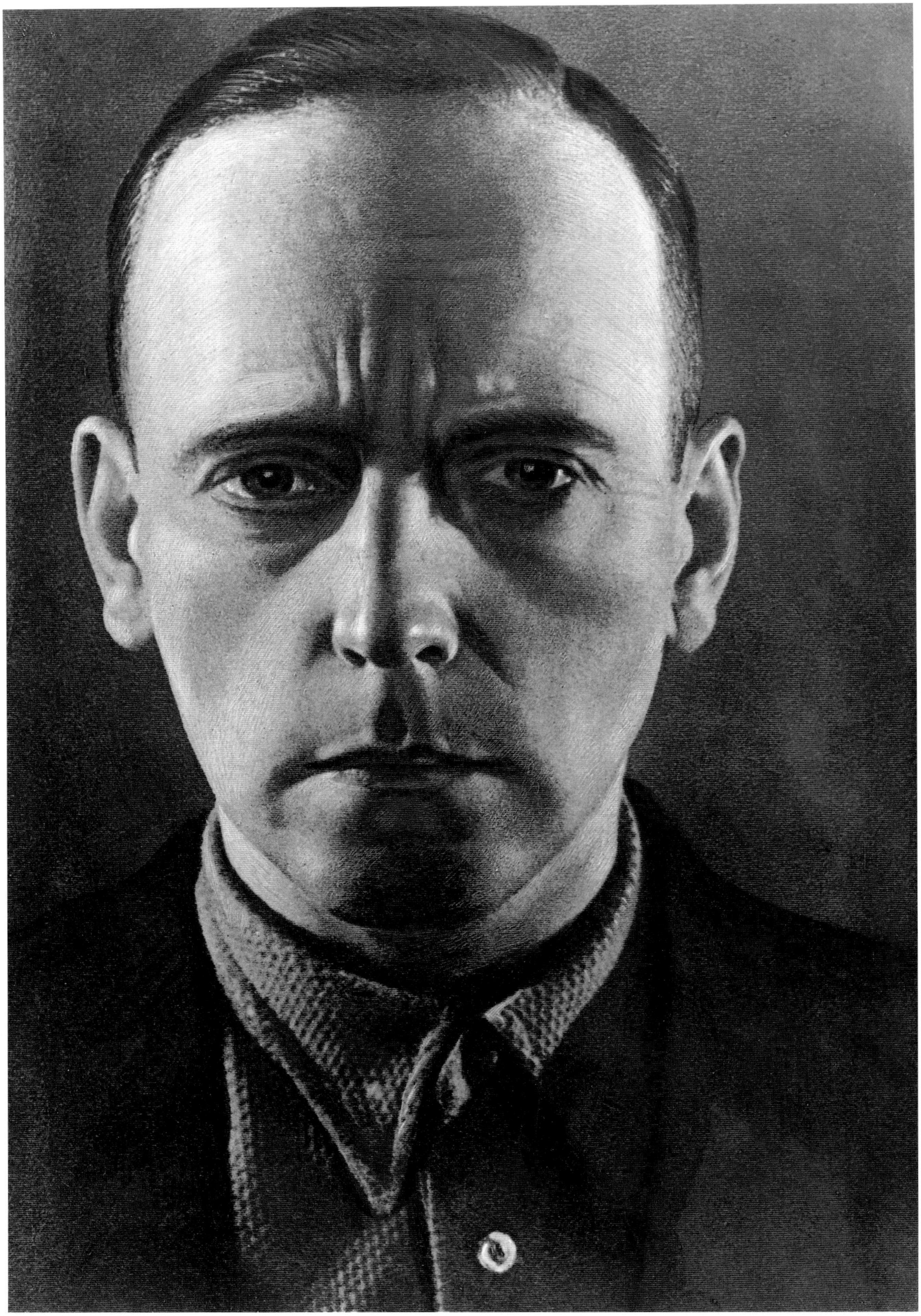

JOHN HEARTFIELD

Idee und Konzeption: Peter Pachnicke und Klaus Honnef

Herausgegeben von der Akademie der Künste zu Berlin,
der Landesregierung Nordrhein-Westfalen
und dem Landschaftsverband Rheinland

Mit Textbeiträgen von Helen Adkins, Hanne Bergius,
Ilse-Maria Dorfstecher, Hilmar Frank,
Hubertus Gaßner, Klaus Honnef, Michael Krejsa,
Heiner Müller, Harald Olbrich, Peter Pachnicke,
Elisabeth Patzwall, Dieter Ronte, Rolf Sachsse und Hermann Weber

DuMont Buchverlag Köln

Eine Ausstellung der Akademie der Künste zu Berlin, der Landesregierung Nordrhein-Westfalen und des Landschaftsverbandes Rheinland

Ausstellung	Konzeption: Peter Pachnicke im Auftrag der Akademie der Künste zu Berlin
Projektleitung:	Beate Reisch
Künstlerische Leitung:	Peter Pachnicke und Klaus Honnef
Mitarbeit:	Elisabeth Patzwall, Michael Krejsa und Petra Albrecht
Organisation:	Peter Pachnicke, Kurator für die gesamte Tournee im Auftrag der Akademie der Künste zu Berlin Bernd Drescher, Ministerium für Bundesangelegenheiten des Landes Nordrhein-Westfalen Hans-Jürgen von Osterhausen, Landschaftsverband Rheinland
Gestaltung:	Jürgen Doßmann, Hans Ulrich Lehmann, Peter Pachnicke und Norbert Rauscher
Technische Realisation:	Abteilung Wechselausstellung des Rheinischen Landesmuseums Bonn, Leitung: Klaus Honnef, unter Mitarbeit von Barbara Kückels; Günter Krüger, Berlin
Restauratoren:	Irmgard Dreßler-Schatz, Dietlinde Steinke und Erika Weigel, Berlin
Katalog	Konzeption: Peter Pachnicke im Auftrag der Akademie der Künste zu Berlin Klaus Honnef, Rheinisches Landesmuseum Bonn, im Auftrag des Landschaftsverbandes Rheinland
Redaktion:	Karin Thomas
Lektorat:	Sebastian Zeidler
Layout:	Peter Pachnicke und Winfried Konnertz
Produktion:	Peter Dreesen und Matias Möller
Frontispiz:	Alexander Rodtschenko, Porträt John Heartfield. Fotografie, Moskau 1931

Die Deutsche Bibliothek – CIP-Einheitsaufnahme
John Heartfield / hrsg. von der Akademie der Künste zu Berlin ... Idee und Konzeption: Peter Pachnicke und Klaus Honnef. Mit Textbeitr. von Helen Adkins ... – Köln : DuMont, 1991
Ausstellungskatalog
ISBN 3-7701-2588-6
NE: Adkins, Helen; Heartfield, John [Ill.];
Akademie der Künste ⟨Berlin, 1950 gegründet⟩

Reproduktion: Litho Köcher, Köln
Satz und Druck: Rasch, Bramsche
Buchbinderische Verarbeitung: Bramscher Buchbinder Betriebe

Printed in Germany ISBN 3-7701-2588-6

Die Realisierung der Ausstellung erfolgte mit freundlicher Unterstützung
des Bundesministeriums des Innern,
der Stiftung Kunst und Kultur des Landes Nordrhein-Westfalen
und der Stiftung Kulturfonds, Berlin

Inhalt

Geleitwort

Johannes Rau
Ministerpräsident des Landes
Nordrhein-Westfalen

Es mag verwundern, daß die Landesregierung Nordrhein-Westfalen sich für das Lebenswerk von John Heartfield einsetzt. Als er 1968 starb, hatte sein Leben kaum Berührung mit unserem Land gehabt. Heartfield hat in Berlin gearbeitet und gekämpft, ist von dort vor dem Nationalsozialismus ins Exil gegangen und später nach Berlin (Ost) zurückgekehrt.

Die Verwunderung ist leicht aufzulösen. Kultur und Kulturpolitik sind nach der Verfassung Aufgabe der Länder. Wir in Nordrhein-Westfalen haben Kultur nie als etwas verstehen wollen, das gebunden ist an eine Region, an ein Land oder an eine bestimmte Kulturgemeinschaft. Wir sind stolz darauf, daß Künstler wie Beuys und andere, die aus Nordrhein-Westfalen kommen, weltweit höchste Anerkennung gefunden haben. Unsere Kulturpolitik will über Landesgrenzen hinausgreifen und Kultur oder Kunstprojekte unterstützen, die sonst vielleicht nicht zustande kämen. So ist es mit dieser Ausstellung, die einem Künstler gilt, dessen Werk trotz unbestrittener Bedeutung und großer Aussagekraft noch zu wenig Beachtung gefunden hat.

Wertungen zum Werk Heartfields überlasse ich denen, die das – auch in diesem Katalog – mit mehr Kenntnissen und Berufung tun können. Aber ich möchte einen Hinweis geben: Die Ausstellung steht in einer Tradition von Projekten, die gemeinsam mit Partnern in der ehemaligen DDR geplant und realisiert worden sind. Als es darum ging, die Kontakte zur ehemaligen DDR auf kulturellem Gebiet zu intensivieren und auf diesem Wege neue Möglichkeiten zu Dialogen und zum Gespräch zu schaffen, hat die Landesregierung Nordrhein-Westfalen diese Herausforderung angenommen. Wir haben diskutiert und Ausstellungen in Ost und West organisiert; gelegentlich mit Unterstützung, oft aber gegen offenen und verdeckten Widerstand der Bürokratie und anderer Stellen in der DDR.

Ich erinnere an die erste Beuys-Ausstellung in der DDR, die auf Initiative des Ministeriums für Bundesangelegenheiten des Landes Nordrhein-Westfalen zustande gekommen ist, oder an die Ausstellung ›Menschenbilder‹ in der Bonner Landesvertretung Nordrhein-Westfalen. Sie gab manchem DDR-Künstler ein Forum, das in seiner Heimat kaum denkbar war.

›Zeitzeichen‹, die Präsentation nordrhein-westfälischer Kunst der letzten vierzig Jahre, wurde – lange vorher geplant – an genau jenem historischen 9. November des Jahres 1989 in Leipzig eröffnet, an dem die Mauer in Berlin durchlässig wurde. Dieses Zusammentreffen macht den Eröffnungsabend in Leipzig und darüber hinaus jene Etappe nordrhein-westfälischer Kulturpolitik, die sich mit den Dialogen zwischen beiden Teilen Deutschlands beschäftigte, im Rückblick unvergeßlich.

Die Planung dieser Ausstellung von John Heartfield reicht also zurück in die Zeit des geteilten Deutschland. Über Jahre hinweg und ungeachtet aller politischen Hemmnisse haben Institutionen in Ost und West zusammengearbeitet, um diesem wichtigen Künstler unseres Jahrhunderts gerecht zu werden. Nachdem die Grenze gefallen ist und die beiden Teile Deutschlands zusammenwachsen, ergeben sich viele neue und spannende Möglichkeiten kultureller Kooperation zwischen dem Osten und dem Westen Deutschlands. Die Landesregierung Nordrhein-Westfalen will diese neuen Aspekte föderaler Kulturpolitik aktiv begleiten und unterstützen.

Grußwort

Jürgen Wilhelm
Vorsitzender der
Landschaftsversammlung Rheinland

Dieter Fuchs
Direktor des
Landschaftsverbandes Rheinland

John Heartfield genießt einen legendären Ruf. Aber zugleich ist er unter den bedeutenden künstlerischen Persönlichkeiten des 20. Jahrhunderts einer der umstrittensten Künstler. Kaum eine Kunstgeschichte des 20. Jahrhunderts, die seinen Namen unerwähnt läßt, doch selten ist seine Leistung bislang sachgerecht und angemessen gewürdigt worden. Die Gründe hierfür sind zu suchen einerseits in der Person des Künstlers, der sich wie kaum einer sonst unter seinen Zunftgenossen politisch engagiert hat, andererseits aber auch in jener künstlerischen Methode, die er bis zur Vollendung entwickelt hat: die Fotomontage. Zwar ist er in zahlreichen Abhandlungen gefeiert worden, manche bezeichnen ihn gar als den progressiven Künstler des Jahrhunderts schlechthin, andererseits gilt er vielen doch als Randfigur im künstlerischen Geschehen.
Heartfield war Kommunist. Diesen Aspekt seiner künstlerischen Haltung zu vernachlässigen, hieße Geschichte klittern. Seine Kunst stellte er in den Dienst seiner politischen Vorstellungen. Als Künstler war Heartfield einer der entscheidenden Neuerer. Das ästhetische Prinzip der Montage fand in ihm seinen ersten glanzvollen Meister. Sein ausdrückliches Ziel indes, mit seiner Kunst eine möglichst große Anzahl von Menschen zu erreichen, auf sie unmittelbar einzuwirken, einzuwirken mit allen Mitteln bildnerischer Rhetorik, Aufklärung zu treiben im Sinne seiner politischen Auffassung und sich ganz gemäß dieser Auffassung der modernen Massenmedien zu bedienen, hat die Reserve einer traditionell und konservativ ausgerichteten Kunstgeschichte begründet. Lediglich als Fotomonteur billigt man ihm ästhetische Meriten zu, als einem, der dem Medium Fotografie eine kritische Dimension hinzugefügt hat. Darin allerdings erschöpft sich sein künstlerischer Rang beileibe nicht.
Die erste umfassende Retrospektive des künstlerischen Werkes von John Heartfield sowie die erste wissenschaftlich fundierte Darstellung seiner künstlerischen und politischen Arbeit versuchen, sich Person und Werk aus historischer Distanz zu nähern. Das Werk soll nicht länger instrumentalisiert, sondern Heartfields bedeutende Stellung in der Kunst des 20. Jahrhunderts hinreichend ausgeleuchtet werden. So erweitern Ausstellung und Katalog auch den Blick auf seine gesamte künstlerische Leistung, beschränken sich nicht darauf, die berühmten Fotomontagen zu vereinigen, sondern demonstrieren auch deren ›handwerkliche‹ Vorlagen; sie beziehen Heartfields künstlerische Tätigkeit als Buchgestalter, als Inszenator von Kunstausstellungen und als Bühnenbildner ein. Anstelle der bislang stets eindimensionalen Sicht auf sein Werk also eine Perspektive, die den Anspruch erhebt, der einzigartigen künstlerischen Leistung John Heartfields gerecht zu werden.
Nachdem der Landschaftsverband Rheinland gemeinsam mit dem Land Nordrhein-Westfalen und der Akademie der Künste 1989 den wohl bedeutendsten Künstler der Region und einen der Großen des 20. Jahrhunderts, Joseph Beuys, mit seinen frühen Zeichnungen nach Berlin und Leipzig gebracht und damit erste Schritte zur Vertiefung der kulturellen Beziehungen damals noch über die Grenzen unterschiedlicher Systeme hinweg im schwierigen politischen Umfeld unternommen hat, hält nunmehr mit John Heartfield ein typischer ›Berliner‹, ein typischer Großstadtkünstler Einzug ins Rheinland. Und wie schwer man sich seinerzeit in der DDR mit den Zeichnungen von Beuys getan hat, so schwer wird es das Werk von John Heartfield heute im westlichen Teil Deutschlands haben. Beide Künstler aber sind deutsche Künstler. Ihr Werk zählt zur Geschichte der deutschen Kunst. So unterschiedlich die intellektuellen Überzeugungen und die Kunstwerke selbst sich auch ausnehmen mögen; beide Künstler vereint das Bemühen, Kunst als Einmischung, als Prozeß mit dem Anspruch auf Veränderung negativer gesellschaftlicher Entwicklungen zu verstehen. Eine zutiefst humanitäre, philanthropische Haltung adelt das künstlerische Œuvre beider.

Heiner Müller

Anmerkung zu Heartfield

John Heartfield ist ein Klassiker in dem Sinn, daß seine Arbeit Folgen hatte, schon immer allerdings mehr in den Künsten als in der Politik: Der deutsche Arbeiter, an den sie vornehmlich adressiert war, zog den Elfenreigen oder den röhrenden Hirschen am Waldrand den Fotomontagen Heartfields vor. Die Diktatoren des Jahrhunderts hatten das gleiche Bild von Kunst, mit der Ausnahme von Mao Tse-tung vielleicht: der immerhin liebte *Immensee* wie Napoleon den *Werther*. Noch die Mehrheit der Bildenden Künstler in der Akademie der Künste in der DDR brauchte sieben Jahre, um die Arbeit Heartfields als Kunst zu akzeptieren, den Monteur als Künstler. Seine Fotomontagen zu den Klassenkriegen seiner Zeit sind nicht nur Dokumente gegen das Vergessen. Sie gewinnen aus dem Haß gegen das Unrecht, wie Tintorettos Fresken aus dem Glauben an das Heil, eine neue Schönheit, die für anderes gebraucht werden kann. Die erste Zeile von Brechts gescheiterter Umdichtung des Kommunistischen Manifests: *Kriege zertrümmern die Welt und im Trümmerfeld geht ein Gespenst um* bleibt als vollkommener Vers im Gedächtnis, auch wenn das Gespenst des Kommunismus vielleicht nie Gestalt wird. Die Reiche, wie die Kulte, denen sie verpflichtet sind, kommen und gehen, die Statuen bleiben. Der Satz verliert mit jedem neuen Krieg an Trost. Gedächtnis setzt das Überleben der Gattung voraus. Sie steht zur Disposition, die Abwicklung des Planeten ist im Gange. Der chirurgische Krieg sollte nicht das letzte Mittel sein, das Gedächtnis der Menschheit, die Kunstwerke, zu retten.

Peter Pachnicke
Klaus Honnef

Zum Thema

In uns Deutschen wirkt ein seltsamer Widerspruch: wir sind voller Bedürftigkeit nach Helden und tun uns doch so schwer, sie im Alltag zu erkennen. John Heartfield jedenfalls war ein Held. Dieser kleine, einssechsundfünfzig große springlebendige David hat mit seinen montierten Bildsatiren den faschistischen Goliath herausgefordert, entlarvt und – wie sonst nur Chaplin – der Lächerlichkeit preisgegeben. ›One Man's War against Hitler‹ nannte man 1939 die ihm gewidmete Ausstellung in London.
Wir dagegen haben unseren Helden, als er 1950 aus der Emigration zurückkehrte, erst einmal als toten Hund behandelt. Die große Ausstellung, die ihm in der DDR versprochen war, wurde stillschweigend abgesetzt, und in der bundesrepublikanischen Retrospektive ›Kunst nach 1945‹ auf der ›documenta II‹ 1959 in Kassel finden wir nicht einmal seinen Namen. Der kleingeistige Opportunismus in der Zeit des Kalten Krieges, der beflissen die Maßstäbe und Feindbilder der Sieger zu bedienen suchte, machte unfähig, das Genie Heartfields wahrzunehmen und zu begreifen. Im Westen wurde er ignoriert, weil er Kommunist war und sich nicht kosmopolitisch in der Weltsprache der abstrakten Kunst artikulierte, im Osten bezichtigte man ihn des kosmopolitischen Formalismus, weil er mit seinem Ausspruch, dem Sozialismus mittels avantgardistischer Kunst ein sinnliches Antlitz zu geben, gegen die staatlich verordnete besserwisserische Kunstdoktrin verstieß, nach der der Künstler sich dem Volke nur in den Formen der Genremalerei des 19. Jahrhunderts verständlich machen könne.
Die Renaissance seines Werkes hat Heartfield in den Jahren der Tauwetter noch erlebt. In der DDR kam es vor allem durch das beharrliche Engagement seines Bruders Wieland Herzfelde und seiner Freunde 1957 endlich zur umfangreichen Heartfield-Ausstellung der Akademie der Künste und 1962 zur Edition der bis heute gültigen Monografie im Verlag der Kunst, Dresden. Auch erhielt er alle Arten staatlicher Auszeichnungen und Würdigungen. Seine Werke wurden – in noch von ihm selbst gestalteten Ausstellungen – als Botschafter eines antifaschistischen Staates in die Welt geschickt – und kamen so auch in das andere Deutschland. Widerfuhr Heartfield in der DDR damals eher die durchschlagende Wirkungslosigkeit eines Klassikers, so traf er in der Bundesrepublik in diesen Jahren den Nerv einer Generation. Für die 68er wurde er zu einer Vaterfigur. Seine operative Kunstauffassung, mit der Kunst nicht in der Abgeschiedenheit der Museen wirken zu wollen, sondern im politischen Alltag der Straße und der Massenmedien eingreifend tätig zu sein, war für sie ein Grundmodell der Emanzipation einer wirklich demokratischen und sozialistischen Öffentlichkeit. Einen kongenialen Ausdruck fand dieses Heartfield-Bild 1977 in dem von der Elefanten Press Galerie produzierten ›Medienpaket Heartfield‹, das Ausstellung, Katalog, Film und Vorträge umfaßte.
Diese Blütenträume sind indes im Westen nicht aufgegangen, und der reale Sozialismus, an dessen alles befreiende Kraft Heartfield bis zu seinem Tod unerschütterlich glaubte, befindet sich heute in einer Phase tragikomischer Selbstzerstörung. Im Jahr des 100. Geburtstages von John Heartfield ist sein Lebenswerk auf sich selbst zurückgeworfen. Befragung der Werke – und nicht nur ihre Funktionalisierung innerhalb des operativen Kunstkonzepts – ist die Philosophie dieser Ausstellung. Ausgangsort dafür wurde das Heartfield-Archiv der Akademie der Künste zu Berlin, in dem nahezu alle Entwürfe für seine Fotomontagen sowie deren druckgrafische Reproduktionen in Zeitungen, Zeitschriften, auf Buchumschlägen und Plakaten bewahrt werden. Die intensive Beschäftigung mit den originalen Montagen machte deutlich, daß Heartfields Arbeiten nicht nur eine agitatorische Wirkungsebene innerhalb eines revolutionären Gebrauchszusammenhangs haben, sondern, aus der konkreten historischen Situation entlassen, sich als vielfältige und ambivalente künstlerische

Gebilde erweisen, welche die *Totalität* einer widersprüchlichen Welt zu spiegeln und zu durchdringen vermögen.
Wenn wir in der Ausstellung und im Katalogbuch bemüht sind, die originalen Montagen erstmals in ihrer feinplastischen Struktur und die Reproduktionen aus der AIZ in ihrem Tonwertreichtum sinnlich greifbar zu präsentieren, so um anschaulich zu machen, daß Heartfields Montagen nicht bloß – wie ein gut erzählter Witz – Bilder und Texte provozierend miteinander verbinden. Montage ist für ihn vielmehr eine symbolische Form, in der neben Fotos und Texten auch Tonwerte, Farbigkeit und Struktur des Materials, die genau kalkulierte Organisation der Bildfläche und der mittels Retusche geschaffene imaginäre Bildraum Bedeutungen schaffen. Heartfield wird nicht ästhetisiert, sondern die Vielfältigkeit und Ambivalenz seiner Montagen treten ins Bewußtsein. So öffnen sich seine Arbeiten über ihre politische Aktualität hinaus für die Entfaltung des Denkens, der Phantasie und der sinnlichen Wahrnehmung der Betrachter.
Wenn die klassischen Fotomontagen auch im Mittelpunkt dieser Ausstellung stehen, so macht sie doch zugleich deutlich, daß Heartfield als Typograf, Buchdesigner, Ausstellungsgestalter und Bühnenbildner das Montageprinzip gleichermaßen in der Fläche, in den Objekten und im Raum entfaltet hat. Heartfield unterschied nicht zwischen angewandten und freien, legitimen und illegitimen, hehren und trivialen Künsten. Alle waren ihm gleichermaßen wichtig, denn er begriff Kunst als ein Mittel, den Wert jedes Teils einer humanisierten Welt sinnlich auszuprägen. Er war nicht nur der bedeutendste Satiriker der deutschen Misere, sondern wäre, »wenn man mich gelassen hätte«, der bedeutendste Designer einer sozialistischen Welt geworden.
An der aufhaltsamen Wiederentdeckung John Heartfields nach 1945 haben außer Wieland Herzfelde und Gertrud Heartfield viele Künstler, Wissenschaftler, Ausstellungsmacher und Dokumentaristen mitgewirkt, von denen hier genannt seien: Konrad Farner, Bodo Uhse, Stefan Heym, Theo Pinkus, Erhard Frommhold, Richard Hiepe, Roland März, Eckhard Siepmann, Helmut Herbst, Bernd Kuhnert, Friedrich Pfäfflin, Michael Töteberg, Ullrich Kasten, Hans Hess, Hanne Bergius, Adolf Hoffmeister, Klaus Staeck.
Die Konzeption für die Ausstellung entstand 1988. Sie brauchte in der Zeit der Wende und des Wendens nicht verändert zu werden, weil sie von Beginn an als eine internationale Ausstellung geplant war und nicht, wie das damals noch üblich war, als repräsentative DDR-Ehrung. Der Akademie der Künste zu Berlin, namentlich Heiner Müller, dem damaligen Kulturministerium und dem Kulturfonds der DDR muß gedankt werden, weil sie diesen Weg politisch und finanziell mitgetragen haben. Die Ausstellung wäre nicht möglich gewesen, hätten sich die Landesregierung von Nordrhein-Westfalen, der Landschaftsverband Rheinland, die Stiftung Kunst und Kultur des Landes Nordrhein-Westfalen sowie das Bundesministerium des Innern für die Ausstellung nicht politisch und finanziell besonders engagiert.
Die Gesamtorganisation des Projektes lag auf seiten der Akademie der Künste in den Händen von Beate Reisch, im Landschaftsverband Rheinland bei Hans-Jürgen von Osterhausen. Die Mitarbeiter des Heartfield-Archivs, vor allem Elisabeth Patzwall, Michael Krejsa, Petra Albrecht und Lia Manouri, haben vielfältige wissenschaftliche und archivalische Arbeiten geleistet. Die erstmalige Rekonstruktion des Heartfield-Raumes aus der Stuttgarter Ausstellung ›FILM UND FOTO‹ ist die wissenschaftliche Leistung von Elisabeth Patzwall. Die Interpretation der ›Dada-Messe‹ auf der Grundlage der Ausstellung ›Stationen der Moderne‹ erfolgte durch Helen Adkins und wurde durch großzügige Leihgaben der Berlinischen Galerie unterstützt. Die Herausgeber danken den Mitarbeitern des DuMont Buchverlages, Karin Thomas, Winfried Konnertz und

Peter Dreesen, die redaktionell, gestalterisch und produktionstechnisch dieses Katalogbuch mit großem persönlichen Einsatz betreut haben.
Zu danken ist ferner Dieter Ronte vom Sprengel Museum Hannover, Götz Adriani, Kunsthalle Tübingen, und all den Museumsdirektoren, die diese Ausstellung in den nächsten Jahren in London, Edinburgh, Dublin, New York, Los Angeles, San Francisco und Madrid zeigen werden. Das außerordentliche Interesse bedeutender ausländischer Kunstinstitute befriedigt die Herausgeber besonders. Nicht nur, weil Heartfield dadurch endlich jene internationale Anerkennung erhält, die seinem Werk angemessen ist, sondern auch, weil Heartfields Werk im Ausland Zeugnis davon abzulegen vermag, über welch geistig vielgestaltiges Erbe das wiedervereinigte Deutschland verfügt. »Es ist nicht wahr«, heißt es in dem von Kurt Tucholsky geschriebenen und von John Heartfield montierten satirischen Buch ›Deutschland, Deutschland über alles‹, »daß jene, die sich ›national‹ nennen und nichts sind als bürgerlich-militaristisch, dieses Land und seine Sprache für sich gepachtet haben ... Wir sind auch da ... Man hat uns zu berücksichtigen, wenn man von Deutschland spricht ... Deutschland ist ein gespaltenes Land. Ein Teil von ihm sind wir. Und in allen Gegensätzen steht – unerschütterlich, ohne Fahne, ohne Leierkasten, ohne Sentimentalität und ohne gezücktes Schwert – die stille Liebe zu unserer Heimat.«

John Heartfield, 1967

...wie ich dazu kam, Fotomontagen zu machen. Ich möchte... darauf antworten, daß ich die Fotomontage im Ersten Weltkrieg begonnen hab' zu machen. Es sind sehr viele Sachen, die mich dazu brachten, mit Fotos zu arbeiten. Die Hauptsache ist, daß ich in den Zeitungen sah, was man mit dem Foto sagte und nicht sagte, beides. Wesentlich für mich war dabei, daß ich innerlich in Opposition geriet und mit einem Mittel arbeitete, das von mir nicht als künstlerisches Mittel betrachtet wurde, der Fotografie (...)
Daß ich fand, wie man mit Fotos Menschen belog, wirklich belog (...)
Man kann hier lügen und die Wahrheit sagen, indem man sie falsch betitelt oder falsch untertitelt, und das hat man in grober Weise gemacht. Man hat also Fotos vom Kriegsschauplatz dazu benutzt, um die Durchhaltepolitik zu stützen, als der Krieg doch schon lange an der Marne entschieden und die deutsche Armee schon geschlagen war (...)
Ich war ja schon sehr früh Soldat. Wir haben dann geklebt, ich hab' geklebt und Fotos schnell ausgeschnitten und ein anderes dann drunter. Das ergab natürlich schon wieder einen Kontrapunkt, einen Widerspruch, und es sagte etwas anderes aus. Das war dort die Idee. Das war mir noch nicht so klar, wo das hinführte und daß es bei mir zur Fotomontage führte.

Aus einem Gespräch mit Bengt Dahlbäck
(Moderna Museet, Stockholm).

um 1917/18
(Kat.-Nr. 173)

Der Maler malt seine Bilder mit Farben und ich mit Fotografien.

Wieland Herzfelde, 1913

Mein Bruder ist klein... das Gegenteil von robust, der Oberkörper ist vorwärtsgebeugt... er geht mit großen Schritten... die ganze Gestalt zeigt deutlich, daß sie nicht weiß, was Ruhe ist... Er kann grotesk, traurig, übermütig, abgehärmt, freundlich, jähzornig sein und aussehen, nie aber profan, leer (...)
Er hat vielleicht nur einen durchschnittsmäßig kritischen Verstand, aber ein kritisches Gefühl von solcher Stärke und Sicherheit, Eindeutigkeit und Empfindsamkeit, daß es sich in jeder Bewegung, jedem Blick, jeder Stellung widerspiegelt. Ich glaube, die Bewegungen der Hände meines Bruders, wenn er in Betrachtung versunken ist, wenn er einen Gedanken faßt oder gar, wenn er jemandem etwas zu erklären versucht, würden wundervolle Futuristenbilder schaffen, wenn es möglich wäre, diese Bewegungen zu übertragen, etwa wie Temperatur- und Luftdruckschwankungen. Diese Hände sind... abgehärmt... feinnervig... die Hände eines Zeichners, eines Schwarzweißzeichners (...)
Ähnliches ließe sich vom Gesicht meines Bruders sagen. Es ist nicht faltig, aber voller Linien, die kaum da sind, die man aber fühlt. Es liegt unendlich viel Schmerz, Trauer, Sehnsucht, Kampf und Liebe in diesen Zügen... Es ist gar nichts Süßes, Verträumtes, Adlig-Romantisches oder Elegisches in Helmuts Augen, und ihr Blick ist weder daseinsentrückt noch dunkel, melancholisch oder geistreich. Sie sind blau, keusch und ehrlich. Sie sind sehr groß und schauen immer... Ihr Blick zeigt die Seele eines Menschen von solcher Naivität, solcher Liebe und Offenheit, wie man sie in dieser Gestalt vielleicht nie vermuten würde. Der Kopf ist stolz und ernst und stürmisch. Er trägt hochgestelltes, buschiges Haar, das je nach der Witterung rotgolden glänzt und lodert, manchmal müde an der Stirn baumelt... Diese Stirne ist lebendig gewordener Marmor... weiß, trotzig, leuchtet sie hoch über dem Lachen der Augen... Beinahe das Gegenteil ist der Mund... Ein kleiner, gestutzter Bart... bürgt scheinbar für ein energisches Auftreten seines Trägers ... Beharrlichkeit, Eifer und Sorgfalt und Verbitterung zeichnen diesen immer geschlossenen Mund... Erwähnenswert ist vielleicht, daß er keines der typisch gewordenen Künstlerbekleidungsstücke trägt.

Brief an Else Lasker-Schüler vom 6. 12. 1913, zitiert in: Wieland Herzfelde, ›George Grosz, John Heartfield, Erwin Piscator, Dada und die Folgen oder Die Macht der Freundschaft‹, in: *Sinn und Form,* 23,6, 1971, S. 1221–1251.

Berlin 1929

Moskau 1931

Prag 1935(?)

London 1949

Leipzig 1950

London 1950

Berlin 1962

Moskau 1957

Peking 1957

Selbstbildnis, 1920

Habe ich die Aufgabe, ein Buch oder eine Broschüre unserer Front mit einem Kleid, einem Einband, zu versehen, so versuche ich, diesen so zu gestalten, daß er die größte Zugkraft auf die breiteste Masse ausübt, also weiteste Verbreitung revolutionärer Schrift garantiert, dem Inhalt am besten entspricht und darüber hinaus ein selbständiges Blatt ist, das unseren Aufgaben dient. (...) Jedes Stückchen bedrucktes Papier, jede Schriftzeile, jeder Bucheinband müssen Hilfe sein in diesem großen Kampf für den einzigen Weg, der uns retten kann, den Weg, den uns die Kommunistische Partei zeigt.

John Heartfield, 1932[1]

Ich glaube sogar, daß das Individuum, je eigenartiger es ist, desto mehr von der Wollust ergriffen wird, die ein plötzliches Aufgehen in der Masse, ein Verlieren der Identität für es bedeutet.

André Gide, 1935[2]

Peter Pachnicke

Moralisch rigoros und visuell gefräßig

Warum bedeutende Intellektuelle in den dreißiger Jahren ihre künstlerische Arbeit demonstrativ in den Dienst des Proletariats stellten, ist nicht bis ins letzte aufgeklärt. Waren es doch gerade Brecht, Eisler, Grosz, Herzfelde, Heartfield, Piscator gewesen, die in jungen Jahren gegen jede Einengung ihrer Individualität durch Ideologie, Ordnung und Bürokratie laut aufschrien und deren Lieblingsbeschäftigung die Provokation des braven, dienstwilligen, fleißigen, obrigkeitsdevoten Spießbürgers war. Ausgerechnet sie wollten ihr Talent nun einordnen in die proletarische Massenbewegung, Dienst tun für die Kommunistische Partei, Waffe sein im Klassenkampf. Über diesen Wandel im Leben der Brüder Herzfelde/Heartfield schrieb Walter Mehring später: »... angewidert von seinem [*sc.* des Dadaismus] asozialen Unernst, seinen Privilegien des Talentreichtums, entsetzt von seiner Frivolität – wie der hl. Augustinus von der manichäischen Ketzerei Karthagos –, suchten sie Trost am Busen Allmütterchens Rußland, bei der Zuchtrute eines strengen Vaters des internationalen Arbeitertums, im Parteischoß des Bolschewismus.«[3]
Der Kommentar ist bösartig, aber er benennt eine sehnsuchtsvolle Bedürftigkeit nicht weniger Intellektueller nach einer sozialen Menschengemeinschaft – und die hat Heartfield tatsächlich intensiver an das Proletariat gebunden als die theoretische Erkenntnis über die »historische Mission der Arbeiterklasse«. Er folgte keiner intellektuellen Einsicht: »Nein, unser lieber Jonny hatte nur eins: ein bedrängtes Herz, das auf jede widrige, ungerechte, düstere und unwürdige Äußerung unseres Gemeinlebens ungemein stark reagierte. Dies gefolterte, zerstoßene Herz allein wies ihm den Weg.«[4]

Haß und Sehnsucht

Heartfield, der in frühester Kindheit seelische Kälte und körperliche Züchtigung durchlebt hatte, war an der alltäglichen Unmenschlichkeit nicht zerbrochen, sondern hatte einen widerständlerischen, aggressiven, einen geradezu jähzornigen Gerechtigkeitssinn entwickelt, »der auf jegliches Leid, dessen Zeuge er wird, so heftig wie auf einen gegen sich selbst gerichteten Angriff«[5] reagierte. Dieser rigoristische Moralismus äußerte sich nicht nur in einem nicht zu besänftigenden Haß auf die bürgerliche Klasse und all jene, die sie zu erhalten suchten, sondern auch in einem geradezu naiven Glauben an die kommunistische Gesellschaft als Erfüllung unabgegoltener sozialer Sehnsüchte. Heartfield, so Oskar Maria Graf, »ein fanatischer Moralist und Don Quichotte zugleich«.[6] Ein *romantischer* Künstler, der einerseits, von der kapitalistischen Wirklichkeit angeekelt, sie mit unerbittlicher Satire geißelte, andererseits die

Bewegung der Massen als Prinzip Hoffnung in unbefleckter Reinheit pathetisch entwarf. Zeitkritische Schärfe und verklärendes Pathos, Satire und Sentimentalität, Haß und Harmoniestreben gehören im Werk Heartfields – wie in dem Tucholskys und Chaplins – unauflösbar zusammen.
Wenn die bisherige Forschung jene Werke Heartfields, die die Ideale der Arbeiterbewegung darstellen, oftmals abwertet, weil sie die eigene politische Bewegung nicht ähnlich kritisch in ihrer Widersprüchlichkeit beleuchten wie seine Arbeiten über die kapitalistische Klasse, so wird die Funktion dieser Werke – als Sehnsuchtsbilder einer von solchen Widersprüchen befreiten harmonischen Weltordnung – verkannt. Vergleicht man die Buchumschläge von ›Der Abgrund‹ und ›Staat ohne Arbeitslose‹, so steht einer prononciert gesellschaftskritischen Sichtweise eine demonstrativ utopische gegenüber: der ›Staat ohne Arbeitslose‹ als utopischer Ort, an dem der Einzelne nicht mehr in der Masse untergeht, sondern sich aus einer machtvollen Bewegung erheben kann, in der der einfache Mensch nicht mehr gedemütigt wird, sondern aufersteht. Ein Pathos begegnet uns, das wir heute in seiner anrührenden Naivität nur nachzuvollziehen vermögen, wenn wir diese Arbeiten als mittlerweile historische Produkte einer seinerzeit noch ungetrübten Romantik lesen. Denn: Bis zur Selbstzerstörung hat sich die realsozialistische Bewegung seitdem von ihren Idealen entfremdet, und – das ist die wirkungsgeschichtliche Tragik dieser Arbeiten Heartfields – viele der von ihm für die Arbeiterklasse geschaffenen Bilder und Symbole sind zu Bildklischees herabgewürdigt und mißbraucht worden, zur Idealisierung bedrängender Widersprüche (Abb. S. 23, 24).
Das vielleicht satirischste Buch der deutschen Literatur, die Bild-Text-Montage ›Deutschland, Deutschland über alles‹ von Tucholsky und Heartfield, ist zugleich ein sehr sentimentales. Die Herrschenden und die ihnen untertänig Dienenden werden darin erbarmungslos karikiert, die Unterdrückten jedoch feinfühlig geadelt (Abb. S. 22; Kat.-Abb. 60–69). Während die Männergesangsvereine, Offiziersschüler, schlagenden Verbindungen, Herrenclubs sich in Reih und Glied dumm und stramm stehen und sitzen, wirken die Gesichter und Haltungen der einfachen Leute in all ihrem Elend leidensfähig, empfindsam, würdevoll und stolz – als hätten die ehemaligen Bürgerideale nur noch eine Heimat im Antlitz dieser geradezu ikonenhaft abgebildeten Ausgebeuteten und Entrechteten. Adel, Besitz- und Kleinbürgertum dagegen – obgleich es doch authentische Fotografien sind – wirken wie dem ›Simplicissimus‹ und dem ›Wahren Jacob‹ entnommen. Beim Erscheinen des Buches muß dies die Leser besonders erstaunt haben: daß es diese Typen wirklich gibt. Oder hatte sich die Weimarer Republik so anachronistisch entwickelt, daß die Wirklichkeit selbst zur Farce geworden war: Wirklichkeit als Realsatire? Dann allerdings war die Fotografie das zeitgemäße Mittel für Dokumentation *und* Karikatur.
So ist ›Deutschland, Deutschland über alles‹ sowohl zu einer Gesellschaftssatire als auch zu einer Soziologie der ›Figuren der deutschen Mentalität‹ aus der Zwischenkriegszeit geworden. Als ›Mentalitätsfiguren‹ hatte der Soziologe Th. Geiger die charakteristischen Typen der verschiedenen Klassen und Schichten beschrieben, die mit ihrer spezifischen Art zu leben, sich zu bewegen, zu reden und zu posieren, zusammengenommen eine ganzheitliche Vorstellung einer gegebenen Gesellschaft vermitteln.[7] Aus der unendlichen Flut der Fotografien in der illustrierten Massenpresse und den Bilderbergen der Fotoagenturen fand Heartfield mit seinem visuellen und sozialen Gespür jene Mentalitätsfiguren heraus, die uns bis heute bedeuten, was ein deutscher Beamter, Pauker, Bankier, Gardeoffizier, Hauptmann, Richter, Pastor, Kaiser, Stammtischbruder, Reichstagsabgeordneter, General, Militärseelsorger, Soldat, Arbeiter sei. »Wenn du die Bilder«, schreibt Tucholsky in der Vorrede, »ein paar Minuten

John Heartfield, Buchumschlag für Oskar Maria Graf, ›Der Abgrund‹, London 1936

John Heartfield, Buchumschlag für Ernst Glaeser/Franz Carl Weiskopf, ›Staat ohne Arbeitslose‹, Prag 1934

ansiehst, dann fangen sie an zu sprechen. Die Leute, die darauf zu sehen sind, halten geduldig still – du kannst sie in aller Muße betrachten. (...) Sie reißen ihr Herz auf: so lieben wir, sagen sie, so hassen wir, und deswegen ist aus uns im Leben nichts geworden, und dies ist unsere Jugend, und hier ist unser Machttraum, und so haben unsere Eltern ausgesehen, und hier ist mein schwacher Punkt, und da ist meine Stärke, und ich, sagen sie, bin ein anständiger Kerl, will es aber nicht wahr haben, und ich bin ein Lump im Amt – und immer mehr kommen, und die Bilder nehmen gar kein Ende, Gesichter und Popos und Wohlhabende und Reiche und die Millionen, die arbeiten, und die Plätze, an denen sie arbeiten, und die Häuser, darin sie wohnen, und die Felder drum herum, die Wiesen, die kleinen Seen, das Meer, die Türme der Stadt, der Wald, die Werke, die Hütten, die Äcker, die Fabriken, die Büros, die Kinos... ein unendliches Bilderbuch – : Deutschland.«[8]

Visuelle Gefräßigkeit

Fotografien bilden Wirklichkeit nicht nur ab, sondern sie können – wenn man die sinnfälligsten auswählt, miteinander und mit Texten spannungsvoll montiert – gleich den Werken der traditionellen Künste gesellschaftlich Bedeutsames sinnlich einprägsam ausdrücken. »Male mit Foto/Dichte mit Foto« schrieb deshalb Heartfield in großen Lettern über die Tür in seinem Ausstellungsraum auf der Werkbundschau ›FILM UND FOTO‹ 1929 in Stuttgart. Dem bis dato illegitimen Medium Fotografie dieselbe künstlerische Ausdruckskraft zuzuerkennen wie der Malerei und Plastik war Teil jener ›Materialrevolution‹, die damals das Kunststreben und die Kunstdiskussion der Avantgarde beherrschte. Umstritten war weder die Authentizität noch der Informationswert der Fotografie (obgleich damals mit ihr bereits wirkungsvoller gelogen wurde als mit der Schreibmaschine), wohl aber der Anspruch Heartfields, die Montage von Fotografien sei das den Wahrnehmungsgewohnheiten des Menschen adäquateste

Kurt Tucholsky, ›Deutschland, Deutschland über alles‹, Berlin 1929, S. 149

Kurt Tucholsky, ›Deutschland, Deutschland über alles‹, Berlin 1929, S. 169

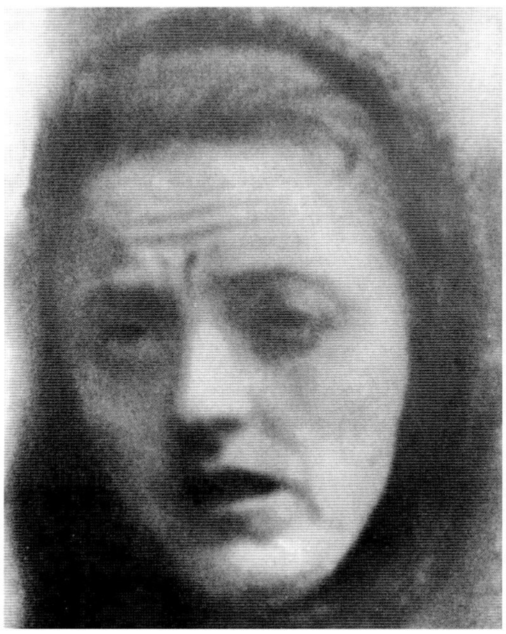

Ausdrucksinstrument. Und das hatte er dann auch noch mit den Worten eines Säulenheiligen der Malerei herausfordernd an eine der Wände seines Stuttgarter Ausstellungsraumes geschrieben: »Van Gogh: Ein Gefuehl für die Dinge als solche ist viel wichtiger als ein Sinn fuer das Malerische.«

Ein von der bürgerlichen Gesellschaft kommerziell für Presse und Werbung instrumentalisiertes, politisch und wirtschaftlich korrumpiertes Medium wurde über das traditionelle autonome Kunstwerk gestellt. Ein Sakrileg, zudem Heartfield die Fotomontage nicht nur zum zeitgemäßesten, kreativsten künstlerischen Ausdrucksmittel erklärte, sondern auch, anstatt die ehrwürdige Aura des Museums für seine Arbeiten zu reklamieren, die Trivialität der Massenmedien Zeitung, Illustrierte, Buch und Plakat favorisierte, weil er in ihnen seine Ideen technisch reproduzieren und publik machen konnte. Kunst sollte in den Alltag der Massen ›eingreifen‹, sich der ihnen vertrauten Medien und Mittel bedienen. Diese eingreifende Kunstprogrammatik hat sich damals als ›operative Kunst‹ definiert.[9] Das war nicht einfach eine andere Bezeichnung für jene proletarische Tendenzkunst, die sich, um den Menschen verständlich zu sein, der traditionellen Formen der bildenden Kunst bedienen wollte. ›Operative Kunst‹ wollte vielmehr mit den modernsten Ausdrucksmitteln der Avantgarden – die bisher in der Isolation des bürgerlichen Kunstbetriebes eingeschlossen waren – im Alltag operieren. Vor allem wollte man durch die avantgardistische Strategie der Irritation den passiven Betrachter aktivieren, ihn durch Einbeziehung in den Prozeß der Kunst aus der Lethargie herausreißen und selbst produktiv machen. Die Montage war für Theoretiker dieses eingreifenden Kunstkonzepts dabei die erkenntnis- und genußintensivste Darstellungsmethode. Schließlich wurde doch die Wahrnehmungsweise der Massen alltäglich durch eine vom Montageprinzip strukturierte industrielle Produktion und technisch reproduzierte Kulturindustrie geprägt. Zudem können Montagen – durch die irritierende Heterogenität ihrer Bestandteile – das selbständige Denken sehr viel stärker anregen als die auf meditative Einfühlung gerichteten traditionellen Kunstwerke.

Von Heartfield waren die Theoretiker des operativen Kunstkonzepts in besonderem Maße fasziniert. Zeitung, Buch, Plakat usw. waren für ihn nicht nur Quellen, aus denen neue Darstellungsmethoden erschlossen wurden, sondern zugleich der wesentliche operative Raum für eine massenwirksame Anwendung. Die neuen Medien sollten schließlich nicht nur nach den ›ästhetischen Bausteinen‹ einer Materialrevolution durchforscht werden, sondern alltägliches Feld ihrer massenhaften Entfaltung sein. »Wir brauchen nicht auf Tolstoi zu warten, wir haben unser Epos. Unser Epos ist die Zeitung...«[10] Während Heartfield in diesem Sinne ganz selbstverständlich ›operierte‹, versuchten Tretjakow und Brecht, die aus dem Studium der Zeitung, des Radios, des Films usw. gewonnenen ›ästhetischen Bausteine‹ im Theater *beispielhaft* zu verarbeiten. Das verlieh diesen Lehrstücken zumeist eine künstliche, schulmeisterliche Qualität, den Charakter von Laboratoriumsversuchen in Sachen Publikumsaktivierung. Die vitalen Energien der in den trivialen Medien verborgenen Innovationen konnte der Betrachter bei soviel kunstpädagogischem guten Willen schwerlich genießen. Brecht ist von den wirklich elementaren Kräften der niederen Medien wohl auch verschreckt worden, denn am 9. Mai 1942 notiert er im amerikanischen Exil in sein Arbeitsjournal: »100 mal am tag kann man aus dem radio eine aktivierende musik hören, chöre, die zum kauf von coca cola animieren, man ruft verzweifelt nach l'art pour l'art.«[11]

Heartfield war da ganz anderer Natur: ein von visueller Neugier Getriebener. In der Werbebranche aufgewachsen, war er nie darum besorgt, ob bestimmte ›niedere‹ Ausdrucksmittel seinen Werken adäquat waren, sondern beständig auf der Suche nach visuellen Entdeckungen, mit denen er seine Botschaften auf Plakaten, Buchumschlägen, Zeitungsseiten sinnlich noch anschaulicher und präziser gestalten konnte. Er war nach Auffassung von Hans Reimann einer der wenigen in Deutschland, die wußten, was Werbung bedeutet: »daß Odol Unsinn bleibt, so lange niemand erfährt, was Odol ist«.[12]

Die visuelle Gefräßigkeit Heartfields erstreckte sich in seiner Studienzeit in München und Berlin sowie in seiner Tätigkeit als Werbegrafiker für Edelweiß-Käse und Obstsekt in Mannheim auf alle legitimen und illegitimen Künste. So »schleckerte er Beardsley und den Ende der neunziger Jahre herrlich aufblühenden Thomas Theodor Heine, den großen der Illustratoren Deutschlands, einen wahren praeceptor Germaniae. John Heartfield stocherte Ornamentales, namentlich bei den Japanern, die der wackere Brecht in der Pinakothek verwaltet. Er durchstöberte Setzkästen und heckte typografische Experimente aus. Er warf sich auf orientalische Teppiche (sozusagen), verschlang Fayencen (ebenfalls sozusagen) und blieb geraume Weile Fanatiker türkischer Volkskunst, die er zum alten Eisen geworfen hat, seit Wertheim und das KaDeWe existieren.«[13]

Daß ein Gegenstand von der Straße oder aus einem Kaufhaus genauso anregend wie ein Gipskopf aus der Kunstakademie sei und man ihn nicht nur mit dem Bleistift zeichnen, sondern auch aus Buntpapier montieren kann, hat er während seiner Berliner Studienzeit bei Ernst Neumann begriffen: »Neumann reichte seinen Schülern keine toten Attrappen, sondern Aktualitäten wie Zeppeline, Dynamos, Turbinen, Hunde, Flöhe. Er fragte vor Beginn des Unterrichts: ›Nun mein Sohn, was haben Sie gesehen auf dem Wege hierher?‹ Und das wurde dann gezeichnet. Oder aus Buntpapier geschnitten und zusammengesetzt.«[14]

Die auf die altehrwürdigen Künste fixierten Kunstwissenschaftler haben zwar große Anstrengungen unternommen, Vorformen des Collage- und Montageprinzips in der Malerei und Grafik aufzufinden; der außerordentlich innovative Schub, den die avantgardistischen Gestaltungsweisen aus den trivialen Künsten erhielten, blieb aber (mit Ausnahme des Films) zumeist außerhalb der Betrachtung. Was Heartfield jedoch auf der Werkbundausstellung 1929 eindrucksvoll demonstrierte, war vor allem aus formalen Innovationen der trivialen Künste gespeist. So hatten seit seiner Dada-Zeit insbesondere die amerikanischen illustrierten Zeitungen großen Einfluß auf seine künstlerische Arbeit. Und das nicht nur, weil darin die gegensätzlichsten Inhalte auf oft geradezu pietätlose Weise (für das damalige deutsche Wahrnehmungsvermögen) zusammengewürfelt waren, sondern auch, weil dies in einer Form geschah, in der Fotografie und Typografie auf jeder Seite einen aufsehenerregenden Kampf darum zu führen schienen: wahrgenommen zu werden. Einprägsame Fotos standen mit großen und kleinen Satzschriften – die teilweise farbig akzentuiert waren – in einem spannungsvollen Kontrast. Durch diese Zeitungsseiten ist Heartfields Art zu montieren nachhaltig geprägt worden. Hier begriff er, wie er sich auf einer Fläche mittels so unterschiedlicher fotografischer, typografischer und farblicher Elemente räumlich artikulieren konnte. In der Dada-Zeit war das ein übermütiges Spiel mit möglichst vielen Bestandteilen gewesen; später, als er sich dem operativen Kunstbegriff verpflichtet fühlte, wurde daraus eine präzise Montage aus wenigen Komponenten. Bezüglich der markantesten der auf der Stuttgarter Ausstellung gezeigten Fotomontagen schrieb Tretjakow, daß Heartfield dafür oft »nicht mehr als zwei Elemente benutzt (...): Foto und Foto, Foto und Text, Foto und Farbe, Foto und Zeichnung«.[15]

›Rot Front‹, 1927

Eine Fläche mit wenigen Elementen ebenso einfach wie einprägsam zu organisieren hatte er übrigens als Werbegrafiker durch seine Auseinandersetzung mit den Plakaten von Hohlwein und anderen gelernt. Was ihn für Innovationen aus dem Bereich des Plakates, der Verpackung und Schaufensterinszenierung wachhielt, war sein bereits beschriebenes künstlerisches Selbstverständnis: sich in den Arbeiten nicht selbst darzustellen, sondern sich dem Dienst an der Sache unterzuordnen, ihr Gesicht, Kleid, Körper zu geben, in denen der geistige Gehalt größtmögliche optische Prägnanz erfährt. Indem er die Umschläge der Bücher aus dem Malik-Verlag und dem Neuen Deutschen Verlag fotografisch, typografisch und farblich als Werbeträger gestaltete, machte er sie »›aktiv‹«, ließ sie »für den Autor ›kämpfen‹«.[16] Das Buch nicht nur als Fläche, sondern in seiner Dreidimensionalität zu gestalten war damals eine Sensation, jedoch für einen mit Verpackung beschäftigten Gebrauchsgrafiker naheliegend: Das Buch als Körper wurde rundum (Vorderseite, Rückseite, Buchrücken, Waschzettel) attraktiv verpackt. Zu den gewöhnlichen Mitteln des Schaufensterdekorateurs, die Aufmerksamkeit des Betrachters für ein Produkt zu steigern, gehörte übrigens die serielle Präsentation, wie sie Heartfield mit einzelnen Plakaten und Büchern an den Wänden und in Vitrinen der Stuttgarter und der Moskauer Ausstellung praktizierte. So erschloß er alltägliche Gestaltungsmittel der Gebrauchsgrafik für seine operative Kunstpraxis.

Produktivität der Satire

Zwar lockte Heartfield mit den suggestiven Methoden der trivialen Medien den Betrachter ins Bild; was er ihm jedoch nicht gestattete, war: sich darin gemütlich einzurichten. Seine Bucheinbände, Plakate und Gestaltungen von Zeitungsseiten erlauben dem Betrachter nicht, im ›schönen Schein‹ zu schwelgen, sondern

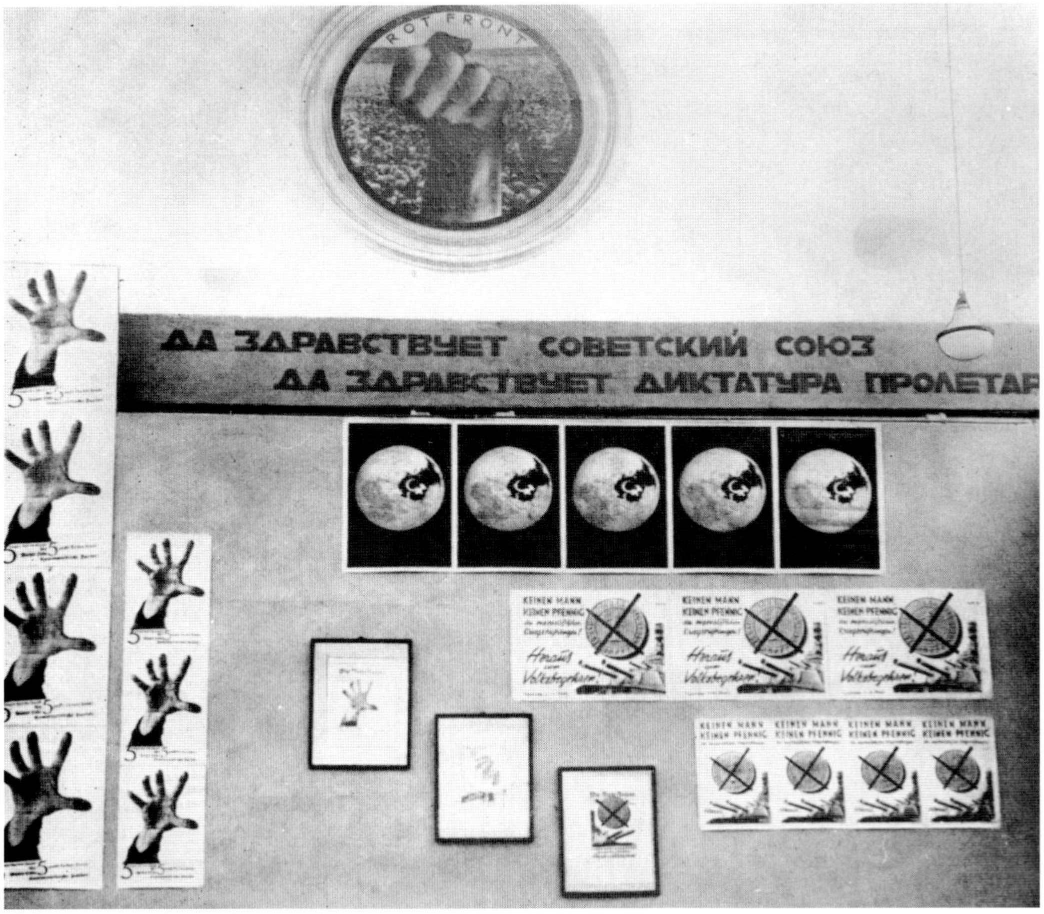

Wandtafel der Heartfield-Ausstellung in Moskau, 20. 11.–10. 12. 1931

konfrontieren ihn in seinen Fotomontagen mit den Widersprüchen und Problemen der Wirklichkeit.
So erweist sich beim genaueren Hinsehen der attraktive rote Fleck auf dem Umschlag von Maxim Gorkis ›Der 9. Januar‹ als das Blut russischer Revolutionäre. Und das Buch ›Drei Soldaten‹ von John Dos Passos (Kat.-Abb. 20), mit der romantischen Szene unterm Sternenhimmel auf dem Titel, zeigt auf der Rückseite das ernüchternde Foto einer Straße mit Gefallenen. Darauf eben zielte ›operative Kunst‹: *Umfunktionierung der auf Reiz und Suggestion gerichteten Methoden der bürgerlichen Massenmedien in solche der Irritation und Aufklärung.* Es geht um die Provokation, Bloßstellung und Hinterfragung des sich im schönen Schein verbergenden »Drama[s], in dem Dummheit, Roheit und Fäulnis die Hauptrolle spielten«.[17] Diese »schockartige, ernüchternde und belebende Sicht auf die Wirklichkeit«[18] ergriff von John Heartfield Besitz durch die Begegnung mit George Grosz. In dessen Arbeiten spürte er, daß die Satire für ihn künstlerische Mittel bereithielt, mit denen er seiner Wesensart, sich von jeder Erniedrigung moralisch angegriffen zu fühlen, eindringlich Ausdruck verleihen konnte. Das führte, wie Elias Canetti geschildert hat, zu der sehr eigenwilligen Art Heartfields, zu lernen und sich künstlerisch zu artikulieren: »... er konnte nur aggressiv lernen, und ich glaube, es ließe sich zeigen, daß das auch das Geheimnis seiner Montagen ist. Er brachte zusammen, er konfrontierte, woran er erst hochgesprungen war, und die Spannung dieser Sprünge ist in seinen Montagen erhalten. (...) Er lernte nur von dem, was er als Angriff empfand, und um etwas Neues zu erfahren, mußte er's für einen Angriff halten.«[19] So entfaltete sich paradoxerweise sein künstlerisches Talent in den Fotomontagen der Arbeiter-Illustrierten-Zeitung in der geistigen Militanz der Weimarer Republik und unter der physischen und psychischen Bedrohung durch die Nazis zu ›klassischer‹ Größe.

›Zeitbild – ohne Worte‹

»In Heartfields Kunst gibt es ein Element, das die ernsthaftesten Künstler stets wie die Pest gemieden haben. Es ist das Element des Komischen in allen seinen Formen – als Witz, Spaß, Satire, Ironie, Sarkasmus. In der westlichen Kunst hat der komische Künstler nie hohes Ansehen genossen, weil die Kunst idealisierte.«[20] Tatsächlich entsprach das Wesen der Karikatur, verlogene Idealisierungen der Lächerlichkeit preiszugeben, dem künstlerischen Anliegen Heartfields besonders. Geht es doch in ihr um die Hervorhebung eines anderen »entgegengesetzten Weltaspektes, um den Protest gegen die Welt des Schönen, Sinnvollen und Geordneten, um eine demaskierende Hervorhebung von Schwächen und Gebrechen; um die tendenziöse Betonung des Scharfen, Harten und Schlechten,... deren kritische Grundform sich gegen die Welt des schönen Scheins richtet«.[21]

John Heartfield, ›Stützen der Gesellschaft: »Alles in schönster Ordnung!«‹ Arbeiter-Illustrierte-Zeitung (AIZ, Prag), 29. 6. 1933, S. 436

Diese Strategie, aus Protest Gegenbilder zur Verlogenheit der herrschenden Bilderwelt zu schaffen, hat, wie Werner Hofmann erkundete, im 19. Jahrhundert zu einer ›Sattelstellung‹ der Karikatur für die Entwicklung der avantgardistischen Kunst des 20. Jahrhunderts geführt. Das betrifft die Karikatur als erklärte Antikunst, als Persiflage und Travestie des Kunstschönen, als Widerstandspotential gegen anachronistische Verhältnisse, als Anspruch des Künstlers auf eine ausschließlich seiner subjektiven Sichtweise allein verpflichtete, ver-rückte Denk- und spielerische Darstellungsweise sowie als Strategie, den Betrachter seinerseits zum eigenen Denken und Fühlen zu aktivieren. »Karikatur bedeutet Skepsis. (...) Der Karikaturist erblickt unter der Oberfläche der Welt und hinter den Kulissen ihres Schauspiels die verwirrende Szenerie einer ›verkehrten Welt‹. Er hüllt sich in das Narrenkleid des Spötters, in dessen Scherzen sich der Unsinn in Tiefsinn verkehrt ...«[22] Das Zerrbild erweist sich dabei als »kritische Manifestation einer künstlerischen Persönlichkeit«[23], die »die Verzer-

Ausstellungskatalog ›Daumier & Heartfield – Politische Satire im Dialog‹, Altes Museum, Berlin 1981, Titelseite

rung als bewußten Protest, die spielerische Verwandlung der Formen als bewußte subjektive Gestaltungslaune« betreibt.[24] Im Dadaismus waren diese produktiven Kräfte der Karikatur tumultartig in die moderne Kunst eingebrochen; in den klassischen Montagen der AIZ betrieb Heartfield sein verwirrendes, obsessives Spiel als präzises Bauen mit nur wenigen Elementen.
Eine Analyse der Gestaltungsmittel und Motive der Fotomontagen Heartfields aus der AIZ zeigt, in welch starkem Maße sie der Karikatur verbunden sind, und zwar nicht der Daumiers, sondern insbesondere auch der damals an jedem Kiosk erhältlichen des ›Simplicissimus‹ und des ›Wahren Jacob‹. So artikulierte sich Heartfield in seinen klassischen Fotomontagen vorwiegend durch Porträtkarikaturen und inszenierte Bildsatiren, mittels Wort- und Bildzitat und der Mensch-Tier-Vergleiche, und benutzte deren symbolische Formen (groß und klein, hell und dunkel usw.). Auch leben seine besten Montagen, wie jede treffende Satire, von dem Reichtum der Bild- und Textvergleiche, dem Verwirrspiel der Begriffe und Bilder, der Genauigkeit der Gleichnisse, von Mehrdeutigkeit und treffsicherer Pointe.
Lächerlich gemacht wird der politische Gegner von ihm vor allem mit dessen eigenen Waffen. So nimmt Heartfield ihn beim Wort (›Hurrah, die Butter ist alle! Goering in seiner Hamburger Rede: Erz hat stets ein Reich stark gemacht, Schmalz und Butter haben höchstens ein Volk fett gemacht.‹ [Kat.-Abb. 77]), oder er zeigt, was sich tatsächlich *hinter* den Worten verbirgt (›Millionen stehen hinter mir‹ [Kat.-Abb. S. 338]). Da hält der Gegner wirklich, was er versprochen hat (›Durch Licht zur Nacht. Also sprach Dr. Goebbels: Laßt uns auf's neue Brände entfachen, auf daß die Verblendeten nicht erwachen‹), und wenn er sich verspricht, sagt er die Wahrheit (›Ich führe Euch herrlichen Pleiten entgegen‹ [Abb. S. 28]). Anschaulich wird seine Wandlungsfähigkeit (›Deutsche Naturgeschichte‹ [Kat.-Abb. 72], ›In der Geschichte der Weimarer Republik: die geradlinige Folge: Ebert-Hindenburg-Hitler‹) und daß er tierisch ernstgenommen werden will (›Der friedfertige Raubfisch‹ [Kat.-Abb. 81]). Welche Überzeugungskraft seine Symbole haben, wird gezeigt (›Der alte Wahlspruch im »neuen« Reich: Blut und Eisen‹ [Kat.-Abb. 98]) und daß seine Wurzeln tatsäch-

Links:
Geiss, ›Der Arbeiter im Reich des Hakenkreuzes‹. Wahlplakat der SPD, 1932

Rechts:
A. Segue, ›Die rote Woche – Die Werbekraft der Partei‹. Plakat

lich weit zurückreichen (›Wie im Mittelalter – so im dritten Reich‹ [Kat.-Abb. 101]).

Der Gegner wird nicht nur mit dem *geistigen Gehalt* seiner heuchlerischen Worte und Bilder geschlagen, sondern auch mit den *Formen*, in denen er wie gedruckt lügt, mit denen der schöne Schein produziert wird. Zu Daumiers Zeiten waren das die Lithografien in den illustrierten Zeitungen mit ihren kommentierenden Bildunterschriften gewesen; in den zwanziger und dreißiger Jahren sind es die großen Illustrierten mit ihren Authentizität versprechenden dokumentarischen Fotos, den in großen Lettern das Wesentliche herausschreienden Schlagzeilen und Überschriften und ihren Objektivität heischenden kleingedruckten Nachrichten, Berichten, Kommentaren. Heartfield entlarvt auch dadurch, daß er sich streng an diese Formen – bis zur Art und Größe der Satzschriften – hält. Indem er nicht nur den Inhalt, sondern auch die Formen des schönen Scheins travestiert, persifliert, vexiert, verfremdet, entstehen beim Leser jene Irritationen und Überraschungen, die ihn geistig nicht nur herausfordern, sondern jenen Erkenntnisgenuß bewirken, der mit dem Lachen und einem symbolischen Überlegenheitsgefühl belohnt wird. Das gibt der »Karikatur das Wissende, die bewußt gesetzte Pointe, die versteckte Anspielung, die mit einem Beschauer rechnet, der auch flüchtige Andeutungen und hingeworfene Stenogramme zu lesen versteht. Die Karikatur rechnet mit dem wissenden Publikum, das an der Vertauschung ambivalenter Forminhalte sein Vergnügen hat.«[25] So bewirkt die Karikatur eine Aktivierung des ›visuellen Spürsinns‹ des Publikums, die die Avantgarden im 20. Jahrhundert, in einer Welt passiven Konsumierens, als wesentliche Zielstellung ihrer künstlerischen Arbeit begriffen.

Honoré Daumier, ›Wird eine totale Sonnenfinsternis sein?‹ Lithografie, 1871

John Heartfield, ›Sonnenfinsternis am »befreiten« Rhein‹. AIZ (Berlin), Nr. 31, 1930, S. 603

Das ›Imaginäre Museum‹ Heartfields

»Picasso malte als erster ›geleimtes Gerümpel‹, zum Entsetzen sogar des gebildeten Volkes; Heartfield ist so volksnah, daß mancher Gebildete nichts von Montage wissen will.«[26] Was Ernst Bloch 1938 registrierte, benennt ein Paradoxon,

›Locarno? Wählt deutschnational!‹ Plakat, 1928

das die widersprüchliche Rezeption des Montageprinzips durch die Massen reflektiert. Die Absicht der Avantgarde, durch die Montage geistig zu bewegen, traf bei den Massen dort auf *Ablehnung*, wo Künstler damit die traditionellen Künste revolutionär aufzubrechen versuchten, während ihnen der *Genuß* der Montage in den vertrauten trivialen Künsten selbstverständlich war. Das erklärt die außerordentliche Wirkung Eisensteins, Chaplins und Heartfields: Durch Umfunktionierung der den Massen aus den trivialen Medien gewohnten Darstellungsformen gelang ihnen eine ›Materialrevolution‹, die die Rezipienten wirklich zu bewegen vermochte.

Die Entscheidung Heartfields, sich dabei als ›Monteur‹ vor allem des Materials der Fotografie zu bedienen, war für seine Wirksamkeit von besonderer Bedeutung, hatte dieses Medium doch eine grundsätzlich neue Sinnlichkeit in die Produktion des schönen Scheins eingeführt. Konnten die Sehnsuchtsvorstellungen der Menschen – in den Zeiten vor der Verbreitung der großen Illustrierten – durch Worte und Zeichnungen nur angeregt werden, so wurde nun durch die fotografische Reproduktionstechnik alles Erdenkliche und Ersehnte gleichsam wie eine sekundäre Realität zum Greifen nahe und bequem vor deren Augen gerückt. Die Bilderwelt wurde zu einer zweiten, einer Ersatzwirklichkeit: »Die Kunst besteht heute nicht aus Erfahrung ... sondern die Kunst besteht aus Artefakten.«[27]

Indem alles und jeder unabhängig von Zeit und Ort, Größe und Beschaffenheit, in Form der Illustrierten ins Wohnzimmer gebracht werden konnte, entstand aber nicht nur eine suggestive und verführerische Bilderwelt, sondern für den Satiriker auch eine völlig neue Möglichkeit, den schönen Schein zu desavouieren; denn was nun vor ihm lag, war ein Bilderberg, der ihm und seiner Schere die ganze Welt in gleich großen Fotos verfügbar machte. Er brauchte aus dem Material nun nur das herauszuschneiden, was miteinander die Wirklichkeit hinter den Dingen sichtbar machte: vor ihm lag das Material für ihre Rekonstruktion. »Schwitters nahm den materiellen Schutt der Gesellschaft – Busfahrscheine, Nägel, allen möglichen Abfall –, um seine Realität zu schaffen. Heartfield nahm den ideologischen Schutt der Gesellschaft, um seine Bilder von der

Links:
Honoré Daumier, ›Die Vergangenheit – Die Gegenwart – Die Zukunft‹. Lithografie, 1834

Mitte:
Durrer, ›S. M.‹ ›Simplicissimus‹, 5. 3. 1906, Titelbild

Rechts:
John Heartfield, ›S. M. Adolf – Ich führe Euch herrlichen Pleiten entgegen!‹ AIZ (Berlin), 21. 8. 1932, S. 795

Gesellschaft zu machen. (...) Heartfield stellte die Realität wieder her, und das ist eine unverzeihliche Sünde, weil das wahre Gesicht der herrschenden Klasse für den Gewöhnlichen unsichtbar bleiben muß.«[28]

Ausriß aus der AIZ (Berlin), Nr. 26, 1932

Fragt man nach dem ›imaginären Museum‹ Heartfields, den Bildern, die in seinem gefräßigen visuellen Gedächtnis gespeichert waren und von dort in seine Montagen eingingen, so müssen darin Bildmotive gleichermaßen aus den legitimen wie illegitimen Künsten abgelagert gewesen sein. Aus Plastik, Malerei, Grafik, Film, Zeitung, Werbung, Karikatur und der Briefmarke jedenfalls hat er nachweisbar Motive entnommen. Seine kreative Adaption traditioneller Ikonographie ist wiederholt betont worden: die Taube als Zeichen der Verkündigung des Friedens (›Der Sinn von Genf‹ [Kat.-Abb. 88]), das Kreuzigungsmotiv als Ausdruck menschlicher Leidensfähigkeit (›Wie im Mittelalter – so im dritten Reich‹), die Samsongeschichte zur Darstellung der Brüchigkeit alter Ordnungen (›Stützen der Gesellschaft‹). Eine Beschäftigung mit der Geschichte der Karikatur und Plakatkunst[29] legt indes nahe, daß selbst solchermaßen ›klassische‹ Bildmotive oft vermittelt über Karikaturen und Plakate in sein Werk eingeflossen sind. Die Bildanregung zu ›Wie im Mittelalter – so im dritten Reich‹ beispielsweise ging mit hoher Wahrscheinlichkeit von dem sozialdemokratischen Plakat ›Der Arbeiter im Reich des Hakenkreuzes‹ aus[30], ›Stützen der Gesellschaft‹ von einer Karikatur wie ›Zeitbild – ohne Worte‹[31], ›Windstärke 1917‹ (Kat.-Abb. 70) von dem Werbeplakat ›Die rote Woche‹[32], ›Der Sinn von Genf‹ von einer Briefmarke.[33]

Daß bisher nicht systematisch nach solchen trivialen Bildanregungen gesucht wurde, läßt sich nur aus der Unterschätzung der Innovationskraft auch der illegitimen Künste durch eine traditionalistisch fixierte Kunstwissenschaft erklären. Roland März allein hat im Werk Daumiers eine Vielzahl von Motivbeziehungen sichtbar gemacht.[34] Blättert man aber im ›Simplicissimus‹, ›Der Wahre Jacob‹, ›Süddeutscher Postillon‹ oder in zeitgenössischen Plakatsammlungen, so finden sich Arbeiten, die vermuten lassen, daß in einzelnen Fällen direkter Ausgangspunkt nicht Daumiers Karikaturen waren, sondern spätere Adaptionen dieser Motive. So ist die Fotomontage ›Die Wacht am Rhein‹ nicht allein auf die Kenntnis von Daumiers Lithografie ›Preußen und die Freiheit‹ zurückzuführen, sondern auch auf die des Plakates ›Locarno? Wählt deutschnational!‹. Auch kannte Heartfield, als er ›S. M. Adolf. Ich führe Euch herrlichen Pleiten entgegen!‹ montierte, außer Daumiers Lithografie des ›Bürgerkönigs‹ Louis Philippe zumindest auch Durrers Zeichnung ›S. M.‹ aus dem ›Simplicissimus‹.[35]

Grundsätzlich stellt sich wohl – nicht nur in bezug auf Heartfield – die Frage, ob die Produktivität der Avantgarden in unserem Jahrhundert nicht sehr viel stärker als bisher angenommen durch Innovationen und Energien der trivialen Medien belebt worden ist. Eine Problemstellung, die sich nach dem Phänomen der Pop Art der Kunstwissenschaft ganz selbstverständlich aufdrängen müßte, zumal mit Blick auf Kunstströmungen, die sich, wie die ›operative Kunst‹, erklärtermaßen der massenhaft reproduzierten, alltäglichen Bildwelt bewußt öffnen wollten. Eine solche Motivforschung muß vor allem der inhomogenen Struktur des Heartfieldschen Bildgedächtnisses Rechnung tragen, d. h., Anregungen für ein und dieselbe Bildidee können von Werken unterschiedlicher Gattungen stammen. So ist die Schweizer Briefmarke wohl nicht die einzige Inspirationsquelle für ›Der Sinn von Genf‹. Die Idee, die scharfe Schwertspitze mit weichen, schwebenden Flaumfedern zu konfrontieren, geht wohl auf Langs Nibelungenfilm zurück, in dem die Schärfe von Siegfrieds Schwert mittels ebensolcher Flaumfedern einprägsam demonstriert wird. Wichtig wäre auch, herauszufinden, ob andere Künstler zum gleichen Zeitpunkt wie Heartfield

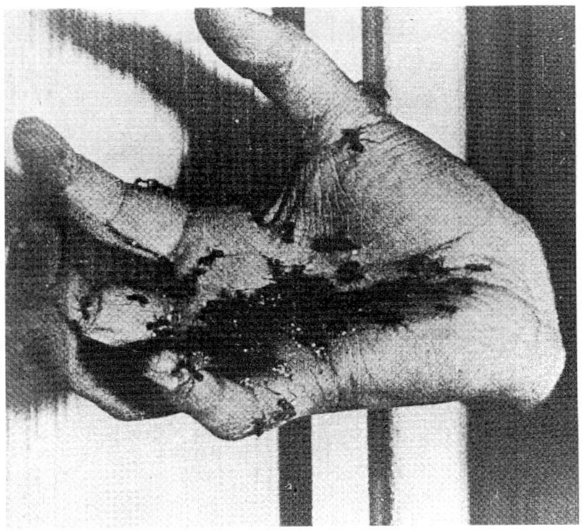

Luis Buñuel/Salvador Dalí, ›Der andalusische Hund‹, 1928. Filmausschnitt

John Heartfield, Fotomontage für ›Freie Deutsche Kultur‹ (London), Nr. 3, März 1942

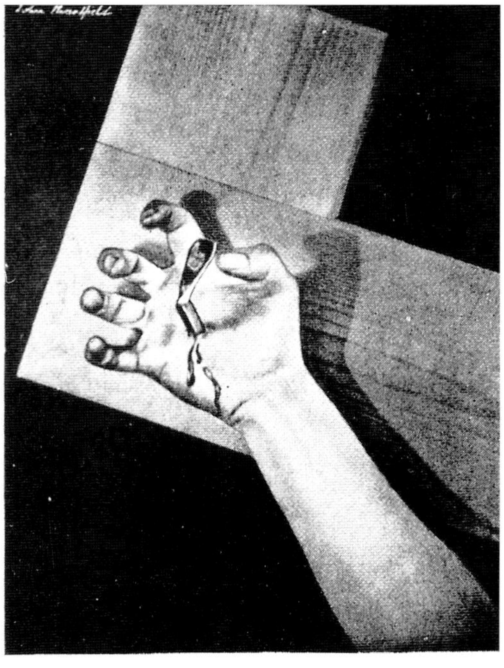

bestimmte Motive verarbeitet haben und ob diese Lösungen dann in späteren Varianten von ihm berücksichtigt worden sind. Im Jahr 1928, als er das Plakat ›5 Finger hat die Hand‹ (Kat.-Abb. 53; S. 342) schuf, wurde auch Buñuels und Dalís Film ›Der andalusische Hund‹, mit der Aufnahme einer zeichenhaften und symbolträchtigen Hand mit Ameisen, uraufgeführt; 1942 dann veröffentlichte die ›Freie Deutsche Kultur‹ Heartfields ans Kreuz geschlagene Hand.
Die programmatische Absicht Tretjakows, Brechts, Piscators, Heartfields und anderer, die kapitalistische Gesellschaft geistig durch eine in den Alltag eingreifende ›operative Kunst‹ zu verändern, war gebunden: an die Verfügung über die massenwirksamen Produktions- und Distributionsapparate von Kino, Film, Radio und Massenpresse. Vieles mußte Experiment bleiben, im Stadium von Laboratoriumsversuchen verharren, weil diese ›großen Apparate‹ den Künstlern durch die Arbeiterbewegung in der Weimarer Republik nicht zur Verfügung gestellt werden konnten. Eine Ausnahme war der Münzenberg-Konzern. »MÜNZENBERGs Neuer Deutscher Verlag mit seiner umfangreichen Buch- und Zeitungsproduktion hatte zwar nicht die Reichweite der marktbeherrschenden Konzerne ULLSTEIN, MOSSE und SCHERL, aber die Arbeiterpresse, voran die Illustrierte als bewußt parteilich redigierter Bilderspiegel der gesellschaftlichen Verhältnisse, wurde als Instrument der Aufklärung verstanden. (...) Die AIZ hatte 1925 bei vierzehntägigem Erscheinen eine Auflage von 200000.«[36]
Wie Daumier nicht ohne die Zeitungen ›Charivari‹ und ›Caricature‹ und den Verleger Philipon, so ist Heartfield nicht denkbar ohne AIZ und Münzenberg. Ständig herausgefordert zu sein, für eine politisch hochsensibilisierte Leserschaft Arbeiten ›abzuliefern‹, in denen er seine politischen Ansichten ebenso wie sein ganzes künstlerisches Vermögen entfalten konnte, gab Heartfield nicht nur das Gefühl, gebraucht zu werden, durch seine Individualität die proletarische und antifaschistische Bewegung persönlich konkret mitzugestalten. Wenn sich die ›operativen Künstler‹ so eifrig in den Dienst des Proletariats stellten, dann nicht als brave ›Soldaten‹, die Befehle in Sachen Kunst entgegenzunehmen gedachten, sondern als ›Offiziere‹, die an der ›Kulturfront‹ ihre – in der Isolation bürgerlicher Avantgarden entwickelten – künstlerischen Instrumente in die proletarische Bewegung einzubringen glaubten. Sie waren der Überzeugung, daß ihre Aufgabe darin bestand, die Revolution der Gesellschaft durch eine Revolutionierung der künstlerischen Darstellungsweisen und ihres ›Materials‹ sinnlich auszuprägen. Die AIZ bot eines der seltenen Beispiele, anschaulich zu erfahren, wozu proletarische Kultur fähig ist, wenn sie über die *materiellen und geistigen* Bedingungen für ihre Entfaltung verfügt. Eine der wesentlichen Ursachen dafür, daß Heartfield nach seiner Rückkehr aus der Emigration in die DDR die Produktion von Fotomontagen nicht mehr fortsetzen wird, ist, daß das an die Macht gelangte Proletariat die großen Kulturapparate zwar monopolisiert, denen, die darin Arbeit tun, aber nicht die Entfaltung ihrer geistigen Energien ermöglichen wird.

Operativität und Autonomie

Kurz vor Beginn des Zweiten Weltkrieges wird in der Exilzeitschrift ›Das Wort‹ – wie zuvor in der Kunstlumpdebatte und der Heartfield-Behne-Auseinandersetzung – eine Diskussion über die gesellschaftlich wirkungsvollsten künstlerischen Strategien und Mittel geführt; ein ›Meinungskampf zwischen Gleichgesinnten‹, in dem auch diesmal jede der streitenden Parteien ihre eigene künstlerische Programmatik absolut setzt.

Heartfield ergreift selbst nicht das Wort, die Montagetechnik ist jedoch ein zentraler Gegenstand der Auseinandersetzung. Montage sei eine neue – mit der Entwicklung des Radios, Films und der Zeitung wachsende –, die Massen aktivierende, bedeutsame Ausdrucksweise, argumentieren Bloch und Eisler. Für Lukács dagegen ist die Montage »Gipfelpunkt« spätbürgerlicher Dekadenz: Anstelle der Wirkungskräfte des autonomen Kunstwerks, das allein in seiner Differenziertheit die Totalität der Welt gestalthaft zu erfassen vermöge, werden – durch Montieren isolierter und aus der Wirklichkeit herausgerissener Stücke – zwar »frappant[e] und mitunter agitatorisch« wirksame Bilder geschaffen, die geistig jedoch letztlich – wie ein gut erzählter Witz – eingleisig an der Oberfläche der Wirklichkeit des Lebens verbleiben.[37] Lukács bestritt also nicht die operativen Wirkungsmöglichkeiten der Fotomontagen Heartfields, wohl aber die geistige Tiefe dieses Darstellungsmodus.
Das Unfruchtbare auch an dieser Debatte war: sie wurde an den Werken vorbei geführt. Zeigen doch Heartfields Fotomontagen, daß sie – über die Aktualität des politischen Anlasses hinaus, für den sie geschaffen wurden – weiterwirkten, sich in einem geradezu kurios-widersprüchlichen Emanzipationsprozeß aus ihrer politischen Instrumentarisierung gelöst haben und sich dabei als genau dem entsprechend erwiesen, was Lukács als Kunstwerk definierte, nämlich: als die Totalität der Welt spiegelnde, komplexe geistige Gebilde.[38] Dabei genügt es, Heartfields Werke mit dem ganz traditionellen kunstwissenschaftlichen Instrumentarium zu befragen; sie werden sich als wesentlich differenzierter erweisen, als Tretjakows Behauptung, daß »die vollendetsten seiner Arbeiten oft nicht mehr als zwei Elemente benutzen«, erwarten läßt. Fotomontage aber ist nicht nur eine Sache von Schere und Leim, mit denen der Monteur die vorgefundene Bildwelt zu rhetorischen Sprachfiguren menschlicher Gesten und Rede neu zusammenfügt; vielmehr schaffen, bezüglich der Gestaltungsmittel, zumindest noch die Raumauffassung, der Tonwertreichtum der Fotografie, die Retuschetechnik und das Tiefdruckverfahren Bedeutungen.[39]
Wenn wir in diesem Katalog erstmals versucht haben, sowohl Heartfields Entwürfe für Fotomontagen in ihrer feinplastischen Struktur als auch die AIZ-Seiten in der ästhetischen Eigenart des Tiefdruckes adäquat zu reproduzieren,

Links:
Etienne Carjat, Porträt Giacchino Rossini. Fotografie, 1860

Rechts:
John Heartfield, ›Nur keine Angst – Er ist Vegetarier‹. ›Regards‹ (Paris), 7. 5. 1932

so deswegen, um den *sinnlichen Zugang zur Komplexität der Werke Heartfields* zu ermöglichen. Vergleicht man ›originale‹ AIZ-Seiten mit den bisher üblichen Schwarzweißreproduktionen, so drängt sich nämlich dem Betrachter unmittelbar eine eigentümlich widersprüchliche Anmutung auf: Die Montage, die ihn durch ihre intellektuelle, geistvolle Schärfe überrascht, ist in der AIZ nicht kontrastreich und scharf konturiert gedruckt, sondern als warme, tonreiche Fläche. Sie verleiht dem Blatt nicht nur räumliche Geschlossenheit, sondern vermittelt auch eine malerische – handelte es sich nicht um Heartfield, man würde nicht zögern, das Wort auszusprechen –, ›romantische‹ Stimmung. Genau diese hat Heartfield gewollt, denn er hat sich für den Tiefdruck als dem seinen Montagen einzig adäquaten Reproduktionsmittel bewußt entschieden. Auch hat Heartfield, liest man die feinfühlige Beschreibung der Montageentwürfe durch seinen Fotografen Kuhnert, um eine kontrastreiche Wiedergabe zu vermeiden, für die montierten Fototeile »matt schimmerndes bräunliches Fotopapier in verschiedenen Tonwertabstufungen« verwendet.[40] Zudem gibt es »[i]n den Montageoriginalen ... niemals ein absolutes Schwarz, es ist immer ein tiefer, offener Ton. Wenn weiße Schrift auf die tiefen Töne von ihm geschrieben wurde, ... wählte er kein hartes Weiß, sondern er benutzte Zinkweiß, das einen ganz leichten Ton ins Grau hat und so eine Tonwertverbindung zu den Sepiatönen herstellte.«[41] Diese räumliche Stimmung, diese malerische Wirkung ist selbst Thema: Eine Sehnsucht nach innerer Harmonie steht in spannungsvollem Gegensatz zur problematisierenden, scharfgeschnittenen Satire. Vergleicht man die Montageentwürfe Heartfields mit fotografischen Arbeiten der Jahrhundertwende, so ist kaum zu übersehen, daß die besondere malerische Stimmung seiner Werke angeregt wurde durch die tonwertreiche piktorale Fotografie.

Die Harmonie wird zudem durch den geradezu ›klassischen‹ Bildaufbau bewirkt, auf den bereits Aragon hingewiesen hat, als er feststellte, daß der Betrachter »vor der in Front des Völkerbund-Palastes auf ein Bajonett gespießten Taube [Kat.-Abb. 88] ... oder vor dem Nazi-Weihnachtsbaum mit den zu Hakenkreuzen verbogenen Ästen [Kat.-Abb. S. 343] ... nicht nur das Erbe Dadas wiederfinden [wird], sondern das der ganzen Malerei von Jahrhunderten. Es gibt Stilleben von Heartfield, wie ... jenes Gerüst aus Hitler-Spielkarten [Kat.-Abb. 105], die mich unfehlbar an Chardin erinnern.«[42] Vor allem die späten Montagen sind durch ihren oft symmetrisch ausgewogenen, klar gegliederten Bildaufbau von einer Schlichtheit und Würde, die ihnen im Gegensatz zur illustrierten Satire Ambivalenz und Vieldeutigkeit verleihen. Der Bildraum konstituiert auf den zweiten Blick nicht weniger Bedeutung als die montierten Fototeile. Die Fotomontage bricht durch ihre differenzierte Bildstruktur ihre operative Funktion aus sich selbst heraus auf. Marina Schneede-Sczesny und Uwe Schneede haben an Heartfields legendärer Fotomontage ›Väter und Söhne‹ (Kat.-Abb. S. 36–37) schon 1969 registriert, daß ihr der »bewußt ›malerische‹ Bildaufbau mit dem dunklen Fond ... zugleich räumliche Einheit, Perspektive und inhaltliche Geschlossenheit, ›Stimmung‹ verleiht.«[43] Im Unterschied zu den zuvor entstandenen Collagen werden die Fotomontagen nun von einer Stimmung getragen, die dem Bildraum einen *imaginären* Charakter gibt. Wenn Heartfield seine Fotografen, Retuscheure und die Tiefdrucker zur Herausarbeitung von diesen zumeist unverständlichen Details (der Größe der Fototeile und dem Tonwert der Retusche) schindet, so in dem Bemühen, aus Fototeilen und Grauwerten einen *in sich stimmigen intakten Bildraum aufzubauen.*

Dieser imaginäre Bildraum erinnert oft an die relativ flachen Räume der Atelierfotografie. In der Tradition der piktoralen Fotografie heben sich zumeist Personen und Gegenstände im Vordergrund durch ihre fotografisch scharfe

Detailzeichnung vom tonig-unscharf oder weich ausgeleuchteten gemalten Atelierhintergrund ab. So wirkt (wie Eckhard Siepmann an der Montage ›Millionen stehen hinter mir‹ [Kat.-Abb. S. 338] erläutert) »die Fläche außerhalb der Körper... durch die sanften Lichtübergänge... ›weich‹ (...), die Fläche bleibt durch die Gegenstandslosigkeit undefiniert, die Binnenstruktur der Körper ist hochdefiniert«.[44] Auch hebt Heartfield in Anlehnung an den Piktoralismus in seinen Montagen (vor allem in den Porträtsatiren) Köpfe oder signifikante Gesten durch einen mittels Atelierlicht oder Retusche erzeugten, heiligenscheinartigen Lichtkreis hervor. Aus der genauen Betrachtung der Montageentwürfe ist abzulesen, mit welch exzessivem Einsatz der Retusche Heartfield seine imaginären Bildräume geschaffen hat: »Ungleiche Tonwerte von montierten Fototeilen mußten geschlossen werden, und Klebekanten wurden durch Spritzretusche für den Druck unsichtbar gemacht. (...) Dazu kommt tiefmatte Spritzretusche in den verschiedensten Tönen. Von Hellgrau über Ocker, Zartblau bis Sepia und Zinkweiß, zur Trennung oder Verstärkung von Linien. (...) Um dunkle Teile der Montage im Druck nicht zu verschwärzlichen, kann eine zartblaue Farbe über diese Partie gespritzt werden. Wenn tiefbraune Flächen von Fotos montiert werden und sie sollen im Druck als geschlossene Fläche erscheinen, wird das durch das Überspritzen mit Sepiabraun erreicht.«[45]
So sind seine Fotomontagen nicht nur aus einzelnen Foto- und Textteilen zusammengefügte Arbeiten mit einer einschichtigen – bloß agitatorischen – Bedeutungsebene, sondern komplexe, vieldeutige Bildgefüge, die durch die spannungsvollen Beziehungen der travestierten und vexierten Bilder und Texte, der harmonischen Komposition, durch den Tonwertreichtum der Fläche, die symbolische Licht- und Schattenverteilung und den imaginären Raum den Eindruck eines *surrealen* Geschehens vermitteln. »[W]as soll man tun«, schrieb Hans Hess, »wenn die Alltagsrealität absurd ist...? Genau das war Heartfields Problem, der von einer absurden Situation umgeben war. Er mußte die Mittel zur Beschreibung des Nichtabsurden finden. Heartfield fand sie in

Pablo Picasso, ›Katze und Vogel‹. Öl auf Leinwand, 1939. New York, Sammlung Mr. & Mrs. Victor W. Ganz

den Zeugnissen des normalen Lebens, das selbst so verrückt war, daß er mit seiner surrealistischen Methode eine realistische Kunstform schuf. Was er tun mußte und tat, war, den surrealistischen Prozeß umzukehren. Er verwandelte falsche Poesie in echte Prosa.«[46] Eine entideologisierte Kunstgeschichtsschreibung wird für die Analyse der klassischen Fotomontagen Heartfields die Nähe zum Surrealismus berücksichtigen können. Heartfield selbst lehnte zwar die weltanschaulichen Grundlagen des Surrealismus ab, nicht aber dessen künstlerische Innovationen: »All das bedeutet nicht«, sagte er zu Francis D. Klingender, »daß in der ... Atmosphäre der zwanziger und dreißiger Jahre der Surrealismus einigen Künstlern ... nicht als Sprungbrett zu einer positiveren Haltung gegenüber der Realität hätte dienen können. In einigen Fällen geschah dies zweifellos, etwa 1937–39.«[47]
In den einprägsamsten der in Prag vor seiner Flucht nach London entstandenen Montagen wird der Raum selbst immer mehr zum eigentlichen Bedeutungsträger. ›Illustration zu Grimms Märchen von der Katze und der Maus‹, ›Der Fuchs und der Igel‹, ›Das ist das Heil, das sie bringen‹, ›Krieg‹ (Kat.-Abb. 85, 113, 82, 97): Das sind keine Satiren mehr, da wird nichts mehr der Lächerlichkeit preisgegeben, da gibt es wenig Pointen. Hier artikulieren bedrängende Räume sowie bedrängte Figuren und Gegenstände nur noch Erschrecken und panische Angst, die Zeit »kurz vor dem Verdunkeln«.[48] Es sind »Grotesken, denen es weniger um Formkonzentrate als um breit ausgestaltete ›Weltbilder‹ mit szenischem Apparat oder um Visionen des schier Unglaublichen« geht.[49]
Anfang der achtziger Jahre hat Laszlo Glozer seine Retrospektive ›Westkunst‹ mit Werken eingeleitet, die kurz vor Ausbruch des Zweiten Weltkrieges entstanden. Mondrian, Klee, Picasso, Moore, Beckmann, Schlemmer, Kokoschka, Heartfield, die Jahre zuvor durch ihre still verinnerlichten oder lauthals verkündeten Programmatiken getrennt waren, rücken – betroffen von der eigenen Wirkungslosigkeit angesichts von Bilderverbrennungen und dem sich ankündigenden Weltenbrand – enger zusammen. »Die Entfernung vom Aufbruch, der gestutzte Höhenflug der Avantgarden in dem dritten Jahrzehnt sind in der Kunst ablesbar geworden (...) Hier ist die Gemeinsamkeit zu finden, eine ambivalente Stimmungs- und Ausdrucksaufladung der nicht so sehr neuen wie typischen Kunst der späten dreißiger Jahre. (...) Die Dramen nehmen zu, die Bildräume weiten sich ... aus, mit gefiltertem, deshalb nicht minder aufdringlichem Pathos. (...) Was praktisch geschieht, ist die verstärkte Reflexion über eine surrealistische Außenwelt im Bild, mit allen Registern der Ausdruckssteigerung. In diesem Kontext rücken Bilder unterschiedlicher Malstil-Herkunft und Gesinnung zusammen ...«[50]
›Katze und Vogel‹ von Picasso entstand 1939. »Da ist bildfüllend die Projektion ins Riesenhafte. Synchron sind die Fähigkeiten des monströsen Getiers gezeigt, die Kraft, sich zum schweren Boden zu wölben, und die Kraft zum Niederhalten, Ergreifen, Töten. Hügel könnten es sein, die Restansicht einer weiten Landschaft, wo sich das im Schleichen innehaltende Tier auftürmt, beherrschend einkrallt. Drei, vier konzentrische Ringe für die Augen suggerieren einen starr-bannenden Blick: Blitzaufnahme vom Überfall, ganz nah.«[51] Ein Jahr früher hatte Heartfield seine Montage zu Grimms Märchen von der Katze und der Maus (Kat.-Abb. 85) geschaffen. Auch bei ihm wird die Katze zu einer Monumentalfigur der Bedrohung, der Wald zu einem Raum, der die Menschen mit Angst erfüllt. Er erinnert an den deutschen Wald, in dem Hänsel und Gretel von ihren Eltern ausgesetzt wurden – und an Wieland Herzfeldes Schilderung des Ortes, an dem Heartfield ein für allemal erfahren haben muß, was Angst, Furcht, Verlorenheit ist: »Vier Tage lang suchte er, uns kleinere Geschwister allein in der Hütte wissend, die Mutter. (...) Wieder und wieder lief er in die

Wälder, voller Angst und Ratlosigkeit, und rief und schrie mit von Stunde zu Stunde, von Tag zu Tag zunehmender Verzweiflung immer nur das eine Wort: ›Mutter!‹ Diese vier Tage und Nächte der Verlorenheit haben sich unauslöslich in die Züge meines Bruders eingegraben.«[52]

1 John Heartfield, ›Heimkehr‹, in: *Rote Post* (Berlin), Januar 1932, zitiert nach: Roland März (Hrg.), ›John Heartfield: Der Schnitt entlang der Zeit‹, Dresden 1981, S. 284.
2 André Gide, zitiert nach: Claude Martin, ›Gide‹, Hamburg 1987, S. 135.
3 Walter Mehring, ›Verrufene Malerei. Berlin DADA: Erinnerungen eines Zeitgenossen‹, Düsseldorf 1983, S. 161.
4 Oskar Maria Graf, ›John Heartfield. Der Photomonteur und seine Kunst‹, in: *Deutsche Volkszeitung* (Paris), 20. 11. 1938.
5 Wieland Herzfelde, ›Immergrün‹, Berlin/Weimar 1976, S. 13.
6 Graf, ›John Heartfield‹ (wie Anm. 4).
7 Vgl. Gert Selle, ›Kultur der Sinne und ästhetische Erziehung‹, Köln 1981, S. 132ff.
8 Kurt Tucholsky, ›Deutschland, Deutschland über alles‹, Hamburg 1973 (Reprint), S. 20f.
9 Vgl. hierzu: Fritz Mierau, ›Erfindung und Korrektur. Tretjakows Ästhetik der Operativität‹, Berlin 1976, S. 19ff.; Werner Mittenzwei, ›Brecht und die Schicksale der Materialästhetik‹, in: ders., ›Kampf der Richtungen‹, Leipzig 1978, S. 7ff.; Eckhard Siepmann, ›Montage: John Heartfield‹, Berlin 1977, S. 180ff.
10 Sergei Tretjakow, zitiert nach: Mierau, ›Erfindung‹ (wie Anm. 9), S. 62.
11 Bertolt Brecht, ›Arbeitsjournal‹, Frankfurt a. M. 1973, Bd. 1, S. 439.
12 Hans Reimann, ›John Heartfield‹, in: *Das Stachelschwein* (Berlin), Juni 1927, S. 36.
13 Ebd., S. 37.
14 Ebd.
15 Sergei Tretjakow, ›John Heartfield montiert‹ (1936), in: ›John Heartfield‹ (wie Anm. 1), S. 298.
16 Lilly Becher, ›Beseelt von unserer Sache. Zur Heartfield-Ausstellung, Akademie der Künste (Berlin-Ost)‹ (1957), zitiert nach: Wieland Herzfelde, ›John Heartfield‹ (1962), 2. Aufl., Dresden 1971, S. 345.
17 Wieland Herzfelde, ›George Grosz, John Heartfield, Erwin Piscator, Dada und die Folgen – oder Die Macht der Freundschaft‹, in: *Sinn und Form* (Berlin), 23, 6, 1971, S. 1224–1251; hier: S. 1226.
18 Ebd.
19 Elias Canetti, ›Die Fackel im Ohr. Lebensgeschichte 1921–1931‹, Berlin 1983, S. 305.
20 Hans Hess, ›John Heartfield und das Wesen der künstlerischen Realität‹, in: ›John Heartfield‹ (wie Anm. 1), S. 477–501; hier: S. 490.
21 Werner Hofmann, ›Die Karikatur als Gegenkunst‹, in: Gerhard Langemeyer u. a. (Hrg.), ›Karikatur als Waffe‹, München 1984, S. 355.
22 Ebd., S. 365.
23 Ebd., S. 367.
24 Ebd.
25 Ebd., S. 368.
26 Ernst Bloch, ›Diskussionen über Expressionismus‹, in: *Das Wort* (Moskau), 6, 1938, S. 111.
27 Hess, ›John Heartfield‹ (wie Anm. 20), S. 489.
28 Ebd.
29 Vgl. Friedrich Arnold (Hrg.), ›Anschläge. Politische Plakate in Deutschland 1900–1980‹, Frankfurt/Olten/Wien 1985; ›Sozialistische deutsche Karikatur 1948–1978‹, hrg. v. H. Olbrich u. a., Berlin 1979.
30 Abgebildet in: Arnold, ›Anschläge‹ (wie Anm. 29), S. 100.
31 Abgebildet in: ›Sozialistische deutsche Karikatur‹ (wie Anm. 29), S. 32.
32 Abgebildet ebd., S. 132.
33 Abgebildet in: Siepmann, ›Montage‹ (wie Anm. 9), S. 273.
34 Roland März, ›Daumier und Heartfield – Deutsche Satire im Dialog‹, Berlin 1981.
35 Abgebildet in: Arnold, ›Anschläge‹ (wie Anm. 29), S. 84; vgl. März, ›Daumier und Heartfield‹ (wie Anm. 34), S. 34, 10; ›Karikatur als Waffe‹ (wie Anm. 21), S. 135.
36 Selle (wie Anm. 7), S. 140.
37 Georg Lukács, ›Es geht um den Realismus‹, in: *Das Wort* (Moskau), 6, 1938, S. 125.
38 Wie produktiv Kunstwerkanalysen Heartfieldscher Collagen und Montagen sind, zeigen die Beiträge von Hanne Bergius (›Leben und Treiben in Universal City, 12 Uhr 5 mittags‹) und Eckhard Siepmann (›Millionen stehen hinter mir‹), in: Siepmann, ›Montage‹ (wie Anm. 9), S. 43ff. und 240ff.
39 Bernd Kuhnert, ›Die Tonwerte bei Heartfield-Montagen‹, in: Siepmann, ›Montage‹ (wie Anm. 9), S. 283.
40 Ebd.
41 Ebd.
42 Louis Aragon, ›John Heartfield und die revolutionäre Schönheit‹, in: Siepmann, ›Montage‹ (wie Anm. 9), S. 256.
43 Marina Schneede-Sczesny/Uwe M. Schneede, ›Zur Technik und Kunstform der Fotomontage bei Heartfield‹, zitiert nach: ›John Heartfield‹ (wie Anm. 1), S. 197.
44 Eckhard Siepmann, ›Die Millionen-Montage‹, in: ders., ›Montage‹ (wie Anm. 9), S. 246.
45 Kuhnert, ›Tonwerte‹ (wie Anm. 39), S. 283.
46 Hess, ›John Heartfield‹ (wie Anm. 20), S. 492.
47 Francis D. Klingender, Mitschrift eines Gesprächs mit Heartfield (2. 3. 1944) über Dadaismus und Surrealismus, zitiert nach: ›John Heartfield‹ (wie Anm. 1), S. 63.
48 Oskar Schlemmer, zitiert nach: Laszlo Glozer, ›Westkunst‹, Katalog Messehallen, Köln 1981, S. 74.
49 Hofmann, ›Karikatur‹ (wie Anm. 21), S. 371.
50 Glozer (wie Anm. 48), S. 35–36.
51 Ebd., S. 25.
52 Herzfelde, ›Immergrün‹ (wie Anm. 5), S. 13.

›Nach zehn Jahren: Väter und Söhne 1924‹.
Fotomontage, 1924. Kat.-Nr. 178

Klaus Honnef

Symbolische Form als anschauliches Erkenntnisprinzip

Ein Versuch zur Montage

I

»Der Schnitt, das ist das Einfügen der zerlegten Details in eine geordnete Reihe, in der nicht nur ganze Szenen (und mögen sie noch so kurz sein) aufeinander folgen (ähnliches geschieht auch auf der Shakespeare-Bühne), sondern auch Aufnahmen kleinster Einheiten innerhalb einer Szene. Aus dieser entsteht, wie aus zeitlich nacheinander gelegten Würfeln eines Zeitmosaiks, die Szene als Ganzes. Das ist die Montage, der Schnitt.«[1]

Die knappe, griffige Definition des frühen Filmtheoretikers Béla Balázs ist mehr als die bloße Beschreibung eines bedeutsamen ästhetischen Anwendungsprinzips in der Kunst des 20. Jahrhunderts; sie greift weit darüber hinaus und beleuchtet zugleich die Reichweite dieses methodologischen Elements auf ein Großteil, wenn nicht die Gesamtheit der ästhetischen Produktion in Vergangenheit und Gegenwart. Sie beschränkt sich eben nicht auf den Film, worauf sie zunächst gemünzt ist, vielmehr bezieht sie durch die spezifische Wortwahl von »Szene« und »Mosaik« auch die darstellende Kunst des Theaters und die visuelle Kunst der Bildwerke in die begriffliche Bestimmung dessen, was mal »Schnitt«, mal »Montage« genannt wird, ein. In der Sprache der Filmtheorie stehen beide Bezeichnungen für ein und dieselbe Sache: für die geläufige Praxis, die einzelnen Bestandteile eines Films, die aus unterschiedlichen Einstellungen und Aufnahmen[2], die zumeist an verschiedenen Orten und auch nicht in der chronologischen Folge des Filmstoffes gedreht werden, sich gleichwohl aber hinsichtlich der Länge auf einer normierten Filmrolle befinden, im ersten Schritt auseinanderzuschneiden und im zweiten nach Maßgabe eines übergeordneten Filmkonzepts wieder zusammenzufügen. In der Bezeichnung vom ›Schnitt‹ spiegelt sich die instrumentelle Seite des Verfahrens, dessen Werkzeug die Schere ist, während sich im Begriff der ›Montage‹ bereits eine ästhetische Dimension einstellt, die obendrein vielfältige soziokulturelle Züge trägt. Im Deutschen und Englischen apostrophiert man den Vorgang als *Schnitt* oder *cutting*, im Französischen hingegen spricht man von *montage*. Demgemäß bietet sich auch der Begriff ›Montage‹ an, wenn es gilt, das Resultat der voneinander getrennten und danach neuerlich verbundenen Fragmente eines sich als Ganzes verstehenden ästhetischen Gebildes in bezug auf seine Bildstruktur zu benennen. Es handelt sich mithin um ein ›montiertes‹ Gebilde, um ein ästhetisches Produkt aus heterogenen Bestandteilen.

Beide Bezeichnungen, sowohl die der ›Montage‹ als auch die des ›Produkts‹, verweisen auf einen industriellen Faktor in der Herstellung von Kunstwerken. Sobald sie in der ästhetischen Terminologie an die Stelle der traditionellen Bezeichnungen wie ›Werk‹ oder dessen überhöhter Version, der ›Schöpfung‹, treten, signalisieren sie ein gewandeltes Selbstverständnis der künstlerischen Arbeit wie ihrer theoretischen Reflexion, und zugleich manifestieren sich in diesen Bezeichnungen, die sich in bestimmten ästhetischen Haltungen längst zu Begriffen gehärtet haben, die veränderten sozialen und kulturellen Voraussetzungen und Bedingungen, denen die Kunst jeweils unterliegt. Vor allem der Begriff ›Montage‹ hat sich in der ästhetischen Diskussion eingebürgert, und nicht allein der Film erblickt in der Montage eines seiner entscheidenden Anwendungsprinzipien. In der Literatur, dem Theater, namentlich dem ›dokumentarischen Theater‹, nicht zuletzt in der Bildenden Kunst ist er heimisch geworden, wobei er allerdings lediglich im Film eine prinzipielle Bedeutung erfahren hat, sich in den übrigen künstlerischen Feldern indessen auf die Charakterisierung besonderer poetischer, dramaturgischer oder visueller Disziplinen beschränken muß.

Die Bildende Kunst differenziert zwischen Collagen, Montagen und Assemblagen. Schneide- und Klebearbeiten aus Papier finden sich unter der Bezeichnung ›Collage‹ erfaßt; die künstlerischem Gestaltungswillen sich verdankende Kombination von Gegenständen und Materialien unterschiedlicher Herkunft und Beschaffenheit wird als ›Assemblage‹ umschrieben, und auf dem Gebiete der Fotografie, die sich gegenüber der Kunst im Anspruch auf ästhetische Wertschätzung stets unter einem gewissen ›Legitimationsdruck‹ (Wolfgang Kemp) befand, hat sich die Bezeichnung ›Montage‹ zu einem Begriff für die Ergebnisse einer Gratwanderung zwischen Fotografie und Kunst entpuppt. Nichtsdestoweniger sprengt aber die Montage sämtliche dieser terminologischen Engführungen und erhebt sich bei genauerer Betrachtung zu einem in jeglichem Hinblick symptomatischen Gestaltungs- und Strukturprinzip der künstlerischen Entwicklung seit dem Ende der unbestrittenen Vorherrschaft der Perspektive als ›symbolischer Form‹.[3]

Wenn es gleichwohl in der Regel der Film ist, der die überzeugendsten Beispiele für die exemplarische Bedeutung der Montage im Spektrum der Kunst liefert, so zeugt das einerseits von der schöpferischen Kraft, die er während der Phase der Erneuerung der Kunst im ersten Viertel des 20. Jahrhunderts besaß, was im übrigen die Künste generell nicht unberührt ließ, andererseits aber auch von der Faszination, die er auf die maßgebenden ästhetischen Theoretiker der Zeit ausübte. Infolgedessen treffen Arnold Hausers Feststellungen, angeregt durch die bahnbrechenden Filme der russischen Regisseure wie Sergei M. Eisenstein und Wsewolod Pudowkin (selber fruchtbare Theoretiker des Prinzips der Montage), keineswegs nur auf dieses Medium zu, und der Autor formuliert sie auch vor dem Hintergrund der dramatischen Veränderungen in Theater, Film und Bildender Kunst: »Das Umwälzende dieser Montagetechnik aber bestand eigentlich nicht in der Kürze des Schnittes, nicht im Tempo und in der Rhythmik des Bildwechsels, auch nicht in der Erweiterung der Grenzen des filmisch Darstellbaren, sondern darin, daß hier nicht mehr die Phänomene einer homogenen Gegenstandswelt, sondern durchaus heterogene Seinselemente miteinander konfrontiert wurden.«[4] Und am Exempel des berühmtesten aller russischen Montagefilme erläutert Hauser in anschaulicher Weise, was die Montagetechnik zu bewirken vermag: »So zeigte Eisenstein in ›Panzerkreuzer Potemkin‹ etwa folgende Bildersequenz: Erregt arbeitende Männer, Maschinenraum des Kreuzers, hastige Hände, rotierende Räder; vor Anstrengung verzerrte Gesichter, Maximalabstand des Manometers; eine verschwitzte Brust, ein glühender Kessel; ein Arm, ein Rad; ein Rad, ein Arm; Maschine, Mensch; Maschine, Mensch; Maschine, Mensch. Zwei durchaus verschiedene Wirklichkeiten, eine seelische und eine dingliche, wurden hier miteinander verbunden und nicht nur verbunden, sondern identifiziert, ja, die eine aus der anderen entwickelt. Eine solche bewußte und vorsätzliche Grenzüberschreitung aber setzt eine Weltanschauung voraus, die die Autonomie der einzelnen Lebensbezirke leugnet ...«[5]

Im Film unterbricht die Montage den kontinuierlichen Fluß der filmischen Erzählung, rafft und verlängert ihn je nach Erfordernis, und sie zerstört außerdem den Eindruck des homogenen Raums als Spielstätte der Erzählung, den die Bilder der Malerei – und in deren Nachfolge die Bilder der Fotografie – kraft planperspektivischer Ordnung des bildnerischen Inventars erwecken. Der Raum verliert in dieser Bildkunst seine rationale Logik, seine kalkulierte Überschaubarkeit, seine scheinbare Objektivität. Vorderhand verliert er aber seine unanfechtbare Geltung, vermeintlich zementiert noch durch die Entdeckung eines mechanischen Verfahrens der Bildherstellung, der Fotografie nämlich, die ihren ersten, empirieversessenen Befürwortern zufolge das »Mittel konkreter Detailzeichnung sei, ein fixiertes Spiegelbild der Natur oder substantieller – ein Naturabdruck«.[6] Anstelle des »plastischen Bildraums der Renaissance«[7] trat

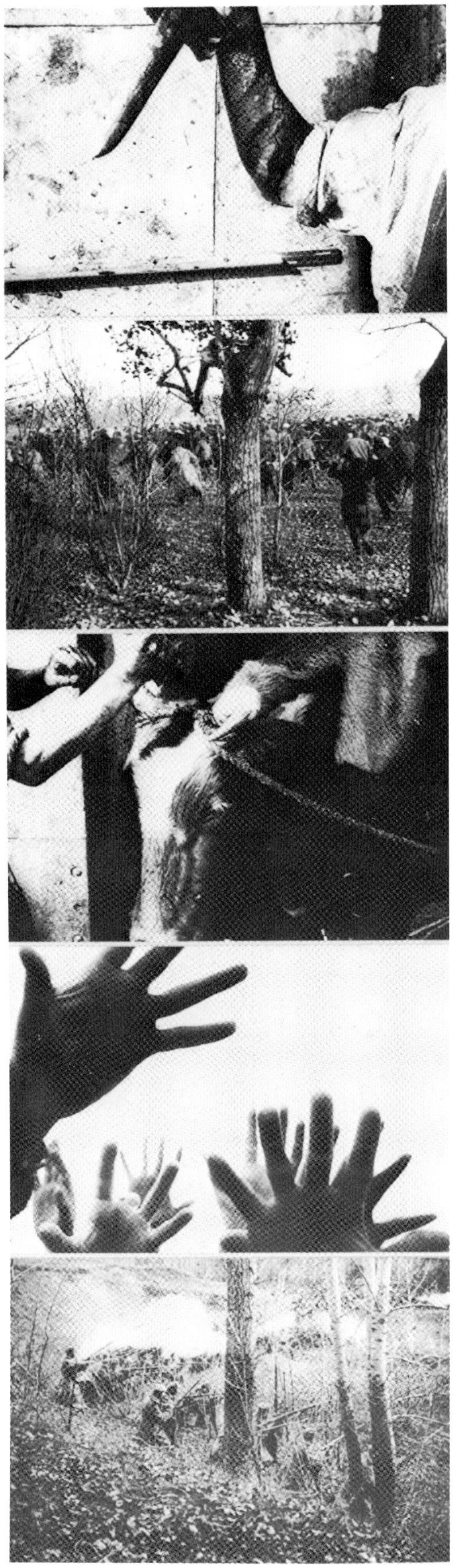

S. 40, 41:
Sergei Eisenstein, ›Streik‹, 1924. Gegenschnittfolgen der Sequenzen ›Schlachthof‹ und ›Zerschlagung‹

in der Kunst des Films der zersplitterte, facettenartige, unstetige Raum der Montage. Nur die ungeheure Suggestion der laufenden Bilder des Films täuscht über den konstruierten, künstlichen Charakter der montierten räumlichen Gestaltung hinweg. Wenn jedoch Balázs diesen uneinheitlichen und diskontinuierlichen Raum der Montage einer größeren Anschaulichkeit zuliebe mit dem Bildtypus des Mosaiks vergleicht, vernachlässigt er den wohl gewichtigsten Unterschied. Die vielen Mosaiksteinchen weichen im Umfang kaum voneinander ab, sie besitzen allesamt die gleiche formale und inhaltliche Bedeutung, und ihre Plazierung gehorcht einem einheitlichen Bildplan. Demgegenüber ist die formale und inhaltliche Gewichtung des einzelnen Segmentes einer montierten Bildfolge ganz und gar verschieden, und die diskontinuierliche Anordnung ist ihr hervorstechendes Strukturprinzip. Die bildnerische Organisation der Montage weist einzelnen Elementen ein gewisses Maß an Autonomie zu[8], ersetzt die Einheitlichkeit des ›Durchblicks‹[9] auf die Gegenstandswelt der zentralperspektivischen Malerei durch ein multiperspektivisches Gefüge vielfältigster Ansichten und löst die Position der Betrachter aus der festen Verankerung, die ihnen der »plastische Bildraum« vorgibt.[10]
Zwar hat sich bislang das ästhetische Prinzip der Montage im Film am wirkungsvollsten entfaltet, und nicht ganz zufällig versah Hauser das letzte Kapitel seiner imponierenden ›Sozialgeschichte der Kunst und Literatur‹ mit der lapidaren Überschrift ›Im Zeichen des Films‹[11], doch auch in dieser »siebten« der Künste, wie der Film seinerzeit gerne genannt wurde, hat sich die Montage als einflußreiches Mittel der formalen und inhaltlichen Gestaltung erst allmählich herauskristallisiert, und dem Film kommt auch nicht das Primat der Erfindung zu. Allerdings hatte die Montage im Film als entscheidender Bestandteil seiner Ästhetik bereits vor Ausbruch des Ersten Weltkrieges einen nicht wegzuleugnenden Reifegrad erlangt. Sie zum ersten Mal konsequent genutzt und ihre künstlerische Wirksamkeit erkannt und erprobt zu haben – dieses Verdienst fällt dem amerikanischen Filmregisseur David Wark Griffith zu; ein Verdienst, das auch dadurch nicht geschmälert wird, daß er von Experimenten der Brightoner Schule und des Spielfilmpioniers Edwin S. Porter zu profitieren vermochte.[12] Selbst Eisenstein billigte ihm die Rolle eines bemerkenswerten Vorreiters zu.[13]
Gleichwohl erstreckt sich das Herrschaftsgebiet der Montage beileibe nicht nur auf den Film. Obgleich man der Einschätzung von Sergei Tretjakow zustimmen kann, daß der Film, in seinen Worten: »das Kino«, eine Art »Küche« zumindest für die »Fotomontage«[14] gewesen sei, ist die Montage den traditionellen Bildenden Künsten nicht fremd. Im Gegenteil – schon bevor der Film ihre ästhetischen Möglichkeiten zu nutzen begann, hatten sich in der Bildenden Kunst analoge Vorformen der Montage herausgebildet. In der »lange[n] Ahnenreihe«[15] der Collagen und »Materialbilder« führt Herta Wescher sowohl Beispiele aus der japanischen Hintergrundmalerei für die Kalligraphien des 12. Jahrhunderts, die ziselierten Schmuckformen der Ikonenmalerei, die Quodlibets des Barock und die niederländischen Scherenschnitte des 17. Jahrhunderts als auch folkloristische Klebereien mit ›bannender‹ Ausrichtung und die populären Foto-Collagen des 19. Jahrhunderts an, die als Grüße vom Strand verschickt wurden. Auch die eigentliche Foto-Montage ist kein Kind des ›filmischen Zeitalters‹, hatte sie doch in den britischen Kunstfotografen Oscar Rejlander und H. P. Robinson[16] ihre tatsächlichen Väter. Als bildnerisches Rüstzeug, wenngleich eher für »Produkte von Kunsthandwerk, Volks- und Liebhaberkunst« und somit »auf den Seitenlinien der künstlerischen Entwicklung«[17], ist die Montage der Kunstgeschichte vertraut. Und in der Geschichte der Fotografie erfüllte sie schon, ehe sich die Fotomonteure der Avantgarde[18] ihrer bedienten, dezidiert

agitatorische Zwecke: »Auf einem primitiven Beispiel, der Erschießung der Geiseln, die unter der Herrschaft der Pariser Commune am 24. Mai 1871 im Hof des Gefängnisses La Roquette stattfand, sind die Portraitköpfe der Geiseln, in der Mehrzahl geistliche Würdenträger, und der die Exekution überwachenden Communarden auf Figuranten geklebt, die vor der Gefängnismauer auf einer Art Bühne placiert sind. Um die schießende Mannschaft dicht gereiht in Erscheinung treten zu lassen, ist die gleiche Detailaufnahme mehrfach nebeneinander kopiert.«[19] Aufschlußreich ist ebenfalls der Umstand, daß zahlreiche Schriftsteller wie Victor Hugo, Joachim Ringelnatz und Hans Christian Andersen sich mit der Fertigung von Collagen beschäftigt haben. So stammt aus der Hand des Märchenerzählers ein collagierter ›Wandschirm‹ (1873/74).[20] Dieser nimmt in seiner formalen Auffassung vieles der Fotomontagen Dadas oder des Montagefilms ›Symphonie einer Großstadt‹ (1927) von Walter Ruttmann vorweg. Und nicht von ungefähr zitiert Eisenstein, um seine theoretischen Reflexionen der Montage historisch zu fundieren, häufig die Werke von Schriftstellern wie Maupassant und Puschkin[21], ja, er schlägt eine Brücke zwischen den literarischen Werken von Charles Dickens und Griffiths filmischen, wobei in seinen Augen der amerikanische Filmregisseur der Montagetechnik des englischen Schriftstellers die anschauliche Form verliehen hat.[22] »Und so ist es ganz natürlich, daß Griffiths Konzeption der Montage wie ein Spiegelbild seiner dualistischen Auffassung von der Welt wirkt, einer Welt nämlich, die in den zwei parallelen Linien der Armen und der Reichen zu einer nebelhaften, hypothetischen ›Versöhnung‹ gelangt, sobald...sich die parallelen Linien treffen, das heißt in der Unendlichkeit, die genauso unerreichbar ist wie die verheißene ›Versöhnung‹ selbst.«[23]
Das Besteck lag bereit, die Technik war verfügbar. Dennoch fehlte es der Technik an jenem Stoff, wodurch die Montage sich schließlich zur zeitgenössischen symbolischen Form verdichtete. Noch fehlte die ästhetische Dimension, und man darf füglich bezweifeln, ob die von Eisenstein in die Debatte geworfenen Literaten von der Technik der Montage in dem Verständnis Gebrauch gemacht haben, das dem Filmautor vorschwebte. Andererseits hatte sich aber auch ein neues Medium unter den Bildkünsten alsbald der Montage bemächtigt; ein Medium, das die moderne industrielle Gesellschaft so beständig begleitet wie das Licht der Kathedralen die feudale des späten Mittelalters bestrahlt und, obwohl es von Künstlern mitunter befruchtet wurde, wie einst die Sirenen für die Mannschaft des saumseligen Heimkehrers Odysseus zur ernsthaftesten Gefahr einer Kunst werden sollte, die sich zunehmend auf einen autonomen Status berief: die Reklame. Anfang des 19. Jahrhunderts waren die Verfahren der Montage und der Collage in der Werbung ganz gebräuchliche Ausdrucksmittel.[24]

II

Seit den bahnbrechenden Errungenschaften der Renaissance ruhte das Weltbild der Bildenden Kunst in der festgefügten Struktur der zentralperspektivischen Bildregelung. Im zentralperspektivischen Bild erschien die sichtbare Welt, und nicht minder die metaphysische, als würde man sie durch ein Fenster betrachten.[25] Albrecht Dürer sprach von einer ›Durchsehung‹, um zu charakterisieren, was sich auf der Leinwand abspielt. In dem Maße, wie sich Künstler und Wissenschaftler vor dem Hintergrund der aufkommenden bürgerlichen Gesellschaft mit ihren sich allmählich verfeinernden rationalen Strategien der unmittelbaren Lebensbewältigung die sichtbare Welt eroberten, hatte sich die Frage nach einer den wachsenden Einsichten und Erkenntnissen gemäßen Darstellung ergeben. Das Ergebnis ist eine – gemessen an der Anschauung des

Mittelalters mit seiner rein metaphysischen Ausrichtung – Neuordnung der bildnerischen Komposition. Sie manifestiert sich in der planimetrischen Organisation der abgebildeten Gegenstände im Netz der auf einen einzigen Blickpunkt hinschießenden Linien der zentralperspektivischen Konstruktion. In der Literatur ist sie als ein Schnitt durch die Sehpyramide definiert worden, wobei man unterstellt, daß ein Sehzentrum Strahlen auf den abzubildenden Gegenstand aussendet (oder umgekehrt), die in der Konstruktion des planperspektivischen Bildes als Verbindungslinien zwischen diesem und den Gegenständen behandelt werden.[26] »In der Erfindung der zentralperspektivischen Konstruktion vollzieht sich die Annäherung zwischen den Wissenschaften und Künsten. Sie ist Ausdruck eines Bestrebens, ›Phantasie und Ratio als Grundimpulse jeder künstlerischen Gestaltung zu einer Synthese zu führen‹ (Heydenreich 1972), das heißt, sich nicht mehr mit der subjektiven Beobachtung und Erfahrung zu begnügen, sondern, um es mit den Worten von Max Dvořák zu sagen, ›die der Wahrnehmung und Erfahrung zugrundeliegende allgemeine natürliche Ursächlichkeit zum Maßstab des wahren künstlerisch Bedeutsamen‹ zu erheben (1927).«[27]

Um das, was sich die Künstler auf empirischem Wege aneigneten, in ein Bild zu verwandeln, in dem sich diese anschauliche Erfahrung spiegelte, bedurfte es eines Parameters, der gleichzeitig auch die zufälligen Erfahrungen in eine Art Gesetzmäßigkeit umzuschmelzen in der Lage war. Die Geometrie steuerte die entsprechenden Hilfsmittel dazu bei. Auf der Tagesordnung der künstlerischen Bestrebungen standen ebensowohl die Abbildung als auch die Erkenntnis des Dargestellten. In drei Schritten vollzog sich der Prozeß, wie Arnold Gehlen anhand des künstlerischen Werkes von Leonardo feststellt: Nach dem Studium der Naturerscheinung erfolgte die erkenntnistheoretische Durchdringung der komplizierten Vorgänge, dank derer die erworbenen Erfahrungen ins menschliche Bewußtsein gehoben werden, und daraufhin die Umsetzung der Ergebnisse von Seh- und Denkanstrengung vermittels ›Technik‹ in die bildnerische Vergegenwärtigung. »Erst diese drei Schritte zusammen ergeben das, was auch heute noch Wissenschaft im Vollsinne genannt werden würde, als Idee ist sie auch heute noch unverändert gültig, aber sie ist *niemals,* auch in der Gegenwart nicht, so *weitgehend* verwirklicht worden wie in der Renaissancemalerei!«[28]

David Wark Griffith, ›Die Geburt einer Nation‹, 1915. Sequenz

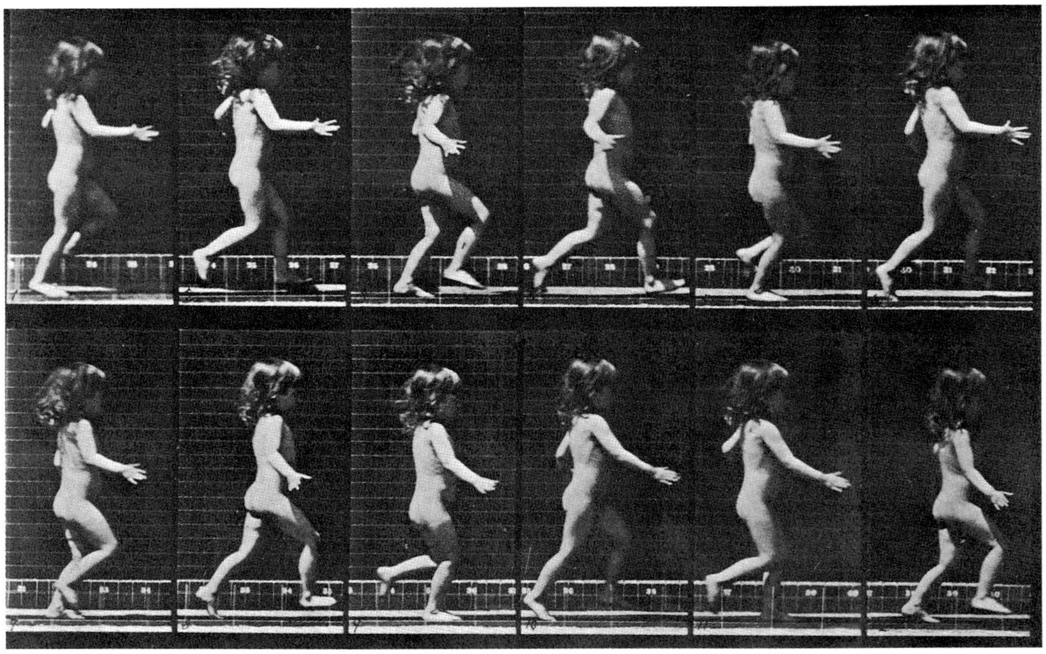

Eadweard Muybridge, Fotosequenz, um 1873

Sicherlich ist ihre Affinität zu den Anfängen naturwissenschaftlicher Forschung eine der Ursachen für die beinahe ›natürliche‹ Plausibilität der planperspektivischen Bildstruktur. Gleichwohl ist diese Bildstruktur nichts weiter als eine Konstruktion von vergleichsweise hohem Abstraktionsgrad. Sie abstrahiert vollständig von den physiologischen Bedingungen des Sehaktes, indem sie voraussetzt, daß man nur mit einem unbewegten Auge zu sehen vermag. Denn der Schnitt durch die Sehpyramide wäre nur unter dieser Voraussetzung die angemessene Wiedergabe des Sehbildes. Darüber hinaus ist »die Struktur eines unendlichen, stetigen und homogenen, kurz rein mathematischen Raumes . . .demjenigen des psycho-physiologischen geradezu entgegengesetzt«.[29] Erwin Panofsky zitiert Ernst Cassirer: »Die Wahrnehmung kennt den Begriff des Unendlichen nicht; sie ist vielmehr von vornherein an bestimmte Grenzen der Wahrnehmungsfähigkeit und somit an ein bestimmtes abgegrenztes Gebiet des Räumlichen gebunden. Und so wenig wie von einer Unendlichkeit des Wahrnehmungsraumes läßt sich von seiner Homogeneität sprechen. Die Homogeneität des geometrischen Raumes beruht letzten Endes darauf, daß alle seine Elemente, daß die ›Punkte‹, die sich in ihm zusammenschließen, nichts als einfache Lagebestimmungen sind, die aber außerhalb dieser Relation, dieser ›Lage‹, in welcher sie sich zueinander befinden, nicht noch einen eigenständigen selbständigen Inhalt besitzen. Ihr Sein geht in ihrem wechselseitigen Verhältnis auf: Es ist ein rein funktionales, kein substantielles Sein.«[30]
Trotz ihrer verblüffenden Nähe zum subjektiven Seheindruck hat sich die Perspektive nicht ohne weiteres in den Köpfen der Zeitgenossen durchgesetzt. Als dieses überzeugungskräftige Anschauungsbild der Welt seinerseits die über Jahrhunderte währende Unanfechtbarkeit eingebüßt hatte, konnte Pierre Francastel diagnostizieren: »Die ›Erfinder‹ der überperspektivischen Raumdarstellung der Renaissance sind Schöpfer von Illusion und nicht besonders geschickte Nachahmer der Wirklichkeit. Außerdem sind sie sich, zumindest anfänglich, selbst untereinander nicht einig, mit welchen Verfahrensweisen sie ihre Zeitgenossen am besten zu einer problemlosen Akzeptierung dieses Illusionismus bewegen könnten, in dem sowohl die technischen und naturwissenschaftlichen Erkenntnisse wie Seh- und Denkgewohnheiten ihrer Zeit verarbeitet wurden. Der neue Raum ist eine Verbindung von Geometrie und neuerfundenen Mythen, wo dem technischen Wissen ebensoviel Bedeutung zukommt wie den individuellen und kollektiven Anschauungen.«[31] Daß die Perspektive auch den Zeitgenossen als künstliche Konstruktion erschien, belegt die Äußerung eines ihrer virtuosesten Anwender: »Es gibt drei Arten der Perspektive: Die erste befaßt sich mit den Gründen dafür, daß die Dinge immer kleiner werden, je weiter sie sich vom Auge entfernen, man nennt sie die (Verkleinernde) Perspektive; die zweite spricht davon, wie die Farben wechseln, wenn sie sich vom Auge entfernen, die dritte befaßt sich mit der Frage, warum die Dinge umso weniger scharf umrissen sein müssen, je weiter sie entfernt sind. Sie sollen wie folgt genannt werden: lineare Perspektive; Perspektive der Farben; Perspektive der Deutlichkeit.«[32] Dessen ungeachtet attestierte Leonardo der linearen Perspektive ihre Nähe zur subjektiven Seherfahrung: ». . .die Perspektive ist der deutliche Beweis, durch den die Erfahrung bestätigt, daß alle Dinge über pyramidenbildende Linien dem Auge ihr Bild schicken; und gleich große Körper werden Pyramiden mit größeren oder kleineren Winkeln haben, je nach dem Unterschied ihres Abstands (vom Auge). Unter pyramidenbildenden Linien verstehe ich diejenigen Geraden, die von den äußersten anderen der Körper ausgehen und in der Ferne in einem Punkt zusammenlaufen. Punkt nennt man, was sich an keiner Stelle mehr teilen läßt, und dieser Punkt ist der, der sich im Auge befindet und die Punkte aller Pyramidenspitzen in sich aufnimmt.«[33]

H. P. Robinson, ›Nor' Easter‹. Combination print, 1890
Kombination zweier Fotografien (Landschaft mit Figur, Himmel) zu einer dritten

Walter Ruttmann, Collage für seinen Film ›Berlin – Die Symphonie einer Großstadt‹, 1927

Ebensowenig wie die Montage taucht die Perspektive in der Geschichte der Kunst aus dem Nichts auf. Sie amalgamiert künstlerische Entwicklungen auf dem Gebiete der gotischen Plastik wie auch schriftlich überlieferte Vorstellungen der antiken ›Scenographia‹ und ihrer ›winkelperspektivischen‹ Bildordnung[34]; daneben steht sie in engem Zusammenhang mit der gleichzeitigen Ausbildung einer rationalen, die Erforschung von Gesetzmäßigkeiten in der Natur und im gesellschaftlichen Gebaren forcierenden Haltung der allmählich tonangebenden sozialen Schicht des städtischen Handelsbürgertums. Im planperspektivisch geregelten Bild hat jedes Detail seinen kalkulierbaren Platz, und gerade die mathematisch untermauerte Vision des Unendlichen dieser Bilder suggeriert stillschweigend, daß dies auch in Ordnung und für ewige Zeiten sanktioniert sei. Es darf füglich bezweifelt werden, ob der perspektivische Begriff der Unendlichkeit lediglich auf der Formalebene bedeutsam geworden ist. Wenn der kluge Eisenstein diese über Jahrhunderte unstrittige bildnerische Konvention in seinen Vorbehalten gegen den Gebrauch der Montage durch Dickens und Griffith[35] auf die gesellschaftliche Ebene transponiert, bestreitet er entschlossen die verbreitete Vorstellung, wonach die Kunst mit der gesellschaftlichen Wirklichkeit nichts zu schaffen habe. Auch wenn die vielfältigen Versuche fehlgeschlagen sind, die Werke der Kunst als platte Widerspiegelungen der sozialen Verhältnisse und Konflikte aufzufassen[36], ist ebenfalls der Umkehrschluß, das Kunstwerk gehorche ausschließlich eigenen Normen und sei nicht auch »Träger von vorgegebenen Programmen, . . . Ausdruck von verborgenen Absichten oder Ideen . . . Spiegel mithin, der Fremdes reflektiert und nicht sich selbst«[37], durch empirische Untersuchungen entkräftet. Sogar die Kunst der Avantgarde, deren Selbstverständnis auf dem Postulat der Autonomie gründet, läßt sich ohne weiteres im gesellschaftlichen Kontext als signifikanter ›Text‹, meinethalben auch ex negativo, interpretieren.

Somit schürzt sich das Problem bis zu jenem Punkt, wo man klären muß, ob die Perspektive nicht mehr ist als ein bloßes Hilfsmittel, den subjektiven Seheindruck in einem plausiblen Anschauungsmodell wiederzugeben – ob sich nicht in der Perspektive eine kollektive, anschaulich formulierte Weltsicht der Dinge und der Vorstellungen offenbart, die, im Einklang mit den vorherrschenden geistigen und seelischen Strömungen der Zeit, diese deshalb auch adäquat zu objektivieren wußte? Die optische Signatur einer wechselhaften Epoche gleichsam? Panofsky läßt bereits durch den Titel seines Essays ›Die Perspektive als »symbolische Form«‹[38] keinen Zweifel daran, daß die Perspektive fest mit den philosophischen und anthropologischen Wirkkräften in der menschlichen Gesellschaft verknüpft ist. Demnach sei es, so lautet sein Resümee, »kein Zufall, daß diese perspektivische Raumanschauung [die er sorgfältig von der nur perspektivischen Konstruktion scheidet – K. H.] in dem bisherigen Verlauf der künstlerischen Entwicklung zweimal sich durchgesetzt hat: das eine Mal als Zeichen eines Endes, als die antike Theokratie zerbrach – das andre Mal als Zeichen eines Anfangs, als die moderne Anthropokratie sich aufrichtete.«[39]

Raoul Hausmann, ›Dada siegt‹. Collage, 1920. Verschollen

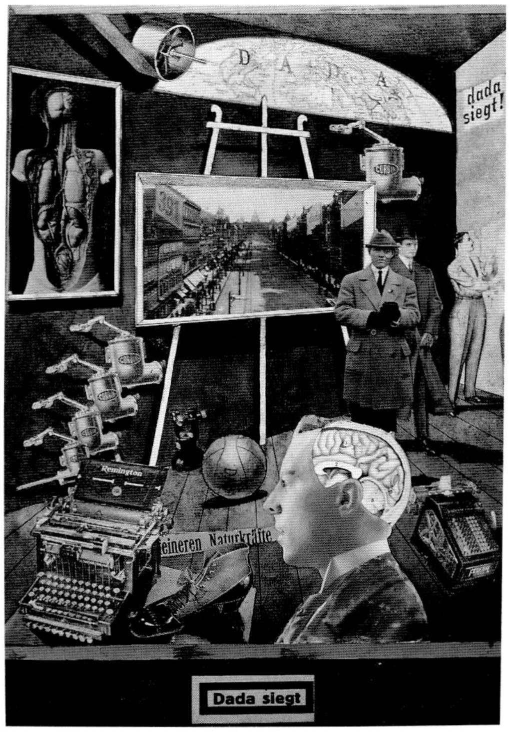

III

Im Lichte des Essays von Panofsky zeigt sich die Perspektive als eine ›symbolische Form‹, wie Ernst Cassirer sie definiert hat. Als symbolische Formen begreift der Philosoph den Mythos, die Sprache, die Technik, das Recht, die Kunst, die Religion und die Wissenschaft wie die Historie, und ein einziges Mal den Bereich der Wirtschaft: »Unter einer ›symbolischen Form‹ soll jede Energie des Geistes verstanden werden, durch welche ein geistiger Bedeutungsgehalt an ein konkretes sinnliches Zeichen geknüpft und diesem Zeichen innerlich zugeeignet wird.«[40] Es leidet keinen Zweifel, daß die Perspektive, falls man sie im

Sinne Cassirers als »konkretes, sinnliches Zeichen« begreift, einen »geistigen Bedeutungsgehalt« zum Ausdruck bringt. Was aber für die Perspektive recht ist, muß für die Montage nicht unbedingt billig sein. Obwohl die fotografischen und filmischen Bildkünste und auch das Fernsehen, dessen elektronische Bedingungen eigentlich zu einem völlig neuen Anschauungsbild der Welt führen müßten, an der planperspektivischen Darstellung im Einzelbild nach wie vor festhalten (und aufgrund ihrer technischen Voraussetzungen auch nicht anders können), fristet sie in der Bildenden Kunst, die ihr einstiges Terrain war, nur noch ein Dasein als Zitat, dessen Aufgabe es ist, den illusionären Charakter des plastischen Bildraums zu enthüllen oder zu entlarven. Und denkt man sich die in zeitlicher Folge aneinandergereihten Bilder der Filmrolle auf eine Fläche nebeneinanderprojiziert, dann sprengt sich der homogene Bildraum des planperspektivischen Gemäldes der Renaissance auf zugunsten eines kaleidoskopartigen ›Mosaiks‹[41], das nachdrücklicher einem gleichmäßig geordneten Flickenteppich gleicht als einer vereinheitlichten ›Durchsehung‹ der Gegenstandswelt. Unter diesem Gesichtspunkt bedeutete die Fotografie in bezug auf die Perspektive auch zweierlei: einerseits ihre optische Verfestigung, ja gewissermaßen ihre Verabsolutierung dank technischer Präzision und Beweisbarkeit; auf der anderen Seite die völlige Auflösung ihres durch Konvention eingeprägten Anspruchs auf Verbindlichkeit in der tendenziellen Beliebigkeit des permanenten Perspektivewechsels der schier unüberschaubaren Bilderreihe.

Otto Dix, ›Prager Straße‹. Öl auf Leinwand und Collage, 1920. Düsseldorf, Privatsammlung

In der Bildenden Kunst hatte sich der Zusammenbruch der unumschränkten Herrschaft der Perspektive über die Welt der Bilder während der letzten Hälfte des 19. Jahrhunderts angekündigt. Wiewohl faktisch noch vorhanden, begann sich ihr festes Gerüst im atmosphärischen Geflimmer der impressionistischen Gemälde förmlich aufzulösen. Wie die Gegenstände ihre festen Konturen, verlor der »plastische Bildraum« sein äußeres Gefüge. Der homogene Raum der Malerei verwandelte sich Zug um Zug in einen Aggregatraum. »Das System der farbigen Darstellung des Universums legt sich über ein lineares Schema, das sich von den vergangenen Techniken [jedoch – K. H.] nicht unterscheidet.«[42] Parallel dazu drangen neue Sujets in die Räume der Malerei vor, denen sie bislang keinerlei Aufmerksamkeit geschenkt hatte. Unmerklich streifte sie ihr idealisierendes Gewand ab. Die bürgerliche Alltagswelt und gelegentlich auch die industrielle Arbeitswelt stießen auf wachsende Beachtung. »Man hat mehrfach gesagt..., daß der Impressionismus die Kunst der Epoche war, die sich auf philosophischem Gebiet das Problem der Analyse der Bedingungen der sinnlichen Wahrnehmung gestellt hat. Genauer, es ist die Kunst einer Epoche, die die mechanische Konzeption eines Universums aufgibt, dessen unveränderliches Aussehen man erkannt zu haben glaubte, um eine analytische Konzeption der Natur zu erarbeiten.«[43]

Aber es war dennoch nicht der Impressionismus, sondern eine beinahe entgegengesetzte künstlerische Richtung, die das Tor zur Montage öffnete und die Perspektive endgültig außer Kraft setzte. Die »peinture conceptuelle«[44] des Kubismus, die in eine analytische, namentlich von Braque und Picasso vorgetragene, sowie in eine synthetische Phase zerfiel, die Gris nachhaltig prägte, bereitete parallel zu den filmischen Experimenten der Schule von Brighton und der amerikanischen von Griffith das Terrain. Sie hielt die Tendenz zur flächenhaften Ornamentik in der Malerei auf, die das Nachlassen der Gegenstandsbezeichnung durch die impressionistische Kunstpraxis angebahnt hatte. Daniel-Henry Kahnweiler, der maßgebende Theoretiker der kubistischen Kunst, verstand unter »peinture conceptuelle« eine Begriffskunst, deren Ziel es sei, das durch mancherlei Faktoren verschiedener Ursache gestörte Verhältnis zwischen Subjekt und Außenwelt auf ein neues Fundament zu stellen. Die vehement fortschreitenden Umwälzungen in Wirtschaft, Politik und Wissenschaft hatten auch den kulturellen Bereich erfaßt und bei aufgeschlossenen Geistern das Bewußtsein dafür geschärft, daß der zentralperspektivische Bildentwurf der Malerei lediglich eine illusionäre Scheinwelt des Wirklichen vorgaukle und angesichts der Forderung versagen müsse, die Erfahrung einer immer komplexer erscheinenden Welt angemessen zu veranschaulichen. Auch der sich ausbreitende Individualismus, erstmals massiv in der Romantik zu Wort gekommen, lief der stillschweigend akzeptierten Annahme zuwider, derzufolge sich im planperspektivischen Bild eine subjektiv getönte Seherfahrung niederschlägt. Die »peinture conceptuelle« des Kubismus schlug laut Kahnweiler die Brücke zwischen dem subjektiven ›Erlebnis‹ des Malers und der nicht weniger subjektiven Seherfahrung der Betrachter, indem sie Zeichen schuf, die aus der schöpferischen Phantasie des Künstlers sowie dem Wesen des Kunstwerks erwuchsen und dabei »dennoch die Außenwelt« bezeichneten.[45] Diese Aufgabe zu leisten, bedient sich die »konzeptuelle Malerei« der Kubisten einer spezifisch entwickelten »Bilderschrift«, kraft derer sich nicht mehr das bloß Erscheinende der Dingwelt verkörperte, sondern die essentiellen und substantiellen Eigenschaften der »portraitierten« Gegenstände.[46] Dadurch, daß Kahnweiler (offensichtlich angeregt durch Guillaume Apollinaire) die Analogie dessen, was sich in der Malerei artikuliert, mit der Sprache und der Schrift zog[47], enthob er sie auch der Verpflichtung, die sichtbare Wirklichkeit nachzuahmen, und überantwortete die Rezeption der gemalten Bilder ebenso wie ihren Schöpfungsakt der Phantasie aller am künstlerischen Kommunikationsprozeß Beteiligten.

In den Klüften des aufgebrochenen Bildraums der kubistischen Malerei verschwand der homogene, kontinuierliche Bildraum der Renaissance endgültig. Auch wenn die kubistischen Maler die bildnerische Oberfläche vorerst unangetastet ließen, ersetzten sie den »plastischen« und überschaubaren Raum der jetzt traditionellen Malerei durch den heterogenen und diskontinuierlichen der Montage. Diese Tendenz verstärkte sich noch, als sie dazu übergingen, Fundstücke aus der Alltagsrealität wie Tapetenreste, Zeitungsausschnitte und Buchstaben in das Bildfeld einzufügen, womit sie auch die Homogeneität ebendieser Fläche beseitigten. Das handwerklich Geschaffene verschmolz in den Collagen und Montagen der Kubisten mit dem Fabrizierten. Wenn sich schon in den Bildern der Kunst ein Stück kollektiver Weltsicht manifestiert, wobei auch die Summe individueller Weltsichten einen Schluß auf die generelle Einstellung einer Gesellschaft der Welt gegenüber erlaubt, zeichnet sich in den kubistischen Bildern der Zusammenbruch der überlieferten Vorstellungen der bisherigen Welt und ihrer Verfassung ab, der dann in den fürchterlichen Materialschlachten des Ersten Weltkriegs und seinen weitreichenden Folgen bestätigt werden sollte.

Verwandte künstlerische Bestrebungen (wenngleich auch von erheblich geringerem geistigen Gewicht) wie der Futurismus knüpften an die bildnerischen Tests der Chronofotografie, wie sie Eadweard Muybridge und Etienne-Jules Marey angestellt hatten, sowie an die dynamische räumliche Konzeption des Films an und attackierten mit kataraktartigen Darstellungsformen das homogene Raumbild der »euklidischen Linearität« (Virilio). Und wie die Avantgarde der Bildkünste den »plastischen Bildraum« zertrümmerte und stattdessen einer multiperspektivischen oder dynamischen Raumkonzeption in der Malerei den Vorzug gab oder den Eigenwert der Fläche betonte, zerstörte der überwältigende Monumentalfilm ›Cabiria‹ (1914) von Giovanni Pastrone die Kontinuität der chronologischen Erzählung im Film. »›Cabiria‹ kam aus der Heimat der Futuristen; deren Manifest datiert drei Jahre früher als der Film. Bei Pastrone spürt man wie bei den Futuristen, daß die euklidische Linearität

und die Gleichsetzung des menschlichen Blicks mit der Antriebsenergie nicht länger das Denken bestimmen. Absichtsvoll vernachlässigt der Regisseur den narrativen Charakter seines Drehbuchs zugunsten des technischen Effekts, der dynamischen Perfektionierung der Aufnahmen. Brownlow: ›Besessen von der dritten Dimension, bringt Pastrone Einstellungen von bemerkenswerter Tiefe zustande, indem er die Bildebenen durch eine ständig bewegte Kamera gegeneinander absetzt.‹«[48] Die Perspektive geriet unversehens in Bewegung. Der sichere Boden, den die Betrachtung des planperspektivischen Bildes stets garantierte, beschleunigte sich, weil die suggestive Wirkung der sich bewegenden Kamera die Betrachter des Films förmlich in die flexiblen filmischen Räume einsog. »Aber was von Pastrone an problematisch ist am Film, ist nicht so sehr der Effekt der in Bewegung versetzten Perspektive, sondern die Raumtiefe selbst als Zeitdimension des projizierten Raums – das elektronische Licht der Holographie (Laser) und der Infographie (integrierter Schaltkreis) bestätigt dann diese Relativität. Die Geschwindigkeit erscheint als ursprüngliche Größe des Bildes und somit als Ursprung der Tiefe.«[49]
Demnach zeigte die Architektur der herkömmlichen Bildauffassung in den visuellen Künsten schon klaffende Risse und tiefe Brüche, als die ›antikünstlerische‹ Stoßrichtung des Dadaismus sie vollends zum Einsturz brachte. Die dadaistischen Künstler, die sich als solche nicht verstanden, weil sie mit sämtlichen Traditionen einer in ihrer Optik durch und durch diskreditierten Kunst nichts zu tun haben wollten, identifizierten die ›hohe‹ Kunst der Vergangenheit mit einem Gesellschaftssystem, das im Ersten Weltkrieg seinen Bankrott erklärt hatte. Vornehmlich in Berlin, wo sich die sozialen Konflikte nach der verheerenden Niederlage des deutschen Kaiserreichs und seiner Verbündeten am heftigsten entluden, erhielt der Dadaismus, der ansonsten ein europäisches Phänomen war, seine politischste Ausrichtung. Junge Intellektuelle, Literaten, Maler und Zeichner, Mediziner, Pazifisten und durch die Erfahrung des Krieges aus dem erlernten Lebensplan Hinauskatapultierte hatten sich in der grenzenüberschreitenden Bewegung des Dadaismus spontan und locker zusammengefunden, um den kulturellen Ballast eines ihrer Meinung zufolge abgewirtschafteten gesellschaftlichen Systems abzuräumen. Halb in unverhohlener Wut, halb aus ungestümer Lust verstießen sie gegen die vorherrschenden kulturellen Konventionen, kündigten tradierte Werte auf, sprengten vertraute Sinngebilde, löckten wider den Stachel eingeschliffener Vorstellungen und schufen eine kulturelle ›tabula-rasa‹-Situation. Sie zerschnitten, wie George Grosz und John Heartfield, zusammenhängende Bildeinheiten und kombinierten sie mit appellativen, mitunter auch unverständlichen Texten; oder sie montierten – wie Hannah Höch, Raoul Hausmann und Heartfield – aus der Fülle ausgewählter fotografischer Bilder verwirrende bildnerische Impromptus. Diese ›Foto-Montagen‹ mußte man lesen wie einen Text, ohne freilich darauf rechnen zu können, daß sie einen einleuchtenden Sinn ergaben. Alles, was das gesellschaftliche Establishment der Kaiserzeit als vorbildlich erachtet hatte[50], mutete die Dadaisten verlogen an. »Die revolutionäre Stärke des Dadaismus bestand darin, die Kunst auf ihre Authentizität zu prüfen.«[51]

Kurt Schwitters, ›M[er]z[bild] 379 – Potsdamer‹. Collage, 1922. New York, Collection The Museum of Modern Art

IV

Die Probe auf ihre Authentizität hat die Kunst in eine konzequenzenreiche Krise gestürzt, die nichts unberührt ließ, was vorher noch Bestand hatte. Sie erreichte zwar im Dadaismus einen besonderen Höhepunkt, doch schon seit Goya, in der Romantik und vehement seit dem Impressionismus hatten sich die Symptome eines grundsätzlichen Wandels im Selbstverständnis der Kunst gehäuft. Und vielleicht ist es nicht falsch zu behaupten, daß sich die Bildende

Kunst nach dem Verlust der Perspektive als symbolischer Form im Zustand einer permanenten Krise befindet – daß dieses Moment der Krise in Permanenz überhaupt das Zeichen ihrer Avanciertheit ist. Jedenfalls widerstreiten in den visuellen Künsten seither nicht nur mehrere unterschiedliche Auffassungen des Problems der Darstellung subjektiver Erlebnisse und Erfahrungen, sondern es haben sich auch die Mittel und Medien vervielfacht und zumal am Ende des 20. Jahrhunderts in der künstlerischen Praxis zu eigentümlichen Konglomerationen verschworen. In der Malerei haben sich die Entwicklungen einerseits in eine Richtung verzweigt, die den Kontakt zur empirischen Wirklichkeit aufgegeben hat und entweder auf die Autonomie der malerischen Mittel pocht oder die transzendentale Erfahrung des Mystischen sucht, und andererseits in eine, die nach wie vor an der Möglichkeit einer anschaulichen Vergegenwärtigung des subjektiven Seheindrucks auf der Bildebene in allerdings zeitadäquater symbolischer Form festhält. Als ebendiese symbolische Form hat sich die Montage etabliert, und zwar überall da, wo sich die Bildkünste nicht mit der Zurschaustellung ihres ästhetischen Materials begnügen, sondern eine Reflexion des seelischen, geistigen und gesellschaftlichen Daseins anstreben. Selbst in der Fotografie, deren jedes Bild noch dem planperspektivischen Prinzip unterworfen ist, hat die Montage durch Werbung, illustrierte Zeitung und, auf dem Gebiete des künstlerischen Gebrauchs, durch Foto-Montage und Serie eine bedeutende Position erreicht. Auch in der Literatur und im Theater ist die Montage zu einem gängigen Organisationsprinzip aufgestiegen. Wie umfassend die Einflußmacht der Montage ist, exemplifiziert sich schlagend in einer der populärsten Figuren des Kinos. Als leibhaftige Montage hat Jan Mukařowský die Figur des Charlie von Charles Chaplin analysiert, als Symbol der Widersprüchlichkeit des modernen Menschen. Er »richtet sein Interesse besonders auf das, was die Einheit der Gestalt zwar nicht aufhebt, aber ihre Gespaltenheit impliziert. Schon Charlies Kostüm ist widersprüchlich; der obere Teil setzt sich aus der eleganten Melone, Chemisette und Fliege zusammen, darunter ausgebeulte Hosen und unangemessen riesige Stiefel ... Die Kombination höchster Eleganz ... und äußerster Abgerissenheit, Verkommenheit des Kostüms findet auch in Charlies Gesten und Mimik ihren Ausdruck. Die eleganten, tadellos weltmännischen Bewegungen, mit denen Charlie seine Melone lüftet oder die Fliege zurechtrückt, wechseln ab mit dem Gebaren und Mienenspiel eines Landstreichers. Charlie – das sind eigentlich zwei Menschen.«[52]

Alexander Rodtschenko, ›Noch eine Tasse Tee‹. Fotomontage 1923, für Wladimir Majakowskis Buch ›Von Diesem‹. Prag, Sammlung Lubomír Linhart

Während sich die Montage in der Kunst nichtsdestoweniger nur zögerlich durchsetzte – allenfalls der Konstruktivismus favorisierte eine Gestaltung des Bildraums, die montageartiges Gepräge aufwies, wohingegen sich im Neo-Klassizismus eines Picasso und in den künstlerischen Richtungen der Neuen Sachlichkeit und des ›Novecento‹ ausgesprochen retardierende Momente abzeichneten –, bemächtigte sie sich vollständig des Films als ihrer ureigenen Domäne. Und in der Nachfolge des Dadaismus bauten – Heartfield an der Spitze – Höch, Hausmann und andere die Fotomontage als ein Territorium, das zwischen der Kunst und den Realien (den Fotografien) sozusagen vermittelte, als eigenständige künstlerische Disziplin aus. Die vielfältigen Konstellationen der aktuellen Wirklichkeitserfahrung, das Konfliktträchtige und Widersprüchliche der modernen industriellen Zivilisation, die jähen Stürze der sozialen Gefühlslagen, die komplizierten Botschaften der Naturwissenschaften, das sich immer stärker beschleunigende Tempo des Großstadtlebens und das mehr oder minder deutliche Empfinden, daß die Welt sich unüberschaubar und schwer begreifbar darbiete sowie voller unauflösbarer Gegensätze stecke, ließ die Montage allmählich zum anschaulichen Synonym des Zeitgeistes werden. Es waren jedoch durchweg künstlerische Vorstellungen mit dem energisch betriebenen Bemü-

hen um eine Interpretation und Reflexion der konkreten Erfahrungswelt, denen die Montage Ausdruck verlieh. Diese erteilten den sich entfaltenden Tendenzen der auf vollkommene Autonomie zielenden traditionellen Bildkünste eine unmißverständliche Absage. Daß der Fotografie als einem Medium mit außerordentlichem Realitätsbezug dabei eine wesentliche Rolle zufiel, ist kein Wunder. Dennoch war man sich über ihre begrenzten Möglichkeiten, die komplexe Wirklichkeit adäquat wiederzugeben, im klaren. »Mit einem Satz: Die Fotomontage entstand dort, wo eine bewußte Veränderung des eigentlichen Inhalts der Fotografie einsetzte.«[53] Der bekannte Einwurf Bert Brechts, der den Montagegedanken in seine Theaterpraxis und in die spätere Theorie des ›epischen Theaters‹ integrierte, daß die fotografische Aufnahme eines Industriebetriebs nichts über dessen innere Verfassung und das Geschick der Arbeiter aussage, illustriert am besten das skrupulöse Verhältnis der Künstler zur Fotografie.
Die theoretische Fundierung der Montage gelang – wohl nicht überraschend – zuerst in der Filmkunst, einem Medium fotografischen Ursprungs. Freilich hatten die profiliertesten Vertreter der ›filmischen‹ Theorie der Montage Kenntnis von den Versuchen in der avancierten Kunst. Eisenstein berief sich, als er noch Theatermann war, in einem Anno 1923 geschriebenen Aufsatz über eine Inszenierung des Stücks ›Eine Dummheit macht auch der Gescheiteste‹ von A. N. Ostrowski auf diese Arbeiten und entwickelte seine Theorie der ›Montage der Attraktion‹ ganz »analog zu den Montageteilen der Bilder von George Grosz oder den Elementen der Foto-Illustrationen von Rodtschenko.«[54] Noch interessanter ist indessen, daß er diese einflußreiche Montagetheorie, die später als ›Montage der Konflikte‹ in die Literatur eingegangen ist, an »jenem Verständnis von unmittelbarer Realität«[55] festmacht, das vom Varieté und Zirkus praktiziert wurde, wenngleich er die Montage von vornherein nicht – wie im Zirkus und im Varieté – als Mittel zur psychologischen Massage der Betrachter benutzt wissen wollte.
Worauf sowohl die konkurrierenden Montage-Auffassungen der sowjetischen Filmregisseure und -theoretiker als auch die des ›Foto-Monteurs‹ Heartfield abhoben, war eine ›Durchdringung‹ des verwirrenden und scheinbar verworrenen Realitätsgewebes, um so zu den nach ihren ideologischen Überzeugungen ›objektiven‹ Gesetzmäßigkeiten der sicht- und erfahrbaren Wirklichkeit vorzustoßen. In der russischen Filmkunst konkurrierten zwei unterschiedliche Sichtweisen miteinander, repräsentiert durch die großen Regisseure Pudowkin und Eisenstein. Die eine beschränkte sich darauf, das filmische Material zu ordnen und zu koordinieren; sie interpretierte die abgebildete Geschichte. »›Interpretation‹ bedeutet hier Entzifferung, Analyse, Aufklärung, Erläuterung. Diese Interpretation kann zu einem außergewöhnlich interessanten und subtilen Erzählstil führen, aber keine neue Geschichte erfinden, kreieren. Die Geschichte war schon da, bevor die Kamera hinzukam, und die Kamera tut nicht viel mehr, das kann jedoch schon sehr viel sein, als das schon Vorhandene zu interpretieren.«[56] Die andere vermag eine »Geschichte [zu] kreieren, eine Handlung oder Situation [zu] erzeugen, die es außerhalb des Films noch nicht gibt...«.[57] »Sie hat mit der Ordnung von Filmbildern in ihrer Totalität zu tun.«[58] Mithin ist diese Montage der Assoziationen oder ›Ideen-Montage‹, wie Eisenstein sie apostrophiert hat, ein Verfahren, das den einzelnen Filmbildern eine Bedeutung zuerkennt, die ihnen im Zustand der Isoliertheit nicht eignet. Das geschieht durch eine konfliktträchtige Kombination von heterogenen Einzelbildern, die einen neuen, übergreifenden Sinn stiftet. »Welchen Nutzen haben wir von der Auffassung von der Montage wirklich? Sie besagt, daß jeder einzelne Montageteil bereits nicht mehr als etwas Beziehungsloses existiert, sondern ein

UMBO (Otto Umbehr), ›Bildnis Egon Erwin Kisch‹. Fotomontage, 1926. Wassenaar, Sammlung Paul Citroen

Richard Hamilton, ›Just what is it that makes today's homes so different, so appealing?‹ Collage, 1956. Tübingen, Kunsthalle (Sammlung Prof. Dr. Georg Zundel)

›besonderes Abbild‹ des einheitlich allgemeinen Themas ist, das alle diese Teile in gleichem Maße durchdringt. Die Gegenüberstellung besonderer Details in einem bestimmten Montageaufbau läßt in unserer Wahrnehmung jenes ›Allgemeine‹ entstehen, das wiederum alle einzelnen Teile erzeugt hat und sie zu einem ›Ganzen‹ verbindet, und zwar zum verallgemeinerten ›Bild‹, in dem der Künstler und nach ihm der Zuschauer das gegebene Thema erleiden.«[59] Trotz mancher Meinungsverschiedenheiten stimmte Eisenstein, der seine Konflikttheorie im Laufe der Zeit etwas abmilderte, in der grundsätzlichen Einschätzung der Montage mit seinem Rivalen Pudowkin, den er gleichwohl zur Diskussion ständig kontaktierte, überein: »Die Montage definiere ich für meine Zwecke als ein allseitiges, mit allen möglichen Kunstmitteln zu verwirklichendes Aufdecken und Aufklären von Zusammenhängen zwischen Erscheinungen des realen Lebens in Filmkunstwerken. Film-Montage in diesem Sinne bedingt ein Niveau allgemeiner Kultur des Regisseurs, das ihm erlaubt, das Leben nicht nur zu kennen, sondern auch richtig zu verstehen. Sie bedingt ebenso auch seine Fähigkeit, das Leben zu beobachten, sich in den Beobachtungen zurechtzufinden und selbständig über sie nachzudenken. Sie bedingt endlich eine Stufe seiner Begabung als Künstler, die ihm erlaubt, den inneren verborgenen Zusammenhang der realen Erscheinungen in einen gewissermaßen entblößten, klar sichtbaren, unmittelbar ohne Erklärung aufzufassenden Zusammenhang zu verwandeln. Wenn auf der Leinwand neben Bergen von aus kommerziellen Erwägungen aufgenommenem Weizen vom Hunger ausgemergelte Kinder ruinierter Farmer erscheinen, so ist das Montage. Der mit dem Verstand zutage geförderte Zusammenhang frappiert durch das unmittelbare Schauspiel eines empörenden Widerspruchs (Paul Rotha).«[60]
War die Perspektive eine symbolische Form, die, in Dürers Worten, zur ›Durchsehung‹ der empirischen Wirklichkeit verhalf, so verstand sich die Montage im Denken Pudowkins und Eisensteins als eine »Durchdringung der Wirklichkeit mit der Apparatur«.[61]
Derlei Anschauungen teilte Heartfield, und auch Kahnweiler erkannte in der Verwendung der Montage jenes ästhetische Prinzip, das den Zugang zu einer

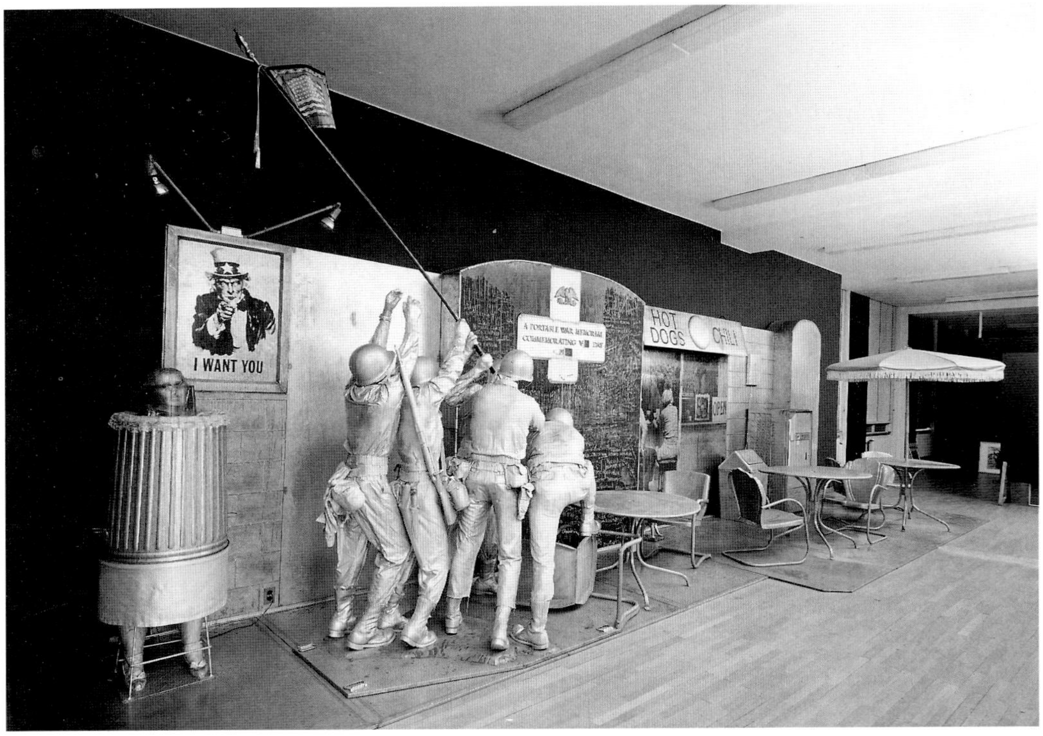

Edward Kienholz, ›Das tragbare Kriegerdenkmal‹. Installation, 1968. Köln, Museum Ludwig die Gegenstandswelt bezeichnenden, gleichwohl aber autonomen Kunst bahnen konnte. Zwar klafften die Standpunkte beider in ideologischer Hinsicht weit auseinander, doch letztlich manifestieren sich in den jeweils unterschiedlichen Konzeptionen der Montage nur die zwei Seiten einer Medaille. Die Montage »ist also nichts exklusiv Filmisches. Es ist lediglich ein Terminus technicus für das Kompositionsproblem, das in gleicher Art wie beim Film auch in den literarischen und Bildenden Künsten gestellt ist. So kommt auch Eisenstein in einer seiner späteren Schriften, anhand von Vergleichen mit der Malerei (Leonardo da Vinci) und mit der epischen (Maupassant) und lyrischen Dichtung (Puschkin), zu dem richtigen Schluß, daß ›das Montageprinzip im Film lediglich ein sektoraler Anwendungsfall des allgemeinen Montageprinzips ist‹. Die Auffassung, daß Schnitt etwas Besonderes, die filmische Kunstspezies Kennzeichnendes sei, bzw. daß es der Schnitt ist, in dem sich die Einmaligkeit der Kunstgattung Film bestätigt, ist damit fallengelassen. Insofern – und das ist der elementarste Aspekt auf die Frage der Komposition – besteht zwischen der kinematographischen Kunst und den erzählenden und abbildenden Künsten kein Unterschied.«[62] Während der apparative Aspekt in der ästhetischen Diskussion nur eine untergeordnete Rolle spielte und auch die funktionalistisch-technoide Komponente eine vergleichsweise geringe Aufmerksamkeit erfuhr, entfachte die Möglichkeit, die Sphäre des Zeitlichen in unmittelbare Anschaulichkeit zu zwingen, welche die Montage eröffnete, erheblich größeres Interesse. Bereits die Dadaisten waren fasziniert von der optischen Erfahrung der Simultaneität dessen, was die Montage in den einzelnen bildnerischen Fragmenten auf der Bildfläche versammelte. Die fotografischen Fragmente, die jedes für sich ein Stück Zeitlichkeit repräsentierten, alldieweil das fotografische Abbild unweigerlich die tatsächliche Abwesenheit des im Abbild Anwesenden dokumentiert[63], erweiterten den Zugriff der Bildenden Kunst auf den Bereich der Zeit. Die Collage der Kubisten hatte diesen vernachlässigt, und es sollte lange dauern, bis die Malerei sich die Möglichkeit zunutze machte.[64] In den heterogenen und diskontinuierlichen Räumen der Montage war es der Faktor der Zeit, der nach der faktischen Zertrümmerung der räumlichen Homogeneität und Stetigkeit auch noch die konkrete Situierung der bildnerischen Darstellung zum Verschwinden brachte. Je weniger aber ein bestimmtes Bild in seiner örtlichen Verankerung zu identifizieren war, desto unfaßbarer mußte die Kategorie des Zeitlichen werden, so daß sich das Bild der Montage über Zeit und Raum hinweg, ungeachtet der zeitlichen Bindung mancher seiner fragmentarischen Bestandteile, zu einer symbolischen Form auch in der direkten Bedeutung des Wortes zu verdichten vermochte.

Indem Heartfield die reportagehaften Züge in seinen Montagen zunehmend tilgte, entband er sie jeder temporären Zufälligkeit und steigerte sie – sub specie seiner politischen Ansicht – zu allgemein gültigen bildnerischen Metaphern, in denen sich das vermeintliche Gesetz der Geschichte anschaulich vollzog. »Die Fotomontage des Dadaisten Heartfield bestand aus einer Vielzahl kleiner Details. Aber später, als Heartfields Sprache lakonischer wurde, baute er seine Fotomontage ökonomischer: Mit einer geringen Anzahl von Elementen erzielte er größere Ausdruckskraft. Die vollendetsten seiner Arbeiten sind die, in denen er nicht mehr als zwei Elemente benutzt. Dabei muß daran erinnert werden, daß die Fotomontage nicht zwangsläufig gleichzusetzen ist mit der Montage von Fotografie. Sie kann vielmehr sein: Foto und Foto, Foto und Text, Foto und Farbe, Foto und Zeichnung.«[65] Im amerikanischen Film der vierziger Jahre gelang es schließlich dank technischer Verbesserungen, die verschiedensten Zeitebenen in einer einzigen Bildeinstellung miteinander zu verflechten, ohne die räumliche Einheit zu beeinträchtigen. In einer der berühmtesten Einstellun-

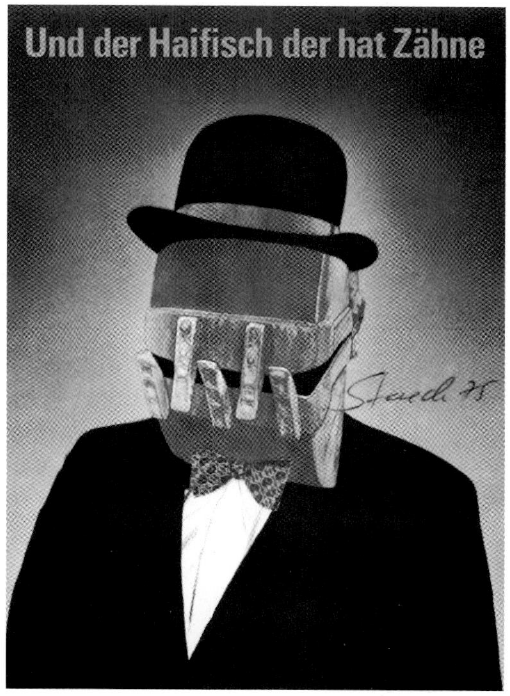

Klaus Staeck, ›Baulöwe‹. Postkarte, 1975

gen des Films ›Citizen Kane‹ (1940/41) von Orson Welles sieht man im Vordergrund des Bildes, demonstrativ exponiert, eine leere Flasche, die laut Etikett Schlaftabletten enthielt, im Mittelgrund den Kopf einer schlafenden Frau und im Bildhintergrund, alles auf die räumliche Distanz einer Zimmergröße gehalten, durch die geöffnete Türe den Ehemann der Frau. Ohne Schnitt verquickte Welles den Augenblick des Entdeckens eines offensichtlichen Selbstmordes mit der Erkenntnis seiner Ursache. In der konventionellen Anwendung des Montageprinzips wäre die Szene über mehrere Stationen abgerollt: die Einnahme der Tabletten, das sanfte Entschlafen der Frau sowie das Auffinden des Opfers.

Mit der Darstellung der Gleichzeitigkeit des Ungleichzeitigen im Film und im modernen Theater, in der Literatur und nicht zuletzt in der Bildenden Kunst korrespondiert nicht nur die heterogene und diskontinuierliche Gestaltung der räumlichen und örtlichen Gegebenheiten, sondern in den avancierten Künsten der sogenannten Postmoderne kurz vor der Jahrtausendwende auch die eklektizistische Haltung, die sich sowohl in den Beziehungen der Künstler zu den historischen Kunstepochen als auch in ihren Einstellungen zum disparaten Materialgebrauch äußert. Im Endeffekt hat das Prinzip der Montage die Künste im allgemeinen erfaßt, und es hat sich im menschlichen Bewußtsein inzwischen so eingenistet, daß man getrost von einer Verinnerlichung sprechen kann. Insofern erscheint die Montage nicht nur als symbolische Form unserer Zeit, sondern auch als ein ebenso selbstverständliches Modell der Weltsicht und Welterfahrung wie die Perspektive unseren Vorfahren.

1 Zitiert nach Walter Dadek, ›Das Filmmedium‹, München 1968, S. 219. Unter der angegebenen Seitenzahl bei Balázs, ›Der Film. Werden und Wesen einer neuen Kunst‹, Wien 1961, ist das Zitat allerdings nicht auffindbar. Eine etwas genauere Überprüfung ergab, daß die Literaturhinweise in diesem nützlichen und als Fundgrube schier unerschöpflichen Buch nicht besonders genau sind.

2 Mit dieser an sich nicht notwendigen Differenzierung soll zwischen namentlich im zeitgenössischen Film gebräuchlichen Einstellungen, die sich über eine oder mehrere Szenen erstrecken können, und den Großaufnahmen oder ›Stehkadern‹ unterschieden werden.

3 Die Anspielung bezieht sich auf Erwin Panofskys einflußreichen Aufsatz ›Die Perspektive als »symbolische Form«‹, in: ders., ›Aufsätze zu Grundfragen der Kunstwissenschaft‹, Berlin 1974, S. 99ff., der im Fortgang noch häufiger Erwähnung findet.

4 Arnold Hauser, ›Sozialgeschichte der Kunst und Literatur‹, München 1953, Bd. II, S. 511.

5 Ebd.

6 Wolfgang Kemp, ›Theorie der Fotografie I. 1839–1912‹, München 1980, S. 25.

7 Pierre Francastel, ›Die Zerstörung des plastischen Bildraums‹, in: Peter Bürger (Hrg.), ›Seminar: Literatur- und Kunstsoziologie‹, Frankfurt a. M. 1978, S. 371.

8 Vgl. im Film besonders die Großaufnahme. Hochdotierte Filmstars lassen sich die Anzahl der gewünschten Großaufnahmen in ihre Verträge hineinschreiben. Siehe im einzelnen François Truffaut, ›Mr. Hitchcock, wie haben Sie das gemacht?‹, München 1973.

9 »Item Perspectiva ist ein lateinisches Wort, bedeutet ein Durchsehung« (Dürers Begriff der Perspektive zitiert nach Panofsky [wie Anm. 3], S. 99).
10 Dies gilt allerdings nur in visueller Hinsicht.
11 Hauser (wie Anm. 4), a.a.O.
12 Siehe Walter Dadek (wie Anm. 1), dort Hinweise auf weiterführende Literatur; oder Ulrich Gregor/Enno Patalas, ›Geschichte des Films‹, Gütersloh 1962, S. 13–43.
13 Sergei Eisenstein, ›Dickens, Griffith und wir‹, in: ders., ›Gesammelte Aufsätze I‹, Zürich o.J., S. 60f.
14 Sergei Tretjakow, ›John Heartfield montiert‹, in: Eckhard Siepmann, ›Montage: John Heartfield. Vom Club Dada zur Arbeiter-Illustrierten-Zeitung‹, Berlin 1977, S. 169.
15 Herta Wescher, ›Die Collage‹, Köln 1968, S. 7.
16 Siehe im einzelnen Margaret F. Harker, ›Henry Peach Robinson‹, Oxford 1988.
17 Wescher (wie Anm. 15), S. 19.
18 Der Begriff wird hier ausschließlich in beschreibender Absicht verwendet.
19 Wescher (wie Anm. 15), a.a.O.
20 Vgl. Wescher (wie Anm. 15), Abb. 9.
21 Sergei Eisenstein, ›Montage 1938‹, in: ders., ›Gesammelte Aufsätze I‹ (wie Anm. 13), S. 229ff.
22 Ders., ›Dickens, Griffith und wir‹ (wie Anm. 13), a.a.O.
23 Ebd., S. 113.
24 Vgl. die Kataloge der Ausstellungen ›Art et Publicité‹, Centre Pompidou, Paris, und ›High and Low‹, Museum of Modern Art, New York, beide 1990.
25 L. B. Alberti, ›Kleinere Kunsttheoretische Schriften‹, hrg. v. Hubert Janitschek (1877), Reprint Osnabrück 1977, S. 79: »scrivo uno quadrangulo. . .el quale reputo essere una fenestra per donde io miri que quivi sara dipinto«, zitiert nach Panofsky (wie Anm. 3), S. 127, Anm. 4.
26 Panofsky (wie Anm. 3), S. 99.
27 Joscijka Gabriele Abels, ›Erkenntnis der Bilder – Die Perspektive in der Kunst der Renaissance‹, Frankfurt a. M. 1985, S. 77.
28 Arnold Gehlen, ›Zeit-Bilder‹, Frankfurt a. M./Bonn 1960, S. 31.
29 Panofsky (wie Anm. 3), S. 101.
30 Ebd.
31 Francastel (wie Anm. 7), a.a.O.
32 Leonardo da Vinci, ›Gemälde und Schriften‹, hrg. v. André Chastel, München 1990, S. 245.
33 Ebd., S. 246.
34 Siehe im einzelnen Panofsky (wie Anm. 3), a.a.O.
35 Eisenstein, ›Dickens, Griffith und wir‹ (wie Anm. 13), a.a.O.
36 Vgl. Klaus Honnef, ›Bilder und Abbilder‹, in: Romantik und Gegenwart. Festschrift für J. Chr. Jensen‹, Köln 1988, S. 99ff.
37 Andreas Beyer, ›Privileg des Rätselhaften‹, in: *Frankfurter Allgemeine Zeitung*, Nr. 266, 14. 11. 1990, S. N3.
38 Panofsky (wie Anm. 3), a.a.O.
39 Ebd., S. 126.
40 Ernst Cassirer, ›Sprache und Mythos‹, in: ders., ›Wesen und Wirken des Symbolbegriffes‹, Darmstadt 1956, S. 175.
41 ›Mosaik‹ allerdings nur im beschreibenden, nicht im psychologischen und die formale Struktur des einzelnen Filmbildes betreffenden Sinne.
42 Francastel (wie Anm. 7), S. 382.
43 Ebd., S. 389.
44 Ein Begriff, den Arnold Gehlen (vgl. Anm. 28) in Anlehnung an Daniel-Henry Kahnweilers Reflexionen zum Kubismus verwendet und dessen Argumentation dieser Text in Teilen folgt.
45 Daniel-Henry Kahnweiler zitiert nach Gehlen (wie Anm. 28), S. 75.
46 Siehe im einzelnen Daniel-Henry Kahnweiler, ›Juan Gris – Leben und Werk‹, Stuttgart 1968, S. 63ff.
47 Ebd.
48 Paul Virilio, ›Krieg und Kino – Logistik der Wahrnehmung‹, München/Wien 1986, S. 28.
49 Ebd., S. 29.
50 Die Frontstellung zur bürgerlichen Avantgarde ist m. E. erst das Resultat des ausdrücklichen politischen Engagements auf seiten der Linken.
51 Walter Benjamin in einem Vortrag in Paris über den opponierenden Künstler, zitiert nach Siepmann (wie Anm. 14), S. 166.
52 Zitiert nach: Juri M. Lotman, ›Probleme der Kinoästhetik – Einführung in die Semiotik des Films‹, Frankfurt a. M. 1977, S. 78.
53 Tretjakow (wie Anm. 14), S. 169.
54 Sergei Eisenstein, ›Schriften 1‹, hrg. v. Hans-Joachim Schlegel, München 1974, S. 218.
55 Ebd.
56 I. M. Peters, ›Bild und Bedeutung. Zur Semiologie des Films‹, in: Friedrich Knilli (Hrg.), ›Semiotik des Films‹, München 1971, S. 67.
57 Ebd.
58 Ebd.
59 Eisenstein, ›Montage 1938‹ (wie Anm. 21), S. 234.
60 W. I. Pudowkin, ›Über die Montage‹, in: Karsten Witte (Hrg.), ›Theorie des Kinos. Ideologiekritik der Traumfabrik‹, Frankfurt a. M. 1972, S. 116.
61 Walter Benjamin, ›Das Kunstwerk im Zeitalter seiner technischen Reproduzierbarkeit‹, Frankfurt a. M. 1963, S. 62.
62 Dadek (wie Anm. 1), S. 244f.
63 Vgl. Robert Castel, ›Bilder und Phantasiebilder‹, in: Pierre Bourdieu u. a., ›Eine illegitime Kunst‹, Frankfurt a. M. 1981, S. 235.
64 Z. B. Bernhard Heisig in seinen ›Fritz‹-Bildern; vgl. Klaus Honnef im Katalog ›Bernhard Heisig‹, München 1988, S. 62ff.
65 Tretjakow (wie Anm. 14), S. 169.

S. 54–55
›Auferstehung‹. Fotomontage, 1932. Kat.-Nr. 213

Hanne Bergius

Der groteske Tod – Erscheinungsformen und Motivik bei Heartfield

Todeserfahrung und apokalyptische Phantasie waren die zentralen Themen des Expressionismus. Der Tod überschattete das Leben, heilstheologische Erwartungen wurden negiert: »Gott ist tot«, bemerkte Hugo Ball 1917, »eine Welt brach zusammen ... Es gibt keine Pfeiler und Stützen, keine Fundamente mehr, die nicht zersprengt worden wären. Kirchen sind Luftschlösser geworden ... Das Christentum bekam einen Stoß.«[1] Zerstörung, Umbruch, Einsturz, Katastrophe, Mord und Selbstmord entluden sich in konvulsivischen expressionistischen Darstellungen, in denen Untergang und Neubeginn oftmals dicht beieinander lagen. Die Themen wurden meist auf die großen bedeutenden Komplexe der Zeit, auf Großstadt und Krieg, bezogen. In der ›Neuen Jugend‹, der literarischen und künstlerischen Zeitschrift, die Heartfield gestaltete und zusammen mit seinem Bruder Wieland Herzfelde 1916/17 herausgab, veröffentlichten die beiden groteske Todesdarstellungen von James Ensor und George Grosz und lyrisch-expressionistische Todesvisionen einer zerfallenden Welt.

Die Katastrophe war seit dem Ersten Weltkrieg nicht nur ein Apriori des Denkens[2], sondern sprengte auch die herkömmliche Wahrnehmung und Darstellungsform. Durch die industrielle Entwicklung war seit dem 19. Jahrhundert eine tödliche Maschinerie in Gang gesetzt worden, die ihre destruktive Energie im Ersten Weltkrieg entlud. In das Räderwerk gerieten nicht nur Werte und Ideale der Kultur; der Mensch selbst wurde darin zermalmt. Diese Erfahrung veranlaßte Heartfield zeit seines Lebens, die Gefahr des Todes als Bestimmungsgrund seines politischen Kampfes zu betrachten, sie im gesellschaftlichen Tatbestand zu konkretisieren und auf historische Gegebenheiten zu beziehen.

Der unerträgliche Widerspruch lag für Heartfield darin, daß der Mensch selbst gesellschaftliche Bedingungen schuf, die zu seiner Zerstörung führten. Die Wahrnehmung wurde in seinen Montagen nicht durch Katastrophenbilder überfordert oder ins Dämonische gesteigert, sondern setzte Kräfte der Reflexion und Rebellion frei. Während im Expressionismus Todesdarstellungen noch vielfach apokalyptische Dimensionen erhielten, säkularisierte sie Heartfield. Die Gefahr des Todes hörte auf viele Namen: Erster Weltkrieg, Spartakistenverfolgung, Terror, Inflation, Faschismus, Kommunistenhetze, Weltwirtschaftskrise, Rüstungswahn, Judenverfolgung, Arbeitslosigkeit, Manipulation der Medien. Die Kehrseite dieses Unterganges, den Heartfield auch als Zusammenbruch des Kapitalismus prognostizierte, war die Utopie von einer Erlösung der Menschen durch den Kommunismus. Doch die Montagen grotesker Todesdarstellungen zeigen, daß Heartfield nicht nur argumentativ mit dem Kopf montierte, um die Schuldigen dingfest zu machen, sondern daß seine Arbeit unauflöslich mit Schrecken, mit Angst und Verzweiflung verschlungen war. So ist auch die Erscheinung und der Schrei des Dada-Apachen vielschichtig im Zusammenhang der grotesken Todesmontagen zu verstehen.

Der Schrei des Dada-Apachen

»John Heartfield, der große Häuptling, wurde im Jahre 1888 in New Orleans geboren, wo sein Vater, der ›weiße Bär‹, seit Jahrzehnten sein Wigwam aufgeschlagen hatte. Die Mutter des besagten Heartfield ist die bekannte Lady Noccer Boccer ...« So stellte sich ›unser John‹, der erst 1891 geboren wurde und einer der jüngsten Berliner Dadaisten war, auf einem Druckbogen des ›Dadaco‹, des dadaistischen ›Weltatlasses‹, 1920 dar (Kat.-Abb. 12).[3] Heartfield war – wie die Berliner Dadaisten Grosz, Schlichter und Dix – vom verwegenen Pathos und der gesteigerten Vitalkraft des Dada-Apachen fasziniert, dessen Lebenslust seinen

Widerstand gegen die Todeskräfte seiner Zeit mobilisierte. Er bot der »gesamten brutalen Realität« die Stirn und setzte im Hier und Jetzt seiner Zeit die Kunst als »geistigen Pistolenschuß« (Tzara) ein. Das dadaistische »Abenteuer« Kunst wurde geradezu vom Einbruch todbringender Mächte in den überkommenen Lebensraum herausgefordert. Im »Ja zum gigantischen Weltenunsinn« (Grosz) polte der Dada-Apache den Sturz aus allen traditionellen Sicherungen und Gegebenheiten vehement in einen Aufbruch ins Unbekannte um.[4]

Die ›schreienden‹ dadaistischen Fotoporträts von Heartfield und Hausmann steigerten das abenteuerliche Pathos der Dada-Streiter (Abb. S. 261). Heartfield unterstrich seinen Schrei durch geballte Fäuste oder indem er, ihn verstärkend, seine Hände an den Mund hielt. ›Nieder die Kunst!‹ und ›Nieder die bürgerliche Kultur‹ oder ›Dada ist gross und John Heartfield ist sein Prophet‹ waren die Dada-Sentenzen zu diesen Fotografien, oder, programmatischer auf die Fotomontage bezogen: »Dereinst wird die Photographie die Malkunst verdrängen und ersetzen« – ein Zitat von dem belgischen Maler Anton Wiertz (1806–1865).

Schockierend wirkte Heartfields Schrei auch auf den Dada-Manifestationen, berichtete Hannah Höch. Wenn Grosz beispielsweise endlos »atemberaubende, erschwindelte Erlebnisse« vor dem Publikum erzählte, indem er die Sätze abbrach und an anderer Stelle wiederaufnahm, so daß die Zuhörer unruhig wurden, dann »griff plötzlich John Heartfield ein, indem er einen markerschütternden Ton ausstieß – einen Urwaldschrei«.[5] Der explosiven Dynamik und Entladung vernichtender Gewalt im Ersten Weltkrieg schleuderte Heartfield seinen vitalen Einsatz entgegen. Es lag daher in dem auf den gefährlichen Augenblick zugespitzten Ausdruck nicht nur die futuristische »Liebe zum Wagnis, zur Gefahr, ... zur noch nicht erreichten Höhe und zum noch nicht sondierten Abgrund«[6], sondern auch eine bannende, ja beschwörende Kraft entfesselter menschlicher Energie. In Heartfields Schrei äußerte sich Dadas produktive Destruktion affektiv-haßvoll. Sie wurde geradezu stimuliert von seinem cholerischen Temperament: »Heartfield war immer rasch, seine Reaktionen so spontan, daß sie ihn übermannten, er war mager und sehr klein, und wenn ihm etwas einfiel, sprang er in die Höhe. Er sagte seine Sätze heftig, als fiele er einen mit seinem Sprung an, er summte dann zornig wie eine Wespe um einen herum. (...) Er konnte nur aggressiv lernen, und ich glaube, es ließe sich zeigen, daß das auch das Geheimnis seiner Montagen ist. Er brachte zusammen, er konfrontierte, woran er erst hochgesprungen war, und die Spannung dieser Sprünge ist in seinen Montagen erhalten. (...) Er lernte nur von dem, was er als Angriff empfand, und um etwas Neues zu erfahren, mußte er's für einen Angriff halten (...) John mußte es wütend schütteln, um es halten zu können, ohne es zu entkräften.«[7]

Die Wut Heartfields war *eine* Komponente seines Hasses; die andere war hintergründiger. Sie offenbarte sich als Verzweiflung und Angst. Der Schrei war auch eine ohnmächtig-mächtige Reaktion der »Lebensangst« (Franz Jung). Sie führte Heartfield jedoch nicht in die Abgründe des expressionistischen ›Weltschmerzes‹, sondern war hellhörig und wach und forderte ihn zu seiner Strategie der ironischen Abwehr heraus. Seine Kunst sollte zur Waffe werden, und wie Grosz' Zeichenfeder Säbel und Schwert zugleich war, wurde die Schere für Heartfield ein Instrument, mit dem er das Leben »freischnitt« (Benjamin).

Die grauenerregenden Auswirkungen der zutiefst erfahrenen Bedrohungen und Zerstörungen des Menschen- und Weltbildes versuchte er durch komische Komponenten des grotesken Gestaltungsverfahrens zugleich zu distanzieren und zu prognostizieren. Dieses Spannungsverhältnis aus Grauen und Lachen entwuchs seinem dadaistisch zwiespältigen Zustand zwischen Engagement und

Distanz, zwischen Betroffenheit und Spiel. Regeldurchbrechung und Normenverletzung des Traditionell-Ästhetischen, Verzerrung von Proportionen und Dimensionen, verfremdende Gegenüberstellung unterschiedlicher Bildebenen, überraschende Koppelung vor allem von Bild und Text, Gleichzeitigkeit des Verschiedenartigen, Disparaten und Unvereinbaren, Bildsprache der Verwandlung und gegenständlichen Vertauschung charakterisierten Heartfields Montageverfahren, deckten sozial- und kulturkritisch gesellschaftliche Mißstände auf und durchbrachen ideologisch geschürte Illusionen. Mischformen bestimmten Heartfields groteskes Gestaltungsprinzip. Die schlechte, grotesk gesteigerte Wirklichkeit sollte zeigen, daß die Gesellschaft »reif zur Komödie« geworden war; im Umkehrschluß sollte eine künftige, kommunistische Wirklichkeit aufscheinen. Mit dem grotesken Montageverfahren, das Heartfield wie alle Berliner Dadaisten als das »einzige reinliche künstlerische Hilfsmittel«[8] im Klassenkampf betrachtete, beabsichtigte er über die Kritik hinaus lebenserneuernde Kräfte aus Kultur, Politik und Gesellschaft wachzurütteln und erstarrte Bewußtseinszustände zu sprengen. Denn die Notwendigkeit einer proletarischen Revolution wurde für ihn im Laufe der zwanziger Jahre immer dringlicher.

Groteske Motive des Todes: Totenkopf und Skelett

Schon in der ersten Montage Heartfields aus Klischees und Akzidenzmaterial, der Reklame zur ›Kleinen Grosz-Mappe‹ in der ›Neuen Jugend‹ vom Juni 1917, erscheint der Tod als zentrales groteskes Motiv. Um das Klischee eines Totenkopfes mit gekreuzten Knochen, einem Emblem für Gift, schwirren die Titel der gesellschaftskritischen Zeichnungen von Grosz, die das Leben als makabre »Buffonade und Totenmesse zugleich« (Hugo Ball) übersteigern und demaskieren: ›Krawall der Irren‹, ›Hinrichtung‹, ›Strasse‹, ›Kirche‹, ›Vorstadthäuser‹, ›Fräulein und Liebhaber‹, ›Spaziergang‹, ›Gesellschaft‹, ›Mord‹. Disparat zwischen dieses groteske Titel-Panoptikum wurden Klischees gesetzt: eine Tänzerin, ein Grammophon, ein Ballon, ein Sarg mit Knochen, ein Schiff und viele Totenkreuze. Deren eschatologische Bedeutung ist hier durch die musterartige Reduktion und Zerstreuung ins Spielerische gewendet. Der Totenkopf mit Zylinder erinnert an Grosz' Verkleidung als Tod auf einer Dada-Soiree, mit der er der Gesellschaft als ihr eigenes Spiegelbild zynisch entgegentrat. Etwas Totentänzerisches steckt in dieser Montage – ein groteskes Ineins von Tod und Spiel, von Schrecken und Lebenslust, etwas von dem bösen Spiel einer verkehrten Welt. Der Tod wurde hier von Heartfield gleichgesetzt mit dem Teufel und degradierte das Leben als unsinniges »Kabarett zum Menschen«. »Der Antichrist kam wieder, er trägt Konfektion«[9], heißt es 1917 im ›Gesang an die Welt‹ von Grosz. Darüber hinaus könnte auch vermutet werden, daß Heartfield in der Todes-Teufelsallegorie mit Zylinder Wilhelm II. als Repräsentanten der tödlichen machtpolitischen Gewalt sah. Als sich 1917 abzeichnete, daß der Krieg verlorenging, kam die Rede auf, daß der Kaiser die Krone mit dem Zylinder tauschen müsse.

John Heartfield, Anzeige für die ›Kleine Grosz-Mappe‹. ›Neue Jugend‹, Juni 1917, S. 4 (Detail; vgl. Kat.-Abb. 5d)

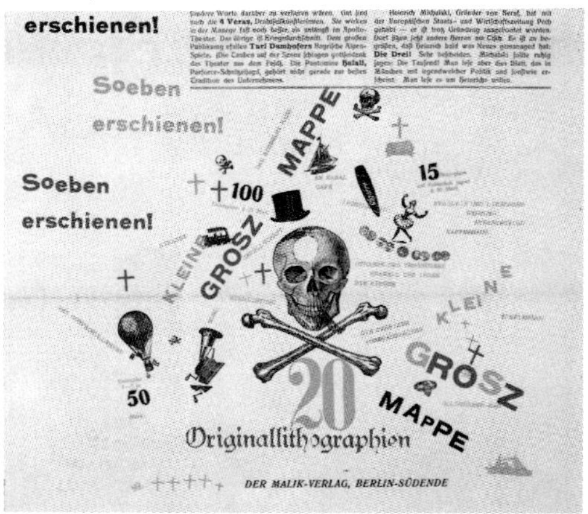

In dieser Montage wird deutlich, daß das Groteske zwar mit neuen künstlerischen Formen und Mitteln der Darstellung provozierte, daß es sich aber zugleich von traditionellen Grotesk-Vorstellungen einer ›Civitas Diaboli‹ anregen ließ. Doch während die mittelalterlichen Untergangsschrecken und Katastrophen in ein christliches Weltbild eingebunden waren, Gegenbilder zur himmlischen ›Civitas Dei‹ darstellten und der Tod zur Seligkeit des Jenseits führte, schien die Präsenz des Todes in dem zeitgenössischen Kaleidoskop von

Vernichtungen allgegenwärtig und allein in seiner Bedeutung als ›Stachel der Hölle‹, der Angst und Schrecken einflößt, weiterzuwirken.
Im Laufe der Jahre radikalisierte Heartfield die grotesken Motive des Todes durch eine gesteigerte Spannung aus Grauen und distanziertem Zynismus. Betrachten wir die Montage ›Nach zehn Jahren: Väter und Söhne‹ (1924; Abb. S. 36–37): Heartfield verzerrt das Abbild des Todes dämonisch-phantastisch in einer perspektivisch überdimensionalen Reihung und grellen Beleuchtung von Totenskeletten. Ihre beängstigende und aggressive Dimension wird in konkrete politische Bezüge eingebunden. Der Schatten der Väter fällt auf die aufmarschierenden, zu Soldaten hergerichteten Jungen, deren Paradeschritt der Wilhelminische Gesinnungsmilitarismus anfeuert. Sie verkörpern zugleich eine zweite Generation, die ins Ungewisse aufbricht, ja dem General Litzmann (1850–1936) als Repräsentanten der Machtpolitik und des Gesinnungsmilitarismus des Ersten Weltkrieges zu folgen scheint. Durch die schockierende Konfrontation der unterschiedlichen Bildebenen, die vor allem von dem Gegensatz zwischen Tod und Leben bestimmt werden, erhält die Fotomontage nicht nur grotesk-satirische, sondern auch grotesk-phantastische Dimensionen, die über die kritisierten Verhältnisse hinaus durch die Überdimensionalität der Totengerippe an existentielle Lebensängste rührt, die hier wohl kaum gebannt werden.
Totenkopf und Totengerippe werden von Heartfield im Laufe der zwanziger und dreißiger Jahre wiederholt in Zusammenhang mit der tödlichen Gefahr des Faschismus gebracht, so zum Beispiel in der Fotomontage ›Das Gesicht des Faschismus‹ vom Juli 1928. Es schockiert den Betrachter durch das groteske Ineinander von organischen Gesichtsteilen wie Augen, Ohren, Stirn und Kopf mit den grauenerregenden Totenschädelpartien des knöchernen Nasenbeins und des zähnefletschenden Gebisses. In diesen synchronen Zügen von Leben und Tod erkennen wir Mussolini, dessen stechende Augen besonders bedrohlich wirken. Die Montage war das Titelbild zur von der KPD herausgegebenen Schrift ›Italien in Ketten‹ (1928; Kat.-Abb. 57). Die Unterschrift im Erstdruck lautete: »Ich werde in den nächsten 15 Jahren das Gesicht Italiens so verändern, daß es niemand wiedererkennt.« Durch das Toten-Gesicht wird der reale Zynismus der Phrase entlarvt, die destruktiven Mächte des Faschismus offensichtlich gemacht. Rechts in der Montage sehen wir Tote; die groteske Physiognomie des Todes dient daher nicht nur der satirischen Diffamierung Mussolinis, sondern auch der Entlarvung seiner mörderischen Strategien.
Die Zusammenhänge der faschistischen Ideologie mit kriegerischen Macht- und Mordinteressen demaskiert auch der Tod als Sämann in der Fotomontage ›Die Saat des Todes‹ von 1937. Auf dem wüsten Terrain einer finsteren natur- und menschenleeren Landschaft sät das Skelett des Todes, den Soldatenhelm auf dem Kopf, Hakenkreuze. Der Text zur Montage: »Wo dieser Sämann geht durchs Land, Erntet er Hunger, Krieg und Brand.« Der Tod war der faschistischen Ideologie eingeschrieben. Durch ihren Todeskult wurde das individuelle Leben gänzlich entwertet, das Subjekt dem nationalen Kollektiv rituell untergeordnet und über sein Geschick machtpolitisch verfügt. Im Hintergrund sehen wir Männer mit Gasmaske in den Krieg ziehen. Angesichts der Kriegsgefahr und der rituell legitimierten Todesverfahren des Nationalsozialismus trat der Tod hier als Mahner auf, der die menschenverachtenden faschistischen Strategien denunzieren und so seinerseits das Leben schützen sollte. Durch die Allegorie des Todes aktivieren diese Montagen Erkenntnisprozesse, die aufrütteln und zum Kampf gegen den Faschismus verpflichten sollen.

John Heartfield, ›Die Saat des Todes‹. ›Volks-Illustrierte‹ (VI, Prag), 14.4.1937, S. 237

Todesopfer

Neben dieser, einer langen ikonographischen Tradition verpflichteten Allegorisierung des Todes nutzte Heartfield dessen schockierende Wirkung auch durch die Verfremdung politischer Todesopfer, die durch institutionalisierte Machtinstrumente der Gesellschaft diffamiert und getötet wurden. ›Brudergrüsse der S.P.D.‹ (1927) schockiert zunächst durch die Fotografie des getöteten Liebknecht im Bildzentrum, der neben Rosa Luxemburg die Leitfigur des spartakistischen Aufstandes im Januar 1919 gewesen war.[10] Das Hotel ›Eden‹, dessen Giebel als Fotozitat oben in der Montage erscheint, bezeichnet den verhängnisvollen Ort, an dem die beiden Revolutionäre vom Militär verhaftet wurden. Rechts und links erinnern Fotografien von getöteten Spartakisten an die blutige Niederschlagung vieler kommunistischer Aktionen in den Monaten Januar bis März 1919. Spuren von Gewalt zeigt auch die durchlöcherte Fassade oben rechts, und schießendes Militär demonstriert die Bedrohung durch politische Gewalt. Dem Grauen, das diese Fotografien angesichts der gewaltsamen Tode auslösen, wird die ohnmächtige Dimension genommen; es wird stattdessen in ein erkennendes und aktives Wahrnehmen umgesetzt. Die Fotos werden durch die Schicht der Zeitungszitate verfremdet, Zeugnisse der Pressekampagne gegen die Spartakisten in den Jahren 1918 bis 1923 (in der Montage mit roten Zahlen dokumentiert). Heartfield läßt beim Betrachter keinen Zweifel aufkommen, daß Blut am ›Vorwärts‹ haftet, das nun rot auf die Zeitungskommentare tropft. Mit Blut schien auch der Titel der Montage geschrieben worden zu sein; seine Doppeldeutigkeit wirkt angesichts der abgebildeten Gewalttaten zynisch: Die ›Brudergrüsse‹ werden als Hetze entlarvt. In den hier montierten Pressekommentaren waren die Spartakisten durchweg als Kriminelle diffamiert worden. Der Bolschewismus wird in einem Beitrag des ›Vorwärts‹ als »willkürliche Gewaltherrschaft einer Clique«, als »Diktatur der Arbeitsunwilligen, der Faulenzer« propagandistisch ausgegrenzt. Diesem Zitat vom 24. Dezember 1918 hat Heartfield einen rotgedruckten Kommentar beigefügt, dessen Farbe nun mit der der kommunistischen Bewegung identisch ist: ›Volltreffer der Konterrevolutionäre‹ und ›Mordzentrale der Scheidemänner‹. Das Rot demonstriert, daß aus dem Blut der Opfer das Rot des Widerstandes hervorging. In roten Buchstaben druckte Heartfield daher auch am unteren rechten Bildrand einen größeren Kommentar zu der Hetzkampagne des ›Vorwärts‹. Dieser endet: »Und sie [die Arbeiterschaft] weiß, wessen Bruder Grüße es waren, die sich wie ein Pesthauch von Verleumdung, Gemeinheit und Lüge über das politische Leben der Arbeiterklasse gelegt haben. [...] Umsonst schreien die Mörder: ›Mord!‹ Das Blut der Erschlagenen schreit lauter.«

Der Kommentar ist propagandistisch und weckt Rachegefühle, welche die Montage in ihrer distanziert aufklärenden Art nicht bewirkt. In dieser Arbeit, im Januar 1927 vom ›Knüppel‹, der satirischen KPD-Zeitschrift, veröffentlicht, ist die Betroffenheit des politischen Kämpfers Heartfield abzulesen. Das Groteske lag für ihn als Grauenerregendes und Lächerlich-Verzerrtes in der politischen »Lüge der bürgerlichen Presse«.

Unter den zahlreichen Montagen Heartfields, die politische Todesopfer grotesk verfremden, sensibilisiert ›Zwangslieferantin von Menschenmaterial. Nur Mut! Der Staat braucht Arbeitslose und Soldaten!‹ im Schockverfahren für die bedrohten politischen Lebensmöglichkeiten um 1930. Weltwirtschaftskrise und aufkommender Faschismus überschatteten das Leben derart, daß es zu einem Dasein zu vertoten drohte, dessen Sinn allein darin bestand, zerstört zu werden. Eine von Heartfield selbst fotografierte, von ihrer Schwangerschaft und ihren ärmlichen Lebensumständen gebeugte Proletarierfrau beeindruckt den

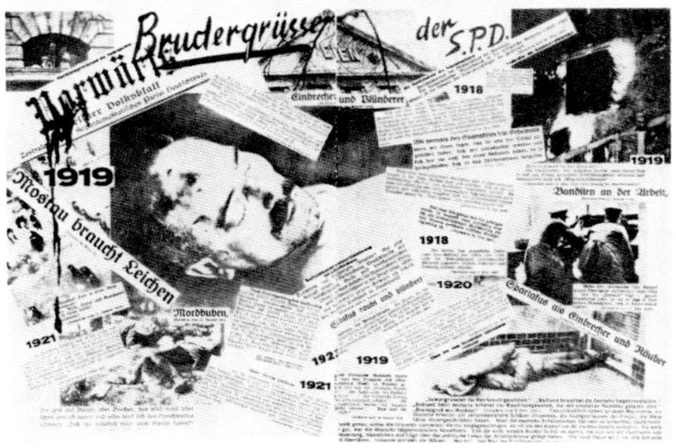

John Heartfield, ›Brudergrüsse der S.P.D.‹. ›Der Knüppel‹, Nr. 1, 1927

Betrachter.[11] Sie sitzt ihm frontal zugewandt in einem Kleid, das zu eng für ihren wachsenden Leib erscheint. Um ihren schwangeren Bauch hat sie teilnahmslos ihre Hände gelegt. Ihr trauriger, passiver Gesichtsausdruck und ihre geduckte Haltung offenbaren ihre bedrückende Situation. Im oberen Drittel der Montage, in Höhe ihres Kopfes, schockiert das Foto eines getöteten Soldaten. Das keimende Leben in ihrem Bauch wird durch das zerstörte Leben ins Groteske gesteigert. Wenn schon die schwangere Frau zeigte, daß das zu gebärende Kind unter schweren Bedingungen heranwachsen sollte, dann verwehrte die Montage mit dem Bild des Gefallenen gänzlich die Hoffnung auf ein menschenwürdiges Leben. Makaber und zynisch zugleich wirkt der Kommentar: Hier wird von »Menschenmaterial« gesprochen, die Frau zur »Zwangslieferantin« degradiert – Begriffe, die die drohende Verwandlung des einzelnen in einen entwürdigten Massenartikel bezeichnen. Erwerbslos oder Soldat zu sein schien dieser Entwürdigung zu entsprechen. 1930 gab es 4,4 Millionen Arbeitslose.

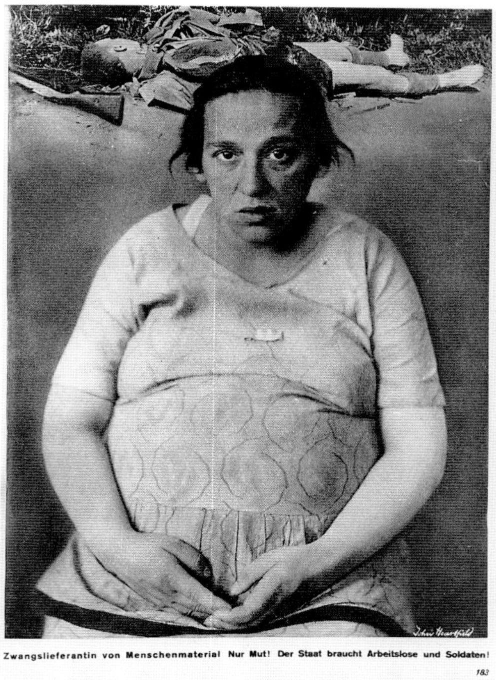

John Heartfield, ›Zwangslieferantin von Menschenmaterial‹. ›Arbeiter-Illustrierte-Zeitung‹ (AIZ, Berlin), Nr. 10, 1930, S. 183

In einem Vergleich mit der Fotomontage ›Die Mutter‹ (1930) von Hannah Höch, der dieselbe Fotografie der schwangeren Proletarierfrau von Heartfield zugrunde lag, soll die unterschiedliche Handhabung der grotesken Todesmotivik gezeigt werden.

Hannah Höch geht von der Deformation der Frau aus; der Hintergrund der Montage ist in hellen Rot-Braun-Tönen aquarelliert. Sie durchschnitt den Körper an der Linie, die sich durch die Ärmel und den Verlauf der Kleiderfalten in Brusthöhe ergab. Dieser auf Armstümpfe und Brüste verstümmelte Leib erhielt eine überdimensionale Kopf-Montage. Von dem traurigen Gesicht der Proletarierfrau ist nur noch ihre lethargische Mundpartie zu erkennen. Das übrige Gesicht ist hinter einer metallbeschlagenen, fremdländischen, ovalen Maske verborgen, die in zweifacher Hinsicht wie ein Panzer wirkt: Sie scheint das Leben und die Gedanken dieser Frau zu verkapseln und auch keine Einwirkungen an sie heranzulassen, ja Gefahren geradezu abzuwehren. Die maskenhafte Unheimlichkeit wird durch die Stellung und unterschiedliche Größe der Augenzitate grotesk ins Leblose gesteigert. Der Blick dieser Augen ist erstarrt und verzerrt zugleich. Die hell schimmernde metallene Visage steht im Gegensatz zu den weichen, ungeschützten Formen des Körpers.

Hannah Höch, ›Die Mutter‹. Fotomontage, 1930. Paris, Centre Georges Pompidou

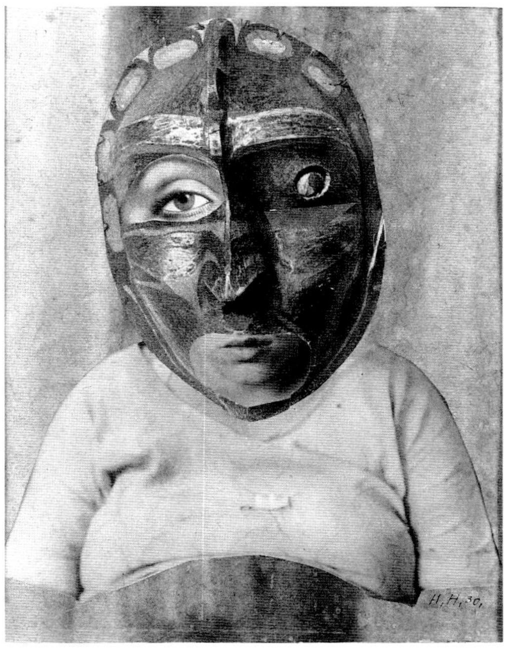

Während Heartfield mit der Montage der Proletarierfrau das sinnlose Schicksal werdenden Lebens unter den Bedingungen seiner Zeit herausstellte, ist die Wirkung der Montage von Hannah Höch vielschichtiger. Es liegt in der grotesken Verfremdung der Frau eine tiefe, weniger greifbare Betroffenheit, für die persönliche Erlebnisse ebenso Anlaß gewesen sein können wie die so oft von Hannah Höch geübte Kritik an der festgefügten Rolle der Frau als ›Mutter‹. Ist es der Mythos der ›Mutter‹ als Lebensspenderin und Lebenserhalterin, vor allem die faschistische Propaganda von der heldengebärenden Frau, die sie deformieren und zu einem stumpfen, handlungsunfähigen Wesen herabsetzen? Eher starrt aus dieser ›Mutter‹ die grauenerregende Fratze des Todes, der alles Leben unterdrückt und verstümmelt. Nicht das aktuelle zeithistorische Geschehen, das Leben tötet, steht hier im Vordergrund der Aussage, sondern die Deformation der Frau und ihre Verurteilung zu Passivität und Unterordnung.

Tiere als Todesboten

Eine ganz andere Wirkung von bedrohlicher Todesahnung erreichte Heartfield durch groteske Tiermontagen und Mensch-Tier-Vergleiche. Geier, Löwe,

Katze, Wolf, Raubfisch, Hyäne, Kröte und Schlange stellten böse Mächte dar. Heartfield transponierte die politische Lebensgefahr in die irrationale Wirkung der Tiere.
In der aggressiven Gestalt einer Hyäne läßt Heartfield das ›Kapital‹ 1932 auftreten (Kat.-Abb. S. 366–367). Attribute wie Zylinder und der Orden ›Pour le Profit‹ setzen das Raubtiergebaren gleich mit der rücksichtslosen kapitalistischen Profitgier, die Kriege zum Anlaß nimmt, um die Profitrate zu steigern. Gleich einem dämonischen Todesgott zieht die Hyäne über das Leichenfeld. Dessen bedrohliche Macht bannt und bricht Heartfield durch den zynischen Bildkommentar: ›Krieg und Leichen – immer noch Hoffnung der Reichen‹.
Als ›Stimme aus dem Sumpf‹ montierte Heartfield eine fette Kröte, hinter der das Hakenkreuz als Sonnensymbol leuchtet. »Dreitausend Jahre konsequenter Inzucht beweisen die Überlegenheit meiner Rasse!« steht unter dieser Montage aus dem Jahre 1936. Nach Wieland Herzfelde bezog sich die Aussage auf die Sympathie japanischer Rassisten mit den europäischen. Möglicherweise aktivierte Heartfield gezielt die mittelalterliche Bedeutung der Kröte, samt ihren Konnotationen als Teufels- und Hexentier mit dem Laster und den unheimlichen Abgründen des Todes und der Hölle. Die ekelerregende, häßliche Erscheinung der Kröte verkehrt grotesk die Propaganda von einer gesunden und starken, einer schönen und auserwählten nationalen Rasse und spiegelt das wahre Gesicht der rassistischen Ideologie als das eines bösen mächtigen Ungeheuers. Und wie es im Mittelalter den ›Fürsten der Welt‹ auf seiner Rückseite zusammen mit Schlangen aufzehrte, so stellte es als faschistische Allegorie die tödliche Schattenseite der Welt dar.
Das bildsatirische Motiv ›Große Fische fressen kleine Fische‹[12], das bereits von Pieter Bruegel dem Älteren 1556 gezeichnet worden war und seither viele Fassungen erhielt, aktualisierte Heartfield in der Montage zum großen Wahlgewinn der Nationalsozialisten 1930. Der Bildkommentar zur Montage: ›»Und den Fisch hab ich gewählt!« – 6 Millionen Naziwähler: Futter für ein großes Maul‹. Die Montage reagiert auf den Machtgewinn der NSDAP, die 1930 mit sechs Millionen Stimmen zweitstärkste Fraktion im Reichstag wurde. Den Sinngehalt von Bruegels Zeichnung bezog Heartfield auf die Zeitumstände. Nach Gerd Unverfehrt ist die Darstellung als eine »Allegorie auf die allen Menschen innewohnende Habgier zu entschlüsseln, die zu Unglück und Untergang führt«.[13] Heartfield illustrierte mit den sich fressenden Fischen den kapitalistischen Darwinismus: Der große Haifisch mit Dollarzeichen auf dem Rücken und dem Zylinder mit Hakenkreuz frißt den kleineren mit der Aufschrift ›Mit Gott für Hitler und Kapital‹. Wie eng die Wirtschaft und der Faschismus zusammenhingen, erwies sich im Jahr 1931, als deutsche Industrielle – Thyssen, Kirdorf, Schröder und andere – beschlossen, Hitler zu unterstützen. Um die Wirkung des Haifisches zu steigern, nutzte Heartfield die Unbegrenztheit des Raumes und die Kombination von Foto, Kommentar und innerbildlicher Schrift, die sich gegenseitig bedingten und auslegten.
Gerade im Rückgriff auf die Tiermotivik als grotesker Allegorie des Todes zeigte Heartfield ein Prinzip satirischer Gestaltung, das auf die Aussagekraft älterer Vorbilder zurückgeht.

John Heartfield, ›Stimme aus dem Sumpf‹. AIZ (Prag), 1. 3. 1936, S. 179

Das Rad

Als modernes groteskes Todesmotiv erscheint das Rad in den Dada-Montagen von Heartfield und Grosz. Es könnte geradezu das Zeichen des ›Grosz-Heartfield-Concerns‹ sein. Auch dieses Motiv hat eine tiefere Bedeutung und ist der

Darstellung des Todes als Chronos zuzurechnen. Üblicherweise durch seine Attribute Stundenglas und Flügel gekennzeichnet, erschien er in der Renaissance oftmals auf einem Wagen. Sein Erscheinen evozierte die Vorstellung von grausamer Schnelligkeit. Das Rad, meist isoliertes Element in den Montagen, gehörte als Gegenstand, der ein gefährliches Eigenleben entwickeln konnte, zum festen Vokabular des Dada-Grotesken.

Mit dem unvermittelten Auftauchen des Rades in den dadaistischen Montagen verband Heartfield sein modernes Lebensgefühl der Angst, Faszination und Ironie. Der Dadaist sah sich einerseits rasendem Fortschritt ausgesetzt und zum anderen mit den Trümmern der Kultur konfrontiert. Der Kulturuntergang schien sich in einer Bewegung ohne Mittelpunkt scheindynamisch zu vollziehen – als zerstörerische Hetero-Mobilität, die über alles hinwegging und in der sich das Leben selbst zu richten begann. Besonders deutlich wird dies in ›Universal City, 12 Uhr 5 mittags‹ (Kat.-Abb. 3). Neben dem Rad trat ›The Kady‹ als Schriftzitat auf. Im Bann der Rotation war dem Menschen Erkenntnis, ja Selbsterkenntnis verwehrt. Er war einer chaotisch gewordenen, kontingenten, von rasender Rotation heimgesuchten Welt ausgesetzt, der er sich weder entziehen noch sie bändigen konnte. In dem Titel ›Das Pneuma umreist die Welt‹ (vgl. die Version Kat.-Abb. 6a) spielte Heartfield auf diese gewaltige mechanische Kraft an, indem er sich einmal ironisch auf das ›Pneuma‹ als den lebensspendenden Atem des Göttlichen und der Lebenskraft aus der gnostischen Philosophie bezog und zum anderen durch das Stammwort ›Pneu‹ das konkrete Rad evozierte. ›Die Bewegung geht weiter‹[14] scheint das fatalistische Motto der Montagen zu sein, dem ein groteskes – weil tragikomisches – Element innewohnt. In der »Gleichgültigkeit gegen Glück und Tod, Freude und Elend«[15] brachte sich der Tod immer wieder in Erinnerung, seine Kräfte in der Bewegung regenerierend. In den Dada-Montagen von Heartfield und Grosz vergegenwärtigt das städtische Dynamo-Getriebe des Rades den »systematisch arbeitenden Tod, der das Leben vortäuscht« (Ball)[16], der einen weiten, unabgesicherten Raum eröffnet und gleich einer naturgewaltigen Macht Grenzen sprengt und das Subjekt mit Identitätsverlust bedroht. ›Total‹ wird in ›Das Pneuma umreist die Welt‹ zitiert: Die Industrialisierung schien alles zu erfassen. Es gab keinen Raum mehr, in den sich das Individuum zurückziehen konnte. In ›Universal City‹ wird jene ungeschützte Selbstbehauptung im gewalttätigen Motor der Dinge gezeigt, in dem großen, indifferenten Getriebe, welches das Berlin der zwanziger Jahre war: »Geringer Eindruck der Revolution auf das großstädtische Leben«, notierte Harry Graf Kessler. »Dieses Leben ist so elementar, daß selbst eine weltgeschichtliche Revolution wie die jetzige wesentliche Störungen darin nicht verursacht. Das Babylonische, unermeßlich Tiefe, Chaotische und Gewaltige von Berlin ist mir erst durch die Revolution klargeworden, als sich zeigte, daß diese ungeheure Bewegung in dem noch viel ungeheureren Hin und Her von Berlin nur kleine örtliche Störungen verursachte, wie wenn ein Elefant einen Stich mit einem Taschenmesser bekommt. Er schüttelt sich, aber er schreitet weiter, als ob nichts geschehen wäre.«[17]

Die rotierenden Elemente konnotierten neben ihrer abstrakten dynamischen Schnelligkeit die permanente Bewegung der Warenzirkulation. Der Mobilität von verkehrstechnischen und kommunikativen Mitteln entsprach die Zirkulation, die der beständige Umschlag der Waren in der Stadt erforderte. Die kumulative Verdichtung in den Montagen kündigte die Vielheit der Waren an, zu der die ehemals vertrauten Dinge wurden. Die Zirkulation bestimmte den Verkehr der Menschen, der den sozialen Kontakt ersetzte. In dem überdimensionalen Erscheinen der Räder verband sich bedrohlich die Macht der Technik mit der des Kapitals. Dieses Motiv faszinierte die Dadaisten in demselben Maße, wie es

Pieter Bruegel d. Ä., ›Große Fische fressen kleine Fische‹. Federzeichnung, 1556. Wien, Albertina

John Heartfield, ›6 Millionen Naziwähler: Futter für ein großes Maul‹. AIZ (Berlin), Nr. 40, 1930, S. 783

sie abstieß, weil in ihm jene groteske Mischung aus Tod und Leben, Schein und Wirklichkeit lag.
Wandte Heartfield nach seiner Dada-Zeit das Rad zunächst nicht mehr als groteskes Motiv an, so interessierte es ihn 1934 wieder – in seiner Bedeutung als mittelalterliches Marterinstrument, das er mit dem Hakenkreuz gleichsetzte (Kat.-Abb. 101). Der im Mittelalter zur Folter Verurteilte wurde aufs Rad geflochten, um sein Rückgrat und seine Glieder zu brechen. Heartfield greift dieses Motiv auf, indem er einen nackten toten Menschen mit einem Lendenschurz – gleich einem leidenden Christus am Kreuz – in das Hakenkreuz hängt. Der Mensch scheint diesem Rad der Geschichte ohnmächtig ausgeliefert: ›Wie im Mittelalter – so im Dritten Reich‹, besagte der Kommentar. Der Widerstand liegt hier im Sichtbarmachen derartiger historischer Zusammenhänge.
Die grotesken Erscheinungsformen und Motive des politischen Todes wirkten mit einer bedrohlichen Spannung aus Grauen und Lachen deshalb so stark, weil es eben die zeitgenössische Welt war, deren Verläßlichkeit sich als Trug und Schein erwies. Die grotesken Motive arbeiteten mit aller Konsequenz illusionsdurchbrechend. Heartfields zynisches Gelächter eröffnete Einsichten in die abgründigen Auswirkungen der Machtpolitik und setzte zugleich Kräfte des Widerstandes frei. Die Notwendigkeit gesellschaftlicher Veränderung, einer proletarischen Revolution, stand für Heartfield im Zentrum seiner künstlerischen Arbeit. Und obwohl viele der Montagen gezielt politische Aufklärung leisten, den verantwortungslosen Mißbrauch gesellschaftlicher Macht offenlegen, so ist doch auch an den Erscheinungsformen der grotesken Todesmotive festzustellen, daß sie bei aller Gesellschaftskritik einen Rest undeutbar lassen – denn Heartfield gehörte nicht zu den alles erklärenden »Planstellendenkern« und »Fahrkartenzwickern des Weltgeistes«.[18]

1 Hugo Ball, ›Kandinsky‹, in: ders., ›Der Künstler und die Zeitkrankheit‹, hrg. v. Hans Burkhard Schlichting, Frankfurt a. M. 1984, S. 41.
2 Vgl. Karl Heinz Bohrer, ›Die Ästhetik des Schreckens. Die pessimistische Romantik und Ernst Jüngers Frühwerk‹, München 1978.
3 Druckbogen des ›Dadaco‹ (1920), Reprint, Mailand/Rom 1970.
4 Vgl. Hanne Bergius, ›Das Lachen Dadas. Die Berliner Dadaisten und ihre Aktionen‹, Gießen 1989, Kapitel ›Dadas Lachen hat Zukunft‹.
5 Hannah Höch, ›Einnerungen an DADA. Ein Vortrag 1966‹, in: Katalog ›Hannah Höch 1889–1978. Ihr Werk, ihr Leben, ihre Freunde‹, Berlin 1989, S. 204.
6 Giovanni Papini, ›Warum ich Futurist bin‹, in: Christa Baumgarth, ›Geschichte des Futurismus‹, Reinbek 1966, S. 236.
7 Elias Canetti, ›Die Fackel im Ohr. Lebensgeschichte 1921–1931‹, Frankfurt a.M. 1982, S. 252–253.
8 Raoul Hausmann, ›Objektive Betrachtung der Rolle des Dadaismus‹, in: ders., ›Bilanz der Feierlichkeit, Texte bis 1933‹, hrg. v. Michael Erlhoff, Bd. I, München 1982, S. 110.
9 George Grosz, ›Gedichte und Gesänge‹, in: ders., ›Pass auf! Hier kommt Grosz. Bilder Rhythmen und Gesänge 1915–1918‹, hrg. v. Wieland Herzfelde und Hans Marquardt, Leipzig 1981, S. 22.
10 Vgl. Hanne Bergius, ›Das Groteske als Realitätskritik: Dix, Grosz, Höch, Heartfield‹, in: ›Funkkolleg Moderne Kunst‹, Studienbegleitbrief 8, Weinheim/Basel 1990, S. 20 f.
11 Abgebildet in: Eckhard Siepmann, ›Montage: John Heartfield. Vom Club Dada zur Arbeiter-Illustrierten-Zeitung‹, Berlin 1977, S. 276.
12 Vgl. Gerd Unverfehrt, ›Große Fische fressen kleine Fische. Zu Entstehung und Gebrauch eines satirischen Motivs‹, in: Gerhard Langemeyer u. a. (Hrg.), ›Mittel und Motive der Karikatur in fünf Jahrhunderten. Bild als Waffe‹, München 1984, S. 403.
13 Ebd., S. 407.
14 George Grosz, ›Gesang der Goldgräber‹, in: ders., ›Pass auf! Hier kommt Grosz‹ (wie Anm. 9), S. 54.
15 Richard Huelsenbeck, ›en avant dada. Die Geschichte des Dadaismus‹, Hannover/Leipzig 1920, S. 33.
16 Hugo Ball, ›Die Flucht aus der Zeit‹, Luzern 1946, S. 4.
17 Harry Graf Kessler, ›Tagebücher 1918 bis 1937‹, hrg. v. Wolfgang Pfeiffer-Belli, Frankfurt a. M. 1982, S. 108.
18 Vgl. Hans Magnus Enzensberger, ›Zwei Randbemerkungen zum Thema Weltuntergang‹, in: Katalog ›Ihn zu bedenken. Texte und Bilder zu den Frankfurter Festen '84‹, hrg. v. Dieter Rexroth, Frankfurt 1984, S. 34.

John Heartfield, 1931

...unter dem Einfluß des imperialistischen Krieges 1914–1918 stürzten die Stützpfeiler der bourgeoisen Kultur und Moral einer nach dem anderen ein. Die Künstler vermochten nicht mehr mit den Ereignissen Schritt zu halten. Der Zeichenstift erwies sich als zu langsam: die von der Bourgeoisie-Presse verbreiteten Lügen überholten ihn. Die revolutionären Künstler konnten mit diesem Tempo nicht schritthalten, sie blieben zurück und schafften es nicht, alle Etappen des proletarischen Kampfes festzuhalten.

Aus: Sergei Tretjakow/Solomon Telingater, ›John Heartfield. Eine Monografie‹, Moskau 1936 (russ.); deutsche Übersetzung von Manfred Schreyer in: Eckhard Siepmann, ›Montage: John Heartfield. Vom Club Dada zur Arbeiter-Illustrierten-Zeitung‹, Berlin 1977, S. 169. –

Hanne Bergius, 1989

Als gemeinsamen anarchischen Impuls ihrer Revolte sprengten die Dadaisten ihr Lachen in die vom ersten Weltkrieg erschütterte Gesellschaft. Das Lachen wurde das »Lieblingswerkzeug« der dadaistischen Kunst- und Kultur-Guerilla, das sie subversiv als Instrument der Skepsis, der Sinnstörung und Umwertung mit allen Konsequenzen der Moderne einsetzten. Das dadaistische Lachen nahm viele Gestalten an: Ironie, Humor in unterschiedlicher Schattierung, Zynismus und Sarkasmus. (...) Das »wahnwitzige Simultankonzert von Morden, Kulturschwindel, Erotik und Kalbsbraten« steigerte sich zu einem dionysischen Rausch – »zur Heiligkeit des Sinnlosen« und zum »Jubel des orphischen Unsinns«. Der Dadaist feierte auf diese Weise ein neugewonnenes Schöpfertum und setzte Dada an den ›Anfang‹. Er wagte sich weit aufs offene ›Meer‹ der Ironie. (...)
In stetem Unterwegs-Sein und in permanentem Rollenspiel überlistete der Dadaist lachend seine Wurzellosigkeit und kehrte die Last der Desorientierung in eine Entlastung um. Er ergriff die Flucht nach vorn. Den Sinnverlust verwandelte er in einen Sinnverzicht.

Aus: Hanne Bergius, ›Das Lachen Dadas. Die Berliner Dadaisten und ihre Aktionen‹, Werkbund-Archiv 19, Gießen 1989, S. 9, 15. –

1 ›Grosz-Heartfield mont.‹, ›Sonniges Land‹. Collage, 1919. Kat.-Nr. 315

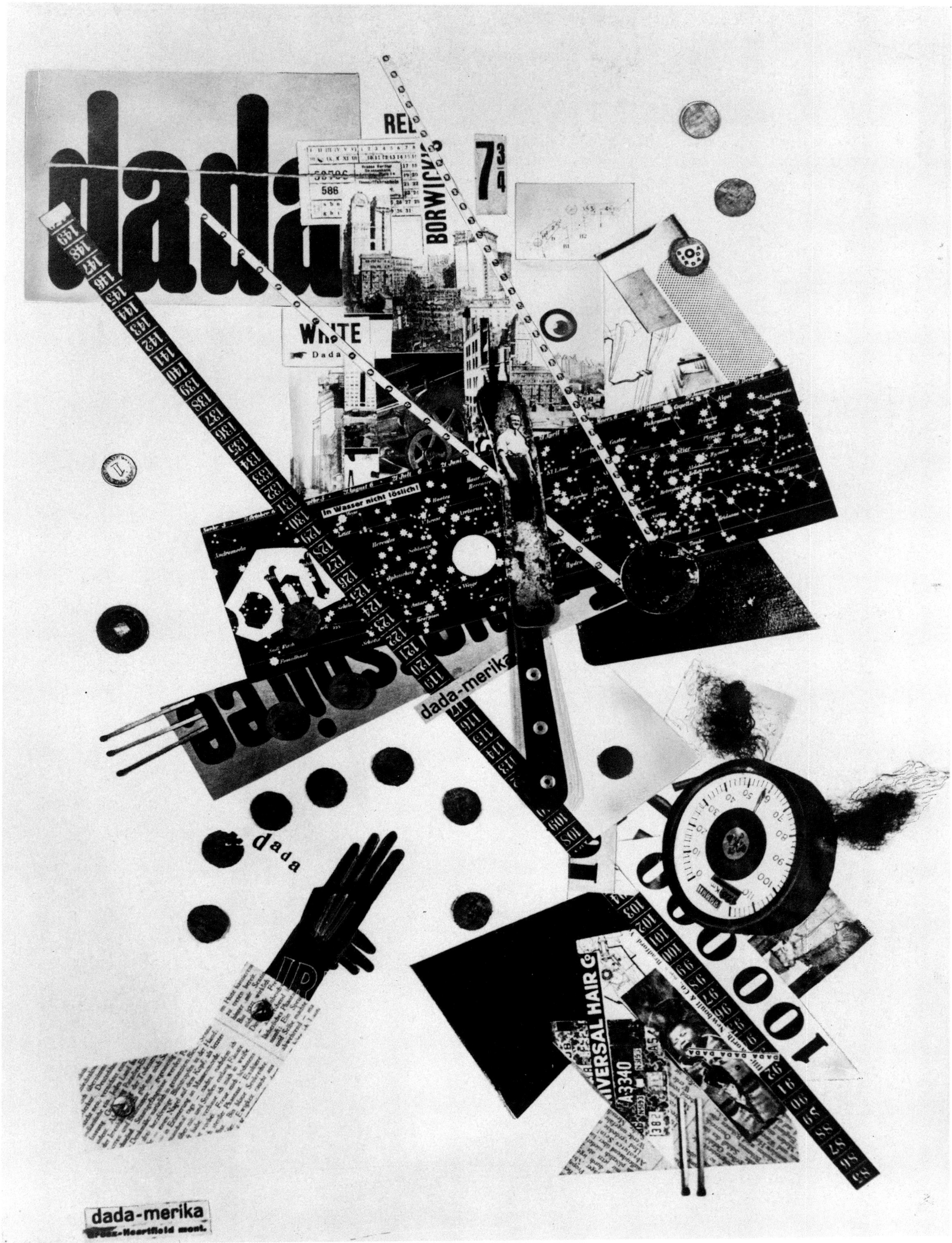

2 ›Grosz-Heartfield mont.‹, ›Dada-merika‹. Collage, 1919. Kat.-Nr. 65

Udo Rukser, 1919

Dadaismus als Kampf, als Polemik ist der Protest des Künstlers gegen das Bildungsideal des Philisters, der in der allgemeinen Schulpflicht den Gipfel aller Kulturleistung sieht; ist die Rache des Künstlers am Bourgeois dafür, daß er ihn immer hat hungern und leiden lassen und unter das Joch seiner Borniertheit und kümmerlichen Lebensführung und -ansicht hat beugen wollen; ist die Peitsche, mit der er ihn aus seiner bequemen Genießerruhe schreckt. Denn der Bürger lebt in Gewohnheit und Materie, der Künstler in steter Revolution des Geistes. (...) *Dadaismus ist also keine Richtung*; es ist die Bestätigung eines Selbständigkeitsgefühls, eines Mißtrauens gegen die Gesellschaft, gegen alles Herdenhafte, ist der Protest gegen die *Chinesierung des Menschen*, gegen seine Umwandlung aus einer Bestie in ein zahmes Haustier blauäugiger Sanftheit mit möglichst großen Hörnern. Dada ist nichts Formuliertes im hergebrachten Sinne; es ist der von Nietzsche gepredigte ungebrochene echte Lebensinstinkt, der alles Polemische in der grotesken Fratze und im Purzelbaum in die bürgerliche Welt spritzt. Das Oppositionelle abgezogen, ist es wesentlich *die Treue des Menschen gegen sich selbst, die Natur*; eine Lebensführung, die den Mut und die Ehrlichkeit hat, so zu sein, wie die Natur einen gemacht hat, ohne die Tünche aller schwindelhaften Konventionen des bürgerlichen Lebens. Dada in diesem Sinne ist der konsequente Kult, die Inthronisation der eigenen Person, der Individualität, der Aufruf zur wahren Menschlichkeit und Ehrlichkeit, ist im Grunde nichts anderes als – der richtig verstandene Humboldtsche Humanitätsbegriff!

Aus: Udo Rukser, ›Dada. Aufführung und Ausstellung im Salon Neumann, Kurfürstendamm‹, in: *Freie Zeitung* (Berlin), 8. 5. 1919.

3 ›Leben und Treiben in Universal-City, 12 Uhr 5 mittags‹. Collage, 1920. Kat.-Nr. 72

Jan Tschichold, 1928

In Deutschland wurde ... im Juni 1917 der Prospekt zur Kleinen Grosz-Mappe ›Neue Jugend‹ herausgegeben, der eins der frühesten und bedeutendsten Dokumente der Neuen Typographie darstellt. Wir finden in ihm bereits ihre typischen Eigenschaften. Befreitsein von der ›traditionellen‹ Satzweise, große Grad-, Form- und Farbkontraste, Verwendung aller Zeilenrichtungen und Schriftarten und der Photographie. Die überhitzte Ohnmacht gegen den kapitalistischen Krieg findet ihren literarischen Ausdruck in politischen Artikeln ›Man muß Kautschukmann sein‹, ›Betet mit dem Schädel gegen die Wand‹, ›Arbeit, Arbeit, Arbeit, Arbeit: Triumph der Christian Science‹ usw. In der äußeren Form des Flugblattes spiegelt sich das ganze Chaos dieser Zeit.

Aus: Jan Tschichold, ›Die neue Typographie. Ein Handbuch für zeitgemäß Schaffende‹, Berlin 1928, S. 58.

Eckhard Siepmann, 1977

Die Zersetzung des überlieferten ›Illusionsraums‹ wird auf die Typografie übertragen. Die einfache Funktion der Typografie, Wörter und Wortfolgen zu gestalten, wird ausgesetzt zugunsten der Aufgabe, eine Synthese von Wort und Bild hervorzubringen; ikonische Funktionen, wie Rhythmus und Farbe, werden durch die Typografie wahrgenommen; die Wortgestalt greift in das Bild ein. Damit ist nicht nur die Buchumschlag-Typografie angebahnt, sondern schon ein spezifisches Strukturelement von Heartfields Fotomontagen, das darin besteht, die Bedeutung des Bildes durch das Wort umfunktionieren zu lassen. Die Typografie der Neuen Jugend kann daher verstanden werden als die Negation der Verhaftetheit des Wortes an die Kommentarfunktion, – als dialektische Voraussetzung für jene Integration des Wortes in die Fotomontage, die nicht mehr auf Ergänzung bzw. Kommentar beruht, sondern auf dem semantischen Eingriff des Wortes in die Bild-Logik; auf der Veränderung, ja oft Umkehrung des Bild-Sinns durch das Wort.

Aus: Eckhard Siepmann, ›Montage: John Heartfield. Vom Club Dada zur Arbeiter-Illustrierten-Zeitung‹, Berlin 1977, S. 38. – © 1977 by Elefanten Press, Berlin, und Eckhard Siepmann.

4a ›Kleine Grosz-Mappe‹, 1917, Vorblatt, Titelseite. Kat.-Nr. 314

AUS DEN GESÄNGEN

Ha! in Kopenhagen fallen die Börsen!!
Ha! in New York fallen die Börsen!!
Betlehems Steel Aktien — wer kanns wissen?!
Die Menschen drängen, krank,
verlogen brüllt alter Faulgreis Friedensgerücht,
Druckerschwärze, noch frisch geleitartikelt — —
weiter: Die Straßen klitschig,
Der Regen strähnt,
die Omnibusse torkeln,
beinschwarz stoßen Regenschirme ineinander,
nur die Lichtreklamen blühn:
Rheingold, Manoli, Steiners Paradiesbett.
Der Antichrist kam wieder, er trägt Konfektion.
. .—. — .—. .—.— ——. —
—.— ——— —. ..—. . —.— —
.. ——— —. .....

Krahne und Lohrenbahn,
unterfressener Asphalt — wie seltsam!!
Abenteurer ziehn vorüber, steifen Hut,
schwarz auf Glatthaar, nach hinten.
Des Syphilitikers buntes Profil schimmert
durchs Dunkel — auch ohne Nase läßt sichs leben —!!!

✡

Die Schnapskneipe wartet schon — die Feengrotte,
schon der Coctail, der Gin, der Grog, der steife.
Heidi, Musik — eine richtige Negermusik!
Kann jemand Ragtimes??!!
Tanz — bitte!
: Rio taucht auf — Hafengassen
und Matchiche, hallo! nackt, geil — — —
Oh, Südamerika!! Deine warmen Küstenbuchten!
Oh, Argentinien, Sehnsuchtland!
Schokolade trink ich,
früh auf Veranda aus Bambus,
und schwarze Zigarre,
großer Baststrohhut übern Kopf —
und Nilpferdpeitsche —
Mestizen stolz und Rinderheerden in Fray-Bentos —
Den Revolver knall ich ab
früh, wenn ich aus dem Blockhaus trete
breit, mit roter Bluse und braun —
wild bellt der Hund —
und der Papagei singt englisch.
Ha!! ich lebe auf! Früh! Tau auf allem Gras,
meine beiden Revolver, das große Schottenmesser,
mein schwarzer Zottelhund — — oh!! Colorado!
Freiheit!!!

Kobaltenblau singt der große Fluß
um uralte Bäume,
unberührt von Kreiselsäge und Aktienunternehmer.
Das Canoe liegt bereit,
bemalt mit Rot — —
Bisamburgen treiben vorbei,
Pisang und Banane und bunte Vögel —
Der Himmel cölinblau,
weiß segelt eine Wolke nach Europa.
Wir fahren an Stromschnellen vorbei,
wirbelnd zu den tausend Inseln —
— — — — — — — — — — —
Perlbesäter Sammetmantel — Du, oh Rio!!
— Cuba hör ich, seh grün und roten Schwanzaffen
oben am Brotfruchtbaum —
und die tausend Masten und den
gemütlichdummen wollbraunen Neger
und amerikanischen Matrosen mit der Shagpfeife,
bogenspuckend — an blauer Küste.

✡

Immer noch die tolle Sehnsucht nach Hitze —
ih, — im Coctail ist Leben!
im Coctail so farbig
fließt der Rio grande del Norte,
mit tausend kleinen Booten,
und der großen Korvette,
und dem blauen Kapitain,
unbeugsam am Steuerruder und gelber Messingstange,
ih — im Coctail ist Leben —
die Hafengassen sind belebt —
es gibt schon Tote,
zwei Matrosen — — — — —
im Bordell von rosa Licht schwül umhaucht —
und wankende Schenkel, riesig und wüst —
Der Schnaps fließt die Bordellgassen entlang —
ist das ein Leben!!!!
Die Speicher mit Tabak und Baumwolle — —
und alte Dame, würdig,
mit Gouvernanten aus Osteuropa —
im Coctail ist Leben — — —
Auch Porter ist da,
alter noch, von
Perkins & Co., London. — —

4b ›Kleine Grosz-Mappe‹, 1917, Vorblatt, S. 2. Kat.-Nr. 314

Wieland Herzfelde, 1971

John und ich, wir waren anderer Natur als er [George Grosz], auch nicht ganz humorlos, doch im wesentlichen pathetisch und sentimental. Unmenschlichkeit indessen stieß uns wie ihn ab. Wir teilten seinen Haß gegen den Krieg und gegen alle, die ihn verschuldeten, entschuldigten oder verherrlichten, und unsere spontane Freundschaft entwickelte sich zu einem Arbeitsbund, der die nächsten fünfzehn Jahre fast reibungslos überdauerte. Die Erscheinung und das Wesen von Grosz, seine originelle Art zu erzählen und zuzuhören, liebten wir – seine Kunst aber war für uns eine Offenbarung. Zugleich eine kalte Dusche: schockartig, ernüchternd, prickelnd und belebend. Mein Bruder und ich waren daran gewöhnt, die Kunst als das Sichtbar- und Hörbarmachen der Schönheit zu begreifen, die dem Leben innewohnt, wie Metall dem Gestein. Grosz aber bewirkte, daß wir fortan die alltägliche Welt nicht mehr als nüchtern, banal und langweilig empfanden, sondern als ein Drama, in dem Dummheit, Roheit und Fäulnis die Hauptrolle spielten. Er weckte in uns beiden ein neues, sehr kritisches Verhältnis zu unseren bisherigen Versuchen künstlerischer Art: Helmut verbrannte alles, was er bisher mit Kohle, Bleistift, Kreide, Tusche, Tempera und Ölfarbe geschaffen hatte.

Aus: Wieland Herzfelde, ›George Grosz, John Heartfield, Erwin Piscator, Dada und die Folgen – oder Die Macht der Freundschaft‹, in: *Sinn und Form*, 23, 6, 1971, S. 1224–1251. – , für: ders., ›Zur Sache‹, Berlin/Weimar 1976.

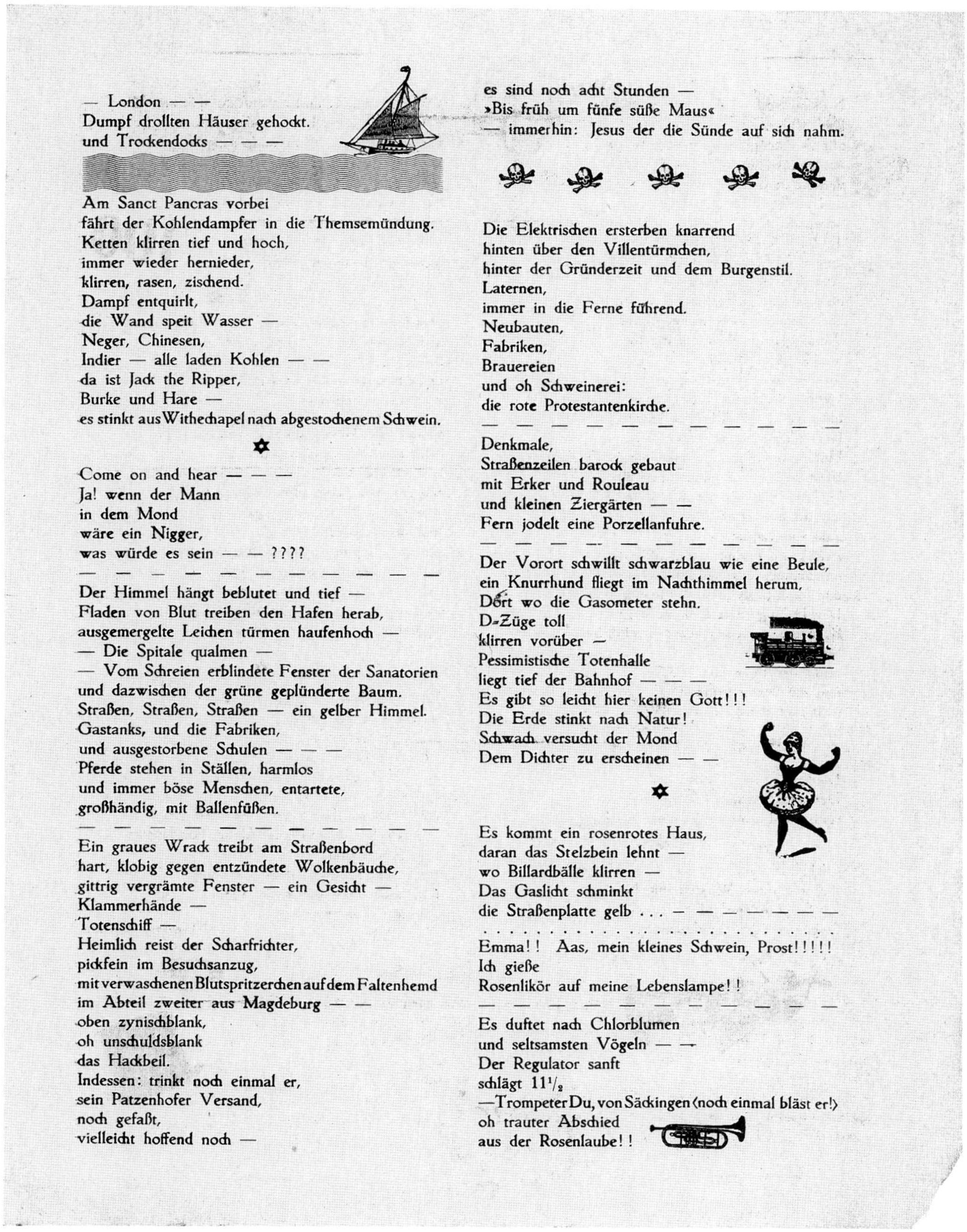

— London — —
Dumpf drollten Häuser gehockt.
und Trockendocks — — —

Am Sanct Pancras vorbei
fährt der Kohlendampfer in die Themsemündung.
Ketten klirren tief und hoch,
immer wieder hernieder,
klirren, rasen, zischend.
Dampf entquirlt,
die Wand speit Wasser —
Neger, Chinesen,
Indier — alle laden Kohlen — —
da ist Jack the Ripper,
Burke und Hare —
es stinkt aus Withechapel nach abgestochenem Schwein.

✡

Come on and hear — — —
Ja! wenn der Mann
in dem Mond
wäre ein Nigger,
was würde es sein — — ????
— — — — — — — — — — — —
Der Himmel hängt beblutet und tief —
Fladen von Blut treiben den Hafen herab,
ausgemergelte Leichen türmen haufenhoch —
— Die Spitale qualmen —
— Vom Schreien erblindete Fenster der Sanatorien
und dazwischen der grüne geplünderte Baum.
Straßen, Straßen, Straßen — ein gelber Himmel.
Gastanks, und die Fabriken,
und ausgestorbene Schulen — — —
Pferde stehen in Ställen, harmlos
und immer böse Menschen, entartete,
großhändig, mit Ballenfüßen.
— — — — — — — — — — — —
Ein graues Wrack treibt am Straßenbord
hart, klobig gegen entzündete Wolkenbäuche,
gittrig vergrämte Fenster — ein Gesicht —
Klammerhände —
Totenschiff —
Heimlich reist der Scharfrichter,
pickfein im Besuchsanzug,
mit verwaschenen Blutspritzerchen auf dem Faltenhemd
im Abteil zweiter aus Magdeburg — —
oben zynischblank,
oh unschuldsblank
das Hackbeil.
Indessen: trinkt noch einmal er,
sein Patzenhofer Versand,
noch gefaßt,
vielleicht hoffend noch —

es sind noch acht Stunden —
»Bis früh um fünfe süße Maus«
— immerhin: Jesus der die Sünde auf sich nahm.

Die Elektrischen ersterben knarrend
hinten über den Villentürmchen,
hinter der Gründerzeit und dem Burgenstil.
Laternen,
immer in die Ferne führend.
Neubauten,
Fabriken,
Brauereien
und oh Schweinerei:
die rote Protestantenkirche.
— — — — — — — — — — — —
Denkmale,
Straßenzeilen barock gebaut
mit Erker und Rouleau
und kleinen Ziergärten — —
Fern jodelt eine Porzellanfuhre.
— — — — — — — — — — — —
Der Vorort schwillt schwarzblau wie eine Beule,
ein Knurrhund fliegt im Nachthimmel herum,
Dort wo die Gasometer stehn.
D-Züge toll
klirren vorüber —
Pessimistische Totenhalle
liegt tief der Bahnhof — — —
Es gibt so leicht hier keinen Gott!!!
Die Erde stinkt nach Natur!
Schwach versucht der Mond
Dem Dichter zu erscheinen — —

✡

Es kommt ein rosenrotes Haus,
daran das Stelzbein lehnt —
wo Billardbälle klirren —
Das Gaslicht schminkt
die Straßenplatte gelb ... — — — — — — —
. . . .
Emma!! Aas, mein kleines Schwein, Prost!!!!!
Ich gieße
Rosenlikör auf meine Lebenslampe!!
— — — — — — — — — — — —
Es duftet nach Chlorblumen
und seltsamsten Vögeln — —
Der Regulator sanft
schlägt $11^{1}/_{2}$
—Trompeter Du, von Säckingen ⟨noch einmal bläst er!⟩
oh trauter Abschied
aus der Rosenlaube!!

4c ›Kleine Grosz-Mappe‹, 1917, Vorblatt, S. 3. Kat.-Nr. 314

Hans Richter, 1961

Schon während der erste Weltkrieg zu Ende ging und das Kaiserreich sichtbar zerkrümelte, veröffentlichte Wieland Herzfelde, begleitet von seinem Bruder John, ›Die Neue Jugend‹. Sie meldeten die Ansprüche der neuen Generation an, literarisch, aggressiv, politisch. Aber erst mit Dada fand dieser Drang den Sturm, der ihn in die Öffentlichkeit trug. John, Wielands Bruder, nannte sich Heartfield und unterschied sich von Wieland, der weiter Herzfelde hieß, in vieler Beziehung. Wieland war in dem Grade methodisch, businesslike, mehr Hirn als Herz, wie John erratisch, unberechenbar, emotionell war. Wieland, der Verleger, wurde ein ›wichtiger Mann‹, der Herausgeber der linksgerichteten deutschen Zeitschriften und Bücher, der modernen rebellischen Literatur inklusive Lasker-Schüler und vor allem der George Grosz-Bücher und -Zeichnungen. (...)
Unter lebhafter Mitarbeit der Brüder wurde Berlins Dada-Programm eine politisch-radikale Posaune des allerjüngsten Gerichts, die keine sanften Flötentöne der Kunst mehr anerkennen wollte, sondern alles auf die Karte einer radikalen Veränderung der Gesellschaft zu setzen beliebte. Jonny und Wieland haben nie viel Zweifel aufkommen lassen, wo sie politisch standen: etwas links von links. (...)
John schien unvergleichlich schwächer als Wieland, aber dafür viel wilder. Nichts von dem eisernen Willen, aber umso explosiver. Eine reizbare Mimose, ein Zitteraal, ein Glas Wasser, das auf einem nassen Tisch hin und her rutscht, ein Künstler. Ich kann nicht sagen, ob er oder Hausmann die Photomontage erfunden hat. Hausmann, der selfstyled Edison von Berlin, behauptet, er sei es gewesen. Aber ich würde es gerechterweise zwischen beiden teilen, ... wenn ich nicht meine ernsthaften Zweifel hätte, ob nicht Rodschenko in Moskau die Photomontage schon vor ihnen, im Schwunge der russischen Revolution, erfunden und benutzt hat. Aber wie dem auch sei, Hausmanns brüllend aufgerissene Mäuler, aus denen Schlagworte taumelten, Heartfields beinahe klassisch komponierte politische Blätter wie auch später Hannah Hoechs Lyrika zeigten die künstlerischen Möglichkeiten, die inzwischen von weiteren Generationen in jedem mehr oder weniger zivilisierten Land verwendet wurden. Es ist Heartfields Verdienst, in die Standphotographie eine Bresche geschlagen zu haben, indem er sie zerschnitt und neu montierte. Er wurde daher der Dada-Monteur genannt. Seine Kunst diente ihm dazu, auf diese Weise eine Welt, die sich in Trümmer auflöste, mit einem Tritt ins Jenseits zu befördern. Was damals als Pamphlet und politisch gemeint war, was man benötigte, »um zu sagen, was ich leide«, das kann heute sehr wohl in die Geschichte der Kunst eingereiht werden, und kein Reklamebüro irgendwo in der Welt kann mehr ohne Photomontage auskommen.

Aus: Hans Richter, ›John Heartfield – Wieland Herzfelde: Die H-Brüder‹, in: ders., ›Dada Profile‹, Zürich 1961, S. 62–63. –

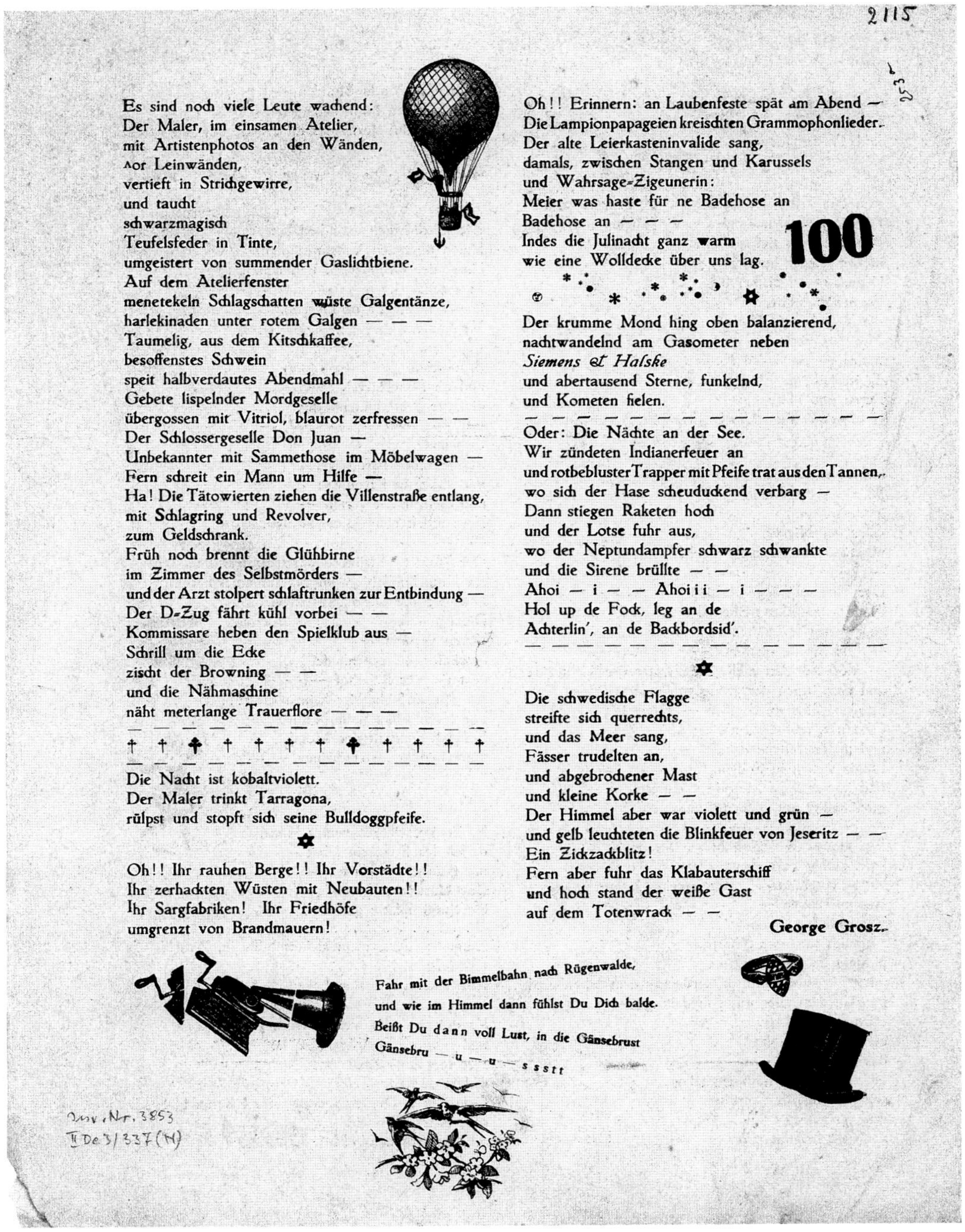

Es sind noch viele Leute wachend:
Der Maler, im einsamen Atelier,
mit Artistenphotos an den Wänden,
vor Leinwänden,
vertieft in Strichgewirre,
und taucht
schwarzmagisch
Teufelsfeder in Tinte,
umgeistert von summender Gaslichtbiene.
Auf dem Atelierfenster
menetekeln Schlagschatten wüste Galgentänze,
harlekinaden unter rotem Galgen — — —
Taumelig, aus dem Kitschkaffee,
besoffenstes Schwein
speit halbverdautes Abendmahl — — —
Gebete lispelnder Mordgeselle
übergossen mit Vitriol, blaurot zerfressen — —
Der Schlossergeselle Don Juan —
Unbekannter mit Sammethose im Möbelwagen —
Fern schreit ein Mann um Hilfe —
Ha! Die Tätowierten ziehen die Villenstraße entlang,
mit Schlagring und Revolver,
zum Geldschrank.
Früh noch brennt die Glühbirne
im Zimmer des Selbstmörders —
und der Arzt stolpert schlaftrunken zur Entbindung —
Der D-Zug fährt kühl vorbei — —
Kommissare heben den Spielklub aus —
Schrill um die Ecke
zischt der Browning — —
und die Nähmaschine
näht meterlange Trauerflore — — —

† † † † † † † † † † † †

Die Nacht ist kobaltviolett.
Der Maler trinkt Tarragona,
rülpst und stopft sich seine Bulldoggpfeife.

Oh!! Ihr rauhen Berge!! Ihr Vorstädte!!
Ihr zerhackten Wüsten mit Neubauten!!
Ihr Sargfabriken! Ihr Friedhöfe
umgrenzt von Brandmauern!

Oh!! Erinnern: an Laubenfeste spät am Abend —
Die Lampionpapageien kreischten Grammophonlieder.
Der alte Leierkasteninvalide sang,
damals, zwischen Stangen und Karussels
und Wahrsage-Zigeunerin:
Meier was haste für ne Badehose an
Badehose an — — —
Indes die Julinacht ganz warm
wie eine Wolldecke über uns lag.

100

Der krumme Mond hing oben balanzierend,
nachtwandelnd am Gasometer neben
Siemens & Halske
und abertausend Sterne, funkelnd,
und Kometen fielen.

Oder: Die Nächte an der See.
Wir zündeten Indianerfeuer an
und rotbebluster Trapper mit Pfeife trat aus den Tannen,
wo sich der Hase scheuduckend verbarg —
Dann stiegen Raketen hoch
und der Lotse fuhr aus,
wo der Neptundampfer schwarz schwankte
und die Sirene brüllte — —
Ahoi — i — — Ahoi i i — i — — —
Hol up de Fock, leg an de
Achterlin', an de Backbordsid'.

Die schwedische Flagge
streifte sich querrechts,
und das Meer sang,
Fässer trudelten an,
und abgebrochener Mast
und kleine Korke — —
Der Himmel aber war violett und grün —
und gelb leuchteten die Blinkfeuer von Jeseritz — —
Ein Zickzackblitz!
Fern aber fuhr das Klabauterschiff
und hoch stand der weiße Gast
auf dem Totenwrack — —

George Grosz.

Fahr mit der Bimmelbahn nach Rügenwalde,
und wie im Himmel dann fühlst Du Dich balde.
Beißt Du dann voll Lust, in die Gänsebrust
Gänsebru — u — u — ssstt

4d ›Kleine Grosz-Mappe‹, 1917, Vorblatt, S. 4. Kat.-Nr. 314

George Grosz, 1955

Als Wieland [Herzfelde] eines Tages wieder ins Feld mußte, trat ein neuer Mann der Redaktion bei: der Dichter und Gewaltmensch Franz Jung. Die ›Neue Jugend‹ bekam gleich ein anderes Gesicht. Sie wurde sehr aggressiv. Ihr neues Format war amerikanischen Zeitungen entnommen, und Heartfield entwickelte aus Collagetechnik und einer kühnen Typographie einen ganz neuen, äußerst amüsanten Stil. Schwarze Zeigefinger standen zwischen willkürlich verrückten großen und kleinen Buchstaben, daneben zwei gekreuzte Riesenknochen, ein kleiner Sarg, eine schelmisch lächelnde Frau hinter einer Maske, ein Stück Ziehharmonika, ein Bleisoldat. All das ergab einen Sinn, der das ungewohnte Auge schreckte und über einfache Klebekunststückchen hinausging. Es lag ein Stück Zeitgeist darin: So zerstückelt war unsere Welt!

Aus: George Grosz, ›Ein kleines Ja und ein großes Nein‹, Reinbek 1955, S. 183. –

IM JUNI 1917

NEUE JUGEND

PREIS 20 PF.

PROSPEKT
zur Kleinen Grosz Mappe.
Der Malik-Verlag, Berlin-Südende

Prospekt zur Kleinen Grosz Mappe.

34, Steglitzer Strasse, Südende.

CHRONIK Friedrich Adler ist zum Tode verurteilt, Stockholm-Getöne gegen internationale Teuerung - das Leben weiterhin billiger, Lebensmittel bleiben in Cornerstimmung. Nach Reuter verhungern in Ovamboland die Ovambos, keine Kaffern - in den European Dominions niemand! Verhungert doch - Steigerung!! Spinoza ist eingestampft für Bedarf diplomatischer Sendschreiben - Liberia, Pseudoliberia - Molière verrieselt in Sternheim (Zukunft vom 26. 5. 1917), Umfassungsmanöver gegen Wallner in Wien, Durst! - das Aktionsbuch ist erschienen. Frühlingswende fiebert Sexualität, Heufieber. Liebeloh la l'au! Sich hinzu-schmeissen! Lichtmord!! — unsere Seelen sind so wund. **Amokläufer** . . . . Die Messer raus!!!

Man muß Kautschukmann sein!

Ja, Kautschukmann sein — eventuell den Kopf zwischen die Beine stecken oder durchs Faß springen — und spiralig in die Luft schnellen! sieh, ein Paragraph rempelt Dich an,
eine Affiche,
ein Flohzirkus . . .
. . . .
(sämtliche Flöhe liegen an Schlingen — desertieren ausgeschlossen — Springen von Flöhen auf Kommando, Parademarsch der Flöhe . . . .)

EIN „MARSIAS" INTERESSENT

Immerhin wichtig ist, das Gleichgewichtzu behalten!
Wo vordem die gotische Kirche,
messelt sich heute das Warenhaus hoch — !
— Die Fahrstühle sausen . . . Eisenbahnunglücks, Explosionskatastrophen . . .
— quer durchrast der Balkanzug Mitteleuropa,
doch gibts auch Baumblüte und Edelmarmeladenrationierung . . . .
Wie gesagt, Kautschukmann sein
beweglich in allen Knochen
nicht blos im Dichter-Sessel dösen
oder vor der Staffelei schön getönte Bildchen pinseln.

Den Bequemen gilts zu stören
beim Verdauungsschläfchen
ihm den pazifistischen Popo zu kitzeln,
rumort! explodiert! zerplatzt! — oder hängt euch ans Fensterkreuz . . . .
Laßt euren Kadaver in die Branntweingasse baumeln!
Ja! Wieder elastisch werden, nach allen Seiten höchst federnd — sich verbiegen — anboxen! Kinn- oder Herzgrubenhieb!

Ladies and gentlemen!!
jeder hat Zutritt!

Nur nähertreten!! . . . nur nähertreten!! . . .
Schon beulen sie den Weihrauchkessel ein.
Nervös rutscht das weiche Gesäß hin und her!
. . . .
Ja! Wenn nicht sämtliche Flöhe an Schlingen lägen! . . . .

Dieses Blatt ist der

PROSPEKT ZUR KLEINEN GROSZ-MAPPE

Die Sekte 1917

Die Sekte Neunzehn Siebzehn wächst aus dem Intellekt der umstehenden Zuhörer empor und zwingt ihre Mitglieder gegen den Block der Überzeugten. Die ohnmächtige Wut unsererLeser verpflichtet, einen bereits in Schwingung umgesetzten Glauben wieder zu fixieren, um mit den Gläubigen von neuem dagegen loszugehen. Die Leute wollen halt nichts alleine tun.

Sekten. Mehr Sekten. Noch mehr Sekten.

Das Wunder der Christian Science ist über unseren kürzlich veranstalteten Werbe-Abend gerauscht und schüttet Glück aus über diejenigen, die uns lieben, um uns hinterrücks zu erdolchen.

Darum muss Einer seine Stimme erheben: Nicht mehr glauben, überhaupt nicht glauben. Sich selbst. (Sich und selbst) Beten.

Wenngleich jeder schuldig ist an der Unfähigkeit der andern, Feind zu sein, sondern schlotternder Neidhammel, soll keiner an dieser Schuld sich selbst beruhigt genug sein lassen. Nicht das Peinliche dieser Schuld schmatzend zu fressen, soll es ankommen, sondern Genuss auch noch auszukotzen — und wiederum zu fressen und wiederum!

Es ist in jeder Sekunde, die ein hundertmalverfluchtes Lebenschenkt (unsägliche Wonne durstend das galizische Petroleumgebiet zu durchfahren, die Gestänge der Bohrtürme verrusst!) so unendlich vieles zu tun.

Betet mit dem Schädel gegen die Wand!!

Wir — aha! — wir treten gegen die Menschen nicht auf. Wir treten geduldig noch mit den Menschen auf. Die Sekte Neunzehn Siebzehn schlägt gegeneinander, Sturmflut aus unseren Gebeten, die aus der Ohnmacht der Gläubigen emporgewachsen sind. Unsere Mitglieder verrecken, weil die Sekte sie nicht mehr locker lässt. Betet aus

988 Tempelh.
TELEPHON

unseren Gebeten zu diesem Ende. Damit ihr endlich in die Schlinge kommt. Es ist ein so ungleiches Spiel mit diesen Sanften, Zappelnden. Der Magen der **Neunzehn Siebzehn** will das alles nicht mehr verdauen, immer wieder dasselbe, die Ohnmacht der Gläubigen, der Block der Ueberzeugten, das Einfangen, Verarbeiten, Auskotzen, Fressen, das Ich triumphierend über Puntas Arenas, Michigan See, Sachalin bis Sorau. Dort wurde der Dichter Heinrich Steinhausen geboren, steht in der Zeitung.

Halt dich, Junge.

Die Frist ist um. Her die neue Ladung. Sektierer, los! Wieviel zappeln schon wieder?

Die Arbeit Arbeit Arbeit Arbeit: Triumph der Christian Science.

Das Wunder der Sekte Neunzehn Siebzehn.

1917.

SCHREIT!!

Kannst du radfahren?

Zu den reinsten unverbildeten Erklärungen und Dokumenten unseres Lebens gehören jene Bilder auf den Rückfronten der Häuser, diese Erlasse des Kaufmanns (des wahren Herrn dieser Zeit) — von unerhörter Sachlichkeit vorgetragen, gigantisch eingeätzt wie auf alten Pyramiden, pressen sie das psychologische und formale Erleben des in knallendem Stadtbahnzug Dahinrollenden. Fabelhaft bunt und klar, wie nie ein Tafelbildchen, — von kosmischer Komik, brutal, materiell, bleichsüchtig, verwaschen — drohend und mahnend gleich Ragtimestepptanzmelodie immer wieder sich ins Gehirn bohrend —

Das gröhlt in einem fort!

Zwingt uns zum prallenden Marineblau, zu Grellrots (ganze Straßen Buchstaben), Varietégrün, Spezialitätengelb, Wollwarengraus, und fistelndes Rosa —

Moziationen tauchen auf . . . .

Champagner-Flasche — der Korken knallt davon, ho! ho!

Sekt Schloss Vaux.

Ich, Dannemann-Zigarre schief im Maul, Zeitung — vor mir knerzen die Knattermotore — hart überholt nach Backbord der rote Autobus!

Ho! ho! schon wieder brüllen die Häuserwände:

Regie-Zigaretten, *Satrap*, Palast-Hotel, Teppich-Thomas, **bade zu Hause**, **Steiners Paradiesbett** . . . . . ho! . . . . . *Sarg's Kalodont* . . . . . *Passage-Café* . . . . . **AEG** . . . . . Ceresit.

z. B., vom Training kommend, am Punching Ball . . . . Den Joe hiebst Du nieder.

z. B., Du segeltest fabelhaft in die Chausseen, eben noch flog Dir der Fußball an die klemmerlose Nase, Du hingst oben im Aeroplan unter der Bergsonne — zwischen den Stämmen knallte Deine Winchesterbüchse (Gott ließ ja Eisen wachsen, bravo)

Abends in deu Asphaltbrüchen, in Geldsack-Hills, zwischen Porter-Bierplakaten, oder an der Bar bei Kantorowicz, in Zooquellen oder pikfein mit steifem Hemd aalglatt bei Adlon, strömendes **Pils Coctails Ersatz** und Agoston, **Apollotheater** und Kinohäuser . . . . und dem Treiben der beiden Herzfelder! . . . .

Sag mal? — . . . . . . **graults Dir** da **nicht** in den Kunstsalons? in den Ölgemäldegalerien . . . . . . ? in den literarische Soiréen . . . . . ?

Lieber Leser! Ein guter Fußballspieler enthält immerhin eine ganze Menge Wert — obwohl er nicht dichtet, malt und Töne setzt!

Bleibt die Frage?

Kennst Du Schiller und Goethe — ? — ja!

Aber kannst Du radfahren?

Weitere Marsyas-Interessenten wollen sich noch melden!

5a ›Neue Jugend‹, Juni 1917, Titelseite. Kat.-Nr. 62

NEUE JUGEND

Dara geht ins Hotel.

Ein Stück aus dem Roman „Ehrlich zu sich selbst“ von W. Winnitschenko. Hier veröffentlicht, weil der Roman dieses Kleinrussen, der aus dem Arbeitersande hervorgegangen ist, bei aller grob aufgetragenen Sentimentalität, trotz aller Verzerrungen in der gemeinschaftspsychologischen Einstellung und der übertriebenen Wertbeimessung soziale Probleme (wie eben nur der Sozialist denken kann) eine über literarischer Tasten hinausgehende Kraft zum Erleben des Einzelnen kundtun möchte. Mag sie vielfach irrig, weil unerheblich sein, wie in folgendem nur auszugsweise wiedergegebenen Kapitel, so ist dieser Glaube zum Menschen restlos und über die Auflösung aller Konflikte hinausgehend. Und mehr wie etwas, das gerade noch Für-uns-Richtiges vielleict wesentlicher wiedergibt.

Der Gatte hielt im Sprechen inne und warf Dara flüchtige Blicke zu. Dann bat er sie plötzlich leise, diese Nacht bei ihr bleiben zu dürfen, wobei er gleichsam schuldbewußt errötete und verwirrt vor ihr stehen blieb. Dara sah erstaunt zu ihm auf. In seinem betretenen Blick war etwas Furchtsam-erwartendes, als ängstige er sich vor ihrer Absage und wünsche sie zugleich.

Dara errötete, erhob sich spöttisch lächelnd und führte Ssergei, ihn umarmend, aus dem Zimmer.

‘Geh, geh . . . Du mußt jetzt schlafen. Mach, daß du fortkommst. Das wäre unhygienisch . .

Und sie lachte sogar, — mit einem trockenen, scharfen Lachen. Ssergei protestierte nicht weiter, murmelte etwas vor sich hin und lachte ebenfalls gezwungen. Aus seinem Benehmen fühlte man etwas wie Dankbarkeit, wie Schuldbewußtsein und etwas Unruhigverzehrendes, Ungelöstes. An der Schwelle blieb er nochmals stehen und wollte ihr in die Augen sehen, aber sie stieß ihn mit weicher Entschlossenheit hinaus und schloß die Tür.

VIII. VORTRAG KINO

für DEKORATEURE OPERATEURE REGISSEURE KRITIKER

VORTRAGSABENDE DER NEUEN JUGEND

X. ABEND

DIE PSYCHOLOGIE DER VORTRAGENDEN

VARIETE

LITERARISCHE UND ARTISTISCHE VORFÜHRUNGEN

Im Laufe dieses Jahres werden VORTRAGSABENDE DER NEUEN JUGEND stattfinden in

LEIPZIG DRESDEN

BERLIN MÜNCHEN

HAMBURG

Gegen zwei Uhr nachts war sie noch immer auf. Ungestüm, mit düster zusammengezogenen Augenbrauen und mit auf der Brust verschränkten Armen ging sie auf und ab, setzte sich zuweilen auf den Diwan, schloß die Augen und warf den Kopf auf die Lehne zurück. Dann zeigte sich auf ihrem, vom Lampenlicht voll erhellten Gesicht brennende Röte auf den unteren Teilen der Wangen und das bebende Eigenleben der erregten Nasenflügel. Und wieder sprang sie auf und ging ruhelos im Zimmer auf und ab.

Auch im Bett konnte sie sich nicht beruhigen, wälzte sich seufzend, hüllte sich bis oben zu und schlug die Decke wieder zurück.

Am Morgen waren ihre Augen mit einem dunklen Müdigkeitsstreifen umrändert, aber im Gesicht lag der Ausdruck einer sonderbar spöttischen, erregten Entschlossenheit.

Oft blickte sie beim Mittagessen über die Gesichter der anderen und lächelte heimlich in sich hinein, um dieses Lächeln sofort wieder zu verstecken. Und etwas Feindseliges folgte diesem Lächeln aufblitzend in ihren Augen, etwas Feindseliges und Unerschütterliches.

Abends zog sie sich ohne jemand ein Wort zu sagen um, zählte das Geld in ihrer Börse und verließ das Haus. Sie lächelte ebenso wie beim Mittagessen, während sie auf der Straße ging.

Sie schlug eine vorher offenbar überlegte Richtung ein, obzwar sie sich öfters umsah und die Häuser aufmerksam betrachtete. In einer kleineren Straße angelangt, wurde ihr Schritt sicherer. An der nächsten Kreuzung blieb sie stehen. Zwei Schritte weiter war der Eingang zu einem Hotel. Ueber der Tür brannte eine große Laterne, auf deren Scheiben die Aufschrift zu lesen war „Imperial“; vor der offenen Tür schlummerte friedlich ein livrierter Portier mit einer betreßten Mütze.

Dara trat entschlossen zu ihm und fragte laut:

„Haben Sie freie Zimmer?“

Der Portier warf den Kopf hoch, besann sich einen Augenblick schlaftrunken, riß dann die Mütze vom Kopf und antwortete eifrig und mit vielen Verbeugungen:

Das Aktionsbuch ist erschienen!!

„Bitte, bitte treten Sie ein! . . Hierher, wenn ich bitten darf, wünschen Sie ein großes Zimmer?“

„Das ist gleich. Nur sauber muß es sein.“

„Sofort . . .“

Der Portier drückte auf einen Knopf, oben schellte laut eine Glocke, und gleich darauf hörte man weiche, über den Läufer laufende Schritte. Auf dem Treppenabsatz zeigte sich ein Kellner.

„Darf ich Sie bitten, — man wird Ihnen oben zeigen . . .“ verbeugte sich der Portier.

Dara stieg langsam und gelassen die wenigen Stufen und folgte dem Kellner an einer langen Reihe von Türen vorbei. Der Mann hatte eine Glatze, die bis zum Halse hinabreichte, ein kleines, spitziges Gesicht, mit versteckten, klugen und durchdringenden Aeuglein darin.

Er stieß eine der Türen auf, zündete die Kerze an und hielt sie in der erhobenen Hand. Das Zimmer war groß, sauber und sogar behaglich.

„Gut. Ich nehme es“, sagte Dara.

„Soll das Gepäck vom Bahnhof abgeholt werden?“

„Nein. Ich bin ohne Gepäck.“

„Ist eine Teemaschine gefällig?“

„Nein. Ich brauche nichts. Stellen Sie die Kerze auf den Tisch und warten Sie.“

Dara nahm vor dem Spiegel stehend den Hut ab, steckte die Nadeln langsam in seinen Filz, legte ihn auf den Tisch, drehte sich zu dem ehrerbietig wartenden Kellner um, und sagte ruhig und befehlend:

„Besorgen Sie mir einen Herrn und führen Sie ihn zu mir ins Zimmer.“

Des Kellners Augen wurden größer.

„Sie wünschen? . .“ fragte er behutsam, als fürchte er sie nicht recht verstanden zu haben.

„Ich wünsche von Ihnen, daß Sie mir einen Herrn heraufbringen. Sie führen doch den Männern, die bei Ihnen wohnen, Mädchen zu. Nun, und ich verlange von Ihnen, daß Sie mir einen Herrn zuführen. Ich werde Sie und ihn bezahlen.“

Der Kellner musterte sie mit kurzen Blicken und schien noch immer nichts zu verstehen.

Dara stand stolz und unnahbar vor ihm und runzelte ungeduldig die Brauen.

„Nun, was stehen Sie? Können Sie das?“

„Ganz wie Sie befehlen . . . Nur . . . Wünschen Sie das sofort . . .“

Ja, sofort.“

Dem Kellner schien ein Licht aufzugehen.

„Zu Befehl . . . Wie darf ich Sie anmelden?“

„Anna Iwanowna Iwanenko.“

„Und der Paß? . .“

Dara sah ihn auffahrend an.

„Verfügen Sie sich gefälligst hinaus: Sie sind mir zu gesprächig. Gehen Sie und schicken Sie mir einen anderen.“

„Ich bitt' um Verzeihung . . . Ich meinte nur . . . Da wir jeden anmelden müssen . . .“

„Es ist gut. Gehen Sie, und tun Sie, wie ich Ihnen gesagt habe . . .“

„Zu Befehl . . .“

Der Kellner wich rückwärts zur Tür und verschwand. Er mochte das Gefühl gehabt haben, daß die Welt nahe dem Untergang sei.

Dara nahm den Mantel ab, hing ihn auf den Kleiderständer, trat zum Spiegel und ordnete ihr Haar. Die Augen waren glänzend, und um die Wangen spielte leichte Röte. Schwere goldene Flechten krönten die reine, hohe Stirn. Sie lächelte ihrem Spiegelbild zu und begann auf und ab zu gehen.

Es verging ziemlich viel Zeit. Dara ging immer noch mit leicht vorgeneigtem Kopf, mit auf der Brust verschränkten Armen und biß sich auf die Unterlippe.

Als sie des leisen Klopfens an der Tür gewahr wurde, erhob sie den Kopf, sah sich erstaunt um und sagte laut und ruhig:

„Herein!“

Die Tür öffnete sich langsam und ein kleiner Herr schob sich mit kurzen weichen Schrittchen durch den Spalt ins Zimmer. Als sich die Tür, durch die der Glatzkopf und das weiße Vorhemd des Kellners sichtbar wurden, schloß, begann sich der Herr seitwärts und die Hände reibend, als wüsche er sie über der Waschschüssel, zu Dara hinzuschleichen. Die Haare auf der Stirn waren sorgfältig gescheitelt, an seinem Kinn hing ein dichtes, wie aus schwarzer Watte gemachtes Bärtchen, die Augen waren groß und vorstehend und mit lauernder, lüsterner Neugierde auf sie gerichtet.

Daras Blicke überflogen rasch seine Gestalt, ihre Augen verengten sich kühl: sie wartete.

„Guten Tag . . .“ sagte er überraschend weich, mit süßlich zärtliche Stimme.

„Guten Tag“, antwortete Dara.

Der Herr schlich sich noch näher an sie heran und musterte sie mit einer immer größer werdenden Gier. In den vorstehenden Augen zeigte sich jetzt eine durchaus nicht heuchlerische Bewunderung.

„Sie sind erst kurze Zeit hier?“

„Ja.“

Daras Blick überflog noch einmal seine ganze Gestalt, dann wandte sie sich plötzlich zur Tür. Der Herr wollte ihr galant zuvorkommen.

„Darf ich für Sie etwas bestellen? . . Wünschen Sie den Kellner?“

„Ja. Ich will ihm sagen, daß er Sie hinausbegleiten soll. Sie gefallen mir nicht.“

Eine Blutwelle schoß dem Herrn ins Gesicht, er warf den Kopf in den Nacken.

„Wie Sie wünschen . . .“ sagte er würdevoll und fügte spöttisch lächelnd hinzu: „Nur sind Sie auch nicht ganz so sehr . . . Weil wir doch auch . . . uns mit Dämchen auskennen, so zu sagen . . . He! . . .“

„Gehen Sie von selbst fort, oder soll ich den Kellner rufen?“ Dara blieb an der Glocke stehen.

Mit komisch verletzter Würde seinen Kopf schüttelnd, wandte sich der Herr zur Tür.

„Ganz wie Sie belieben . . .“ warf er verächtlich, aber mit leichter Drohung hin. Die Klinke in der Hand, fügte er hinzu:

„Ja-a . . . sehr tugendhaft . . . Mein Kompliment.“

Und die Tür schloß sich hinter ihm.

Dara mußte unwillkürlich lachen und läutete nach dem Kellner.

In der nächsten Minute stand er vor ihr.

„Hören Sie, mein Lieber,“ wandte sie sich streng an ihn. „Sie hätten es doch selbst begreifen können, daß ich Greise und Affen nicht brauchen kann. Der Mann muß jung und hübsch sein. Verstehen Sie?“

Der Kellner verbeugte sich ehrfurchtsvoll.

„Vielleicht befehlen Sie einen Studenten?“ Er neigte den Kopf treuherzig-schmeichlerisch zur Seite. „Ein Student wohnt hier bei uns, ein ganz junger und sehr . . . passender. Ich hatte gleich an ihn gedacht, er war aber nicht zu Hause. Eben ist er vom Spaziergang zurückgekommen. Er geht jeden Tag spazieren.“

„Gut. Führen Sie ihn her.“

Der Kellner drehte sich um und glitt geräuschlos aus dem Zimmer.

Dara preßte ihre Hände auf das brennende Gesicht und wurde nachdenklich. Seufzend warf sie einen kurzen Blick auf ihren Hut, heftete ihn eine Weile unentschlossen auf die blitzende Hutnadel und begann hartnäckig den Kopf schüttelnd und wieder mit verschränkten Armen auf und ab zu gehen; sie warf ungeduldige Blicke zur Tür.

Man klopfte jetzt ebenso leise und vorsichtig wie vorhin.

„Herein!“

DAS AKTIONSBUCH
Preis 3 Mark
Verlag der Aktion
Berlin-Wilmersdorf

Die Tür öffnete sich unsicher, und auf der Schwelle erschien eine schmächtige, leicht gebeugte Gestalt in einem Studentenkittel. Ein junges, verwirrtes Gesicht und schüchterne Augen sahen zu Dara auf.

„Verzeihung . . . Ich glaubte . . . Darf man eintreten?“

Er war sehr verlegen, aber sein Blick wich keinen Augenblick von Dara. Die Tür hinter ihm schloß jemand, der im Korridor gewartet haben mußte.

„Sie dürfen. Kommen Sie nur herein,“ sagte Dara in einem befehlenden Ton.

Der Student trat einige Schritte näher, blieb stehen und lächelte, wie es Kinder zu tun pflegen, gleichsam schuldbewußt.

MANNHEIM

5b ›Neue Jugend‹, Juni 1917, S. 2. Kat.-Nr. 62

Seine Lippen waren frisch und zeigten, sich öffnend, eine gleichmäßige Reihe weißer Zähne.

Auch Dara lächelte.

„Nun, setzen Sie sich . . .“ sagte sie freundlich, ihn aufmerksam betrachtend.

Der Student war wirklich jung und hübsch wie ein Mädchen. Rosafarben, mit tiefroten, weichen Lippen und blauen Augen. Auf der Oberlippe — ein zarter, goldner Flaum.

Er setzte sich etwas linkisch und lächelte von neuem.

„Man sagte mir, daß . . . Sie es allein . . . langweilig haben,“ begann er, immer tiefer errötend, „aber ich dachte, daß . . . Ich dachte, das würde irgend so eine . . . sein . . .“

„Und bin ich denn nicht ‚irgend so eine‘?“ fragte ihn immer noch lächelnd musternd Dara.

„Ja . . . Das heisst . . .“

„Wissen Sie, weshalb ich Sie herkommen ließ?“

Der Student sah sie furchtsam an.

„Verzeihung . . . Ich weiß nicht . . . Vielleicht habe ich mich geirrt . . . Mir sagte der Kellner . . .“

Dara lächelte spöttisch.

„Sie haben ihn ganz richtig verstanden. Wie alt sind Sie?“

„Dreiundzwanzig.“

„Stimmt das? Haben Sie nicht ein paar Jahre draufgeschlagen?“

„Oh nein. Ich sehe nur so aus . . .“

„Das erste Jahr auf der Universität?“

„Nein, ich bin schon im dritten Semester . . .“

„Hm! Sie sehen aus, als wären Sie im ersten. Nun, und jetzt, — sind Sie sehr erstaunt . . . über all das?“

Der Student sah sie mit etwas mehr Mut an und heftete seinen Blick sogar eine Weile lang auf ihre Augen.

„Nein . . . Das heißt, natürlich . . .“

Er schwieg betretenen . . .

„Nun, und wenn Ihre Schwester dasselbe täte, was würden Sie dazu sagen? . . . Haben Sie eine Schwester?“

„Ja.“

„Nun?“

Der Student schien sich jetzt sehr schlecht zu fühlen.

„Ich weiß natürlich nicht . . . Vielleicht sind Sie unzufrieden . . . Ich werde fortgehen, ich wollte Sie nicht verletzen . . . Der Kellner sagte mir . . .“

„Was hat Ihnen der Kellner gesagt?“

Der Student erschrak wieder und wollte sogar aufstehen.

„Bleiben Sie doch sitzen!“ fuhr ihn Dara an. „Was sagte Ihnen der Kellner? Wie hat er sich ausgedrückt? Uebrigens — Unsinn . . . Das ist einerlei . . . Ich habe Sie zu mir rufen lassen, wie Sie es mit Prostituierten zu tun pflegen. Hören Sie? Sie werden wahrscheinlich kein Geld annehmen . . . Aber wenn Sie wollen, werde ich Sie bezahlen. Ich brauche Sie, wie einen Mann. Verstehen Sie? Das ist alles. Sind Sie einverstanden?“

Er warf ihr hilflos-erstaunte, ungläubige Blicke zu.

„Nun? Warum schweigen Sie?“

„Ich bin einverstanden . . .“

„Und das Geld werden Sie auch annehmen?“

Dara sah ihn mit Neugierde an.

Ihm schoß das Blut zu Kopfe.

„Nein . . . Wie können Sie?!“

„Warum denn? Ihre Lage ist doch die einer Prostituierten?“

Er erhob sich und warf ihr unruhige Blicke zu.

„Dann . . . Dann muß ich . . . Ich werde fortgehen . . .“

„Sind Sie beleidigt? Und wenn ich Sie mit einem Arzt vergleiche? Ich brauche Sie, wie man einen Arzt brauchen könnte, und bezahle Sie dafür. Das macht doch nichts?“

Sie lächelte seltsam und abwartend.

Der kleine Student sah sie von der Seite an, — scherzt sie, oder ist das ihr Ernst?

„Das ist etwas anderes . . .“ sagte er vorsichtig.

Dara stand lächelnd auf.

Als der Student wieder fortging, sah er Dara mit einer flehenden, schüchternen Demut an, daß man auf den Gedanken kommen konnte, ihm einen Fußtritt zu versetzen.

„Nehmen Sie das Geld?“ fragte Dara, ohne sich umzudrehen, während sie vor dem Spiegel stand und ihren Hut aufsetzte.

„Warum sind Sie so?“ flüsterte er mit bittendem Vorwurf. „Ich werde Sie . . . wie eine Göttin verehren, und Sie . . .“

„Ich will, daß Sie es annehmen. Reichen Sie mir bitte die Tasche.“

Er reichte sie ihr demütig. Sie öffnete sie, entnahm dem Portemonnaie zehn Rubel und reichte ihm den Schein hin. Sein Gesicht bedeckte sich mit tiefer Röte.

„Nehmen Sie!“ sagte Dara stirnrunzelnd. „Hören Sie? Ich will, daß Sie es annehmen. Ich sehe nichts Häßliches darin. Sie haben mir einen Dienst erwiesen. Nehmen Sie. Sonst gebe ich es Ihnen in Gegenwart des Kellners . . .“

Sein Gesicht überzog eine qualvolle Röte, nahe am Weinen, streckte er die Hand aus. Dara sah ihn an und steckte das Geld wieder in das Portemonaie zurück.

„Ach, Sie! . . . Na, meinetwegen. Gehen Sie jetzt und schicken Sie mir den Kellner. Hören Sie, noch eins: der Kellner hat mir zuerst einen Herrn geschickt, mit dem ich aber nichts zu tun haben wollte. Es ist anzunehmen, daß er mich aus Rache wird ausspionieren wollen. Wollen Sie ihn daran hindern?“

„Oh, natürlich!“ fuhr der Student erleichtert auf.

„Ich danke Ihnen. Aber auch Sie selbst werden mir nicht folgen?“

„Wenn Sie das . . . nicht wünschen . . .“

„Natürlich wünsche ich das nicht. Also leben Sie wohl. Schicken Sie mir den Kellner.“

Dara bezahlte die Rechnung, schickte nach einer Droschke und ging ebenso langsam und streng hinaus, wie sie gekommen war. Aus einer Tür sahen ihr neugierige Gesichter nach. Man lachte laut. Dara lächelte, ohne sich umzusehen.

Vor der Einfahrt standen der Portier und der Student. Die Droschke fuhr vor.

„Adieu!“ Dara nickte dem Studenten und dem Portier zu. Beide verbeugten sich tief.

Dara sagte dem Kutscher „geradeaus!“ und fuhr ab.

Gleich darauf, als sei er die ganze Zeit auf der Lauer gewesen, stürzte der Herr mit dem dichten Bärtchen mit einem steifen Hut auf dem Kopfe aus der Tür und begann hinter der Droschke herzulaufen. Im nächsten Moment aber schon holte ihn der Student ein und packte ihn am Oberarm. Dann wälzten sie sich am Boden.

DINGE UND MENSCHEN

I.

Du hast die Messe in dem großen Dom gehört, taumelst beseligt zwischen den Pfeilern aus aegyptischem Marmor, hältst mit deinen Blicken das unsagbar elfenbeinerne Gerüst der Kuppel über Deinem Kopf. Da sind die Sarkophage der verstorbenen Helden, die mit den Tartaren um die Ehre Gottes kämpften, da sind die Fahnen der besiegten Barbaren, die rotbärtig und wüst, plump wie Kühe, verfressen und fett, das Feuer an geheiligte Grundmauern legen wollten, ehe sie der Blitzstrahl des Erzengels traf. Da ist der leuchtende Stein, von den geschicktesten Händen als Emblem der großen Inspiration zwischen die Quader gefügt, da ist — mir zittert die Stimme, indem ich es ausspreche — das Bild der Mutter Christi, der großen Gebeugten, der ewig Duldsamen, der unfaßbare Ausdruck der Milde, vor dem die Jahrhunderte sich nicht schämten, ihre heißesten Tränen zu vergießen, vor dem die Grafen und Könige ihre ziselierten Schwerter zerbrachen und die Damen des Hofes, die Lukrezien und Leonoren, ihre Kniee beugten ohne Aufenthalt. Die weißen Mützen der Dreifaltigkeit gehen durch den Raum, auf deinen Fingerspitzen balanzieren die Flämmchen des ausgegossenen Geistes, und sieh, du Mensch, du Zwillingsbruder, ehe du dich von dem Halbdunkel wendest, das Größere erschüttert hat, bevor deine Ohren wieder auf die hellen Töne der Sonne gerichtet sind, die deinem Herzen wohler tun werden als je — sieh sieh — da wirfst du dich auf die ausgehöhlten Steine und schreist: Herr, Herr mein Gott! Herr, Herr mein Gott! Ich sehe von den bunten Bastionen in ein fremdes Land, das angefüllt ist mit seltsamen feindlichen Bäumen, Basaltfelsen und heißen Quellen. Ich sehe Aethiopier, Leoparden und Ratten im Kampf. Glut sehe ich, Glut der von der Flamme zerfressenen Häuser, Glut der

Flüße, in denen sich der erbarmungslose Brand spiegelt, Glut der Mordgier, Glut der Rache. Ich sehe das Weltall in der Stunde seiner Niederkunft, die Leiber der großen Sterne entwanden sich ihren Ketten, die Lippen des Makrokosmos haben sich gelöst Da ziehen die Scharen der Halbentseelten, der Scheintoten und Dämmerkranken, aufgeschwollen an Bäuchen und Füßen, Affen und Pauke an dem Genick. Rette du mich mein Gott vor dem Hauch der Verwesten, der Pestilenzler und Seelenkranken — alle Freudenhäuser sind geöffnet und schon dringt der Strom des Giftes über uns hin. Die Luft ist schwarz — Vögel seh ich — Elefanten groß, groß wie Häuser, groß wie Berge — hahahaha — sie schlagen mit ihren Schnäbeln in das weiße Fleisch, sie schlagen mit ihren Krallen in das weiße Fleisch. Aus' den Glaskuppeln stiegen die Drachen, Lanzettfische und Molche. Papp-Drachen, Papp-Fische, Papp-Molche. Hahahaha — was hilft mir mein Herz, was hilft meine Frömmigkeit, die Reinheit meiner Augen. Die Erde brach auf und spie die Kohorten der Teufel aus — Dickteufel, Krummteufel, Gallertteufel, Klabautermann um Klabautermann. Wie die Harpyen hocken sie auf den Agaven, den Rotdornsträuchern, den Hollunderbäumen mit verzerrtem Gesicht. Rette mich Gott, rette meine Seele vor den Teufeln. Jetzt kommt das Bombardon, jetzt kommt das Bombardon — wieder die Stunde des Todes Jesu Christi — Fluchen der Kriegsknechte — Heulen des Donners über dem Tempel. Allzulange wartest Du — rette mich Gott.

II.

Man ist wie das Meer, das sich zurückzieht auf die hohen Sandufer, die Felsvorsprünge und Steine der Riesenmolen. Man ist wie das Meer, das die Süße des Mondes anzieht, zurückgerufen von der Geliebten, den Flöten- und Zimbelklängen. Einen hellen klirrenden Tag lang donnerte es seine Wut aus, zerwühlte seine Brust, schlang Schiffe auf den Grund. Einen heißen unerhörten Tag lang schrie's seinen Kampf in die Himmel, Fetzen von Schaum um seine Stirn gelegt. Einen Tag lang umsprang es das Kap und die Küsten der Negerländer als wütender Tänzer, zersplitterte Holz, sprengte Steine, spie, lachte, grollte, überschlug sich und wand sich auf seinem Weg. Einen Tag lang — nur einen Tag lang. Die Augen der Nacht riefen uns zurück, der Duft der Weingärten und die Glocke der kleinen Städte. Die Stille tastet nach unseren Augenliedern, schon sind wir erschüttert, ohne es zu wissen, schon öffnen sich die Kelche der großen Blumen für uns. Die Bäume schreiten von der Anhöhe nach dem Gesang der Priester mit hochgerichteten Zweigen — ja, das ist die heiligste der Nächte, die uns umgeben hat, das ist die Fülle der Liebe, die uns durchdringt. Das ist das unerhörte Ereignis, auf das wir warteten, ehe wir zur Welt gekommen waren, das ist das Wunder, an dem sich unser Leben erfüllt. Aus ihren harten Rahmen haben sich die Farben gelöst, als freie beseelte Geister dienen sie der Nacht und dem Mond, der uns erhebt. Rot ist Grün und Gelb ist Blau. Vor Symbolen kann man nicht sehen, muß sich die Hand vor die Augen legen, muß Lippen und Herz in Schlaf singen wie ein Kind. Alle Standarten sind versteckt, niemand will Führer sein. Derwische haben sich zur Ruhe gelegt — es herrscht nur der Glanz, stiller Glanz der Seligkeit, mattleuchtendes Fanal des Glücks. Ach — was ich erlebe kann ich euch nicht sagen. Wo ist die Hand, nach der ich tasten kann, wo das Gewand, das ich küssen darf? Wo ist die Geliebte, die mir die Verse des Tasso rezitiert, für die die Besten ihr Leben gelassen haben? Boote will ich und sanften Gesang — Boote unter Fackeln und die Phosphoreszenz der Paläste an der Riva Schiavoni — Lieder will ich aus einfachem Mund, die mich das Leben der schönen Frauen lehren — Worte will ich von Freunden, die den Lauf der Gestirne kennen und weise sind. Eine unendliche Nacht will ich, in der der Himmel schwingt — unendliche Horizonte und den Atem der Nacht — vor allem den Atem der Nacht, der in die Adern dringt und mich berauscht. Korso seh ich — Korso und Fächerschlag — ach wie du lachst Seraphina — wie du lachst Seraphina — verdammt — verdammt — lautlos — lautlos — wahnsinniger als je.

Das griechische Feuer sitzt also doch in meiner Brust — o — o — schon fühle ich den neuen Sturmwind, der mich hinaustragen wird, aber ich bin so fromm wie ihr. Ich bin so fromm wie ihr — das ist das einzige, worauf ich Wert lege. Ich habe Kassenbücher gefälscht, meinen Vater geschlagen, ein kleines Kind in die Jauche geworfen — ich habe die Hosen des Ministers lackiert — o — o — aber ich bin so fromm wie ihr. Zwillingsbruder hör mich an, sieh die Gerechtigkeit auf meinen Lippen — verdammen kannst du mich nicht. Denn ich habe mich in allen Erdteilen um die Phantasmen Gottes bemüht — frage den Inder in Ceylon, frage den Neger, laß das Tamtam umgehen in Samothrake — ganz kann man mich nicht verwerfen. Wenn es Gerechtigkeit gibt, darf man es nicht tun.

III.

Diese Beschreibungen genügen bei weitem nicht. Man muß hier mit ganz einfachen und harten Worten sprechen (Haben wir nicht zu viel erlebt, gesehen, gehört, um uns noch auf Umwege einzulaßen?) man muß diesen Menschen beschreiben, als er mit düsteren Augenbögen, verkniffenem Mund, napoleonisch gefalteter Toga die Caféhaustische umkreiste, als er es verstand, die Harmlosen, Neugierigen und Ehrlichen mit einem leichten Hochziehen seiner schmalzigen Oberlippe fernzuhalten. „Wer ist das? — was tut er? — er sieht bedeutend aus — welch ein Mensch — welch ausgezeichneter Schwachkopf“. Voilà quel homme! Das Augenzwinkern der verschüchterten Backfische, das dienstfertige Gesäßheben der Kellner, die Begeisterung literaturidealistischer Studioten — welch ein Fest das alles für ihn, den Dichter, den Genius, den Raubmenschen, den Land- und Weiberusurpator. O — wie sein Herzlein zitterte und wie ihm das Fett eigener Begeisterung an den dünnen Waden herablief, wenn er die glücksverdrehten Augen eines Hundes sah, der mit Schwanz und allen Beinen zu ihm hinaufwedelte. O — wie er diese Augenblicke eingebildeter Größe in seinem Platthirn genoß — wie er zitterte und schwitzte. Doch nur nichts sehen laßen, Standbild sein, Größe sein, Genius, Genius, — **„Der Dichter ruft euch Zwanzigjährige —“** Du sprichst mit ihm — er kennt die Welt, Japan, Indien, China — alle Frauen — alle Toxine — aber er hat noch eine Pose, dies alles nicht zu kennen, über und neben allem zu sein, er ist noch der Farceur seiner selbst, es bleibt noch das Monokel, durch das er seine Seele beschaut. Wir sehen dies und staunen. Wir haben das Gymnasium besucht, kennen Göthe und Heine, fraßen eins zwei drei deutsche Literaturgeschichten. Wir sind Konpatrioten der Patrioten, die für jedes Volk eine Literaturgeschichte verfertigt haben. O — wir sind imstande, das dichterische Ingenium zu verstehen, wir dichten selbst, wir

sind zukünftige Journaille, bald kräftige Totschweiger, auch Tottreter — Journaille, Journaille. So sind wir, so ist er. Er ist größer. Er ist Kind und Orkan zugleich. Er ruft die Schlampen und Lumpen des Jahrtausends zur Revolution und läßt sich die Haare über der Stirn schneiden wie eine Priesterin der Vesta. Er hat ganz die Seele eines Kindes, die himmelblaue Seele eines Kindes, verstehst Du — sodaß die älteren Weiblein eine neue Mutterschaft an ihm einüben, ihn aus ihrem gelblichen Leib austragen (mit Geld und guten Worten) ihn aufpäppeln und aufschreien, ihn auf seinen Thonfüßchen festhalten, daß er ja nicht umfalle. Denn er ist so schwach, so anämisch und mattherzig — es fällt ihm so schwer, immer genial sein zu müssen, sich immer zu „üben“, daß er das beste Mitleid verdient (wir wollen ihm die Backenknochen streicheln, wir Jonrnaille, Journaille). Ach — er ist nur die Sentenz seiner Persönlichkeit, nur der Begriff seines eigenen Wollens. Er ist so unklar, so verlogen, so bereit zu jeder Imitation, daß er wie keiner den schöngeschorenen Pudeln gleicht, die nach der Flöte tanzen. Wenn Frieden ist, brüllt er Krieg — beginnt der Krieg die Leiber der Völker zu zerfetzen, winselt er Frieden und zeigt sich dem erstaunten Publikum als Demokrat und Pazifist, ist es still, ersehnt er den Sturm, fegt aber der Sturm über die Dächer und hebt die tiefen Brunnen aus, quäkt er nach Ruhe — sentimental erregt, Korallenkettlein auf dem Grund. Ach du ausgezeichneter Hokuspokusmacher, Vivatschreier und Schlangenmensch — ach Du wundervoller Kulissenschieber, Du Chamaeleon, Proteus und Serpentintänzer der Seele. Du chaotische Schweinsblase, Du lärmender Säuselwind — wie lange werden wir uns deine Seilkunststücke noch gefallen lassen? Wir kennen die geheimsten Falten deiner Seele, wir kennen die Kochkiste deines Herzens — Ruhm möchtest Du, Ruhm und Geschrei um den großen Dichter. Du Tapezier-Genie aller Dichtkünste — du ungleich tiefere Salami. Du bist der Typus der Gestenschwinger und lallenden Seladone, Du bist die oberste Froschmolluskenbreinatur von Berlin und darum — wie stolz kannst Du sein — einer unerhörten Attake wert. Es gibt keinen Menschen, den man besser prügeln könnte als dich, darum weise deine Hinterbacken her und beginne dein masochistisches Freiheitslied. Du bist mein Antipode und Antischreier ersten Ranges — darum laß mich dich lieben, verflixter Prügelknabe — ich will meine Peitsche an dir erproben und dein Leib ist gerade weiß genug für mein Schwert.

IV.

Kaum hat sich der Mensch in den Abendwinkel seines geohrten Sessels gesetzt, kaum beginnt er sich nach den Formen seines Weibes umzusehen und an die Phantastik kommender Träume zu denken, die die Geburt härtester Wirklichkeiten sind, da läuten sie wieder dies verfluchte Sinngedicht, dieses Epos aller Impotenzen aus und der Rhythmus stört seine Nachtruhe: **das ist der Hans im Schnakenloch, ta, ta — — Schnakenloch, der weiß nicht was er will.** Er bekommt eine maßlose, geschmacklose, berserkerische, fast teutonische Wut. Er läßt sich sein Gong und seine Topfdeckel kommen und spricht dies **poème bruitiste** zu einem schnell versammelten Publikum: Ich denunziere diesen Hans im Schnakenloch als ein fatal chauvinistisches Stück, als eine Dependence der deutschen Tageszeitung, als den Gegensatz alles dessen, was wir in unseren besten Stunden groß haben wollen. Der Autor dieses Stückes muß einer jener typischen Halb- und Lemurenmenschsn sein, einer jener Taster nach allen Seiten, einer jener Praefektoren und Protagonisten lauwarmer Literatenbanden, die wir endlich, endlich — nun aber ganz — abtun müssen. Das ist ein Bruder, der es äußerst geschickt versteht, schöne Liberalismen hinter shakespearschem Donner und Halbdonner hören zu lassen — — das ist ein Kerl, der für die Jungen zu sein scheint und sich sehr fest an den Rockschößen der Alten hält. Das ist einer von den Unerhörten, die es sich nicht nehmen lassen „reif zu werden“. Dies Stück ist die steif gekochte Sentimentalität — der Krieg, der hier beschrieben ist, ein Froschmäusekrieg, ein Kolophoniumkrieg, ein Krieg der Kriegfremden. Man muß begreifen wie das Publikum auf dies Spektakel reagiert, um die ganze geistige Inferiorität des Gewinsels

verstehen zu können, man muß das freudig erregte Gesicht der Herren von der Preße und der Herren von der Schwerindustrie gesehen haben, um die wirklichen Instinkte dieses Schnakenlochs, dieses Unkenlochs, dieses dumpfsten aller Löcher fühlen zu können. Nieder mit ihm, für immer nieder mit ihm. Seien wir schnell und entschlußfest, gründen wir einen **Anti-Schickelébund** und gebrauchen wir die **Weißen Blätter** als Papier timbré. Was sagen Sie „Kameradin“ Kolb? Haben Sie einen Einwand, eine Rechtfertigung für Ihren Spielgefährten — wie? Ich finde keine — für mich besagt es garnichts, nach teutobaldischen Excessen von der Bühne zn hören, daß die Franzosen ein stolzes und tapferes Volk sind. Nein — sie sind genau so gemein, so brutal, so hinterhältig wie wir — sie sind ein Volk von unglaublichster Infamie, wie ich teuflischer noch keins gesehen habe und dieu merci — das ist ihr Glück, sonst hätten sie weder die Revolution von 1789

5c ›Neue Jugend‹, Juni 1917, S. 3. Kat.-Nr. 62

gemacht noch jene Dichter hervorgebracht, denen wir nicht die Schuhbänder lösen können. Mich ekeln diese Halbweisheiten an, Kameradin Kolb, Halbweisheiten nnd Literatursprüchlein, deren Konjunktur — jetzt nach dreijährigem Gemetzel — ach so gut ist. Warum lassen sich in diesem Pseudodrama, in diesem Gallert und Syrupdrama alle Menschen von dem Krieg bestimmen, warum lösen sich Familienverhältnisse, wenn die erste Granate einschlägt — wie? — hé? — sind wir nicht genau das, was wir vor dem Kriege waren — wir die wir den Mut haben, für den Geist zu sterben?

Der Autor dieses Schnakenlochs, dieses Unkenlochs, dieses dumpfsten aller Löcher gehört zu denjenigen, die nach der Schweiz gelaufen sind, als es hier wichtig zu werden begann, Dinge zu tun, Geistiges durchzusetzen, vielleicht das zu tun, was — Sie müssen mich verstehen Madame — eine unerhörte und überraschende Neuigkeit bedeuten kann.

Das sind die Herren, die nach den vollbesetzten Tischen streichen — para sition — para sition — wenn es hier nichts mehr gibt, gehen sie nach der Schweiz, wenn dort die Lebensmittel knapp werden, müssen sie weiterwandern. Auch Sie — göttlicher Meister und Herausgeber dieses Zeit-Echos, das aus allzu versteckten Winkeln wiederhallt — auch Sie Ranunculus acer, Mensch in der Mitte, Rubiner, Dichter kriminialistischer Sonette — Sie sind auch gemeint. Stecken Sie sich beizeiten eine Kladde vor das Gesäß und lassen Sie mich in Ruhe einen neuen Stock schnitzen — dann kann der Tanz losgehen und ich verspreche Ihnen, weißhaariger Meistersänger, Führer der Menschheit — es soll ein Duo geben, wie Sie trotz Ihrer Literaturerfahrung noch keins erlebt haben.

R. Huelsenbeck

Verantwortung zum Glück

fg Wer sich selbst leben sieht, fühlt — daß niemand zum Kompromiß gebunden ist. Die Schwäche, die sich erkennt, trägt das Glück schon in sich. Die Forcierung jenes Glückskeimes — gegen den Kompromiß, als Erleben — ist das Glück. Die Entfaltung dieses Glücks bedingt, solange im Rahmen der Umwelt Kompromisse noch erkennbar sind, den Zwang, zur Auflösung, Revolution und Erlebensbestätigung. Eine Form des Glücks, zu der das Ich keine Stellung nehmen kann, die durch die Auflösung dieses Ichs zertrümmernd, eine neue weite Welt aufreißend, zitternd und einem unsagbar tiefen Erlebenspunkt konzentrisch aus den Erlebnisspannungen der Einzelnen zueinander zuströmend, hinausgeglitten ist.

Noch ist es besser, gegen dieses Glück zu sündigen. Die Verkrampfung im Rahmen unser Umwelterscheinungen trägt mehr Glauben in sich als der Versuch, im reinen Glauben sich an der Ichzertrümmerung dieser Kompromisse zu schonen.

Aber die Wir — wir wollen nur glauben.

Denn die Wir pfeifen auf das Leid. Hohnlachend der Zerstörung Die Wir glauben an das Glück. So zu glauben, daß aus der Explosion dieses Wir — fixiert als Zwang, der die Spannungen als Motor bewegt — das Ich leid-überladen und verwittert sich herausschält.

Für das Ich ist es verhängnisvoll, an das Glück zu glauben. Muß es sich nicht sichern — durch immer wieder den neuerkannten Zwang, hier zum Widerspruch —?

Glauben und Zweifel zu einem gemeinsamen Dritten gebären lassen, das Alle samt dem Ich tragen kann und das Ich auch als Teilchen der motorischen Kraft nicht ausschalte.

Dafür lohnt es sich, gehangen zu werden.

Das Glück trägt restlos alles, auch das Ich vollinhaltlich. (Die Zersplitterung in Erlebenskompromisse, die die Schlampigkeit unseres Widerspruchs gegen Naturgesetze bedingt hat, bleibt so wie so jedem Einzelnen, der auf einmal den Vorzug bekommt, „allein" zu sein, überlassen) Der **Tod** ist Privatsache. Wobei unklar bleibt, ob damit nicht mehr geschieht, **wenn man dem einzelnen dazu verhilft,** als diese Schweinearbeit jedem sich selbst zu überlassen.

Laßt uns lieber das Glück binden, damit wir es zerpflücken können, ehe es verdorrt. Leierkasten.

Es wird vergessen: Das Ich hat mit dem Glück als Begriff nichts zu tun, wohl aber als Inhalt — im differenziertesten Unterbewußtsein. (Um ernst zu bleiben.) Die lebenfressende Spannung von Begriff und Inhalt (Erleben — gesehen als Verantwortung zum Glück, schaltet gottlob Gott aus.

Es ist eine Sensation, daß die Wir eins noch nicht fertiggebracht haben, den Zwang zum Schweigen. Dieser Zwang kann damit beginnen, vom Glück zu reden. Ließe sich ein Zwang zum Glück fixieren, auch nur in drei Lebewesen, so würden sich die restlichen Milliarden anderer **nicht** auf die drei stürzen, sondern augenblicks krepieren, wie man sich häufig den Weltuntergang vorstellt.

Ich vertrete den Zwang zum Glück.

Ich — Selbst bin der Zwang.

Weil ich mir unter Glück nichts vorstellen kann.

Statt der zweiten Ausgabe der Zeitschrift Neue Jugend liefern wir unsern Abonnenten der Monatsausgabe diese Prospekte unentgeltlich. Die Prospekte erscheinen nicht zu festen Terminen in bestimmten Abständen, sondern je nach Bedarf und Inhalt der Zeit. Der Einzelpreis jedes Prospektes ist 20 Pf. Der Abonnementspreis der „Neuen Jugend" vierteljährlich 3 Mark. *Der Malik-Verlag.*

Mitarbeiter des Malik-Verlages: Max **Herrmann**, Cläre **Öhring**, Richard **Huelsenbeck**, George **Grosz**, Franz **Jung**, Helmut **Herzfeld**.
Herausgeber des Prospekts: Der Malik-Verlag, Berlin-Südende.
Druck: Maurer & Dimmick, Berlin SO 16, Köpenicker Straße 36-38.

VARIETÉ

Palast-Theater am Zoo

Zuviel Humor, Paul **Göbel,** sächsischer Humorist, **Georg Neumüller,** süddeutscher Komiker, die Gesangssoubrette Lilly mit Hund Foxel, einen Steierischen tanzend — sehr schwach. **Margit und Lener** arbeiten gut im akrobatischen Akt: „Frisch gestrichen". **Bellonis** Wunder-Kakadus und die jetzt reichlich veraltete Lustspiel-Pantomime „der zerschossene Spiegel" — als Diener **Camillo Schwarz** annehmbarer Durchschnitt. Die Hauptnummer: **Josef Milos,** Darstellung berühmter Meisterwerke der Plastik, wirkt in dem perspektivisch beengten Raum nicht so gut wie vor wenigen Monaten im Wintergarten. Die Tänzerin **Else Russel** scheint einer Ballettschule entlaufen zu sein. Die Direktion sollte darauf achten, daß sich der Kostümwechsel etwas schneller vollzieht, die Leute schlafen sonst ein. Gut sind die Equilibristen **Maximilian und Sohn.** Der jüngere arbeitet an der Stange mit verblüffender Sicherheit. Die Begleitungsmusik wird immer ärmlicher. Es scheint fast, daß man nächstens ausgraben wird: Puppchen . . . , dagegen sind die Dekorationen im Palast-Theater geradezu hervorragend.

Apollo-Theater.

Der Hauptpunkt des Apollotheaterprogramms ist diesesmal der ausgezeichnete Illusionist **Ernest Thorn,** dessen Tricks durchaus erstklassig sind (verblüffender Zauberer, der aus Wasser Wein macht, und noch nach neun Uhr Liqueur auschenkt) . . . . unter anderem: es gelingt ihm überraschend, bei hellstem Licht einen Baum samt Vogel, mitten im Publikum, spurlos verschwinden zu lassen Obwohl man Ernest Thorn schon oft auf Berliner Varietébühnen begegnet ist, sieht man seine Darbietungen stets mit neuem lebhaften Interesse. Von den rein akrobatischen Leistungen sind die drei Schwestern **Ploetz-Larellas** zu nennen, graziös molchhaft als Handtänzerinnen und als biegsame Kautschukdamen. **Käthi Sandwina** (eben von der Ostfront zurückgekehrt!) . . . . auch keine Unbekannte . . . . zeigt uns wieder einmal ihren rosanen athletischen Körper . . . . bizarr und unbewußt masachistisch wirkt das Männchenkarussel, wobei ihr Körper die Axe ist . . . . **Arlo und Dolo** . . . Humor-Radfahrer, haben ihre Nummer noch nicht im ganzen so konzentriert und schlagend durchgearbeitet um als erstklassige Radnummer zu gelten —

Fritz Steidl, durchaus populärer deutscher Humorist, Tierstimmenimitator und Komiker, erntet natürlich stets größten Beifall (besonders bei dem Friedens-Couplet!)

Zirkus Albert Schumann.

Aus dem sehr abwechslungsreichen Programm sind besonders **Fato und May,** komische Fangkünstler hervorzuheben, eine Nummer allerersten Ranges. Fabelhafte Durcharbeitung von Grotesk-Wirkungen. Ferner die Spaßmacher **Adolf und Coco.** Die Zuhörer werden in die überaus einfache Handlung der Komik unweigerlich eingefangen, die Ruhe Adolfs ist der größten Wirkung sicher. Die vornehme Selbstbeherrschung des Direktors Albert Schumann in seinem hervorragend gearbeiteten Dressurakt ist zu bekannt, als daß noch besondere Worte darüber zu verlieren wären. Gut sind auch die **4 Veras,** Drahtseilkünstlerinnen. Sie wirken in der Manege fast noch besser, als unlängst im Apollo-Theater. Das übrige ist Kriegsdurchschnitt. Dem großen Publikumg efallen **Turl Damhofers** Bayrische Alpen-Spiele. (Die Tauben auf der Szene schlagen gottseidank das Theater aus dem Feld). Die Pantomine **Halali,** Parforce-Schnitzeljagd, gehört nicht gerade zur besten Tradition des Unternehmens.

KINO

Die rote Nacht

Der Film, der in den U. T's, später in den Kammerlichtspielen am Potsdamer Platz gezeigt wurde, führt eine allerdings etwas knappe Handlung sehr straff durch. Unter dem gegenwärtigen Tiefstand der Lichtbildkunst ist es besonders sympathisch, den Versuch zu sehen, in die Bildwirkung Rythmus zu bringen. Das Einfangen des Interesses beim Zuschauer in der Darstellung des Brandes der Petroleumquellen von Palls ist vorbildlich. Nirgends häufen sich ins Sentimentale verzerrte Geschehnisse. Man kann sagen, die Führung der Handlung glättet sich später zusehens ab, beruhigt sich — und wirkt gerade darum! Die Aufnahmen sind überaus geschickt. Evelyn, in der Brandung laufend, immer wieder gleich aufgenommen, fällt, steht auf, fällt, darüber Gischt — ohne daß man die Verfolger sieht, prägt sich außerordentlich ein. Bleibt noch zu sagen, daß die Darstellerin, Frau Clara Sandberg, darstellerisch ohne Starmanieren sehr Wertvolles leistet.

Neue Zeitschriften

Titel vermögen nicht immer den Inhalt zu vertuschen. Nach dem „Falken", der in der Tat eine Ente ist, braust jetzt der **„Orkan"** in die Literatur — als Brause. In der Ankündigung wird festgestellt, daß er mit dem „Sturm" im Austauschverhältnis steht, — ob das der „Sturm" weiß? Außer einer Reihe Gutachten über den Zweck der Kultur und des Orkans inbesondere, unter denen sich neben Leo Heller und sonstiger ähnlich veranlagter Herren merkwürdigerweise auch Paul Adler befindet — man lacht mehr, wenn als Mitarbeiter der künftigen Hefte Erich Mühsam angekündigt wird — werden aus dem Inventar der Verlage S. Fischer und Kurt Wolf Proben veröffentlicht und besprochen. Die Autoren erhalten je nach der Eigenart der vorerwähnten Verleger besonders abgestimmtes Lob. Zum Schluß heißt es wo: Besprochen werden die Publikationen der **gerade führenden** Verleger. An der Spitze marschiert die deutsche Handelsgesellschaft soundso, Abteilung Verlag, die neben dem Orkan gleich eine ganze Romanserie verlegen will. Die Aufmachung spoltet jeder Beschreibung, jeder Marienkalender ist besser. Paul Adler, im Zeichen höchster „Deutschheit" — sagt er, hat das Wort!

Heinrich Michalski, Gründer von Beruf, hat mit der Europäischen Staats- und Wirtschaftszeitung Pech gehabt — er ist trotz Gründung ausgebootet worden. Dort sitzen jetzt andere Herren am Tisch. Es ist zu begrüßen, daß Heinrich bald was Neues gemanaged hat: **Die Drei!** Sehr bescheiden. Michalski sollte ruhig sagen: Die Tausend! Man lese aber dies Blatt, das in München mit irgendwelcher Politik und sonstwie erscheint. Man lese es um Heinrichs willen.

Soeben erschienen!

Soeben erschienen!

Soeben erschienen!

5d ›Neue Jugend‹, Juni 1917, S. 4. Kat.-Nr. 62

6a ›Der dada 3‹, 1920, Titelseite. Kat.-Nr. 64

DADA in Europa.

Marschall G. GROSZ

Begreifen Sie, bester Leser — was DADA ist, weiß am genauesten der Dadasoph. Dada, sehen Sie, Dada wurde erfunden von drei Männern: Huelsenbeck, Ball und Tzara. Zunächst bedeutete Dada nichts, als vier Buchstaben, und damit war sein internationaler Charakter gegeben. Nachdem man also den eigentlichen Gehalt und die Reklamemöglichkeiten dieses Wortes DADA erfaßt hatte, gründete man das „Cabaret Voltaire" (Zürich 1916), in dem zwischen Musik, Tanz, Montmartre-Chansons, Kubismus und Futurismus ironisiert und neue Arten der Dichtung propagiert wurden. DADA war zunächst ein Bekenntnis zur unbedingten Primitivität, von dem Züricher Publikum teils verständnislos, teils erheitert begrüßt. DADA wurde aber die große Elastizität der Zeit, die ihren Maßstab an dem Bürger fand: **je seniler und steifer dieser wurde, um so beweglicher wurde DADA, das heute über den ganzen Erdball verbreitet ist.** Denn, dies müssen Sie wissen, DADA ist die Wahrheit, die allein zutreffende Praxis des realen Menschen, wie er heute ist, stets in Bewegung durch die Simultanität der Ereignisse, Reklame, des Marktes, der Sexualität, der Gemeinschaftsdinge, der Politik, der Oekonomie; ohne überflüssige Gedanken, die zu nichts führen. Ja, erlauben Sie, **DADA ist** (und dies ärgert die meisten Menschen grenzenlos) **sogar ganz gegen jeden Geist; DADA ist die völlige Abwesenheit**

Die Int. Dada-Company, Berlin sendet
Charlie Chaplin,
dem größten Künstler der Welt und guten Dadaisten, Sympathiegrüße. Wir protestieren gegen die Ausschließung der Chaplin-Films in Deutschland.

GROSZ HEARTFIELD HUELSENBECK HAUSMANN BLOOMFELD PICABIA GUTTMANN ARP TZARA SERNER SWITTERS ERNST KOBBE HERZFELDE ARCHIPENKO CHIRICO HUSTÆDT NOLDAN PISCATOR

Der Monteurdada JOHN HEARTFIELD lehrt die intellektuellen Esel Dada.

20. Juni: Beginn der großen DADA-AUSSTELLUNG BERLIN
Kunstsalon Dr. Otto Burchard
Lützowufer

6b ›Der dada 3‹, 1920, S. 437 l. Kat.-Nr. 64

15 Minuten tägliche Übungen für DaDa.

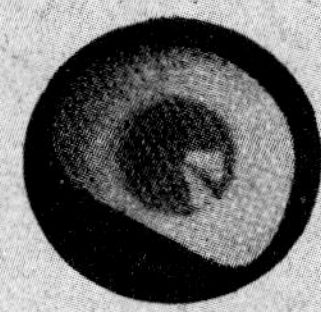

dessen, was man Geist nennt. Wozu Geist haben in einer Welt, die mechanisch weiterläuft? Was ist der Mensch? Eine bald lustige, bald traurige Angelegenheit, die von ihrer Produktion, von ihrem Milieu gespielt und gesungen wird. Sehen Sie, Sie glauben zu denken und Beschlüsse zu fassen, Sie glauben original zu sein — und was geschieht? Das Milieu, Ihre etwas staubige Atmosphäre hat den Seelenmotor angeworfen und die Sache läuft von allein: Mord, Ehebruch, Krieg, Frieden, Tod, Schiebung, Valuta — alles entglitt Ihren Händen, es ist Ihnen unmöglich, etwas aufzuhalten: Sie werden einfach gespielt. Sie sind das Opfer Ihrer Anschauungsweise, Ihrer sogenannten Bildung, die Sie aus den Geschichtsbüchern, dem Bürgerlichen Gesetzbuch und einigen Klassikern gleich en gros generationsweise beziehen. Sie scheitern an Ihren Voraussetzungen . . . Der dadaistische Mensch kennt keine Vergangenheit, die ihn bindet, er ist gestrafft von der lebendigen Gegenwart, durch seine Existenz . . . . DaDa gestaltet die Welt praktisch nach ihren Gegebenheiten, es benützt alle Formen und Gebräuche, um die moralisch-pharisäische Bürgerwelt mit ihren eigenen Mitteln zu zerschlagen. Sie werden einwenden: DADA, das ist der Bluff. Nun, die Menschen sind Sensationstiere, die das Gruseln nicht erst zu lernen brauchen; der dadaistische Mensch überspringt im Bluff seine eigene Sensationsgier und Schwere. Der Bluff ist kein ethisches Prinzip, sondern praktische Selbstentgiftung; da DADA und Bluff miteinander gleichzusetzen sind, so ist der Bluff Wahrheit — denn DADA ist die exakte Wahrheit. Demnach ist DADA eher ein Lebenszustand, mehr eine Form der inneren Beweglichkeit, als eine Kunstrichtung. DADA, das ist die Einsicht in die verlogene Art der dichterischen Tragik und der Feierlichkeit, die Einsicht in die Unverschämtheit der Wissenschaft. Dem Dadaisten dreht sich heute noch die Sonne um die Erde . . . sollte sie es aber nicht tun, so wird ihn auch dies nicht erschüttern. Wenn Sie bedenken,

RAOUL HAUSMANN:
Abendliche Toilette.

6c ›Der dada 3‹, 1920, S. 642 kg. Kat.-Nr. 64

daß nach sechstausend Jahren vergeblicher geistiger Anstrengung die Philosophie kläglich versagte und daß Ihnen die Naturwissenschaften ebensowenig ein festes Programm bieten können, so müssen Sie einsehen, daß DADA, geboren aus der Unerklärbarkeit eines glücklichen Augenblicks, die einzig praktische Religion unserer Zeit darstellt. **Sagen Sie sich von allen Hemmungen los, vergessen Sie Ihr Kartenspiel und die Wärme Ihrer Familientraulichkeit** — und Sie werden des Schwindels, den die Künstler, die Dichter mit Ihnen treiben, inne werden; Sie werden begreifen lernen, daß diese Dinge nur einer besonderen Technik bedürfen, Eigenverkehrsprobleme sind, die durch DADA aller Prahlerei und Ambition entkleidet werden: werden Sie Dadaist und Sie erwerben sich Angriffslust und die unbesiegbare Macht der Ironie!

RAOUL HAUSMANN.

RAOUL HAUSMANN: **Heimatklänge!**
Aus: „Hurra, Hurra!" Grotesken. Der Malik-Verlag, Berlin-Halensee.

DADA in Amerika.
(Colliers, The National Weekly, February 14, 1920.)

A 50

6d ›Der dada 3‹, 1920, S. A 50. Kat.-Nr. 64

2272

Durch Post u. Buchhandel à Nummer 40 Pf. Abonnement: Quartal (6 Nummern incl. Zustellung) 2 Mark. Vorzugs-Ausgabe: 100 numm. Exemplare 1-20 sign. auf echt Zanders Bütten à 10 M., 21-100 à 3 M.

Preis 40 Pf.

Anzeigenpreise: 1 Quadratzentimeter 0,50 Mark, einmal wiederholt 10% Rabatt, zweimal wiederholt 20% Rabatt. Exzentrischer Satz: 1 Quadratzentimeter 1,00 Mark, bei gleichen Rabattsätzen.

"Jedermann sein eigner Fussball"

Jllustrierte Halbmonatsschrift

1. Jahrgang | Der Malik-Verlag, Berlin-Leipzig | Nr. 1, 15. Februar 1919

Sämtliche Zuschriften betr. Red. u. Verl. an: Wieland Herzfelde, Berlin-Halensee, Kurfürstendamm 76. Sprechst.: Sonntags 12—2 Uhr

Preisausschreiben!
Wer ist der Schönste??

Deutsche Mannesschönheit 1 (Vergl. Seite 4)

Die Sozialisierung der Parteifonds

Eine Forderung zum Schutze vor allgemein üblichem Wahlbetrug

(Diese Ausführungen sollen den Unfug unserer Nationalversammlung selbst vom Gesichtspunkt der Demokraten aus illustrieren, jener Leute, die meinen, ein Volk dürfe keine Regierung besitzen, deren Niveau dem seines eigenen Durchschnitts überlegen ist.)

Man mag Demokrat sein, deutsch-sozialistischer Untertan oder Kommunist, man mag mit Schiller sagen: Verstand ist stets bei wenigen nur gewesen oder behaupten auf jede Stimme komme es (sogar mit Recht) an, die Tatsache wird man nicht bestreiten: Wahlen gehören zu den ge-

7a ›Jedermann sein eigner Fussball‹, 1919, Titelseite. Kat.-Nr. 174

Revolutionen sind die

wichtigsten politischen Faktoren der Gegenwart und nächsten Zukunft — ob nun Wilson, Lenin oder der Imperialismus die Welt erobert.

Wahlen sollen der Ausdruck des freien politischen Willens innerhalb einer Gemeinschaft sein. Sind sie es? Nein! Können sie es sein? Nein — denn nur verhältnismäßig wenige Menschen besitzen einen bewußten, in eigner Erfahrung, Denkkraft und Kenntnis wurzelnden politischen Willen; und unter diesen Wenigen wiederum schenkt nur eine geringe Anzahl einem der zu wählenden Kandidaten tatsächlich Vertrauen; und schließlich dürfte sich bis zur Wiederkehr der Wahlen auch in diesen seltenen Fällen das gewährte Vertrauen nur ganz ausnahmsweise als wirklich berechtigt erweisen. Dies „Nicht-wissen-können wen man wählt" bleibt jedoch relativ unwichtig, weil die Massen meist nicht wissen, wie der Träger ihres Vertrauens überhaupt beschaffen sein soll. Die Wahl ist in der Regel lediglich Instinkt-Angelegenheit. Das wäre wohl zu bejahen, wenn jene Urinstinkte, jener Witterungssinn der unausrottbar und unwandelbar im Menschen verankert ist dabei den Ausschlag gäben. Mitnichten: die zahllosen passiven Instinkte widersprechendster Art, die durch äußere (d. h. vom Individuum nicht zu verhindernde und doch nicht kontrollierte) Einwirkung umso stärker und bequemer ausgelöst werden, je (politisch) unentwickelter ein Mensch ist — diese Instinkte sind die treibende Kraft aller Wahlen. Um aber auf die Millionen Willensarmer einwirken zu können — dazu gehört Macht. Macht = Geld. Geld findet sich und bleibt am wenigsten im Besitz altruistisch handelnder Menschen und Gruppen: daher sind die Wahlen in Wahrheit Seismographen und Regulatoren der Machtschwankungen zwischen den undemokratischsten und unsozialsten, den egoistischsten Cliquen innerhalb einer Gemeinschaft.

Da sich vorläufig unser Staatsgebilde ohne Wahlen nicht lenken lassen wird, lohnte es sich, den (übrigens internationalen) Wahlbetrug dadurch einzudämmen, daß allen Parteien ihr ausschlaggebendstes und gleichzeitig imperialistischstes Machtmittel, der Parteifonds genommen würde. Die Parteifonds sollten in Händen einer exparlamentarischen Institution liegen, die völlig mechanisch jedem Staatsbürger (solange dies nationale Vorurteil noch herrscht) der seine Mitbürger parlamentarisch zu führen, d. h. eine Partei zu gründen oder zu vertreten wünscht, kostenlos die Veröffentlichung seines Programms sichert. Aus der Vertriebsziffer jedes (selbstverständlich zu gleich billigem Preis und durch gleiches System verbreiteten) Programms ließe sich leicht eine Skala der öffentlichen Anteilnahme aufstellen, der entsprechend die Geldmittel der vereinigten Parteifonds zu Propaganda-, Reklame- und Parteizwecken den einzelnen Parteien zugewiesen würden.

Parteien, die durch irgendwelche Manöver die Vertriebsziffer ihres Parteiprogramms zu erhöhen suchten, oder irgendwelche Organisation oder Propaganda mittels anderer als solcher zugewiesenen Geldmittel betrieben, würden rücksichtslos von der Wahl ausgeschlossen.

Damit wäre noch lange kein idealer Zustand erreicht. Wir wissen indessen genug von den Zielen, zu wenig von den Wegen. Zweifellos wäre die „Sozialisierung" der Parteifonds bejahenswert aus moralischen Gründen seitens ehrlicher Demokraten, aus realpolitischen seitens der Sozialisten und Kommunisten. Falls aber (was ich nicht bezweifle) die meisten Parteien der „Deutschen Republik" sich krampfhaft gegen die Sozialisierung der Parteifonds wenden würden, erwiese sich aufs neue, daß n i c h t die berühmte „Achtung vor j e d e s Staatsbürgers politischem Willen" (für die außer den Kommunisten doch alle Parteien einzutreten behaupten) sondern Wille zur vielgeschmähten „Diktatur" ihre Begierde ist.

Wieland Herzfelde.

UNSERE GEGNER

I.

B r u c h m ü l l e r s e n., Dezernent im Auswärtigen Amt, (persönlicher Feind Radeks) versucht auf siderischer Basis mittels einer im Regenschirm verborgenen Wünschelrute geheime Spartacidische Waffen- und Munitionslager zu entdecken.

II.

B r u c h m ü l l e r j u n., Oberprimaner, nahm erfolgreich an der Aktion gegen Liebknechts Sohn teil, gründete einen Schülerrat zur Bekämpfung kommunistischer Umtriebe in den deutschen höheren Lehranstalten.

III.

Gutsbesitzer J o s e f B ü r r, aus Stolp i. P., Mitglied der Nationalversammlung, (vielfach prämiierter Mastviehzüchter), hielt in Weimar eine aufsehenerregende Rede für die Wiedereinführung der Wehrpflicht und Gründung einer wendisch-kaschubischen Republik auf monarchischer Grundlage.

Der nachträgliche Heldentod.

Eines Abends erinnerte sich ein armer, alter Mann seines verstorbenen Jugendfreundes. Da klopfte es bescheiden an die Tür, und herein trat ganz offenbar dieser Freund.

Aber Julian, lebst Du denn?" fragte erschrocken der alte Mann. Julian verneinte das kopfschüttelnd. Er sagte mit einer Stimme, die schon lange nicht gebraucht worden zu sein schien:

„Ich lebe nicht mehr, Marcus, ich kann das kein Leben nennen. Als ich vor nunmehr etwa 25 Jahren starb oder jedenfalls als tot begraben worden war, überkamen mich Ruhe und Vergessen. Zirka sechs Jahre lang dachte ich nur an das hellgrüne Tischtuch meiner Mutter. Es ist unglaublich, eine Art Traum. Eigentlich hat es gar keine Dauer. Erst beim Erwachen scheinen es lange Jahre gewesen zu sein.— Warum, frage ich Dich, macht man die Gräber nicht schalldicht? Warum verstopft man die Ohren der Leichen nicht mit Watte? Nämlich seit etwa zwei Jahren begann mich in meinen monotonen Träumen irgend etwas zu stören. Auf ein Mal merke ich, es ist Artillerie. Erinnerst Du Dich: ich habe doch als Kanonier gedient. Es bummt. Es poltert. Ich unterscheide mehr und mehr. Hölle und Teufel, d a s Geräusch erkenne ich noch im Tode wieder. Ich befand mich bestimmt unter einer Kanone. Plötzlich saust und zischt es um mich herum. Ich fühle mein Bett, meinen Sarg, hoch gehoben, fliegen, wieder auffallen. Der sorgfältig angelötete Deckel klappt auf, mein Leichnam, holterdipolter — rollt in eine Art Jauche — brrrr in Blut, in lauter Blut. Aber im nächsten Augenblick packten mich einige Leute. Ich verlor mein (ohnehin schwaches) Bewußtsein. Erwachen tat ich in einem Krankensaal. Ich hörte, wie der Arzt sagte: „stark unterernährt, deliriert, beste Pflege; Ablenkung von diesen Leichenphantasien. Kerl bildet sich ein, aus dem Grabe zu kommen." Ich wandle mit schwacher Stimme ein: „Herr Stabsarzt, beim wunderbaren Gott, ich bin schon Anfang der 90er Jahre begraben worden." — „Schnauze gehalten, Mann!" war Alles, was ich zur Antwort bekam. Sie pflegten mich nun soweit ganz ehrlich. Sie gaben mir dann Proviant, Kleider, etwas Geld und entließen mich. Da, lieber Marcus, entsann ich mich Deiner. Hier bin ich. Du weißt, ich stand schon dazumalen allein da. Du warst mein einziger Verkehr, mein Halt. Verlasse mich nicht! Und erkläre mir: was ist das für ein Krieg oder Manöver?"

Marcus war während der Rede seines verstorben gewesenen Freundes bemüht, es diesem behaglich zu machen. Er hatte ihn in einen weichen Sessel niedergezogen, ihm ein warmes Getränk und einige Speisen vorgesetzt. Er legte ihm jetzt die Hand auf die Schulter und beugte sich vertraulich zu ihm herab. „Julian" sagte er, „so lebst Du also wirklich! Ich muß es ja glauben, obgleich mir der Verstand still steht. Es ist aber auch eine Zeit! Sie haben uns von allen Seiten überfallen: Russen, Franzosen, Japaner, Belgier, Rumänen, Montenegriner, Italiener, Portugiesen, Kanadier, aber allen voran die Engländer und Amerikaner." Julian sprang auf wie e i n D ä m o n. „Siehst Du", schrie er, „sogar Tote in ihren Gräbern spüren es doch, daß unser Deutschland in Gefahr ist. Glaube mir, die echte Vaterlandsliebe ist mit den Toten im Bunde wie mit Unsterblichen, wie mit der Auferstehung. Mir kroch es prickelnd bis ins Gebein. Aber mein Fall mag nicht vereinzelt sein; d e n n k e i n F a l l i s t j e m a l s v e r e i n z e l t. Ich prophezeie Dir, daß Deutschland nicht untergehen kann, weil eher noch die Toten sich wieder beleben und die Waffen ergreifen werden. Ich melde mich gleich morgen bei meiner alten Kompagnie." Und so geschah es. Julian machte sein Wort am andern Tage wahr. Übrigens, so sehr sich beide Freunde auch Mühe gaben, die Welt von dem wunderbaren Ereignis zu überzeugen, so wenig glaubte man ihnen, so daß sie es schließlich aufgaben, es zu erweisen. Der wackere Julian focht an der Somme mit. Lange Wochen hörte sein Freund Marcus nicht das Geringste mehr von ihm. Endlich, eines Abends . . . . er war im Begriff, schlafen zu gehen, stand ein Schatten vor ihm, lichte Augen sahen sekundenlang strahlend in die seinigen . . . . die Gestalt zerging in Nebel. Mitten in der Nacht traf ein Telegramm ein, das d e n H e l d e n t o d Julians meldete. Mögen die prophetischen Worte des doppelt Gestorbenen erfüllt werden! Möge der Ameronger . . . . !

M y n o n a.

7b ›Jedermann sein eigner Fussball‹, 1919, S. 2. Kat.-Nr. 174

komotiven der Weltgeschichte

DER KIRCHENSTAAT DEUTSCHLAND

Grosz

POLITISCHE STERNWARTE

Das dreieckige Verhältnis

Von Tag zu Tag wird es klarer: Deutschland ist antibolschewistisch. Eine alte Wahrheit: „Wer nicht für mich, der ist wider mich“ möchte den Schluß rechtfertigen: Deutschland schließt sich der Entente an. Die Entente dankt: Kapitalistische Staaten können einen Staat, der vorm Bankrott in jeder Hinsicht steht, nicht coordinieren, höchsten subordinieren. Dabei hilft Erzberger ja redlich. Man wird aber doch nicht meinen, Erzberger sei so devot aus Verlegenheit. Hat er Victor Naumann vielleicht auch aus Verlegenheit zum Deutschen Pressechef ernannt? Naumann, den Hauslehrer der ehemals königlichen Wittelsbacher (u. a. der heutigen Königin von Belgien) den Intimus Czernins, Exkaiser Karls? Wenn Erzberger nach der Entente tanzte, was kann der an jenem — sagen wir — indirekt „kompromittiertem“ Herrn Naumann liegen? Wem kann überhaupt mit dieser Ernennung gedient sein? (Man lanciert doch keinen Pressechef ohne gleichzeitig einer Großmacht Reverenz zu leisten.) Wilson? — verzichtet. Lenin? — niemals! Bleibt (ja ja, er hat sich fein totgestellt!) — der Papst! Die Offentlichkeit verkennt die Gefahr des Klerus! Was liegt Erzberger an Deutschland, das verschachert er ruhig der Entente, (je ärmer, umso frommer) wenn er nur seine Macht genügend ausbaut, das Deutsche Reich zu klerikalisieren. Er schiebt nicht schlecht: Ebert, ehrfürchtiger Katholik: Präsident! Nun Victor Naumann: der hat die Presse in der Hand. Das deutsche Volk, nachdem aus seinem irdischen Preußenhimmel nichts geworden — müde der politischen Freiheit infolge der Kämpfe, die sie brachte, ist für das päpstliche Sklaven-Jenseits geradezu disponiert. — Wetten — binnen kurzem, zu spät natürlich — wird jedes Kind in Deutschland das Trio: Lenin-Wilson-Benedikt erkennen. Was Wunder auch — die Weltrevolution schafft Leichen, da lassen die Geier nicht lange auf sich warten: — Herr Erzberger verkuppelt Germania den westlichen Imperialisten (Gott, machte es ihm Wilson nur nicht so schwer). Sein Gehilfe Naumann bläst ihr indessen den „Bolschewismus“ in die Augen (à propos: lasen Sie die Hirtenbriefe?) damit sie nicht inne wird, was ihr blüht: Der Klerus frißt das „70 Millionen-Volk“ auf, um sich über Wasser zu halten, wenn eines Tages die Entente den Bolschewismus bejaht und sich dann, über Deutschland hinweg, mit Rußland vereint zu einer Macht — die keinen Papst braucht. Getrost, heiliger Vater in Rom — man nennt uns nicht umsonst das dümmste Volk der Welt.

He

WO IST TIRPITZ ????

Achtung! **Bürger!** Achtung!

Für eine Filmpantomime

Wilhelms Rückkehr

Ca. 2000 stattliche deutsche Männer sofort gesucht. Dekorierte bevorzugt

(Orden mitbringen!)

EBERT-FILM A.-G.

Cafe Vaterland

7c ›Jedermann sein eigner Fussball‹, 1919, S. 3. Kat.-Nr. 174

+ KLEINE + GROSZ MAPPE

20

Berlin mit den Augen eines Bolschewisten gesehen

Orig.-Lith.

Nr. 1—20 auf echt Japan, nur noch 2 Expl., à 90 M. (erhöhter Preis)
Nr. 21—120 (inkl. Teuerungsaufschlag) à 38,50 M.
Zu beziehen durch den Malik-Verlag

Beschlagnahme aufgehoben!!

Der ALMANACH der NEUEN JUGEND auf das Jahr 1917

Preis 3 Mark

Zu beziehen durch den Axel Juncker-Verlag
BERLIN, Kurfürstendamm 210

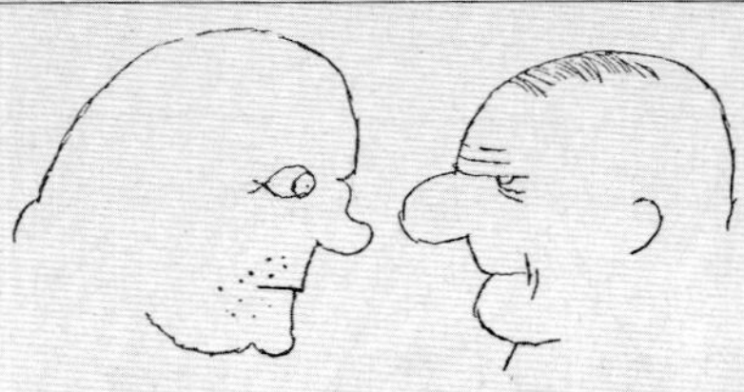

Schulzer: Warum tragen denn die Freiwilligen Noskes eigentlich Eichenlaub auf Uniform und Extramütze?
Mülle: Nun — die sind doch dafür da, von der deutschen Eiche noch zu retten, was zu retten ist.
Schulzer: So, aber warum tragen sie denn dann auch noch Totenköpfe?
Mülle: Mensch, das verstehst Du nicht? — wenn alles tot ist, haben wir doch endlich wieder Ruhe und Ordnung im Lande.

Der Coitus im Dreimäderlhaus

(Mein neuestes Gedicht mit einer Einlage: Die neue Nationalhymne)

Peitsch Dir den Hintern lila, mein süßer Fratz
Mondschein die kahle Platte (und ich lausche dem Graswuchs)
Wo einst das Halali der Hofjagd — —
(Läuse sind phänomenalstes Dammwild)
Du Staatskokotte **Germania**
Mir krabbelt grad eine die Heerstraße lang
Wie einst im Mai nach Potsdam
Da kann kein Kaiser und kein König
Nur graue Salbe
1,25 garantiert rein
Aus den ehemaligen Beständen der Schloßapotheke.
Hab Dir nich Kleene
Immer feste druff
(Sprach Prinz Eugen der edle Ritter
Pour le merite vom Gardekorps)
Und Zieten aus dem Busch
Auch die Republik braucht Soldaten
(Noske lächelt verschämt
Wenn der Deutschnationale schwarz-weiß flaggt)
Cäcilie mein Engel,
Lüfte das Hemd, Heut ist Kaisers Geburtstag
Wir machen 'ne Extratour
Nach Amerongen
Hintenrum
Alte **175** er
Ich rechne auf Euch!
Regiment Reinhard wohldiszipliniert mit fünf Mark täglicher Löhnung
(Nicht zu verwechseln mit Arthur Kahane vom Deutschen Theater)
Und Die Büchse der Pandora
Oder Allzeit
Schußbereit
Ja der Deutsche Soldat trifft immer ins Schwarze
Wo es am blondsten ist.
Sei gegrüßt Du mein schönes Sorrent
Ach kitzle mir mal am Hosenlatz
Mensch Ebert in Weimar!
Na Dickerchen willste mal
Letzte Liebe von Joethe
Kinder und Volksbeauftragte die Hälfte
Ohne Trinkgeldzwang
Ober 'ne Schale Jungfernhaut
Und tüchtig Melange drüber
Der Herr ist noch neu
Und denn rin ins Vergnügen!
Familienbad die Nationalversammlung.

Es braust ein Ruf wie Donnerhall
Wie Schwertgeklirr und Wogenprall:
Ein deutsches Weib, ein deutscher Suff,
Ach Männe hak mir mal die Taille uff!

Walter Mehring

Mitarbeiter:

H. Ayshaus, Darmstadt
Hans v. Albrecht
Paula Buch
Jo ten Brook, Haag
Dr. S. Friedlaender
Jomar Förste
Paul Gangolf
George Grosz
John Heartfield
Tom Heartfield
Wieland Herzfelde
Richard Huelsenbeck
Dr. Kiesewetter
Joh. Theod. Kuhlemann, Cöln
Walter Mehring
Mynona
Karl Nierendorf, Cöln
O. Nerlinger, Straßburg
Erwin Piscator
Otto Schmalhausen (Oz)

Gegen den weißen Terror

Der Vollzugsausschuß des Landessoldatenrats Bayern erläßt folgende Kundgebung:

Durch die deutsche Presse geht ein Aufruf des Berliner Oberbefehlshabers Noske, der zur freiwilligen Meldung für den Schutz im deutschen Osten auffordert. Wir warnen die bayrischen Soldaten, auf diesen Schwindel hereinzufallen. Der Grenzschutz im Osten ist das politische Mäntelchen, hinter dem sich die Organisierung der weißen Garde versteckt. Das ist des Pudels Kern. Und wo kann die schwarz-weiß-rote Restauration Deutschlands anders herkommen, als aus den Gefilden unserer ostelbischen Junker. Wenn schon revolutionäre bayerische Soldaten marschieren, dann nur zu dem Zweck, um gemeinsam mit dem ostelbischen Landarbeiter-Proletariat jene Granden zu entfernen und die Gutsbesitzer zu enteignen.

Das scheint der Kern der sogenannten bolschewistischen Gefahr zu sein, nämlich der, daß die Landarbeiter und Kleinbauern beginnen, mit den ostelbischen Junkern gründlich abzurechnen. Herr Noske befindet sich vielleicht im Wahn, das deutsche Volk noch genau so wie in der Kriegszeit beschwindeln zu können, wie er es als Kriegsberichterstatter des ehemaligen Großen Generalstabes getan hat. Diese Zeiten sind jedoch vorbei und sicher auch recht bald die Zeiten des Herrn Noske. Der Vollzugsausschuß des bayerischen Landessoldatenrates hat durch einen Funkspruch an alle Soldatenräte Deutschlands und an die Reichsregierung die sofortige Einberufung eines Reichsrätekongresses der Soldaten verlangt, um zu allen diesen Fragen Stellung zu nehmen. Versagt die Regierung, dann werden wir selbst zu handeln wissen, und den Schwindel des Grenzschutzes im Osten (vulgo „Nationale Verteidigung") beantworten wir mit dem Schlachtruf:

Die Revolution ist in Gefahr! Revolutionäre Soldaten Bayerns! Schart Euch um unser Banner und rüstet zum Kampf gegen den weißen Terror Berlins!

Wie jedes Haus, so braucht auch jede Zeitung einen Abort; wir bringen daher die fortlaufende Rubrik:

Die Latrine

Aus Eberts Eröffnungsrede in der Nationalversammlung. (laut „Vorwärts" 6. 2. 19 abends)

„Jetzt haben wir das Recht, über Gräbern die Hoffnung aufzupflanzen"

Wieso? Sind denn schon alle Proletarier tot?

„Wir dienen dem Sozialismus der werdenden Wirklichkeit"

Haha, der ist

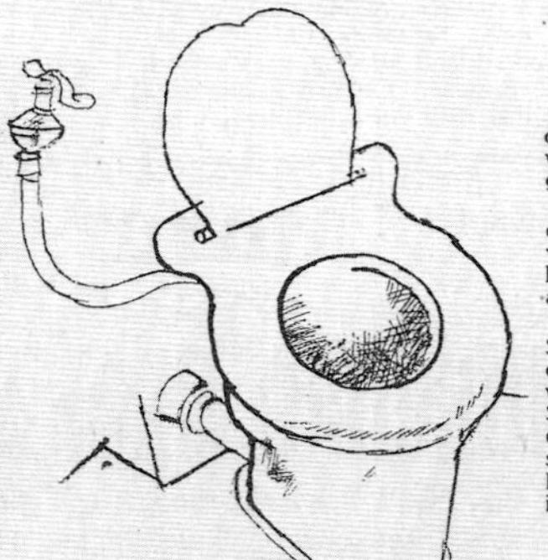

doch schon bald wieder wirklich gewesen.

„Wir müssen die Wandlung vom Imperialismus zum Idealismus vollziehen!"

Soso — v. Pritzelwitz wird dann wohl für die Schulkinder des dritten Jahrtausends so á la Dietrich von Bern idealisiert?

Ein deutsches Symbol. Die Nationalversammlung wird heute durch eine Rede des Alterspräsidenten Pfannkuch eröffnet werden. (Volks-Ztg. 6. 2. 19)

„Volks"-Kunstmaler Pechstein: jadoch, jadoch — fahren Se ruhig nach Sanssouci!

An die Laterne: Können Sie uns nicht einen Karrikaturisten ablassen?

Rat geistiger Arbeiter: Kurti, wo steckst Du nur?!

Präsident Ebert hat mit Erlaubnis des Kriegsministers Reinhard das E. K. neu gestiftet; es trägt die Prägung F. 1919 und wird am schwarzen Band getragen.

Radek verhaftet! Tirpitz ist frei!

Haben Sie Hemmungen? — Kommen Sie zu uns!

Wettbewerbe

!! Zur Erlangung von Entwürfen einer neuen deutschen Friedensuniform wurde seitens des königlichen Kunstgewerbemuseums Berlin ein Wettbewerb ausgeschrieben. Preise von 200 Mark bis 2000 Mark, Termin 1. April. Unterlagen gegen Voreinsendung von 2,80 Mark an Prof. Bruno Paul, königliches Kunstgewerbe-Museum, Berlin SW 68, Prinz Albrechtstraße 8.

Deutsche Mannesschönheit 1

Die Redaktion setzt fünf wertvolle Bücherprämien aus für die fünf treffendsten und bestformulierten Lösungen der Preisfrage:

Wer ist der Schönste der 9?

Zuchriften bis spätestens 10. März an die Redaktion. Die Veröffentlichung der besten Arbeit behält sich die Redaktion gegen entsprechende Honorierung vor.

Verantwortlich für den gesamten Inhalt: Helmut Herzfeld, Berlin. Der Malik-Verlag Berlin-Leipzig. Druck der Buch- und Kunstdruckerei Robert Barthe & Co., Berlin W 57.

7d ›Jedermann sein eigner Fussball‹, 1919, S. 4. Kat.-Nr. 174

Kurt Tucholsky, 1920

Am Lützowufer 13 ist jetzt eine Dada-Ausstellung zu sehen. Weil wir sonst keine anderen Sorgen haben. Wenn man abzieht, was an diesem Verein Bluff ist, so bleibt nicht so furchtbar viel. Ich weiß sehr genau, was die Leute wollen: die Welt ist bunt, sinnlos, prätentiös und intellektuell aufgeplustert. Das wollen sie verhöhnen, aufzeigen, verneinen, zerstören. Darüber ist durchaus zu reden. (Wie überhaupt Kunstbolschewismus, Anzweiflung der Berechtigung des Wertes der Kunst eine Angelegenheit ist, die man nicht einfach abtun kann. Unglaube steckt an.) Aber die Formate da gefallen mir nicht.

Wer inbrünstig haßt, muß einmal sehr geliebt haben. Wer so die Welt verneinen will, muß sie einmal sehr stark bejaht haben. Muß einmal umarmt haben, was er nun verbrennt. Wie aber ist der Eindruck? Kleinere Literaten bemühen sich ein wenig krampfhaft, den Bürger zu schrecken und in anderer Leute Heiligtümer zu spucken. Das ist das Wort: Krampf. Man ist von neun bis sieben Uhr ununterbrochen zersetzend lustig und satirisch aufgelegt. Ein Dadaismus gegen drei Mark und dreißig Pfennige Entree. »Nur hier echt. Vor Nachahmung wird gewarnt.«

Die Ausstellung selbst sieht aus wie ein ganz putziger Kramladen. (Obgleich ich glaube, daß Hunderte von Künstlergenerationen auf ihren Atelierfesten das witziger, schlagkräftiger, mutiger gemacht haben.) Ein dicker ausgestopfter Matrose hängt an der Decke und schaut selig auf das Getümmel von alten Hutschachteln, Pappkartons, verrosteten Nägeln, sehr unpassend angebrachten Gebissen und Malgemälden herunter. Es ist ziemlich still in der kleinen Ausstellung, entrüsten tut sich eigentlich auch niemand mehr. Dada – na ja.

Aus: *Berliner Tageblatt*, 20. 7. 1920; Kurt Tucholsky, ›Gesammelte Werke‹, Reinbek 1960, I, S. 702. –

8a ›Erste Internationale Dada-Messe‹. Katalog, 1920, Titelseite. Kat.-Nr. 61

Max Liebermann illustriert die Bibel!

Was die Kunstkritik nach Ansicht des Dadasophen zur Dadaausstellung sagen wird.

Vorweg sei betont, daß auch diese Dada-Ausstellung ein ganz gewöhnlicher Bluff, eine niedere Spekulation auf die Neugier des Publikums ist — eine Besichtigung lohnt nicht. Während Deutschland bebt und zuckt in einer Regierungskrise von noch nie gekannter Dauer, während die Zusammenkunft in Spaa unser künftig Los immer weiter ins Ungewisse rückt — gehen diese Burschen her und machen trostlose Trivialitäten aus Lumpen, Abfällen und Müll. Eine so dekadente Gesellschaft, der es an allem und jedem Können und ernsten Wollen gebricht, ist noch selten in solcher Unverfrorenheit vor die Oeffentlichkeit getreten, wie es hier die Dadaisten wagen. Nichts kann bei ihnen mehr überraschen; alles geht unter in Krämpfen der Originalitätswut, die, alles Schöpferischen bar, sich austollt in albernen Mätzchen. „Mechanisches Kunstwerk" mag ein in Rußland hingängiger Typus sein — hier ist es talent- und kunstlose Nachäfferei, das äußerste an Snobismus und Frechheit der ernsthaften Kritik gegenüber. Selbst das einzige mäßige Talent unter der Horde, der Zeichner Grosz, enttäuscht; gerade an ihm wird deutlich, wohin Charakterschwäche und Widerstandsunfähigkeit gegenüber dem modischen Zwang und der Sucht nach „Neuestem" eine Begabung führen können — mitten in den Sumpf der Langeweile, der Verirrung und des platten Bierulks. Oh Grünewald, Dürer und ihr andern großen Deutschen, was würdet ihr d a z u sagen!? Das auf dieser Ausstellung Gezeigte ist durchweg auf einem so tiefen Niveau, daß man sich wundern muß, wie ein Kunstsalon den Mut haben kann, diese Machwerke gegen ein immerhin hohes Eintrittsgeld zu zeigen. Der vielleicht irregeleitete Inhaber des Salons sei gewarnt — über die Dadaisten aber breite sich gnädiges Schweigen!

Raoul Hausmann.

Beachten Sie am Büchertisch die zahlreichen Dada-Publikationen des MALIK-VERLAGES

Zur Einführung.

Dereinst wird die Photographie die gesamte Malkunst verdrängen und ersetzen.
Wiertz.

Wenn sich ein Künstler der Photographie bediente, wie man sich ihrer bedienen muß, dann würde er sich zu einer Höhe aufschwingen, von der wir keine Ahnung haben.
Delacroix.

Sonne, Mond und Sterne bestehen noch — obwohl wir sie nicht mehr anbeten. Gibt es unsterbliche Kunst, so kann sie nicht daran sterben, daß der Kunstkult gestürzt wird.
Wieland Herzfelde.

Die Malerei hatte einst den ausgesprochenen Zweck, den Menschen die Anschauung von Dingen — Landschaften, Tieren, Bauten usw. — die sie selbst nicht mit eigenen Augen kennen lernen konnten, zu vermitteln. Diese Aufgabe haben heute Photographie und Film übernommen, und lösen sie unvergleichlich viel vollkommener als die Maler aller Zeiten.

Doch starb die Malerei mit dem Verlust ihres Zweckes nicht ab, sondern suchte neue Zwecke. Seitdem lassen sich alle Kunstbestrebungen dahin zusammenfassen, daß sie, so verschieden sie auch sind, gemeinsam die Tendenz haben, sich von der Wirklichkeit zu emanzipieren.

Der Dadaismus ist die Reaktion auf alle diese Verleugnungsversuche des Tatsächlichen, die die Triebkraft der Impressionisten, Expressionisten, Kubisten und auch der Futuristen (indem sie nicht vorm Film kapitulieren wollten) gewesen sind; aber der Dadaist unternimmt es nicht etwa wieder, mit dem Photographenapparat zu konkurrieren, oder ihm gar eine Seele einzuhauchen, indem er (wie die Impressionisten) der schlechtesten Linse: dem menschlichen Auge den Vorzug gibt, oder (wie die Expressionisten) den Apparat umdreht und dauernd bloß die Welt im eigenen Busen darstellt.

Die Dadaisten sagen: Wenn früher Unmengen von Zeit, Liebe und Anstrengung auf das Malen eines Körpers, einer Blume, eines Hutes, eines Schlagschattens usw. verwandt wurden, so brauchen wir nur die Schere nehmen und uns unter den Malereien, photographischen Darstellungen all dieser Dinge ausschneiden, was wir brauchen; handelt es sich um Dinge geringeren Umfangs, so brauchen wir auch gar nicht Darstellungen, sondern nehmen die Gegenstände selbst, z. B. Taschenmesser, Aschenbecher, Bücher etc., lauter Sachen, die in den Museen alter Kunst recht schön gemalt sind, aber eben doch nur gemalt.

Nun die berühmte Frage: Ja, aber der Inhalt, das Geistige?

Im Laufe der Jahrhunderte hat wie auf allen Gebieten die ungleiche Verteilung der Lebens- und Entwicklungsmöglichkeiten auch auf dem Gebiete der Kunst unerhörte Verhältnisse gezeitigt: auf der einen Seite eine Clique sogenannter Könner und Talente, die teils durch jahrzehntelanges Training, teils durch Protektion, Sesselkleben, teils auch durch ererbte Spezialveranlagungen das Monopol in bezug auf alle Fragen der Kunstwertung an sich gerissen hat — während auf der anderen Seite die Menge von Menschen, deren anspruchsloses und naives Bedürfnis: die Vorstellung in sich und die Vorgänge in der Umwelt darzustellen, mitzuteilen und bauend zu verarbeiten, von jener Clique Tonangebender niedergehalten wird. Heute muß der junge Mensch, wenn er nicht auf jegliche Ausbildung und Verbreiterung seiner ursprünglichen Anlagen verzichten will, sich dem durch und durch autoritativ aufgebauten System der künstlerischen Erziehung und des künstlerischen öffentlichen Urteils unterwerfen. Die Dadaisten hingegen sagen, Bilder herstellen ist keine Wichtigkeit, wenn es aber geschieht, so soll wenigstens kein Machtstandpunkt aufgezogen werden, so soll den breiten Massen die Lust an gestaltender Beschäftigung nicht durch die fachmännische Arroganz einer hochmütigen Gilde verdorben werden. Aus diesem Grunde können die Inhalte dadaistischer Bilder und Erzeugnisse außerordentlich verschieden sein und desgleichen die Mittel. An sich ist jedes Erzeugnis dadaistisch, das unbeeinflußt, unbekümmert um öffentliche Instanzen und Wertbegriffe hergestellt wird, sofern das darstellende illusionsfeindlich, aus dem Bedürfnis heraus arbeitet, die gegenwärtige Welt, die sich offenbar in Auflösung, in einer Metamorphose befindet, zersetzend weiterzutreiben. Die Vergangenheit ist nur noch insofern wichtig und maßgebend, als ihr Kult bekämpft werden muß. Insofern sind sich die Dadaisten einig, sie sagen, was die Antike, die Klassik, all die „großen Geister" geschaffen haben, darf nicht (es sei denn wissenschaftlich historisch) gewertet werden in bezug auf die Zeit, da es geschaffen wurde, sondern so, als ob heute jemand diese Dinge herstellt, und niemand wird bezweifeln, daß heute kein Mensch, und sei er auch, um mit der Kunstsprache zu reden, ein Genie, Werke herstellen kann, deren Voraussetzungen Jahrhunderte und Jahrtausende zurückliegen. Die Dadaisten rechnen es sich als Verdienst an, Vorkämpfer des Dilettantismus zu sein, den der Kunst-Dilettant ist nichts anderes wie das Opfer einer vorurteilsvollen, hochmütigen, aristokratischen Weltanschauung. Die Dadaisten anerkennen als einziges Programm die Pflicht, zeitlich und örtlich das gegenwärtige Geschehen zum Inhalt ihrer Bilder zu machen, weswegen sie auch nicht „Tausend und eine Nacht" oder „Bilder aus Hinterindien", sondern die illustrierte Zeitung und die Leitartikel der Presse als Quell ihrer Produktion ansehen.

Betrachten wir uns unter diesen Gesichtspunkten einige Bilder.

Bild Nr. 111 Stuckenschmidt: „Die Produktionskrise".

Sie sehen am aufdringlichsten den traurigen deutschen Textilbestand. Damit begnügt sich der Künstler nicht, er gibt nun auch noch an, worin er die Ursachen der Produktionskrise sieht. Zunächst erblicken Sie S. M. und Gefolgschaft in Gala. Natürlich, denken nicht auch Sie manchmal schmerzhaft an all die alten guten Zeiten, wo alles nur so glänzte, bei jeder Gelegenheit der Anzug gewechselt wurde. Sie sehen weiter eine Reklame für Krieger-Klosettpapier, als Symptom der Kriegsspekulation; des weiteren einen Knopf, eine Briefmarke, einen 10 - Pfg. - Gutschein etc., lauter Dinge, die früher wertlos, heute zum Inhalt zahlloser Sorgen geworden sind.

Bild Nr. 57 George Grosz: „Entwicklung".

Eine schlagende, unübertreffliche Widerlegung der weitverbreiteten Ansicht, in Deutschland habe sich nichts geändert, und der Monarchismus stecke den Leuten noch tief in den Knochen. Dieses Bild müßten die Unterhändler nach Spaa mitnehmen, damit die Ententediplomaten sich bewußt werden, daß sie mit einem neuen Deutschland unterhandeln.

Bild Nr. 45 George Grosz: „Krause".

Sie ersehen sogleich, wie unrecht man Erzberger tut, wenn man ihm eine Lebensmethode vorwirft, die so allgemein ist wie der Name „Krause". Und auch hier wieder fragt sich dadaistische Gründlichkeit, warum, warum dieser weitverbreitete Spekulanten-Typus? Weil der enge Horizont des deutschen Kleinbürgers überladen wurde mit der Vorstellung von Riesengewinnen, Handel, Weltmacht, Absatzgebieten, Reklame und so fort. Von klein auf hat man ihm von alldem geradezu mit Ehrfurcht erzählt, so daß sein Herz, das aufrichtig am Vaterlande hängt, ebenso wie an der Mutter, davon schier erdrückt wurde.

Bild Nr. 52 George Grosz: „Daum" marries her pedantic automaton „George" in May 1920, John Heartfield is very glad oft it. (Meta-Mech. constr. nach Prof. R. Hausmann.)

Die Unterschrift ist englisch abgefaßt, weil es sich um intime Dinge handelt, die nicht jeder verstehen soll. Grosz heiratet! Für ihn ist aber die Heirat nicht etwa nur ein persönliches, sondern in erster Linie ein soziales Geschehen. Gewissermaßen ein Zugeständnis an die Gesellschaft, die einem Maschinismus gleicht, der unfehlbar den Mann zu ihrem Bestandteil, zu einer kleinen Maschine im großen Räderwerk macht, so daß die Ehe eigentlich ein Abrücken von der Braut zu Gunsten der Allgemeinheit bedeutet. Gleichzeitig ein Abrücken von Erotik und Sexualität. Anders bei der Frau. Für sie stellt die Ehe alles auf den Kopf. Ist das Symbol des jungen Mädchens eine nackte Gestalt, die mit der Hand oder mit irgendeinem Zipfel die Scham verhüllt, so ist in der Ehe diese Verleugnung des sexuellen Bedürfnisses nun aufgehoben, ja sie wird sogar betont. Doch wie ein Schatten fällt es zwischen Mann und Weib von der ersten Stunde ihres Getrautseins an, daß im Augenblick, da die Frau all ihre geheime Lust laut werden, ihren Körper lüften darf, — der Mann sich andern nüchternpedantisch rechnerischen Aufgaben zuwendet. Sie ist fast bestürzt und betastet nur scheu den Kopf des Gatten wie einen gefährlichen Apparat. Gleichzeitig stellt Grosz auf diesem Bilde dar, wie die Ehe die Menschen einkapselt, so daß die Mitwelt eigentlich nur noch durchs Fenster weiterbesteht und das Bild des Weibes, das der Mann, ursprünglich im Mittelpunkt seiner Vorstellung, bis in die letzten Winkel des Bewußtseins verdrängt wird.

Bild Nr. 74. Grosz-Heartfield mont. Korrigierter Picasso

Haben Sie sich schon die neue Mappe von George Grosz „Gott mit uns" zeigen lassen?

Wieland Herzfelde, 1920

Die Malerei hatte einst den ausgesprochenen Zweck, den Menschen die Anschauung von Dingen, Landschaften, Tieren, Bauten usw., die sie selbst nicht mit eigenen Augen kennenlernen konnten, zu vermitteln. Diese Aufgabe haben heute Photographie und Film übernommen und lösen sie unvergleichlich viel vollkommener als die Maler aller Zeiten.

Doch starb die Malerei mit dem Verlust ihres Zweckes nicht ab, sondern suchte neue Zwecke. Seitdem lassen sich alle Kunstbestrebungen dahin zusammenfassen, daß sie, so verschieden sie auch sind, gemeinsam die Tendenz haben, sich von der Wirklichkeit zu emanzipieren.

Der Dadaismus ist die Reaktion auf all die Verleugnungsversuche des Tatsächlichen, die die Triebkraft der Impressionisten, Expressionisten, Kubisten und auch der Futuristen (indem sie nicht vorm Film kapitulieren wollten) gewesen sind; aber der Dadaist übernimmt es nicht etwa wieder, mit dem Photographenapparat zu konkurrieren oder ihm gar eine Seele einzuhauchen, indem er (wie die Impressionisten) der schlechtesten Linse: dem menschlichen Auge den Vorzug gibt oder (wie die Expressionisten) den Apparat umdreht und dauernd bloß die Welt im eigenen Busen darstellt.

Die Dadaisten sagen: Wenn früher Unmengen von Zeit, Liebe und Anstrengungen auf das Malen eines Körpers, einer Blume, eines Hutes, eines Schlagschattens usw. verwandt wurden, so brauchen wir nur die Schere zu nehmen und uns unter den Malereien, photographischen Darstellungen all dieser Dinge ausschneiden, was wir brauchen; handelt es sich um Dinge geringeren Umfanges, so brauchen wir auch gar nicht Darstellungen, sondern nehmen die Gegenstände selbst, z. B. Taschenmesser, Aschenbecher, Bücher etc., lauter Sachen, die in den Museen alter Kunst recht schön gemalt sind, aber eben doch nur gemalt.

Nun die berühmte Frage: Ja, aber der In-

8b ›Erste Internationale Dada-Messe‹. Katalog, 1920, S. 2. Kat.-Nr. 63

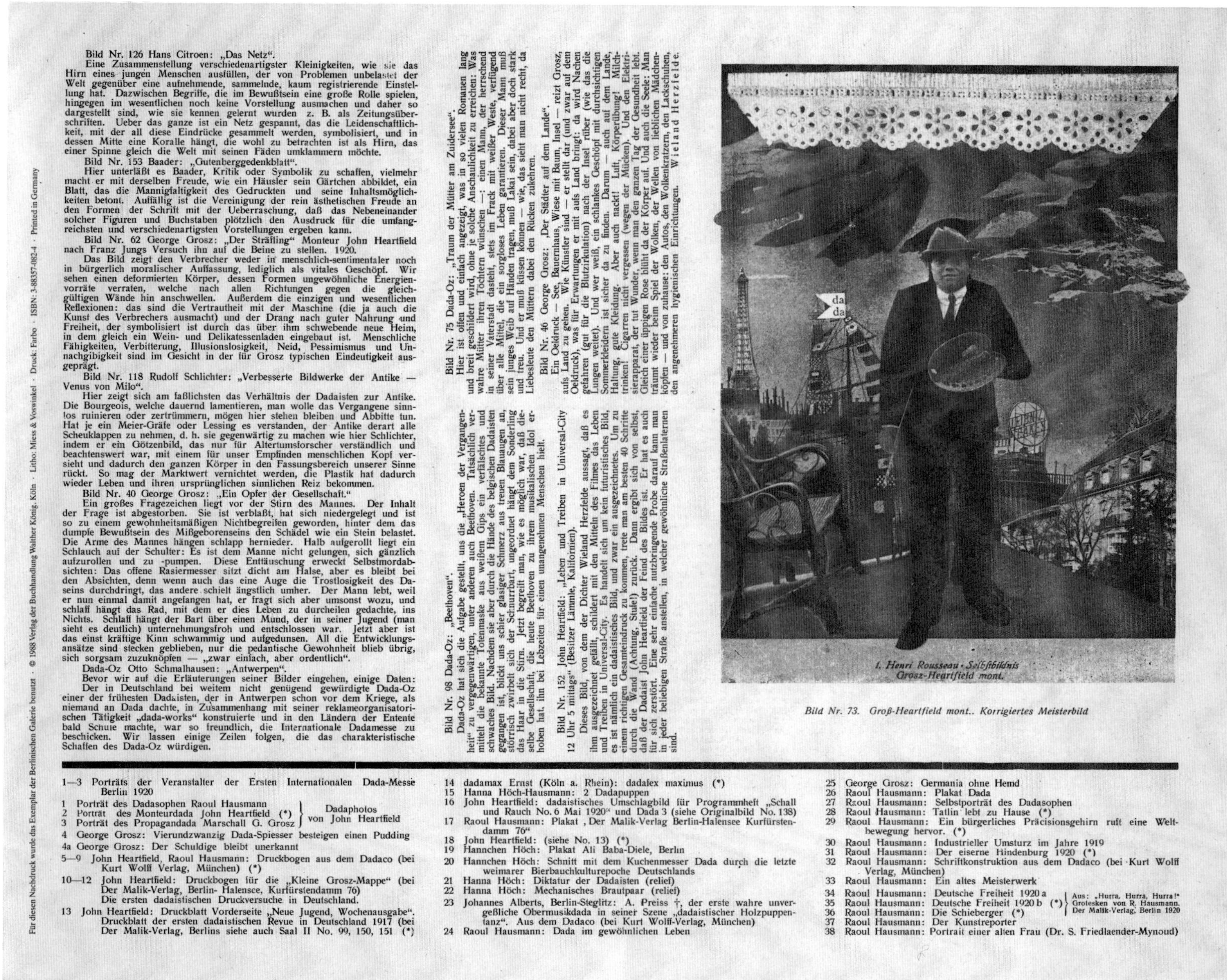

Bild Nr. 126 Hans Citroen: „Das Netz".

Eine Zusammenstellung verschiedenartigster Kleinigkeiten, wie sie das Hirn eines jungen Menschen ausfüllen, der von Problemen unbelastet der Welt gegenüber eine aufnehmende, sammelnde, kaum registrierende Einstellung hat. Dazwischen Begriffe, die im Bewußtsein eine große Rolle spielen, hingegen im wesentlichen noch keine Vorstellung ausmachen und daher so dargestellt sind, wie sie kennen gelernt wurden z. B. als Zeitungsüberschriften. Ueber das ganze ist ein Netz gespannt, das die Leidenschaftlichkeit, mit der all diese Eindrücke gesammelt werden, symbolisiert, und in dessen Mitte eine Koralle hängt, die wohl zu betrachten ist als Hirn, das einer Spinne gleich die Welt mit seinen Fäden umklammern möchte.

Bild Nr. 153 Baader: „Gutenberggedenkblatt".

Hier unterläßt es Baader, Kritik oder Symbolik zu schaffen, vielmehr macht er mit derselben Freude, wie ein Häusler sein Gärtchen abbildet, ein Blatt, das die Mannigfaltigkeit des Gedruckten und seine Inhaltsmöglichkeiten betont. Auffällig ist die Vereinigung der rein ästhetischen Freude an den Formen der Schrift mit der Ueberraschung, daß das Nebeneinander solcher Figuren und Buchstaben plötzlich den Ausdruck für die umfangreichsten und verschiedenartigsten Vorstellungen ergeben kann.

Bild Nr. 62 George Grosz: „Der Sträfling" Monteur John Heartfield nach Franz Jungs Versuch ihn auf die Beine zu stellen. 1920.

Das Bild zeigt den Verbrecher weder in menschlich-sentimentaler noch in bürgerlich moralischer Auffassung, lediglich als vitales Geschöpf. Wir sehen einen deformierten Körper, dessen Formen ungewöhnliche Energienvorräte verraten, welche nach allen Richtungen gegen die gleichgültigen Wände hin anschwellen. Außerdem die einzigen und wesentlichen Reflexionen: das sind die Vertrautheit mit der Maschine (die ja auch die Kunst des Verbrechers ausmacht) und der Drang nach guter Nahrung und Freiheit, der symbolisiert ist durch das über ihm schwebende neue Heim, in dem gleich ein Wein- und Delikatessenladen eingebaut ist. Menschliche Fähigkeiten, Verbitterung, Illusionslosigkeit, Neid, Pessimismus und Unnachgibigkeit sind im Gesicht in der für Grosz typischen Eindeutigkeit ausgeprägt.

Bild Nr. 118 Rudolf Schlichter: „Verbesserte Bildwerke der Antike — Venus von Milo".

Hier zeigt sich am faßlichsten das Verhältnis der Dadaisten zur Antike. Die Bourgeois, welche dauernd lamentieren, man wolle das Vergangene sinnlos ruinieren oder zertrümmern, mögen hier stehen bleiben und Abbitte tun. Hat je ein Meier-Gräfe oder Lessing es verstanden, der Antike derart alle Scheuklappen zu nehmen, d. h. sie gegenwärtig zu machen wie hier Schlichter, indem er ein Götzenbild, das nur für Altertumsforscher verständlich und beachtenswert war, mit einem für unser Empfinden menschlichen Kopf versieht und dadurch den ganzen Körper in den Fassungsbereich unserer Sinne rückt. So mag der Marktwert vernichtet werden, die Plastik hat dadurch wieder Leben und ihren ursprünglichen sinnlichen Reiz bekommen.

Bild Nr. 40 George Grosz: „Ein Opfer der Gesellschaft."

Ein großes Fragezeichen liegt vor der Stirn des Mannes. Der Inhalt der Frage ist abgestorben. Sie ist verblaßt, hat sich niedergelegt und ist so zu einem gewohnheitsmäßigen Nichtbegreifen geworden, hinter dem das dumpfe Bewußtsein des Mißgeborenseins den Schädel wie ein Stein belastet. Die Arme des Mannes hängen schlapp hernieder. Halb aufgerollt liegt ein Schlauch auf der Schulter: Es ist dem Manne nicht gelungen, sich gänzlich aufzurollen und zu -pumpen. Diese Enttäuschung erweckt Selbstmordabsichten: Das offene Rasiermesser sitzt dicht am Halse, aber es bleibt bei den Absichten, denn wenn auch das eine Auge die Trostlosigkeit des Daseins durchdringt, das andere schielt ängstlich umher. Der Mann lebt, weil er nun einmal damit angefangen hat, er fragt sich aber umsonst wozu, und schlaff hängt das Rad, mit dem er dies Leben zu durcheilen gedachte, ins Nichts. Schlaff hängt der Bart über einen Mund, der in seiner Jugend (man sieht es deutlich) unternehmungsfroh und entschlossen war. Jetzt aber ist das einst kräftige Kinn schwammig und aufgedunsen. All die Entwicklungsansätze sind stecken geblieben, nur die pedantische Gewohnheit blieb übrig, sich sorgsam zuzuknöpfen — „zwar einfach, aber ordentlich".

Dada-Oz Otto Schmalhausen: „Antwerpen".

Bevor wir auf die Erläuterungen seiner Bilder eingehen, einige Daten:

Der in Deutschland bei weitem nicht genügend gewürdigte Dada-Oz einer der frühesten Dadaisten, der in Antwerpen schon vor dem Kriege, als niemand an Dada dachte, in Zusammenhang mit seiner reklameorganisatorischen Tätigkeit „dada-works" konstruierte und in den Ländern der Entente bald Schule machte, war so freundlich, die Internationale Dadamesse zu beschicken. Wir lassen einige Zeilen folgen, die das charakteristische Schaffen des Dada-Oz würdigen.

Bild Nr. 98 Dada-Oz: „Beethoven".

Dada-Oz hat sich die Aufgabe gestellt, uns die „Heroen der Vergangenheit" zu vergegenwärtigen, unter anderen auch Beethoven. Tatsächlich vermittelt die bekannte Totenmaske aus weißem Gips ein verfälschtes und schwaches Bild. Nachdem sie aber durch die Hände des belgischen Dadaisten gegangen ist, blickt uns schier glasiger Schmerz aus treuen Blauaugen an, störrisch zwirbelt sich der Schnurrbart, ungeordnet hängt dem Sonderling das Haar in die Stirn. Jetzt begreift man, wie es möglich war, daß dieselbe Gesellschaft, die heute Beethoven zu ihrem musikalischen Idol erhoben hat, ihn bei Lebzeiten für einen unangenehmen Menschen hielt.

Bild Nr. 152 John Heartfield: „Leben und Treiben in Universal-City 12 Uhr 5 mittags" (Besitzer Lämmle, Kalifornien).

Dieses Bild, von dem der Dichter Wieland Herzfelde aussagt, daß es ihm ausgezeichnet gefällt, schildert mit den Mitteln des Filmes das Leben und Treiben in Universal-City. Es handelt sich um kein futuristisches Bild, es ist nämlich ein dadaistisches Bild, und zwar ein ausgezeichnetes. Um zu einem richtigen Gesamteindruck zu kommen, trete man am besten 40 Schritte durch die Wand (Achtung, Stufe!) zurück. Dann ergibt sich von selbst, daß der Dadaist John Heartfield der Feind des Bildes ist. Er hat es auch für sich zerstört. Eine sehr einfache nutzbringende Probe darauf kann man in jeder beliebigen Straße anstellen, in welcher gewöhnliche Straßenlaternen sind.

Bild Nr. 75 Dada-Oz: „Traum der Mütter am Zuidersee".

Hier ist offen und einfach angezeigt, was in so vielen Romanen lang und breit geschildert wird, ohne je solche Anschaulichkeit zu erreichen: Was wahre Mütter ihren Töchtern wünschen —: einen Mann, der herrschend in seiner Vaterstadt dasteht, stets im Frack mit weißer Weste, verfügend über alle Mittel, die ein sorgloses Leben garantieren. Dieser Mann muß sein junges Weib auf Händen tragen, muß Lakai sein, dabei aber doch stark und treu. Und er muß küssen können — wie, das sieht man nicht recht, da Liebesleute den Müttern dabei den Rücken zukehren.

Bild Nr. 46 George Grosz: ‚Der Städter auf dem Lande".

Ein Oeldruck — See, Bauernhaus, Wiese mit Baum, Insel — reizt Grosz, aufs Land zu gehen. Wie Künstler sind — er stellt dar (und zwar auf dem Oeldruck), was für Erwartungen er mit aufs Land bringt: da wird Nachen gefahren (gut für die Blutzirkulation) nach der Insel rüber (wie das die Lungen weitet). Und wer weiß, ein schlankes Geschöpf mit durchsichtigen Sommerkleidern ist sicher da zu finden. Darum — auch auf dem Lande, Haltung, gute Kleidung. Aber auch nackt! Luft, Körperübung! Milchtrinken! Cigarren nicht vergessen (wegen der Mücken). Und den Elektrisierapparat, der tut Wunder, wenn man den ganzen Tag der Gesundheit lebt. Gleich einer üppigen Rose blüht da der Körper auf. Und auch die Seele: Man träumt wieder beim Spiel der Wolken, der Wellen von lieblichen Mädchenköpfen — und von zuhause: den Autos, den Wolkenkratzern, den Lackschuhen, den angenehmeren hygienischen Einrichtungen. Wieland Herzfelde.

Bild Nr. 73. Groß-Heartfield mont.. Korrigiertes Meisterbild

1—3 Porträts der Veranstalter der Ersten Internationalen Dada-Messe Berlin 1920

1 Porträt des Dadasophen Raoul Hausmann
2 Porträt des Monteurdada John Heartfield (*)
3 Porträt des Propagandada Marschall G. Grosz
} Dadaphotos von John Heartfield

4 George Grosz: Vierundzwanzig Dada-Spiesser besteigen einen Pudding

4a George Grosz: Der Schuldige bleibt unerkannt

5—9 John Heartfield, Raoul Hausmann: Druckbogen aus dem Dadaco (bei Kurt Wolff Verlag, München) (*)

10—12 John Heartfield: Druckbogen für die „Kleine Grosz-Mappe" (bei Der Malik-Verlag, Berlin- Halensee, Kurfürstendamm 76) Die ersten dadaistischen Druckversuche in Deutschland.

13 John Heartfield: Druckblatt Vorderseite „Neue Jugend, Wochenausgabe". Druckblatt der ersten dadaistischen Revue in Deutschland 1917 (bei Der Malik-Verlag, Berlins siehe auch Saal II No. 99, 150, 151 (*)

14 dadamax Ernst (Köln a. Rhein): dadafex maximus (*)

15 Hanna Höch-Hausmann: 2 Dadapuppen

16 John Heartfield: dadaistisches Umschlagbild für Programmheft „Schall und Rauch No. 6 Mai 1920" und Dada 3 (siehe Originalbild No. 138)

17 Raoul Hausmann: Plakat ‚Der Malik-Verlag Berlin-Halensee Kurfürstendamm 76"

18 John Heartfield: (siehe No. 13) (*)

19 Hannchen Höch: Plakat Ali Baba-Diele, Berlin

20 Hannchen Höch: Schnitt mit dem Kuchenmesser Dada durch die letzte weimarer Bierbauchkulturepoche Deutschlands

21 Hanna Höch: Diktatur der Dadaisten (relief)

22 Hanna Höch: Mechanisches Brautpaar (relief)

23 Johannes Alberts, Berlin-Steglitz: A. Preiss †, der erste wahre unvergeßliche Obermusikdada in seiner Szene „dadaistischer Holzpuppentanz". Aus dem Dadaco (bei Kurt Wolff-Verlag, München)

24 Raoul Hausmann: Dada im gewöhnlichen Leben

25 George Grosz: Germania ohne Hemd

26 Raoul Hausmann: Plakat Dada

27 Raoul Hausmann: Selbstporträt des Dadasophen

28 Raoul Hausmann: Tatlin lebt zu Hause (*)

29 Raoul Hausmann: Ein bürgerliches Präcisionsgehirn ruft eine Weltbewegung hervor. (*)

30 Raoul Hausmann: Industrieller Umsturz im Jahre 1919

31 Raoul Hausmann: Der eiserne Hindenburg 1920 (*)

32 Raoul Hausmann: Schriftkonstruktion aus dem Dadaco (bei Kurt Wolff Verlag, München)

33 Raoul Hausmann: Ein altes Meisterwerk

34 Raoul Hausmann: Deutsche Freiheit 1920 a
35 Raoul Hausmann: Deutsche Freiheit 1920 b (*)
36 Raoul Hausmann: Die Schieberger (*)
} Aus: „Hurra, Hurra, Hurra!" Grotesken von R. Hausmann. Der Malik-Verlag, Berlin 1920

37 Raoul Hausmann: Der Kunstreporter

38 Raoul Hausmann: Portrait einer alten Frau (Dr. S. Friedlaender-Mynoud)

halt, das Geistige? Im Laufe der Jahrhunderte hat wie auf allen Gebieten die ungleiche Verteilung der Lebens- und Entwicklungsmöglichkeiten auch auf dem Gebiete der Kunst unerhörte Verhältnisse gezeitigt: auf der einen Seite eine Clique sogenannter Könner und Talente, die teils durch jahrzehntelanges Training, teils durch Protektion, Sesselkleben, teils auch durch ererbte Spezialveranlagungen das Monopol in bezug auf alle Fragen der Kunstwertung an sich gerissen hat – während auf der anderen Seite die Menge von Menschen, deren anspruchsloses und naives Bedürfnis: die Vorstellung in sich und die Vorgänge in der Umwelt darzustellen, mitzuteilen und bauend zu verarbeiten, von jener Clique Tonangebender niedergehalten wird. Heute muß der junge Mensch, wenn er nicht auf jegliche Ausbildung und Verbreiterung seiner ursprünglichen Anlagen verzichten will, sich dem durch und durch autoritativ aufgebauten System der künstlerischen Erziehung und des künstlerisch öffentlichen Urteiles unterwerfen. Die Dadaisten hingegen sagen, Bilder herstellen ist keine Wichtigkeit, wenn es aber geschieht, so soll wenigstens kein Machtstandpunkt aufgezogen werden, so soll den breiten Massen die Lust an gestaltender Beschäftigung nicht durch die fachmännische Arroganz einer hochmütigen Gilde verdorben werden. Aus diesem Grunde können die Inhalte dadaistischer Bilder und Erzeugnisse außerordentlich verschieden sein und desgleichen die Mittel. An sich ist jedes Erzeugnis dadaistisch, das unbeeinflußt, unbekümmert um öffentliche Instanzen und Wertbegriffe hergestellt wird, sofern das darstellende illusionsfeindlich, aus dem Bedürfnis heraus arbeitet, die gegenwärtige Welt, die sich offenbar in Auflösung, in einer Metamorphose befindet, zersetzend weiterzutreiben. Die Vergangenheit ist nur noch insofern wichtig und maßgebend, als ihr Kult bekämpft werden muß. Insofern sind sich

8c ›Erste Internationale Dada-Messe‹. Katalog, 1920, S. 3. O. Nr.

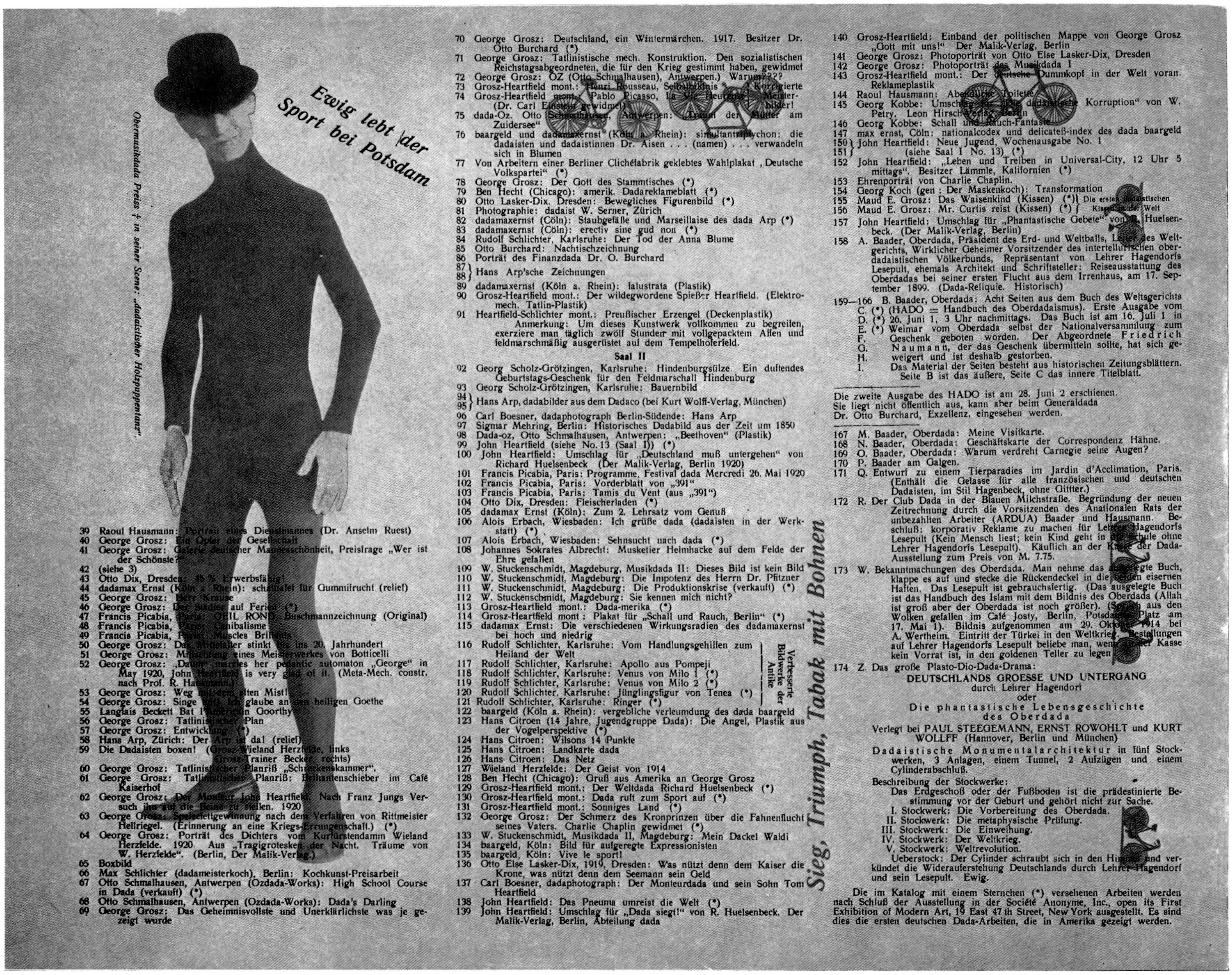
Ewig lebt der Sport bei Potsdam

Obermusikdada Preiss † in seiner Szene: „dadaistischer Holzpuppentanz"

39 Raoul Hausmann: Portrait eines Dienstmannes (Dr. Anselm Ruest)
40 George Grosz: Ein Opfer der Gesellschaft
41 George Grosz: Galerie deutscher Mannesschönheit, Preisfrage „Wer ist der Schönste?"
42 (siehe 3)
43 Otto Dix, Dresden: 45 % Erwerbsfähig!
44 dadamax Ernst (Köln a. Rhein): schalttafel für Gummifrucht (relief)
45 George Grosz: Herr Krause
46 George Grosz: Der Städter auf Ferien (*)
47 Francis Picabia, Paris: OEIL ROND, Buschmannzeichnung (Original)
48 Francis Picabia, Paris: Canibalisme
49 Francis Picabia, Paris: Muscles Brillants
50 George Grosz: Das Mittelalter stinkt bis ins 20. Jahrhundert
51 George Grosz: Mißachtung eines Meisterwerkes von Botticelli
52 George Grosz: „Daum" marries her pedantic automaton „George" in May 1920, John Heartfield is very glad of it. (Meta-Mech. constr. nach Prof. R. Hausmann.)
53 George Grosz: Weg mit dem alten Mist!
54 George Grosz: Singe [illegible], ich glaube an den heiligen Goethe
55 Langlais Beckett Bat l'Américain Goorthy
56 George Grosz: Tatlinistischer Plan
57 George Grosz: Entwicklung (*)
58 Hans Arp, Zürich: Der Arp ist da! (relief)
59 Die Dadaisten boxen! (Grosz-Wieland Herzfelde, links Grosz-Trainer Becker, rechts)
60 George Grosz: Tatlinistischer Planriß „Schreckenskammer".
61 George Grosz: Tatlinistischer Planriß: Brillantenschieber im Café Kaiserhof
62 George Grosz: Der Monteur John Heartfield. Nach Franz Jungs Versuch ihn auf die Beine zu stellen. 1920
63 George Grosz: Speisefettgewinnung nach dem Verfahren von Rittmeister Hellriegel. (Erinnerung an eine Kriegs-Errungenschaft.) (*)
64 George Grosz: Porträt des Dichters vom Kurfürstendamm Wieland Herzfelde. 1920. Aus „Tragigrotesken der Nacht. Träume von W. Herzfelde". (Berlin, Der Malik-Verlag.)
65 Boxbild
66 Max Schlichter (dadameisterkoch), Berlin: Kochkunst-Preisarbeit
67 Otto Schmalhausen, Antwerpen (Ozdada-Works): High School Course in Dada (verkauft) (*)
68 Otto Schmalhausen, Antwerpen (Ozdada-Works): Dada's Darling
69 George Grosz: Das Geheimnisvollste und Unerklärlichste was je gezeigt wurde

70 George Grosz: Deutschland, ein Wintermärchen. 1917. Besitzer Dr. Otto Burchard (*)
71 George Grosz: Tatlinistische mech. Konstruktion. Den sozialistischen Reichstagsabgeordneten, die für den Krieg gestimmt haben, gewidmet
72 George Grosz: OZ (Otto Schmalhausen), Antwerpen.) Warum????
73 Grosz-Heartfield mont.: Henri Rousseau, Selbstbildnis } Korrigierte
74 Grosz-Heartfield mont.: Pablo Picasso, La Vie Heureuse } Meister- (Dr. Carl Einstein gewidmet) } bilder!
75 dada-Oz. Otto Schmalhausen, Antwerpen: „Traum der Mütter am Zuidersee"
76 baargeld und dadamaxernst (Köln a. Rhein): simultantriptychon: die dadaisten und dadaistinnen Dr. Aisen . . . (namen) . . . verwandeln sich in Blumen
77 Von Arbeitern einer Berliner Clichéfabrik geklebtes Wahlplakat „Deutsche Volkspartei" (*)
78 George Grosz: Der Gott des Stammtisches (*)
79 Ben Hecht (Chicago): amerik. Dadareklameblatt (*)
80 Otto Lasker-Dix, Dresden: Bewegliches Figurenbild (*)
81 Photographie: dadaist W. Serner, Zürich
82 dadamaxernst (Cöln): Staubgefäße und Marseillaise des dada Arp (*)
83 dadamaxernst (Cöln): erectiv sine gud non (*)
84 Rudolf Schlichter, Karlsruhe: Der Tod der Anna Blume
85 Otto Burchard: Nachtischzeichnung
86 Porträt des Finanzdada Dr. O. Burchard
87 } 88 } Hans Arp'sche Zeichnungen
89 dadamaxernst (Köln a. Rhein): falustrata (Plastik)
90 Grosz-Heartfield mont.: Der wildegwordene Spießer Heartfield. (Elektromech. Tatlin-Plastik)
91 Heartfield-Schlichter mont.: Preußischer Erzengel (Deckenplastik)
Anmerkung: Um dieses Kunstwerk vollkommen zu begreifen, exerziere man täglich zwölf Stunden mit vollgepacktem Affen und feldmarschmäßig ausgerüstet auf dem Tempelhoferfeld.

Saal II

92 Georg Scholz-Grötzingen, Karlsruhe: Hindenburgsülze. Ein duftendes Geburtstags-Geschenk für den Feldmarschall Hindenburg
93 Georg Scholz-Grötzingen, Karlsruhe: Bauernbild
94 } 95 } Hans Arp, dadabilder aus dem Dadaco (bei Kurt Wolff-Verlag, München)
96 Carl Boesner, dadaphotograph Berlin-Südende: Hans Arp
97 Sigmar Mehring, Berlin: Historisches Dadabild aus der Zeit um 1850
98 Dada-oz, Otto Schmalhausen, Antwerpen: „Beethoven" (Plastik)
99 John Heartfield (siehe No. 13 (Saal I)) (*)
100 John Heartfield: Umschlag für „Deutschland muß untergehen" von Richard Huelsenbeck (Der Malik-Verlag, Berlin 1920)
101 Francis Picabia, Paris: Programme, Festival dada Mercredi 26. Mai 1920
102 Francis Picabia, Paris: Vorderblatt von „391"
103 Francis Picabia, Paris: Tamis du Vent (aus „391")
104 Otto Dix, Dresden: Fleischerladen (*)
105 dadamax Ernst (Köln): Zum 2. Lehrsatz vom Genuß
106 Alois Erbach, Wiesbaden: Ich grüße dada (dadaisten in der Werkstatt) (*)
107 Alois Erbach, Wiesbaden: Sehnsucht nach dada (*)
108 Johannes Sokrates Albrecht: Musketier Helmhacke auf dem Felde der Ehre gefallen
109 W. Stuckenschmidt, Magdeburg, Musikdada II: Dieses Bild ist kein Bild
110 W. Stuckenschmidt, Magdeburg: Die Impotenz des Herrn Dr. Pfitzner
111 W. Stuckenschmidt, Magdeburg: Die Produktionskrise (verkauft) (*)
112 W. Stuckenschmidt, Magdeburg: Sie kennen mich nicht?
113 Grosz-Heartfield mont.: Dada-merika (*)
114 Grosz-Heartfield mont.: Plakat für „Schall und Rauch, Berlin" (*)
115 dadamax Ernst: Die verschiedenen Wirkungsradien des dadamaxernst bei hoch und niedrig
116 Rudolf Schlichter, Karlsruhe: Vom Handlungsgehilfen zum Heiland der Welt } Verbesserte Bildwerke der Antike
117 Rudolf Schlichter, Karlsruhe: Apollo aus Pompeji
118 Rudolf Schlichter, Karlsruhe: Venus von Milo 1 (*)
119 Rudolf Schlichter, Karlsruhe: Venus von Milo 2 (*)
120 Rudolf Schlichter, Karlsruhe: Jünglingsfigur von Tenea (*)
121 Rudolf Schlichter, Karlsruhe: Ringer (*)
122 baargeld (Köln a. Rhein): vergebliche verleumdung des dada baargeld
123 Hans Citroen (14 Jahre, Jugendgruppe Dada): Die Angel, Plastik aus der Vogelperspektive (*)
124 Hans Citroen: Wilsons 14 Punkte
125 Hans Citroen: Landkarte dada
126 Hans Citroen: Das Netz
127 Wieland Herzfelde: Der Geist von 1914
128 Ben Hecht (Chicago): Gruß aus Amerika an George Grosz
129 Grosz-Heartfield mont.: Der Weltdada Richard Huelsenbeck (*)
130 Grosz-Heartfield mont.: Dada ruft zum Sport auf (*)
131 Grosz-Heartfield mont.: Sonniges Land (*)
132 George Grosz: Der Schmerz des Kronprinzen über die Fahnenflucht seines Vaters. Charlie Chaplin gewidmet (*)
133 W. Stuckenschmidt, Musikdada II, Magdeburg: Mein Dackel Waldi
134 baargeld, Köln: Bild für aufgeregte Expressionisten
135 baargeld, Köln: Vive le sport!
136 Otto Else Lasker-Dix, 1919, Dresden: Was nützt denn dem Kaiser die Krone, was nützt denn dem Seemann sein Geld
137 Carl Boesner, dadaphotograph: Der Monteurdada und sein Sohn Tom Heartfield
138 John Heartfield: Das Pneuma umreist die Welt (*)
139 John Heartfield: Umschlag für „Dada siegt!" von R. Huelsenbeck. Der Malik-Verlag, Berlin, Abteilung dada

Sieg, Triumph, Tabak mit Bohnen

140 Grosz-Heartfield: Einband der politischen Mappe von George Grosz „Gott mit uns!" Der Malik-Verlag, Berlin
141 George Grosz: Photoporträt von Otto Else Lasker-Dix, Dresden
142 George Grosz: Photoporträt des Musikdada I
143 Grosz-Heartfield mont.: Der deutsche Dummkopf in der Welt voran. Reklameplastik
144 Raoul Hausmann: Abendliche Toilette
145 Georg Kobbe: Umschlag für „Die dadaistische Korruption" von W. Petry, Leon Hirsch-Verlag, Berlin
146 Georg Kobbe: Schall und Rauch-Fantasie
147 max ernst, Cöln: nationalcodex und delicateß-index des dada baargeld
150 } John Heartfield: Neue Jugend, Wochenausgabe No. 1
151 } (siehe Saal I No. 13) (*)
152 John Heartfield: „Leben und Treiben in Universal-City, 12 Uhr 5 mittags". Besitzer Lämmle, Kalifornien (*)
153 Ehrenporträt von Charlie Chaplin.
154 Georg Koch (gen.: Der Maskenkoch): Transformation
155 Maud E. Grosz: Das Waisenkind (Kissen) (*) } Die ersten dadaistischen
156 Maud E. Grosz: Mr. Curtis reist (Kissen) (*) } Kissen in der Welt
157 John Heartfield: Umschlag für „Phantastische Gebete" von R. Huelsenbeck. (Der Malik-Verlag, Berlin)
158 A. Baader, Oberdada, Präsident des Erd- und Weltballs, Leiter des Weltgerichts, Wirklicher Geheimer Vorsitzender des intertellurischen oberdadaistischen Völkerbunds, Repräsentant von Lehrer Hagendorfs Lesepult, ehemals Architekt und Schriftsteller: Reiseausstattung des Oberdadas bei seiner ersten Flucht aus dem Irrenhaus, am 17. September 1899. (Dada-Reliquie. Historisch)
159—166 B. Baader, Oberdada: Acht Seiten aus dem Buch des Weltsgerichts
C. (*) (HADO = Handbuch des Oberdadaismus). Erste Ausgabe vom
D. (*) 26. Juni 1, 3 Uhr nachmittags. Das Buch ist am 16. Juli 1 in
E. (*) Weimar vom Oberdada selbst der Nationalversammlung zum
F. Geschenk geboten worden. Der Abgeordnete Friedrich
G. Naumann, der das Geschenk übermitteln sollte, hat sich ge-
H. weigert und ist deshalb gestorben.
I. Das Material der Seiten besteht aus historischen Zeitungsblättern. Seite B ist das äußere, Seite C das innere Titelblatt.

Die zweite Ausgabe des HADO ist am 28. Juni 2 erschienen. Sie liegt nicht öffentlich aus, kann aber beim Generaldada Dr. Otto Burchard, Exzellenz, eingesehen werden.

167 M. Baader, Oberdada: Meine Visitkarte.
168 N. Baader, Oberdada: Geschäftskarte der Correspondenz Hähne.
169 O. Baader, Oberdada: Warum verdreht Carnegie seine Augen?
170 P. Baader am Galgen.
171 Q. Entwurf zu einem Tierparadies im Jardin d'Acclimation, Paris. (Enthält die Gelasse für alle französischen und deutschen Dadaisten, im Stil Hagenbeck, ohne Gittter.)
172 R. Der Club Dada in der Blauen Milchstraße. Begründung der neuen Zeitrechnung durch die Vorsitzenden des Anationalen Rats der unbezahlten Arbeiter (ARDUA) Baader und Hausmann. Beschluß: korporativ Reklame zu machen für Lehrer Hagendorfs Lesepult (Kein Mensch liest; kein Kind geht in die Schule ohne Lehrer Hagendorfs Lesepult). Käuflich an der Kasse der Dada-Ausstellung zum Preis von M. 7.75.
173 W. Bekanntmachungen des Oberdada. Man nehme das ausgelegte Buch, klappe es auf und stecke die Rückendeckel in die beiden eisernen Haften. Das Lesepult ist gebrauchsfertig. (Das ausgelegte Buch ist das Handbuch des Islam mit dem Bildnis des Oberdada (Allah ist groß aber der Oberdada ist noch größer). (Soeben aus den Wolken gefallen im Café Josty, Berlin, Potsdamer Platz am 17. Mai 1). Bildnis aufgenommen am 29. Oktober 1914 bei A. Wertheim. Eintritt der Türkei in den Weltkrieg. Bestellungen auf Lehrer Hagendorfs Lesepult beliebe man, wenn an der Kasse kein Vorrat ist, in den goldenen Teller zu legen.
174 Z. Das große Plasto-Dio-Dada-Drama:

DEUTSCHLANDS GROESSE UND UNTERGANG
durch Lehrer Hagendorf
oder
Die phantastische Lebensgeschichte des Oberdada

Verlegt bei PAUL STEEGEMANN, ERNST ROWOHLT und KURT WOLLFF (Hannover, Berlin und München)

Dadaistische Monumentalarchitektur in fünf Stockwerken, 3 Anlagen, einem Tunnel, 2 Aufzügen und einem Cylinderabschluß.

Beschreibung der Stockwerke:
Das Erdgeschoß oder der Fußboden ist die prädestinierte Bestimmung vor der Geburt und gehört nicht zur Sache.
I. Stockwerk: Die Vorbereitung des Oberdada.
II. Stockwerk: Die metaphysische Prüfung.
III. Stockwerk: Die Einweihung.
IV. Stockwerk: Der Weltkrieg.
V. Stockwerk: Weltrevolution.
Ueberstock: Der Cylinder schraubt sich in den Himmel und verkündet die Widerauferstehung Deutschlands durch Lehrer Hagendorf und sein Lesepult. Ewig.

Die im Katalog mit einem Sternchen (*) versehenen Arbeiten werden nach Schluß der Ausstellung in der Société Anonyme, Inc., open its First Exhibition of Modern Art, 19 East 47 th Street, New York ausgestellt. Es sind dies die ersten deutschen Dada-Arbeiten, die in Amerika gezeigt werden.

John Heartfield, 1967

die Dadaisten einig, sie sagen, was die Antike, die Klassik, all die ›großen Geister‹ geschaffen haben: darf nicht (es sei denn wissenschaftlich historisch) gewertet werden in bezug auf die Zeit, da es geschaffen wurde, sondern so, als ob heute jemand diese Dinge herstellt, und niemand wird bezweifeln, daß heute kein Mensch, und sei er auch, um mit der Kunstsprache zu reden, ein Genie, Werke herstellen kann, deren Voraussetzungen Jahrhunderte und Jahrtausende zurückliegen. Die Dadaisten rechnen es sich als Verdienst an, Vorkämpfer des Dilettantismus zu sein, denn der Kunst-Dilettant ist nichts anderes als das Opfer einer vorurteilsvollen, hochmütigen, aristokratischen Weltanschauung. Die Dadaisten anerkennen als einziges Programm die Pflicht, zeitlich und örtlich das gegenwärtige Geschehen zum Inhalt ihrer Bilder zu machen, weswegen sie auch nicht ›Tausend und eine Nacht‹ oder ›Bilder aus Hinterindien‹, sondern die illustrierte Zeitung und die Leitartikel der Presse als Quell ihrer Produktion ansehen.

Aus: Wieland Herzfelde, ›Zur Einführung in die Erste Internationale Dada-Messe‹, Katalog der Ausstellung, Kunsthandlung Dr. Otto Burchard. Der Malik-Verlag, Abteilung Dada, Berlin, Juni 1920.

Und das führte sehr weit, so daß wir auch unseren Freund Theodor Däubler, mit Nordlichtgedichten, ein großer Dichter, ja, und auch ein sehr sympathischer und liebevoller Mensch, ein großer, von uns sehr geliebter ... Der hat dann Vorträge gemacht, die haben wir gestört, und da hat er immer gesagt: »Ah, heute abend. Da kommen die Dadaisten.« Das ist unser Schlagwort geworden (...) Wir haben Auftritte gemacht (...)
Da kam ein altes Männchen mit so einem Bart wie ein Rübezahl, ... der war so verklemmt, so vertrottelt. Da haben wir gesagt: »Sie sind der Richtige, hat Chaplin

9 Richard Huelsenbeck, ›DADA siegt!‹ Heftumschlag, 1920. Kat.-Nr. 316

Sie nicht geschickt, hat Chaplin Sie geschickt? Da müssen wir gleich ein Dank-telegramm« (...) Also gut, wir haben ihn engagiert. Dann haben wir einen Papp-karton gehabt, da haben wir ganz aus Veilchen einen großen Kranz gehabt und Deine lieben Dadaisten. Deine lieben Dadaisten. Deine lieben Dadaistenfreunde haben das reingelegt in den Pappkarton, mit Seide und Schleifen. Und das mußte dieser Mann dann auf unseren Befehl hin nach vorne tragen, das war nämlich ein Befehl, auf unsere Andeutung hin, wenn wir aufstanden und dann sangen. Das haben wir ihm eingetrichtert. Da mußte er aufmachen und zur Tür hereinkommen, den Karton nach vorne zu dem Pult tragen, wo Däubler las, die herrlichen Nordlichtgedichte. Und, verstehst Du, das geschah. Die Tür ging auf, und er kam rein, wunderbar, ging da vor, alt und gebrechlich mit dem Ding und wir sangen und standen auf: »Wir winden dir den Jungfernkranz aus himmelblauer Seide.« Oh, alles erstarrte. Er auch (der Messengerboy). Er stolperte. Das Ding ging auf, der Kranz ging auf. Unser Freund, der Däubler, flüchtete nach hinten. Der ganze Saal war gesprengt.

Aus einem Interview mit John Heartfield (1967), abgedruckt in: Roland März (Hrg.), ›John Heartfield: Der Schnitt entlang der Zeit. Selbstzeugnisse – Erinnerungen – Interpretationen‹, Dresden 1981, S. 465. – © 1981 by Verlag der Kunst GmbH, Dresden.

Walter Mehring, 1959

Aber das einzig maßgebende Standardwerk der Berlin-Dada war der
– Im Auftrag des Zentralamtes der
DEUTSCHEN DADA BEWEGUNG
von Richard Huelsenbeck herausgegebene
DADA-ALMANACH
(Berlin, Erich Reiss-Verlag, 1920, 160 S. Or. Br – Mit Deckillustration: Beethoven-Todesmaske, bemalt und mit aufgeklebtem Schnurrbart – siehe auch: Berner Katalog 1958 – Nr. 45: Von größter Seltenheit!)
Oder richtiger hätte das der ursprünglich geplante
DADAKO-ATLANTE MONDIALE DADAISTICO *Gabriele d'Annunzio in (dadaistischer) Ehrfurcht gewidmet* – werden sollen. Doch die Ausstattung, Ausführung, Typographie, unserm bewährten Monteurdada anvertraut, wuchs, schwoll zu einem so enormen Klisché-Folianten des Universalkitsches an, daß der Verleger, zurückscheuend vor dem in die Tausende (zum Dollarkurs) anwachsenden Kostenvoranschlag, nur Bruchstücke abdruckte. Und so ist die Weltliteratur um ein Unikum gekommen, wenigstens was den Umfang betraf...

Aus: Walter Mehring, ›Berlin DADA‹ (1959), in: ders., ›Verrufene Malerei – Berlin DADA: Erinnerungen eines Zeitgenossen‹, Düsseldorf 1983, S. 139–212; hier: S. 177–178. – © 1983 by claassen Verlag GmbH, Düsseldorf.

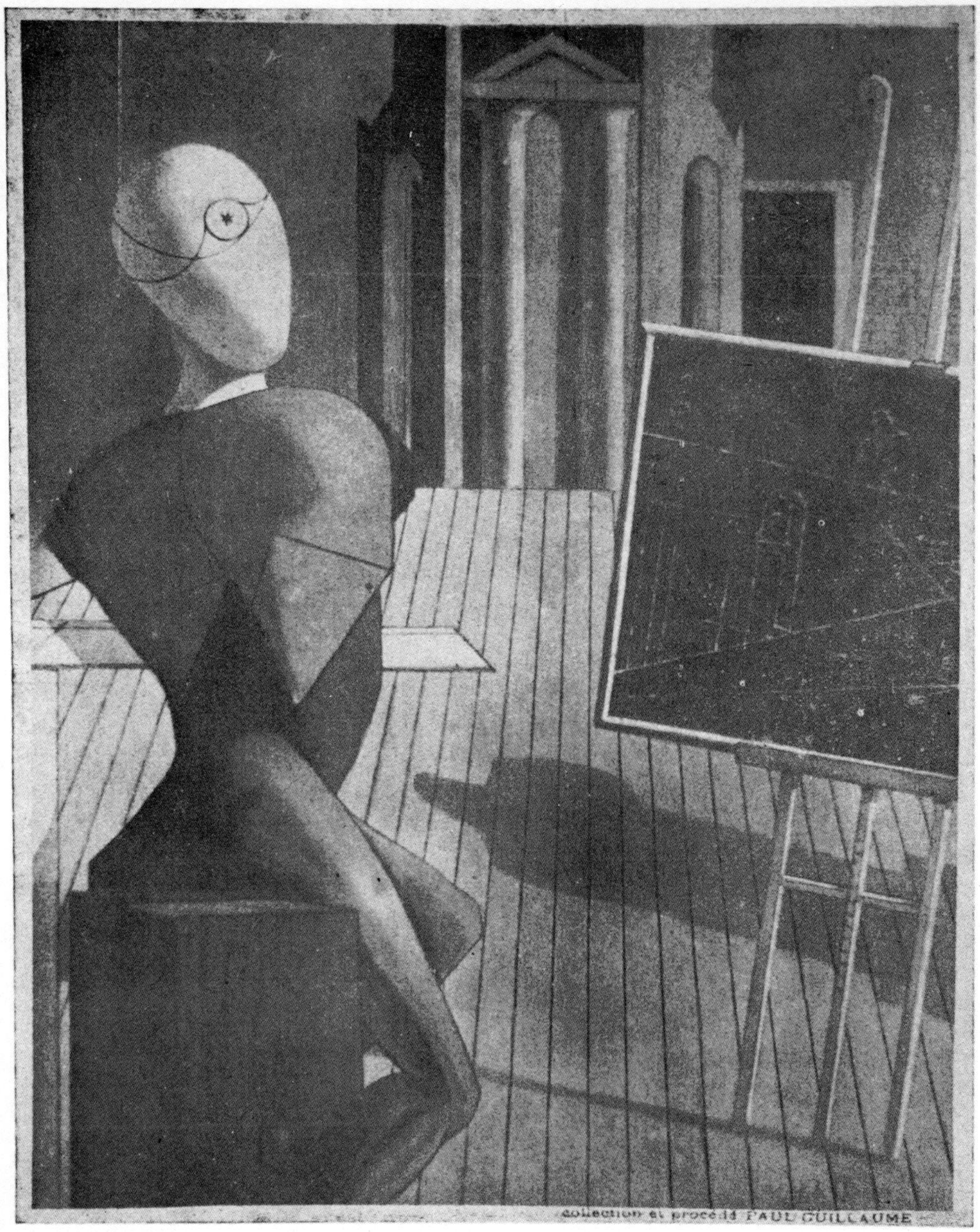

Chirico

10 Giorgio de Chirico, Druckseite für ›Dadaco. Dadaistischer Handatlas‹ (nicht erschienen, geplant für 1920). Kat.-Nr. 171

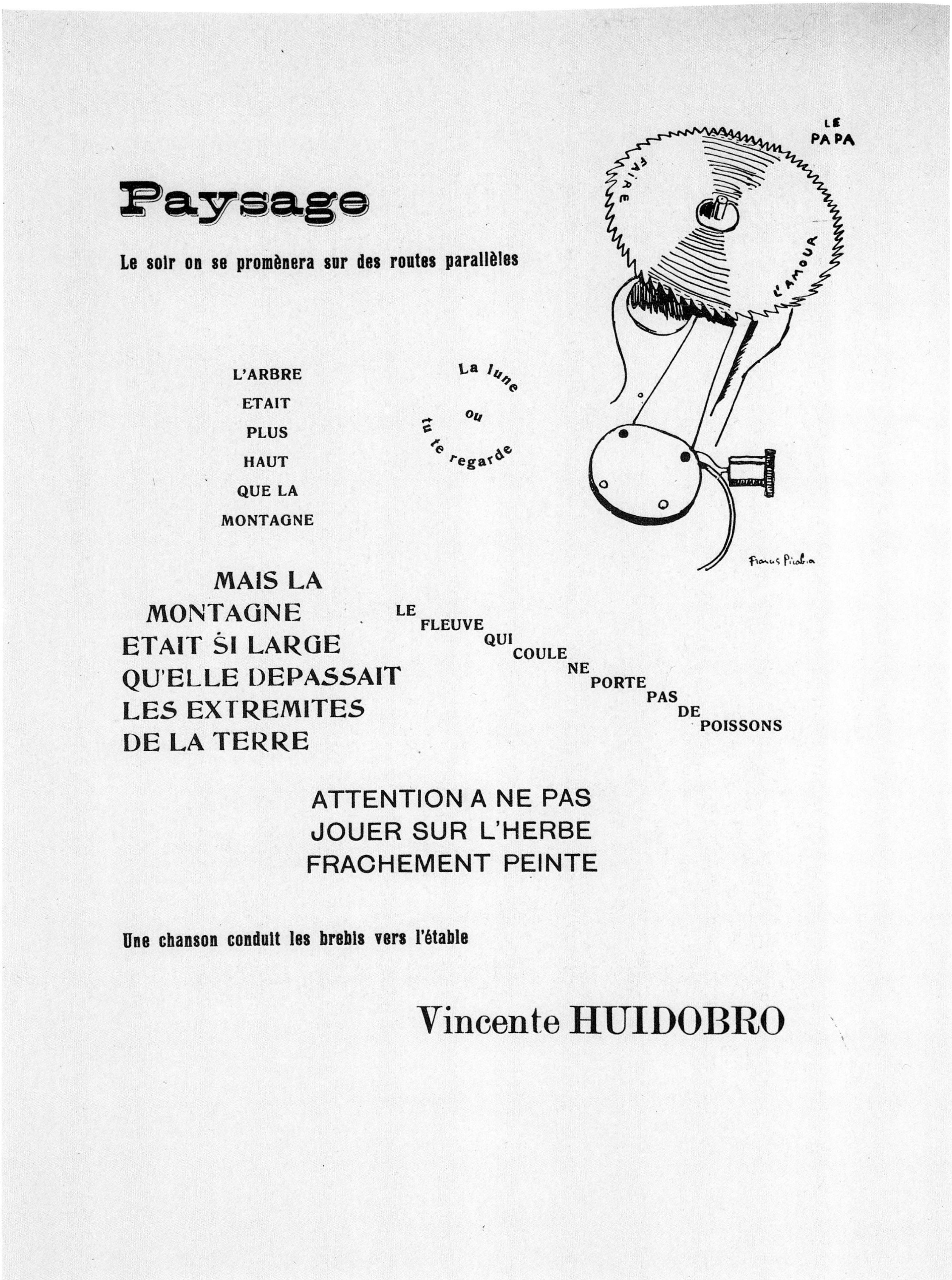

Paysage

Le soir on se promènera sur des routes parallèles

L'ARBRE
ETAIT
PLUS
HAUT
QUE LA
MONTAGNE

La lune
ou
tu te regarde

MAIS LA
MONTAGNE
ETAIT SI LARGE
QU'ELLE DEPASSAIT
LES EXTREMITES
DE LA TERRE

LE
FLEUVE
QUI
COULE
NE
PORTE
PAS
DE
POISSONS

ATTENTION A NE PAS
JOUER SUR L'HERBE
FRACHEMENT PEINTE

Une chanson conduit les brebis vers l'étable

Vincente **HUIDOBRO**

11 Francis Picabia, ›Paysage‹. Druckseite für ›Dadaco. Dadaistischer Handatlas‹ (nicht erschienen, geplant für 1920). Kat.-Nr. 171

Unser John

John Heartfield, der große Häuptling, wurde im Jahre 1888 in New Orleans geboren, wo sein Vater, der „weiße Bär" seit Jahrzehnten sein Wigwam aufgeschlagen hatte. Die Mutter des besagten Heartfield ist die bekannte Lady Noccer Boccer, deren Großvater der beruhmteste Zirkusinhaber Kanadiens war. Dieser Zirkus zeigte zum erstenmal in der Welt dressierte Löwen, es ist mir sehr gut in Erinnerung; denn die Jugend meiner Heimatstadt stand vier Wochen Kopf, ehe er kam (mit Schreien und Trompeten machten sie laute Reklame) und vier Wochen, nachdem er verschwunden war, und an der Stelle, wo die Manege gestanden hatte, nur noch ein ausgebranntes Loch mit faulenden Gemüseresten lag, sprachen die Mägde und Koppelknechte von ihm wie von einem großen Wunder und einem leuchtenden Ballon, der durch die Köpfe der Menschen gegangen war. Lady Noccer-Boccer, eine temperamentvolle Dame mit schwankendem Busen, leicht angedeutetem Doppelkinn und etwas angegrautem Haar, hatte schon in frühester Jugend die hohe Schule geritten, fühlte sich nur glücklich, wenn die Zeltbahn mit den Riesen-Initialen

NOCCER BOCCER MONSTRE WANDER ZIRKUS

über ihrem Kopfe schwebte, trug Hosen aus Seegras und rauchte einen Tabak, der so stark war, daß der Wind vor ihm seine Richtung wechselte. Lady Noccer-Boccer kam eines Tages mit ihren Eltern, dem Zirkus, 120 Pferden, 5 Elefanten, 2 Löwen und einem Nashorn nach New-Orleans. Sie fand dort den weißen Bären in einer schlimmen Lage. Er hatte als rassereiner Indianer sein letztes Geld in Whisky angelegt und lebte nun schlecht und recht von den Abfällen und Fußtritten, die ihm Wohlmeinende zukommen ließen. Das war eine fatale Existenz. Aber Lady Noccer-Boccer erkannte in ihm, obwohl er im Rinnstein lag, den Mann von Ehre, sie verliebte sich in seine Waden und sein Brustkorb begeisterte sie. Sie betrank sich mit ihm, ließ sich entführen, verführen und schenkte nach neun Monaten auf natürliche Weise oben besagtem Heartfield das Leben. Die erste Aeußerung, die genannter John dem Leben gegenüber für am Platze hielt, war **DADA**, wodurch ersichtlich ist, daß er schon in frühester Jugend, zu einer Zeit, wo gewöhnliche Sterbliche nur ihre Windeln beschmutzen, den Sinn seiner Existenz erfaßt hatte und seine gewaltige Zukunft vorausahnte. Auch der A-Ismus, der sich heute zu einer bedeutenden Kunstrichtung ausgewachsen hat, war ihm damals schon bekannt, man setzte ihn auf einen Porzellannapf und die Sache erledigte sich von selbst. Als John drei Jahre alt war, begann er zum Erstaunen seiner Mitmenschen künstlerisches Talent zu zeigen, indem er sich sein Gesicht mit Dreck oder Kot (es ist dies ein sehr dunkles Kapitel) bemalte. Die Leute kamen von weither, um sich das Talent des John, der mit lauter Stimme in echt amerikanischer Weise für sich Reklame machte, anzusehen, umdrängten ihn im Kreis wie ein seltenes Tier und äußerten ihre Verwunderung durch Kopfschütteln und Händeklatschen. Ein dickes Weib, das ganz vorn stehen wollte und in rücksichtsloser Weise vorging, fiel über einen Besen und brach den Hals. Diese Tatsache nahmen die Frauenvereinler, Temperenzler und

12 ›Unser John‹. Druckseite für ›Dadaco. Dadaistischer Handatlas‹ (nicht erschienen, geplant für 1920). Kat.-Nr. 171

Tubenstöße an ihrem Leib erfuhren. Sie müssen den Schrei der Bremsen in ihren Ohren fühlen, das Bellen der Hunde, das ferne Donnern der Hochbahn: die grandiose Sinfonie der Realität. Das gewöhnliche Bild, die gewöhnliche Skulptur ist ihnen zu abstrakt, zu geleckt, zu sehr geeignet, in Museen bei schmalzigen Eröffnungsfeiern als Beispiel guter Kunsttätigkeit zu dienen. Herr Meyer könnte noch zu seiner Gattin sagen: „Emma, hier ist Kunscht“. Wie der Dadaist hat der Futurist ein unendlich feines Empfinden dafür, daß in jedem Kunstwerk schon eine Norm erreicht ist, aus der sich ein Haufe von Ignoranten ein Gesetz machen könnte. Mit der Vollendung ist die progressive Tätigkeit des Geistes zu Ende; das Philistertum beginnt. Nur ganz selten gibt es überhaupt Künstler, die eine Sensibilität für dieses Phänomen haben. Den meisten erscheint es als eine Selbstverständlichkeit, überkommene Formen mit persönlichen Phantasien zu füllen, und das Gros der Banausen hält den, der besinnungslos mit 18 oder 20 Jahren ein einigermaßen geistiges Drama in die Welt setzt, für einen starken Künstler. Es sind im Grunde die konventionellen Instinkte, die der Bürger im Künstler sieht und anerkennt. Was ein Drama oder ein Roman ist, das ist ihm von Generationen, die künstlerische Ambitionen hatten, eingepaukt worden. — Aber wenn jemand kommt und sucht nach dem Sinn dieser Formen, ob sie in dieser oder jener Zeit überhaupt einen Sinn haben, so ist der unfruchtbare Theoretiker da. Ein Dichter muß dumm sein, heißt es. Es scheint in der Tat so, — der Dadaist sträubt sich, ein Dichter zu sein. Wenn er es ist, hat ihn das Geschick übermannt.

Was den Dadaisten vom Futuristen zuerst unterscheidet, ist die einfache Tatsache, daß er der Jüngere ist. Er hat die gesamte Entwicklung, die schließlich die Entstehung des Futurismus veranlaßte, bewußt, anhand der Dokumente erlebt. Der Futurismus selbst steht vor ihm als ein abgeschlossenes Werk und ist ihm nicht mehr als das Kunstwerk, das mit seiner Konstituierung unter die bürgerlichen Begriffe fällt. Er verneint ihn, weil er besteht. Etwas muß mit ihm nicht in Ordnung sein, weil er besteht. Eine große Kunstrichtung, die sich so glänzend organisiert hat, daß der kleinste Krähwinkler Schönheitsesel seine Kinder mit dem Namen des Futuristen schreckt, ist über alle Maßen verdächtigt. Wie viel bürgerliche und sedimentäre Instinkte müssen sich hier betätigt haben. Der Dadaist, die Verkörperung der ewigen Progression des Geistes, das zentrifugale Element, das die Gedanken bis in sein Fleisch zu Ende denkt, hat mit dem Futurismus als Kunstrichtung nichts mehr zu tun. Er verlacht ihn, er hält ihn für gut genug, um ein Bonmot aus ihm zu machen.

Was den Dadaisten nicht zuletzt vom Futuristen unterscheidet, ist die unbestreitbare Tatsache, daß der Futurismus eine italienische Angelegenheit ist. Da ist man von den Bauten der Renaissance bedrängt, man stolpert über die Apollo- und Ganymedstatuen, ist gefahrvoll behindert überhaupt etwas neues zu schaffen, weil der Beschauer sogleich die Möglichkeit hat, klassifizierte Kunstwerke zum Vergleich heranzuziehen. Der Durchschnittsitaliener weiß, daß der Bel Canto, die schöne Linie der Prä- und Postraffaeliten einmal den Ruhm seines Vaterlandes gemacht habe. Er wird sich nicht davon abbringen lassen, den hier verkörperten Geist als etwas allein seligmachendes zu preisen, zumal überall die Türen der Museen für ihn geöffnet sind. Dagegen hat Marinetti Sturm gerannt; in seinem Herzen fand er die Renaissance, die er ständig totschlagen mußte, um Futurist zu sein. Er war in ständiger Polemik mit sich selbst, kam niemals zur ruhigen Übersicht seiner Machtmittel, weil er noch so und so viele Museen in Brand stecken mußte, weil inm die Reliefs am Palazzo ducale oder der porta del populo in seine Träume grinste, weil er auf der Piazza del Herbe die Griechenjünglinge verfluchen mußte.

Von all diesen Dingen ist der Dadaist phantastisch weit entfernt. Da er das Leben mehr schätzt als die Kunst und den Problemen mißtraut, die einer Persönlichkeit dazu dienen, sich eine bestimmte Philosophie zu machen, hält er sich von jeder verbissenen Politik fern. Was geht ihn ein italienisches Spezialproblem an, es kommt ihm vor, als disputierten sich zwei Scholastiker.

Der Begriff der Bewegung, der bei den Futuristen irgendwie von der maschinellen Geschäftigkeit der Zeit abstrahiert war, ist von dem Dadaisten stark verallgemeinert worden. Es gibt Bilder, auf denen man ein Haus von allen Seiten sehen kann; der Begriff der Größe ist relativ, wir haben keinen Maßstab dafür, ob ein Kopf dünn oder dick ist, man vergleicht nur nach seinem eigenen. Skulpturen brauchen kein oben und unten zu haben, sie sind auch nichts anderes als Manifestationen der Fluktuation. Der Begriff der Bewegung überträgt sich von der Kunst aufs Leben und umgekehrt. Es gibt nirgendwo Ruhe. Wo Ruhe ist, hört die Progression des Geistes auf, der Sumpf, die Drecklache beginnt. Am Ende ist das Leben nichts anderes als das eilige Abrattern eines besseren Sensationsfilms. Aber die Bewegung ergreift vor allem das Gerümpel des sogenannten objektiven Geistes, wirft die moralischen Begriffe durcheinander, lehrt hinter die natürliche Zweiteilung der Dinge sehen, schafft einen überlegenen Standpunkt über Mann und Weib. Sie schafft die Tatsache der ironischen Einstellung, die einen weiteren Hauptartikel im Glaubensbekenntnis des Dadaisten bedeutet und ihn scharf von dem fast mit sozialistisch-dummen Propagationsmitteln arbeitenden Futurismus trennt. Was der Mangel an Ironie bedeutet, begreift man, wenn man sich die Futuristen als Freiwillige in diesen Krieg stürzen sieht, weil sie einmal im Gedanken an sich selbst den Kampf, und wäre es der Kampf mit Flugzeugen und Flammenwerfer über alles gestellt haben. Wieviel ehrliche

Dada in den Schulen

Dada-Vorführung auf Petra-Tageslichtapparat für Schulen

13 ›Dada in den Schulen‹. Druckseite für ›Dadaco. Dadaistischer Handatlas‹ (nicht erschienen, geplant für 1920). Kat.-Nr. 171

14 John Heartfield vor der Großaufnahme seiner Montage für Upton Sinclairs ›Nach der Sintflut‹. Fotomontage, 1927. Kat.-Nr. 181

Jan Tschichold, 1928

Der Malik-Verlag, der in der Zeit des Dadaismus gegründet wurde, hat auf seinen Einbänden vorzugsweise diese Photomontage verwandt. Ihr Autor, John Heartfield, hat in ihnen Vorbilder zeitgemäßer Buchhüllen geschaffen. Er ist der Erfinder des Photomontage-Einbandes. Seine Malik-Einbände sind die ersten ihrer Art gewesen.

Aus: Jan Tschichold, ›Die neue Typographie. Ein Handbuch für zeitgemäß Schaffende‹, Berlin 1928, S. 228.

Lilly Becher, 1957

Es ist heute fast vergessen, daß er die künstlerisch-politische Wirkung der Fotomontage an einem von niemand beachteten Mauerblümchen erprobt hat, dem Buchumschlag. Auf dem schmalen Rechteck dieser Doppelseite erscheint die Fotomontage zum ersten Mal als eine die graphischen, literarischen und agitatorischen Ausdrucksmittel zu etwas Neuem vereinigende Kunstart. Die in den zwanziger Jahren zumeist für den Malik-Verlag geschaffenen Arbeiten waren ein kühnes Experiment: Heartfield machte den Umschlag ›aktiv‹, ließ ihn für den Autor ›kämpfen‹. Man kann sich heute kaum noch vorstellen, welcher faszinierende Gegensatz diese Miniaturmontagen zu den üblichen nüchternen oder verspielten Einbänden waren. Heartfield konzentrierte.

Aus: Lilly Becher, ›Beseelt von unserer Sprache. Zur Heartfield-Ausstellung, Deutsche Akademie der Künste, Berlin, September 1957‹, zitiert in: Wieland Herzfelde, ›John Heartfield‹ (1962), 3. Aufl., Dresden 1986, S. 345–347; hier: S. 345–346. –

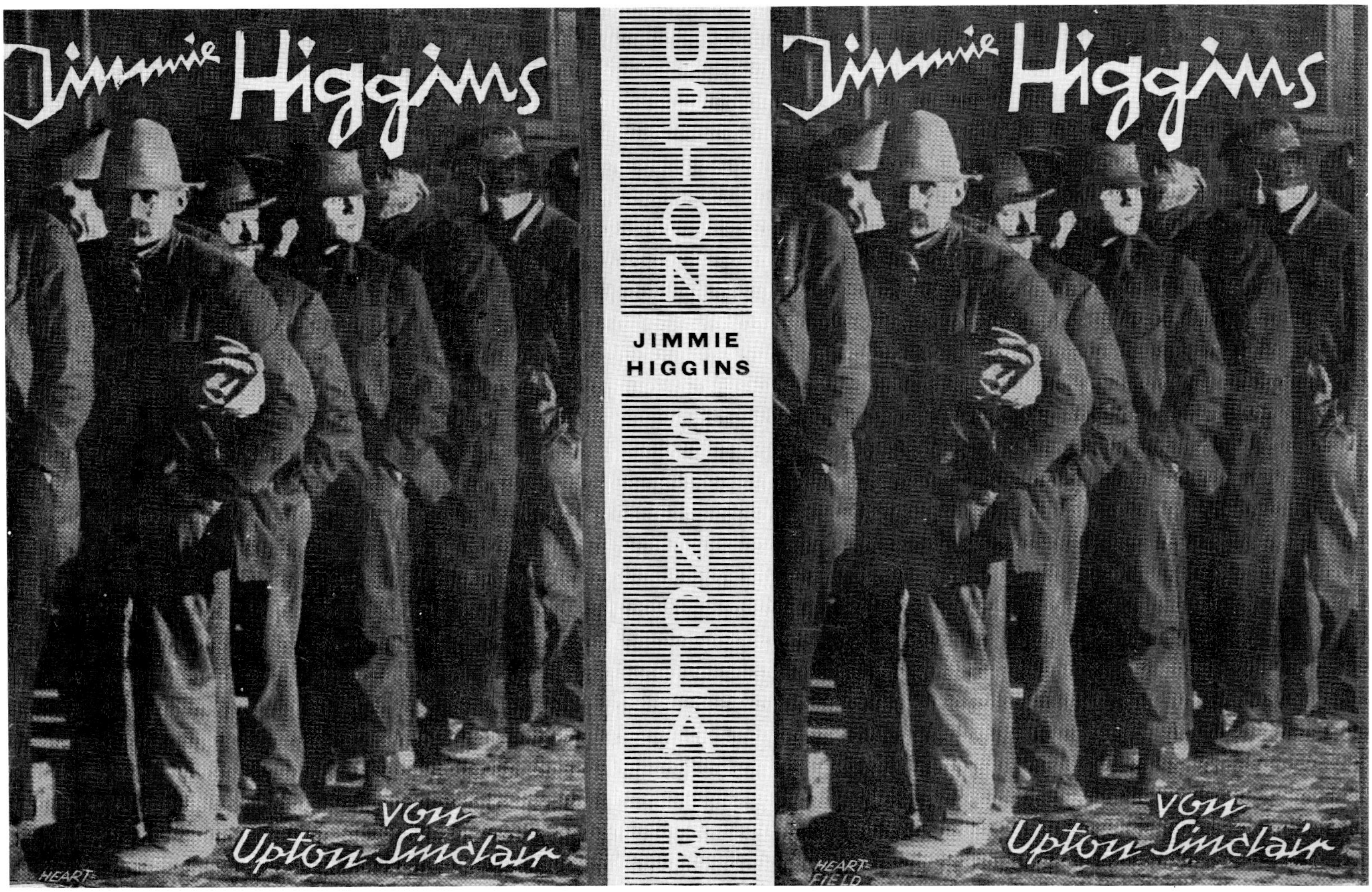

Wieland Herzfelde, 1962

Unser Verlag benötigte . . ., als er 1921 Romane herauszubringen begann, besonders aussagekräftige Umschläge und Buchbezüge. Sie sollten nicht nur die wenigen linken, sondern auch andersgesinnte Buchhändler veranlassen, unsere Neuerscheinungen ins Schaufenster zu stellen, und auch die Nachauflagen. Die Bücher mußten also auf den ersten Blick anziehend sein – zugleich agitatorisch wirksam. Denn wir sagten uns, auch wer nicht kauft, soll allein durch den Anblick im Sinne des Buches beeinflußt werden. Selbst den Buchrücken nutzten wir auf neue Weise. Noch im Regal sollte das Buch zum Nachdenken und zum Lesen anregen.

Jetzt bewährten sich Heartfields vielseitige Kenntnisse und Werbeerfahrungen. Er stellte sich sofort auf die neue Aufgabe um: seine revolutionäre Technik in eine Werbetechnik für revolutionäre Literatur zu verwandeln. Vergleicht man seine Typo- und Foto-Collagen aus den Jahren 1917 bis 1920 mit den Buchumschlägen, Einbänden und Vorsatzpapieren – auch mit seinen Arbeiten für Zeitschriften und Broschüren der folgenden Jahre –, dann fällt sogleich auf, daß er Fotos nicht mehr zerschnitt, um sie rhythmisch und mit aggressivem Witz zusammenzukleben. (. . .)

Dann änderte sich das ganze Aussehen unserer Bücher. Den Anstoß dazu gaben Buchhändler und Leser, die uns Bücher oder Umschläge zurückschickten, damit wir sie gegen saubere austauschten. In der Tat wurde das weiße Kunstdruck- oder stark geglättete (hochsatinierte) Papier, das zum Druck von Fotos mittels Autotypie benötigt wurde, ungemein rasch schmutzig. Damals kam uns die Idee, die Umschläge lackieren zu lassen. Das gab es noch nicht, und unsere Drucker mußten es erst mühsam ausprobieren. Und wir hatten noch eine Idee – und blieben dabei, auch als das Lackieren funktionierte –, nämlich den Rückendeckel und schließlich das Buch ringsum mit Fotos zu bedrucken, um dem Schmutz möglichst wenig weiße Angriffsflächen zu überlassen und gleichzeitig zusätzlichen Werberaum zu gewinnen. Handelte es sich um ein Foto im Breitformat, so machte das keine Schwierigkeiten, wenn nicht, so druckten wir, etwa bei ›Jimmie Higgins‹, das gleiche Umschlagbild auf beide Deckel des Buches. Der Gedanke, zwei *verschiedene* Bilder gleichzeitig zu verwenden, wurde 1923 bei der Neuauflage des Romans ›100%‹ verwirklicht. (Versuche, die Fotomontagen dem Dadaismus oder der ›Neuen Jugend‹ zuzuschreiben, beruhen auf der Verwechslung mit Collage, d. h. ziello-

(Fortsetzung übernächste Seite)

15 Upton Sinclair, ›Jimmie Higgins‹. Buchumschlag, 1928 (36.–42. Tsd.). Kat.-Nr. 324

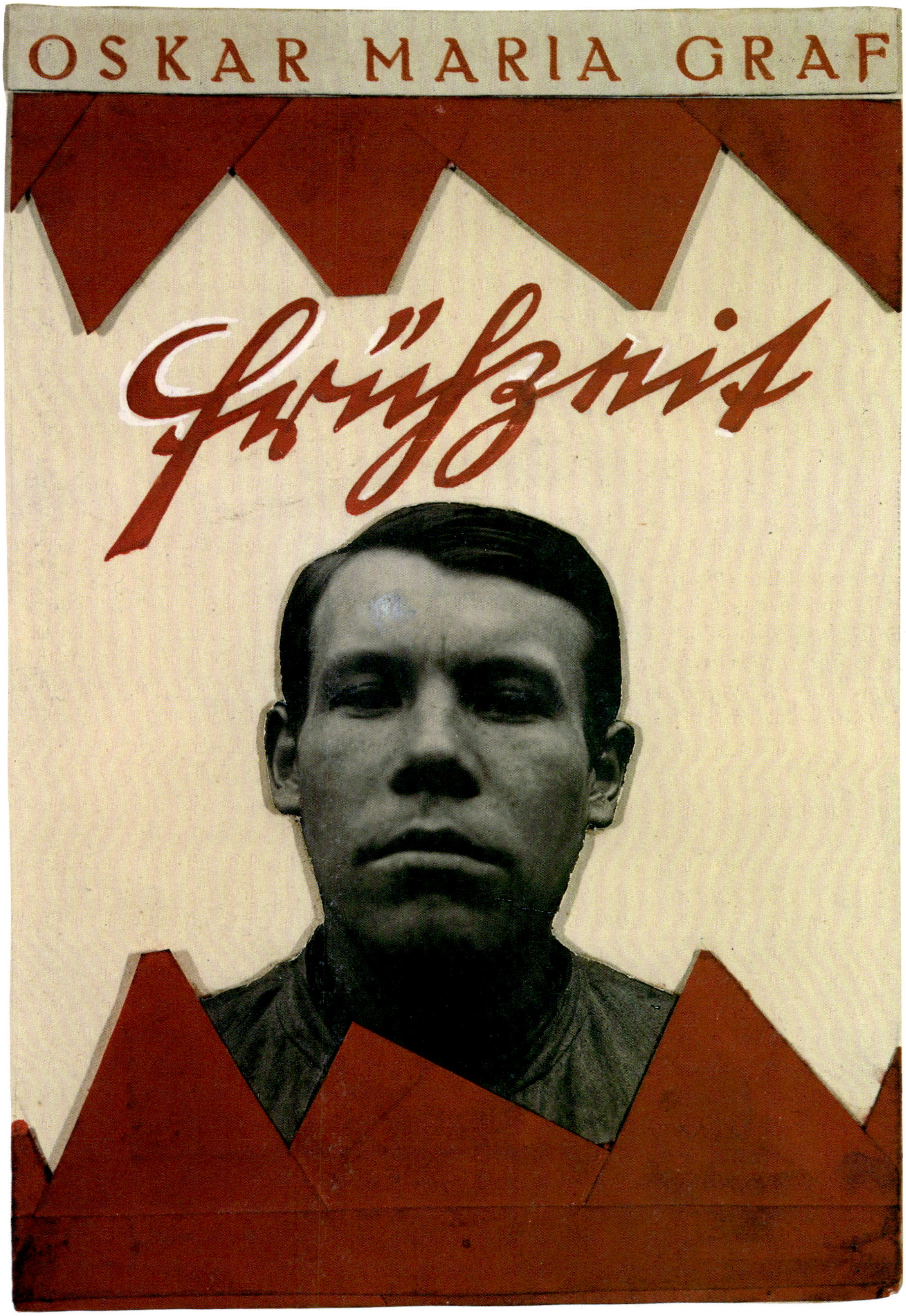

16 Oskar Maria Graf, ›Frühzeit‹. Fotomontage für Bucheinband, 1922. Kat.-Nr. 76

sen, bestenfalls gefälligen oder schockierenden Klebearbeiten.)
Den entscheidenden Schritt aber tat John Heartfield, und nur er, noch später, 1928, bei der Neuauflage des Romans ›Drei Soldaten‹. Die erste Auflage, 1922, war nur vorne bedruckt gewesen, und zwar mit dem Foto von drei Soldaten, die an einem Waldrand vor dem Hintergrund der amerikanischen Fahne Feldpostbriefe schreiben. Auf dem neuen Umschlag ersetzt ein tiefblauer Sternenhimmel das Sternenbanner. Das war romantischer und ersparte den Rotdruck. Auf der anderen, bisher weißen Seite des Umschlags konfrontierte Heartfield mit dem vorderen Bild ein Foto, auf dem drei gefallene Soldaten unter fahlblauem Morgenhimmel auf einer Landstraße unter zerschossenen Bäumen liegen. So entstand mehr als eine thematisch aufzählende, es entstand eine antithetische Aussage. Sie bringt den realistischen Charakter des Buches zum Ausdruck. Auf ähnliche Weise hatte Heartfield vier Jahre zuvor das Blatt ›Väter und Söhne 1924‹ geschaffen.
Wir nannten die Ergebnisse dieser Methode später, als Heartfield sie ganz bewußt anwandte, dialektische Fotomontagen.

Aus: Wieland Herzfelde, ›John Heartfield‹ (1962), 3. Aufl., Dresden 1986, S. 46–48. –

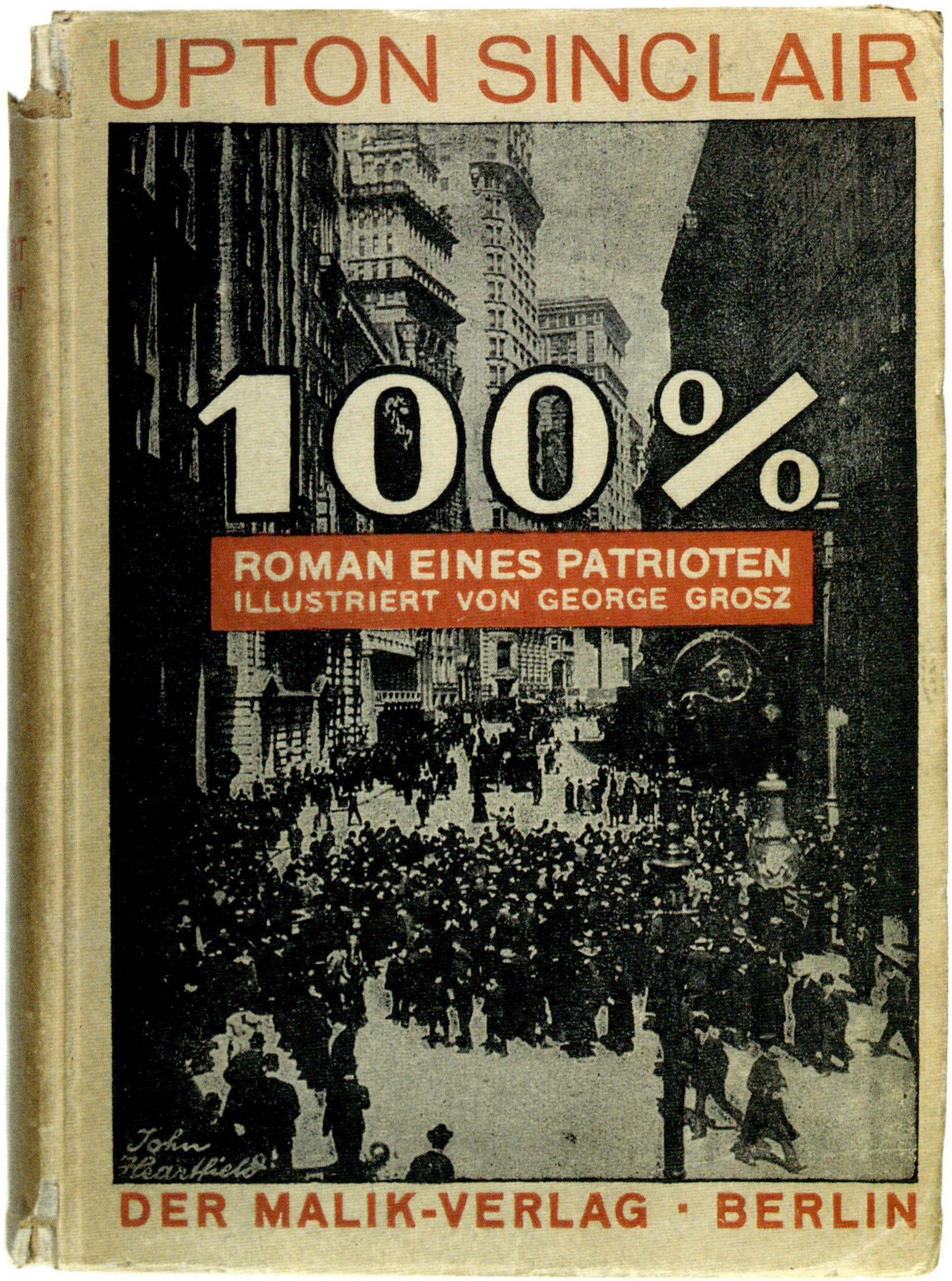

17 Upton Sinclair, ›100%‹. Bucheinband, 1921. Kat.-Nr. 166

18 Upton Sinclair, ›100 %‹. Buchumschlag, 1928 (43.–50. Tsd.). Kat.-Nr. 322

Walter Benjamin, 1934

Denken wir an den Dadaismus zurück. Die revolutionäre Stärke des Dadaismus bestand darin, die Kunst auf ihre Authentizität zu prüfen. Man stellte Stilleben aus Billetts, Garnrollen, Zigarettenstummeln zusammen, die mit malerischen Elementen verbunden waren. Man tat das Ganze in einen Rahmen. Und damit zeigte man dem Publikum: Seht, Euer Bilderrahmen sprengt die Zeit; das winzigste authentische Bruchstück des täglichen Lebens sagt mehr als die Malerei. So wie der blutige Fingerabdruck eines Mörders auf einer Buchseite mehr sagt als der Text. Von diesen revolutionären Gehalten hat sich vieles in die Photomontage hineingerettet. Sie brauchen nur an die Arbeiten von John Heartfield zu denken, dessen Technik den Buchdeckel zum politischen Instrument gemacht hat.

Aus: Walter Benjamin, ›Neue Sachlichkeit und Photographie‹ (1934), in: ders., ›Gesammelte Schriften‹, hrg. v. R. Tiedemann und H. Schweppenhäuser, 7 Bde., Frankfurt a. M. 1972–89, hier: Bd. II/2, S. 692–693. – © Suhrkamp Verlag, Frankfurt am Main.

19 ›Eros. Das Buch der Leidenschaft und der Liebe‹. Buchumschlag, 1925. Kat.-Nr. 92

Theodor Adorno, 1970

Schein ist die Kunst am Ende dadurch, daß sie der Suggestion von Sinn inmitten des Sinnlosen nicht zu entrinnen vermag. Kunstwerke jedoch, die den Sinn negieren, müssen in ihrer Einheit auch zerrüttet sein: das ist die Funktion der Montage, die ebenso, durch die sich hervorkehrende Disparatheit der Teile, Einheit desavouiert [verleugnet] wie, als Formprinzip, sie auch wieder bewirkt [...] Der Schein der Kunst, durch Gestaltung der heterogenen Empirie sei sie mit dieser versöhnt, soll zerbrechen, indem das Werk buchstäbliche, scheinlose Trümmer der Empirie in sich einläßt, den Bruch einbekennt und in ästhetische Wirkung umfunktioniert [...] Das Kunstwerk will sie [die reinen Fakten] zum Sprechen bringen, indem sie selber darin sprechen. Damit beginnt Kunst den Prozeß gegen das Kunstwerk als Sinnzusammenhang. Die montierten Abfälle schlagen erstmals in der Entfaltung von Kunst dem Sinn sichtbare Narben. Das rückt die Montage in einen weit umfassenderen Zusammenhang. Alle Moderne nach dem Impressionismus, wohl auch die radikalen Manifestationen des Expressionismus, schwören dem Schein eines in der subjektiven Erfahrungseinheit, dem ›Erlebnisstrom‹, gründenden Kontinuums ab. Das Gefädel, das organizistische Ineinander wird durchschnitten, der Glaube zerstört, eins füge lebendig sich zum anderen, es sei denn, daß das Ineinander so dicht und kraus wird, daß es erst recht gegen Sinn sich verdunkelt. Das ästhetische Konstruktionsprinzip, der schroffe Primat des planvollen Ganzen über die Details und ihren Zusammenhang in der Mikrostruktur bildet dazu das Komplement: der Mikrostruktur nach dürfte alle neue Kunst Montage heißen. Unverbundenes wird von der übergeordneten Instanz des Ganzen zusammengepreßt, so daß die Totalität den fehlenden Zusammenhang der Teile erzwingt und dadurch freilich aufs neue zum Schein von Sinn wird.

Aus: Theodor W. Adorno, ›Ästhetische Theorie‹; ›Gesammelte Schriften‹, hrg. v. G. Adorno und R. Tiedemann, Bd. 7, Frankfurt a. M. 1970, S. 231–233. –

20a John Dos Passos, ›Drei Soldaten‹. Buchumschlag, Titelseite (2. Fassung), 1929 (11.–17. Tsd.). Kat.-Nr. 327

20b John Dos Passos, ›Drei Soldaten‹. Buchumschlag (2. Fassung), 1929 (11.–17. Tsd.). Kat.-Nr. 327

21 Franz Jung, ›Die Eroberung der Maschinen‹. Fotomontage für Bucheinband, 1923.
Kat.-Nr. 81

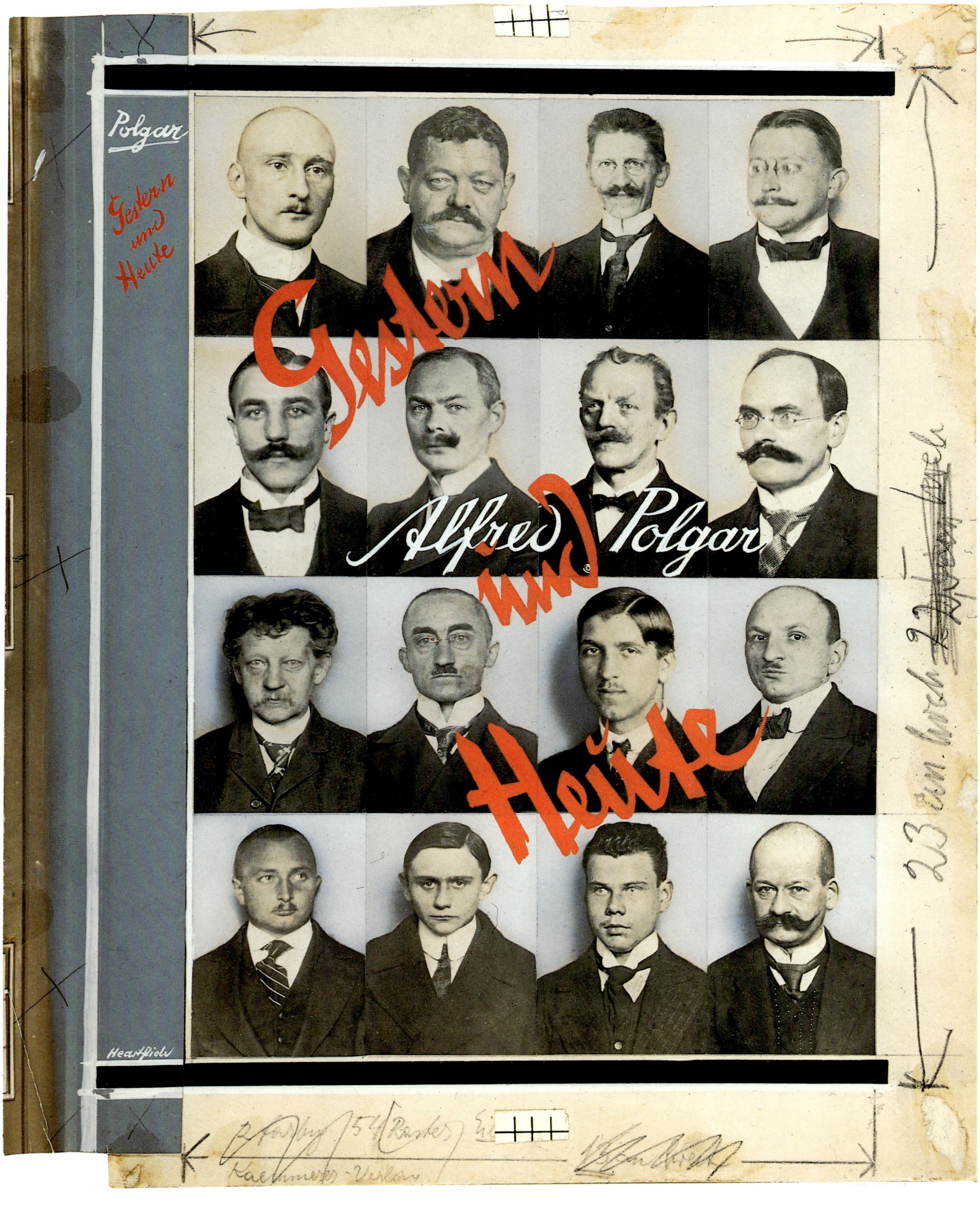

22 Alfred Polgar, ›Gestern und Heute‹. Fotomontage für Buchumschlag, 1922.
Kat.-Nr. 317

John Heartfield, 1967

In dem Jahrbuch 1924 des Malik-Verlages (Platz dem Arbeiter) sind zwei Fotos untereinander, die das sehr gut zeigen, was ich bisher über Arbeit mit Fotos sagte. Es ist ja noch nicht Fotomontage … Da ist oben ein Bild über einen General in der Etappe, wie man ihn begräbt mit … allem Pomp. Dann zweitens, wie man die armen Frontsoldaten in der Stellung begraben hat, wo Granaten eingeschlagen haben, mit Kalk drüber geschüttet. Ja, das Bild ist drin, mit der betreffenden guten Unterschrift. Also, hier zwei Gegenüberstellungen oben und unten …

Aus einem Interview mit John Heartfield (1967), abgedruckt in: Roland März (Hrg.), ›John Heartfield: Der Schnitt entlang der Zeit. Selbstzeugnisse – Erinnerungen – Interpretationen‹, Dresden 1981, S. 464–465. –

23a ›Platz dem Arbeiter!‹ Einbandpapier, 1924. Kat.-Nr. 80

Wie ein in der Etappe gestorbener General begraben wurde

Wie die an der Front abgeschlachteten Proletarier verladen wurden

24 ›Der Fall Sacco und Vanzetti‹. Fotomontage für Heftumschlag, 1927. Kat.-Nr. 83

Hans Reimann, 1927

...er ist einer der wenigen in Deutschland, die kapiert haben, was Verpackung bedeutet. Er weiß, daß Odol Unsinn bleibt, solange niemand erfährt, was Odol ist. Und er weiß, daß es auf das Wie ankommt. Er reißt keine Berge ein. Aber er macht tot herumliegende Bücher sprunglebendig durch Umschlagzeichnungen. Und daß er das unerreicht tut, beweisen nicht nur die Auflageziffern schwerverkäuflicher Bücher, sondern auch seine Imitatoren. John Heartfield war der erste, der es wagte, Umschläge mit der Schere herzustellen, indem er raffiniert ausgewählte Photos zerstückelte und zu neuer Totalität verband.

Ein Umschlag zu Sinclairs ›Wechslern‹ sieht *wie* aus? John nimmt den ›Mittelpunkt der Welt‹. Also nicht den Berliner Reichstag, sondern die Chicagoer Getreidebörse, schneidet den Mittelpunkt besagten Mittelpunktes aus, pappt ihn auf einen ordinären Kurszettel einer Tageszeitung und glaciert das Ganze. Oder ein Umschlag zu Sinclairs ›Nach der Sintflut‹? John nimmt drei Dutzend wüst wogende Meeres-Bilder, leimt sie aneinander, sortiert aus, retouchiert, ordnet um zu frischer Bewegung, vergrößert sie aufs Zehnfache und erreicht schließlich die Illusion, als brächen die gischtenden Wassermassen die Wolkenkratzer ein, die er aus anderen Photos herauslöste. Hernach verkleinert er alles wieder, und die Sintflut ist da. Oder er komponiert einen Dollar-Magnaten, eine Film-Diva und einen Heiland von Nazareth zu einem Trifolium, in das er mit fescher Ladenschwengelhandschrift den Buchtitel hineinschlenkert. Oder er sägt drei Soldaten aus, malt als Hintergrund ein überlebensgroßes Sternenbanner hinzu und fügt – diesmal in intellektueller Schrift – den eiligen Titel bei. ›Im Zwischendeck nach Südamerika‹ von Wilhelm Herzog... welcher Umschlag vermittelt dem Leser schon vor der Lektüre den intensivsten Eindruck des Buches? Der Bug eines Ozeanriesen. Oben etwas Schrift, unten etwas Schrift; und dazu zwei grelle Abschlußstreifen. Basta! –

25 Upton Sinclair, ›Die Wechsler‹. Buchumschlag, 1925. Kat.-Nr. 167

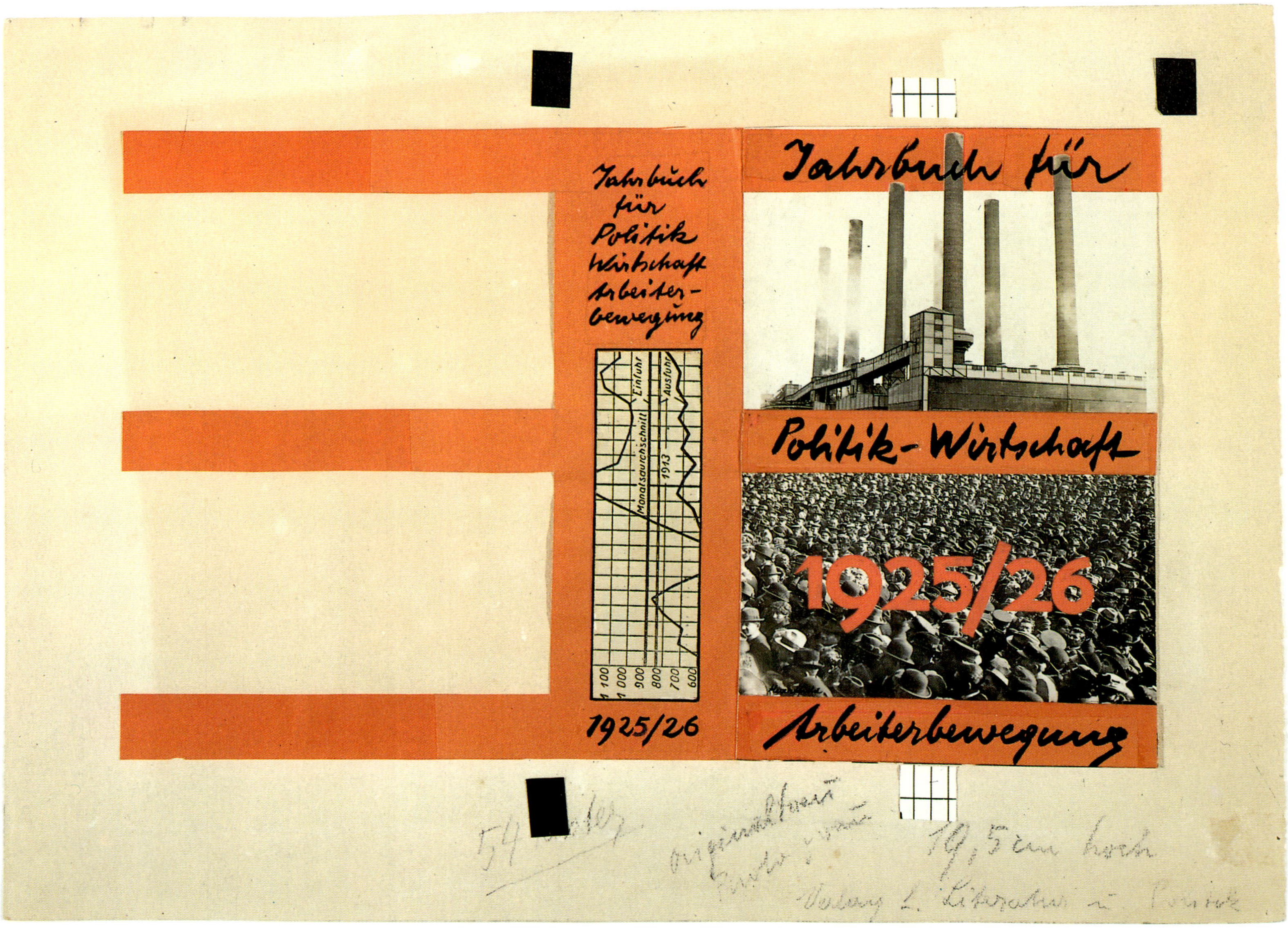

26 ›Jahrbuch für Politik – Wirtschaft – Arbeiterbewegung 1925/26‹. Fotomontage für Buchumschlag, 1926. Kat.-Nr. 125

Franz Jungs ›Arbeitsfriede‹ ist eingefangen in Heartfields Einband-Dichtung: einer geruhigen Giebelreihe angedeuteter Einfamilienhäuser mit abendlichem Wolkenhimmel. –
Oskar Maria Grafs ›Frühzeit‹ wird in dem herben Antlitz des bajuwarischen Autors geschmückt, in das von oben wie unten sozialistische Zacken hineinragten und anscheinend weggezogen wurden. – Sinclairs ›Samuel‹ erhält einen Vorderumschlag, der nach Charlie Chaplin riecht, und einen Rückumschlag, der nichts zeigt als eine melancholisch im Endlosen verlaufende Eisenbahnschiene. – ›König Kohle‹ von Upton Sinclair wird eingefangen in Schloten und Schornsteinen. Heartfield tut nichts dazu als sparsamste Schrift. – ›Der Sumpf‹ wird wirklich zum Sumpf. – Marietta Schaginjans ›Abenteuer einer Dame‹: eine dreieckige Vision von glitschigem Asphalt bei Bogenlampen. – ›Das erwachende China‹ Wittfogels reizt den Zeichner zu einem Kaleidoskop mit Blau und Gelb. – Und seine tollste Leistung ist der Umschlag zu Jungs ›Eroberung der Maschinen‹: hier ist die in manchen Bildern des ›Panzerkreuzers Potemkin‹ die Brust sprengende Spannung erzielt. Durch Browning, Faust und mystisches Maschinengerätsel mit dazwischen gekeiltem Dreieck in Rot. Hier hat einer begriffen, was Futurismus ist. Und Expressionismus. Und Ballung. Denn Heartfield ist wahrhaft expressionistisch – mit praktischem Hintergrund.
Seine Umschläge sind beunruhigend, aufpeitschend, sanft, neugiererzeugend und immer besonders. Wäre ich Verleger, möchte ich ihn täglich vor neue Aufgaben stellen. Einbände, Inserate, Plakate und Werbe-Drucksachen müßte er mir entwerfen, und ich würde gut fahren dabei.

Aus: Hans Reimann, ›John Heartfield‹, in: *Das Stachelschwein* (Berlin), Juni 1927, S. 38–40.

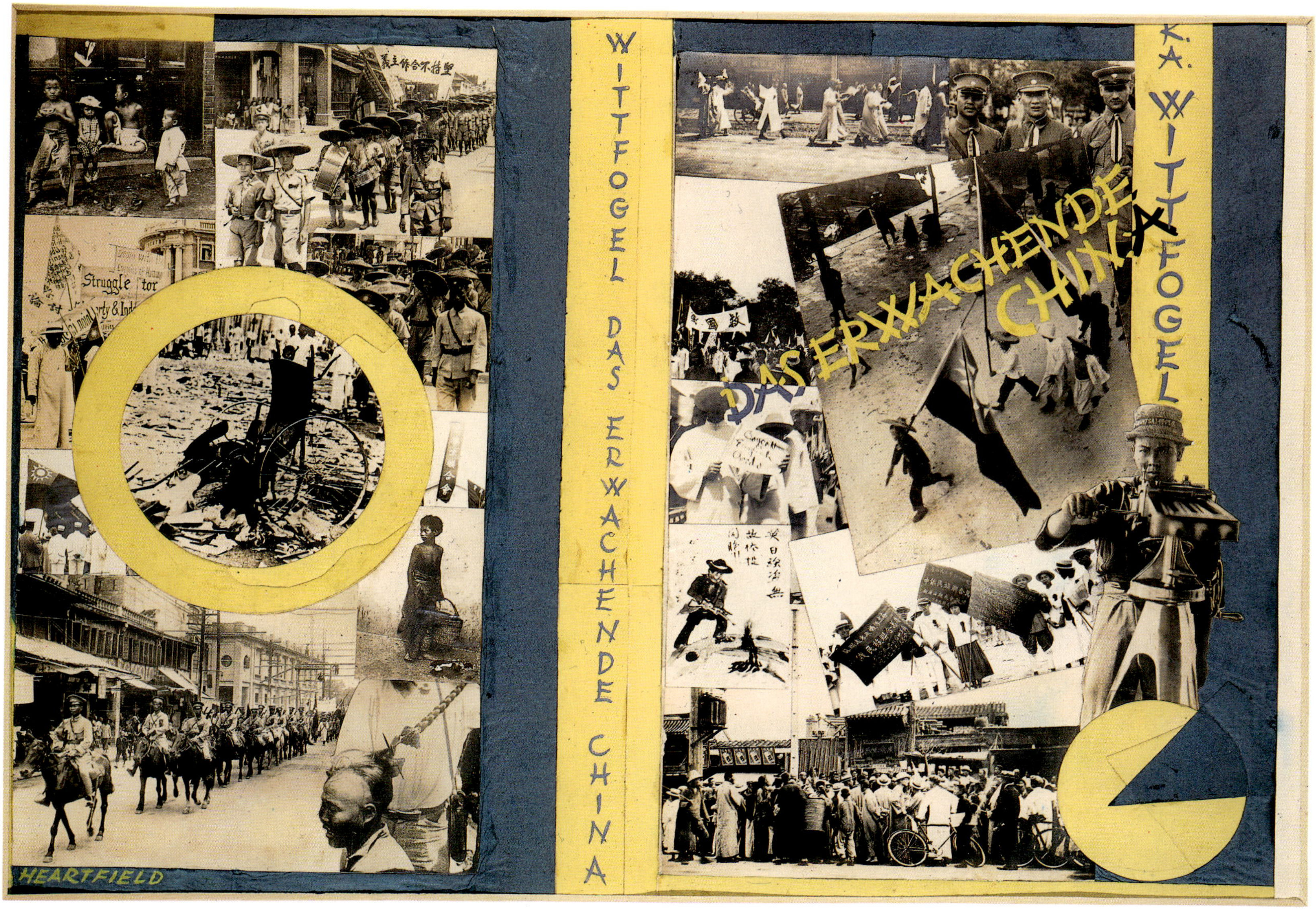

27 Karl August Wittfogel, ›Das erwachende China‹. Fotomontage für Buchumschlag, 1926.
Kat.-Nr. 132

Kurt Tucholsky, 1932

Wenn ich nicht Peter Panter wäre, möchte ich Buchumschlag im Malik-Verlag sein. Dieser John Heartfield ist wirklich ein kleines Weltwunder. Was fällt ihm alles ein! Was macht er für bezaubernde Dinge! Eine seiner Fotomontagen habe ich mir rahmen lassen, und aufbewahren möchte man sich beinah alle. Der Umschlag der ›Traumfabrik‹ von Ilja Ehrenburg sieht aus wie eine vergoldete Keksbüchse. Da sich die deutschen Bücher noch nicht wie die französischen zu einem einheitlichen Gewande aufgeschwungen haben, muß gesagt werden: bei Maliks werden sie am besten angezogen.

Aus: Kurt Tucholsky, ›Gesammelte Werke‹, Reinbek 1960, III, S. 1004. –

28 Wsewolod Iwanow, ›Der Buchstabe G‹. Buchumschlag, 1930. Kat.-Nr. 342

29 Ilja Ehrenburg, ›Die Traumfabrik‹. Buchumschlag, 1931. Kat.-Nr. 353

30 Ilja Ehrenburg, ›Die heiligsten Güter‹. Buchumschlag, 1931. Kat.-Nr. 352

János Reismann (Wolf Reiss), 1972

Sinclair und Ehrenburg hatten die meisten Bücher, die im Malik-Verlag verlegt wurden und im raschen Tempo fertiggemacht werden mußten. Da hatte ich etwas damit zu tun, z. B. in der Perspektive ein Brett so zu fotografieren, wo dann ausgeschnittene Figuren raufkommen sollten, die Jonny schon fertiggestellt hatte für die Rückseite der ›Heiligsten Güter. Roman der großen Interessen‹, von Ehrenburg. Es war vormittags, als Jonny kam und seine Taschen voll hatte mit lauter Silber- und Kupfergeld und selbstverständlich mit Streichhölzern, weil es sich um Geld handelte mit einem Christus auf Gewehrpatronen. So war das gar nicht so kompliziert. Ich weiß nur, wie wir das auf Jonnys Wunsch zusammenstellen mußten, und die Sache ist dann so fotografiert worden. Das war ein gestellter Buchumschlag. Das Buch war noch nicht gedruckt und lag im Verlag. Dann haben wir festgestellt, daß das Buch nicht besonders gut und interessant geschrieben war – aber der Buchumschlag war sehr interessant.

Aus einem Interview mit Gertrud Heartfield (1972), abgedruckt in: Roland März (Hrg.), ›John Heartfield: Der Schnitt entlang der Zeit. Selbstzeugnisse – Erinnerungen – Interpretationen‹, Dresden 1981, S. 244–245. –

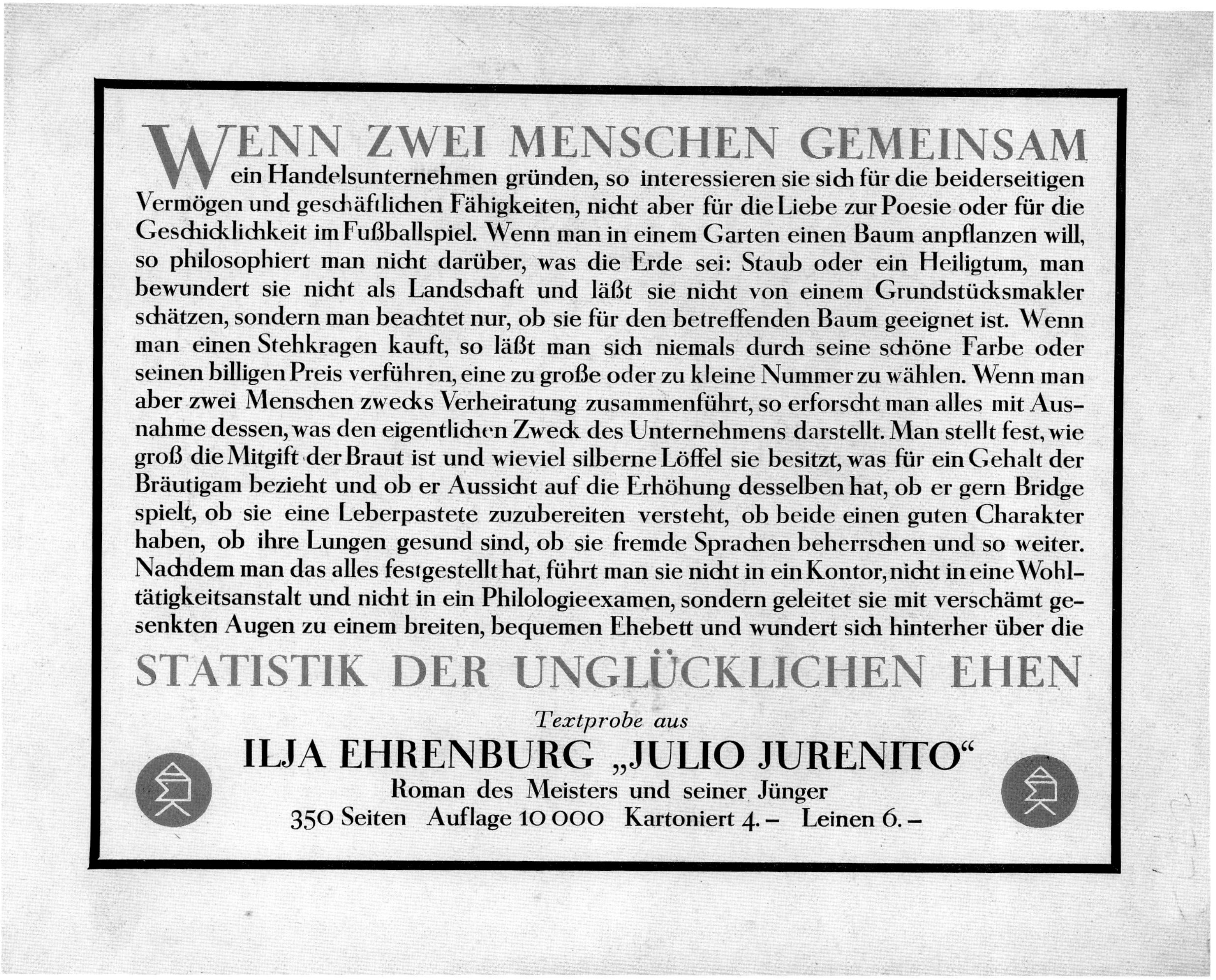

WENN ZWEI MENSCHEN GEMEINSAM ein Handelsunternehmen gründen, so interessieren sie sich für die beiderseitigen Vermögen und geschäftlichen Fähigkeiten, nicht aber für die Liebe zur Poesie oder für die Geschicklichkeit im Fußballspiel. Wenn man in einem Garten einen Baum anpflanzen will, so philosophiert man nicht darüber, was die Erde sei: Staub oder ein Heiligtum, man bewundert sie nicht als Landschaft und läßt sie nicht von einem Grundstücksmakler schätzen, sondern man beachtet nur, ob sie für den betreffenden Baum geeignet ist. Wenn man einen Stehkragen kauft, so läßt man sich niemals durch seine schöne Farbe oder seinen billigen Preis verführen, eine zu große oder zu kleine Nummer zu wählen. Wenn man aber zwei Menschen zwecks Verheiratung zusammenführt, so erforscht man alles mit Ausnahme dessen, was den eigentlichen Zweck des Unternehmens darstellt. Man stellt fest, wie groß die Mitgift der Braut ist und wieviel silberne Löffel sie besitzt, was für ein Gehalt der Bräutigam bezieht und ob er Aussicht auf die Erhöhung desselben hat, ob er gern Bridge spielt, ob sie eine Leberpastete zuzubereiten versteht, ob beide einen guten Charakter haben, ob ihre Lungen gesund sind, ob sie fremde Sprachen beherrschen und so weiter. Nachdem man das alles festgestellt hat, führt man sie nicht in ein Kontor, nicht in eine Wohltätigkeitsanstalt und nicht in ein Philologieexamen, sondern geleitet sie mit verschämt gesenkten Augen zu einem breiten, bequemen Ehebett und wundert sich hinterher über die

STATISTIK DER UNGLÜCKLICHEN EHEN

Textprobe aus

ILJA EHRENBURG „JULIO JURENITO“

Roman des Meisters und seiner Jünger

350 Seiten Auflage 10 000 Kartoniert 4.– Leinen 6.–

31 Werbeblatt für Ilja Ehrenburg, ›Julio Jurenito‹, 1929. Kat.-Nr. 328

Hans Reimann, 1927

Seine schlechtesten Arbeiten sind die illustrativen Zeichnungen, seine besten die Inserate. Als Illustator ist er dilettantisch wie Walter Mehring; als Inserator ist er groß wie George Groß. Und zwar meine ich seine ganz ordinären, lediglich durch typographische Kniffe gestalteten Malik-Inserate, wie sie in Zeitschriften und Verlags-Anzeigen häufig auftauchen. Sie sind absolut gekonnt, bestechen durch Apartheit und originellen Blickfang und atmen Ruhe und lapidare Einprägsamkeit. Die Mittel, die er dabei verwendet, sind von äußerster Sparsamkeit. Ein Balken genügt mitunter. John ist befähigt, aus einem ihm vorgelegten, langweilig bockledernen Inserat durch geniale Umrangierung eine sublime Köstlichkeit zu zaubern. Er hat das sichere Auge für Auslage-Wirkung.

Aus: Hans Reimann, ›John Heartfield‹, in: *Das Stachelschwein* (Berlin), Juni 1927, S. 38.

Wolf Reiss, 1934

Heartfields Wirken ist ein tagtäglich sich wiederholender, erbitterter Kampf um die Verwirklichung seiner Ideen und Absichten. »Die Leute haben ja keine Ahnung«, sagte er einmal, »wie schwer es ist, Photomonteur zu sein.« (...)
Die Aufnahmen, die ich für Heartfield nach einer haargenau festgelegten Bleistiftskizze und immer unter seiner persönlichen Leitung machte, dauerten oft Stunden, viele Stunden lang. Er kämpfte um Nuancen, die ich gar nicht mehr wahrnehmen konnte. Beim Entwickeln in der Dunkelkammer stand er auch am Vergrößerungsapparat, bis die Abzüge fertig waren. Ich war meist so müde, daß ich nicht stehen, nicht denken konnte, nur schlafen wollte – er aber rennt mit den noch feuchten Photos nach Hause, trocknet sie, schneidet sie aus, stellt sie unter einer schweren Glasplatte zusammen. Er schläft ein, zwei Stunden, um acht Uhr früh sitzt er schon bei dem Retoucheur, zwei, drei, vier, fünf Stunden lang, seine Nerven sind aufs äußerste gespannt, der Retoucheur könnte die Sache noch verderben. Die Montage ist fertig, die Entspannung währt nicht lange: neue Aufgaben, neue Ideen. Er stöbert von neuem in den Photoarchiven herum, stunden- und tagelang, ob auch zu der Idee passende Photos von Hermann Müller, Hugenberg, Röhm – je nachdem – vorhanden sind, oder wenigstens ein geeigneter Kopf – das andere läßt sich dann schon machen. Dann wieder zu den Photographen, die er alle haßt – mich mit einbegriffen – wegen der Nuance, die sie nicht mehr wahrnehmen; vom Photographen zum Retoucheur, den er selber ›abgerichtet‹ hat; in Berlin hat sich die amerikanische Retouche in erster Linie auf Grund seiner Anforderungen entwickelt. Zeitlich treten natürlich kleine oder größere Pausen ein, die nervöse Spannung aber – wird alles so werden, wie er sich das vorgestellt hat? – die weicht nie. Die Verantwortung ist groß, Heartfield ist ein revolutionärer Künstler: die Idee kann nie schlagend genug, die Formulierung nie präzis genug, die Montage nie klar genug sein. Lieber nochmals ins Archiv, nochmals zum Photographen, nochmals zum Retoucheur.

Aus: Wolf Reiss, ›Als ich mit John Heartfield zusammenarbeitete‹, in: *Internationale Literatur* (Moskau), deutsche Ausgabe, 5, 1934, S. 186/188.

32 Johannes R. Becher, ›(CH Cl : CH)$_3$ As (Levisite) oder Der einzig gerechte Krieg‹. Fotomontage für Bucheinband, 1926. Kat.-Nr. 130

33 Franz Carl Weiskopf, ›Wer keine Wahl hat, hat die Qual‹. Fotomontage für Buchumschlag, 1929. Kat.-Nr. 157

34 ›An Alle! 10 Jahre Sowjet-Union 1917–1927‹. Fotomontage für Zeitschriftenrückseite, 1927. Kat.-Nr. 68

35 Fjodor Panferow, ›Die Genossenschaft der Habenichtse‹. Fotomontage für Buchumschlag, 1930. Kat.-Nr. 346

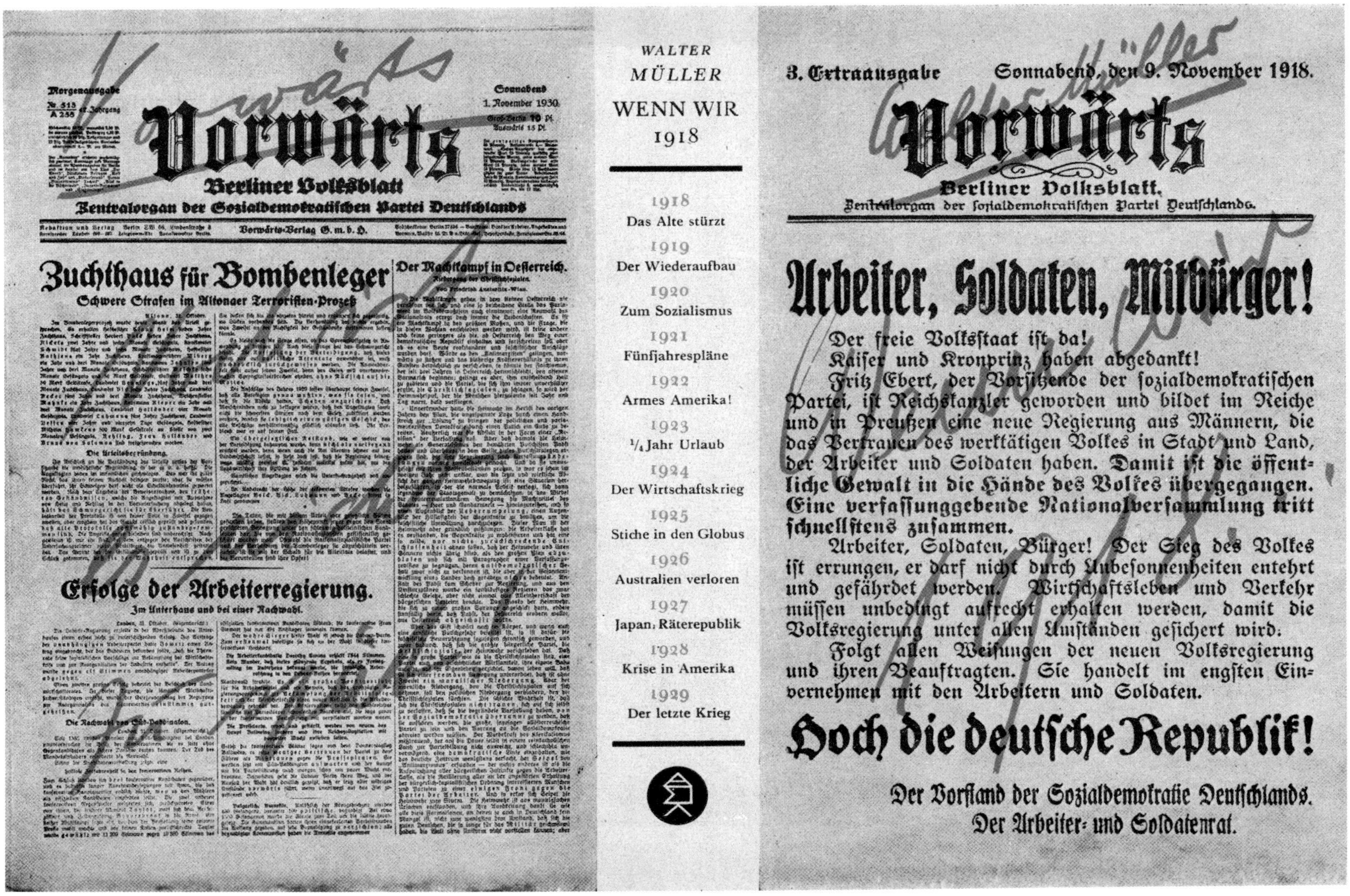

36 Walter Müller, ›Wenn wir 1918 …‹. Buchumschlag, 1930. Kat.-Nr. 344

37 Ludwig Turek, ›Ein Prolet erzählt‹. Buchumschlag, 1930. Kat.-Nr. 351

38 Michael Gold, ›Juden ohne Geld‹. Buchumschlag, 1931. Kat.-Nr. 354

39 Upton Sinclair, ›Der Sumpf‹. Buchumschlag, 1924. Kat.-Nr. 101

40 Upton Sinclair, ›Die Metropole‹. Buchumschlag, 1925. Kat.-Nr. 165

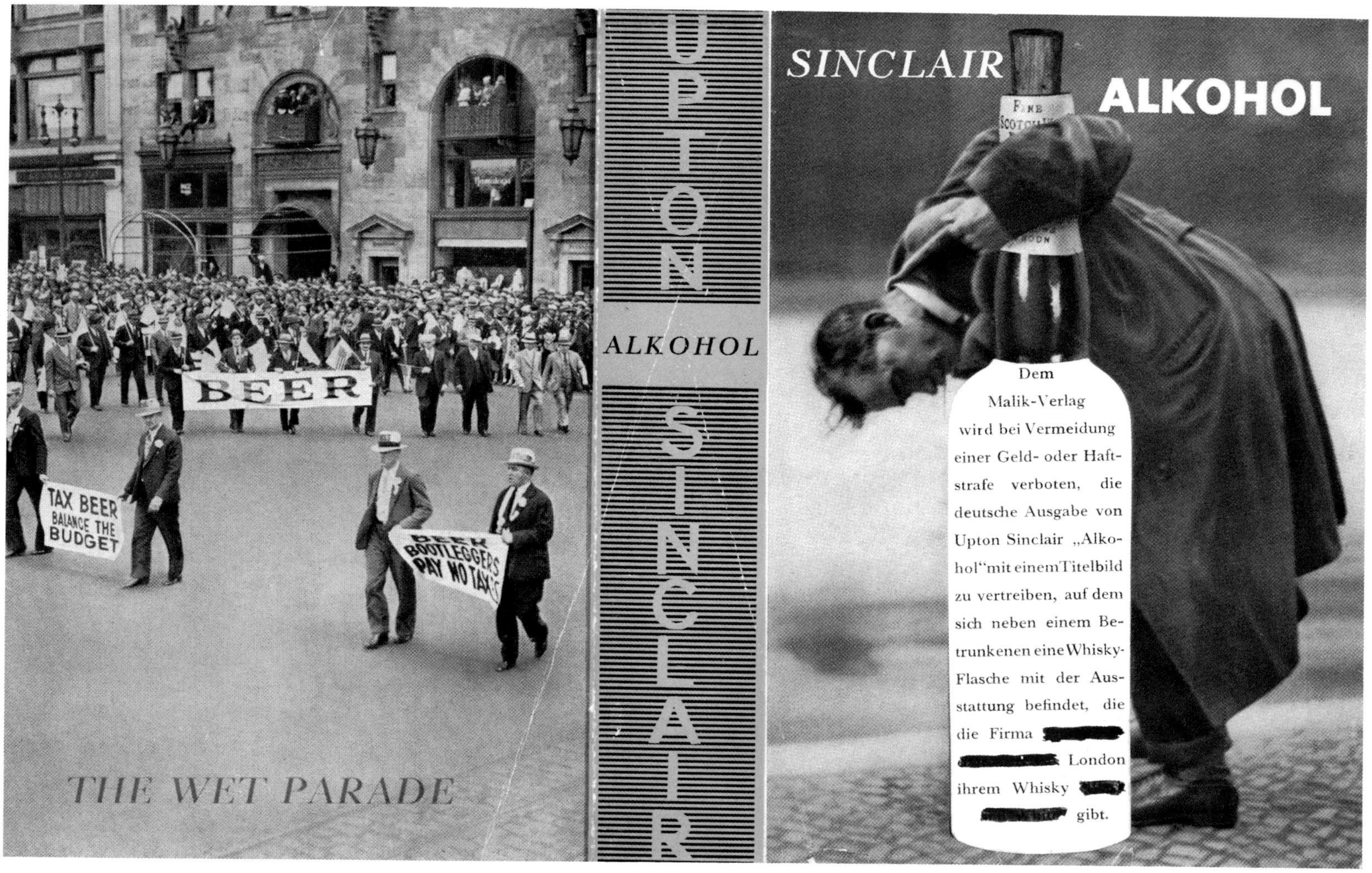

41 Upton Sinclair, ›Alkohol‹. Buchumschlag (3. Fassung), 1932. Kat.-Nr. 356

Mieczysław Berman, 1973

Im Jahre 1932 oder 1933 sah ich John Heartfields Buchumschlag zu Upton Sinclairs ›Alkohol‹. Ich sah einen Säufer, der bald kaputt ist, aber er hält sich an einer Flasche Alkohol wie an einer Laterne fest. Auf dieser Flasche klebte ein Etikett von ›Scotch-Whisky‹. Sie war auf einem fotografischen grauen Grund leicht grün. Sehr schön gedruckt, lackiert und ›Alkohol – Sinclair‹ in weißer Schrift. Ich beobachtete diesen Umschlag vielleicht eine halbe Stunde. Ich war diesmal noch überraschter. Was machte der Künstler? Er schuf eine scharfe satirische Illustration, leicht giftig durch die delikate grüne Farbe. Besonders aggressiv wirkte die Scotch-Whisky-Flasche. Das war plakativ. Was gibt uns der Graphiker mit diesen . . . Umschlägen? Einmal ein eindrucksvolles Plakat, eine Idealisierung und Monumentalisierung der Roten Armee und dann wieder diese wunderbare Graphik: diese giftige Atmosphäre – Alkoholismus. Es gibt einen Typ der Buchumschläge von Jonny Heartfield, die einfach sind – in einer Farbe: schwarz. Und das ist die schwarze Fotografie. Und diese Fotografien stammen mitunter aus den großen Werken sowjetischer Filmkunst und wurden für die Bücher sowjetischer Schriftsteller verwendet, wie z. B. Maxim Gorkis ›Märchen der Wirklichkeit‹. Heartfield hat eine Szene aus einem sowjetischen Film ausgewählt: den Angler am Fluß. Vielleicht ist das die Wolga oder Oka, man sieht nur eine schwarze Silhouette des angelnden Menschen, der mit der Erde verläuft, und auf diesem Grund ist weiß geschrieben: Maxim Gorki ›Märchen der Wirklichkeit‹. Wasser und Horizont sind hellgrau bis in die Tiefe, ohne Grenzen, nur der Angelstock macht eine Linie durch das Grau.

Aus einem Interview mit Gertrud Heartfield, abgedruckt in: Roland März (Hrg.), ›John Heartfield: Der Schnitt entlang der Zeit. Selbstzeugnisse – Erinnerungen – Interpretationen‹, Dresden 1981, S. 245–247; hier: S. 246–247.

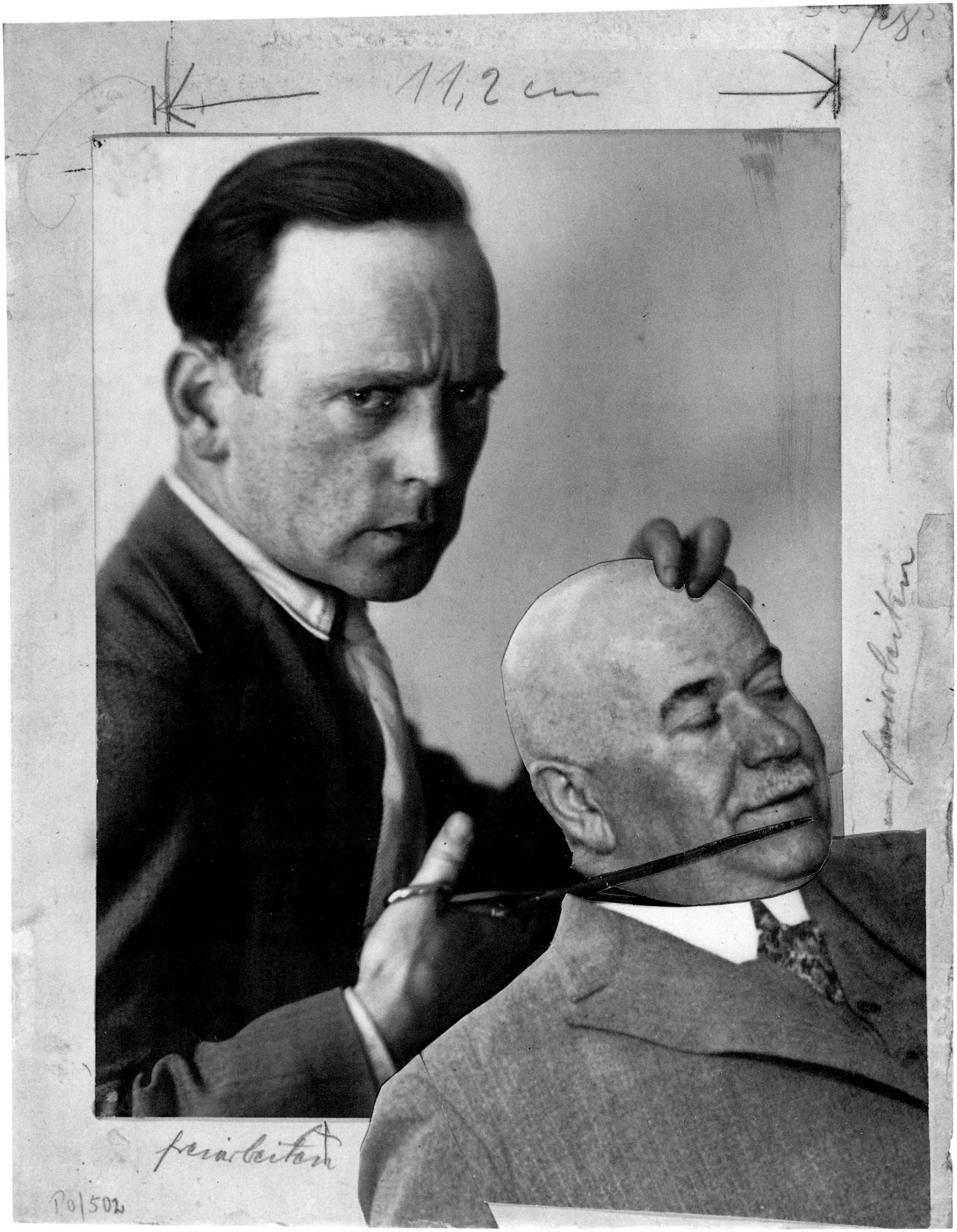

42 John Heartfield mit Polizeipräsident Zörgiebel. Fotomontage für die ›Arbeiter-Illustrierte-Zeitung‹ (AIZ, Berlin), Nr. 37, 1929. Kat.-Nr. 196

Wieland Herzfelde, 1971

Im Februar 1919 gaben wir ein vierseitiges illustriertes Blatt im Zeitungsformat heraus. Wir nannten es, einem Vorschlag von Grosz folgend, ›Jedermann sein eigner Fußball‹, was etwa besagen sollte: Laßt Euch nicht treten, bewegt Euch selbst. Damit begann für uns eine neue, unmittelbar auf einzelne politische Vorgänge gerichtete Agitation. Auf der Titelseite sieht man zwei unsignierte Fotocollagen, eine zeigt einen in der Luft schwebenden Fußball mit Armen und Beinen, darauf das Foto meines Kopfes, die andere mit der Überschrift ›Preisausschreiben! Wer ist der Schönste?‹ zeigt auf einem fotografierten Fächer sechs Porträtfotos von Mitgliedern der Regierung Ebert/Scheidemann, sowie – auf dem Griff des Fächers – Noske, Ludendorff, Erzberger. Auf den ebenfalls von Heartfield gestalteten Seiten 2 bis 4 finden sich Illustrationen von Grosz. (...) Noch im selben Monat brachten wir ein ähnliches Blatt heraus, ›Die Pleite‹. Jede einzelne der insgesamt sechs Nummern wurde regelmäßig (aber gleichfalls regelmäßig zu spät) beschlagnahmt. (...) So wie für alle Nummern der ›Pleite‹ und für viele Malikbücher zeichnete Grosz auch für diese Broschüre das Titelblatt. ›Die Pleite‹ veröffentlichte einige Fotos, die, durch Hinzufügen einer Unterschrift, zu einem satirischen Beitrag wurden. (...)
Es war nur folgerichtig, daß im Sommer 1923, als die KPD die satirische Wochenschrift ›Der Knüppel‹ gründete, Heartfield und Grosz die Leitung übernahmen und viele ihrer Kollegen, auch ausländische, zur Mitarbeit heranzogen. Die Mitarbeiter zeichneten vorsichtshalber ihre Beiträge nicht oder mit Decknamen. Mein Bruder z. B. mit Mött, Grosz mit Namen wie Ehrenfried, Baldur und Böff, der Bulgare Angeluschew, dem wir übrigens die beste Thälmannzeichnung verdanken, mit dem Namen Fuck. Wir drei haben gelegentlich auch Plakate und Flugblätter entworfen. Heartfield verwandte im ›Knüppel‹ wie vorher in der ›Pleite‹ des öfteren Fotos, selten verband er sie mit Collagen. Gemeinsame Collagen von der Art, wie die mit dem Stempel ›Grosz-Heartfield mont.‹, brachte der ›Knüppel‹ nicht, auch nicht ›Fotomontagen‹. Die Bezeichnung war damals immer noch unbekannt. John wurde von seinen Freunden zwar schon im Kriege Monteur genannt, aber nicht seiner Arbeitstechnik wegen, sondern weil er einen Monteuranzug zu tragen pflegte. Er wollte nicht wie ein Künstler aussehen, aber auch nicht wie ein Werbefachmann.

Aus: Wieland Herzfelde, ›George Grosz, John Heartfield, Erwin Piscator, Dada und die Folgen – oder Die Macht der Freundschaft‹, in: *Sinn und Form*, 23, 6, 1971, S. 1224–1251. –

43a George Grosz, ›S. M.‹. ›Die Pleite‹, Nr. 7, Juli 1923, Titelseite. Kat.-Nr. 176

Faschistenruf.

Zeichnung von John Heartfield

Voran die Ehrhardtleute.
ahu — ahu
Bahn frei der Roßbachmeute.
ahu — ahu
Platz Blond und Blau und Deutschen Eichen.
Wir fordern Blut und Leichen.
ahu.
(Musik. Negertrommeln. Tanz der Wilden)
Kilimantscharo. Tanganjika.
Kilimantscharo. Tanganjika.

Hört ihr die Volksseele kochen?
ahu — ahu
Bewaffnet bis auf die Knochen.
ahu — ahu
Jeder sein eigner Klempnerladen.
So halten wir Paraden.
ahu.
(Musik. Negertrommeln. Tanz der Wilden.)
Kilimantscharo. Tanganjika.
Kilimantscharo. Tanganjika.

Das Hakenkreuz im Schilde.
ahu — ahu
Die Hitlerschützengilde
ahu — ahu
Wir hassen Juden und Proleten
und werden sie zertreten.
ahu.
(Musik. Negertrommeln. Tanz der Wilden.)
Kilimantscharo. Tanganjika.
Kilimantscharo. Tanganjika.

Die höchste Pflicht der Christen:
ahu — ahu
Tod allen Kommunisten.
ahu — ahu
Nur keinen einzigen vergessen.
Lieber lebendig fressen.
ahu.
(Musik. Negertrommeln. Tanz der Wilden.)
Kilimantscharo. Tanganjika.
Kilimantscharo. Tanganjika.

Wir haben keine Sorgen.
ahu — ahu
Das Vaterland lohnts morgen.
ahu — ahu
Inzwischen wird die Not uns lindern
mit Gott Rauben und Plündern.
ahu.
(Musik. Negertrommeln. Tanz der Wilden.)
Kilimantscharo. Tanganjika.
Kilimantscharo. Tanganjika.

Von Blut und Schnaps besoffen
ahu — ahu
sehn wir den Himmel offen.
ahu — ahu
Hoch lebe Willem, unser Kaiser!
Prost Rest! und schreit euch heiser.
ahu.
(Musik. Negertrommeln. Tanz der Wilden.)
Kilimantscharo. Tanganjika.
Kilimantscharo. Tanganjika.

Oskar Kaneh

43b ›Faschistenruf‹. ›Die Pleite‹, Nr. 7, Juli 1923, o. S. Kat.-Nr. 177

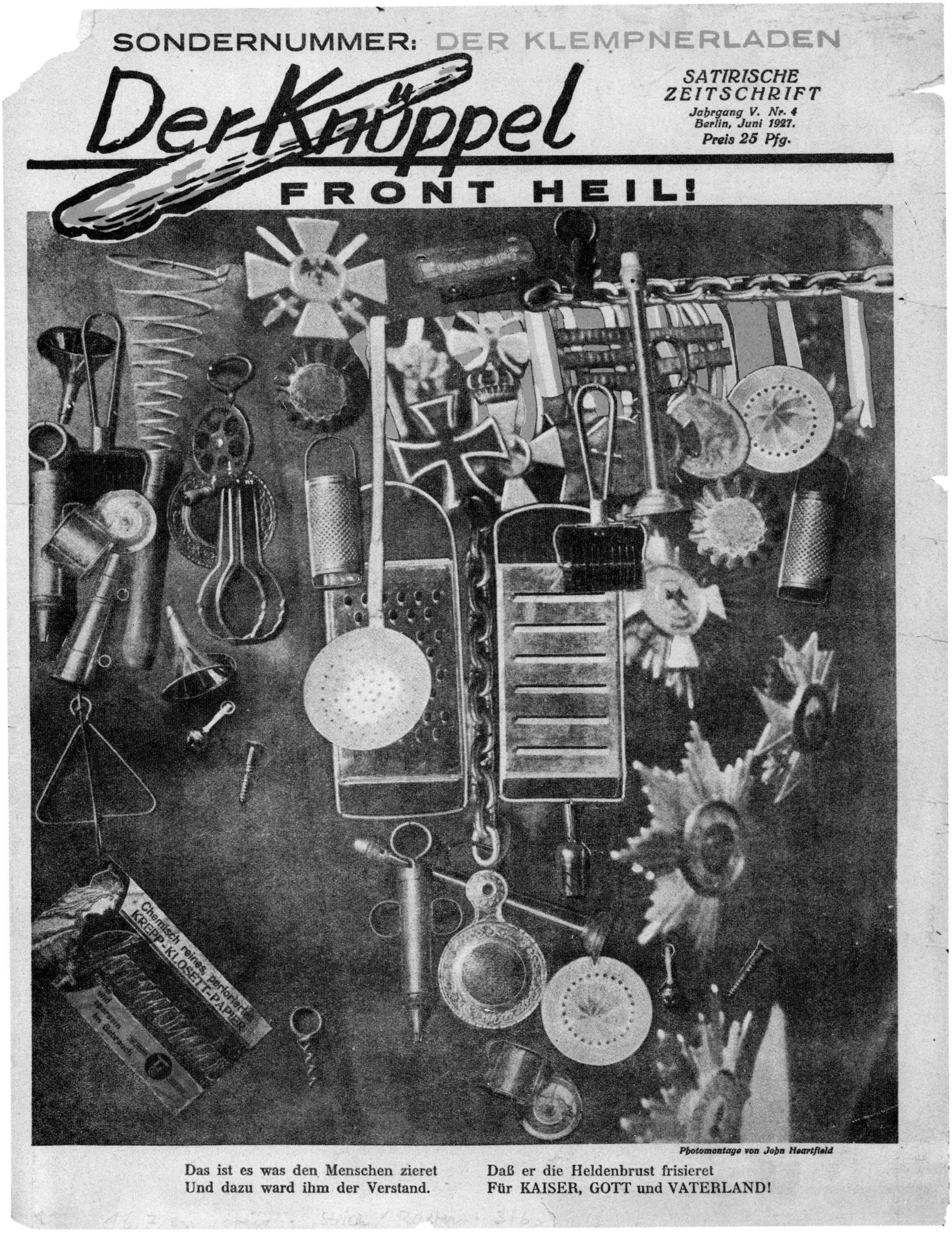

44 ›Front Heil!‹ ›Der Knüppel‹, Nr. 4, Juni 1927, Titelseite. Kat.-Nr. 148

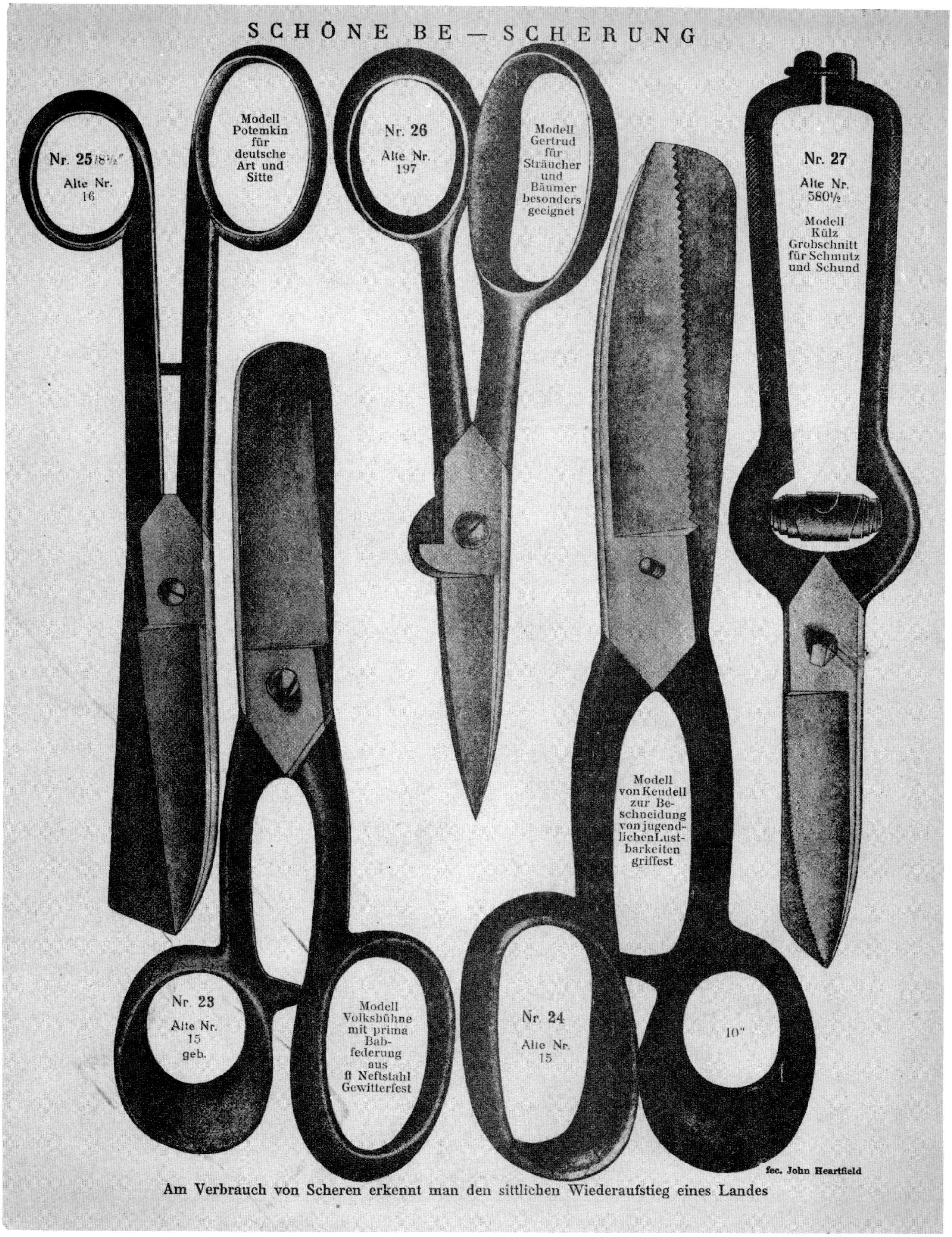

45 ›Schöne Be-Scherung‹. ›Der Knüppel‹, Nr. 5, August 1927, o. S. Kat.-Nr. 141

Eine Friedenstorte und ihre Zutaten

Man nehme
Ein halbes Dutzend ausgewachsener europäischer Staaten
Lasse sie in der eigenen Begeisterung schmoren
Drücke sie in eine gut ausgekochte nationale Presse
Verrühre einige Hochseeflotten
Mit diversen Armeen zu einem einheitlichen Brei
Streue reichlich Fliegerbomben darüber
Und vergase das Ganze.

Mit einem geschmackvollen Arrangement
Von pazifistischen Redewendungen
Und Genfer Abrüstungsprotokollen
Erhält man eine prachtvolle
„Nie - wieder - Kriegs“ - Torte
Die Köche sind allerdings nicht darauf versessen,
Sie lassen es lieber die Völker fressen.

Dr. Gr.

46a ›Eine Friedenstorte und ihre Zutaten‹. ›Die Rote Granate‹, August 1926, Rückseite. Kat.-Nr. 150

46b ›Eine Friedenstorte und ihre Zutaten‹. Fotomontage (1926), überarbeitet zu einer 2. Fassung für den ›Arbeiterkalender‹, 1927. Kat.-Nr. 182

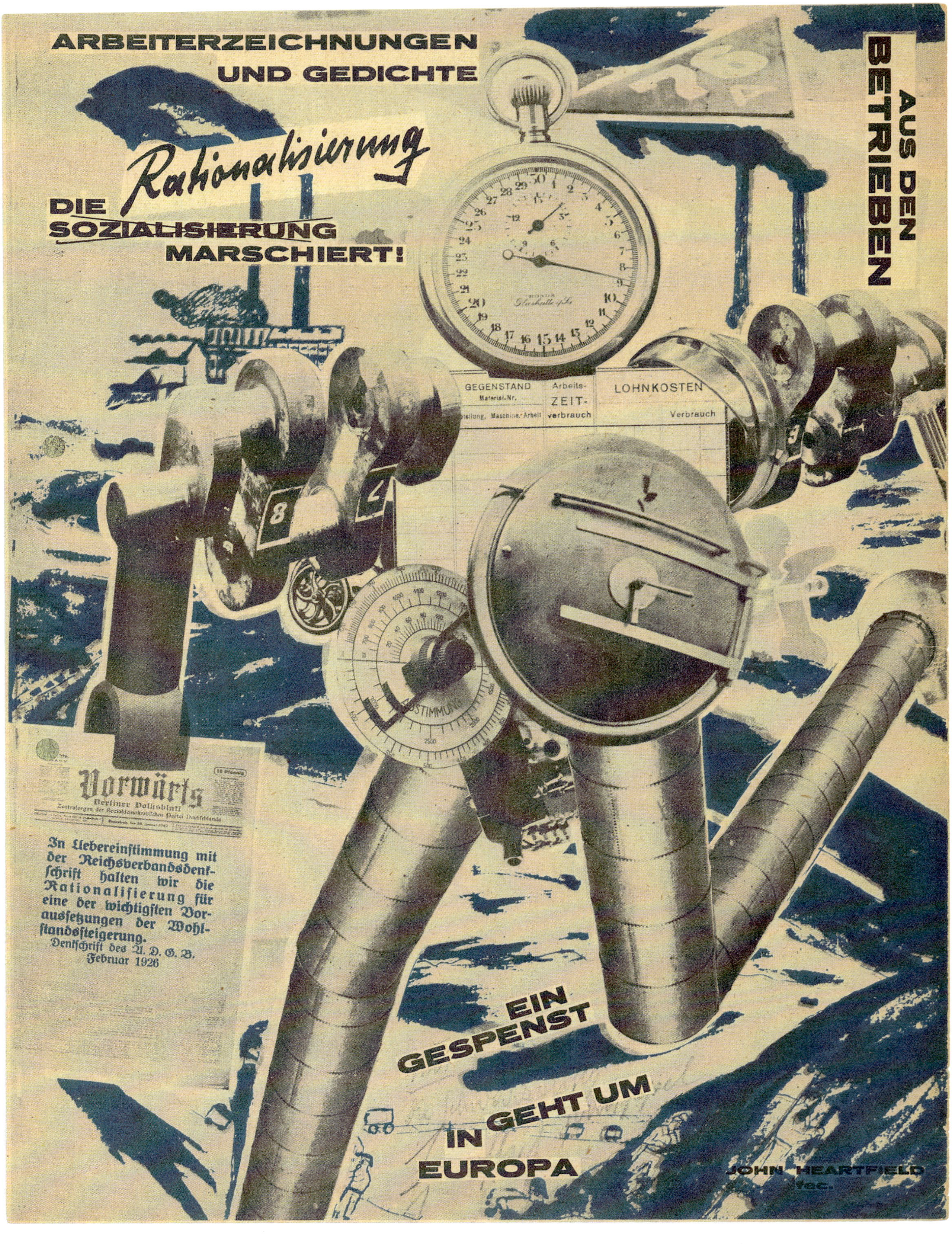

47a ›Die Rationalisierung marschiert!‹ ›Der Knüppel‹, Nr. 2, Februar 1927, S. 5.
Kat.-Nr. 138

47b ›Die Rationalisierung marschiert!‹ Fotomontage für ›Der Knüppel‹, Nr. 2, Februar 1927, S. 5. Kat.-Nr. 138

48 ›Die Arena‹, Nr. 2, Februar/März 1927, Titelseite. Kat.-Nr. 91

49 Fotomontage für ›Die Arena‹, Nr. 1, Januar 1927, Titelseite. Kat.-Nr. 90

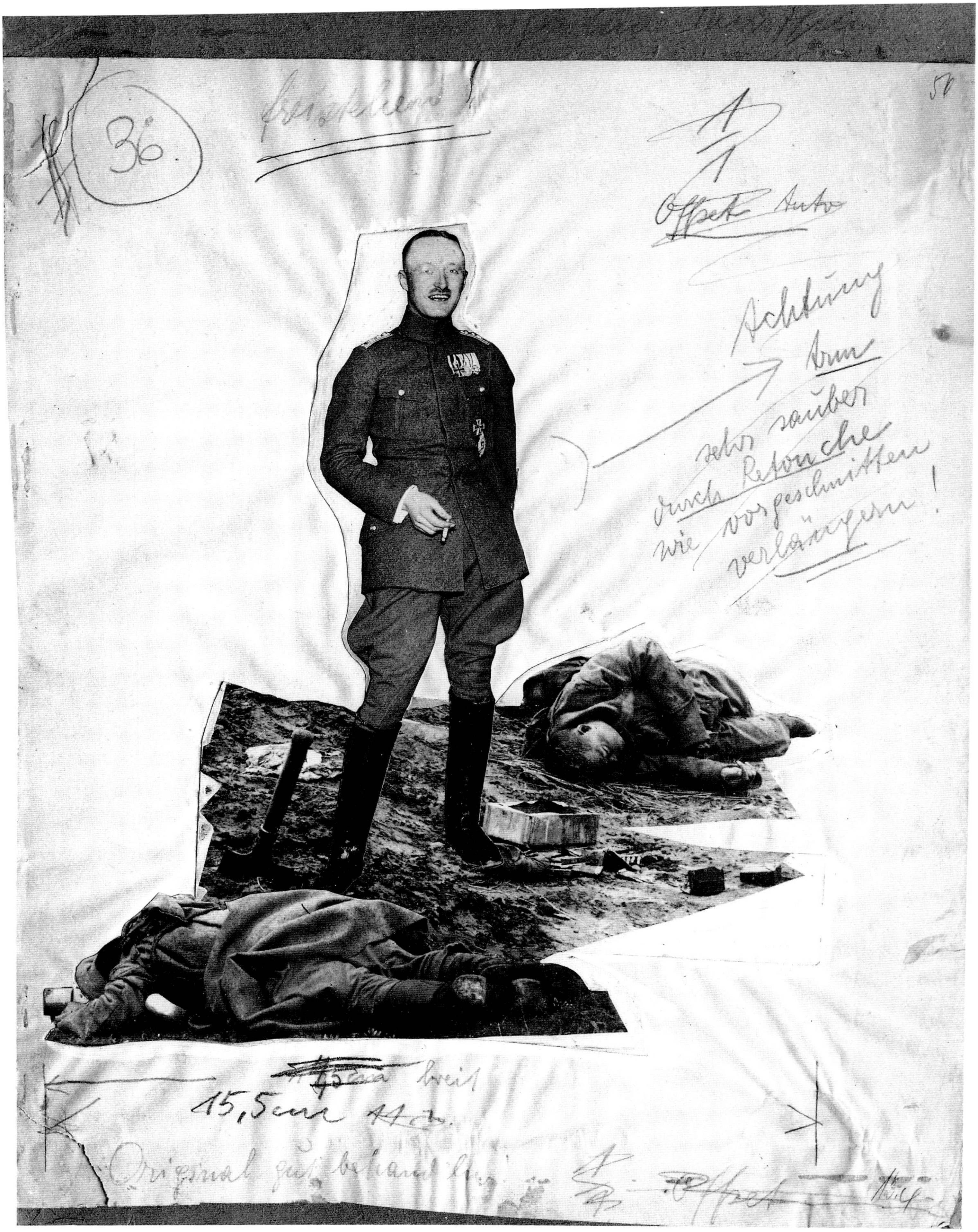

50 ›Kameraden! Leute! 5 Jahre unentwegt Gut und Blut geopfert . . .‹. Fotomontage für ›Der Knüppel‹, Nr. 6, Juni 1926, o. S. Kat.-Nr. 180

51 ›Auflösung des raffinierten Vexier-Pusselspieles‹. Montage für die Zeitschrift ›Hurra! Der Panzerkreuzer A ist da!‹ (Extrablatt der KPD), 1928, S. 8. Kat.-Nr. 192

52a ›Schwerer als 9 Millionen Stimmzettel!‹ ›Hurra! Der Panzerkreuzer A ist da!‹ (Extrablatt der KPD), 1928, Titelseite. Kat.-Nr. 187

Neuestes SPD.-Ministerlied
(Besonders zynisch und schnoddrig zu singen)

Achtzig Millionen,
Achtzig Millionen
Kostet so'n kleines Panzerschiff.
Achtzig Millionen
Achtzig Millionen —
In den Steuersäckel ein leichter Griff.
Und es war stets so der Welten Lauf:
Den Säckel füllt der Prolet wieder auf.
Achtzig Millionen,
Achtzig Millionen —
Ein treuer Hund folgt auf den Pfiff.
Achtzig Millionen,
Achtzig Millionen —
'ne Kleinigkeit! — für ein Panzerschiff!

Achtzig Millionen,
Gott soll uns verschonen,
Für die Opfer aus großer Zeit?!
Achtzig Millionen
Den Trägern von Kronen!
Doch für die Krüppel der Kriege — —
Das führt zu weit!
Wir opferten schwerer für's Vaterland,
Verloren das letzte Quantum Verstand!
Achtzig Millionen
Für blaue Bohnen
Gaben und geben wir jederzeit!
Wir verschwenden Milliarden
Und nicht nur Millionen,
Gilt es des Bürgertums Herrlichkeit.

Achtzig Millionen,
Achtzig Millionen
Soll'n wir an bettelnde Kinder verschenken?
Achtzig Millionen — —
Man will uns entthronen:
Wir sollen der Witwen und Waisen gedenken!!
Neun Millionen, die uns gewählt,
Sind empört, daß wir im Mai
ihnen Märchen erzählt.
Na, neun Millionen,
Wir müssen betonen,
Sind eine kleine Minderheit
Von sechzig Millionen,
Die Deutschland bewohnen.
Unser Wirken ist der gesamten „Menschheit" geweiht.

Achtzig Millionen
Für Bauten zum Wohnen?
Obdachlose, seid doch gescheit!
Achtzig Millionen,
Sie werden's uns lohnen,
Stell'n wir für „Höhere Zwecke" bereit.
Wir bewilligten schon einmal Kriegskredite,
Nahmen den Kindern die letzte Schnitte.
Achtzig Millionen
Für Panzer, Kanonen,
Verpulvern wir gern, wenn es endlich so weit!
Milliarden, Billionen — —
Selbst unsere — — Pensionen!
Damit man uns vom Bolschewismus befreit.

John Heartfield.

Die Fahrt in den Sozialismus

Es waren noch nicht drei Jahre seit jenem denkwürdigen Volksentscheid über den Bau von Kriegsschiffen vergangen, da hatte die ganze SPD. mit ihren Plüschsofas auf einem Panzerkreuzer bequem Platz. „Seht ihr", sagte Scheidemann, wie gut, daß wir damals den Panzerkreuzer gebaut haben. Jetzt wissen wir wenigstens, wozu er gut ist." Und Bernstein brachte einen längeren Antrag ein, der auf deutsch ungefähr besagte, die SPD. solle mit der praktischen Verwirklichung nicht länger zögern und auf dem Panzerkreuzer ins Weltmeer hinaussteuern und sehen, ob sich nicht doch irgendwo der Sozialismus entdecken lasse. Und so geschah es. Die SPD. schiffte sich ein, was ihr nicht schwer fiel, und die Fahrt begann.

Schon das Leben an Bord hatte etwas von jenem Idealzustand, für den die Sozialdemokratie jahraus, jahrein das Martyrium einer Koalitionspolitik erlitten hatte. Hilferding, Crispien und Stampfer kochten täglich die Suppe, die die Mitglieder unter Aufsicht von Severing auszulöffeln hatten. Scheidemann war die ganze Zeit über beschäftigt, die Fahne nach dem Wind zu hängen, während Kautsky von der hohen Warte, auf die er zu leben gewohnt war, Umschau nach dem Sozialismus halten mußte. Sie hatten Proviant für ein ganzes Jahr und als eiserne Ration die gesamten Zeitungsnummern des „Vorwärts" von seinem Erscheinen an. Außerdem hatten sie sich mit Parolen eingedeckt, die ausgegeben wurden, sowie sich Hunger bemerkbar machte, denn danach verging jedem sofort der Appetit. Endlich nahte der historische Augenblick, an dem Kautsky zu rufen hatte: „Sozialismus in Sicht!" (siehe unser nebenstehendes Bild).

„Täuschst du dich auch nicht?" fragte Philipp vorsichtshalber, „ist es wirklich der, den wir suchen?" „Ja," rief Kautsky herunter, „ich sehe ihn fast genau so, wie Marx ihn sich vorgestellt hat!" „Na, wir werden es ja erleben", meinten alle, und die Spannung stieg aufs höchste.

Wer aber beschreibt ihr Entsetzen, als sie beim Näherkommen entdecken mußten, daß sie sich in Sowjetrußland befanden. „Rettungsboote zu Wasser!" rief Philipp aufgeregt, „rette sich, wer kann!", und es dauerte nur wenige Augenblicke und das Schiff war von allen verlassen und schwamm melancholisch weiter der Küste zu. Die Sozialdemokraten aber ruderten mit aller Macht rückwärts und versuchten wieder den rettenden Hafen der demokratischen Republik zu erreichen, denn d e n Sozialismus hatten sie nicht gemeint.

Immer auf dem Boden der Tatsachen,
aber diesmal schwankt er mehr als sonst!

Scheidemann Noske Löbe Müller

Photomontagen von John Heartfield

52b ›Hurra! Der Panzerkreuzer A ist da!‹ (Extrablatt der KPD), 1928, S. 2. Kat.-Nr. 188

UNSERE BLAUEN JUNGENS

Wissell | Severing | Hilferding | Müller | Koch

Gruppenaufnahme der sozialdemokratischen Reichsminister auf der Parteikonferenz der SPD. Es ist begreiflich, daß bei diesem Anblick die Opposition umfiel

Panzerkreuzer-Sonate

(Melodie:
„Ich hab mein Herz in Heidelberg verloren ...")

Am 20. im Maien
Und kurz noch nach der Wahl,
Da war von den Parteien
Der Sozi so sozial.
Ein Kriegsschiff? — Ausgeschlossen!
Doch die Steuer wird gesenkt.
Der Parteivorstand, der Parteivorstand
Ganz heimlich bei sich denkt:

Refrain:
Ist der Ministersessel erst erklettert,
Dann wird bewilligt, daß der Panzer klirrt.
Und wenn wir vorher noch so sehr gewettert,
Mein Gott, da hab'n wir eben uns geirrt.
Herr Künstler schlägt den Schaum in großen Bogen,
Der „Vorwärts" ist drei Tage radikal.
Doch schaukelt bald die Flotte auf den Wogen,
Und Noske, der wird Admiral.

Was schrei'n die Kommunisten?
Nach Osten fährt das Schiff?
Als ob sie gar nicht wüßten,
Daß es untauglich ist.
Ihm fehlt doch die Tonnage,
Doch türmen kann es fein.
Und so renken wir, und so renken wir,
Die Krise wieder ein.
Refrain:

Es dämmert uns im Herzen,
Wenn der November tagt,
Wie wir mit großen Schmerzen,
Den Kaiser weggejagt.
Und kehrst du einstmals wieder,
Wir seh'n den Irrtum ein,
Und dann singen wir, und dann singen wir,
Mit dir die Wacht am Rhein.
Refrain:

DA WUNDERN SICH SELBST DIE FLUNDERN

„Der schlägt aber mächtig Schaum"
„Den hat doch auch die SPD. gebaut"

Kreuzerglossen

Reichskanzler Müller-Frankens auffallende Aehnlichkeit mit Wilhelm II. steht außer Frage.

Wieso denn?

Nun, er zeigt eine besondere Vorliebe für Wilhelms Lieblingsdevise: „Deutschlands Zukunft liegt auf dem Wasser!"

Gut beobachtet!

Während der letzten Parteikonferenz der SPD. bemerkte ein Zuhörer im Hinblick auf die Opposition: „Die Blase hält nicht mehr zusammen. Es wird dauernd von Schiffen geredet."

Was will man mehr!

„Was ist der Unterschied zwischen Mai 1928 und August 1928?"

„Im Mai behaupteten die Kommunisten, die SPD. werde in der Regierung nur die Geschäfte des Bürgerblocks fortführen.

Richtig: denn im August behaupten sogar die Sozialdemokraten, daß sie den Panzerkreuzer nur auf Anordnung der alten Bürgerblockregierung bauen."

Größte Manövrierfähigkeit gesichert

Wie wir hören, sollen alle besonders leicht dreh- und wendbaren Teile auf dem Panzerkreuzer A mit sozialdemokratischen Parolen versehen werden.

Sollmann will sich nicht scheiden lassen!

Sollmann kommt nun auf die Sitzungen des **Parteiausschusses** und der Reichstagsfraktion in Berlin zu sprechen und erklärt, alles was über diese Sitzungen in der bürgerlichen Presse zu lesen ist, ist aus den Fingern gesogen. Es ist keinem von uns eingefallen, etwa unseren Ministergenossen die Achtung zu versagen. Was müßten wir für schlechte Genossen sein! Wenn Sie sich wegen jedes Fehlers von Ihrer Frau scheiden ließen, wo kämen Sie da hin!

Sollmann vor den Kölner SPD.-Funktionären.

52c ›Unsere Blauen Jungens‹. ›Hurra! Der Panzerkreuzer A ist da!‹ (Extrablatt der KPD), 1928, S. 3. Kat.-Nr. 189

Auflösung des raffinierten Vexier-Pusselspieles

Zusammengeschnitten aus Original-Wahlflugblättern der SPD. von John Heartfield

aus den Wahlnummern der sozialdemokratischen Presse vom Mai 1928, auf die 9 Millionen Wähler hineingefallen sind

Schrittweise zum Sozialismus!

Rede zur Panzerkreuzerfrage nach der Referenteninstruktion der SPD.

Genossen und Genossinnen! Es soll nicht verkannt werden, daß der Panzerkreuzer die Parteireferenten — gewissermaßen — vor eine schwere Situation stellt. Aber wir haben schon schwierigere Kisten geschoben! Denkt doch bloß an die Wochen nach dem Kapp-Putsch, an die Reichswehrexekutive gegen Sachsen u. dgl. Es kommt nur darauf an, wie man es den Massen beibringt! Wir als verantwortungsbewußte Führer müssen — gewissermaßen — auch mal den Mut zur Unpopularität haben.

Wie liegen denn die Dinge, Genossen und Genossinnen? Welches sind jetzt unsere Aufgaben, wo sich der Mitglieder — gewissermaßen — eine Erregung bemächtigt hat? Wir müssen unbedingt nachweisen, daß sich unsere Regierungsmitglieder — einerseits — in einer gewissen Zwangslage befunden haben, — andererseits — aber auch, daß das neue Schiff — gewissermaßen — militärisch harmlos ist. Ich gehe sogar noch weiter und mache mich erbötig, unsere alten Parteifunktionäre zu überzeugen, daß der Kreuzerneubau absolut im Interesse der Arbeiter, des Friedens und des Sozialismus liegt! (Zwischenruf: Quadratur des Kreises!) Das scheint nur so, gewissermaßen, Genosse Seydewitz. Es kommt darauf an, wie man es macht! (Lebhaftes: Sehr richtig! — Neuer Zwischenruf: Was haben wir vor den Wahlen versprochen?) Darauf antworte ich: Mit Sentimentalitäten macht man heutzutage keine Staatspolitik! Verbrennt doch einfach eure alten Wahlredenmanuskripte! (Sehr gut!)

Also Genossen und Genossinnen! Wir müssen den Massen vor allem beibringen, daß wir — gewissermaßen — den Beschluß der Bürgerblockregierung durchführen mußten. Das klingt absurd, aber — gewissermaßen — nur auf den ersten Blick. Das ist durchaus parlamentarisch und demokratisch, Genossen. Es ist z. B. auch der Fall denkbar, daß nach uns mal wieder eine Bürgerregierung kommt. Angenommen nun, es liegt von uns aus ein noch nicht verwirklichter Beschluß auf — beispielsweise — Sozialisierung des Bergbaus vor. Wenn wir jetzt nicht den Panzerkreuzer bauen, würden doch die Bürgerlichen in diesem Fall die Sozialisierung auch nicht durchführen. — Ja, seht ihr, Genossen, als Staatsmann muß man eben an alles denken!

Schließlich stand die Frage doch so, ob der Panzerkreuzer von einer rein bürgerlichen, oder von einer Koalitionsregierung gebaut wird. Der Unterschied ist gar nicht so belanglos, wie es manchem Genossen erscheint. Dadurch, daß unsere Genossen sich daran beteiligten, wurden — gewissermaßen — die republikanischen Belange gewahrt. In der Offiziersmesse wird Eberts Bild neben Hindenburg und Prinz Heinrich hängen. So, Genossen und Genossinnen, wird der republikanische Gedanke — gewissermaßen — langsam, aber sicher, auch in der Marine verankert. Und dann noch eins! Bei Auslandsreisen wird der Panzerkreuzer A neben der schwarzweißroten Kriegsflagge auch ab und zu die Handelsflagge mit der schwarzrotgoldenen Gösch zeigen.

Mancher stellt sich etwas schwerfällig an. Nichts ist leichter, als zu beweisen, daß in einem kommenden Krieg Panzerschiffe nur altes Eisen sind. Den Ausschlag geben da U-Boote, Bombenflieger und Gastanks. Kein Kommunist kann uns nachweisen, daß wir für so etwas gestimmt haben. (Zuruf: Weil die Entente das verbietet!) Auf diesen Zuruf, Genosse Levi, gehe ich nicht ein! (Lebhaftes: Sehr richtig!) (Neuer Zwischenruf: 80 Millionen für altes Eisen!) Darauf komme ich eben! Das ist ja das Großartige, daß uns das Schiff sozusagen keinen Pfennig kostet. Denn die Millionen müssen ja bei den anderen Posten des Wehretats wieder eingespart werden. In Wirklichkeit wird also durch dieses Schiff unsere Abrüstung — gewissermaßen — von hinten herum — begonnen, ohne daß unsere Militaristen das merken. Der neue Panzerkreuzer ist also — gewissermaßen — nur ein Ausfluß unserer pazifistischen Haltung. Wenn man das den Genossen nur richtig klar macht (Zuruf) und, wie Genosse Crispien ganz richtig bemerkt, an die Rote Armee und Flotte Sowjetrußlands erinnert, dann wird es auch kapiert.

Aber, Genossen und Genossinnen, die 80 Millionen sind keineswegs nur ins Wasser geworfen. Sie kommen indirekt ja den Arbeitslosen der Werft- und Metallindustrie als produktive Erwerbslosenhilfe zugute. Wenn die Kommunisten trotzdem gegen den Kreuzer auftreten, so erhellt daraus, daß sie in Wirklichkeit für die Arbeitslosen gar nichts übrig haben! Auch ihr Antrag, das Geld für Kinderspeisung zu verwenden, ist nur Moskauer Demagogie. Die Arbeiter ziehen Arbeit „Wohltaten" vor, weil sie sich sagen:

„Nicht betteln, nicht bitten,
Nur mutig gestritten!"

Wir können, angesichts der Massenarbeitslosigkeit — gewissermaßen — gar nicht genug Schiffe bauen. Das ist ein Stück praktische Gegenwartsarbeit, nur so kommen wir — gewissermaßen schrittweise — zum Sozialismus! Unter diesem Gesichtspunkt haben unsere Genossen in der Regierung zugestimmt.

Ich sehe an dem Kopfnicken der Genossin Toni Sender, daß sie das — gewissermaßen — auch einsieht. Also warum dann die ganze Aufregung, Genossen? Es soll mal erst einer kommen, der es besser macht. Die Kommunisten ganz gewiß nicht! Die pfeifen trotz allen Geschreis — gewissermaßen — schon auf dem vorletzten Loch. Erst dieser Tage ist wieder ein kommunistischer Gemeindevertreter zu uns übergetreten. Und in Moskau, da haben die Arbeiter trotz zehn Jahre Räteregiment auch noch nicht jeder eine Villa. Daran muß man immer wieder erinnern, das zieht bei unseren Genossen — gewissermaßen — immer noch am besten!

Im übrigen: laßt unsere Genossen ruhig ein bißchen toben; die Genossen Rosenfeld und Aufhäuser können ruhig ein paar scharfe Resolutionen fabrizieren. Das wird sogar ganz gut sein! Deshalb bleibt doch alles bei der Stange, und bis zu den nächsten Wahlen ist noch lange hin. Uns kriegt keiner wieder aus die Regierung! Uns kann — gewissermaßen — keiner es so dick geben, wie wir es vertragen können! Die verantwortlichen Genossen wissen schon, was sie zu tun haben. Also, Genossen, nur nicht ängstlich sein. Uns kann keiner (Lebhafter Beifall.)

Karl Grünberg

Wider das östliche Analphabetentum

oder die Kulturmission der Sozialdemokratie

Zeichnung von George Grosz

Crispien: „Wir werden den Russen schon das ABC und D beibringen!"

Was kümmert's uns . . .!

Was kümmert's uns, wenn Kinder Hunger leiden,
Mögen sie auf der Strecke bleiben!
Wir bauen Panzerkreuzer, Deutschland zum Gewinn
Und halten den Kanzlerposten in treudeutschem Sinn.

Was kümmert's uns, geht's gegen die Sowjetunion.
Wir streichen vom Etat nicht eine einzige Million.
Wir lassen uns nicht lumpen, wir halten stand:
Kämpfen mit Hindenburg für Kreuzer und Vaterland.

Was kümmert uns alles! Wir haben den Kriegsächtungspakt,
Wir haben in Brüssel schwarz-rot-gold geflaggt,
Wir haben uns die Parole gestellt:
„Deutschland wieder voran in der Welt!"

Was kümmert's uns, daß der Pöbel gegen uns tobt.
Hauptsache, wir werden von den Nationalen gelobt.
Wir erringen, daß sei unser Schwur,
Mit Phosgen und Kreuzer — Deutschlands höchste Kultur.

Wir aber, wir Proleten, tragen im Blut
Lenins Vermächtnis als höchstes Gut!
Wir werden schützen mit starker Hand
Sowjetrußland — unser Vaterland!

P. Bartolain.

Herausgegeben vom Zentralkomitee der Kommunistischen Partei Deutschlands. — Verantwortlich für den gesamten Inhalt: Hugo Eberlein, M. d. L., Berlin. — Druck: „Peuvag" Papier-Erzeugungs- und Verwertungs-Akt.-Ges., Abteilung Friedrichstadt-Druckerei, Berlin C 25, Kleine Alexanderstraße 28.

52d ›Auflösung des raffinierten Vexier-Pusselspieles‹. ›Hurra! Der Panzerkreuzer A ist da!‹ (Extrablatt der KPD), 1928, S. 8. Kat.-Nr. 190

Alexander Abusch, 1976

In der ›Roten Fahne‹ war das so, daß wir sagten »Mein lieber Jonny, wir müssen am nächsten Sonntag mal wieder mit einer solchen Seite herauskommen, das muß so ganz was besonderes sein«. (...) Wir sagten »Fünf, die Fünf, die Fünf« und so weiter, »was kann man da sagen? Wählt Liste 5, Kommunistische Partei... Was kann man da neues sagen?« Und dann sagte einer von uns: »Fünf Finger hat die Hand.« Und da sprang der Jonny Heartfield sofort in die Höhe und sagte: »Ja, Fünf Finger hat die Hand!« Und da war schon im Grunde alles da.
Die Partei errang bei den Wahlen einen großen Erfolg, sicher *auch* mit Hilfe dieses wunderbaren Plakats von Heartfield. (...) Aber natürlich ohne ›Rote Fahne‹, ohne Kommunistische Partei, ohne die große Massenbewegung wäre das eben nie zustande gekommen. Und auf der anderen Seite ist es natürlich so, daß ohne Heartfield irgendjemand hätte sagen können: »Fünf Finger hat die Hand.« Und dann wärens eben Fünf Finger hat die Hand gewesen und wenn Heartfield nicht den Einfall gehabt hätte, wäre eben nichts daraus geworden. Das ist eben der Künstler, so ist das Leben, und so ist auch die Kunst und die Verbindung zwischen Leben und Kunst.

Aus einem Gespräch mit Alexander Abusch, abgedruckt in: Eckhard Siepmann, ›Montage: John Heartfield. Vom Club Dada zur Arbeiter-Illustrierten-Zeitung‹, Berlin 1977, S. 123–124.

Eckhard Siepmann, 1977

Nachdem die KPD 1927 das Erscheinen ihrer satirischen Zeitschrift ›Der Knüppel‹ eingestellt hatte, veröffentlichte Heartfield eine Serie von Fotomontagen auf der Titelseite der ›Roten Fahne‹. Die Anerkennung, die ihm damit von der Partei ausgesprochen wurde, markiert einen Abschnitt in seiner künstlerischen Entwicklung. Zugleich ist sie ein Reflex der Begeisterung, mit der die revolutionären Arbeiter in den 20er Jahren seine Arbeiten aufzunehmen begannen.
(...) Abuschs Mitteilung, daß Heartfields Kunst innerhalb der Agitprop-Abteilung der Partei auf einhellige Zustimmung stieß, wird wahrscheinlich näheren Untersuchungen nicht standhalten können; nach einigen Aussagen hatte Heartfield in den Debatten mit den zuständigen Genossen manche Geduldprobe bestehen müssen – soweit die ästhetische Seite seiner Produktion betroffen war; gleichzeitig hat er aber immer wieder betont, wie entscheidend die politischen Lernprozesse dabei für sein späteres Werk waren.

Aus: Siepmann, a. a. O., S. 121.

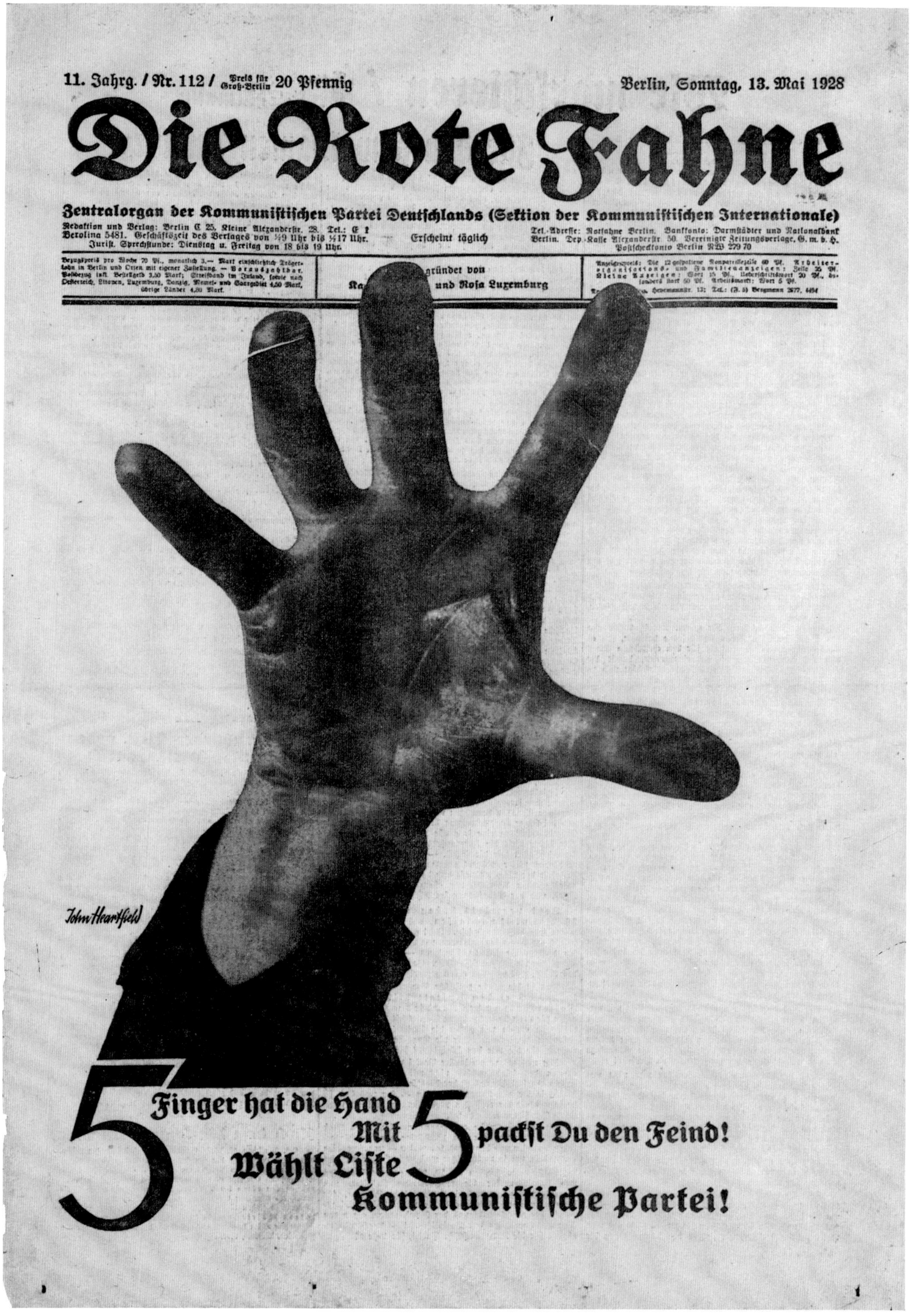

11. Jahrg. / Nr. 112 / Preis für Groß-Berlin 20 Pfennig

Berlin, Sonntag, 13. Mai 1928

Die Rote Fahne

Zentralorgan der Kommunistischen Partei Deutschlands (Sektion der Kommunistischen Internationale)

Redaktion und Verlag: Berlin C 25, Kleine Alexanderstr. 28. Tel.: E 1 Berolina 5481. Geschäftszeit des Verlages von ½9 Uhr bis ½17 Uhr. Jurist. Sprechstunde: Dienstag u. Freitag von 18 bis 19 Uhr.

Erscheint täglich

Tel.-Adresse: Rotfahne Berlin. Bankkonto: Darmstädter und Nationalbank Berlin. Dep.-Kasse Alexanderstr. 50. Vereinigte Zeitungsverlage, G. m. b. H. Postscheckkonto Berlin NW 279 70

...gründet von Ka... und Rosa Luxemburg

John Heartfield

5 Finger hat die Hand
Mit 5 packst Du den Feind!
Wählt Liste 5
Kommunistische Partei!

53 ›5 Finger hat die Hand ...‹. ›Die Rote Fahne‹, 13. 5. 1928, Titelseite. Kat.-Nr. 193

11. Jahrg. / Nr. 118 / Preis für Groß-Berlin 20 Pfennig

Berlin, Sonntag, 20. Mai 1928

Die Rote Fahne

Zentralorgan der Kommunistischen Partei Deutschlands (Sektion der Kommunistische Internationale)

Erscheint täglich

Begründet von Karl Liebknecht und Rosa Luxemburg

MARX

CRISPIEN

KEUDELL

STRESEMANN

HITLER

KÜLZ

Rechnet ab!

John Heartfield

Demonstriert für die Revolution!

54 ›Rechnet ab! …‹ ›Die Rote Fahne‹, 20. 5. 1928, Titelseite. Kat.-Nr. 184

55 ›Schlagt zu! Zeichnet Euch ein!‹ ›Die Rote Fahne‹, 14. 10. 1928, Titelseite. Kat.-Nr. 186

11. Jahrg. / Nr. 115 / Preis für Groß-Berlin 10 Pfennig

Berlin, Donnerstag, 17. Mai 1928

Die Rote Fahne

Zentralorgan der Kommunistischen Partei Deutschlands (Sektion der Kommunistischen Internationale)

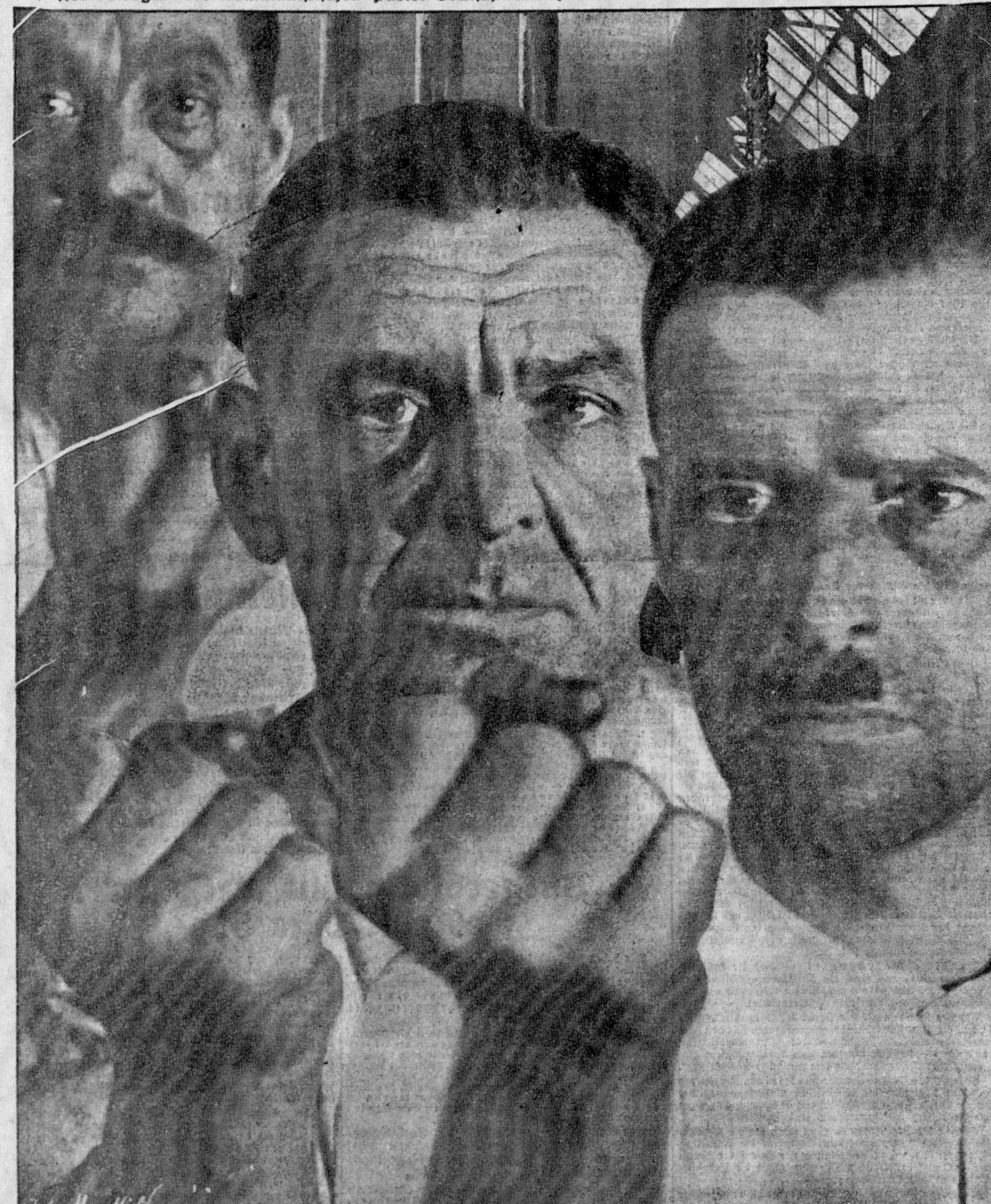

Seid kampfentschlossen wie diese Drei
Wählt Liste 5 – Kommunistische Partei!

56 ›Seid kampfentschlossen wie diese Drei . . .‹. ›Die Rote Fahne‹, 17. 5. 1928, Titelseite. Kat.-Nr. 183

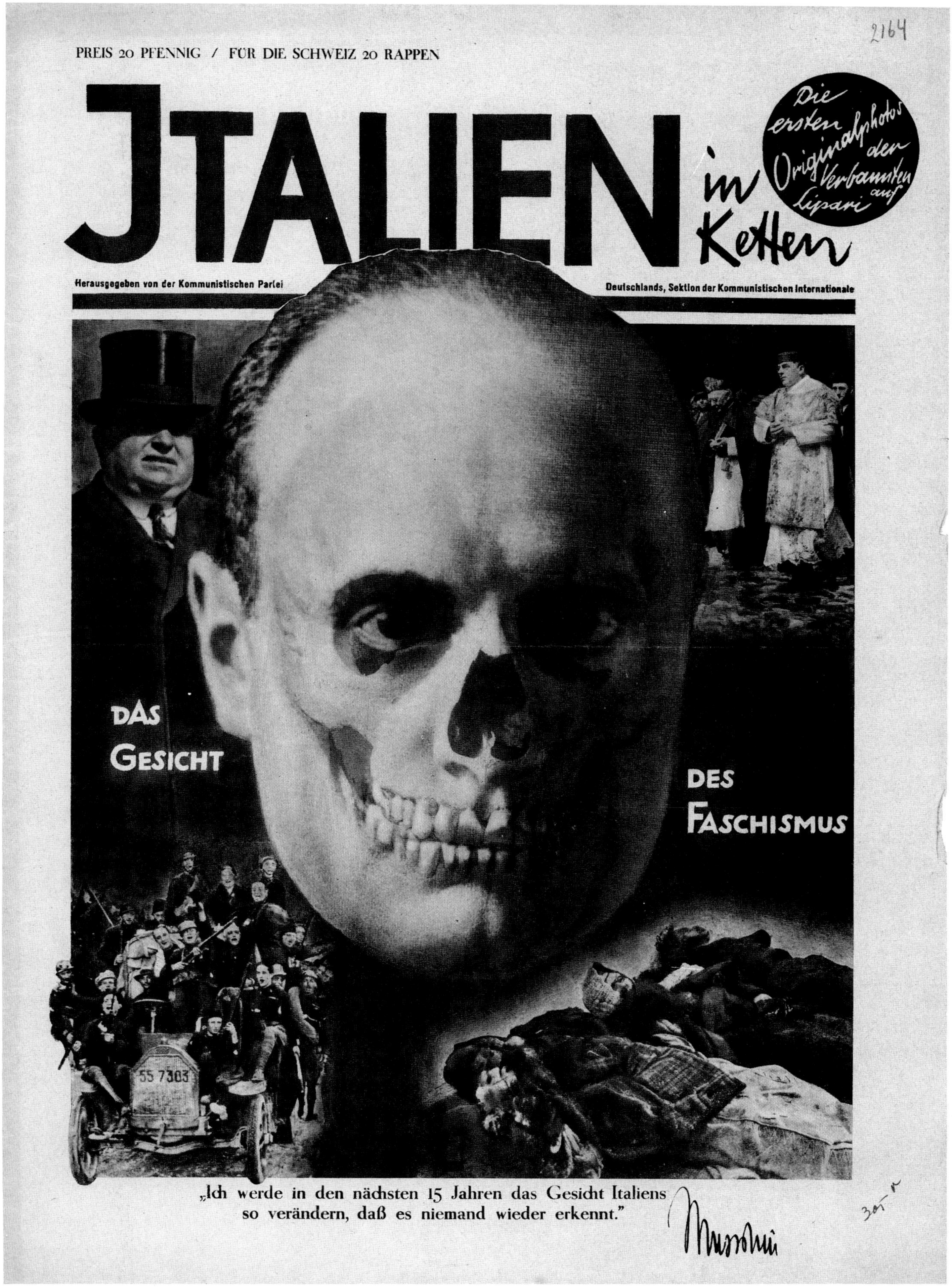

57 ›Das Gesicht des Faschismus‹. ›Italien in Ketten‹, 1928, Titelseite. Kat.-Nr. 105

58 ›Kämpft mit uns!‹ Wahlplakat, 1930. Kat.-Nr. 230 (Nachdruck)

59 ›Das letzte Stück Brot raubt ihnen der Kapitalismus ...‹. Wahlplakat, 1932. Kat.-Nr. 231

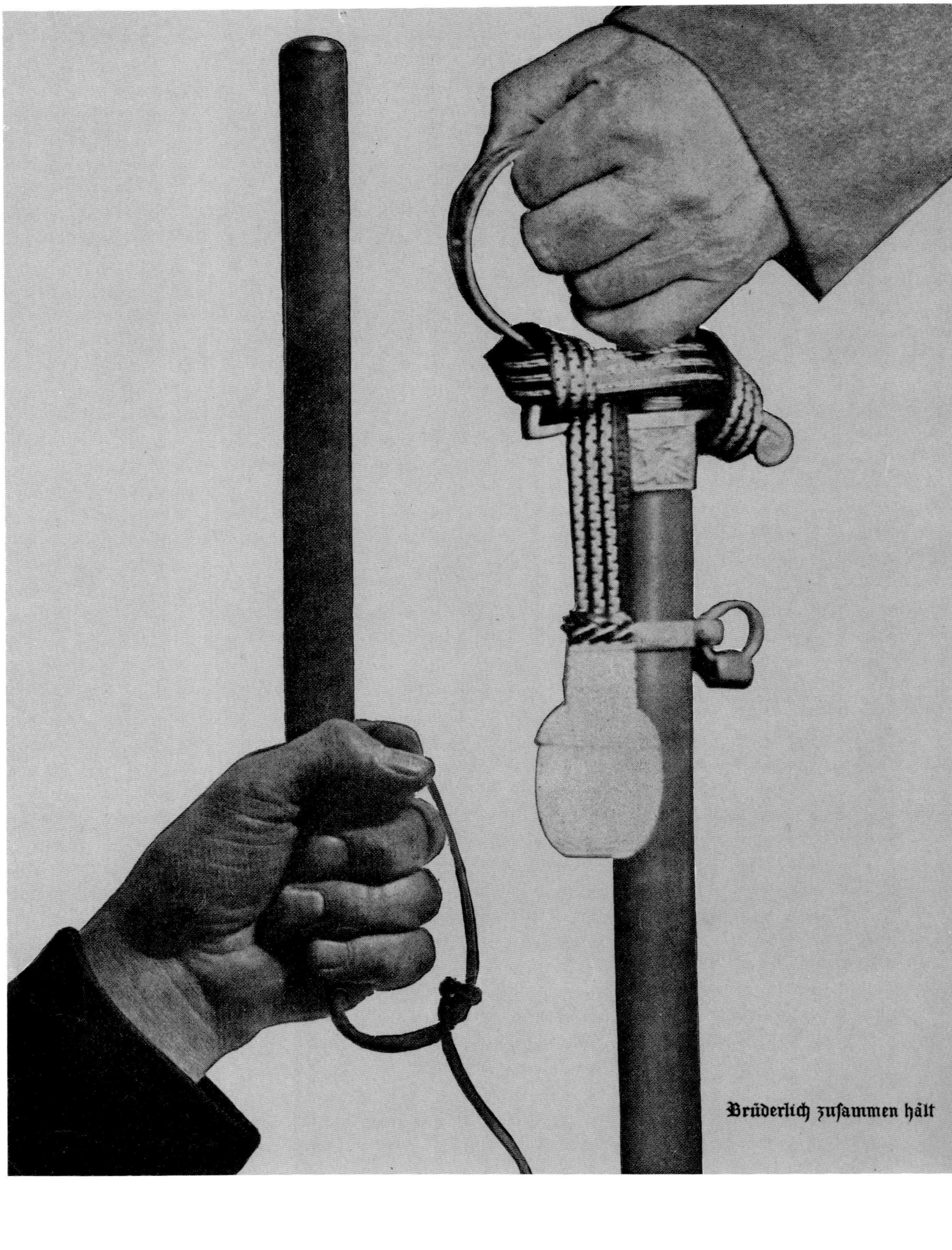

Brüderlich zusammen hält

Deutschland Deutschland über alles

60a Kurt Tucholsky, ›Deutschland, Deutschland über alles‹. Buchumschlag, 1929.
Kat.-Nr. 329

Statistik

Wir sind ein armes Land. Ich, der gelernte Arbeiter mit Frau und drei Kindern, arbeite 50 Tage im Jahre nicht für mich –

über 2 Tage arbeite ich für die Reichswehr, und zwei weitere Tage im Jahre arbeite ich, damit wir eine schöne Polizei haben.

46

60b Kurt Tucholsky, ›Deutschland, Deutschland über alles‹, 1929, S. 46. Kat.-Nr. 331

Einen halben Tag muß ich für die Kirche arbeiten, der ich gar nicht mehr angehöre, und

47

60c Kurt Tucholsky, ›Deutschland, Deutschland über alles‹, 1929, S. 47. Kat.-Nr. 331

eine Woche für die Beamten. für alle die vielen überflüssigen Beamten.
Dafür habe ich es dann mit der Kunst und Wissenschaft leichter; das ist in 3 Stunden gemacht.
Wir sind ein armes Land!
Wir haben 28 807 988 Mark allein in Preußen für Pferdezucht übrig und

48

60d Kurt Tucholsky, ›Deutschland, Deutschland über alles‹, 1929, S. 48. Kat.-Nr. 331

wenig zu essen,

aber 230990 Mark für die Seelsorge in der Reichswehr und 2164000 Mark für die Umzüge unserer Botschafter und Gesandten, denn wenn die nicht umzögen, was hätten sie sonst zu tun? Und

60e Kurt Tucholsky, ›Deutschland, Deutschland über alles‹, 1929, S. 49. Kat.-Nr. 331

ich, der Buchhalter, beziehe ein Jahresgehalt von 3 600 Mark, und meine Frau gibt wöchentlich 40 Mark aus. Und 433 Wochen müßte ich arbeiten, um so viel zu erarbeiten, wie der Herr Tirpitz, der die deutsche Flotte danebenorganisiert hat, als Pension bekommt. Herr Schlachtenverlierer Ludendorff bekommt 17 000 Mark,

60f Kurt Tucholsky, ›Deutschland, Deutschland über alles‹, 1929, S. 50. Kat.-Nr. 331

denn wir zahlen an Pensionen für die alten Monarchisten im Jahr 206 931 960 Mark, denn wir habens ja – das heißt: eigentlich haben wirs nicht, aber was ist da zu tun, wenn wir doch einen neuen Panzerkreuzer haben müssen, der 80 Millionen Mark kostet! Und wenn die Offiziere morgens spazierenreiten müssen, dann kann man keine schönen Augenkliniken haben; wir brauchen unser Geld anderswo.

4*

60g Kurt Tucholsky, ›Deutschland, Deutschland über alles‹, 1929, S. 51. Kat.-Nr. 331

61 ›Deutscher Sport‹. Fotomontage für Kurt Tucholsky, ›Deutschland, Deutschland über alles‹, 1929, S. 109. Kat.-Nr. 332

Axel Eggebrecht, 1929

Was in diesem Deutschland-Buch gezeigt wird, darauf müssen jedenfalls sehr viele Menschen überhaupt erst einmal aufmerksam gemacht werden: Proletarierhöhlen, schaurig leere Palaisfronten, Hotelhallen, Generalsgesichter, Zuchthäuser, Sektgläser, Briefe, Tiere – es hat keinen Zweck, aufzuzählen. Es sind nur ein paar willkürlich herausgeschmeckte Ingredienzien eines kräftigen Salats, den ihr schon selber kosten müßt, um die rechte Magenwärme davon zu spüren. Und unter uns, über, zwischen diese Bilder setzte nun Tucholsky seine kleinen und großen Stücke: Panterhiebe, Tigerbisse, Wrobelhistörchen. Auch Herr Wendriner, der Ehrenwerte, wird einmal bemüht. Und ein paar von jenen Gedichten sind dabei, die unsere Seelen so heftig um und um rühren, bis Melancholie und Resignation verdampfen und wir aufkochen in heißem Zorn und bittrer Wut. Der Titel des Buches ist aber durchaus nicht nur ironisch gemeint. Es war immer schon zu vermuten, daß nur enttäuschte Liebe so anhaltend und grausam feindlich sein kann. Diesmal setzt Tucholsky an den Schluß des Ganzen ein merkwürdig leises und ergreifendes (er-grei-fen-des, Leute!) Bekenntnis seiner Liebe zu diesem Lande. Und das ist beinahe das schönste. – Man kann das Buch ebensogut durchackern wie überfliegen. Hundertmal werden wir dabei von Haß, Grauen, Leere, Schande zu Boden gedrückt – und wieder durch Bissigkeit und heitere Sicherheit aufgerichtet. Vielleicht ist dies heute die einzige, zweckmäßige Art, den Willen zur Änderung, zur Erneuerung, zur Besserung, also den Willen zur Revolution in diesem schlafenden Lande zu verbreiten. Wenn dieses Buch ein ganz großer Erfolg würde, dann würde man merken können, daß in Deutschland von einem Erwachen immerhin noch recht lebhaft geträumt wird.

Aus: Axel Eggebrecht, Rezension ›Deutschland, Deutschland über alles‹, in: *Die literarische Welt*, 34, 1929, S. 5–6.

62 ›Der schlafende Reichstag‹. Negativmontage für Kurt Tucholsky, ›Deutschland, Deutschland über alles‹, 1929, S. 138. Kat.-Nr. 333

63 ›Süße Tinte‹. S. 107. Kat.-Nr. 334

64 ›Ich kenne nur Paragraphen‹. S. 163. Kat.-Nr. 335

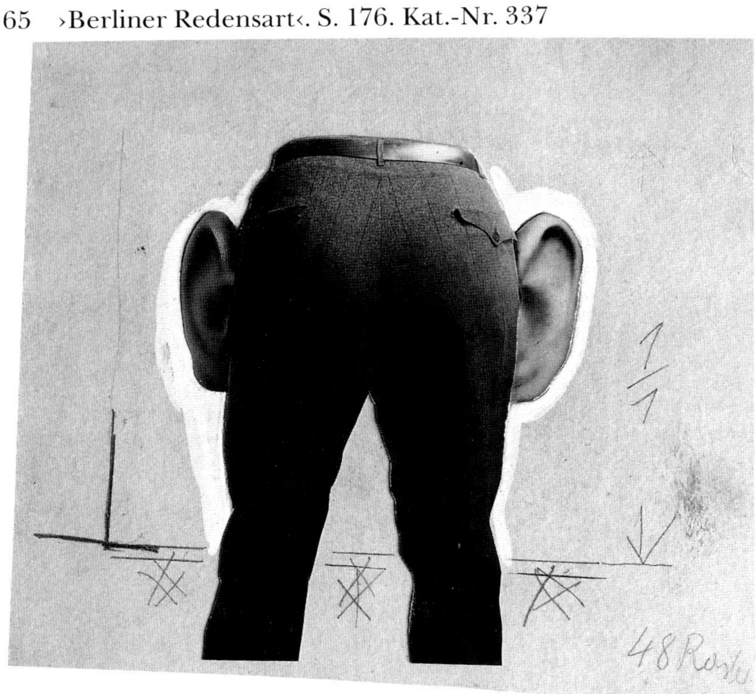

65 ›Berliner Redensart‹. S. 176. Kat.-Nr. 337

66 ›Das? Das ist die Zeit, sie schreit nach Satire‹. S. 101. Kat.-Nr. 336

63–66 Fotomontagen für Kurt Tucholsky, ›Deutschland, Deutschland über alles‹, 1929

67 ›Untertanen‹. Fotomontage für Kurt Tucholsky, ›Deutschland, Deutschland über alles‹, 1929, S. 152. Kat.-Nr. 338

68 ›Deutscher Tonfilm‹. Fotomontage für Kurt Tucholsky, ›Deutschland, Deutschland über alles‹, 1929, S. 225. Kat.-Nr. 339

69 ›Brüderlich zusammen hält‹. Fotomontage für Kurt Tucholsky, ›Deutschland, Deutschland über alles‹, 1929, Umschlagrückseite. Kat.-Nr. 330

70 ›Windstärke 1917‹. ›Volks-Illustrierte‹ (VI, Prag), 29. 9. 1937, o. S. Kat.-Nr. 302

Peter Gorsen, 1973

Die Bild-Text-Montagen und sogenannten ›Bild-Gedichte‹, die der AIZ auch in der bürgerlichen Pressegeschichte soviel Lob und Ruhm einbrachten, waren daher mehr aus der Notwendigkeit entstanden, das vorhandene Material der bürgerlichen Bildagenturen zu dekomponieren und in einen anderen, der Klassenperspektive der proletarischen Diktatur und ihrer Sympathisanten entsprechenden Zusammenhang zu stellen, als einfach nur einer allgemeinen ästhetischen Originalität im Erfinden und Aufmachen von Layouts zu verdanken. Die ›originelle‹ Gestaltung – die ›spektakuläre‹ proletarische Zeitungsästhetik – ergab sich aus den inhaltlichen Erfordernissen einer Berichterstattung, die für die unterdrückten Informations-, Bildungs- und Unterhaltungsbedürfnisse der Arbeiterklasse dasein wollte. (...)
Wie im Falle Heartfields handelt es sich hier um Umfunktionierung und Ideologisierung eines – zum Teil auch aus der bürgerlichen Presse bekannten – Materials vom Standpunkt des unterdrückten kämpfenden Proletariats. (...) Das Nachrichtenangebot wird als bereits kommentiertes, bewertetes Faktenmaterial zerstört und von ihm ein anderer Gebrauch gemacht, der den Klassengegensatz in der verschiedenen Interpretierbarkeit ein und desselben Materials transparent werden läßt.

Aus: Peter Gorsen, ›»Das Auge des Arbeiters« – Anfänge der proletarischen Bildpresse‹, in: *Ästhetik und Kommunikation,* 10, 1973, S. 11–13.

Ernst Bloch, 1938

... in [der Montage] reiben sich ausgesucht treffende Momente, ein Blitz entsteht, der ganze Situationen beleuchtet, John Heartfield photographiert ein altes Schiffsmodell, setzt Butterkarten als Segel ein, der Text lautet: ›Windstärke 1917. Jetzt segeln wir in die große Zeit.‹ Brecht montiert in seinem neuen Stück ›Furcht und Elend des Dritten Reichs‹ (›99 Prozent‹) zugespitzte Situationen, er läßt an ihnen die dicke Luft, die Gemeinheit und kitzlige Gefahr, die Widersprüche des Regimes lehrhaft erscheinen; den Reim macht sich der Leser selbst. Das sind die Vorteile einer deskriptiven Darstellung; sie greift hinein ins volle Nazileben, mit der Feuerzange, wie es sich hier gehört.

Aus: Ernst Bloch, ›Der Nazi und das Unsägliche‹, in: *Das Wort,* 9, 1938, S. 114; aus: ders., ›Gesamtausgabe‹, Frankfurt a. M. 1959ff. –

71 ›Kleiner SA-Mann, was nun?‹ ›Arbeiter-Illustrierte-Zeitung‹ (AIZ, Berlin), 25. 12. 1932, S. 1227. Kat.-Nr. 225

72 ›Deutsche Naturgeschichte‹. ›Arbeiter-Illustrierte-Zeitung‹ (AIZ, Prag), 16. 8. 1934, S. 536. Kat.-Nr. 277

Zum Krisen-Parteitag der SPD

Die Sozialdemokratie will nicht den Zusammenbruch des Kapitalismus. Sie will wie ein Arzt zu heilen und zu bessern versuchen (Fritz Tarnow, Vorsitzender des Holzarbeiterverbandes)

FOTO-MONTAGE: JOHN HEARTFIELD

Die Tierärzte von Leipzig: „Selbstverständlich werden wir dem Tiger die Zähne ausbrechen, aber zunächst einmal müssen wir ihn gesundpflegen und herausfüttern."

477

73 ›Zum Krisen-Parteitag der SPD‹. ›Arbeiter-Illustrierte-Zeitung‹ (AIZ, Berlin), Nr. 24, 1931, S. 477. Kat.-Nr. 211

74 ›Goering: Der Henker des Dritten Reichs‹. ›Arbeiter-Illustrierte-Zeitung‹ (AIZ, Prag), 14. 9. 1933, Titelseite. Kat.-Nr. 246

75 ›Weil er sich aufs Programm der NSDAP berief‹. ›Arbeiter-Illustrierte-Zeitung‹ (AIZ, Prag), 20. 7. 1933, S. 483. Kat.-Nr. 239

76 ›Ein neuer Mensch – Herr einer neuen Welt‹. ›Arbeiter-Illustrierte-Zeitung‹ (AIZ, Prag), 1. 11. 1934, Titelseite. Kat.-Nr. 283

77 ›Hurrah, die Butter ist alle!‹ ›Arbeiter-Illustrierte-Zeitung‹ (AIZ, Prag), 19. 12. 1935, S. 816. Kat.-Nr. 292

78 ›Faschistische Ruhmesmale‹. ›Arbeiter-Illustrierte-Zeitung‹ (AIZ, Prag), 22. 4. 1936, S. 272. Kat.-Nr. 295

79 ›Wenn Hitler vom Frieden spricht, ...‹. ›Arbeiter-Illustrierte-Zeitung‹ (AIZ, Prag), 12. 4. 1936, S. 256. Kat.-Nr. 294

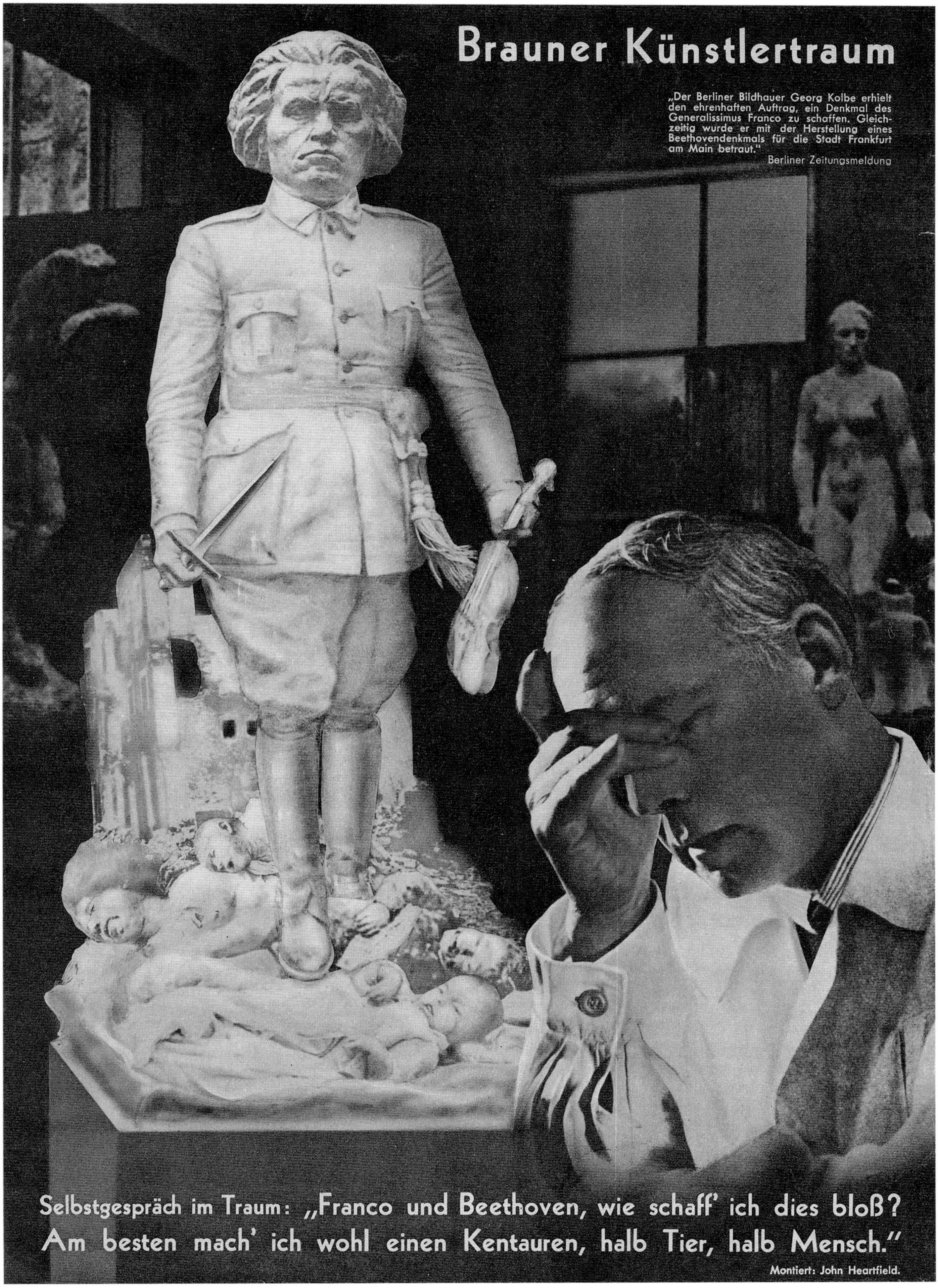

80 ›Brauner Künstlertraum‹. ›Volks-Illustrierte‹ (VI, Prag), 20. 7. 1938. Kat.-Nr. 307

81 ›Der friedfertige Raubfisch‹. ›Volks-Illustrierte‹ (VI, Prag), 12. 5. 1937, S. 307.
Kat.-Nr. 299

82 ›Das ist das Heil, das sie bringen!‹ ›Volks-Illustrierte‹ (VI, Prag), 29. 6. 1938, o. S.
Kat.-Nr. 306

83 ›Normalisierung‹. ›Arbeiter-Illustrierte-Zeitung‹ (AIZ, Prag), 29. 7. 1936, S. 496.
Kat.-Nr. 296

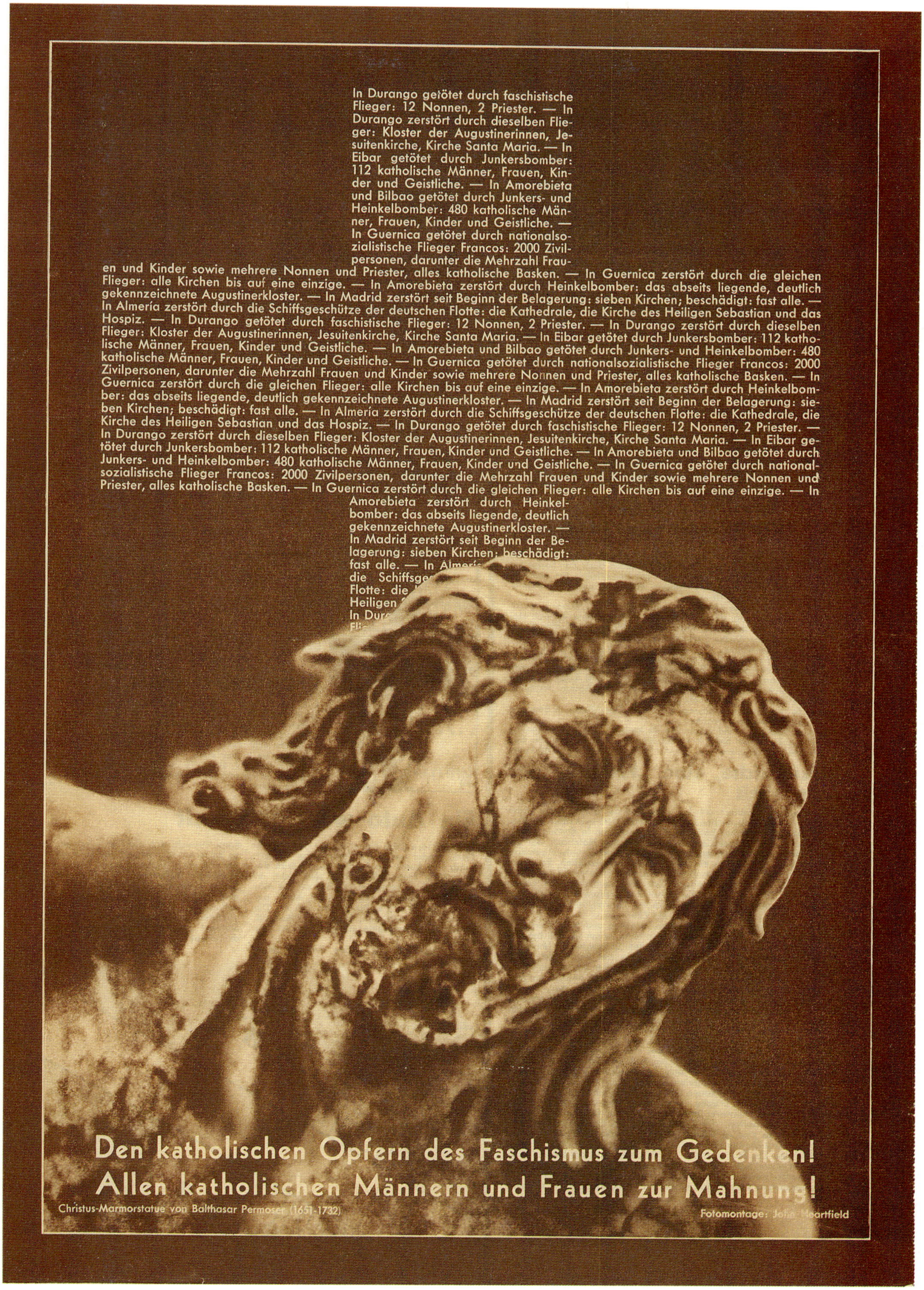

84 ›Den katholischen Opfern des Faschismus zum Gedenken! ...‹ ›Volks-Illustrierte‹ (VI, Prag), 9. 6. 1937, S. 369. Kat.-Nr. 301

85 ›Illustration zu Grimms Märchen von der Katze und der Maus‹. ›Volks-Illustrierte‹ (VI, Prag), 2. 3. 1938, o. S. Kat.-Nr. 304

86 ›. . . Je mehr Bilder sie weghängen, umso sichtbarer wird die Wirklichkeit!‹ ›Arbeiter-Illustrierte-Zeitung‹ (AIZ, Prag), 3. 5. 1934, S. 288. Kat.-Nr. 269

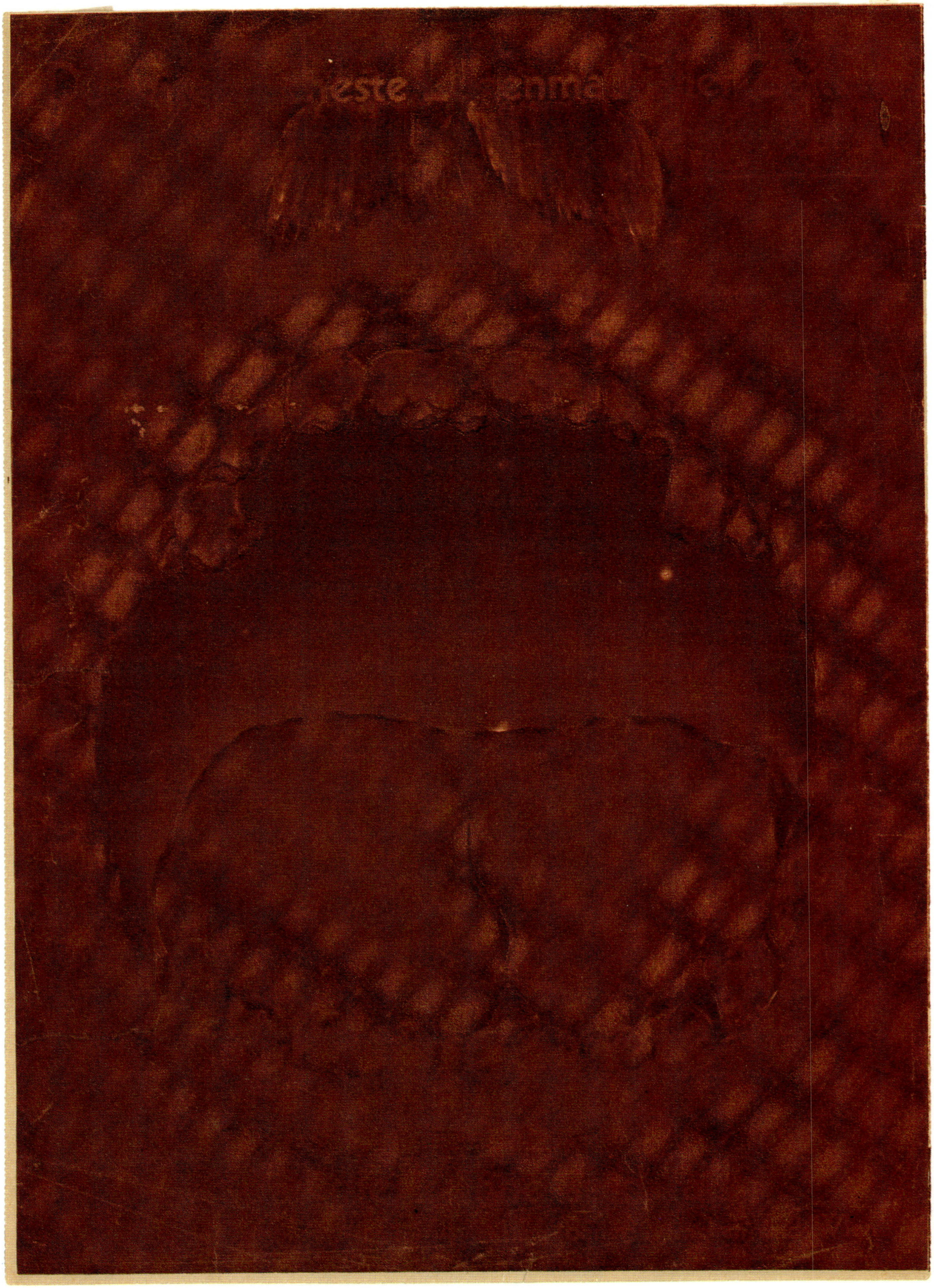

87 ›Das gigantischeste Lügenmaul aller Zeiten ...‹ (von der Zensur unkenntlich gemacht).
›Volks-Illustrierte‹ (VI, Prag), 5. 10. 1938, o. S. Kat.-Nr. 308

Günther Anders, 1938

Was Sie hier in der Ausstellung sehen, nennt man zwar ›Originale‹. Aber so ehrfurchtslos es klingen mag, ich behaupte: die Reproduktionen sind die Originale. Schon vor einem Photo können Sie nicht fragen: Ist dieses Photo das Original oder nicht? Und es wäre snobistisch, wollte man sich als Original das Negativ ins Zimmer hängen. So wie die Bilder hier vor Ihnen hängen, sind sie von Heartfield nicht gemeint.

Aus: Günther Anders, ›Moderne Hieroglyphen. Eine neue Kunst: Photomontage‹, Vortrag für eine Heartfield-Ausstellung in New York (ACA Gallery, 1938).

Bernd Kuhnert, 1976

Um eine Bildidee umzusetzen, standen ihm Schere, Tonwerte der Fotografien, Retuschefarben und Drucktechnologie zur Verfügung. Daraus entstanden Montageoriginale mit erregendem und kämpferischem Inhalt und einer technischen Perfektion in der Handhabung der Mittel. Er arbeitete mit den Grautönen des Fotos wie ein Maler mit Farben. (...)
John Heartfield arbeitete einmal mit Fotografen, die unter seiner Regie die Aufnahmen anfertigten und sie dann in der von ihm angegebenen Größe herstellten. Oder er benutzte vorhandene Fotos aus Archiven, die reproduziert wurden und nach seinen Angaben vergrößert wurden. Anschließend wurden die Fotos von ihm geschnitten und zu einer neuen Einheit montiert. Es gibt ganz wenige Ausnahmen, wo er Fotos gleich so verwandte.
Alle Montagen wurden für den Druck geschaffen. Daher mußte das Kleberoriginal druckreif retuschiert werden. Um z. B. in den Gesichtern den Ausdruck durch den Druck nicht zu verflachen, mußten Mund, Wangenlinien, Augen durch Retusche in ihrer Wirkung überhöht werden. Dunkle Partien wurden mit Spritzretusche überlegt, damit sie im Druck nicht zu tief erschienen. Ungleiche Tonwerte von montierten Fototeilen mußten geschlossen werden, und Klebekanten wurden durch Spritzretusche für den Druck unsichtbar gemacht.

Aus: Bernd Kuhnert, ›Die Tonwerte bei Heartfield-Montagen‹ (1976), abgedruckt in: Eckhard Siepmann, ›Montage: John Heartfield. Vom Club Dada zur Arbeiter-Illustrierten-Zeitung‹, Berlin 1977, S. 283.

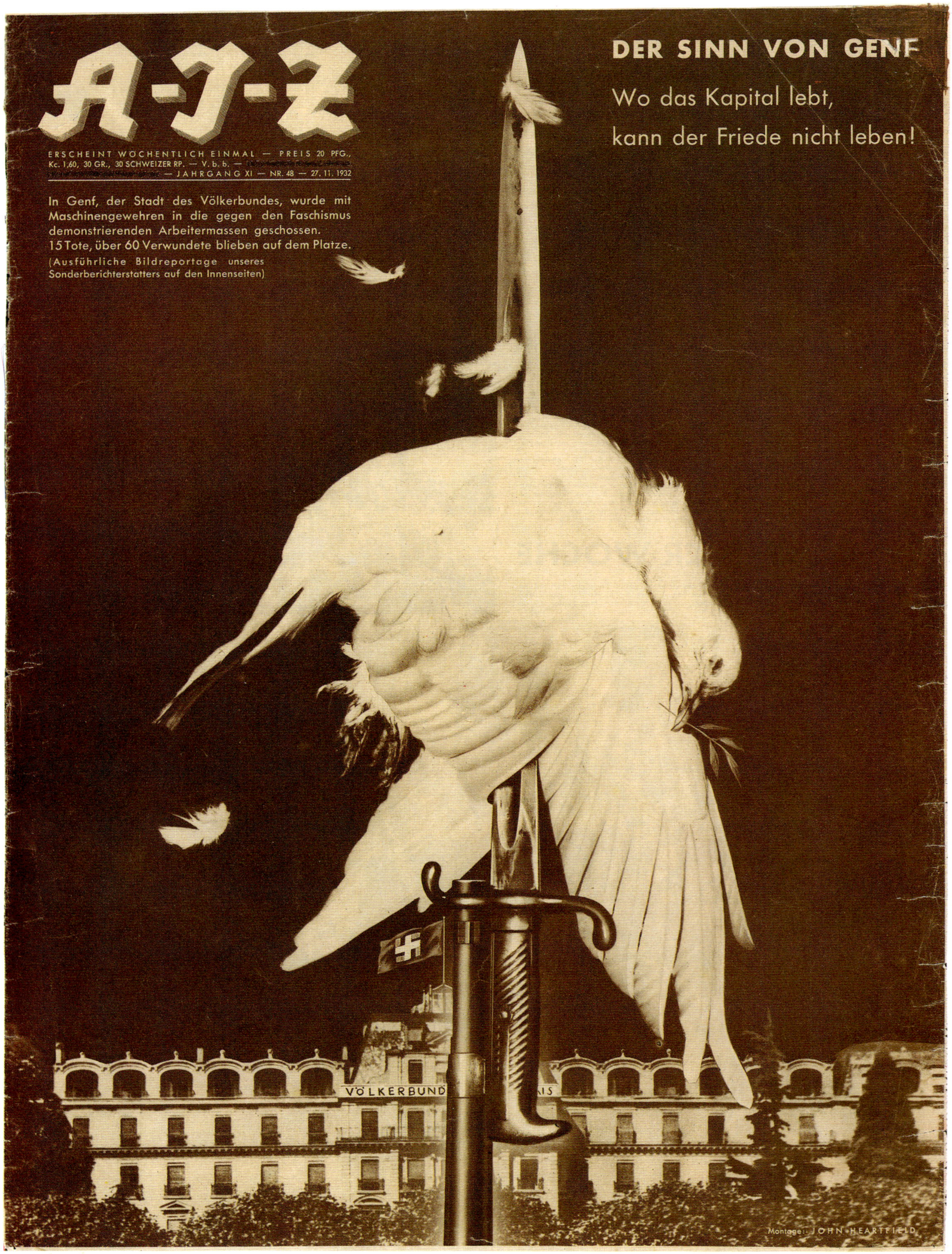

88a ›Der Sinn von Genf‹. ›Arbeiter-Illustrierte-Zeitung‹ (AIZ, Berlin), 27. 11. 1932, Titelseite. Kat.-Nr. 223

88b ›Der Sinn von Genf‹. Fotomontage für ›Arbeiter-Illustrierte-Zeitung‹ (AIZ, Berlin), 27. 11. 1932, Titelseite. Kat.-Nr. 224

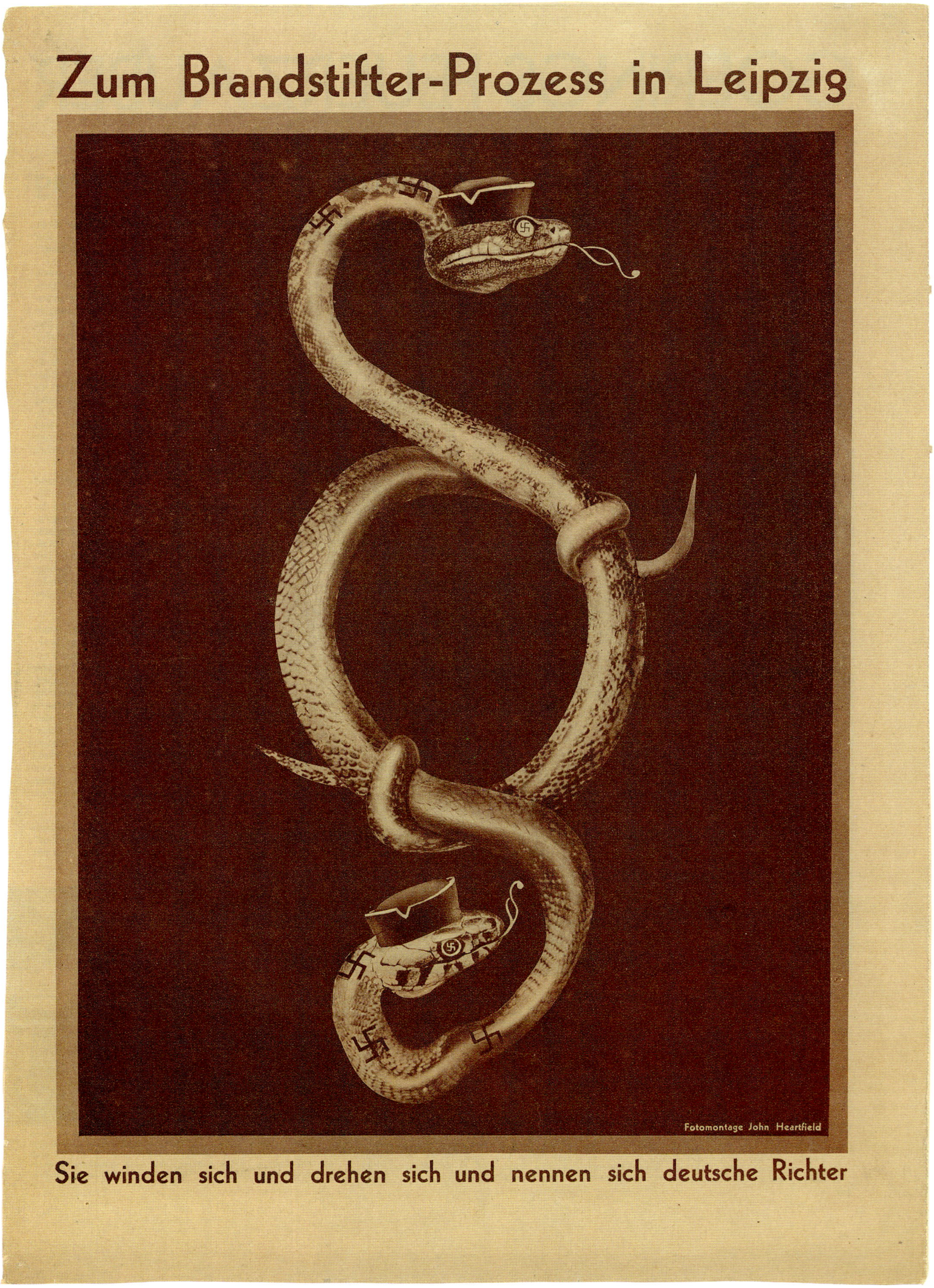

89a ›. . . Sie winden sich und drehen sich und nennen sich deutsche Richter‹. ›Arbeiter-Illustrierte-Zeitung‹ (AIZ, Prag), 19. 10. 1933, S. 691. Kat.-Nr. 249

89b ›... Sie winden sich und drehen sich und nennen sich deutsche Richter‹. Fotomontage für ›Arbeiter-Illustrierte-Zeitung‹ (AIZ, Prag), 19. 10. 1933, S. 691. Kat.-Nr. 250

NEUER LEHRSTUHL AN DEN DEUTSCHEN UNIVERSITÄTEN

VÖLKISCHE TIEFENSCHAU

Ein Professor Vitlawopsky von der Universität Heidelberg hat festgestellt, daß das menschliche Hühnerauge, allerdings nur das germanische, befähigt ist, in die Zukunft zu schauen. Hitler hat sogleich nach Bekanntwerden der Entdeckung des genialen Forschers die Überführung von 1300 Hühneraugenoperateuren ins Konzentrationslager angeordnet.

Original-Aufnahme aus dem teutonischen Busch von John Heartfield.

90a ›Neuer Lehrstuhl an den deutschen Universitäten‹. ›Arbeiter-Illustrierte-Zeitung‹ (AIZ, Prag), 31. 8. 1933, S. 579. Kat.-Nr. 244

90b ›Neuer Lehrstuhl an den deutschen Universitäten‹. Fotomontage für ›Arbeiter-Illustrierte-Zeitung‹ (AIZ, Prag), 31. 8. 1933, S. 579. Kat.-Nr. 245

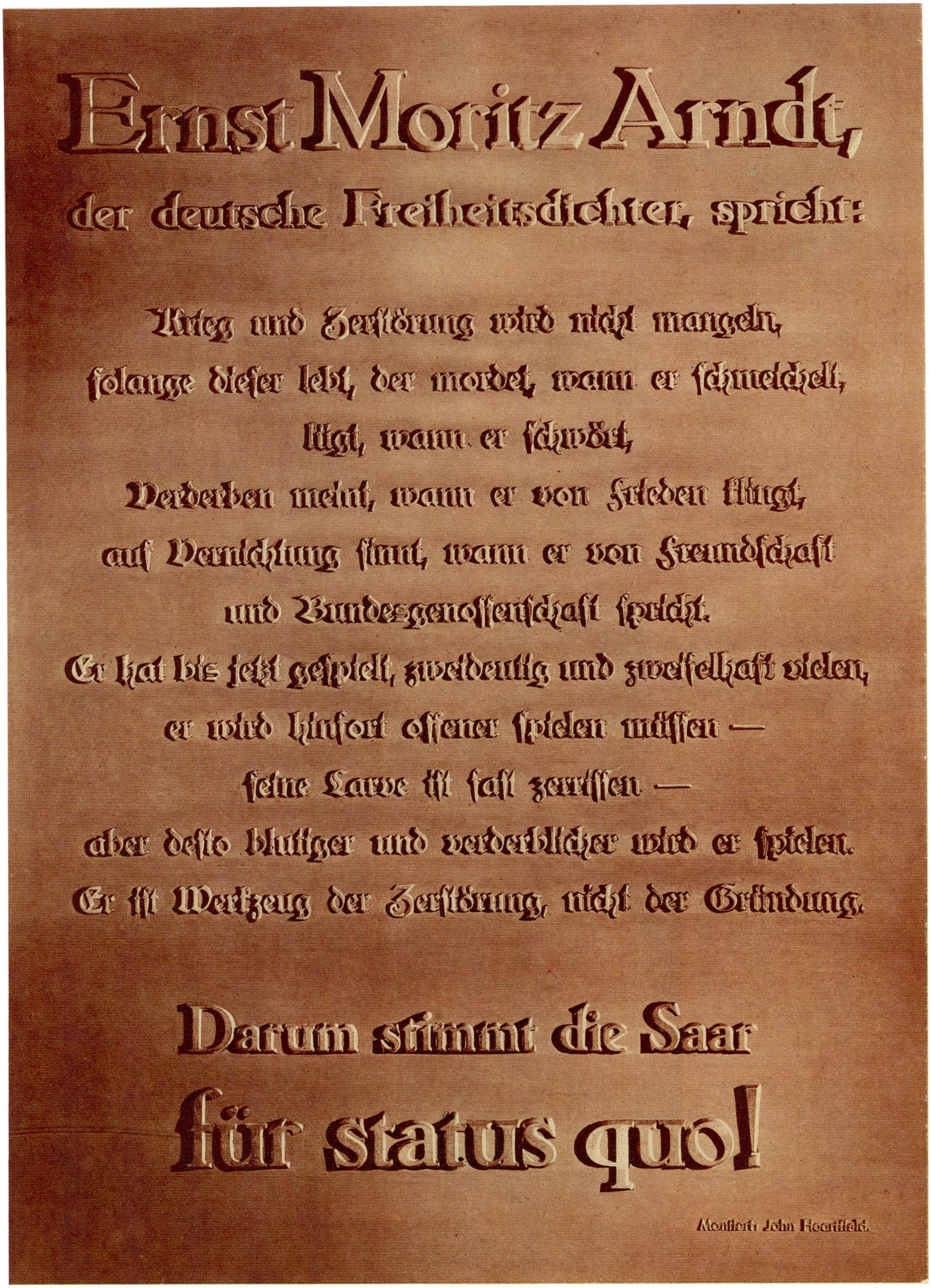

91a ›Ernst Moritz Arndt, ...‹. ›Arbeiter-Illustrierte-Zeitung‹ (AIZ, Prag), 17. 1. 1935, S. 48.
Kat.-Nr. 289

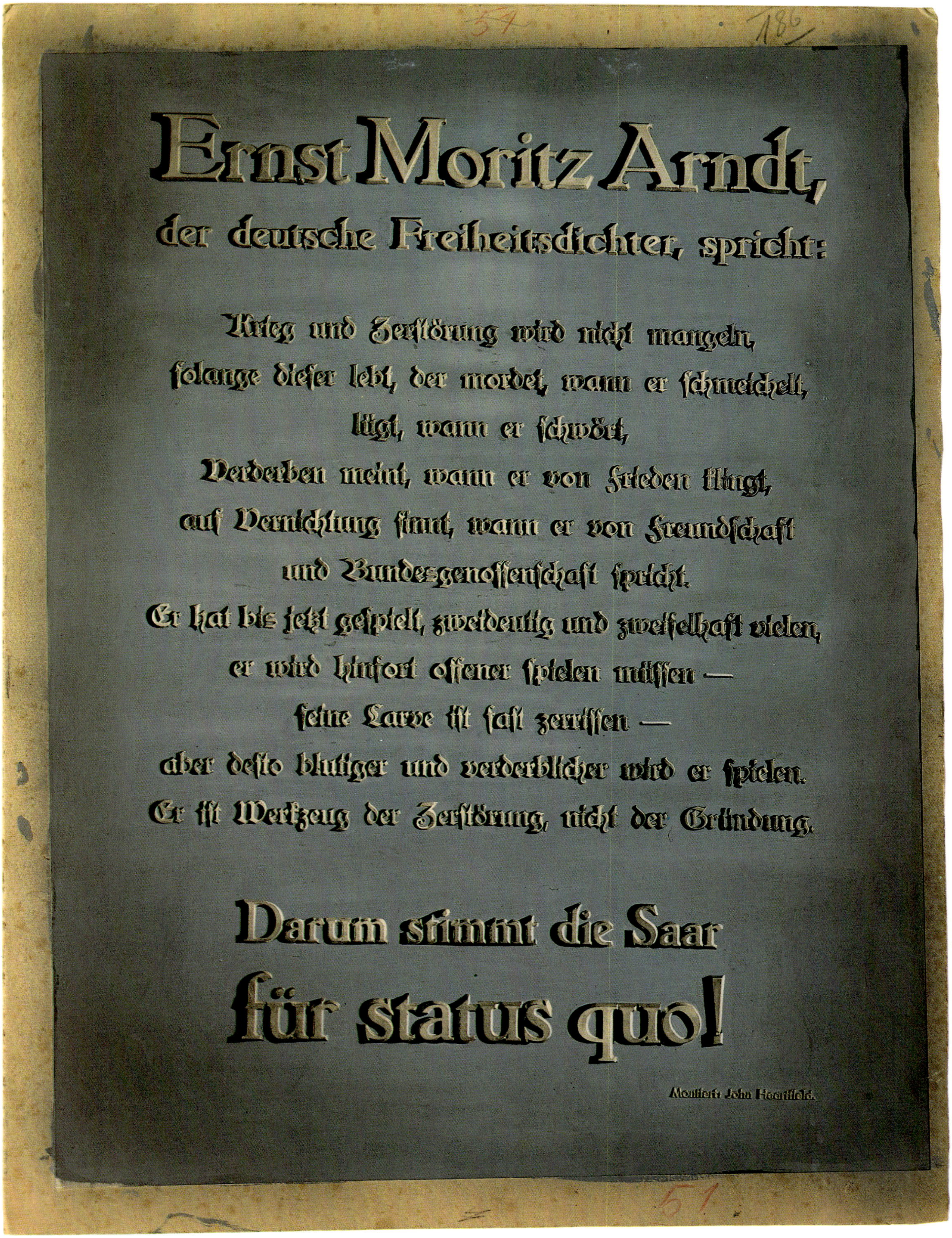

91b ›Ernst Moritz Arndt, ...‹. Montage für ›Arbeiter-Illustrierte-Zeitung‹ (AIZ, Prag), 17. 1. 1935, S. 48. Kat.-Nr. 290

Hurra, Hurra! Der Brüning-Weihnachtsmann ist da!

Er hat uns Not verordnet
und Lohnabbau diktiert,
den Krankenschein besteuert,
dafür das Heer verteuert.
Er hat sich nicht geniert
Kriegsopfern, Blinden, Kindern
das Brot vom Mund zu reißen.
Um es den Großagrariern
und Schiebern nachzuschmeißen.
Auch Stillgeld ist ein Luxus,
das Trinken überhaupt.
Wir brauchen Panzerkreuzer.
Wer hungert — wird beraubt!
Ein deutscher Mann ist niemals
arbeitslos:
Die 4 Millionen sind vom Feind
bestochen,
sonst hätten sie sich längst verkrochen
und unsre arme Wirtschaft wär' sie los.
Das hat sogar die SPD begriffen
drum stellte sie sich Mann für Mann
zum Schutz der Notverordnung an.
(So folgt der Hund, wenn ihm
sein Herr gepfiffen.)
Herr Hitler rüstet unterdes zum
Wotansfeste
Sein Christbaumschmuck ist
anerkannt der beste
(Man kann zum Fest der Liebe
sich im Hängen üben!)
Wie jeder Papst fischt Adolf auch im
Trüben.

Es schließen Brüning, Hitler, Braun
(das war den Brüdern zuzutraun)
Burgfrieden unterm Weihnachtsbaum
auf daß die Dividenden steigen.

Doch aus ist dieser schöne Traum
wenn die Proleten zeigen,
daß sie zu kämpfen lernten . . .
Wer Hakenkreuze sät, wird
rote Fäuste ernten!

Montiert: JOHN HEARTFIELD

Der Hitler-Christbaumschmuck ist keine böswillige Erfindung
Die Nationalsozialisten handeln tatsächlich damit

92a ›Hurra, Hurra! Der Brüning-Weihnachtsmann ist da!‹ ›Arbeiter-Illustrierte-Zeitung‹ (AIZ, Berlin), Nr. 51, 1930, S. 1003. Kat.-Nr. 206

92b ›Hurra, Hurra! Der Brüning-Weihnachtsmann ist da!‹ Fotomontage für ›Arbeiter-Illustrierte-Zeitung‹ (AIZ, Berlin), Nr. 51, 1930, S. 1003. Kat.-Nr. 207

93 ›Man muß eine besondere Veranlagung zum Selbstmord haben ...‹. Montage für ›Arbeiter-Illustrierte-Zeitung‹ (AIZ, Berlin), Nr. 13, 1931, S. 253. Kat.-Nr. 210

Louis Aragon, 1935

Sehr rasch hatte die soziale Auflehnung die poetische ersetzt, oder genauer: unter dem Druck der Ereignisse, in dem Kampf, in den der Künstler sich gestellt fand, waren beide Auflehnungen verschmolzen; es gab keine andere Poesie mehr als die der Revolution. In jenen brennenden Jahren, als die Revolution hier niedergeschlagen wurde, dort triumphierte, tauchten, wo es die extremste Kunst gab, auf gleiche Weise, in Rußland Majakowski, in Deutschland Heartfield auf. Und diese beiden Beispiele, eins unter der Diktatur des Proletariats, das andre unter der Diktatur des Kapitals, gingen aus von der unverständlichsten Poesie, von der letzten Form der *Kunst für die Wenigen* und gelangten zur glänzendsten zeitgenössischen Illustration dessen, was die *Kunst für die Massen*, diese prächtige und unverständlicherweise verschrieene Sache, sein kann. (...)
John Heartfield *weiß heute die Schönheit zu begrüßen*. Und wenn der Besucher der Ausstellung im Haus der Kultur in den Fotomontagen der letzten Jahre – in Herrn von Schacht mit dem gigantischen Stehkragen, in der Kuh, die sich mit einem Messer selbst entleibt, in dem Dialog der beiden Zoobewohner über den Antisemitismus – den alten Schatten Dadas wiederfindet, so möge er vor der in Front des Völkerbund-Palastes auf ein Bajonett gespießten Taube stehenbleiben oder vor dem Nazi-Weihnachtsbaum mit den zu Hakenkreuzen verbogenen Ästen, und er wird nicht nur das Erbe Dadas wiederfinden, sondern das der ganzen Malerei von Jahrhunderten. Es gibt Stilleben von Heartfield, wie das, wo eine Waagschale sich unter dem Gewicht eines Revolvers gesenkt hat, oder Herrn von Papens Brieftasche oder jenes Gerüst aus Hitler-Spielkarten, die mich unfehlbar an Chardin erinnern. Hier hat der Künstler – einfach, mittels Schere und Kleistertopf – das Beste übertroffen, was die moderne Kunst, die Kubisten eingeschlossen, in der Sackgasse des geheimnisvollen Alltags versucht haben. Einfach sind auch die Gegenstände, wie einst bei Cézanne die Äpfel und bei Picasso die Gitarre. Aber hier kommt noch der Sinn hinzu, und der Sinn hat die Schönheit nicht entstellt.
John Heartfield weiß heute die Schönheit zu begrüßen.

Aus: Louis Aragon, ›John Heartfield und die revolutionäre Schönheit‹, in: *Commune* (Paris), Mai 1935; ins Deutsche übertragen von Wieland Herzfelde, ›John Heartfield‹ (1962), 3. Aufl., Dresden 1986, S. 324–330; hier: S. 328–330. –

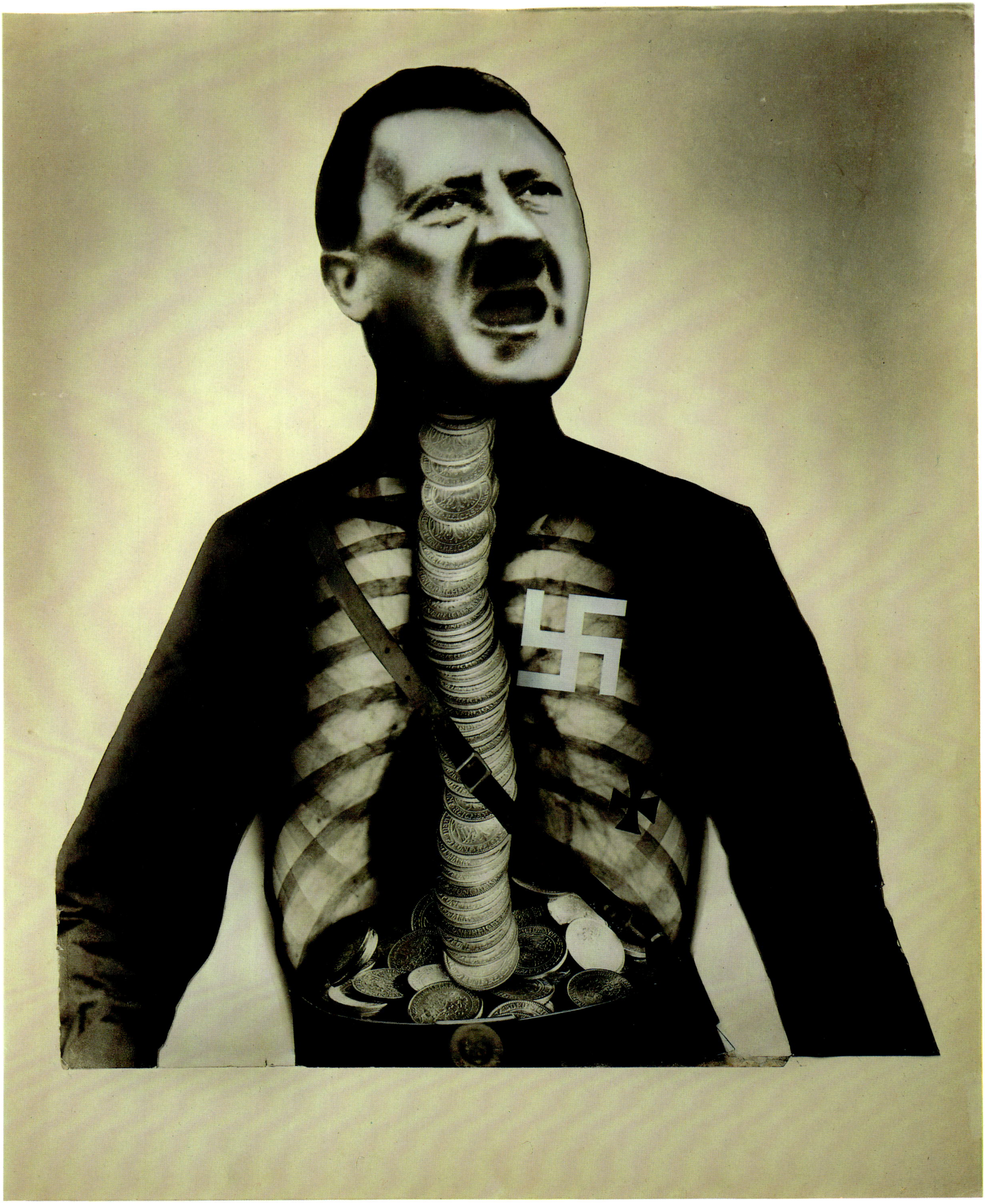

94 ›Adolf, der Übermensch: Schluckt Gold und redet Blech‹. Fotomontage für ›Arbeiter-Illustrierte-Zeitung‹ (AIZ, Berlin), 17. 7. 1932, S. 675. Kat.-Nr. 217

95 ›Sechs Millionen kommunistische Stimmen‹. Fotomontage für ›Arbeiter-Illustrierte-Zeitung‹ (AIZ, Berlin), 20. 11. 1932, Titelseite. Kat.-Nr. 222

96 ›Das Urteil der Welt: In seinen Zügen steht geschrieben, was das Gericht verschwiegen hat.‹ Montage für ›Arbeiter-Illustrierte-Zeitung‹ (AIZ, Prag), 28. 12. 1933, S. 851.
Kat.-Nr. 257

97 ›Der Krieg‹. Fotomontage für ›Arbeiter-Illustrierte-Zeitung‹ (AIZ, Prag), 27. 7. 1933, S. 499. Kat.-Nr. 242

98 ›Der alte Wahlspruch im »neuen« Reich: Blut und Eisen‹. Fotomontage für ›Arbeiter-Illustrierte-Zeitung‹ (AIZ, Prag), 8. 3. 1934, S.147. Kat.-Nr. 263

99 ›Chor der Rüstungsindustrie: »Ein feste Burg ist unser Genf«‹. Fotomontage für ›Arbeiter-Illustrierte-Zeitung‹ (AIZ, Prag), 12. 4. 1934, S. 240. Kat.-Nr. 267

100 ›Gespräch im Berliner Zoo‹. Fotomontage für ›Arbeiter-Illustrierte-Zeitung‹ (AIZ, Prag), 7. 6. 1934, S. 368. Kat.-Nr. 274

101 ›Wie im Mittelalter ... so im Dritten Reich‹. Fotomontage für ›Arbeiter-Illustrierte-Zeitung‹ (AIZ, Prag), 31. 5. 1934, S. 352. Kat.-Nr. 272

102 ›Jedem Kriegsopfer sein Ehrenkreuz!‹ Fotomontage für ›Arbeiter-Illustrierte-Zeitung‹ (AIZ, Prag), 27. 9. 1934, S. 632. Kat.-Nr. 282

103 ›Hjalmar oder Das wachsende Defizit‹. Fotomontage für ›Arbeiter-Illustrierte-Zeitung‹ (AIZ, Prag), 5. 4. 1934, S. 224. Kat.-Nr. 265

104 ›Die drei Weisen aus dem Sorgenland‹. Fotomontage für ›Arbeiter-Illustrierte-Zeitung‹ (AIZ, Prag), 3. 1. 1935, S. 16. Kat.-Nr. 288

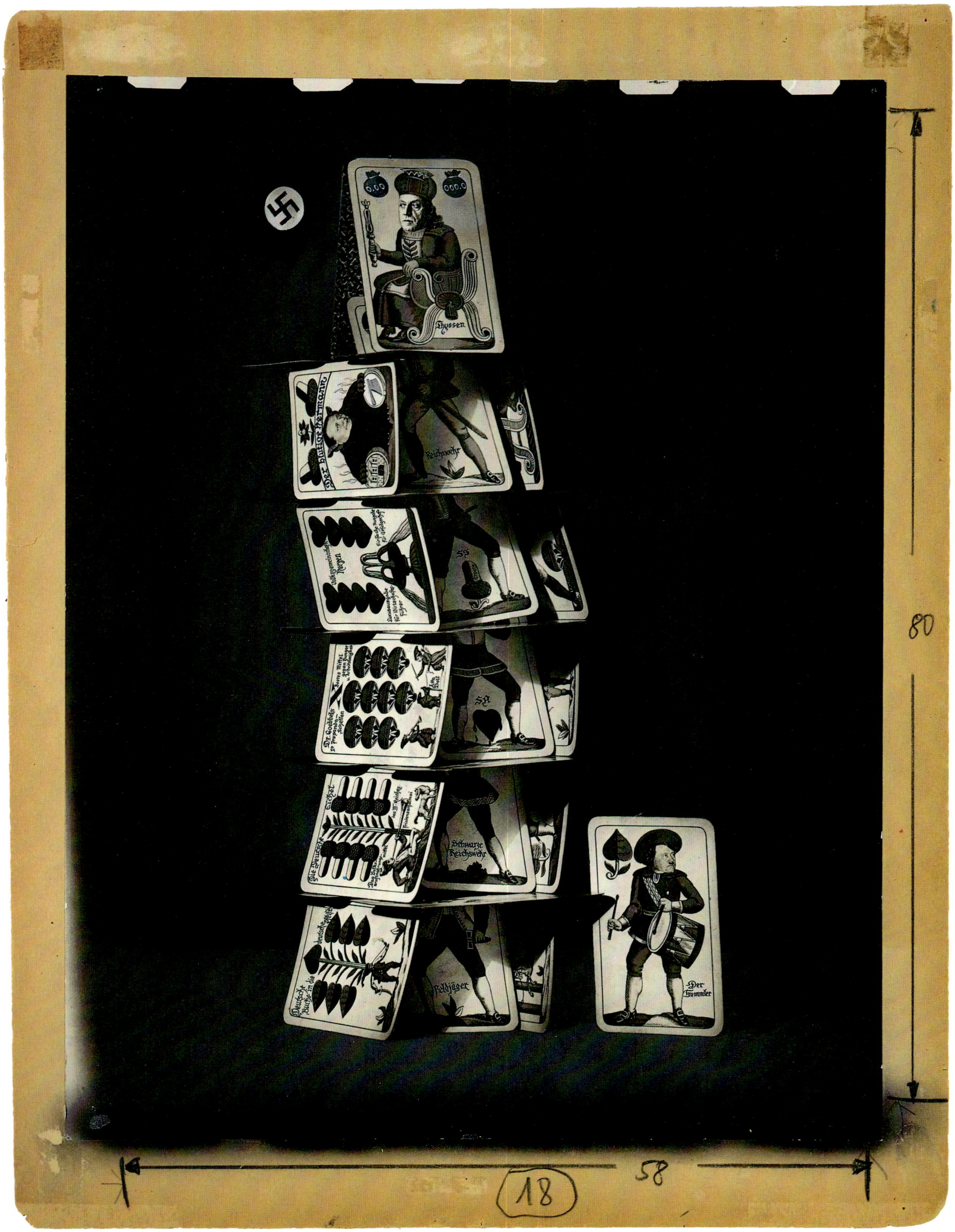

105 ›Das tausendjährige Reich‹. Fotomontage für ›Arbeiter-Illustrierte-Zeitung‹ (AIZ, Prag), 20. 9. 1934, S. 616. Kat.-Nr. 280

106 ›Macdonald-Sozialismus‹. ›Arbeiter-Illustrierte-Zeitung‹ (AIZ, Berlin), Nr. 28, 1930, S. 543. Kat.-Nr. 201

Oskar Maria Graf, 1938

Er hatte kein Vorbild, denn wer war vor ihm auf den Gedanken gekommen, verschiedene Fotos zusammenzustellen, um so ein Kunstwerk daraus zu machen? Er war sogar ohne Tradition. Kein geistiger oder künstlerischer Lehrer hatte ihn beeinflußt, kein Chodowiecki, kein Gavarni oder Daumier – ja, noch mehr! Heartfield hatte nicht einmal den scharfen Intellekt, den zwar Maler weniger, aber gesellschaftskritische Künstler in hohem Maße besitzen müssen. Nein, unser lieber Jonny hatte nur eins: ein bedrängtes Herz, das auf jede widrige, ungerechte, düstere und unwürdige Äußerung unseres Gemeinlebens ungemein stark reagierte. Dies gefolterte, zerstoßene Herz allein wies ihm den Weg.
Darum die überwältigende Simplizität seiner kämpferischen Fotomontagen, darum die unnachahmliche Sinnfälligkeit und die aufwühlende Wahrhaftigkeit in seinen Blättern. (...) Man ist sich bei den Henkern im Lande genau darüber im klaren, was für eine unschätzbare Waffe Heartfields Montage ist. Sie wissen, welchen Feind sie in dem kleinen, unscheinbaren Jonny haben. Sie hassen ihn wie kaum einen anderen und wehe, wenn sie seiner habhaft werden.
Die Unerträglichkeit dessen, was geschieht, ist der Motor seiner Kunst. Wie jeder echte Künstler ist Heartfield ein fanatischer Moralist und Don Quichotte zugleich. Er will die Menschen besser machen und die Ordnung verändern, aber er weiß gleichzeitig tief in seinem Innern, daß ein solches Beginnen sehr oft dem Kampf gegen Windmühlen gleicht. Darum seine fast giftige Selbstverspottung, seine räsonierende Verlegenheit, wenn man ihn oder seine Werke rühmt, darum seine unbestechliche, oft grandiose Ironie, sein sich manchmal überschlagender Galgenhumor in der hämmernden Ernsthaftigkeit seines künstlerischen Bemühens. (...)
John Heartfield zeigt wie kein anderer, was hinter den Dingen und Erscheinungen steckt. Er hat die Fotomontage zum weithin wirkenden Fotopamphlet gemacht. (...) Seine Werke bewegen und aktivieren Millionen gesitteter Menschen, und selbst das trägste Herz erkennt an ihnen, welches schauerliche Übel uns alle bedroht.
Heartfield ist nicht nur ein großer, er ist ein tief notwendiger Künstler.

Aus: Oskar Maria Graf, ›John Heartfield. Der Photomonteur und seine Kunst‹, in: *Deutsche Volkszeitung* (Paris), 20. 11. 1938.

107 ›Die Zerstörung Berlins‹. ›Illustrierte Rote Post‹, Nr. 39, September 1932, Titelseite.
Kat.-Nr. 226

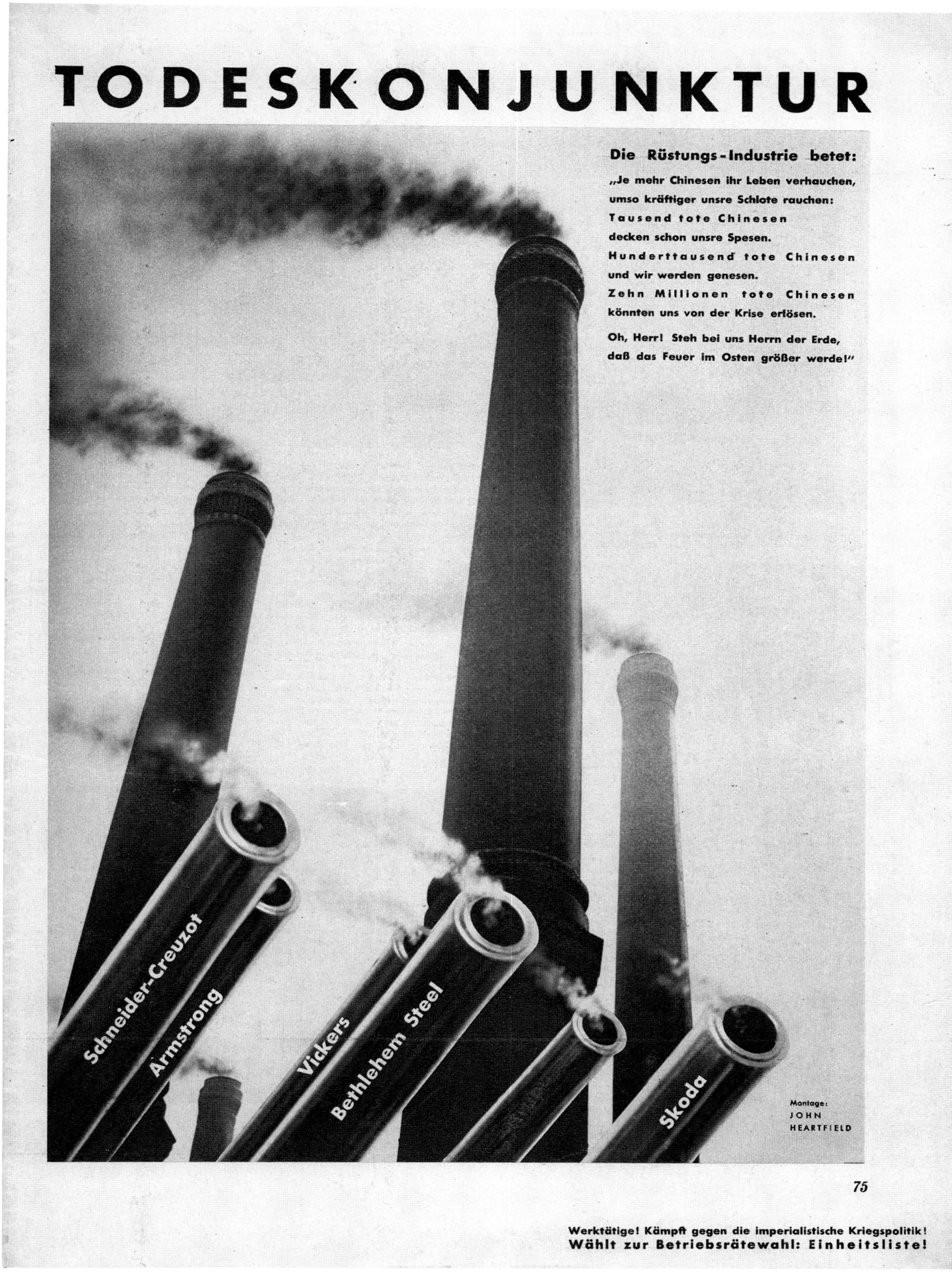

TODESKONJUNKTUR

Die Rüstungs-Industrie betet:

„Je mehr Chinesen ihr Leben verhauchen,
umso kräftiger unsre Schlote rauchen:
Tausend tote Chinesen
decken schon unsre Spesen.
Hunderttausend tote Chinesen
und wir werden genesen.
Zehn Millionen tote Chinesen
könnten uns von der Krise erlösen.
Oh, Herr! Steh bei uns Herrn der Erde,
daß das Feuer im Osten größer werde!"

Schneider-Creuzot
Armstrong
Vickers
Bethlehem Steel
Skoda

Montage: JOHN HEARTFIELD

75

Werktätige! Kämpft gegen die imperialistische Kriegspolitik!
Wählt zur Betriebsrätewahl: Einheitsliste!

108 ›Todeskonjunktur‹. ›Arbeiter-Illustrierte-Zeitung‹ (AIZ, Berlin), 22. 1. 1933, S. 75.
Kat.-Nr. 233

109 ›Der Gipfel ihrer Wirtschaftsweisheit‹. ›Volks-Illustrierte‹ (VI, Prag), 28. 4. 1937, S. 269. Kat.-Nr. 298

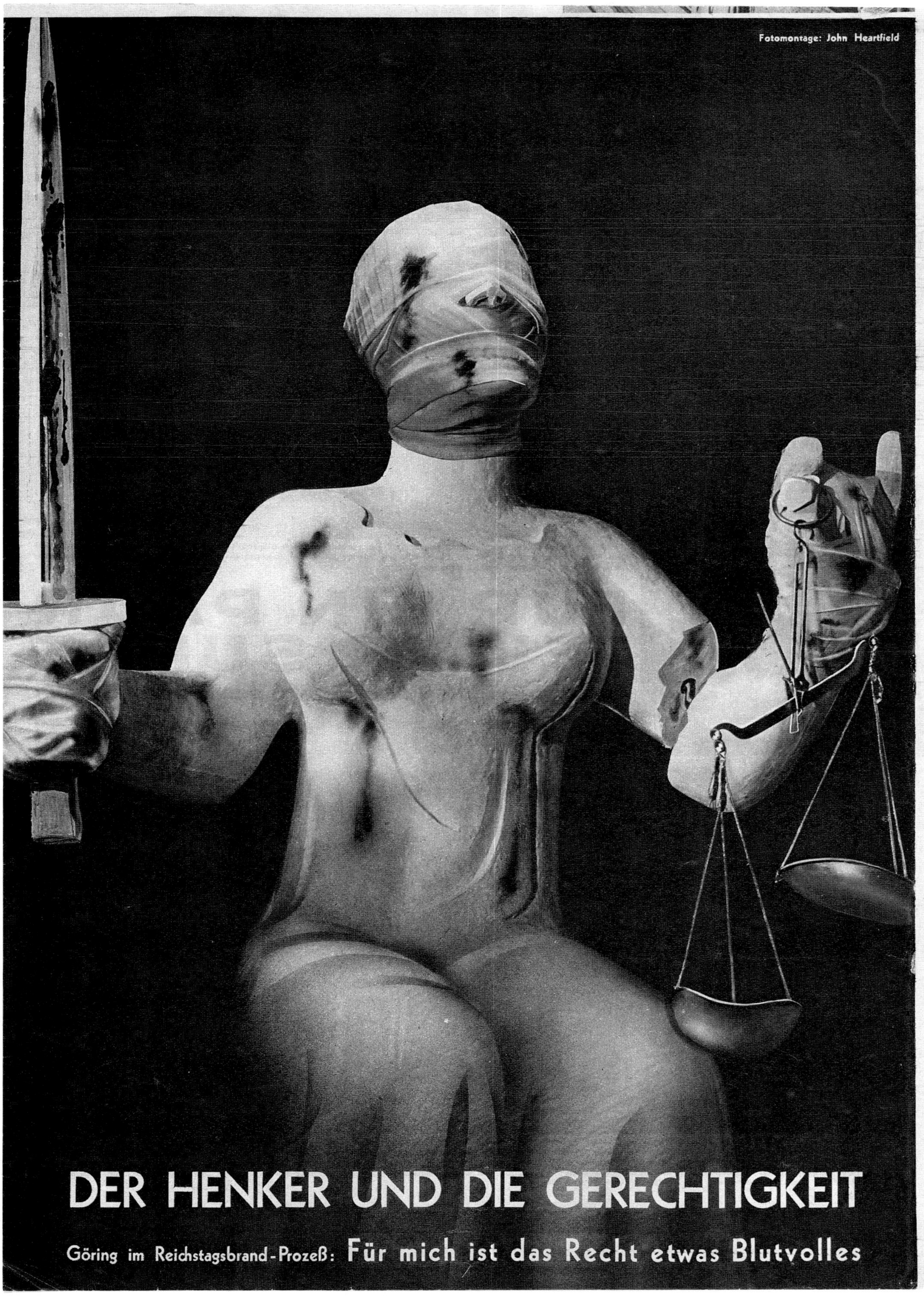

110 ›Der Henker und die Gerechtigkeit‹. ›Arbeiter-Illustrierte-Zeitung‹ (AIZ, Prag), 30. 11. 1933, S. 787. Kat.-Nr. 256

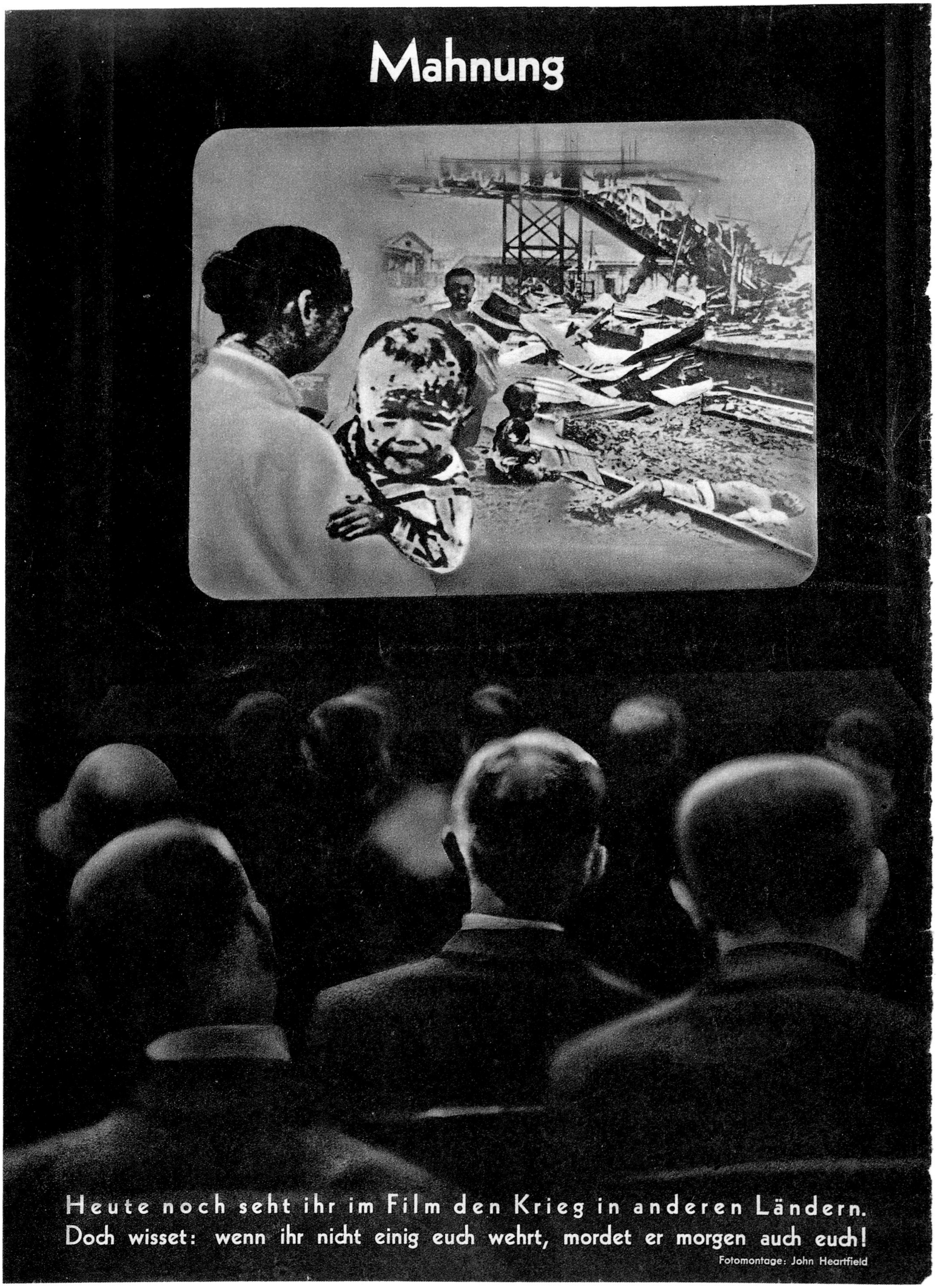

111 ›Mahnung‹. ›Volks-Illustrierte‹ (VI, Prag), 13. 10. 1937, o. S. Kat.-Nr. 303

112 ›Madrid 1936‹. ›Volks-Illustrierte‹ (VI, Prag), 25. 11. 1936, S. 240. Kat.-Nr. 297

113 ›Der Fuchs und der Igel‹. ›Volks-Illustrierte‹ (VI, Prag), 15. 6. 1938, o. S. Kat.-Nr. 309

114 ›Sudetendeutsche, euch trifft es zuerst!‹ ›Volks-Illustrierte‹ (VI, Prag), 14. 9. 1938, o. S.
Kat.-Nr. 310

115 ›Kaiser Adolf: The Man Against Europe‹. ›Picture Post‹, 23. 9. 1939, Titelseite.
Kat.-Nr. 312

John Heartfield, 1967

Ich kam nach England, da hab' ich für ›Picture Post‹ arbeiten sollen. Man hat auch in ›Liliput‹ schon Arbeiten von mir gebracht und in der ›Picture Post‹. Und ... dann ... hab' ich mit der Labour Party [gemeint ist die Gewerkschaftszeitung ›Reynolds News‹ – R. M.] einen Vertrag gehabt, und das ging etwas schief, weil da plötzlich ganz andere Unterschriften standen, als ich sie gemacht habe usw., so daß ich Gefahr lief, daß plötzlich ein ganz anderer Heartfield auf der Welt wäre, da mußte ich dann aufhören. Das wurde sehr schwer. Wir haben dann aber auch sehr viel Arbeit gemacht. Wirklich, sehr viel Arbeit, um die ganzen Emigranten zusammenzuhalten in ›Free German League of Culture‹, das ist der Deutsche Kulturbund usw.

Aus einem Interview mit John Heartfield (1967), abgedruckt in: Roland März (Hrg.), ›John Heartfield: Der Schnitt entlang der Zeit. Selbstzeugnisse – Erinnerungen – Interpretationen‹, Dresden 1981, S. 464–469; hier: S. 468.

Gertrud Heartfield, 1977

Es war im Januar 1943, als er ein Angebot von Lindsay Drummond bekam, in seinem neugegründeten Verlagshaus zu arbeiten. Er sollte dort die Drucklegung der Bücher überwachen, Buchumschläge entwerfen und wenn nötig, auch Bücher illustrieren. (...)
... das war ein bürgerlich-liberales Verlagshaus. Er arbeitete dort bis Ende 1949 und ging dann noch für kurze Zeit zu Penguin Publishing Co., bevor wir nach Deutschland zurückkehrten. Johnny wußte, daß er in der Art und Weise, wie er in Deutschland für den Malik-Verlag und andere fortschrittliche Verlage gearbeitet hatte, seine Buchumschläge nicht gestalten konnte und studierte deshalb sehr aufmerksam die englische Buchproduktion. Er hatte eine vollkommen neue Methode für seine englische Buchgestaltung entwickelt, dabei kamen ihm die Titel, die bei Drummond verlegt wurden, sehr zustatten.

Aus einem Interview mit Gertrud Heartfield, zitiert nach Eckhard Siepmann, ›Montage: John Heartfield. Vom Club Dada zur Arbeiter-Illustrierten-Zeitung‹, Berlin 1977, S. 222, 224.

116 Alexander Pokryschkin, ›Red Air Ace‹. Fotomontage für Heftumschlag, 1945.
Kat.-Nr. 372

117 Roger Motz, ›La Belgique Invaincue‹. Fotomontage für Buchumschlag, ca. 1942.
Kat.-Nr. 361

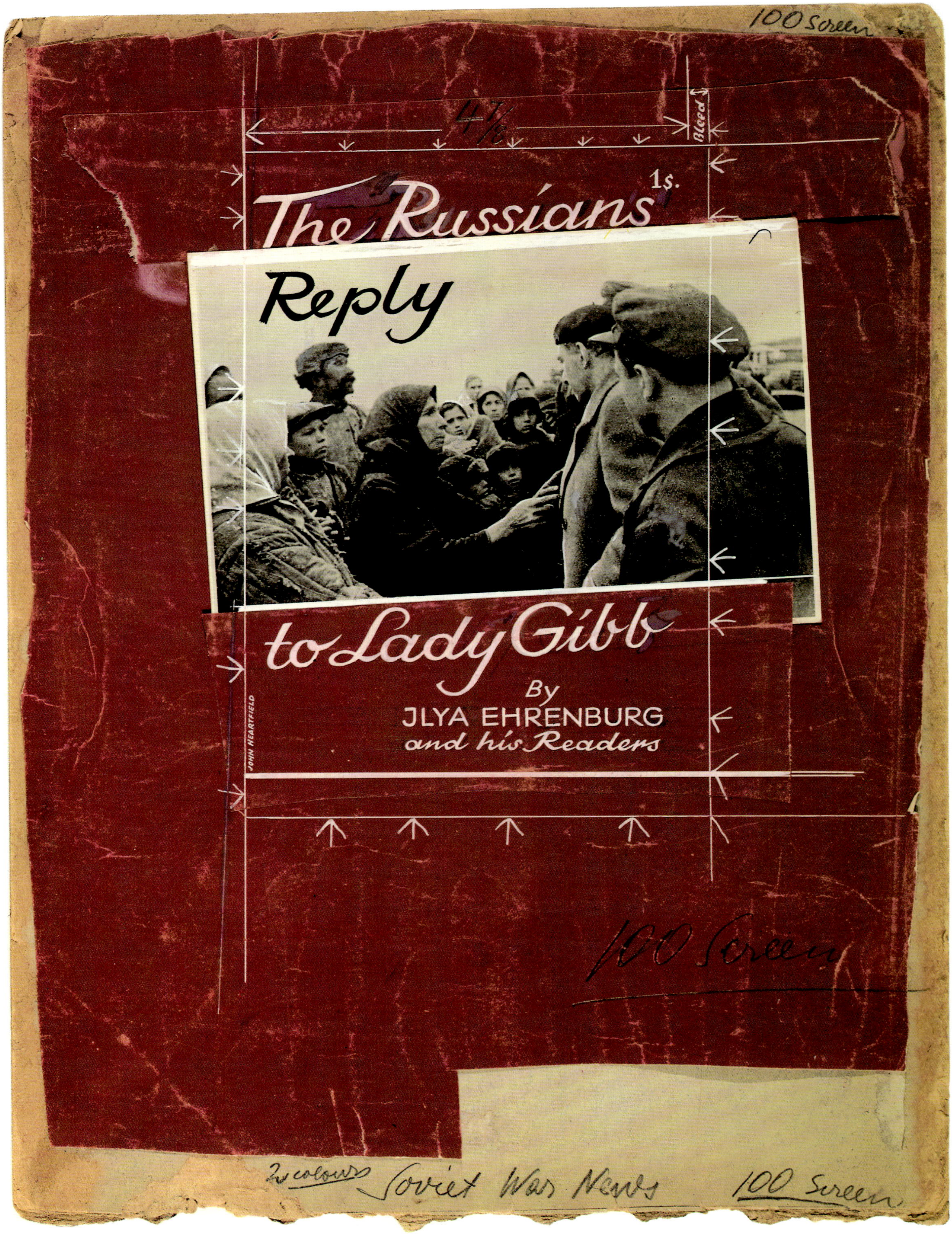

118 Ilja Ehrenburg, ›The Russians Reply to Lady Gibb‹. Fotomontage für Heftumschlag, 1945. Kat.-Nr. 368

119 J. J. Lynx (Hrg.), ›The Future of the Jews‹. Entwurf für Buchumschlag, 1945.
Kat.-Nr. 370

120 Richard Perry, ›I went a'shepherding‹. Fotomontage für Buchumschlag, 1944. Kat.-Nr. 367

121 Bert Stiles, ›Serenade to the Big Bird‹. Entwurf für Buchumschlag, 1947. Kat.-Nr. 379

122 ›Reservations‹. Fotomontage für ›Reynolds News‹, Dezember 1939. Kat.-Nr. 311

123 ›5 Minuten vor 12‹. Fotomontage, 1942 (gelangte nicht zur Veröffentlichung).
Kat.-Nr. 313

124 ›Und sie bewegt sich doch!‹ Fotomontage für Broschüreneinband, 1943. Kat.-Nr. 362

125 Pawel Trojanowski, ›The Last Days of Berlin‹. Fotomontage für Heftumschlag, Rückseite, 1945. Kat.-Nr. 375

126a Gerhart Hauptmann, ›Die Weber‹. Bühnenbildentwurf ›Villa Dreißiger‹ für die Inszenierung am Großen Schauspielhaus (Berlin), 1921. Kat.-Nr. 382

126b Gerhart Hauptmann, ›Die Weber‹. Bühnenbildentwurf ›Frühlingslandschaft‹ für die Inszenierung am Großen Schauspielhaus (Berlin), 1921. Kat.-Nr. 383

John Heartfield, 1931

Die Dekorationen sprechen

Ueberall
gibt es nur DEN einen Weg
Die Dekoration bringt nicht nur die Atmosphäre,
sondern auch den Inhalt des Dramas

WAENDE TRETEN AUF:
Wir *schreien* es heraus:
Wir sahen hier wie dort
Elend und Not,
Schwäche und Trauer.
Wir bleiben nicht länger
im Schmutze der Hütten,
Bei den Klagen Enterbter.
Wir wollen ins Freie!
(John zersägt uns.)

Wir ziehen mit lauten Parolen
Hinaus auf die Straße.

DIE STRASSE:
Ich war kaum da,
Hörte ich sie schimpfen.
STRASSE,
STRASSENjunge,
STRASSENpöbel!

Kröten von Ordnung und Sitte
Blähten sich:
STRASSENmädchen.

Alle die bereit stehen dem Nächsten
die Haut über die Ohren zu ziehen
schreien aus den Palästen:
Diktatur der STRASSE!

SCHREIT NUR!!
Keine Entscheidung kommt mehr,
Ohne die, die Ihr als Straße beschimpft,
die Ihr verachtet,
die Ihr beraubt,
Und die Ihr erniedrigt.

Ob ihr sie auch verachtet, solange sie Euch noch dulden:
Tai Yang erwacht!
Sie zerschneidet die Fesseln:
DIE STRASSE FREI! für Tai Yangs Brüder –
DIE STRASSE FREI! für Tai Yangs Schwestern:
Sie kommen
von den Maschinen der Spinnereien.
ES LEBE SOWJET CHINA!

Aus: ›Blätter der Piscator-Bühne‹ zu Friedrich Wolfs ›Tai Yang erwacht‹ (1931)

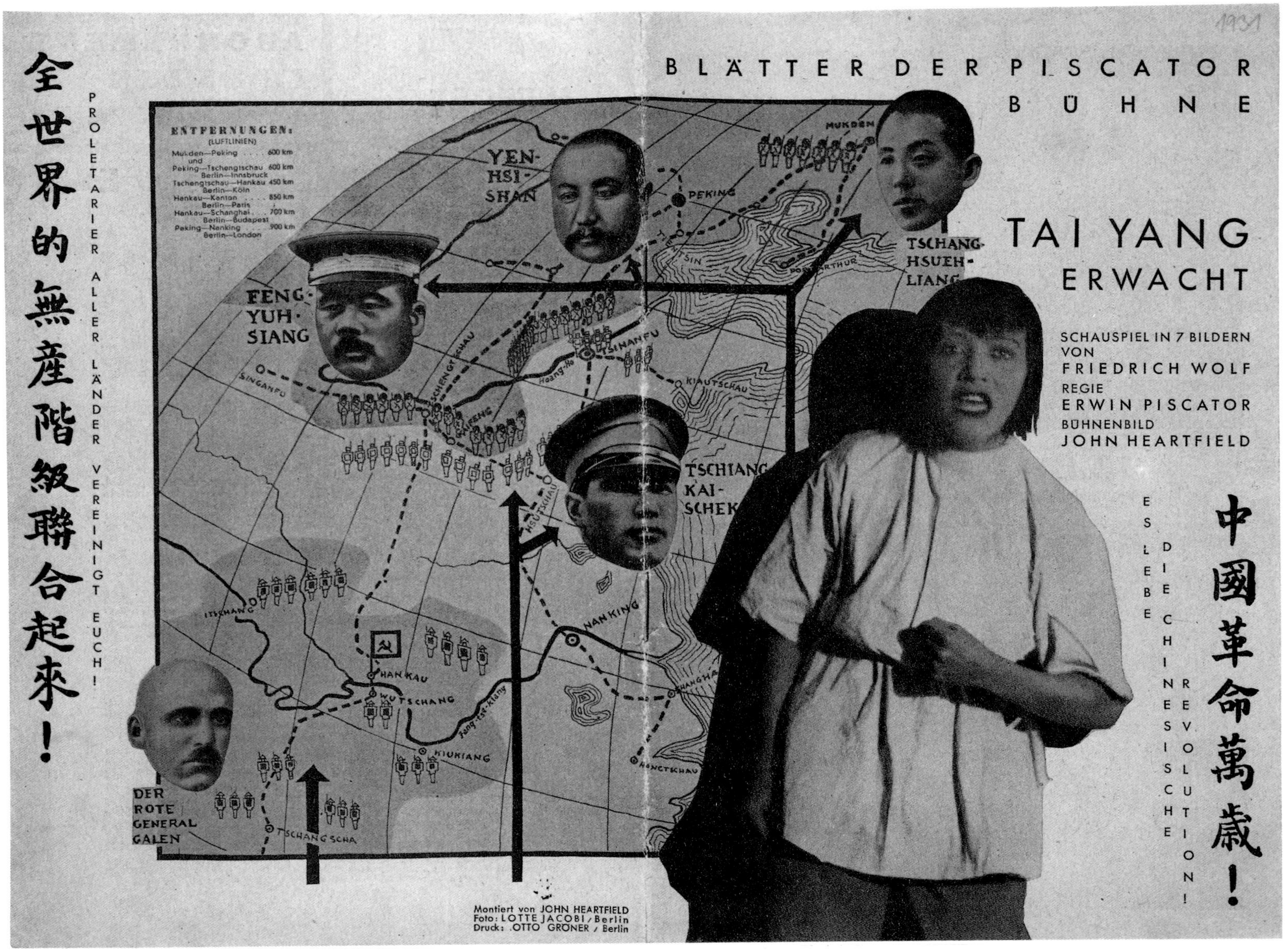

Bernhard Diebold, 1931

Alles agiert im Wallner-Theater. Auch der Zuschauerraum brüllt mit, derweil schreiende Plakate mit chinesischen und lateinischen Lettern von den Logen niederhängen: Nieder mit den Imperialisten! Nieder mit dem weißen Schrecken! Es lebe die chinesische Revolution! Dieser Plakatangriff ersetzt an diesem Piscator-Abend den stimmungsreizenden Elendfilm, der sonst die Ouvertüre macht. Ganz sachte bist du schon im Parkett mitten in der Exposition des Dramas. Auch kein Vorhang schafft die ästhetische Distanz von Kunst und Leben. Auf offener Bühne, bei beleuchtetem Haus, treten die Musikanten nacheinander an und warten auf die Schauspieler, die als Europäer in ihren Konfektions-Anzügen nach und nach eintreffen, ihre Chinesenkleider anziehen und sich Chinesenaugen ins Berliner Antlitz schminken – bis sie bereit und zubereitet sind: Chinas Not zu spielen (...) Auf diese Weise zeigt Piscator vor allen Augen: daß Chinas Unglück hier nur ein Kostüm für Europas Unglück ist. Die gelbe Schminke ist nur Symbolik. Die gelbe Not ist auch die schwarz-rot-goldene Not. Proletarischer Schrei: Menschen und Chinesen sind wir alle.

Aus: *Frankfurter Zeitung*, 18. 1. 1931.

127 Friedrich Wolf, ›Tai Yang erwacht‹. Programmheftumschlag für die ›Blätter der Piscator-Bühne‹, 1931. Außer Katalog

128 Nikolai Pogodin, ›Mein Freund‹. Szenenfoto der Aufführung im Moskauer Revolutionstheater mit einer Fotomontage als Bühnenrückwand, 1931. Kat.-Nr. 385

129 Bertolt Brecht, ›Die Mutter‹. Plakat für die Inszenierung am Deutschen Theater (Berlin), 1951. Kat.-Nr. 407

Die Projektionen zur ›Mutter‹ von Brecht, 1952

Die Projektionen zur ›Mutter‹ waren räumlich, sehr malerisch, der Gegensatz hell-dunkel war betont. Sie zeigten stimmungsmäßig die drückenden Lebensverhältnisse, unter denen die Arbeiter im zaristischen Rußland leben mußten: die Fabrik überragt drohend die kleine Stube, in der sich das Leben der Pelagea Wlassowa abspielt; das Gefängnis umschließt unentrinnbar den gefangenen Sohn; die Straße, auf der die Arbeiter demonstrieren, wird von hohen, engen Fassaden begrenzt und wirkt endlos. Die Hintergrundprojektionen sollten an drei bestimmten choristischen Stellen von fotografischen Projektionen überblendet werden: ›Die Wlassowas aller Länder‹, ›die großen Revolutionäre‹, ›die großen Kriegstreiber‹. Um sie ganz sichtbar zu machen, war die Stube der Pelagea Wlassowa aus transparentem Material (Bizella und Schleiernessel) angefertigt und ließ die Projektionen durchscheinen. Im letzten Bild, das am Vorabend der Großen Oktoberrevolution spielt, suchten wir die Gruppe der Revolutionäre durch in die Projektion gezeichnete Gruppen weiterzuführen.
Obwohl wir die perspektivische Verkürzung exakt maßstäblich einhielten, entstand nicht die beabsichtigte Wirkung. Wir fanden die Lösung erst, als wir zur stehenden Projektion auf dem Rundhorizont eine laufende Projektion fügten, einen Film. Der Projektions-Schirting flatterte fahnengleich von oben herab, der Film wurde darauf durch eine Öffnung im Rundhorizont rückprojiziert. Er führte die Handlung durch Szenen aus der Oktoberrevolution und der chinesischen Befreiung gedanklich bis in die Gegenwart weiter.

Aus: ›Theaterarbeit. 6 Aufführungen des Berliner Ensembles‹, Dresden 1952, S. 165.

130 Bertolt Brecht, ›Die Mutter‹. Szenenfoto mit Fotoprojektionen der Inszenierung am Deutschen Theater (Berlin), 1951. Kat.-Nr. 386

131 Bertolt Brecht, ›Die Mutter‹. Projektionsflächenraster (Rekonstruktion) für die Inszenierung am Deutschen Theater (Berlin), 1951. Kat.-Nr. 387

132a Bertolt Brecht, ›Die Mutter‹. Projektionsentwurf für die Inszenierung am Deutschen Theater (Berlin), 1951. Kat.-Nr. 389

132b Bertolt Brecht, ›Die Mutter‹. Projektionsentwurf für die Inszenierung am Deutschen Theater (Berlin), 1951. Kat.-Nr. 388

133 Arno Holz, ›Sozialaristokraten‹. Plakat für die Inszenierung am Deutschen Theater-Kammerspiele (Berlin), 1955. Kat.-Nr. 410

134 Arno Holz, ›Sozialaristokraten‹. Bühnenvorhang der Inszenierung am Deutschen Theater-Kammerspiele (Berlin), 1955. Nach Kat.-Nr. 392

135 Arno Holz, ›Sozialaristokraten‹. Bühnenfoto ›Fiebigs Arbeitszimmer‹ der Inszenierung am Deutschen Theater-Kammerspiele (Berlin), 1955. Kat.-Nr. 393

Hugo Fetting, 1977

Das bühnenbildnerische Werk von John Heartfield erstreckt sich – zwar mit verschiedenen längeren oder kürzeren zeitlichen Unterbrechungen – über einen Zeitraum von beinahe einem halben Jahrhundert. Nachdem er, aus der Emigration heimgekehrt, ... wieder in Berlin wohnte und arbeitete, gewann ihn Wolfgang Langhoff in den fünfziger Jahren für die von ihm geleiteten Bühnen, das Deutsche Theater und die Kammerspiele. Nicht wenige Theaterschaffende und Theaterinteressierte waren sicher überrascht, als bei der Aufführung des sowjetischen Schauspiels ›Julius Fučik‹ von Juri Burjakowski im Deutschen Theater – in der Inszenierung von Wolfgang Langhoff, mit Ernst Busch in der Titelrolle – am 21. Dezember 1951 auf dem Programmzettel der Name John Heartfields als für das Bühnenbild verantwortlich zeichnend stand. Die Übernahme dieser Aufgabe durch Heartfield war kein Ausflug eines bildenden Künstlers in das Gebiet des Theaters, wie wohl damals mancher geglaubt haben mag und wie es seit Reinhardts Wirken zu Beginn unseres Jahrhunderts im deutschen Theaterleben immer wieder geschehen ist, bis in unsere Tage. Bei Heartfield ging es nicht um die Übertragung und Erprobung der Meisterschaft von einem künstlerischen Feld – in diesem Fall der Graphik, der Fotomontage und der Projektion – auf ein anderes. Beim Hervortreten Heartfields als Bühnen- und Kostümbildner in den fünfziger Jahren – und er arbeitete damals bis in die sechziger Jahre noch an vielen weiteren Aufführungen des Deutschen Theaters und der Kammerspiele sowie bei einer Inszenierung des Berliner Ensembles mit – geschah nichts weiter und nichts anderes als die Wiedererweckung und Neugestaltung einer alten, niemals verlorengegangenen oder gar abgestorbenen Verbindung, nämlich der zwischen Heartfield und dem Theater. (...)

Heartfields Sinn und Verständnis für das Theater ließen ihn nie vergessen, daß der Mensch auf der Bühne der Mittelpunkt aller theatralischen Vorgänge ist. Deshalb suchen wir in seinen Dekorationen das Auffallende, bewußt Originelle vergeblich. Die Aussage war ihm immer wichtiger als der Effekt. Der Inhalt und Gehalt des Werkes blieben ihm stets das Wesentliche. Es in der Sprache des Bühnenbildes umzusetzen, es sichtbar und spürbar zu machen hatte Vorrang. Dabei nutzte er alle Möglichkeiten und Wirkungen der Bühne, die Technik in all ihren Spielarten bis zur Drehbühne ebenso wie das Licht, das zum Beispiel in der ›Wozzeck‹-Aufführung Reinhardts Menschen und Dinge aus der Finsternis herausgrub, oder die Farbe, die ihm nicht als koloristisches Reizmittel diente, sondern dramaturgisches Mittel war, wie bei der Aufführung von Tagores Märchenspiel ›Der König der dunklen Kammer‹. Heartfield war in seinen Bühnenbildern karg, dort wo man Reichtum nicht vermißte, und reich dann,

(Fortsetzung übernächste Seite)

136 Arno Holz, ›Sozialaristokraten‹. Bühnenbildentwurf ›Fiebigs Arbeitszimmer‹ für die Inszenierung am Deutschen Theater-Kammerspiele (Berlin), 1955. Kat.-Nr. 394

137 Arno Holz, ›Sozialaristokraten‹. Kostümentwurf ›Fiebig‹ für die Inszenierung am Deutschen Theater-Kammerspiele (Berlin), 1955. Kat.-Nr. 396

wo Kargheit beeinträchtigt hätte. Er stilisierte, wo Realistik Überladung gewesen wäre, und parodierte, wo der Witz es erforderte. Den Charakter des Werkes stellte er über den malerischen Einfall. Immer bezeugten seine Dekorationen ebenso die Schärfe seiner Beobachtung wie die Weite seiner Phantasie, die ihn nie verleitete, sich ins Spielerische, Malerische, Illustrative zu verlieren. Das Gefühl für das Ganze blieb herrschend, ohne dabei das charakteristische, aussagekräftige Detail zu vernachlässigen. Heartfield machte in seinen Bühnenbildbauten – unabhängig davon, in welchem Maße er Prospekte und Kulissen, Maschinen und Requisiten verwendete – die Umwelt sichtbar, ohne vom Geschehen abzulenken. In der Vereinigung von Raum und Mensch, Gruppe und Fläche machte er das Bühnenbild zum Bestandteil der Aktion. Heartfield war und blieb als Bühnenbildner Partner des Autors, des Regisseurs und des Schauspielers, ...

Aus: Hugo Fetting, ›Heartfield an den Reinhardt-Bühnen‹ (1977), in: Roland März (Hrg.), ›John Heartfield: Der Schnitt entlang der Zeit. Selbstzeugnisse – Erinnerungen – Interpretationen‹, Dresden 1981, S. 208–220; hier: S. 208–209, 218–219.

138 David Berg, ›Mutter Riba‹. Bühnenfoto ›Modesalon‹ der Inszenierung am Deutschen Theater-Kammerspiele (Berlin), 1955. Kat.-Nr. 421

Günther Rücker, 1990

Ein New Yorker Textilwarenhändler aus dem jüdischen Milieu kauft preisgünstig zu Beginn des Koreakrieges Damenröcke. Aber der Modetrend geht zu Damenhosen. Seine letzte große Gewinnhoffnung ist dahin. Sein Sohn in Korea fällt. Sein Schwiegervater, ein wirklicher Engroskaufmann, weiß nicht, warum er dem Bankrotteur helfen soll, wenn doch die Tochter gar keine familiäre Bindung mehr darstellt. Die Frau des Kleinen sammelt Unterschriften gegen die Atombombe, der Mann hält sie für meschugge. Sein Leben hat allen Sinn verloren. Keine Damenhosen, keinen Sohn, keine Frau. Das Milieu erinnert an Golds ›Juden ohne Geld‹, jetzt in den fünfziger Jahren. Kleine Leute, ein Kleinmarkt, ein rosarotes bonbonniges Büro. Heartfield setzte alle Spielorte auf eine Drehbühne. Viele Details. Er baute ein Modell und fragte mich oft, ob ich etwas geändert wünschte. Aber ich kannte das Milieu gar nicht. Elisabeth Hauptmann, die Übersetzerin, kannte es sehr gut, sie hatte ihre Emigrationszeit in den USA verlebt. Die beiden Hauptdarsteller kamen aus englischer Emigration zurück. Ich war sehr jung und lernte mehr von ihnen, als ich ihnen mit meiner Regie hätte geben können. Das Ganze blieb ein sehr bescheidener Erfolg.

Heartfield war energiegeladen wie bei jeder seiner Arbeiten. Er hatte sich dem Bühnenbild zugewandt, weil die Fotomontage an ein Ende gekommen war; aber auch, weil sie in heute kaum noch nachzuvollziehender Weise verdächtigt und verleumdet wurde. Was mir bis zum heutigen Tag unverständlich bleibt, ist, daß ich John Heartfield niemals nach seinen Bühnenarbeiten der zwanziger und dreißiger Jahre befragt habe. Die junge Generation lebte ohne Geschichtsbewußtsein für die Zeit vor 1933. Trotzdem hatte ich zu John Heartfield von Anfang an das Verhältnis eines etwas jüngeren Bruders zum älteren. Der Fotomonteur der AIZ absorbierte in meinem Gefühl den Bühnenbildner. Jenen hatte ich als Kind fast als einen Mythos der Kunst und Politik empfunden, dieser war wie ein Anonymus für mich.

139 David Berg, ›Mutter Riba‹. Bühnenbildentwurf ›Schneiderwerkstatt »Ajax-Röcke«‹ für die Inszenierung am Deutschen Theater-Kammerspiele (Berlin), 1955. Kat.-Nr. 405

140a, b David Berg, ›Mutter Riba‹. Bühnenbildentwurf ›Supermarkt‹ und Detailstudie ›Firmenschild‹ für die Inszenierung am Deutschen Theater-Kammerspiele (Berlin), 1955. Kat.-Nr. 404, 402

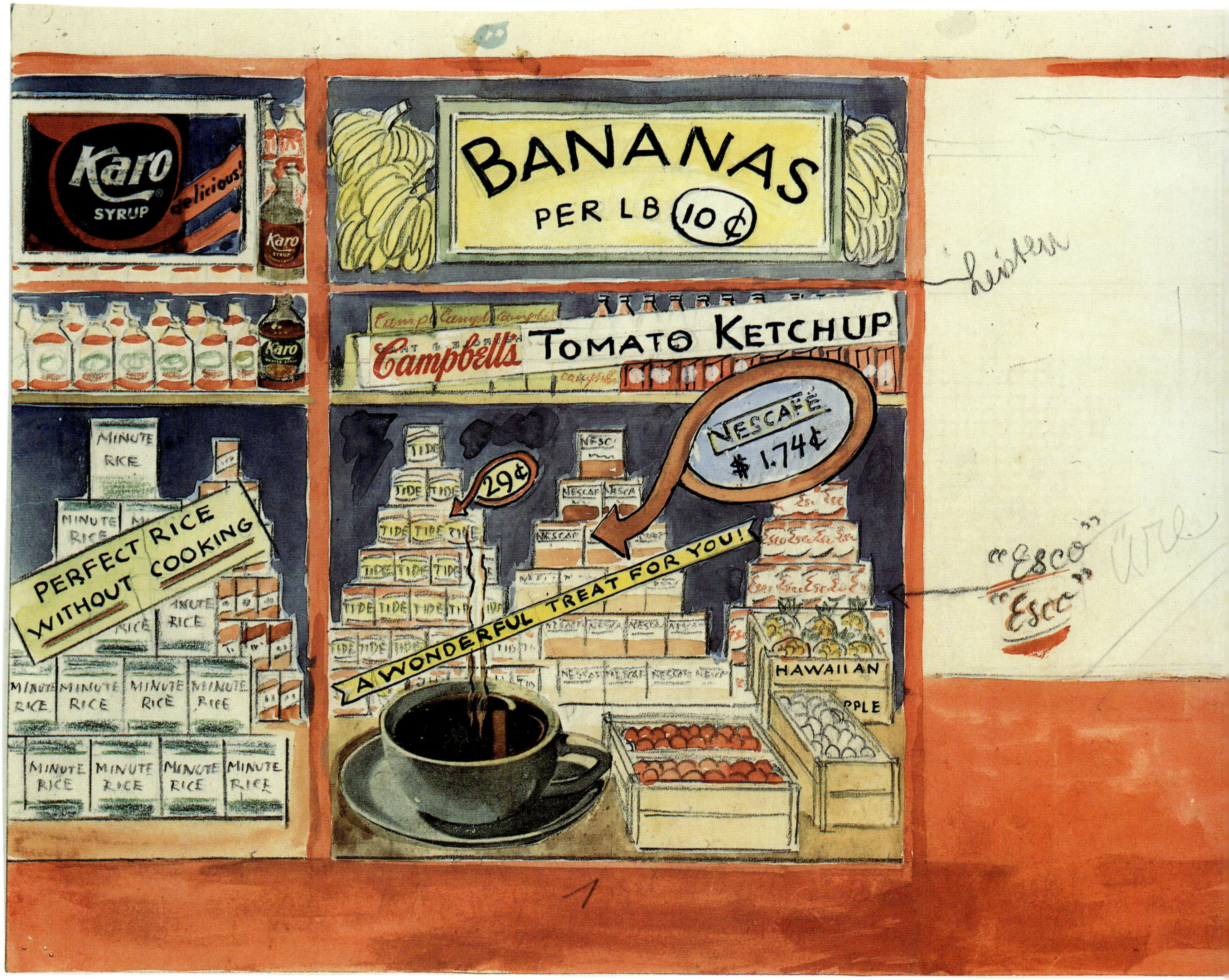

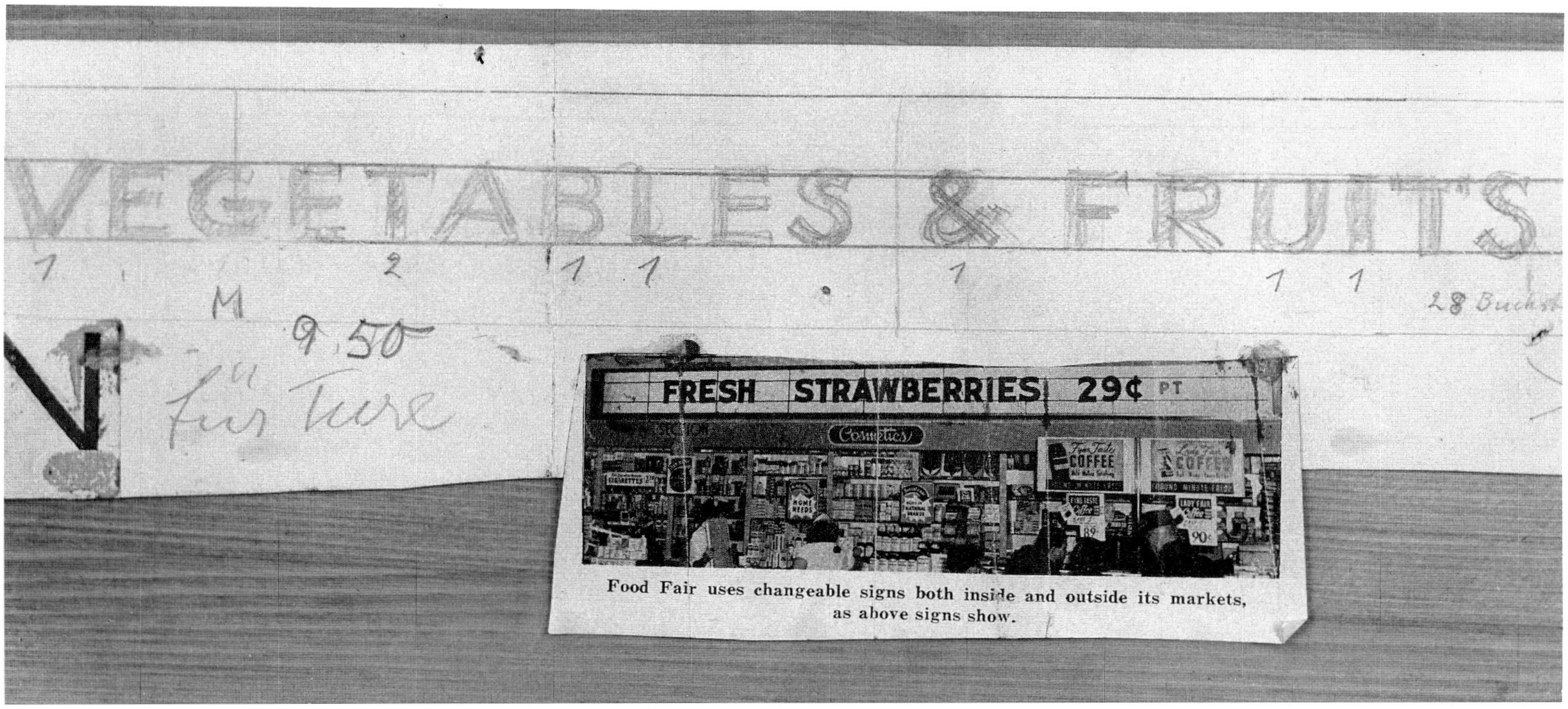

141 David Berg, ›Mutter Riba‹. Inszenierung am Deutschen Theater-Kammerspiele (Berlin), 1955. Schriftentwurf für Schaufensterfront mit beigeklebter Abbildung eines Supermarkts. Kat.-Nr. 403

142 David Berg, ›Mutter Riba‹. Bühnenfoto ›Supermarkt‹ der Inszenierung am Deutschen Theater-Kammerspiele (Berlin), 1955. Kat.-Nr. 401

Full-flavored
CHICKEN STOCK
MACARONI
FRUITS!
s you
ealthy!

Soup for Lunch
AJAX
MACARONI
Campbell's
CHICKEN
NOODLE SOUP
Soup for Lunch
31¢
Campbell's
CONDENSED
CHICKEN NOODLE
SOUP
WEEKEND
SPECIAL
BELTYSILLE
TURKEYS
4 to 8 lbs
DUZ
milk
Super Right
FANCY SLICED BACON
FOR EASY MEALS
LIBBY'S TWICE-RICH
TOMATO Juice
NO
OTHER TEA
COUNTS!
BEST!
FAB
Tender Leaf TEA
Libby's
BEANS
Tide
Libby's Products
Rich in Vitamins
IT'S BETTER BREAKFAST MONTH AT A&P
COTTAGE CHEESE
Borden's
EAGLE BRAND
ELSIE'S GOOD FOOD LINE
Borden's
Country Style
CREAMED
COTTAGE
CHEESE
Tender
Leaf
TEA

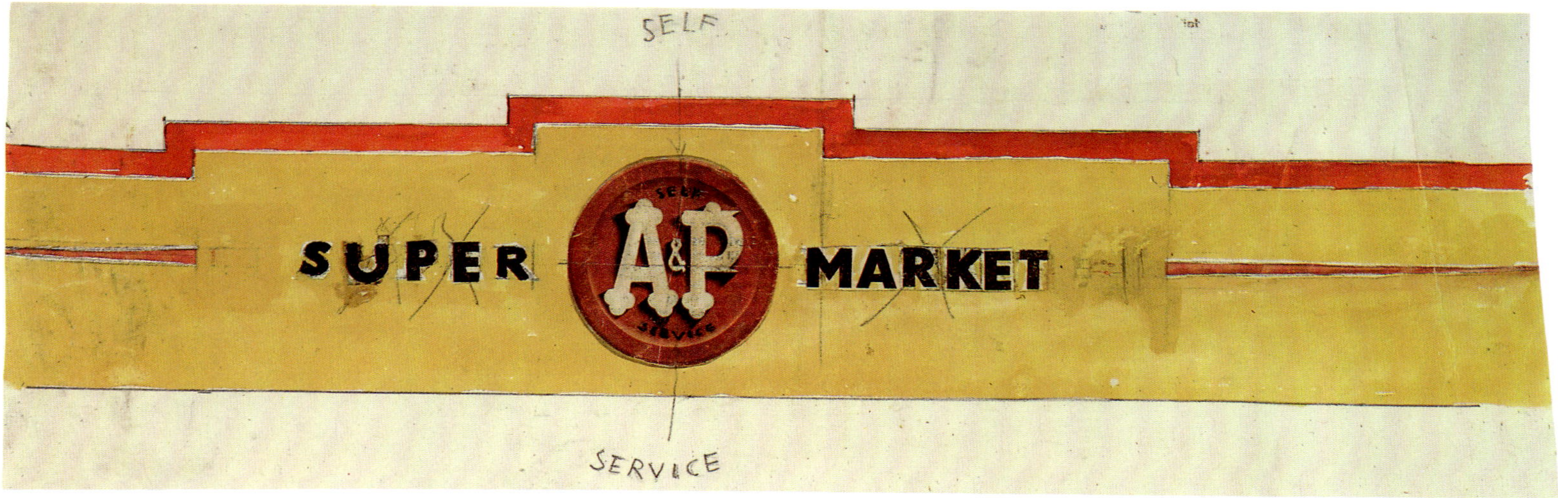
SELF
SUPER
A&P
MARKET
SERVICE

S

Every Day Low Prices
SAVE UP TO 25 %
ON FOOD NEEDS
Anytime you're thirsty
FLORIDA
Orange
Juice
FLORIDA FROZEN
FLORIDA ORANGE
LEMONDS
SUNKIST
ORANGES
Deliciously yours!
SPECIAL!
Be sure it's DOLE
DOLE
HAWAIIAN
PINEAPPLE CHUNKS
Sunkist
HAWAIIAN
PINEAPPLE
BEST HAWAIIAN PINEAPPEL CHUNKS
2

PEANUT
BUTTER
SMOKED
HAMS
45¢
BUTT
55¢ LB
PEANUT BUTTER
31¢
JONA
SWEET
PEAS
3
CANS
JONA PEAS
EAT
Extra-heavy
WHIPPING
CREAM
M-mighty good!
3

143 ›Reklame Aufbau der U. S. S. R vor dem Bahnhofsgebäude Leipzig‹. Entwurf für die Leipziger Messe, 1927. Kat.-Nr. 227

144 John Heartfield und Wieland Herzfelde bei der Heartfield-Ausstellung in Prag, 1964

Peter Pachnicke, 1990

Freie Kunst oder angewandte, legitime oder illegitime, High oder Low – in solchen Gegensätzen dachte, fühlte, arbeitete Heartfield nicht. Inserat, Buchumschlag, Werbeträger, Plakat, Zeitung, Bühnenbild, Ausstellung: jede Aufgabe nahm er gleichermaßen ernst. Denn: jedes Element des bürgerlichen Alltags sollte auch ästhetisch revolutioniert werden, sollte ein Gesicht und einen Körper erhalten, in denen die Menschen das NEUE mit eigenen Augen, Ohren, Mündern, Nasen, Händen auch sehen, hören, schmecken, riechen und berühren konnten. Insofern war er nicht nur Kritiker der bürgerlichen Gesellschaft, sondern er fühlte sich zugleich als Designer der kommunistischen Utopie, der sein Montagedenken auf der Fläche, am Objekt, im Raum und in der Aktion entfaltete. So bewegte sich seine Thematik beständig im Widerspruch, zwischen den Imperialismus entlarvender Satire und den Sozialismus idealisierendem Pathos.

145 Johannes R. Becher, ›Winterschlacht‹. Plakat für die Inszenierung im Berliner Ensemble (Berlin), 1954. Kat.-Nr. 408

146 Wladimir Majakowski, ›Lenin Poem‹. Plakat für die Inszenierung an der Volksbühne (Berlin), 1966. Kat.-Nr. 412

AN MEINE LANDSLEUTE

IHR, die ihr überlebtet in gestorbenen Städten,
Habt doch nun endlich mit euch selbst Erbarmen!
Zieht nun in neue Kriege nicht, ihr Armen,
Als ob die alten nicht gelanget hätten:
Ich bitt euch, habet mit euch selbst Erbarmen!

Ihr Männer, greift zur Kelle, nicht zum Messer!
Ihr säßet unter Dächern schließlich jetzt,
Hättet ihr auf das Messer nicht gesetzt,
Und unter Dächern sitzt es sich doch besser.
Ich bitt euch, greift zur Kelle, nicht zum Messer!

Ihr Kinder, daß sie euch mit Krieg verschonen,
Müßt ihr um Einsicht eure Eltern bitten.
Sagt laut, ihr wollt nicht in Ruinen wohnen
Und nicht das leiden, was sie selber litten:
Ihr Kinder, daß sie euch mit Krieg verschonen!

Ihr Mütter, da es euch anheimgegeben,
Den Krieg zu dulden oder nicht zu dulden,
Ich bitt euch, lasset eure Kinder leben!
Daß sie euch die Geburt und nicht den Tod dann schulden:
Ihr Mütter, lasset eure Kinder leben!

BERTOLT BRECHT

VEB Offizin Haag-Drugulin in Leipzig III/18/38

147 Bertolt Brecht, ›An meine Landsleute‹. Typografisches Blatt, 1950. Kat.-Nr. 413

148 Rolf Hochhuth, ›Der Stellvertreter‹. Plakat für die Inszenierung am Deutschen Theater (Berlin), 1966. Kat.-Nr. 411

149 David Buxton, ›Travels in Ethiopia‹. Buchumschlag, 1949. Kat.-Nr. 380

Werner Klemke, 1990

Die Brecht-Ausgabe in ihrer Schlichtheit, das ist großartige Typografie. Die klassische Einfachheit ist natürlich englische Tradition, aber er hat etwas ganz eigenes daraus gemacht. Heartfield war in der Arbeit penetrant genau. Er war der Genaueste, den ich je kennengelernt habe; es mußte stimmen, und er bestand darauf, daß man mit ihm prüfte, ob ein Buchumschlag funktionierte. Oft habe ich ihm gesagt: »Hör auf, das sieht doch hinterher keiner.« Aber er bestand darauf. Der Umschlag wurde auf den Fußboden gelegt, und man mußte mit ihm auf den Stuhl steigen. So standen wir dann oben und prüften, ob ein Detail stimmt. Er kletterte immer wieder runter, um ein bißchen zu rücken und zu schieben – bis es klappte. Ich verstand ihn natürlich, aber andere waren doch sehr verwundert. Ich erinnere mich an eine Beratung über das Plakat ›Sozialaristokraten‹. Er kam doch nicht etwa mit einem fertigen Entwurf, sondern in seiner Mappe hatte er die einzelnen Elemente. Im Kopf hatte er das Plakat, aber praktisch begann er es vor unseren Augen aus den Teilen aufzubauen, was oft Stunden dauerte. Dann wurde ausprobiert. Er wußte, was er wollte; was ihn interessierte, war, ob und wie das Plakat bei den Leuten funktioniert. Und: als er dann fertig war, weigerte er sich, die Teile festzumachen, sondern nahm das Plakat wieder in seinen Einzelteilen mit, um weiter zu prüfen.
Plakat, Bucheinband, Bühnenbild – er kam nicht mit Entwurfszeichnungen, sondern mit lauter Abbildungen der Dinge, beispielsweise um den Bühnenhandwerkern zu zeigen, wie in ›Sozialaristokraten‹ ein Trottel auszusehen hat. Er wußte genau, wie es in einer Dachkammer oder in der guten Stube aussieht. Ich hab' einmal zu ihm gesagt: »Für mich bist du ein wirklich moderner Künstler, denn du arbeitest – wie ein Ingenieur – mit lauter vorfabrizierten Fertigteilen.«

Aus einem unveröffentlichten Gespräch mit Peter Pachnicke.

150 Bertolt Brecht, ›Stücke XII‹. Buchumschlag, 1959. Kat.-Nr. 381

151 ›Wenn wir es alle nicht wollen, ...‹. Plakat, 1957. Kat.-Nr. 415

152 ›Niemals wieder!‹ Plakat, 1960. Nach einer Fotomontage für die ›Arbeiter-Illustrierte-Zeitung‹ (AIZ, Berlin) vom 27. 11. 1932 [Abb. 88 b]. Kat.-Nr. 416

Helen Adkins

Der Sträfling: Monteur John Heartfield

Dada zeigt die Welt 1920. Viele werden fragen: so scheußlich sei selbst 1920 nicht. Es ist so: Der Mensch ist eine Maschine, die Kultur sind Fetzen, die Bildung ist Dunkel, der Geist ist Brutalität, der Durchschnitt ist Dummheit und Herr das Militär.

Adolf Behne, 1920[1]

Als Helmut Herzfeld 1913 in Berlin eintraf, wollte er noch Maler werden und bevorzugte Motive aus der freien Natur. Aber die Begegnung mit George Grosz (damals noch Georg Groß), die von seinem Bruder Wieland Herzfelde im Sommer 1915 arrangiert wurde, sollte seine schöpferische Entwicklung wesentlich verändern. Wieland Herzfelde traf Grosz eines Abends im Atelier von Ludwig Meidner; Grosz, der sich als holländischer Kaufmann ausgab, weckte Herzfeldes Neugier. Nach einem kurzen Wiedersehen im Café des Westens kam es zu einem Treffen bei Grosz daheim. Dringend gebeten, seine Zeichnungen vorzuführen, öffnete er nach langem Zögern widerwillig die große, mit Arbeiten randvoll gefüllte Truhe. Zutiefst beeindruckt bot Herzfelde sofort an, die Zeichnungen in seiner eigenen – erst geplanten – Kunstzeitschrift zu veröffentlichen. Grosz nahm das Angebot nicht ernst, sagte aber zu. Im Juli 1916 erschien die erste Nummer der Monatsschrift ›Neue Jugend‹ mit zwei Zeichnungen von Grosz – der Grundstein einer äußerst fruchtbaren Zusammenarbeit zwischen Grosz und den Gebrüdern Herzfeld war gelegt.[2]

Wieland Herzfelde berichtet von der katalytischen Wirkung der Begegnung mit Grosz und seiner zynischen Entlarvung des bürgerlichen Milieus: »Wir teilten seinen Haß gegen den Krieg und gegen alle, die ihn verschuldeten, entschuldigten oder verherrlichten, und unsere spontane Freundschaft entwickelte sich zu einem Arbeitsbund, der die nächsten 15 Jahre fast reibungslos überdauerte. Die Erscheinung und das Wesen von Grosz, seine originelle Art zu erzählen und zuzuhören, liebten wir – seine Kunst aber war für uns eine Offenbarung. Zugleich eine kalte Dusche: schockartig, ernüchternd, prickelnd und belebend. Mein Bruder und ich waren daran gewöhnt, die Kunst als das Sichtbar- und Hörbarmachen der Schönheit zu begreifen, die dem Leben innewohnt, wie Metall dem Gestein. Grosz bewirkte, daß wir fortan die alltägliche Welt nicht mehr als nüchtern, banal und langweilig empfanden, sondern als ein Drama, in dem Dummheit, Roheit und Fäulnis die Hauptrolle spielten. Er weckte in uns beiden ein neues, sehr kritisches Verhältnis zu unseren bisherigen Versuchen künstlerischer Art: Helmut verbrannte alles, was er bisher mit Kohle, Bleistift, Kreide, Tusche, Tempera und Ölfarbe geschaffen hatte.«[3]

Die Freundschaft mit Grosz bedeutete das Ende der künstlerischen Laufbahn von Helmut Herzfeld und den Beginn des Monteurlebens von John Heartfield. Aus Protest gegen den deutschen Patriotismus beschlossen Groß und Herzfeld, ihre Namen ins Englische zu übertragen: Georg Groß wurde George Grosz und Helmut Herzfeld John Heartfield; zusammen gründeten sie den ›Grosz-Heartfield-Konzern‹. Nach dem Bruch mit seinen bisherigen Vorstellungen vom Künstlertum setzte Heartfield alles daran, die Zeichnungen seines Freundes einer möglichst großen Öffentlichkeit vorzustellen. »Wenn die Zeichnungen, Aquarelle und Ölbilder von Grosz aus den Jahren 1915 bis 1930 auf so vielfältige Weise reproduziert wurden wie die Werke nur weniger Zeitgenossen, so ist das nicht zuletzt ein Verdienst Heartfields. Er schleppte unzählige Male Blätter von Grosz, oft auch ihn selbst, zu dem Lithographen Birkholz und ließ überdies auf Vorrat Klischees anfertigen. Wir würden sie gut einfetten und früher oder später schon verwenden.«[4]

Seine Werke gedruckt zu sehen hat Grosz wiederum sehr geschmeichelt; nach seinem eigenen Verständnis hob es ihn in den Rang eines ›Wahrheitsverkünders‹: »In mir lebte damals noch jene Vorkriegsehrfurcht vor bedrucktem

Papier; was gedruckt war, war eben Wahrheit. Es steht in der Zeitung, hieß mit anderen Worten: Also muß es wahr sein. Ich hatte Achtung vor dem, was gedruckt war, und da ich auch gedruckt war, hatte ich Achtung vor mir.«[5]
Während Wieland Herzfelde im November 1916 zum zweiten Mal eingezogen wurde, arbeitete Heartfield unermüdlich an der ›Neuen Jugend‹ weiter und produzierte noch im Februar/März 1917 eine provokante Doppelnummer der kleinformatigen, konventionell aufgemachten Monatsschrift – mit dem Resultat, daß sowohl das Blatt als auch der gleichnamige Verlag verboten wurden. Inzwischen war der »Dichter und Gewaltmensch«[6] Franz Jung der Redaktion beigetreten. Sein Einfluß auf Heartfield sorgte für eine bewußtere Wahrnehmung der Kriegssituation und bewirkte eine entschiedene Radikalisierung seiner eigenen Arbeit. Die ›Neue Jugend‹ war zwar von der Zensur verboten worden, aber eine glanzvolle Idee Jungs sicherte nicht nur die weitere Veröffentlichung der Grosz-Blätter, sondern auch die Genehmigung zur Gründung eines neuen Verlages, der zum ›Hausverlag‹ der Berliner Dada-Bewegung werden sollte. »Das Gesuch besagte: Die ›Neue Jugend‹ ist verboten worden. Dort erschien in Fortsetzung ein Roman ›Der Malik‹ von Else Lasker-Schüler. Diesen Roman sind wir verpflichtet, ganz zu veröffentlichen, er handelt von einem türkischen Prinzen, einem Verbündeten also. Wir ersuchen, nur zum Zwecke der Veröffentlichung dieses Romans, um eine Verlagskonzession. Den Verlag würden wir nach dem zu druckenden Roman Malik-Verlag nennen. – Die Konzession wurde erteilt.«[7]
Die erste Nummer der Wochenzeitschrift ›Neue Jugend‹ – zweifarbig, vier Seiten stark und im amerikanischen Format – stand schon im Zeichen der Heartfieldschen Neuerung, wirkt aber noch sehr geordnet im Vergleich zur vierfarbigen, ebenfalls großformatigen zweiten und letzten Nummer vom Juni 1917 (Kat.-Abb. 5).[8] Die innovative Verwendung von Farben, Klischees, Illustrationen und rhythmischen Schriftzügen belebt das Erscheinungsbild der Zeitung auf originelle und niegesehene Art und Weise. Heartfield hebt die Grenzen zwischen Schrift und Bild auf; beide können sowohl eine optische als auch eine erklärende, didaktische Funktion erfüllen. Die Farbe setzt er unabhängig vom Sinnzusammenhang einer Wortfolge ein. Die Titelseite (Kat.-Abb. 5a) wird beherrscht von der rot-grün alternierenden Überschrift und der ausgeschnittenen Ansicht des berühmten New Yorker ›Flatiron Building‹, das rot mit ›Reklameberatung‹ überstempelt ist; das Hochhaus steht autonom da, es illustriert keinen der Texte. Die Titelseite des ›Prospektes zur Kleinen Grosz-Mappe‹ (wie die ›Neue Jugend‹ vom Juni 1917 auch genannt wird) präsentiert auch zwei Textbeiträge von Grosz: ›Man muß Kautschukmann sein!‹ und ›Kannst du radfahren?‹. Beide rufen zur Notwendigkeit einer aggressiven sozialen Rolle auf, zur Infragestellung des herkömmlichen bürgerlichen Kunstbegriffs: »Sag mal? – ... graults Dir da nicht in den Kunstsalons? in den Ölgemäldegalerien ...? in den literarischen Soiréen ...?« Grosz betont in den Texten den Einfluß der allgegenwärtigen Reklame – Heartfield seinerseits zitiert in der Gestaltung die Typografie ebendieser Werbung, indem er unbewußt vertraute Schriftzüge einklebt, und konstruiert so eine typografische Collage, die sich der Schrift-›Bilder‹ des Alltagslebens bedient.
In der berühmten Anzeige für die ›Kleine Grosz-Mappe‹ auf der Rückseite der Zeitung (Kat.-Abb. 5d) experimentiert Heartfield nicht nur mit den vielfältigen mechanischen Möglichkeiten des Druckverfahrens; vielmehr wird die gesamte Komposition als Montage zusammengestellt. Schrift und Klischeematerial werden von Heartfield ungeachtet aller typografischen Regeln eingesetzt. Spaltenbreite und -höhe werden nicht berücksichtigt, Buchstaben verstellt, Klischeedrucke spielerisch übereinandergesetzt. Aus ihrem klassischen Kontext heraus-

gerissen, werden Markenzeichen, die sonst ordentlich und einzeln angelegt Geschäftspapier, eine Annonce oder eine Visitenkarte geschmückt hätten, ganz unterschiedlich verwendet: als skurrile Bildergänzung etwa, z. B. bei dem ›Giftschrank-Totenkopf‹, der höflich mit mondänem Zylinder grüßt und eine kleine grüne Trompete quasi als Zigarette zwischen den Zähnen hält. An seinen mörderischen Absichten lassen der rote Revolver und der kleine, insektenartige Totenschädel keinen Zweifel. Der Totenschädel an sich weckt Assoziationen zum Inhalt der zwanzig Lithografien in der Mappe. Sie sind giftig, satirisch, gewalttätig, lebensgefährlich. Andere Elemente wirken in unmittelbarer Verbindung mit den roten Schriftzügen, die – mit Schreibmaschinentypen über die ganze Fläche gestreut – die Titel der Lithografien wiedergeben. Das Grammophon tönt ›Mord‹, die ›Goldgräber-Bar‹ und das Interesse ihrer Kundschaft werden durch einen Ring verdeutlicht, das Segelboot illustriert assoziativ ›Am Kanal‹. Manche Motive nehmen Elemente der Grosz-Lithografien wieder auf: der Heißluftballon für den ›Dorfschullehrer‹, die Zigarre, die bei der ›Jägerlateinsitzung‹ intensiv geraucht wird, oder auch die rauchende Lokomotive, die im Hintergrund der ›Strasse‹ den Hügel erklimmt. Andere Lithografien-Titel gruppiert Heartfield unordentlich, ganz in Einklang mit dem Inhalt der Blätter. Die Nähe des dekorativ tänzelnden Fräuleins zu ›Fräulein und Liebhaber‹ oder ›Strassenbild‹ bewirkt in Anbetracht der dargestellten Themen eine starke Ironisierung. Auf ähnliche Weise setzt die Zusammenstellung von ›Strasse des Vergnügens‹, ›Krawall der Irren‹ und ›Die Kirche‹ die inhaltlichen Werte kontrastierend gegeneinander. Den Stellenwert der Kirche kann der Leser nicht fehlinterpretieren: Das Kreuz findet sich als dekoratives Motiv verstreut oder in Zusammenhang mit dem Totenschädel über einem Sarg eingesetzt.

Neben diesen subtilen Momenten wirbt die Anzeige mit allen notwendigen Informationen zur Mappe. Preis, Auflagenhöhe und Verlag sind deutlich zu lesen. Das dreifach in Schwarz, Rot und Grün wiederholte und verrutscht gedruckte ›Soeben erschienen!‹ traf allerdings nicht zu, da die Mappe erst im Herbst 1917 publiziert wurde.[9] Die Innenseiten – in Blau und Schwarz gestaltet – enthalten auch eine Anzeige für die ›Vortragsabende der Neuen Jugend‹. Die spielerische Anordnung von Farbkreisen und Schrift versinnbildlicht durch die Assoziation mit Jonglierscheiben das Programm von Varietés und artistischen Vorführungen (Kat.-Abb. 5b).

Franz Jung nennt die ›Neue Jugend‹ eine »Augenweide«, »die Seele des Ganzen ... war Jonny Heartfield. Unvorstellbar, noch in der Erinnerung, was Jonny geleistet hat. Wir konnten das Manuskript immer nur stückweise setzen lassen und bei verschiedenen Druckereien abziehen. Selbstverständlich hatten wir für die Zeitschrift keine Lizenz und auch keine echte Verlagsadresse. Wir täuschten den Drucker ebenso wie die Polizei.«[10] Die ›Neue Jugend‹ wurde an größeren Kiosken verkauft; schon die farbige Aufmachung war so attraktiv, daß sie schnellen Absatz fand. Nach einer Stunde fing die Polizei mit der Beschlagnahme an, doch hatten die meisten Exemplare schon Käufer gefunden.[11] Eine dritte Nummer der Wochenzeitschrift sollte weiß gedruckt auf Trauerflor erscheinen; das Projekt scheiterte jedoch, vermutlich aus finanziellen Gründen.

Das im Herbst 1917 erschienene ›Faltblatt zur Kleinen Grosz-Mappe‹ (Kat.-Abb. 4) greift in der Gestaltung auf dieselben Mittel zurück, die Heartfield in der Ankündigung der ›Neuen Jugend‹ verwendet hatte. Auf dünnem, rosafarbenem Papier gedruckt, begleiten die mit Witz plazierten Klischeedrucke das Gedicht ›Aus den Gesängen‹ von Grosz. Die kleinen Illustrationen, als dem Text gleichwertige Elemente behandelt, beanspruchen teilweise ganze Zeilen für sich; auch die Interpunktion wird optisch in zeilenlangen Wiederholungen eingesetzt. Die Vorderseite des Faltblattes enthält Angaben zum Inhalt der Mappe,

während die folgenden Seiten ein von ihr völlig unabhängiges Kunstwerk bilden.
1918 drückte Eva Peters, die spätere Frau von Grosz, ihren Mißmut über die Zusammenarbeit von Grosz und Heartfield folgendermaßen aus: »Den Umgang mit Herzfeld halte ich für durchaus schädlich für ihn. H. vergöttert ihn gerade zu, tut buchstäblich alles was er will, bestärkt ihn in seinen verwegensten Plänen und Ansichten und schmeichelt seiner Eitelkeit. (...) Ich bin sehr unglücklich darüber.«[12] Die persönlichen Befürchtungen von Eva Peters scheinen sich jedoch nicht bestätigt zu haben. Die enge Freundschaft erwies sich, in künstlerischer Hinsicht zumindest, für beide als äußerst fruchtbar.
Die Anfänge von Dada-Berlin und die Beziehungen zwischen den Berliner Dadaisten gestalteten sich von Beginn an nicht so einfach. Im Sommer 1915 war es wiederum das Atelier von Ludwig Meidner, wo Herzfelde Raoul Hausmann erstmals begegnen sollte. Zunächst einmal beleidigte er Hausmann jedoch so sehr (»Ach Sie sind Maler, ich dachte Sie sind ein Schwein«[13]), daß der drohte, Meidners Abende zu boykottieren, wenn er seinen Gästen als »Witzobjekt« dienen würde. 1917 traf Herzfelde Hausmann erneut und bat ihn höflich um einen Beitrag für die ›Neue Jugend‹; obwohl nie ein Beitrag von Hausmann in der Zeitschrift veröffentlicht wurde, konnte wohl die Feindschaft überwunden werden. Herzfelde sorgte auch für den Kontakt zu Grosz, an dem Hausmann wider Erwarten sofort Gefallen fand: »Wir verstanden uns sans façon mit 5 Worten – wirklich er gefällt mir. Und ich war sehr abgeneigt gewesen, ihn kennen zu lernen. Aber das ist einer, der ein Herz nicht auf der Zunge trägt – fabelhaft ironisch, er quatscht scheinbar, legt aber die andern entlarvend rein.«[14]
Auch hier scheint Herzfelde die Rolle eines Katalysators gespielt zu haben. Zeugenberichte und Erzählungen aus der Zeit gehen selten auf Heartfield ausführlich ein. Nicht so redegewandt, hatte er sich vielleicht lieber von den heftigen Auseinandersetzungen seiner Kollegen ferngehalten. Sein Bruder charakterisiert ihn folgendermaßen: »Deine Psyche ist Chaos. Oft gärt sie. Manchmal explodiert sie. Dann wogt sie. Wind. Schlaf. Brütende Hitze. Überschwemmung. Aus diesem Grunde ist es schwierig, mit Dir zu verkehren, wenn man nicht einen Instinkt hat, der Dein Wetter gleichsam vorausahnt. Die Zivilisation der Allgemeinheit ... reguliert Dein Chaos sozusagen. Gleicht aus – durch zentnerschwere Balken, Schranken. Daher Deine Schwermut gerade mitten unter Menschen. (...) In der Sphäre Intellektueller kannst Du ungemein viel latente Gedanken haben, weil Du sie in Dich saugst und Dir ihres Besitzes mehr bewußt wirst als alle andern, da sie Dir neu sind. (...) Bist Du aber allein, so merkst Du, wie fremd das in Dir ist, was Dich in der Gesellschaft überhaupt möglich macht.«[15]
Während Wieland Herzfelde im nachhinein stets betonte, daß die ›Neue Jugend‹ keine dadaistische Publikation darstellte, sprechen Richard Huelsenbeck, Franz Jung und Georg Schrimpf in einem Brief vom August 1917 an Tristan Tzara[16] von der Verbreitung der ›Neuen Jugend‹ als Beweis für den Charakter des Berliner Dadaismus. Huelsenbeck hatte bereits im Januar 1917 das Wort ›dada‹ von Zürich nach Berlin mitgebracht; bis zu seinem Vortrag im Februar 1918, ›Erste Dadarede in Deutschland‹[17], wurde der Begriff aber nicht verwendet.
Hausmann und Huelsenbeck brachten ab 1918 ihre Berliner dadaistischen Anschauungen durch Schriften und Manifeste zum Ausdruck. Ihre theoretische Grundhaltung fand durch die Freundschaft mit Franz Jung ein politisches Aktionsfeld ganz anderen Charakters als bei der Dada-Vorläuferbewegung in Zürich. Dabei waren die Schriften des Psychoanalytikers und Anarchisten Otto Groß, der die Psychoanalyse mit den Sozialwissenschaften verknüpfte, um ein

Modell zur Befreiung der Gesellschaft von autoritären Zwängen zu erstellen, von zentraler Bedeutung. Grosz und Heartfield hingegen schöpften viel mehr ›aus dem Bauch‹ und stellten durch ihre Arbeiten die ganz persönliche vernichtende Kritik am Spießbürger in den Vordergrund. Auch hier gelang es Jung, die individualistischen Tendenzen zum Zwecke der grundsätzlichen Umgestaltung der Gesellschaft durch die Revolution zu bündeln.

Diese unterschiedlichen Ansätze fanden kurzfristig im Dada-Umkreis eine gewisse gemeinsame Basis. Bei der Veranstaltung, die als Höhepunkt und zugleich letzter gemeinschaftlicher Auftritt von Dada-Berlin in der Öffentlichkeit bewertet wird, der ›Ersten Internationalen Dada-Messe‹ im Sommer 1920[18], kommen die sehr individuellen Haltungen der Veranstalter – Marschall G. Grosz, Dadasoph Raoul Hausmann und Monteurdada John Heartfield – deutlich zum Vorschein. Die Dada-Messe konnte nur dank der tatkräftigen Unterstützung des Galeristen Dr. Otto Burchard, den die Veranstalter im Frühjahr 1920 auf einem Fest kennengelernt hatten, stattfinden. Grosz, Hausmann und Heartfield verstanden es, ihre Freunde, Künstler und Nichtkünstler, in seltener Eintracht für die Ausstellung zusammenzuführen. So stellte Alois Erbach aus, Maler und engster Jugendfreund Heartfields, aber auch Carl Boesner, Operateur, mit dem Heartfield während seiner Arbeit für die Militärische Bildstelle 1917 bekannt wurde.

Die Dada-Messe kann als Manifest, als Propagandaveranstaltung und nicht zuletzt als politische Stellungnahme verstanden werden. Unübersehbar – gleich im ersten Ausstellungsraum – präsentieren sich Hausmann, Heartfield und Grosz auf ausgesprochen individuelle Art in Wahlkampfmanier. Mit riesengroßen, hohnspuckenden Fotoporträts[19] beherrschen sie, umgeben von besonders geschätzten Arbeiten, jeweils eine Wand. Die provokativen Erzeugnisse – die Bezeichnung ›Kunst‹ etwa wird abgelehnt als »eine Annullierung der menschlichen Gleichwertigkeit«[20] – beschränken sich keineswegs auf neueste Arbeiten von 1920, sondern greifen bis 1917, auf die dadaistischen Anfänge in Berlin zurück. Der revolutionär-organisatorische Geist der Gruppe zeigt sich in vielen Einzelheiten. Ein Mitarbeiter des internationalen Illustrationsverlags Robert Senneckes wurde eigens bestellt, um die ausdrückliche Demonstration gegen die Kunst fotografisch festzuhalten. Andachtsvoll, angeregt diskutierend, interessiert betrachtend posieren die ›Hauptdarsteller‹ in dem mit Gemälden, Schriftplakaten, Collagen, Montagen, Assemblagen, Zeitungsausschnitten und Fotografien dicht behängten Raum. Die Schriftplakate, die durch Parolen die unterschiedlichsten dadaistischen Haltungen unmißverständlich postulieren, dürften die Früchte einer gemeinsamen Beratung der drei Veranstalter gewesen sein.[21] Zur Messe erschienen verschiedene kleine Handzettel, mindestens ein Plakat[22] sowie der Katalog, der erst zwei Wochen nach der Eröffnung erhältlich war (Kat.-Abb. 8).[23] Die 174 Eintragungen folgen der Hängung an den Wänden, wobei einige wenige Abweichungen gegenüber den Eröffnungsfotos festzustellen sind.[24]

Eröffnung der Ersten Internationalen Dada-Messe, Berlin 1920.
V. l. n. r.: Raoul Hausmann, Hannah Höch, Otto Burchard, Johannes Baader, Wieland und Margarete Herzfelde, Otto Schmalhausen, George Grosz und John Heartfield
An der Decke: ›Heartfield-Schlichter mont.‹, ›Preußischer Erzengel‹.
Foto: Berlin, Bildarchiv Preußischer Kulturbesitz

»Die Herzfeldes, Wieland und Heartfield, der Bruder, schlossen sich Grosz völlig an; sie wurden seine Trabanten. Heartfield unterschied sich von seinem Bruder in mancher Hinsicht. Er war klein, hatte einen dicken Kopf, der mit dünnem rötlichem Haar besetzt war, Hände und Gesicht eines Arbeiters. Deshalb nannten wir ihn den ›Monteurdada‹. Er war sehr stolz auf diesen Titel. Er wollte nichts als Arbeiter sein, schön, edel und gut, die Welt zur Befreiung aufrufend, so wie der Kaffeehaus-Intellektuelle sich den Arbeiter denkt. Monteurdada Heartfield war ein ruhiger Mensch (...) Aber hin und wieder packte ihn aus nicht erfindlichen Gründen die Wut. Er begann dann zu schnauben wie ein Pferd – obwohl er doch ein sehr kleiner Mann war – er spie Feuer, stampfte den Boden wie eine spanische Tänzerin, warf sein gesamtes Gepäck von sich. Dies Gepäck war eine Heartfieldsche Besonderheit. Es bestand aus Rollen, Pappen, Papieren, Büchern, die er immer mit sich trug, erstens weil er als Monteur etwas tragen mußte . . ., und dann auch, weil er sein Leben damit verdiente, daß er Buchumschläge machte und an Verleger verkaufte.«[25]

Erste Internationale Dada-Messe, Berlin 1920. Wand mit Heartfield-Selbstdarstellung.
Foto © Berlinische Galerie, Berlin

Auf der Dada-Messe fallen die Selbstdarstellungen von Hausmann und Grosz bescheidener aus als die des Monteurs. Hausmann stellt sich mit dem optophonetischen Gedicht ›kp'erioUM‹ sowie dem Traktat ›Synthetisches Cino der Malerei‹ vor, den er im April 1918 als ›Das neue Material in der Malerei‹ vorgetragen hatte. Illustriert mit einem Dada-Foto von Hausmann und Baader, handelt es sich um Probedruckseiten aus dem vom Kurt Wolff Verlag geplanten, aber aus Kostengründen nie realisierten ›Dadaco‹. Grosz, der voller Ernst postuliert, »DADA [sei] die willentliche Zersetzung der bürgerlichen Begriffswelt«, begnügt sich damit, über seiner jüngsten Mappe ›Gott mit uns‹ zu thronen, nach der – in diesem Fall berechtigten – Devise: Weniger ist Mehr.

In der besonderen Gestaltung ›seiner‹ Wand wählt der Monteur Heartfield für sich die Rolle des Dada-Propheten, also eines Verkünders und Deuters einer Gottesbotschaft. Diesen Part erfüllt er lauthals schreiend und nutzt die Gelegenheit, um sich noch mehrfach unvergeßlich vorzustellen. Mit erregt geballten Fäusten zitiert er eine 1855 publizierte Aussage des belgischen Salonmalers Antoine Wiertz: »Dereinst wird die Photographie die gesamte Malkunst verdrängen und ersetzen.« Er begnügt sich nicht mit eigenen Parolen, sondern stützt seine Haltung durch ein gelehrtes Zitat, das daher desto unumstößlicher erscheint. Auf einem kleineren Foto absorbiert er stillschweigend Hausmanns ›Forderungen der Zeit‹. Direkt unter dem Fotoporträt präsentiert der Monteur zwei Blätter aus dem ›Dadaco‹; gezeigt wird aber keine zusammenhängende Doppelseite, sondern möglicherweise ein Druckbogen, der durch Heftung sinnergänzende Seiten bekommen hätte. Auf der linken Seite (Kat.-Abb. 12) befindet sich die ganz persönliche fiktive Lebensgeschichte des großen Häuptlings John Heartfield, der 1888 in New Orleans geboren sei. Er sei der Sohn des »rassenreinen Indianers« Weißer Bär, der sein letztes Geld in Whisky angelegt hatte, und der Lady Noccer-Boccer, die Hosen aus Seegras trug und einen so starken Tabak rauchte, »daß der Wind vor ihm seine Richtung wechselte«. Als John geboren wurde, erfaßte er sogleich, daß Dada, bzw. der ›A-Ismus‹ zu einer bedeutenden Kunstrichtung werden würde. »(. . .) John (. . .) begann (. . .) künstlerisches Talent zu zeigen, indem er sich sein Gesicht mit Dreck oder Kot (. . .) bemalte. Die Leute kamen von weither, um sich das Talent des John, der mit lauter Stimme in echt amerikanischer Weise für sich Reklame machte, anzusehen, umdrängten ihn im Kreis wie ein seltenes Tier und äußerten ihre Verwunderung durch Kopfschütteln und Händeklatschen.«[26]

Erste Internationale Dada-Messe, Berlin 1920. Die großen Fotoporträts an der Wand zeigen, *v. l. n. r.:* Raoul Hausmann, John Heartfield und George Grosz.
Foto © Berlinische Galerie, Berlin

Die rechte Seite des ›Dadaco‹-Druckbogens zeigt eine diagonal gesetzte typografische Anordnung des Wortes ›Dada‹. Ein weiteres ›Dadaco‹-Blatt, ›Dada in den Schulen‹ (Kat.-Abb. 13), verdeutlicht durch die Abbildung einer ›Dada-Vorführung auf Petra-Tageslichtapparat für Schulen‹ den aufklärerischen Anspruch des Dada-Propheten. Darüber hinaus verewigt auch Grosz an dieser Wand die Jünger des Propheten, die sich um einen überdimensionalen Pudding versammeln: ›Vierundzwanzig Dada-Spießer besteigen einen Pudding‹ wurde in einem hübsch geblümten Passepartout mit schwerem genopptem Goldrahmen präsentiert.[27] Vielleicht weil die aktuelle politische Dimension an dieser Stelle etwas zu kurz kam, wurde noch vor Katalogdrucklegung die Collage von Grosz ›Der Schuldige bleibt unerkannt‹[28] zusätzlich aufgenommen. Größte Bedeutung maß der Monteur offensichtlich dem Druckbogen für die ›Kleine Grosz-

Erste Internationale Dada-Messe, Berlin 1920. George Grosz und John Heartfield vor dem ›wildgewordenen Spießer Heartfield (Elektro-mech. Tatlin-Plastik)‹
Foto © Berlinische Galerie, Berlin

Mappe‹ zu, von dem er alle vier Seiten als die ersten dadaistischen Versuche in Deutschland zeigte. Heartfield ließ keine Gelegenheit aus, die von ihm neu erfundene typografische Gestaltung an prominenter Stelle zu präsentieren: die Titelseite der ›Neuen Jugend‹ von Juni 1917 hängt er über die Tür, und auch die erste Wochenausgabe der Zeitschrift vom Mai desselben Jahres findet einen angemessenen Platz im zweiten Ausstellungsraum.[29] Der Monteur zeigt sowohl seine Original-Collage ›Das Pneuma umreist die Welt‹ als auch deren gedruckte Fassung als Umschlagillustration für ›dada 3‹ (Kat.-Abb. 6a).[30] Dabei ging es ihm nicht um die Veranschaulichung des Collage-Druckprozesses – beide Exponate wurden völlig getrennt voneinander gezeigt –, sondern vielmehr darum, den dadaistischen Anspruch klarzumachen, konkretes ›Material‹ in die Werke zu integrieren und dies anhand von ›Beweisstücken‹ zu belegen. Bei späteren Fotomontagen war der eigentliche Vorgang des Montierens nur Arbeitsvorlage, Mittel zum Zweck, und wurde, als rein technische Notwendigkeit, gar nicht mehr öffentlich gezeigt.

Weitere Umschlaggestaltungen, die seine enge Zusammenarbeit mit Grosz verdeutlichen, werden bei der Dada-Messe unter Heartfields Namen aufgeführt, so die drei im Malik-Verlag erschienenen Publikationen Huelsenbecks ›Dada siegt!‹ (Kat.-Abb. 9), ›Deutschland muß untergehen‹ und ›Phantastische Gebete‹.[31] Grundsätzlich galt, daß der Urheberanspruch demjenigen gebührte, der die entscheidende konzeptionelle Idee hatte. Wenn also Heartfield bei seiner gestalterischen Arbeit z. B. ein Groszsches Motiv verwendet, ja sogar wenn er dieses Motiv unverändert übernimmt, liegt die Urheberschaft bei ihm. Genau wie bei seinen späteren komplexen Fotomontagen ist der Monteur die entscheidende Instanz: Indem er gefundenes oder eigens angefertigtes Material arrangiert, wird die Montage sein Werk. In diesem Sinne liegt die alleinige Autorschaft an der heute verschollenen Simultanmontage ›Leben und Treiben in Universal City, 12 Uhr 5 mittags‹[32] ganz bei Heartfield – obwohl die Hintergrundzeichnung eindeutig von Grosz stammt (Kat.-Abb. 3). Dieses Prinzip bestätigt außerdem die ›Gleichberechtigung‹ aller Montage-Elemente: eine Grosz-Zeichnung hat den gleichen Stellenwert wie ein Zeitungsausschnitt oder eine Fotografie. (Allerdings ist bei einer Grosz-Zeichnung die Montage nicht immer notwendig, da die Zeichnung ihrerseits ja bereits einen Kommentar zu einem bestimmten Sachverhalt darstellt.) Bei Heartfields Titelseitengestaltung für die Zeitschrift ›Jedermann sein eigner Fussball‹[33] wiederholt sich dieser Fall. Die Fotomontage von Köpfen der damaligen Regierungsmitglieder auf einem Fächer (Kat.-Abb. 7a) stammt von Grosz und nicht, wie oft angenommen wird, von Heartfield.[34] Bei dem Einband der politischen Mappe von Grosz, ›Gott mit uns‹, wurde gemeinsam vorgegangen – entsprechend weist ein Vermerk die Arbeit als von ›Grosz-Heartfield‹ aus.

Auf der Dada-Messe wurden ferner neun Arbeiten als von ›Grosz-Heartfield mont.‹ (›montiert‹ statt ›pinxit‹) präsentiert, gemeinschaftlich erstellte Werke, bei denen der individuelle Beitrag des einzelnen nicht mehr nachvollziehbar ist. Um die Opposition gegen jede persönliche Künstler-›Handschrift‹ programmatisch zu demonstrieren, wurden die Arbeiten gestempelt und nicht signiert. Mehrere dieser ›Erzeugnisse‹ lassen sich nicht mit Sicherheit identifizieren.[35] Die beiden Arbeiten ›Dada-merika‹ und ›Sonniges Land‹ (Kat.-Abb. 1, 2) sind heute nur noch als Fotografien erhalten[36] und belegen formal, durch starke Verschmelzung der Montageelemente, die enge Verbindung zwischen Dada und dem alltäglichen Leben; das Wort ›Dada‹ schleicht sich überall ein. Während ›Sonniges Land‹ mit größter Ironie das Elend der schwarz-rot-goldenen Nation kurz nach der Novemberrevolution schildert – die Konstruktion ähnelt einem einstürzenden Kartenhaus, bei dem die altbewährten Werte der spießbürgerlichen Gesellschaft haltlos der eigenen Korruption zum Opfer fallen –, strahlt ›Dada-merika‹ eine hoffnungsvolle und ungehemmte Dynamik aus. Hier wechseln sich unleserliche Papierstreifen mit Schriftzügen wie ›Hunger‹, ›Bürgerkrieg‹ und ›Arbeitslosigkeit‹ ab; dort dominieren die energiegeladenen Diagonalen von Maßband und angedeutetem Keilriemen. Es wird auf jede Markierung von Räumlichkeit verzichtet, jeder Papierschnipsel ist überlegt eingesetzt. Im Gegensatz auch zu Heartfields Simultanmontagen von 1920 ist ein klarer struktureller Aufbau erkennbar.

Polemischer Höhepunkt der Grosz-Heartfield Montagen war die Demonstrationspuppe zur Maschinenkunst Tatlins, ›Der wildgewordene Spießer Heartfield (Elektro-mech. Tatlin-Plastik)‹.[37] Grosz und Heartfield posieren selbstbewußt vor ihrem Werk mit dem Schriftplakat ›Die Kunst ist tot. Es lebe die neue Maschinenkunst Tatlins‹. Der mit grotesken Prothesen ausgestattete, schwerbeschädigte Kriegskrüppel ist mechanisch manipulierbar, sein Glühbirnenkopf kann beliebig ein- und ausgeschaltet werden. Das Eiserne Kreuz mußte ihm am Rumpf festgebunden werden, da auf der prahlerischen Brust neben dem Schwarzen Adler-Orden, dem rostigen Eßbesteck und den Marathon-Auszeichnungen kein Platz mehr war. Diese dadaistische Interpretation der tatlinistischen Theorien[38] rezipiert zwar die Forderung, »das ohnmächtige Flüchten« der Expressionisten »aus unserer Zeit unaufhaltsamer Mechanisierung und Rationalisierung«[39] zurückzuweisen, zeigt aber zugleich, daß Tatlin hier völlig mißverstanden wurde. Während er seine künstlerische Aufgabe darin sah, zum Aufbau und zur Modernisierung des jungen kommunistischen Staates beizutragen, rangeln die Dadaisten mit dem Erbe des preußischen Militärapparats und mit der Ambivalenz einer industriellen Mechanisierung, die der Kapitalismus erzwingt. Der selbstironische Titel und vielleicht auch die Tatsache, daß hier für eine Kunstform demonstriert wurde, bewahrten den ›wildgewordenen Spießer‹ vor rechtlichen Schritten seitens des Staates. Der ›Preußische Erzengel‹ von ›Heartfield-Schlichter mont.‹[40] führte hingegen zu einem Verfahren wegen ›Beleidigung der Reichswehr‹.[41] Die wie ein schwimmender Fisch von der Decke hängende, ausgestopfte Offiziersuniform zierte ein Schweinekopf. Diese Anspielung war so eindeutig, daß jeder überzeugte Militärangehörige sich beleidigt fühlen mußte.

Der ›Grosz-Heartfield-Konzern‹ übte auch schärfste Kritik an der bürgerlichen Kunstauffassung. Die zwei »korrigierten Meisterbilder« – ›Henri Rousseau, Selbstbildnis‹ und ›Pablo Picasso, La Vie Heureuse (Dr. Carl Einstein gewidmet)‹ – sind im Katalog zur Dada-Messe abgebildet[42] und gehören mit Schlichters ›verbesserten Bildwerken der Antike‹ zu einer Serie von Arbeiten in der Ausstellung, die den bürgerlichen ›Besitz‹ von ›wertvoller Kunst‹ auf das heftigste anprangern (Kat.-Abb. 8b, c). Die Aktualisierung und Politisierung des Picassobildes einerseits und die vollendete Ironisierung des selbstbewußten Malerporträts von 1890 andererseits müssen im Kontext der zur Zeit der Ausstellung heftig wogenden ›Kunstlump‹-Debatte verstanden werden. ›Kunstlump‹ war der Titel einer provokativen und aggressiven Antwort auf einen Aufruf von Oskar Kokoschka gewesen, bei den Unruhen während des Kapp-Putsches die Kunst nicht zu beschädigen.[43] Von Grosz und Heartfield unterzeichnet, löste der Text eine aufgeregte öffentliche Diskussion über Berechtigung und Funktion von Salonkunst in der Gesellschaft aus. Picasso und Rousseau waren namhafte und repräsentative Zielscheiben für die ›Kunstlump‹-Autoren. Der Kubismus bediente sich zwar der Collagetechnik, war aber eine rein formale Auseinandersetzung mit neuen künstlerischen Lösungen. Das Selbstbildnis von Rousseau, dem großen Vorbild der Expressionisten, feiert exemplarisch das autonom schaffende Künstlerindividuum.

George Grosz, ›Der Schuldige bleibt unerkannt‹. Pinsel- und Federzeichnung und Collage, 1919. Chicago, Art Institute.
Foto © The Art Institute of Chicago. All Rights Reserved

›Grosz-Heartfield mont.‹, ›Pablo Picasso, La Vie Heureuse (Dr. Carl Einstein gewidmet)‹. Collage, 1920. Verschollen

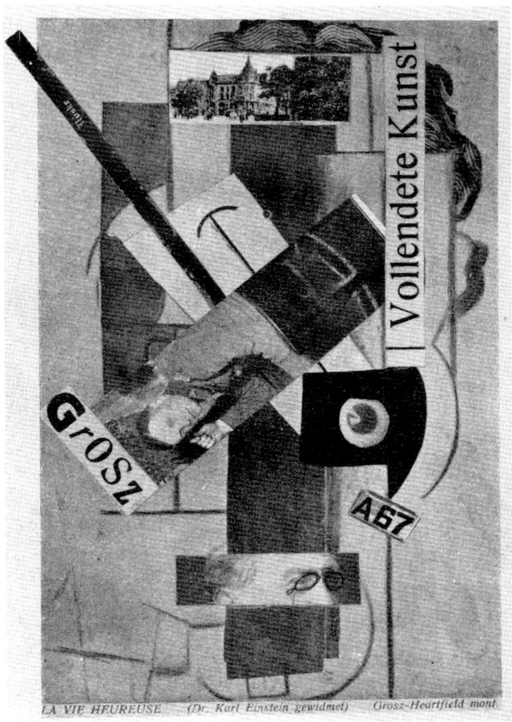

›Grosz-Heartfield mont.‹, ›Henri Rousseau, Selbstbildnis‹. Collage, 1920. Verschollen

George Grosz, ›»Der Sträfling«. Monteur John Heartfield nach Franz Jungs Versuch ihn auf die Beine zu stellen. 1920‹. Aquarell, Tuschfeder, Montage, 1920. New York, Collection The Museum of Modern Art, Gift of A. Conger Goodyear

In der ›korrigierten‹ Fassung verdeckt die eingeklebte Fotografie Hausmanns den älteren Maler völlig. Nachdem der Hintergrund bearbeitet wurde, hat der Dadaist dem Maler Rousseau Pinsel und Palette abgenommen und schreitet mit selbstzufriedenem Grinsen aus dem Bild heraus. Auch diese Arbeiten wurden, als einzige wirkliche Abbildungen im Katalog der Dada-Messe, programmatisch zur Vernichtung des von der bürgerlichen Spießerkultur auferlegten Kunstmarktwertes sowie zur Aufhebung des Kunsthandels eingesetzt. Der Inbegriff des dadaistischen Porträts hingegen, als Gegenstück zu dem Bildnis von Rousseau, ist die Arbeit von Grosz mit dem Titel ›»Der Sträfling«. Monteur John Heartfield nach Franz Jungs Versuch ihn auf die Beine zu stellen. 1920‹ Hierzu die Beschreibung Herzfeldes: »Das Bild zeigt den Verbrecher weder in menschlich-sentimentaler noch in bürgerlich moralischer Auffassung, lediglich als vitales Geschöpf. Wir sehen einen deformierten Körper, dessen Formen ungewöhnliche Energievorräte verraten, welche nach allen Richtungen gegen die gleichgültigen Wände hin anschwellen. Außerdem die einzigen und wesentlichen Reflexionen: das sind die Vertrautheit mit der Maschine (die ja auch die Kunst des Verbrechers ausmacht) und der Drang nach guter Nahrung und Freiheit, der symbolisiert ist durch das über ihm schwebende neue Heim, in dem gleich ein Wein- und Delikatessenladen eingebaut ist. Menschliche Fähigkeiten, Verbitterung, Illusionslosigkeit, Neid, Pessimismus und Unnachgiebigkeit sind im Gesicht in der für Grosz typischen Eindeutigkeit ausgeprägt.«[44]

Nach der Dada-Messe gingen Grosz, Heartfield und Hausmann künstlerisch ihre eigenen Wege. Der Kompromiß einer engen Zusammenarbeit, den sie 1920 mit Begeisterung eingegangen waren, zeitigte nicht den erhofften durchschlagenden Erfolg. Im September, unmittelbar nach Beendigung der Messe, verfaßten sie zusammen mit Rudolf Schlichter noch einmal ein gemeinsames Manifest: ›Die Gesetze der Malerei‹.[45] Hier plädierten sie für den Einzug des historischen Materialismus in die Malerei und definierten geradezu akademische Regeln – bis hin zur Farbgebung – für die ›Construction‹ einer solchermaßen materialistischen Kunst. Diese neuen Gedanken verdeutlichen das allgemeine Bestreben, mit je verschiedenem Ziel, sich vom Dadaismus abzuwenden. Vor allem bei Grosz zeigt sich die Suche nach neuen Ausdrucksformen, wie sie in dem Manifest bestimmt waren. Hausmann verfolgte seine funktionalistische Philosophie und wandte sich den Konstruktivisten um ›De Stijl‹ zu. Heartfield seinerseits entschied sich für eine eindeutige politische Arbeit. »Kleinere Literaten bemühen sich ein wenig krampfhaft, den Bürger zu schrecken und in anderer Leute Heiligtümer zu spucken«[46]: Dieser Vorwurf Kurt Tucholskys sollte auf seine späteren Werke nicht mehr zutreffen.

1 Aus: ›Dada‹, in: *Die Freiheit*, Berlin, 9. 7. 1920 (Abendausgabe).
2 Vgl. Wieland Herzfelde, ›Immergrün‹, Berlin und Weimar 1958, S. 166–184.
3 Aus: Wieland Herzfelde, ›George Grosz, John Heartfield, Erwin Piscator, Dada und die Folgen – oder Die Macht der Freundschaft‹, in: *Sinn und Form*, 23, 6, 1971, S. 1224–1251. Zitiert nach: Roland März (Hrg.), ›John Heartfield. Der Schnitt entlang der Zeit‹, Dresden 1981, S. 78.
4 Aus: Wieland Herzfelde, ›John Heartfield. Leben und Werk‹ (1962), 3. Aufl., Dresden 1986, S. 22.
5 Aus: George Grosz, ›Lebenserinnerungen‹, in: *Kunst und Künstler*, 29, Dezember 1930. Zitiert nach: Renate Hartleb (Hrg.), ›George Grosz. Eintrittsbillett zu meinem Gehirnzirkus‹, Leipzig und Weimar 1988, S. 47.
6 Aus: George Grosz, ›Ein kleines Ja und ein großes Nein‹ (1955), Reinbek 1986, S. 183.
7 Aus: Wieland Herzfelde, ›Wie ein Verlag entstand‹, in: *Das Wort* (Moskau), I, 2, 1936. Zitiert nach: März, ›Heartfield‹ (wie Anm. 3), S. 25.
8 ›Neue Jugend‹, Wochenausgabe Nr. 1, Berlin, 23. Mai 1917 (zweifarbig); ›Neue Jugend‹, Wochenausgabe Nr. 2, Berlin, Juni 1917 (vierfarbig).
9 Vgl. ›Der Malik-Verlag 1916–1947‹, Katalog der gleichnamigen Ausstellung, Deutsche Akademie der Künste zu Berlin, Berlin und Weimar 1967, S. 74.
10 Aus: Franz Jung, ›Der Weg nach unten‹, Hamburg o. J. (1961), S. 104.
11 Ebd., S. 105.
12 Aus einem Brief von Eva Peters an Otto Schmalhausen vom 2. Pfingsttag 1918 (Berlin, Akademie der Künste, George-Grosz-Archiv).

13 Aus einem Brief von Raoul Hausmann an Hannah Höch vom 19. 8. 1915. Zitiert nach: Cornelia Thater-Schulz, ›Hannah Höch. Eine Lebenscollage‹, Berlinische Galerie, Berlin 1989, Bd. I (1889–1918), S. 126 (6.23).

14 Aus einem Brief von Raoul Hausmann an Hannah Höch, undatiert. Zitiert ebd., S. 280 (9.26).

15 Aus: Wieland Herzfelde, ›Aus einem Brief an meinen Bruder, Wiesbaden, den 28. 3. 1914‹. Zitiert nach: Herzfelde, ›Heartfield‹ (wie Anm. 4), S. 320.

16 Abgedruckt in: Hanne Bergius, ›Das Lachen Dadas. Die Berliner Dadaisten und ihre Aktionen‹, Gießen 1989, S. 100.

17 Der Vortrag wurde in der Galerie Israel Ber Neumann gehalten. Abgedruckt in: Richard Huelsenbeck, ›Dada Almanach‹, Berlin 1920.

18 Die Ausstellung dadaistischer Erzeugnisse fand vom 30. Juni bis zum 25. August 1920 in der Galerie von Dr. Otto Burchard (Lützowufer 13) in Berlin statt. Detaillierte Angaben hierzu in: ›Stationen der Moderne‹, Katalog der gleichnamigen Ausstellung, Berlinische Galerie, Berlin 1988, S. 156–183.

19 Die Fotovergrößerungen sind im Katalog von 1920 als »Dadaphotos von John Heartfield« aufgeführt (Kat.-Nr. 1–3).

20 Aus: John Heartfield/George Grosz, ›Der Kunstlump‹, in: *Der Gegner,* I, 10–12, 1919/20. Zitiert nach: März, ›Heartfield‹ (wie Anm. 3), S. 110.

21 Sämtliche Schriftplakate aus der Messe sind verschollen. 1988 hat Michael Sellmann (Berlin) einige davon für die im Rahmen der Ausstellung ›Stationen der Moderne‹ (Berlinische Galerie, Berlin; vgl. Anm. 18), verwirklichte Rekonstruktion der Dada-Messe im Buchdruckverfahren neu hergestellt.

22 In einem Brief von Johannes Baader an Hausmann und Höch vom 16. 7. 1920 wird erwähnt, daß das Plakat »eine gewisse Besuchsverbesserung« gebracht hätte (ob es sich hierbei um das Plakat ›Athlet mit Berufskleidung für einen Monat zur Bewachung der Dada-Ausstellung‹ [Abb. im Katalog ›Stationen der Moderne‹, wie Anm. 18, S. 169] handelt, bleibt unklar). Abgedruckt bei Thater-Schulz, ›Höch‹ (wie Anm. 13), Bd. II (1919–20), S. 686 (13.43).

23 Baader erwähnt im gleichen Brief, daß ›Muti‹ (Helmut/John Heartfield) behaupten würde, »der Katalog soll Montag erscheinen« (Der Katalog erschien im Malik-Verlag).

24 Da an mehreren Stellen nachweisbar ist, daß einige im Katalog nicht aufgeführte Arbeiten dennoch ausgestellt waren, kann gefolgert werden, daß die Dadaisten mehrfach eine Umhängung vornahmen. Wegen der zuverlässigen Autorenangaben zu den einzelnen Werken und der aufschlußreichen Titelgebung ist der Katalog von einmaliger Bedeutung.

25 Aus: Richard Huelsenbeck, ›Reise bis ans Ende der Freiheit. Autobiographische Fragmente‹, Heidelberg 1984, S. 166, 167. Diese Erinnerungen beziehen sich allerdings auf die späten zwanziger Jahre, als Heartfield mit Barbara Friedmann verheiratet war und regelmäßig Buchumschläge gestaltete.

26 Aus: ›Dadaco‹ (Reprint), Hamburg 1984. Die zweite Seite (mit der Fortsetzung dieser Geschichte) ist nicht bekannt.

27 Das Werk ist verschollen. Die Köpfe der Dadaisten waren auf ausgeschnittene bürgerliche Rümpfe montiert.

28 Wo genau diese Arbeit an der ›Monteur-Wand‹ gezeigt wurde, ist nicht belegt.

29 Die ›Neue Jugend‹ vom Juni 1917 war unter den Katalognummern 13, 18 und 99 ausgestellt (Titel-, Rück- und aufgeschlagene Mittelseite). Die Wochenausgabe Nr. 1 war unter den Nummern 150 und 151 zu sehen, vermutlich über ›Leben und Treiben in Universal City‹. Heartfield ging es offensichtlich mehr um das Erscheinungsbild der Zeitschrift als um die Lesbarkeit, da er sie sehr hoch an die Wand hängte.

30 Die Collage ist heute verschollen (1920 als Nr. 138 ausgestellt). Das Heft wurde hinter den Puppen von Hannah Höch gezeigt (1920 als Nr. 16 ausgestellt).

31 1920 als Katalognummern 139, 100 und 157 aufgelistet.

32 1920 (Katalognummer 152) ist die Arbeit mit dem Zusatz »Besitzer Lämmle, Kalifornien« aufgeführt; wäre sie von ›Grosz-Heartfield mont.‹, würde sie gewiß den entsprechenden Stempel tragen. Die Montage wurde als Hintergrund für die Titelseite des Katalogs verwendet.

33 ›Halbmonatsschrift‹, Nr. 1, 15. Februar 1919.

34 Vgl. den Katalog zur Dada-Messe, Nr. 41: ›George Grosz: Galerie deutscher Mannesschönheit, Preisfrage »Wer ist der Schönste?«‹.

35 Nr. 114, ›Plakat für Schall und Rauch‹; Nr. 129, ›Der Weltdada Richard Huelsenbeck‹; Nr. 130, ›Dada ruft zum Sport auf‹ sowie Nr. 143, ›Der deutsche Dummkopf in der Welt voran – Reklame-Plastik‹.

36 Katalog zur Dada-Messe, Nrn. 113 und 131; beide Arbeiten sind vermutlich 1919 entstanden. ›Dadamerika‹ war eine großformatige Assemblage (ca. 64 × 48,5 cm – logischerweise im amerikanischen Format, wie die ›Neue Jugend‹ selbst). ›Sonniges Land‹ diente zur Umschlaggestaltung von Huelsenbecks ›Dada siegt!‹.

37 Katalog zur Dada-Messe, Nr. 90. Das Original ist verschollen. Eine Rekonstruktion wurde von Michael Sellmann (Berlin) für die Ausstellung ›Stationen der Moderne‹ (vgl. Anm. 18) angefertigt.

38 Sie wurden in Deutschland erstmals durch einen Text von Konstantin Umanski bekannt: ›Der Tatlinismus oder Die neue Maschinenkunst‹, in: *Der Ararat,* München 1920, S. 12ff.

39 Ebd.

40 Rudolf Schlichter war zeitweilig eng mit den Berliner Dadaisten befreundet. Der ›Erzengel‹ wurde wahrscheinlich weggeworfen, vielleicht auch beschlagnahmt und vernichtet. Die Berlinische Galerie besitzt eine Rekonstruktion (1988/1991).

41 Das galt auch für die Mappe ›Gott mit uns‹ von Grosz. Laut Zeitungsberichten wurde Heartfield aber nicht vor Gericht geladen.

42 Nr. 73 und 74.

43 Rubens' ›Bathseba‹ war durch eine verirrte Kugel beschädigt worden. Vgl. die Dokumentation ›»Kunstlump«-Debatte‹, in: März, ›Heartfield‹ (wie Anm. 3), S. 102–128.

44 Aus: ›Katalog der Ersten Internationalen Dada-Messe‹, Galerie Dr. Otto Burchard, Berlin 1920, S. 3.

45 Berlin, Berlinische Galerie, Hannah-Höch-Archiv. Abgedruckt im Katalog ›Stationen der Moderne‹ (wie Anm. 18), Bd. II (1919–20), S. 696, 698 (13.50).

46 Aus: ›Dada‹, in: *Berliner Tageblatt,* 20. 7. 1920.

Rolf Sachsse

»Mit das Beste auf dem Gebiet der Reklame-Fotomontage ...

... haben John Heartfield in seinen Malik-Bucheinbänden und Max Burchartz in seinen Reklamegestaltungen für die Industrie geschaffen.«[1] Dieser Satz Jan Tschicholds von 1928 stellt Heartfield in den spezifischen Rezeptionszusammenhang seiner Zeit: Der Dada-Monteur wurde als Buchgestalter gesehen und gelobt, es fielen Stichworte wie das vom »geborenen Werbe-Anwalt«[2] und vom »absolut durchgebildeten Künstler, der die Photographie nur aus der Werbeüberzeugung heraus benutzt.«[3] Und Buchgestaltung ist zuallererst einmal Werbung. Heartfields Arbeit wurde auf allen Ausstellungen gezeigt, die die Verbindung von Kunst und Werbung zum Thema hatten, sei es die ›FILM UND FOTO‹ 1929 in Stuttgart[4] oder aber eine der diversen Wanderausstellungen des ›ring neuer werbegestalter‹.[5] Hier und in den begleitenden Katalogen oder Büchern waren fast ausschließlich Buchwerbungen für den Malik-Verlag zu sehen[6]; einzelne Plakate wurden als Schaufensterreklame annonciert oder kritisiert.[7]

John Heartfields erste und letzte Montagearbeiten (Abb. S. 267, 271) waren jeweils Bucheinbände. Im Gegensatz zu den vielen Avantgardisten, die in den zwanziger Jahren dilettantisch an die Werbung herantraten, war er mit einer umfassenden Professionalität ausgestattet, die ihn vor schulhaftem Formalismus – wie etwa am Bauhaus[8] – und ökonomischem Mißerfolg gleichermaßen bewahrte. Der Malik-Verlag konnte dank Heartfields Arbeit hohe Auflagen seiner Bücher absetzen.[9] Buchumschläge – um die es trotz der in der Heartfield-Literatur oft gebrauchten, mißverständlichen Begriffe ›Buchausstattung‹ und ›Buchgestaltung‹ im wesentlichen geht[10] – sind nach heutigem Wortgebrauch Verpackungsdesign, mit festen Regeln der Herstellung und von hohem Identifikationswert für Verleger und Leser. In diesem Zusammenhang erhalten einige bislang wenig beachtete Details der Biografie neue Bedeutung.

Von 1908 bis 1911 studierte Helmut Herzfeld (*sc.* John Heartfield) an der Münchner Kunstgewerbeschule, zu einer für diese Schule nicht unwichtigen Zeit des Umbruchs. Ihr Leiter, der Architekt Emil Lange, weigerte sich zwar, die Reformen der preußischen Kunstgewerbeschulen zu übernehmen[11], ließ aber die Schüler in seinem Elementarunterricht Vorlagen abzeichnen und umsetzen, zu denen neben Stichen, eigenen Architekturmalereien und Konstruktionszeichnungen ganz selbstverständlich auch Fotografien gehörten.[12] Albert Weisgerber und Ludwig Hohlwein gaben an dieser Schule gelegentlich Unterricht; ihren Einfluß auf Heartfield hat sein Bruder Wieland Herzfelde betont.[13] Die Unzufriedenheit von Schulbehörde und Schülern führte 1913 mit der Berufung von Richard Riemerschmid zu einer radikalen Umorientierung des Lehrkonzeptes hin zu gemeinschaftlicher Werkstattarbeit[14]; außerdem wurde neueren Tendenzen der Typografie durch die Berufung von Fritz Hellmuth Ehmcke Rechnung getragen.[15] Zur selben Zeit erarbeitete Paul Renner als Hersteller im Verlag von Georg Müller die Grundlagen für eine großtechnische Realisation gut gestalteter Bücher mit knappem, klarem Schriftbild und einer der Rastergrafik nahekommenden Blockbildung; Renners Schrift ›Futura‹ von 1928 hat John Heartfield später bevorzugt eingesetzt.[16]

Da die Umwälzungen an der Münchner Kunstgewerbeschule Jahre dauerten und zudem eine ganze Reihe von Kommissionen darüber zu befinden hatten – geplant war neben einer völligen Auflösung auch eine Überführung in die Akademie[17] –, wird Helmut Herzfeld trotz seiner Jugend die eine oder andere der Debatten miterlebt haben. Obendrein mußten ihn zwei Münchner Neugründungen dieser Zeit interessieren, für die er sicher das hohe Schulgeld nicht aufbringen konnte: die Debschitz-Schule[18] und die Lehr- und Versuchsanstalt für Photographie, Chemigraphie, Lichtdruck und Gravüre.[19] An ersterer wurde jenes gemeinschaftliche Arbeiten in der Werkstatt propagiert, das für

Heartfields spätere Montagearbeit so typisch war, und die zweite hatte den Reproduktionsverfahren einen bis dato nicht gekannten Stellenwert im gestalterischen Prozeß zugewiesen. Das Wirken dieser Lehrstätten bedrohte die Existenz der Kunstgewerbeschule, wies es doch den Weg fort von handwerklicher Ausführung individueller Entwürfe (wie er kennzeichnend für den in München überwiegend praktizierten Jugendstil gewesen war) und hin zu individueller Produktion. Ziel derart reformierten Kunstgewerbes war eindeutig das anonyme Produkt, das mit guter Gestaltung den Alltag möglichst aller Menschen beeinflußte.[20]

Mit diesem Ziel hat Helmut Herzfeld sicher übereingestimmt; ansonsten hätte er nicht nach abgeschlossener Ausbildung eine Stelle als Verpackungsdesigner angenommen. Dieses Spezialgebiet grafischer Gestaltung hat viel Ähnlichkeit mit der Arbeit an Buchumschlägen: eine durch Falze und Laschen unregelmäßig ausgeformte Fläche ist so zu füllen, daß bei ihrer dreidimensionalen Nutzung durch Umgreifen wie Herumschauen Wirkungssteigerungen entstehen, die potentielle Käufer überzeugen.[21] Während seiner Mannheimer Zeit entstand der erste Bucheinband von Helmut Herzfeld, zu einer Ausgabe von nachgelassenen Werken seines Vaters.[22] War diese Arbeit noch fest im Kontext der Jugendstilemblematik verankert, so enthielt sie doch schon Elemente, die sich in späteren Buchumschlägen Heartfields wiederfinden würden: balkenartige Anordnungen der Schrift an den äußeren Kanten sowie die Nutzung freier Flächen – alles Details aus der Rennerschen Arbeit für Georg Müller. Ein kritischer Vergleich dieses frühen Umschlags mit späteren Werken – ausgenommen vielleicht die Märchenbücher von Hermynia zur Mühlen – sollte jedoch nicht allzu weit getrieben werden, denn das Medaillon auf der Seitenmitte zeugt noch von einem etwas heillosen Umgang mit mythischen Versatzstücken aus dem Rumpelkasten drittklassiger Jugendstil-Buchkunst. Hier mag noch der im Abschlußbericht der Kunstgewerbeschule genannte Berufswunsch ›Zeichenlehrer‹ nachklingen wie auch die rührenden Malversuche jener Zeit, deren Vernichtung Heartfield nach Beginn der Zusammenarbeit mit George Grosz nicht allzu schwer gefallen sein dürfte.[23] Offensichtlich hat er seinen ersten Gehversuchen in Sachen Kunst selbst nicht recht getraut, denn nach einjähriger Arbeit als Verpackungsdesigner ging er in Berlin wiederum an ein Institut, das angewandte Kunst lehrte: die Charlottenburger Kunstgewerbe- und Handwerkerschule. Dort besuchte er nicht die Klasse ›Buchgewerbe und Künstlerische Schrift‹, sondern lernte bei Ernst Neumann ›Reklame und angewandte Graphik, ... Kalkulation‹. Dieser Lehrer Neumann war ein vielseitiger Mann; er entwarf Automobile und nahm mit seiner Klasse an einem Wettbewerb zur Raumgestaltung auf der Werkbundausstellung 1914 in Köln teil.

Die Professionalisierung des Helmut Herzfeld bezog sich also nicht auf die Erlangung besonderer Fähigkeiten in der grafischen Kunst – seine Illustrationen wurden als »dilettantisch« kritisiert[24] –, sondern fand in seiner Arbeit als Designer im Umfeld industrieller Produktion statt. Abgesehen vom Dada-spezifischen Präzisionismus[25] und von allerlei Koketterie mit der Berufsbezeichnung ›Monteur‹ präsentiert sich die Arbeit John Heartfields im Bereich der Buchgestaltung als exakt auf den verfahrenstechnischen Punkt gebrachtes Design, mit dem Einsatz jeweils neuer technischer Mittel im Zusammenhang wirkungsästhetischer und ökonomischer Optimierungsstrategien. Bei allen kalkulatorischen Problemen und selbst unter der Voraussetzung einiger Stiftungen war der Malik-Verlag ein für seine Zeit solide geführtes Unternehmen, in dem Heartfields Umschlag-Arbeit einen spezifischen, arbeitsteiligen Stellenwert hatte – nach Tucholsky eben die Bereitstellung von gut aussehenden, gut sitzenden Anzügen für die Bücher.[26]

John Heartfield, Einband (Titelseite) für Franz Held, ›Ausgewählte Werke‹, Berlin 1912

Unter diesem Blickwinkel ist auch der Montagebegriff als Schlüssel zum Werk John Heartfields differenzierter faßbar. Zum einen war er schon vor dem Ersten Weltkrieg als französisches Synonym des deutschen Wortes ›Umbruch‹ in die Fachterminologie der Drucktechnik eingegangen[27]; zum anderen wird mit Montage das Zusammenfügen von gipsernen Gußformen bezeichnet, aus denen dann Metallreliefs oder keramische Werkstücke entstehen – genau so sind Heartfield und Grosz bei der Herstellung der Titelseiten früher Malik-Produkte, den Ausgaben der ›Neuen Jugend‹ oder einiger Dada-Schriften verfahren.[28] Noch vor aller Assoziation der Montage mit Film, Polyperspektivität und Industrieproduktion ist erst einmal festzuhalten, daß für Verpackungsgestaltung wie Reklamearbeit derlei Verfahren vor dem Ersten Weltkrieg üblich waren[29]; und ein so hergeleiteter Begriff erläutert adäquat auch den Umgang des Buchgestalters John Heartfield mit seinen beiden Ausgangsmaterialien Schrift und Fotografie.

Sie sind ihm lediglich Material. In den Dada-Drucken des Malik-Verlages ergibt sich das Ganze aus vorgefundenen Matern, Zeilen oder Zeichen, die lediglich neu arrangiert werden. Bei benutzten Fotografien läßt sich dies am seitenverkehrten Druck nachvollziehen, etwa bei der Aufnahme des ›Flatiron Building‹ in New York auf der Titelseite der ›Neuen Jugend‹ vom Juni 1917 (Kat.-Abb. 5a), oder an gelegentlichen Moirés. In den frühen Montagen finden sich nur selten Bilder mit direktem Bezug zur Dada-Bewegung, zum Beispiel das vielgebrauchte Porträt Raoul Hausmanns als Rufer auf dem Titel von ›Der dada 3‹ (Kat.-Abb. 6a), und diese waren nicht speziell angefertigt worden.

Heartfield zitiert nicht nur direkt Bilder, sondern auch ihr konventionell bestimmtes Arrangement im ursprünglichen Kontext: auf dem Titel von ›Jedermann sein eigner Fussball‹ (Kat.-Abb. 7a) sind als ›Deutsche Mannesschönheit 1‹ Politikerköpfe in einem Fächer so angeordnet zu sehen, wie es die Sammelbilder des späten 19. Jahrhunderts mit weiblichen Bühnenstars zu tun pflegten.[30] Der Fächer enthält, erstmalig für das Werk Heartfields, im Rekurs auf die triviale Tradition billiger Illusionen, die in derartigen Composit-Karten angelegt wurde[31], mittels Retusche beim Umbruch hinzugefügte weiche Übergänge zwischen den Einzelbildern. Damit präsentiert sich der Dada-Monteur bereits vor der Zeit seiner Buchgestaltung als professioneller Werbedesigner: die fertige Arbeit existiert letztlich nur in der massenmedialen Realisation durch Druck und Vertrieb, die die Spuren der Herstellung verwischt.

Frühe Bücher des Malik-Verlages, wie Richard Huelsenbecks ›Dada siegt!‹ von 1920 (Kat.-Abb. 9), folgen in ihrer Umschlaggestaltung noch den Montageformen, die George Grosz und John Heartfield gemeinsam für die Zeitschriftenprojekte entwickelt hatten.[32] Mit der Collage von Zeitungsausrissen und ihrer mehrfachen Überlagerung hält sie sich an den Tatlinschen Maschinenmythos, den beide in der Berliner Dada-Messe durch Wandtafeln zu beschwören suchten.[33] Doch als sich der Malik-Verlag langsam aus der Dada-Bewegung verabschiedet und die Publikation von Literatur nebst politischen Schriften aufnimmt, werden die buchgestaltenden Brüder Herzfeld zu Medienprofis: Bis zu fünf verschiedene Ausgaben erscheinen von einem Roman, kartoniert und als Pappband, dazu je ein Halb- und ein Ganzleinen; letzterer wie auch die selteneren Halbpergamentausgaben meist mit Goldschnitt. Die kartonierte Version und der Pappband werden mit Heartfields Gestaltung fest bedruckt, der Halbleinenband erhält sie als losen Umschlag, und die ganzleinene Ausgabe wird zuweilen allein mit Titelprägung, ohne jeden Umschlag ausgeliefert. Zielgruppenspezifische Diversifikation der Angebotspalette war also Teil der Verlagsarbeit, und dies hatte einen nicht unwesentlichen Einfluß auf die Arbeit des Umschlaggestalters.

John Heartfields Montagerepertoire entwickelte sich eher langsam und kulminiert erst gegen Ende der zwanziger Jahre in den Formen, die heute als für seinen Stil charakteristisch angesehen werden. Das gilt gleichermaßen für die Typografie wie für die Fotografie, die zwar von Anfang an gleichberechtigt eingesetzt, jedoch erst später in ihren Wirkungen optimal verstanden und benutzt werden. So haben viele Malik-Bücher von Auflage zu Auflage ihr Aussehen verändert, bis um 1927 das Erscheinungsbild von Verlag und Buchproduktion fixiert war. Bevor Heartfield seine »dialektische Fotomontage« fest etabliert wußte[34], erwies er sich als erstaunlich flexibel und schnell in der Übernahme von Bildformen der Avantgarde. Parallel dazu wurden weiterhin konventionelle Weisen der Buchgestaltung gepflegt; die Publikation von Dramentexten richtete sich offensichtlich an das theaterliebende Bildungsbürgertum, also waren die Umschläge selbst radikaler Stücke nicht illustriert, sondern lediglich in Antiqua oder in einer anderen Traditionsschrift gesetzt – und das zur Zeit der von Heartfield selbst entfachten ›Kunstlump‹-Debatte.[35]

Seine ersten Buchgestaltungen mit Fotografien sind keine Montagearbeiten. Upton Sinclairs ›100%‹ von 1921 (Kat.-Abb. 17) zeigt eine New Yorker Straßenszene, der Umschlag von ›Jimmie Higgins‹ desselben Autors aus dem Jahre 1923 (vgl. Kat.-Abb. 15) eine Reihe von schlangestehenden Arbeitern; beide Fotografien, die dem Repertoire eines Lewis Hine entnommen sein könnten, repräsentieren etwa den Stand des amerikanischen Bildjournalismus um 1915.[36] Der Umschlag von ›100%‹ zeigt noch die aus dem Jugendstilkunstgewerbe stammenden Kopf- und Fußbalken jenseits des Titelfotos; sie finden sich selbst auf den letzten Büchern Heartfields. In die Mitte der Seite ist ein rotes Feld mit weißer Schrift gesetzt, das die Illustration durch George Grosz ankündigt; diese Überblendung, die das darunterliegende Bild unsichtbar macht, verwendet Heartfield in Zukunft nur noch selten. Das Umschlagfoto von ›Jimmie Higgins‹ reicht über die ganze Fläche der Vorderseite, oben und unten sind die notwendigen Texte in einer etwas eckigen, geschnittenen Handschrift eingeblendet. Bei ›100%‹ ist nur die Vorderseite des Umschlags mit einem Bild ausgestattet, bei ›Jimmie Higgins‹ sind Vorder- und Rückseite identisch, nur vom Balken des Buchrückens getrennt. Beide Verfahren, mit einem Titel oder zwei gleichen, bleiben für die meisten Buchgestaltungen Heartfields bis in die Mitte der zwanziger Jahre typisch; sie haben den Vorteil, daß die Titelreproduktion auch im Verlagsprospekt verwendet werden kann.

Um 1922/23 experimentiert John Heartfield mit diversen Formen der Bildanordnung. Für Alfred Polgars Novellenband ›Gestern und Heute‹[37] werden Paßfotos in der Art zusammengefaßt, wie sie auf damaligen Fahndungsplakaten an Bahnhöfen zu sehen waren: hart aneinandergesetzt, ohne Retusche der Übergänge (Kat.-Abb. 22). Der Titel von Upton Sinclairs Roman ›Man nennt mich Zimmermann‹ von 1922 zitiert US-amerikanische Kinoprogrammzettel, indem er handlungsrelevante Personen als Positivmontage aus Standbildern zusammenfügt; in diesem Fall sind es neben einem weiblichen Filmstar und einem älteren reichen Herrn noch eine Christusikone. Diese Montage verweist als erste auf den späteren John Heartfield der AIZ-Titelseiten, hebt sich aber kaum von damals gebräuchlichen Bildanordnungen ab. Die dritte Montage jener Zeit, der Titel zu Franz Jungs ›Die Eroberung der Maschinen‹ (Kat.-Abb. 21), vereint in der Manier sowjetischer Konstruktivisten grafische und fotografische Elemente – die Nähe zu Alexander Rodtschenkos ›Pro Eto‹-Zyklus ist nicht zu übersehen.[38]

Um 1925, im Gefolge einer wirtschaftlichen Konsolidierung der Weimarer Republik, änderte sich einiges im Malik-Verlag und auch für die Arbeit von John Heartfield. Die Umwandlung des Verlages in eine Aktiengesellschaft und eine veränderte Programmausrichtung zur Belletristik hin stabilisierten die Arbeitsbedingungen der wachsenden Mitarbeiterschaft; Experimente wie der Betrieb einer Verlagsbuchhandlung wurden wieder aufgegeben, die Preispolitik der Bücherkalkulation schien aufzugehen.[39] Vor allem wurden nun Schriftsteller in umfänglichen und aufwendigen Gesamtausgaben präsentiert, für die Heartfield ein einheitliches Erscheinungsbild zu schaffen hatte. Dazu gehörte weniger eine spezifische Form der Fotomontage noch gar eine außergewöhnliche Typografie, sondern ein klar bestimmbares Verhältnis zwischen Buchumschlag, Buchinhalt und der Erwartungshaltung möglicher Leser.

Jene angestrebte Identität zwischen Verlagsprogramm, Buchgestaltung und Lesepublikum, die Heartfields Arbeit für den Malik-Verlag zwischen 1925 und 1933 bestimmte, könnte als Programm einer Quelle entstammen, die den Brüdern Herzfeld ebenso bekannt gewesen sein wird wie fast allen Werbefachleuten der zwanziger Jahre: Walter Lippmanns ›Public Opinion‹, die Anthologie eines US-amerikanischen Kolumnisten.[40] In den Texten hatte er seine Erfahrungen aus dem Ersten Weltkrieg, von seiner Teilnahme an der amerikanischen Friedensdelegation in Versailles sowie seine Rezeption früher europäischer Schriften zur Massenpsychologie verarbeitet. Das Buch war immens erfolgreich, erlebte bis 1950 allein 13 hohe Auflagen in englischer Sprache und wurde – vielleicht gar nicht im Sinne des Autors – als Anleitung zur Lenkung öffentlicher Meinung, also zur Planung von gezielter Wirkung durch die Massenkommunikationsmedien verstanden. Als Ironie der Geschichte mag immerhin vermerkt werden, daß über den Werbefachmann und Buchautor Hans Domizlaff Lippmannsche Ideen zur Optimierung von NS-Propagandastrategien durch Joseph Goebbels beitrugen.[41] Eine der für die Buchgestaltungsarbeit wesentlichen Thesen Lippmanns kam aus der Filmtheorie: Massenhafte Identifikationen können sich durchaus nicht allein auf Menschen (»heroes«) beziehen, sondern sogar durch Täter und Opfer hindurch auf eine höhere Idee, die für alle Handlungstragenden bedeutend ist.[42] Gerade für die Vermittlung politischer, von direkter Handlung abstrahierender Ideen schien ihm die Schaffung von Identifikationsebenen zwingend notwendig.

Sowohl in der Fotografie wie in der Typografie seiner Umschläge konnte John Heartfield diese Identifikationsebenen durch den deutlichen Verzicht auf jede Eigenwertigkeit der von ihm verwendeten Medien herstellen. Unbedingte Verständlichkeit aller Bildzusammenhänge innerhalb einer Fotomontage war ihm dabei genauso wichtig wie absolute Lesbarkeit der Schrift und eine jedem Leser einleuchtende Beziehung von Bild und Text. Dazu war jedes gestalterische Mittel recht, das dieser Beziehung dienlich sein konnte; es durfte jedoch keinesfalls experimentell, sondern hatte völlig selbstverständlich zu erscheinen. Dieser Verzicht auf alles, was den Typografen und Fotografen der zwanziger Jahre avantgardistisch und damit heilig war, hatte für die Materialien der Buchumschläge typische Konsequenzen. Beispielsweise konnte Heartfield nicht eine der neuen Schriften verwenden, die die Typografie der zwanziger Jahre auszeichnete, schon gar keine aus dem Bauhaus.[43] Entweder hatten die Schriften so neutral wie irgend möglich zu wirken, dann boten sich die vielfach verwendeten, serifenlosen Groteskschriften an; oder aber die Schrift hatte eine direkte Beziehung zum Leser aufzubauen – etwa bei Eigennamen wie ›Jimmie Higgins‹ oder Appellen wie ›Sprung nach Osten‹ – und war dann vorzugsweise eine Handschrift, oft sogar eine eher ungelenke, mit schwindender Typengröße, eckigen Unterbögen und unsauberen Ansätzen. Mit Ausnahme eines einzigen Umschlags, bei dem sie in direktem Zusammenhang mit dem Titel stand – Wsewolod Iwanows Erzählband ›Der Buchstabe G‹ (Kat.-Abb. 28) –, war für Heartfield die Type weder eine Fläche noch ein Relief, und dies schon gar nicht

im Kontext der Rasterpunkte eines gedruckten Bildes, wie Jan Tschichold im Rahmen einer spitzfindigen Debatte der Zeit feststellte.[44] Die zeitgenössischen Typo-Balken finden sich in Heartfields Typografie fast überhaupt nicht, und mit wandernden Schriften ist er, wie auf dem Titelblatt für Upton Sinclairs ›Sumpf‹ (Kat.-Abb. 39), außerordentlich vorsichtig umgegangen. Eine eigene Type hat er nicht entwickelt, sie hätte auch nicht in sein Arbeitskonzept gepaßt.
Ähnliches läßt sich zur Benutzung der Fotografie in Heartfields Bucharbeit sagen: Bis in die Mitte der zwanziger Jahre hinein wurde ausschließlich vorgefundenes Material verwendet, hat der Monteur hemmungslos Bildmaterial zweitverwertet, was gelegentlich zu urheberrechtlichen Problemen führte – typischerweise nicht wegen Verletzung von Bildrechten der Fotografen, sondern der der Abgebildeten.[45] Möglicherweise hat dies dazu geführt, daß John Heartfield nach 1927 mehr und mehr dazu überging, sich für die Grundstruktur einer Montage oder für die aussagebestimmenden Teile spezielle Bilder anfertigen zu lassen. In der Hauptsache hat sie wohl Lotte Jacobi fotografiert; allein von ihrer Arbeitsweise her war sie dafür prädestiniert: derart schnell bei der Aufnahme, daß die meisten Porträtierten gar nicht bemerkten, wenn die Sitzung abgeschlossen war.[46] Manche der von Heartfield benutzten Porträts lassen sich anderweitig im Œuvre der Fotografin nachweisen, gelegentlich ergeben sich augenfällige Stilübereinstimmungen.
Die Einbeziehung einer Fotografin, einiger Statisten und oftmals auch eines Studiohintergrundes zur planvollen Inszenierung einer Montage für einen spezifischen Buchtitel optimiert sicher die Werbeaussage, das heißt für Bücher: eine sinnfällige Verbindung von Umschlag und Inhalt herzustellen. Dennoch führt sie von der Authentizität vorgefundener, publizierter und massenhaft bekannter Bilder weg, hin zu einer theaternahen Kulisse, zu skulpturalen Lichtfigurationen und zur Arbeit mit größeren Flächen innerhalb der Umschlagseite – alles gängige Elemente kommerzieller Werbung der Jahre um 1930. Mag sein, daß auch hier der Versuch, in Zeiten härterer Konkurrenz Marktanteile zu sichern, die Form diktieren half; sicher spielt jedoch die zunehmende Bedeutung der AIZ-Montagen im Werk John Heartfields eine ebenso große Rolle für diese Entwicklung.

John Heartfield, Einband für ›100 Jahre »Kapital«‹, Katalog des Antiquariats Pinkus, Zürich 1967

Wie eingangs erwähnt, ist Umschlaggestaltung Verpackungsdesign. John Heartfield dürfte einer der ersten gewesen sein, die den dreidimensionalen Aspekt eines Schutzumschlags gesehen und genutzt haben. Nur wenige Bücher aus dem Malik-Verlag tragen Umschläge, bei denen das Bild ganz über Vorder- und Rückseite wie auch Buchrücken gezogen ist; dafür hingen die Umschläge der Sinclair-Romane ›Der Sumpf‹ (Kat.-Abb. 39) von 1924 und ›Nach der Sintflut‹ (Kat.-Abb. S. 344) von 1925 auch in jeder wichtigen Design-Ausstellung der späten zwanziger Jahre. Die der Heartfield-Literatur so wichtige ›dialektische Montage‹ von Vorder- und Rücktitel, dabei deutlich vom Rückenbalken mit Text getrennt, findet sich ab etwa 1927 auf vielen Büchern (nicht nur des Malik-Verlages), die er ausstattete. Sie führt, ähnlich der Inszenierung von Fotografien für die Montage, wieder weg von designmethodischer Klarheit im Gestaltungskonzept, optimiert dafür jedoch das Verständnis des Inhalts. Heartfield kombiniert, wie in der häufig analysierten zweiten Auflage der ›Drei Soldaten‹ von John Dos Passos (vgl. Kat.-Abb. 20), zwei Montagen, die sich somit im Drehen des Buches wiederum zu einer erweiterten Montage im Kopf des Betrachters verbinden.[47] Deutlich ist zu sehen, daß die einzelne Gestaltung dabei ebenfalls großflächiger, stärker auf den Text ausgerichtet und im Kontrast von Hell und Dunkel intensiviert wird.

Diese Tendenz findet sich verstärkt in den wenigen Umschlägen, die John Heartfield im Prager und Londoner Exil realisieren konnte: zunehmend größere Farbflächen, fast ausschließlich die Verwendung von Einzelbildern, etwa in den Titeln für Willi Bredel, bei steter Bereitschaft zur Anpassung an jeweils modische Motive wie strahlenförmige Lineaturen, schräge Schnitte und Helldunkelverläufe. Heartfield konnte offensichtlich nicht mehr damit rechnen, daß seine persönliche Buchkunst als fortschrittlich genug anerkannt würde, um seinen neuen Arbeitgebern große Umsätze einzutragen; er hatte dem Markt zu folgen, und der wurde auch in der Buchgestaltung von den großen Taschenbuchverlagen dominiert. Erst um 1950 findet John Heartfield zu freieren Formen der Bildgestaltung für Buchumschläge; die auch diesem Katalog titelgebende Grafik (Kat.-Abb. 121) steht in bester surrealistischer Tradition, hat sich in kippender Perspektivflucht und weichen Formverläufen weit von Dada- und Fotomontage entfernt. Was der Rückkehr in die DDR folgte, war ein Rückschritt auf Antiqua-Klassizismen und Theaterprospekte (Kat.-Abb. 150), später dann Reprisen aus der großen Zeit der AIZ-Titel (Kat.-Abb. 152). Der letzte Einband ziert nicht umsonst einen Antiquariatskatalog; er zitiert die Titel des Neuen Deutschen Verlags aus den späten zwanziger Jahren.[48] Massen waren mit derlei Arbeit nicht mehr zu bewegen; die Werbestrategien hatten sich geändert, Heartfields besondere Professionalität war nicht länger gefragt.

1 Jan Tschichold, ›Fotografie und Typografie‹, in: *Die Form,* 3, 7, 1928, S. 221–227; zitiert nach: Ute Eskildsen/Jan-Christopher Horak (Hrg.), ›Film und Foto der zwanziger Jahre‹, Stuttgart 1979, S. 157–159.

2 Hans Reimann, ›John Heartfield‹, in: *Das Stachelschwein,* Juni 1927, S. 38–40; zitiert nach: Roland März (Hrg.), ›John Heartfield: Der Schnitt entlang der Zeit. Selbstzeugnisse – Erinnerungen – Interpretationen‹, Dresden 1981, S. 231–233; hier: S. 231.

3 H. K. Frenzel, ›John Heartfield und seine photographisch-graphischen Arbeiten‹, in: *Gebrauchsgraphik,* Juli 1927, S. 17–32; zitiert nach: März, ›Heartfield‹ (wie Anm. 2), S. 229–231.

4 Vgl. den Ausstellungskatalog ›Film und Foto‹, Stuttgart 1929, Reprint ebd. 1979, S. 61, 81; Ausstellungskatalog ›Film und Foto‹, Wien 1930, Reprint im selben Band, S. 7–8.

5 Ausstellungskatalog ›Typografie kann unter Umständen Kunst sein‹, ›ring neuer werbegestalter‹, Amsterdam 1931, Reprint Wiesbaden 1990, S. 9, 119, 129.

6 Vgl. ›foto-auge. 76 fotos der zeit, zusammengestellt von franz roh und jan tschichold‹, Tübingen 1929, Reprint 1979, Abb. 58.

7 Walter Riezler, ›»Form«, Foto und Film‹, in: *Die Form,* 4, 14, 1929, S. 365–366; vgl. März, ›Heartfield‹ (wie Anm. 2), , S. 175–176.

8 Ute Brüning, ›Typofoto‹, in: Ausstellungskatalog ›Fotografie am Bauhaus‹, Berlin 1990, S. 205–218; hier S. 218 als Resümee: »Der Entwurf einer Schrift und Bild verbindenden Werbeidee ... war am Bauhaus noch kaum geübt.«
9 Jo Hauberg (Hrg.), ›Der Malik-Verlag 1916–1947. Chronik eines Verlages‹, Kiel 1986.
10 Kurt Tucholsky hat dies als erster beschrieben: »... deutsche Bücher ...: bei Maliks werden sie am besten angezogen«; Kurt Tucholsky, ›Gesammelte Werke‹, Bd. III: 1929 bis 1932, Reinbek 1960, S. 1004, zitiert nach: März, ›Heartfield‹ (wie Anm. 2), S. 235. Zur plausiblen Annahme, daß die innere Buchausstattung meist auf Wieland Herzfelde zurückgeht, vgl. Frank Herrmann, ›Malik. Zur Geschichte eines Verlages 1916–1947‹, Düsseldorf 1989, S. 43–44. Vgl. dazu auch Jan Tschichold, ›Satzregeln eines Buchherstellers‹, in: ›Leben und Werk des Typographen Jan Tschichold‹, München 1988, S. 214–218.
11 Dazu Gisela Moeller, ›Die preussischen Kunstgewerbeschulen‹, in: E. Mai/H. Pohl/S. Waetzold (Hrg.), ›Kunstpolitik und Kunstförderung im Kaiserreich‹, Berlin 1982, S. 113–130.
12 Vgl. Winfried Nerdinger, ›Die Architekturzeichnung‹, München 1986, S. 128–133.
13 Wieland Herzfelde, ›John Heartfield‹ (1962), 3. Aufl., Dresden 1986, S. 13.
14 Ekkehard Mai, ›Vom Werkbund zur Kölner Werkschule. Richard Riemerschmid und die Reform der Kunsterziehung im Kunstgewerbe‹, in: Ausstellungskatalog ›Richard Riemerschmid‹, München 1982, S. 39–62; hier: S. 50–51.
15 Philipp Luidl, ›München – Mekka der Schwarzen Kunst‹, in: Ausstellungskatalog ›Die Zwanziger Jahre in München‹, München 1979, S. 195–209; hier: S. 196–198.
16 Ebd., S. 198–200.
17 Winfried Nerdinger, ›Fatale Kontinuität: Akademiegeschichte von den zwanziger bis zu den fünfziger Jahren‹, in: Thomas Zacharias (Hrg.), ›Tradition und Widerspruch. 175 Jahre Kunstakademie München‹, München 1985, S. 179–204; hier: S. 183–186.
18 Helga Schmoll gen. Eisenwerth, ›Die Münchner Debschitz-Schule‹, in: Hans M. Wingler (Hrg.), ›Kunstschulreform 1900–1933‹, Berlin 1977, S. 68–82.
19 Gustav H. Emmerich, ›Zum zwanzigjährigen Bestehen der Lehr- und Versuchsanstalt für Photographie, Chemigraphie, Lichtdruck und Gravüre‹, in: *Deutsche Lichtbildkunst*, 1, 1920, S. 160–190.
20 Vgl. den Ausstellungskatalog ›Zwischen Kunst und Industrie. Der Deutsche Werkbund‹, München 1975, S. 56–74.
21 Udo Koppelmann, ›Grundlagen der Verpackungsgestaltung‹, Herne/Berlin 1971, S. 9–31.
22 Vgl. auch Eckhard Siepmann, ›Montage: John Heartfield. Vom Club Dada zur Arbeiter-Illustrierten-Zeitung‹, Berlin 1977, S. 13.
23 Ebd., S. 14–18; ebenso für das Folgende.
24 Reimann, ›Heartfield‹, zitiert nach März, ›Heartfield‹ (wie Anm. 2), S. 231.
25 Werner Spies, ›Max Ernst: Collagen. Inventar und Widerspruch‹, Köln 1988, S. 37–78; darin (S. 69–74) auch Bemerkungen zum Verhältnis von Max Ernst zur Photographie – auf naheliegende Parallelen zwischen Heartfield und Ernst kann hier leider nicht eingegangen werden.
26 Herrmann, ›Geschichte‹ (wie Anm. 10), S. 52–61.
27 Vgl. G. H. Emmerich, ›Lexikon für Photographie und Reproduktionstechnik‹, Wien 1910, s. v. ›Umbruch‹; siehe auch E. D. Stiebner (Hrg.), ›Bruckmann's Handbuch der Drucktechnik‹, München 1976, S. 140–141. Zur Montage besonders: Peter Bürger, ›Theorie der Avantgarde‹, Frankfurt a. M. 1974, S. 97–119; Annegret Jürgens-Kirchhoff, ›Technik und Tendenz der Montage‹ (Phil. Diss. Münster 1973), Gießen 1978, S. 15–16.
28 Siepmann, ›Heartfield‹ (wie Anm. 22), S. 38.
29 Vgl. Arthur W. Unger, ›Die Herstellung von Büchern, Illustrationen, Akzidenzen usw.‹, Halle/Saale 1907.
30 Werner Bokelberg (Hrg.), ›Sisis Schönheitenalbum‹, Dortmund 1980, S. 97–99.
31 Vgl. Timm Starl, ›»... dem Unmöglichen ein sehr weites Feld ...«. »Kombinationsbilder« und »Kompositionsfotografien« als Anfänge der Fotomontage im 19. Jahrhundert‹, in: Ausstellungskatalog ›»Benütze Foto als Waffe!« John Heartfield – Fotomontagen‹, Frankfurt a. M. 1989, S. 12–20.
32 Alle bibliografischen Angaben zu Malik-Büchern nach: Frank Herrmann, ›Der Malik-Verlag 1916–1947. Eine Bibliographie‹, Kiel 1989.
33 Marina Bessonowa, ›Art and Myth in the work of Malevich and Tatlin‹, in: Het Apollohuis (Hrg.), Symposium ›Bounds Set to Art‹, Eindhoven 1991.
34 Herzfelde, ›Heartfield‹ (wie Anm. 13), S. 48.
35 Vgl. Siepmann, ›Heartfield‹ (wie Anm. 22), S. 67–77; Hauberg, ›Malik‹ (wie Anm. 9), S. 41–43.
36 Rune Hassner, ›La photographie et la presse‹, in: J. C. Lemagny/A. Rouillé (Hrg.), ›Histoire de la Photographie‹, Paris 1986, S. 76–79.
37 Leider ist mir zu Heartfields Bucharbeiten für andere als den Malik-Verlag keine so gute und verläßliche Bibliografie wie die in Anm. 32 genannte bekannt. Äußerungen hierzu sind daher nur tertiär erschlossen.
38 German Karginow, ›Rodtschenko‹, Budapest 1979, S. 133–142.
39 Herrmann, ›Geschichte‹ (wie Anm. 10), S. 47–54; Hauberg, ›Malik‹ (wie Anm. 9), S. 114–119.
40 Walter Lippmann, ›Public Opinion‹, New York 1921; dt. ›Die öffentliche Meinung‹, München 1964.
41 Gerhard Voigt, ›Goebbels als Markentechniker‹, in: Wolfgang Fritz Haug (Hrg.), ›Warenästhetik. Beiträge zur Diskussion, Weiterentwicklung und Vermittlung ihrer Kritik‹, Frankfurt a. M. 1975, S. 231–260.
42 Lippmann, ›Public Opinion‹ (wie Anm. 40), S. 163; vgl. dazu auch Gerhard Maletzke, ›Psychologie der Massenkommunikation‹, Hamburg 1963, S. 120–127.
43 Gerd Fleischmann (Hrg.), ›bauhaus. drucksachen typografie reklame‹, Bielefeld 1984, S. 9–36.
44 Tschichold, ›Fotografie‹, zitiert nach: Eskildsen/Horak, ›Film und Foto‹ (wie Anm. 1), S. 157.
45 Herrmann, ›Geschichte‹ (wie Anm. 10), S. 39–42.
46 Interview des Autors mit Lotte Jacobi vom 16. 9. 1983 in Berlin.
47 Jürgens-Kirchhoff, ›Montage‹ (wie Anm. 27), S. 125–129.
48 Theo Pinkus, ›John Heartfields letzte Fotomontage‹, in: Ausstellungskatalog ›»Benütze Foto als Waffe!«‹ (wie Anm. 31), S. 32–36.

Dieter Ronte

Heartfield und Schwitters

Die Frage nach der Beziehung zwischen John Heartfield und Kurt Schwitters ist zugleich die Frage nach dem Verhältnis Dada-Berlin – Schwitters-Hannover. Es besteht kein Zweifel, daß der sogenannte Zeitgeist auf beiden Seiten zu vielen gleichartigen Formulierungen geführt hat, daß Vorgaben von George Grosz und John Heartfield auch für die typografischen Vorstellungen von Schwitters bedeutsam gewesen sind. Anders sieht es aus, wenn wir die persönlichen Verhältnisse, das unmittelbare Aufeinanderprallen der beiden Künstlerpersönlichkeiten zu begreifen versuchen, um so die Besonderheiten ihrer unterschiedlichen Positionen besser zu verstehen.

Schwierig ist es bereits, Heartfield in jener Zeit von 1918 bis 1920, also während der Berliner Dada-Phase, als distinkte Person zu fixieren. Immer wieder ist er gebunden an George Grosz oder an seinen Bruder Wieland Herzfelde – ganz im Gegensatz zu Kurt Schwitters, der oft wie ein Einzelkämpfer die Arena betritt. Dabei weisen ihre Biografien viele Übereinstimmungen auf, was die soziale Herkunft betrifft, den Ausbildungsweg mit dem Schwerpunkt auf der angewandten Kunst, ihre Teilnahme bzw. Nichtteilnahme am Ersten Weltkrieg, der sie gleichwohl tief erschütterte, ihr unbändiger Wille, entgegen widrigen Umständen Künstler zu werden.

Doch im Unterschied zu Heartfield war Schwitters weitaus weniger politisch orientiert, sah er seine Bestimmung vielmehr als ›reiner‹ Künstler, der Kunst und nichts anderes als Kunst zu produzieren hat. Schwitters' Freundschaft zu politisch Denkenden und Handelnden hat ihn nicht dazu bewogen, sich parteipolitisch zu engagieren; ganz anders John Heartfield, der unmittelbar nach Gründung der Kommunistischen Partei in Deutschland zusammen mit George Grosz und seinem Bruder Wieland Herzfelde Mitglied wurde. Zwar sind von Schwitters Sympathien für die Novembergruppe bekannt, die sich ja durchaus politisch, als »Zusammenschluß der radikalen bildenden Künstler, Maler und Architekten«[1] verstand, doch sie führten nicht zu politischen Aktivitäten seinerseits.

Schwitters hat sich mit dem Verhältnis von Kunst und Politik gerade mit Blick auf Dada-Berlin immer wieder auseinandergesetzt, bis er unumstößlich seinen eigenen Standpunkt 1926 so formulierte: »Was Kunst ist, wissen Sie ebenso gut wie ich, es ist nichts weiter als Rhythmus. Wenn das aber wahr ist, so beschwer ich mich nicht mit Imitation oder mit Seele, sondern gebe schlicht und einfach Rhythmus in jedem beliebigen Material, Straßenbahnfahrscheinen, Ölfarben, Holzklötzen, ja, da staunen Sie Bauklötze, oder mit dem Wort in der Dichtung, dem Ton in der Musik oder wie Sie wollen. Darum sehen Sie sich nicht das Material an, denn das ist unwesentlich. Suchen Sie nicht versteckt irgendeine Imitation von Natur, fragen Sie nicht nach Seelenstimmungen, sondern suchen Sie trotz des ungewöhnlichen Materials, den Rhythmus in Form und Farbe zu erkennen. Mit Bolschewismus hat das ebenso wenig zu tun wie der moderne Bubikopf. Dafür ist es die Essenz aller Kunst, das heißt, jedes Kunstwerk aller Zeiten mußte diese primäre Forderung erfüllen, Rhythmus sein, sonst war es nicht Kunst.«[2]

Acht Jahre zuvor hatte sich Schwitters um einen engeren Kontakt zum Dada-Kreis in Zürich und insbesondere in Berlin bemüht. Doch die Diskussionen innerhalb Dada-Berlins, vor allem der Standpunkt Huelsenbecks, haben eine Bindung verhindert. Dennoch führte Huelsenbeck im ›Dada-Almanach‹, den er »im Auftrag des Zentralamts der deutschen Dada-Bewegung« 1920 im Reiss-Verlag in Berlin herausgab, in einer Liste illustrer Persönlichkeiten (»Quelques Présidents et Présidentes du mouvement Dada« umfaßte von Dr. Aisen bis Mary Wigman 76 internationale Künstlernamen[3]) unsere beiden Künstler zusammen auf. In der Nomenklatur fällt auf, daß Schwitters im Gegensatz zu anderen despektierlich ohne Vornamen genannt wird, Heartfield hingegen als ›W.

Heartfield‹ eingesetzt ist. Hier mag es sich um eine Huelsenbecksche Ironie handeln, indem Wieland Herzfelde und sein Bruder John Heartfield kurzerhand zu ›W. Heartfield‹ zusammengefaßt worden sind. Festzuhalten bleibt, daß im Jahre 1920 Huelsenbeck den Merzkünstler aus Hannover sehr wohl zumindest im erweiterten Umkreis von Dada akzeptiert hat.

Doch an der großen Dada-Messe 1920 in Berlin durfte Kurt Schwitters nicht teilnehmen. Er hat sich nie darüber beschwert, die Ausgangslage allerdings sehr genau analysiert. Huelsenbeck nannte ihn noch 1957 ein »Genie im Bratenrock«, den »abstrakten Spitzweg« (abstrakt wie vertrackt), »den Caspar David Friedrich der dadaistischen Revolution«. In seiner Biografie, ›Memoirs of a Dada Drummer‹, versuchte Huelsenbeck im Rückblick sein Verhältnis zu Schwitters wie folgt zu beschreiben: »That is the difference between Schwitters's ›Merz‹-orientation and dada. The infamous Anna Blume struck me as a typical product of an idealism made dainty by madness. These poems had neither cantilena nor anything of the art of lamentation that Ball speaks about. They weren't sacred or profane, they were simple and daintily banal. It was the sort of comical banality one finds in small-town sewing bees. Schwitters was a highly talented petty bourgeois, one of those ingenious rationalists who smell of home cooking, who come pouring out of the German woods or Spitzweg's gabled houses (...) Schwitters, together with his wife and child, lived in Hanover, a thoroughly German city, surpassing many other German cities in one characteristic: its petty-bourgeois mentality. When I was young, Hanover was a provincial city, dominated by an aristocratic military clique. The king no longer existed officially, but the people looked as if they were still standing, with their hand on their caps (...) It is really quite amazing that an essentially revolutionary artist like Schwitters could live and work in such an atmosphere. This was possible only because he adjusted many of his personal habits to the environment. Thus, his revolt remained romantic (something we wanted to avoid under any circumstances). He had no choice but to play the ›clown‹, whereas I wanted to be anything but a clown.«[4]

Im selben Buch dagegen beschreibt Huelsenbeck John Heartfield, den Erfinder der Fotomontage, der »helped us with his special gifts. He fought with us against romantic sentimentality and for a new objectivity.«[5]

Schwitters konnte sich von der politischen Radikalität Dada-Berlins nicht überzeugen lassen. 1921 formulierte er es so: »Es gibt zwei Gruppen von Dadaisten, die Kern- und die Hülsendadas, welch letztere besonders in Deutschland wohnen. Ursprünglich gab es nur Kerndadaisten, die Hülsendadaisten haben sich von diesem ursprünglichen Kern unter ihrem Führer Huelsenbeck abgeschält und bei der Abspaltung Teile des Kernes mitgerissen. Das Abschälen vollzog sich unter lautem Geheul, Absingen der Marseillaise und Verteilen von Fußtritten mit den Ellenbogen, eine Taktik, deren sich Huelsenbeck noch heute bedient (...) Also der Hülsendadaismus ist politisch orientiert, gegen Kunst und gegen Kultur. Ich bin tolerant und lasse jedem seine Weltanschauung.«[6]

Schwitters wandte sich konsequenterweise mehr dem Elsässer Hans Arp zu, dem Rumänen Tristan Tzara, wichtigen Mitgliedern also des 1916 gegründeten Züricher Dada – einer Bewegung, die zwar aus Protest gegen das kriegstreibende, die Kulturwerte Europas verratende Bürgertum agierte und eine »Art Anti-Kulturpropaganda, aus Ehrlichkeit, aus Ekel, aus tiefstem Degout vor dem Erhabenheitsgetue des intellektuell approbierten Bourgeois«[7] betrieb, sich aber nicht zu einer unmittelbar politischen Organisation entwickelte. Die Revolte in Zürich war eine ästhetische, ebenso wie jene in Köln von Arp und Max Ernst, in Hannover von Schwitters und in Holland von Paul Schuitema, Theo van Doesburg, Otto van Rees. Diese Künstler wollten keine Politik machen, sondern

Kunst. Als Huelsenbeck 1917 von Zürich nach Berlin ging, war die Situation dort eine ganz andere: Dada in Berlin gerierte sich sofort politisch, nicht zuletzt unter dem Einfluß von Grosz und Heartfield. In Berlin ging es nicht nur gegen den bürgerlichen Kunstbetrieb, nicht nur gegen den sogenannten Expressionismus.

Im dadaistischen Manifest von 1918 gibt es dennoch Formulierungen, die auch Kurt Schwitters hätte unterschreiben können: »Die höchste Kunst wird diejenige sein, die in ihren Bewußtseinsinhalten die tausendfachen Probleme der Zeit präsentiert, der man anmerkt, daß sie sich von den Explosionen der letzten Wochen werfen ließ, die ihre Glieder immer unter dem Stoß des letzten Tages zusammensucht. Die besten und unerhörtesten Künstler werden diejenigen sein, die stündlich die Fetzen ihres Leibes aus dem Wirrsal der Lebenskatarakte zusammenreißen, verbissen in den Intellekt der Zeit, blutend an Händen und Herzen.«[8]

Revolution und Konterrevolution, das hektische politische Klima der Nachkriegszeit und persönliche Erfahrungen im Ersten Weltkrieg führten zu jener Politisierung der Künstlerschaft, die Schwitters nicht mitvollziehen konnte. Das Verhältnis zwischen Dada-Berlin und Kurt Schwitters gestaltete sich ähnlich wie die Beziehung der örtlichen Maler der Neuen Sachlichkeit zur Berliner Kunst: als Konfrontation grundsätzlicher Kunstpositionen der zwanziger Jahre, als die Künstler der Traum von einer neuen Gesellschaft bannte aus der Einsicht heraus, daß die alte Ordnung so nicht mehr bestehenbleiben könne. Träumten die meisten Berliner Künstler jedoch vom neuen Menschen und von der neuen Gesellschaft, so baute Kurt Schwitters – hier in seinem politischen Verhalten nicht unähnlich etwa den französischen Kubisten – seinen persönlichen Traum vom Merzkunstwerk aus, vom Gesamtkunstwerk, von Kunst als Kunst. Immer wieder von politischen Fragen berührt, auch immer wieder linke Positionen erwägend, hat er sich dennoch für den Primat der Kunst entschieden. Bezeichnenderweise hat die 1919 gegründete Novembergruppe, die als erste deutsche Vereinigung der radikalen bildenden Künstler die »Maler, Bildhauer, Architekten des neuen Geistes« zum Beitritt aufrief – denn »die Revolution fordert unsere Sammlung«[9] – zwar in mehreren Städten Deutschlands zahlreiche Ableger formieren können, nicht aber in Hannover, wo sich Kurt Schwitters als Merz-Dadaist im Grunde genommen angeboten hätte.

Das heißt, die ganzen revolutionären Entwicklungen, der Versuch, die Gesellschaft auch durch Kunst radikal zu verändern, beeinflußten die visuelle Gestaltung von Schwitters' Arbeiten nicht. Daß die Novembergruppe ihrerseits von der KPD nicht verstanden wurde, steht wiederum auf einem anderen Blatt. »Es wurde ungeheuer viel über Kunst und dabei nur in Hinblick auf die Politik diskutiert. Wobei wir feststellten, daß diese Kunst nur Mittel im Klassenkampf sein könne, wenn sie überhaupt einen Wert haben solle«[10] (Erwin Piscator). Ganz anders Kurt Schwitters in seinem Resümee von 1923 über die Bedeutung des Merzgedankens: »DIE AUFGABE VON MERZ IN DER WELT IST GEGENSÄTZE AUSGLEICHEN. UND SCHWERPUNKTE VERTEILEN.«[11]

Die Berliner Dada-Gruppe hatte, bedingt durch die künstlerische Kapazität des Dada-Monteurs John Heartfield und allgemein durch ihre dezidiert politische Ausrichtung, sehr früh den Weg in die Medien, auch in die Massenmedien gesucht. Der Malik-Verlag als Herausgeber von Büchern und Zeitschriften wie der ›Neuen Jugend‹, Heartfields spätere Zusammenarbeit mit der ›Arbeiter-Illustrierten-Zeitung‹ (AIZ) belegen eindrucksvoll, wie Kunst als visuelle und gedankliche Kommunikation unmittelbar und direkt öffentlich werden kann. In der hier als Movens deutlich erkennbaren Einschätzung, daß Kunst nur erfolgreich in der Öffentlichkeit sich durchsetzen bzw. agieren kann, wenn sie

diese Öffentlichkeit mit Hilfe der ihr gewohnten modernen Medien konfrontiert, verbinden sich grundsätzliche Überlegungen der Berliner Dada-Gruppe mit dem Kunstwollen von Kurt Schwitters. Beide Seiten haben mit besonderer Vorliebe publiziert, und in diesen Publikationen finden sich denn auch viele Übereinstimmungen. Besonders im Bereich der Typografie bestehen zahlreiche Berührungspunkte zwischen John Heartfield und Kurt Schwitters.
Schwitters hat dies auch trotz seiner Ablehnung, am Berliner Dada-Kreis teilzunehmen, erkannt. Als Vorsitzender des ›ring neuer werbegestalter‹ war er immer wieder bemüht, Heartfield als Mitglied zu gewinnen. Doch Heartfield scheint an dieser Bindung an einen Kreis ›reiner Künstler‹ nicht besonders interessiert gewesen zu sein. Er hat nur zögernd reagiert, hat dieser Organisation selbst nie angehört, in der Künstler wie Willi Baumeister, Max Bill, Max Burchartz, Walter Dexel, César Domela, Dick Elfers, František Kalivoda, Lájos Kassák, Hans Leistikow, Robert Michel, László Moholy-Nagy, Paul Schuitema. Kurt Schwitters, Ladislav Sutnar, Karel Teige, Georg Trump, Jan Tschichold, Friedrich Vordemberge-Gildewart, Piet Zwart Mitglieder oder Gäste waren. Seine Reserviertheit wird auch deutlich in einem Schreiben Schwitters', in der Mitteilung 22 an die Mitglieder des ›ring neuer werbegestalter‹ vom 24. 10. 1928: »Ich möchte gern über Neuwahl Moholy abstimmen lassen und bitte daher um Zusendung von Arbeiten. Richter, Graeff und Heartfield haben immer noch nicht ihre Erklärung geschrieben, ob sie Mitglieder werden wollen oder nicht. Bayer hat um Aufnahme gebeten.«[12]
Der ›ring neuer werbegestalter‹ bereitete damals mehrere Ausstellungen vor und überlegte, ob er die neuen Formulierungen zur Typografie als gestalteter oder angewandter Kunst von der Kunstgalerie Nierendorf in Berlin vertreten lassen solle. Die Mitglieder waren von den eigenen Arbeiten offensichtlich überzeugt genug, um einen Präsentationsraum zu wählen, der ihrem Kunstcharakter adäquat war – nicht bloße Verschönerung der Umwelt durch Gebrauchsgrafik, sondern, wie es Kurt Schwitters einmal formulierte: »Typographie kann unter Umständen Kunst sein.«[13]
Schwitters' Überlegungen zur Typografie galten primär nicht der Politik, sondern dem Problem der Präsentation und den Firmen, die es zu bewerben galt; sie beschäftigten sich mit der Ware, der Aufmachung und der Angebotsform. Einige Sätze seien hier zitiert, die verdeutlichen, daß Schwitters wie Heartfield bis zu einem gewissen Grad von denselben grundsätzlichen Positionen ausgehen konnten:

»I. Typographie kann unter Umständen Kunst sein.
II. Ursprünglich besteht keine Parallelität zwischen dem Inhalt des Textes und seiner typographischen Form.
III. Gestaltung ist Wesen aller Kunst, die typographische Gestaltung ist nicht Abmalen des textlichen Inhalts.
V. Auch die textil negativen Teile, die nicht bedruckten Stellen des bedruckten Papiers, sind typographisch positive Werte. Typographischer Wert ist jedes Teilchen des Materials, also: Buchstabe, Wort, Textteil, Zahl, Satzzeichen, Linie, Signet, Abbildung, Zwischenraum, Gesamtraum.
X. Die Forderung des Inhaltes an die Typographie ist, daß der Zweck betont wird, zu dem der Inhalt gedruckt werden soll.«[14]

Doch dort, wo Kurt Schwitters an Pelikan dachte, Bahlsen, Verlagspublikationen, den Magistrat der Stadt Hannover, das Design der Stadt Karlsruhe, an seine eigenen Zeitschriften, Gedichte und typografischen Gestaltungen, mußte John Heartfield die politischen Aussagen seiner Fotomontagen berücksichtigen, muße er die adäquate Präsentation eines aktuellen politischen Inhalts, nicht aber von Keksen oder Tinte im Auge behalten.

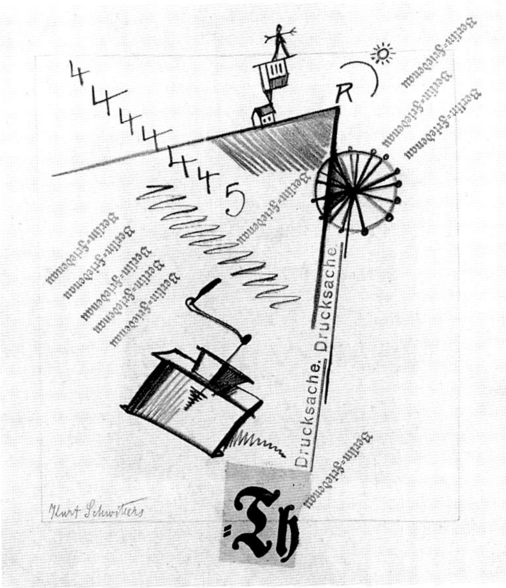

Kurt Schwitters, Stempelzeichnung (1919) aus dem ›Sturm-Bilderbuch IV‹, 1920

Der typografische Kontakt führte immerhin zur Teilnahme John Heartfields als Gast beim ›ring neuer werbegestalter‹ in der Amsterdamer Ausstellung von 1931. Er beteiligte sich auf drei Schautafeln mit Buchumschlägen, die aufzeigen, daß das Programm des Malik-Verlages ein politisches war und daß, solchermaßen indienstgenommen, seine Fotomontage kurz und prägnant die Optik konzentrieren konnte. Von den übrigen Beiträgen grenzen sich Heartfields Gestaltungen sichtbar ab. Alle anderen Teilnehmer bedienen sich zwar gleich ihm der Fotomontage, der neuen Typografie. Dennoch sind sie im wahrsten Sinne des Wortes weniger ›realistisch‹, sondern viel mehr von Überlegungen des Bauhauses oder vom Konstruktivismus der ›De Stijl‹-Gruppe beeinflußt. Sie versuchen durch optische Präzisierung den Leser und Betrachter zu überzeugen. Heartfields Entwürfe wirken dagegen unruhig, geradezu verspielt. Das hat nicht nur mit dem kleinen Format zu tun, mit der Konzentration auf wenig Fläche oder der Menge der notwendigen Verlagsinformationen für den Leser, sondern gerade mit der Betonung des fotografischen Einsatzes. Besonders prägnant ist Heartfield dort, wo er wirklich montiert, also Realitätsebenen zusammenführt, die so zuvor in der Wirklichkeit nicht vereint waren – wo er also dem klassischen Dada-Prinzip folgt. Dies wird besonders deutlich in der Gestaltung des Schutzumschlags von 1927 für Upton Sinclairs ›Die Wechsler‹ (Kat.-Abb. 25). Hier ist der Mechanismus der Börse grafisch dargestellt als Kreiscollage auf Börsennotierungen, die das Geheimnisvolle, Esoterische, Abweisende ebenso veranschaulicht wie das Zahlenspiel, das, gleich einem Glücksrad in steter Bewegung, die einen reich und die anderen arm macht.

Die künstlerischen Vorstellungen von Heartfield waren nicht mehr diejenigen, welche die Ausführung des Gedichts ›Elí, elí, lamah asabtani.‹ aus dem Jahre 1915 bestimmt hatten, das Wieland Herzfelde gemeinsam mit seinem Bruder Helmut (d. i. John Heartfield) 1915 schrieb.[15] In dem 1966 wieder aufgefundenen Originalmanuskript kommen viele Gedanken zutage, die sich auch in Schwitters' Literatur belegen lassen: die Aufeinanderfolge unterschiedlichster Gedanken, die Projektion und Kombination gegensätzlichster Vorstellungen, die wie bei der Montage sich nur in der Ebene des Kunstwerks zu einer neuen Realität zusammenführen lassen. Dieses Gedicht klingt wie ein Merzgedicht, der Titel wie der einer Schwittersschen ›Ursonate‹; allerdings ist es – ebenso wie die berühmte Anzeige zur ›Kleinen Grosz-Mappe‹ in der ›Neuen Jugend‹ von 1917 (Kat.-Abb. 5d) – etwas früher als vergleichbare Arbeiten von Schwitters zu datieren. Jedenfalls ist eine verwandte Gestaltungsweise in vielen seiner frühen typografischen Arbeiten erkennbar. Das Spiel mit dem Freiraum, der Versuch, die Schriftzeichen aus der Horizontalen zu befreien, die Betonung diagonaler Möglichkeiten, die Wiederverwendung bestimmter Motive in variierenden Formen, das Einspielen von Fotomontagen, die Unruhe des Erscheinungsbildes finden wir in den frühen Huldigungen an Anna Blume, erkennen wir in der Schwittersschen Schriftkunst von 1918 bis 1921 wieder.

Besonders die rein typografischen Arbeiten von Heartfield haben Schwitters mit beeinflußt. Doch statt der politischen Fotomontage wendet er sich in seiner Typografie der angewandten Kunst zu, betreibt er sie sozusagen als Nebenverdienst, orientiert er sich zudem zunehmend nach Holland und dem Bauhaus: die Gestaltung wird ruhiger, exakter, präziser, sie verläßt die spielerischen Qualitäten seiner frühen Stempelzeichnungen, wie wir sie im ›Sturm‹ und ›Quirlsanze‹ finden, z. B. im ›Kritiker‹ (1921).[16] Es ist jene Zeit, in der er in seinen Stempelmontagen gern das Signet ›Berlin-Friedenau‹ benutzte, so, als ob er zur Berliner Gruppe gehören würde. Das Kreis- und Radmotiv, das sich sowohl bei Heartfield als auch bei Schwitters aufzeigen läßt, erklärt sich bei dem Dada-Monteur aus den Formen der Maschinen und Räder, bei Schwitters aus seiner

Kurt Schwitters, Einladung zur Merz-Matinee, 1923

Kongreß der Dadaisten und Konstruktivisten, Weimar, September 1922. *V. l. n. r.:* Schwitters, Arp, Burchartz, Frau Burchartz, Richter, Nellie van Doesburg, van Eesteren, van Doesburg, Röhl, Frau Röhl, Graeff

Beschäftigung als kriegsuntauglich abgestellter Zeichner in einer Fabrik. Bei Schwitters wird es zur reinen Form im Kunstwerk, bei Heartfield (Kat.-Abb. 6a) konnotiert das Rad stets Maschine, Bewegung, Kapitalismus usw.

Auch wenn Schwitters die klassische Kunst in Frage stellt, um sie zu überwinden, ging er doch nicht derart aggressiv gegen sie vor wie John Heartfield, der etwa mit dem wirren Liniennetz der ›Dame in Blau‹ – in ›Der Dada 3‹ vom April 1920 – eine (laut Bildüberschrift) ›expressionistische Quintessenz‹ zieht[17] oder zusammen mit Grosz einen ›korrigierten Picasso‹ montiert. Vergleicht man zwei berühmte Fotografien, die Eröffnung der ›Ersten Internationalen Dada-Messe‹ vom Juni 1920 in Otto Burchards Galerie in Berlin (Abb. S. 260) und die Selbstpräsentation des Dada-Treffens in Weimar 1922[18], so wird deutlich, wie rasch die ursprünglich ähnlichen Intentionen divergierten. Die Berliner Dadaisten zeigen sich inmitten ihrer Ausstellungswerke in geradezu klassischer Pose. Die Fotografie vereint Raoul Hausmann, Otto Burchard, Baader, Wieland und Margarete Herzfelde, George Grosz, John Heartfield (stehend), Hannah Höch und Otto Schmalhausen. Die Gruppe ist konzentriert, sie wird von den Werken umringt. Ganz anders die Weimarer Dada-Selbstdarstellung; alle Mitglieder stehen: Schwitters, Arp, Burchartz, Frau Burchartz, Hans Richter, Nellie van Doesburg, Cornelis van Eesteren, Theo van Doesburg, Peter Röhl, Frau Röhl, Werner Graeff. Dieses Foto, mit den scheinbar merkwürdigen Gesten und Haltungen der Porträtierten, wirkt wie ein Vorgriff auf Max Ernsts ›Rendezvous der Freunde‹ (Köln, Museum Ludwig) von 1923/24. Vergleichen wir hingegen die fotografischen Bildnisse, so erscheint Heartfield (Abb. S. 18) als expressionistischer Exzentriker, Schwitters dagegen als der kühle, rezitierende Kopf.

Aus dem ursprünglich ähnlichen Impuls zur Revolution gegen eine bourgeoise Gesellschaftsordnung heraus sind zwei Künstler grundsätzlich andere Wege gegangen: den Weg der Politik, den Weg der reinen Kunst. Die unterschiedlichen Optionen haben weder Heartfield noch Schwitters davor bewahrt, in die Emigration gehen zu müssen. Beide haben die Gewalt des Faschismus mit aller Härte zu spüren bekommen. Heartfield jedoch blieb immer jener Künstler, der seine Arbeit in den Dienst einer Sache gestellt hat, Schwitters jener egozentrische Propagandist, der hauptsächlich nur sich selbst gesehen hat. Das Künstlerbild Schwitters' entspricht daher den klassischen Vorstellungen unseres Jahrhunderts; das von Heartfield bleibt bis heute die Ausnahme.

Kurt Schwitters beim Vortrag der ›Ursonate‹, 1944. Foto: E. Schwitters

1 Zitiert nach: E. Nündel, ›Kurt Schwitters in Selbstzeugnissen und Bilddokumenten‹, Hamburg 1981, S. 20.
2 Kurt Schwitters, ›Eile ist des Witzes Weile. Eine Auswahl aus den Texten‹, hrg. v. Christina Weiss und Karl Riha, Stuttgart 1987, S. 138.
3 Vgl. ›Dada-Almanach‹ (1920), Reprint Hamburg 1980, S. 95 f.
4 Richard Huelsenbeck, ›Memoirs of a Dada Drummer‹, hrg. v. Hans J. Kleinschmidt, The documents of 20th Century Art, New York 1974, S. 64 ff.
5 Ebd., S. 73.
6 Nündel, ›Schwitters‹ (wie Anm. 1), S. 20.
7 Richard Huelsenbeck, Einleitung zum ›Dada-Almanach‹ (1920), zitiert nach: Uwe M. Schneede, ›George Grosz. Der Künstler in seiner Gesellschaft‹, Köln 1975, S. 66.
8 ›Dadaistisches Manifest‹ (1918), zitiert nach: Schneede, ›Grosz‹ (wie Anm. 7), S. 70.
9 Aufruf der Novembergruppe (1919), zitiert nach: Schneede, ›Grosz‹ (wie Anm. 7), S. 94.
10 Erwin Piscator, ›Das Politische Theater‹ (1929), zitiert nach: Schneede, ›Grosz‹ (wie Anm. 7), S. 97.
11 Kurt Schwitters, ›Das literarische Werk‹, Bd. 5: Manifeste und kritische Prosa, hrg. v. Friedhelm Lach, Köln 1981, S. 134.
12 ›ring neuer werbegestalter‹, Amsterdam 1931; Katalog ›Typographie kann unter Umständen Kunst sein‹, Wiesbaden, Hannover, Zürich, 1990/91; Wiesbaden 1990, S. 112, Band 4, Hannover 1990.
13 Titel der oben (Anm. 12) erwähnten Ausstellung. Die vier Kataloge sind ein vorzügliches Kompendium zum Problem der modernen Typografie.
14 Katalog ›ring neuer werbegestalter‹ (wie Anm. 12), S. 112.
15 Vgl. Wieland Herzfelde, ›John Heartfield‹ (1962), 3. Aufl., Dresden 1986, S. 16.
16 Abb. in fast allen Schwitters-Monografien, z. B. Kurt Schwitters, ›Anna Blume und andere. Literatur und Grafik‹, hrg. v. Joachim Schreck, Köln 1986, S. 8–11; Werner Schmalenbach, ›Kurt Schwitters‹, Köln 1984, S. 26, 42, 43, 81, 111, 119.
17 Vgl. dazu Herzfelde, ›Heartfield‹ (wie Anm. 15), S. 27–28 und Textabb. 38.
18 Vgl. Schmalenbach, ›Schwitters‹ (wie Anm. 16), S. 34.

Hilmar Frank Fotomontage, Rhetorik, Dialektik

Heartfields Bildsprache und ihre Voraussetzungen

Die Fotomontage stellt Fotografien in eine übergreifende Beziehung und konstituiert auf diese Weise neuen Sinn. Das Verfahren hat eigentümliche Möglichkeiten, sie entfalten sich dort am besten, wo die Bildelemente in Analogie zu den Kombinationsmustern der Rhetorik, den Tropen und Figuren, miteinander verbunden werden[1] und, darüber hinaus, diese Beziehungen die höchstmögliche Spannung erhalten – bis hin zum Widerspruch und Paradox. Was in solchem Fall den Betrachter zunächst irritieren mag, stellt sich ihm schließlich als ein sinnvolles Ganzes dar, das anders gar nicht aufzubauen gewesen wäre. Wie bei den meisten Formen der Bildsatire können auch hier noch Texte hinzutreten: Namen, Schlagworte, Zitate, Sentenzen, zeitgeschichtliche Nachrichten.
Diese Bestimmungen zu veranschaulichen, ist Heartfields Montage ›Der Sinn des Hitlergrußes‹ besonders geeignet.[2] Zur Fotografie Hitlers tritt die eines Geldgebers, und zwar solcherart, daß der halbreligiöse Gruß mit dem Empfang von Geld in eins gesetzt wird. Indem die erhobene Hand zwei verschiedenen Tätigkeiten dient, entsteht eine Struktur, welche die rhetorische Figur des *Zeugma* visuell realisiert. Definiert wird das *Zeugma* als einmalige Setzung eines Satzgliedes, das zwei anderen, koordinierten Satzgliedern gemeinsam ist. Wenn es in Brechts Ballade ›Der anachronistische Zug‹ heißt:

»Künstler, Musiker, Dichterfürsten
Schrei'nd nach Lorbeer und nach Würsten«[3],

so bildet das Schreien mit seiner doppelten Forderung, nämlich nicht nur nach den Würsten, sondern auch nach dem Lorbeer, ein *Zeugma.* Und da in beiden Beispielen, im sprachlichen wie im visuellen, das nur einmal gesetzte Glied (hier das Schreien, dort die erhobene Hand) nicht gleichermaßen zu den koordinierten Gliedern paßt – was erst den satirischen Eklat ergibt –, handelt es sich genauer um das *semantisch komplizierte Zeugma,* das den polysemantischen Effekt bis zum *contrarium* steigern kann[4], in den vorliegenden Beispielen also bis zum Gegensatz von gewollt großartiger Erscheinung und schnödem Wesen. Und derselbe Gegensatz wird in Heartfields Montage auch mit dem ironisch verwendeten Zitat bestimmt: »Millionen stehen hinter mir!«
Die strukturelle Entsprechung der Fotomontage zu Rhetorik und Dialektik, zu einem halbverschollenen Bildungsgut und zu einer Wissenschaft, die einen Modernisierungsschub dringend nötig hätte, ist durchaus systematischer Art und keineswegs auf gelegentliche Parallelen beschränkt. Zum Beweis dieser These seien einige Montagen Heartfields näher betrachtet.
Die erste, ›Zur Gründung der deutschen Staatskirche‹, ist eine Travestie der Passion Christi, ihrer Verspottungs- und Marterszenen. Heartfield erfindet für den Weg nach Golgatha eine neue Episode. An der Schlinge, die Christus um den Hals trägt, zerrt kein mittelalterlicher Kriegsknecht. Ein Büttel in SA-Uniform schraubt mit je vier Senkschrauben Bretter an die Kreuzenden: statt weitausholender Gebärde vor dem Zuschlagen deutsche Wertarbeit, die das Kreuz zum Hakenkreuz macht. Gemäß der Bildtradition wird dem Büttel die Demut Christi entgegengesetzt. Aber dessen Anwesenheit ist nicht nur durch den – freilich unfotografierbaren – Heiligenschein ironisch gebrochen, sondern hauptsächlich dadurch, daß er einem Öldruck, einem Devotionalienbild entstiegen zu sein scheint. Nicht der Sohn Gottes, vielmehr die Kirche als Institution, repräsentiert durch das Bild, das sie sich von Christus macht, steht dem SA-Mann leidend gegenüber. So schildert die Montage die Passion Christi als gegenwärtiges Geschehen, zielt aber hauptsächlich auf die vom Faschismus erzwungene Anpassung der evangelischen Kirche.

John Heartfield, ›Der Sinn des Hitlergrusses...‹. ›Arbeiter-Illustrierte-Zeitung‹ (AIZ, Berlin), 16.10. 1932, Titelseite

Als diese Arbeit am 15. Juni 1933 in der ›Arbeiter-Illustrierten-Zeitung‹ (AIZ) erschien, war die Reichskirche bereits gegründet – wenn auch zunächst der falsche Reichsbischof gewählt worden war. In der Umwandlung des Kreuzes, dieser zeichenhaften Engführung des Gegensatzes von Christentum und Faschismus, hat Heartfield zusammengefaßt, worauf diese Gründung abzielte: auf die totale Gleichschaltung der Kirche mit den Interessen des faschistischen Staates. Zugleich ist das Bild als Parodie der Montagetechnik zu begreifen. Da die bedeutungsvollen Zeichen als kompakt-gegenständlich aufgefaßt werden, gewinnt die Szene aus der wechselseitigen Verfremdung von Symbolischem und Alltäglichem noch an Spannung. »Das Kreuz war noch nicht schwer genug«, sagt der Kommentar. Das Montieren, hier ist es herabgewürdigt zum schäbigen Handwerk der Entstellung.

Dieser Entstellung aber entspricht eine rhetorische Figur: die *annominatio per adiectionem*. Mit diesem Terminus wird ein Verfahren bezeichnet, das ein von der Gegenpartei verwendetes Wort im Sinne der eigenen Partei pseudoetymologisch, etwa durch Hinzufügen einer Vorsilbe, interpretiert: das Kreuz wird zum Hakenkreuz. Und hinter solcher Abwandlung des Sprachmaterials steht eine für die polemische Auseinandersetzung typische Gedankenbewegung, die als *correctio* (Berichtigung) bezeichnet wird.[5] Zwar kann die sprachliche Fassung dieser *correctio* sehr verschiedener Art sein; an Nachdrücklichkeit, an satirischer Kraft gewinnt sie allemal, sobald sie sich, wie hier, bis in die Berichtigung des von der Gegenseite gebrauchten Wortes fortsetzt. In der Rhetorik wird diese besondere Verquickung von *correctio* und *annominatio* als *correctio in verbo* definiert.[6] Eine derartige *correctio* findet sich beispielsweise bei Herder: »Sie rieten nicht, sondern verrieten.«[7]

Wird aber diese Figur ironisch verwendet, wie in der von Heartfield aufgebauten Beziehung Kreuz – Hakenkreuz, so verkehrt sich der Effekt ins Gegenteil. Das vorgegebene Zeichen scheint als das eigentlich Wahre und Überzeugende durch, die ursprüngliche Gestalt und vor allem der gedankliche Gehalt, an dem sich die Übertrumpfung zu beweisen hätte, werden verunklärt, aber nicht übertroffen. Was Korrektur sein will, erweist sich als Verschiebung und Verdrehung, als »Fälschungsgeste des Erneuens«[8], wie Alfred Kerr es bezeichnete. Eine angemaßte *correctio* dieser Art, zusammen mit ihrer ausdrücklichen Verurteilung, enthält Shakespeares 66. Sonett: »And simple truth miscalled simplicity«.

Die beste Entsprechung zu Heartfields Blatt findet sich jedoch im faschistischen Sprachgebrauch selbst; immerhin gibt es dort neben den ›Deutschen Christen‹ auch eine ›Deutsche Physik‹. Zugleich zeigt sich an diesen Beispielen, daß das Verfahren der *correctio,* durch geschickte, überraschende Abwandlung des vorgegebenen Worts geistige Überlegenheit zu beweisen – wodurch zugleich eine Perspektive auf tiefere Wahrheit eröffnet wird –, viel zu streng, die Sprache selbst keineswegs das gefügige Material ist, das nach Belieben mißbraucht werden könnte. Victor Klemperer hat in ›L T I‹, seinem Werk über die Sprache des Faschismus, das Verfahren analysiert, dem alles mögliche unterworfen wurde, um es als ›gleichgeschaltet‹ zu erweisen. Es ist die ›mechanische Analogiebildung‹, der man schließlich auch ein ›Deutsches Katzenwesen‹ zu verdanken hatte.[9] In visueller Parallele hierzu steht auch jene Arbeit Heartfields, die den Weihnachtsbaum auf Biegen und Brechen hakenkreuzartig wachsen läßt: ›O Tannenbaum im deutschen Raum, wie krumm sind deine Äste!‹ (Kat.-Abb. S. 282, 343).

Die nächste Montage – ›Ein feste Burg ist unser Genf‹ (Kat.-Abb. 99) – geht von dem frechen Mißverständnis aus, das sich der deutsche Chauvinismus mit Luthers Choral ›Ein feste Burg ist unser Gott‹ erlaubt hat. Da Luther aus Gründen

John Heartfield, ›Zur Gründung der deutschen Staatskirche‹. AIZ (Prag), 15. 6. 1933, S. 403

John Heartfield, ›O Tannenbaum im deutschen Raum, wie krumm sind deine Äste!‹ AIZ (Prag), 27. 12. 1934, S. 848

der Eindringlichkeit und des Rhythmus im Satz das Objekt vor das Subjekt gestellt hat, ohne daß diese Reihenfolge grammatisch eindeutig wäre, war es ein leichtes, diesen Satz in falscher Richtung zu verstehen oder doch wenigstens die Nachbarschaft von Gott und Burg, Kirche und Burg im Sinne der ›Gott mit uns‹-Ideologie zur *Metapher* der ›Gottesburg‹[10] zusammenzufassen.
Heartfield visualisiert nun diese Metapher und bringt sie auf den neuesten waffentechnischen Stand. Die frappante Wirkung entsteht zunächst dadurch, daß mit den Granaten gewissenhaft die Struktur einer Kathedrale nachgebildet wird. Diese Übereinstimmung ist das für die Überzeugungskraft der *Metapher* wesentliche tertium comparationis. Doch dient die überdeutliche Ausbildung der formalen Gleichartigkeit bei näherer Betrachtung nur dazu, den Gegensatz der Bedeutungskomponenten desto klarer herauszustellen. Gerade die Ausführlichkeit der metaphorischen Übertragung, ihre allegorische Systematik, zeigt die Unvereinbarkeit der beiden Seiten. So ist in dieser Montage eine Bewegung des Erkennens geronnen, die ein reaktionäres Schlagwort in pointiert-aktueller Fassung vergegenwärtigt und durch die Konsequenz dieser Prozedur entlarvt. Auch hier ist das Visuelle mit dem Sprachlichen durch die Bildunterschrift verbunden, die ihrerseits den Luthertext in einer anderen satirischen Abwandlung gibt. Diese *unorganische Paronomasie*[11] verbindet die Granaten-Kathedrale mit der Internationalen Abrüstungskonferenz 1932/33 in Genf.
Um die Rede von den heiligsten Gütern, die sich immer dann einstellt, wenn das genaue Gegenteil verhandelt wird, ging es Heartfield schon zuvor in der Umschlagsmontage für Upton Sinclairs Roman ›So macht man Dollars‹. Die Anbetung des Goldenen Kalbs auf der Dollarnote steht in Parallele zu der Fügung von Marx, daß die Tories »für die Grundrente schwärmen«[12], und zu Hermann Hesses Wort von der »aufrichtigen, herzlichen Verehrung des Geldes«.[13] Auch das Blatt mit der ›Gottesburg‹ zeigt eine solche depravierte Verehrungszeremonie, gewissermaßen eine moderne schwarze Messe. Und diese hat mit den Prägungen von Marx und Hesse die rhetorische Struktur gemeinsam: es ist die paradoxe Fügung des *Oxymoron*, des »scharfsinnig Dummen«, dessen Widersinn sich dem Nachdenken als Wahrheit enthüllt, als das präzise Aussprechen eines tatsächlich vorhandenen, widerspruchsvollen Zusammenhangs.
Bei aller Verschiedenartigkeit stimmen die betrachteten Montagen in einem wichtigen Punkt überein: sie stehen in einem rhetorischen Strukturgefüge, dessen verfremdende Differenzqualitäten[14] ihren perspektivischen Fluchtpunkt im dialektischen Widerspruch haben. Wird nach den kunstgeschichtlichen Voraussetzungen des montierten Bildes gefragt, so reicht allerdings solche Einsicht in den systematischen Zusammenhang von Fotomontage, Rhetorik und Dialektik allein nicht aus. Es geht dann vielmehr um die je besonderen Denk-, Sprach-, Literatur- und Bildformen, in denen diese Strukturbeziehungen in der einen oder anderen Weise zutage getreten sind. Ins Blickfeld rücken all jene von der Ästhetik des organischen Kunstwerks ignorierten Darstellungsverfahren, die aus Bruch, Dissonanz, Konflikt, aus Störung und Zerstörung, aus Häufung, Verwerfung und Verkehrung, aus – wie man verallgemeinern kann – einer konstruktiven Dekonstruktion ihr Leben gewonnen haben.

Scharfsinn, Witz, geistreiche Reflexion

Im Zusammenhang mit der Systematik und Geschichte der Urteilsformen hat Hegel immer wieder hervorgehoben, daß der Widerspruch in bestimmten sprachlichen Prägungen sein Wesen treibe. Beweist sich der Scharfsinn im genauen Unterscheiden, der Witz im Erkennen überraschender Gemeinsamkeiten, so verbindet die übergeordnete, von Hegel erstmals herausgestellte Sprach- und Denkfigur, die er als »*geistreiche* Reflexion«[15] bezeichnet, beide Fähigkeiten und gibt damit den Widerspruch als Form des Zusammenhangs: »Das *Geistreiche* ist ein Analogon des Vernünftigen und drückt vornehmlich eine Bestimmung oder Verhältniß aus, wie es seiner unmittelbaren Vorstellung oder in sich selbst entgegengesetzt ist.«[16] Es ist »die Antithese, in der die Idee liegt«[17] und in welcher der Begriff herrscht, »der die Gedanken zusammenbringt, welche der Ehrlichkeit weit aus einander liegen, und dessen Sprache daher geistreich ist.«[18]

Hegel war kein Freund von Beispielen, am wenigsten für die Logik; so vergönnte er einzig seinen Gymnasiasten in der sogenannten ›Nürnberger Logik‹ zur geistreichen Reflexion einige absichtlich krude Sätze. Der erste ist die ironische Verkehrung einer Antithese: »Le misérable, qu'il est heureux! Il a faim.«[19] (»Der Unglückliche, wie glücklich ist er! Er hat Hunger.«) Dieser Satz weist auf die französische Aphoristik, die, wie noch zu zeigen sein wird, ohne die geistreiche Reflexion gar nicht verstanden und gewürdigt werden kann.

Die drei weiteren Beispiele sind anderer Art: »Exul mentisque domusque.« (»Ohne Verstand noch Haus.« – Ovid, ›Metamorphosen‹, IX, 409.) – »Unter diesem Steine liegt mein Weib und hier ruht sie und auch ich.« – »Auf ihren Ruhebetten die fetten Richter träumen, um ihren Husten und ihr Gewissen zugleich in Schlaf zu wiegen.«[20] Rhetorisch betrachtet sind diese Sätze gleichartig gebaut: es ist das *semantisch komplizierte Zeugma*, das die disparaten Aussagen vereint – und dessen visuelle Entsprechung Heartfields Montage ›Der Sinn des Hitlergrußes‹ ist.

An anderer Stelle spricht Hegel von »auffallenden Formen«, die sich darbieten, »wenn die Gegensätze in der konkreten Weise, wie sie in der Vorstellung liegen, belassen, und nicht auf ihre einfache Gedankenbestimmung zurückgeführt sind.«[21] Sicher hat er damit die geistreiche Reflexion gemeint, gewiß aber auch die Vielfalt ihrer Erscheinungsformen in den zum Paradox geschärften rhetorischen Mustern. Hierzu gehören *Ironie, Emphase, Litotes, Hyperbel,* einige Formen der *Periphrase,* das *syntaktisch* oder *semantisch komplizierte Zeugma,* vor allem aber *Oxymoron, Antithese* und *Chiasmus.*[22] Dies aber sind zugleich die Strukturen, die in der Fotomontage eine hochartikulierte Bildsprache begründen.[23]

Merkwürdig genug, daß dies fortdauernde Interesse Hegels an den dialektischen Sprachformen von der Hegelforschung übersehen worden ist – mit Ausnahme einzig von Robert Heiss, der aber, wiederum merkwürdig, die »dialektischen Phänomene in der Sprache« anhand von Paradox, Witz, Aphorismus, Fragment, Sentenz darstellt, ohne im geringsten auf Hegels geistreiche Reflexion und verwandte Hinweise und Beispiele einzugehen.[24] Völlig ausgeklammert bleiben auch Hegels Erkenntnisse zum geschichtlich-sozialpsychologischen Ursprung dieser Denkstruktur, die ein tieferes, ja vielleicht erst das adäquate Verständnis für den Ursprung der Fotomontage im Dadaismus ermöglichen.

In der ›Phänomenologie des Geistes‹ untersucht Hegel die geistreiche Reflexion anhand von Diderots Dialog ›Rameaus Neffe‹, der damals gerade durch Goethes Übersetzung bekannt geworden war. Das »zerrissene Bewußtsein«, wie es der verwahrloste Neffe des großen Jean Philippe Rameau zeigt, spricht sich aus in der »Verkehrung aller Begriffe und Realitäten«, in einer chaotischen Kombinatorik, die »dreißig Arien, italienische, französische, tragische, komische, von aller Art Charakter, häufte und vermischte; (...) wechselsweise rasend, besänftigt, gebieterisch und spöttisch«.[25] In dieser Vermischung wird selbst den Dingen, die Bewunderung und Achtung verdienen, »ein lächerlicher Zug ver-

schmolzen sein, der ihnen ihre Natur benimmt«.[26] Es ist dies Durcheinander von Musikzitaten, von regelrechten Versatzstücken, das so deutlich an die dadaistischen Fragmenthäufungen erinnert, aus denen dann – als Pointe – die geistreiche Reflexion der Fotomontage hervortritt.
Auf die Physiognomie des Bewußtseins, das diesen Übergang zur dialektischen Disziplin bewerkstelligt, legt Hegel besonderen Wert: »Die ihrer selbst bewußte und sich aussprechende Zerrissenheit des Bewußtseyns ist das Hohngelächter über das Daseyn, so wie über die Verwirrung des Ganzen und über sich selbst; es ist zugleich das sich noch vernehmende Verklingen dieser ganzen Verwirrung.«[27] Aus der Relativierung der Erscheinungen geht die Zusammenfassung der Widerspruchsextreme hervor. Und als letzte – und irritierende – Wahrheit der Identität wird gleichfalls der Widerspruch herausgekehrt, die Dialektik von edelmütigem und niederträchtigem Bewußtsein, von Herr und Knecht erkannt. Das »zerrissene Bewußtsein«, das sich zunächst in den Widersprüchen nur herumtreibt, lernt, diese gedanklich zu fassen und lebenspraktisch zu überwinden.

Paradoxes Schreiben und Aphoristik: das Zeitalter als Anhäufung von Widersprüchen

Ebensogut wie aus ›Rameaus Neffen‹ hätte Hegel aus anderen Werken zitieren können, die in der großen Tradition des paradoxen Schreibens stehen[28], vornehmlich aus jenen, die, wie Bernard Mandevilles ›Bienenfabel‹ (endgültige Fassung 1729), paradoxe Strukturen als hauptsächliche Denkform der Gesellschaftsanalyse entwickeln. Die durchgängige Denkfigur dieses Buches ist die geistreiche Reflexion, der sich schon der Untertitel verdankt: ›Private Laster als gesellschaftliche Vorteile‹.
Solcher diskursiven Entfaltung, die natürlich auch die zusammenfassende, paradoxe Sentenz kennt, steht in der französischen Aphoristik grundsätzlich eine äußerste Konzentration gegenüber. Als besonders ausführlich erscheint dann bereits die folgende, gegen Ende des 17. Jahrhunderts niedergeschriebene, bittere Betrachtung Jean de La Bruyères: »Es gibt eine Art scheue Tiere, von männlichem und weiblichem Geschlecht, die man da und dort auf den Feldern sieht, dunkel, fahl und von der Sonne verbrannt, über die Erde gebeugt, die sie mit zäher Beharrlichkeit durchwühlen und umgraben; sie scheinen so etwas wie eine Sprache zu besitzen, und wenn sie sich aufrichten, zeigen sie ein Menschenantlitz, und es sind in der Tat Menschen; nachts ziehen sie sich in ihre Höhlen zurück, wo sie sich von schwarzem Brot, Wasser und Wurzeln nähren. Sie ersparen den anderen Menschen die Mühe, zu pflügen, zu säen und zu ernten, damit sie leben können, und haben wohl verdient, daß ihnen nicht das Brot mangle, das sie gesät haben.«[29] Indem die Tiere sich als Menschen erweisen, das Bild also in sein Gegenteil kippt, ohne daß damit der erste Eindruck Lügen gestraft würde, verschränken sich Identität und Widerspruch nach dem Gesetz der geistreichen Reflexion.
Angesichts des Scharfblicks der französischen Moralisten verwundert es nicht, daß ein Jahrhundert später, am Vorabend der französischen Revolution, Sébastien-Roch Nicolas, genannt Chamfort, über die gesellschaftlichen Voraussetzungen der geistreichen Reflexion erkannte: »In Frankreich scheint jedermann Geist zu haben. Der Grund ist einfach. Da bei uns alles eine Folge von Widersprüchen ist, so genügt schon die leiseste Aufmerksamkeit, um sie zu bemerken und miteinander zu verbinden. So entstehen ganz ungezwungene Kontrastwirkungen, und wer sie aufdeckt, scheint ein höchst geistreicher Mann zu sein.

Erzählen heißt bei uns, Groteskes vorbringen. Ein einfacher Berichterstatter wird zum Humoristen, und unsre Historiker werden einst als satirische Schriftsteller gelten.«[30]

Die getreue Charakteristik des Zeitalters ist also einzig als Summe von Widersprüchen möglich, nicht nur für Chamfort, dessen Antithese »Friede den Hütten, Krieg den Palästen« solcher Einsicht entspringt, sondern auch, im zeitgenössischen Deutschland, für Schiller:

»So sieht man den Geist der Zeit zwischen Verkehrtheit und Rohigkeit, zwischen Unnatur und bloßer Natur, zwischen Superstition und moralischem Unglauben schwanken, und es ist bloß das Gleichgewicht des Schlimmen, was ihm zuweilen noch Grenzen setzt.«[31]

Während Hegel auf Distanz zur schulmäßigen Rhetorik achtet, findet das in Antithesen und Chiasmen sich bewegende paradoxe Schreiben einen Höhepunkt bei Marx. Es wird von ihm bewußt mit der dialektischen Methode verbunden und prägt vor allem den Stil seiner Frühschriften. So heißt es etwa in den ›Ökonomisch-philosophischen Manuskripten‹: »Es kömmt daher zu dem Resultat, daß der Mensch (der Arbeiter) nur mehr in seinen tierischen Funktionen, Essen, Trinken und Zeugen, höchstens noch Wohnung, Schmuck etc., sich als freitätig fühlt, und in seinen menschlichen Funktionen nur mehr als Tier. Das Tierische wird das Menschliche und das Menschliche das Tierische.«[32] Für dies genaue Gegenstück zum Bild des französischen Bauern bei La Bruyère wie für die geistreiche Reflexion überhaupt gilt die grundsätzliche Feststellung von Marx: »Daß das Paradoxon der Wirklichkeit sich auch in Sprachparadoxen ausdrückt, die dem common sense widersprechen, dem what vulgarians mean and believe to talk of, versteht sich von selbst.«[33] Und wie auch immer gegenwärtige Gesellschaftsanalysen strukturiert sein mögen, die Befunde sind nicht beiseitezuschieben, die Max Horkheimer und Theodor W. Adorno in der ›Dialektik der Aufklärung‹ liefern, und zwar – völlig der Sache gemäß – so außerordentlich oft als geistreiche Reflexion: »Unter den gegebenen Verhältnissen werden die Glücksgüter selbst zu Elementen des Unglücks.«[34] Mehr noch: Die Widerspruchsbewegung wird in den verschiedensten Zusammenhängen zur selbstverneinenden Schleife, zur Aporie.

Widersprüche als Lebenstatsache

Zu einer durchgängigen, konstitutiven Darstellungsform der bildenden Kunst wird der Widerspruch erst, wenn er sich dem tagtäglichen Erleben ständig aufdrängt und die Wahrnehmung prägt. Dies geschieht etwa mit Beginn des 20. Jahrhunderts; die Bürgerwelt zeigt zu viele Sprünge, Risse, Verwerfungen, als daß sie die sozialen Antagonismen spätestens seit dem Ersten Weltkrieg auch nur halbwegs zu meistern vermöchte. Dissonanz und Widerspruch werden zur Signatur der Zeit und ihrer Kunst.

In der expressionistischen Lyrik spricht sich die künstlerische Opposition am entschiedensten aus: in jenem parataktischen, gleichsam montierten Zeilenstil, der neben der allumfassenden Geste der Solidarethik und den Akkorden der Ekstase seit Jacob van Hoddis' ›Weltende‹ auch die harten, provokant-schiefen Zusammensetzungen kennt. Derselbe Geist treibt sich um in den dadaistischen Attacken und prägt schließlich einen Verismus, der die Epoche sehr genau, nämlich unter Ausnutzung der Semantik ihrer eigenen Verlautbarungen, als Chaos zu fassen weiß. Die Turbulenz in den Simultanbildern eines George Grosz, Otto Griebel oder Karl Hubbuch findet sich auch in den zur gleichen Zeit entstehenden Gedichten, die allein durch Vermengung von Fragmenten noch

„Dottofix"

Dottofix

an Stelle von Ei, verleiht dem Backwerk leicht poröse biskuitartige Beschaffenheit

Goldig

Fürstin und Soldat. Die Großherzogin Luise von Baden trat beim Besuche der Verwundetenlazarette in Mannheim an das Bett eines besonders schwer verwundeten Kriegers aus Westpreußen, des Unteroffiziers Otto R., welchen am 31. Juli d. J. eine Schrapnelladung auf den Schlachtfeldern im Osten niedergestreckt hatte. Nach huldvoller Begrüßung sprach die Fürstin dem Verwundeten gegenüber die Absicht aus, das ihm soeben aus dem Körper entfernte Geschoß in Gold fassen zu lassen und ihm als Andenken zurückzugeben. Auf die dankbare Zustimmung des Befragten nahm die hohe Frau die Kugel in ihrer Handtasche mit. Der junge Held erlag seinen Wunden, aber die Fürstin gedachte seiner über das Grab hinaus. Dieser Tage ging den Eltern (der Vater ist pensionierter Lehrer in Schellmühl bei Danzig, tut aber während des Krieges wieder Schuldienst) ein Beileidsschreiben des großherzoglichen Hofmarschallamtes zu, welchem die Ehrengabe der Großherzogin beigefügt war.

„Die Post", Berlin, 6. Januar 1916

500 mal

Im Theater am Nollendorfplatz hat die Aufführungsziffer von „Immer feste druff" die fünfhundert erreicht; eine Zahl, die die glücklichsten Zeiten der Operette des Berliner Volksstücks und der Posse übertrifft. Richard Senius legte seinem famosen Schliephake ein Kuplet in den Mund, dessen Schlußstrophe lautete: „Und was sagt Direktor Haller? Tausend, sonst hat die Sache keinen Zweck." Auf die Darstellung ist die lange Reihe der Wiederholungen natürlich nicht ohne Wirkung ge-

64

Hans Reimann, ›Die Kloake‹, München 1920, S. 64

Hans Reimann, ›Die Kloake‹, München 1920, S. 74

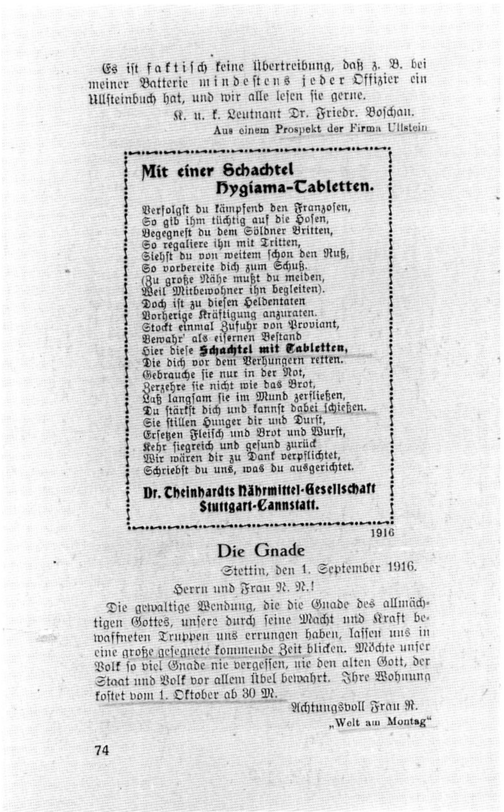

Es ist faktisch keine Übertreibung, daß z. B. bei meiner Batterie mindestens jeder Offizier ein Ullsteinbuch hat, und wir alle lesen sie gerne.

K. u. k. Leutnant Dr. Friedr. Boschan.

Aus einem Prospekt der Firma Ullstein

Mit einer Schachtel
Hygiama-Tabletten.

Verfolgst du kämpfend den Franzosen,
So gib ihm tüchtig auf die Hosen,
Begegnest du dem Söldner Britten,
So regaliere ihn mit Tritten,
Siehst du von weitem schon den Ruß,
So vorbereite dich zum Schuß.
(Zu große Nähe mußt du meiden,
Weil Mitbewohner ihn begleiten).
Doch ist zu diesen Heldentaten
Vorherige Kräftigung anzuraten.
Stockt einmal Zufuhr von Proviant,
Bewahr' als eisernen Bestand
Hier diese **Schachtel mit Tabletten,**
Die dich vor dem Verhungern retten.
Gebrauche sie nur in der Not,
Verzehre sie nicht wie das Brot,
Laß langsam sie im Mund zerfließen,
Du stärkst dich und kannst dabei schießen.
Sie stillen Hunger dir und Durst,
Ersetzen Fleisch und Brot und Wurst,
Kehr siegreich und gesund zurück
Wir wären dir zu Dank verpflichtet,
Schriebst du uns, was du ausgerichtet.

Dr. Theinhardts Nährmittel-Gesellschaft
Stuttgart-Cannstatt.

1916

Die Gnade

Stettin, den 1. September 1916.

Herrn und Frau N. N.!

Die gewaltige Wendung, die die Gnade des allmächtigen Gottes, unsere durch seine Macht und Kraft bewaffneten Truppen uns errungen haben, lassen uns in eine große gesegnete kommende Zeit blicken. Möchte unser Volk so viel Gnade nie vergessen, wie den alten Gott, der Staat und Volk vor allem Übel bewahrt. Ihre Wohnung kostet vom 1. Oktober ab 30 M.

Achtungsvoll Frau R.

„Welt am Montag"

74

ein Ganzes ergeben. So heißt es etwa in Max Herrmann-Neißes ›Weihnachtslied (Unter Benutzung von Kirchenchoral und Modecouplet)‹:

»um vier Uhr wird's dunkel, teuer ist Gas,
aus der Beletage klingt der Choral,
uns orgelt im Bauche der Schwarzbrotfraß,
freut euch Christen allzumal!«[35]

Oder in Albert Ehrensteins ›Eurasien‹:

»Wer brüllte: ›Du sollst nicht töten!‹
Nie dringt an Herden heiligstes Wort,
Eurasien zirpt zarteres Flöten:

›Ein fester Mörser ist unser Gott!‹«[36]

In der Übereinstimmung dieses letzten Motivs mit Heartfields Montage wird die Identität des Verfahrens in Sprache und bildender Kunst deutlich; und dies veranschaulicht auch die unterschiedslose Anwendung des Simultanprinzips in den Zeichnungen von Grosz wie in seinen Gedichten; oder auch Hans Reimanns Zitat-Montage ›Die Kloake‹ (1920), ein Buch, das in Zeitungsausschnitten – meist Texte, aber auch Bilder – die Absurdität des Ersten Weltkriegs aufzeigt. Vorangegangen war dieser Sammlung die satirische Zitiertechnik, wie sie in der ›Fackel‹ von Karl Kraus oder in der Rubrik ›Ich schneide die Zeit aus‹ in Franz Pfemferts ›Aktion‹ praktiziert wurde.

Übrigens verstanden auch die hellsichtigen Verteidiger der Tradition Dissonanz und Widerspruch als Zeichen der Zeit, am klarsten wohl Aby Warburg, der große Erforscher der klassischen Bildüberlieferung. Ihm gerät die Illustriertenseite mit der Fotografie des Rekordschwimmers, die sich über die Prozession des Papstes mit der Monstranz schiebt, unversehens zum Symptom. Warburg erkennt in der Montage die symbolische Form der Epoche: »Rohe Zusammenstellung zeigt, daß ganz unvermittelt das vergnügliche *hoc meum corpus est* neben dem tragischen *hoc est corpus meum* vor die Augen geführt werden kann, ohne daß die Diskrepanz zu Protest gegen solche barbarische Stillosigkeit führt.«[37]

Visuelle Dialektik als Programm

Die Vielfalt dissonanter Ausdrucksformen der Moderne[38] entspricht den je verschiedenen Erlebnissphären, Gehalten, Programmen. Während hier hochkomplexe Gebilde entstehen, weil die neuen Formen immer noch die Harmonie voraussetzen müssen, von der sie sich abstoßen, bedarf die gesellschaftskritische Satire der Eindeutigkeit. Die Dissonanz wird zur Antithese, die Antithese zur Keimform einer Dialektik, die nach einem lässig-grandiosen Wort Hegels, das Eckermann überliefert hat, nichts weiter ist »als der geregelte, methodisch ausgebildete Widerspruchsgeist, der jedem Menschen inwohnt, und welche Gabe sich groß erweist in Unterscheidung des Wahren und Falschen.«[39]

Noch vor dem Ersten Weltkrieg erkannte der junge Kurt Tucholsky in der Verbindung von Fotografie und Satire eine neue, entwicklungsfähige Möglichkeit. Sein Aufsatz ›Mehr Fotografien!‹ (1912) dürfte das wichtigste Dokument einer Kunsterwartung sein, die auf die zukünftige Fotomontage vorausweist. Tucholsky geht es um anklagende Dokumentation und um das mit der Antithese, mit der Montage und ihrer visuellen Rhetorik gegebene Urteil: »Nichts beweist mehr, nichts peitscht mehr auf als diese Bilder. Es gibt so wenige, zerstreut, durch Zufall entstanden. Das ist nichts. Systematisch muß gezeigt werden: so wird geprügelt, und so wird erzogen, so werdet ihr behandelt, und so werdet ihr bestraft. Mit Gegensätzen und Gegenüberstellungen. Und mit wenig Text. Etwa eine Serie: Illustrierte Kaiserworte...«[40] 1925 kommt Tucholsky (mit dem Heartfield 1929 das Buch ›Deutschland, Deutschland über alles‹ [Kat.-Abb. 60–69] montieren wird[41]) in der ›Weltbühne‹ auf seinen Vorschlag zurück: »Was allein mit photographischen Gegenüberstellungen zu machen ist, weiß nur Der, ders einmal probiert hat. Die Wirkung ist unauslöschlich und durch keinen Leitartikel der Welt zu übertreffen.«[42]

George Grosz, ›Die Kommunisten fallen – und die Devisen steigen‹. Lithografie aus der Mappe ›Gott mit uns‹, 1920, Blatt 8

Fünf Jahre zuvor hatte die ›Erste Internationale Dada-Messe‹ gezeigt, wie kurz der Weg von der dadaistischen Chaotik zur harten Antithetik sein kann, vom absolut gesetzten Widerspruchsgeist zur dialektischen Denk- und Darstellungsform. Immerhin geht Grosz' Lithografie ›Die Kommunisten fallen – und die Devisen steigen‹ aus dem Zyklus ›Gott mit uns‹ auf eine Antithese in Rosa Luxemburgs ›Junius-Broschüre‹ (1916) zurück, die durch das Zitat einer chaotischen Aufzählung vorbereitet wird: »›Deutschland, Deutschland über alles! Es lebe die Demokratie! Es lebe der Zar und das Slawentum! Zehntausend Zeltbahnen, garantiert vorschriftsmäßig! Hunderttausend Kilo Speck, Kaffee-Ersatz sofort lieferbar!‹... Die Dividenden steigen, und die Proletarier fallen.«[43] Und der französische Bildtitel links unter der Lithografie bildet mit der Umwandlung von Voltaires ›Écrasez l'infâme!‹ in ›Écrasez la famine!‹ eine zweite typische Fügung der geistreichen Reflexion.

Die uralte satirische Technik des Kontrastes wurde von der linken Kunst und Kunstkritik (von Fritz Schiff[44] etwa, Heinz Lüdecke[45] und Alfred Durus[46]) Ende der zwanziger Jahre bewußt mit dem marxistischen Widerspruchsdenken verbunden, um die Grenzen eines sentimentalen Milieurealismus zu überwinden und den Betrachter zu aktivieren. Die ›dialektische Bildmontage‹ wurde zum Kunstziel der Gruppe ›Die Zeitgemäßen‹, zu der Ernst Oskar Albrecht, Paul Fuhrmann, Alice Lex und Oskar Nerlinger gehörten.[47] Zur gleichen Zeit verwandelten die Kölner ›Progressiven‹, vor allem Gerd Arntz, das Simultanbild in einen lehrhaften Gesellschaftsquerschnitt, der schließlich zur Antithese von Ausbeuter und Ausgebeuteten geschärft wurde. Hans Schmitt-Rost, dieser Gruppe als Kritiker verbunden, postulierte 1931: »im formgesetz des bildes offenbart sich das formgesetz der gesellschaftlichen struktur.«[48] Und diese Widerspruchsstruktur fungiert zugleich als »sokratischer Typus des Paradoxes«[49] – als Aufruf zum Nachdenken und Handeln.

Die Antithetik der Montage steht nicht nur in einer strukturellen Analogie zum dialektischen Denken: sie erwächst aus ihm. Dies Denken beeinflußt, ja prägt und lenkt die Wahrnehmung und fundiert die Darstellungsweise. Es geht hier um denselben Zusammenhang, den Erwin Panofsky an einem freilich ganz anderen Gegenstand dargestellt hat, nämlich am Verhältnis von gotischer Architektur und Scholastik. Die auffallende Übereinstimmung in der hierarchischen Gliederung von Kathedrale und *Summa theologiae* findet ihre kausale Erklärung in der gemeinsamen Herkunft aus der scholastischen Methode, von der Baumeister wie Philosophen mit derselben Denkweise, einem System von Kategorien, mit einer regelrechten Begriffsarchitektur ausgerüstet worden sind, in der ihre gesamte Bildung wurzelt und Form gewinnt. Und diese zur zweiten Natur gewordene Art und Weise des Herangehens zeigt sich in allem, was die Künstler hervorbringen. Panofsky spricht daher zu Recht von einem »mental habit«[50] und kommt schließlich zu der glücklichen Bestimmung, daß es sich hier um einen »modus operandi«[51] handle. Und diesen Modus, diesen Habitus definiert Pierre Bourdieu in der Terminologie der generativen Grammatik Noam Chomskys »als ein System verinnerlichter Muster (...), die es erlauben, alle typischen Gedanken, Wahrnehmungen und Handlungen einer Kultur zu erzeugen.«[52]

Bildbeilage zum ›Hamburger Fremdenblatt‹, 29. 7. 1929

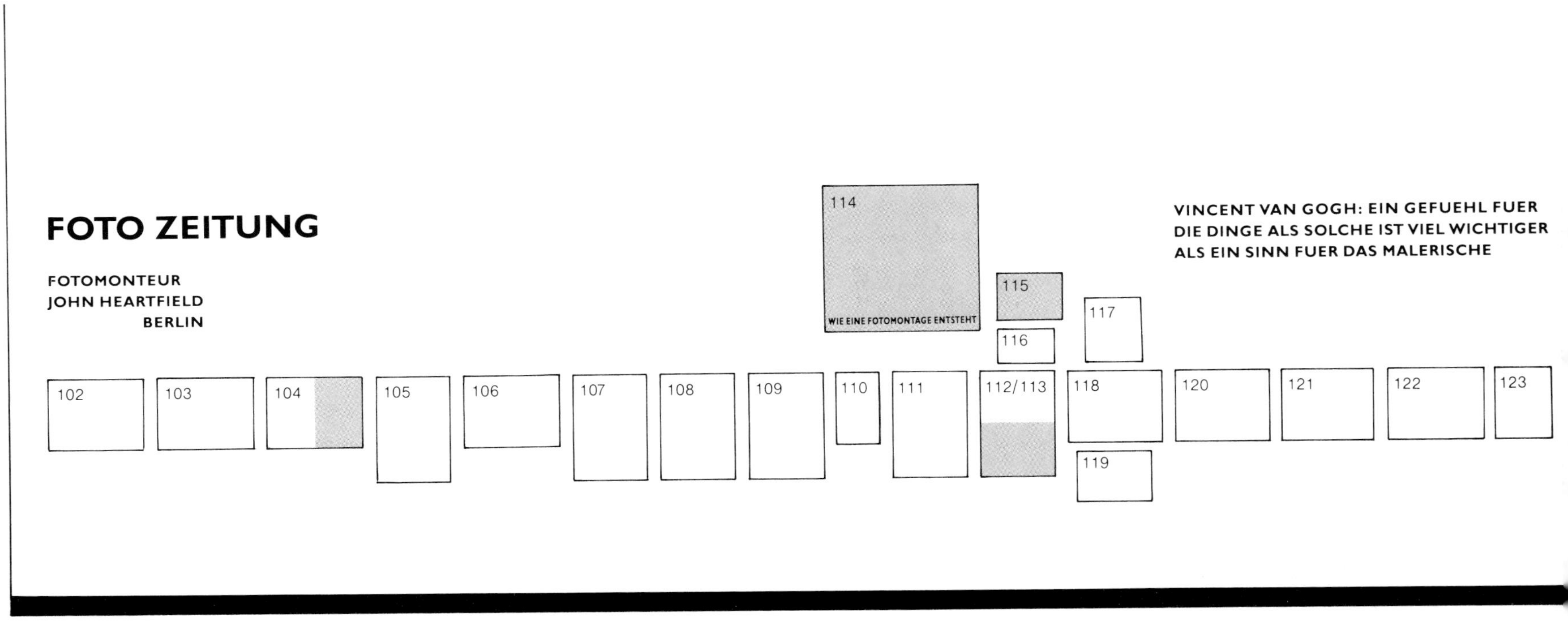

93 John Pepper
›Der Generalstreik und der Generalverrat in England‹, Hamburg/Berlin 1925

94 Alexander Fadejew
›Die 19‹, Wien/Berlin 1928

95 ›Das Neue Rußland‹, 3/4, Mai 1927
Entwurf für Titelseite

96 ›Das Neue Rußland‹, 1/2, März 1927

97 ›Das Neue Rußland, 5/6, Juli 1927

98 ›Das Neue Rußland, 3/4, Mai 1927

99 Upton Sinclair
›König Kohle‹, Berlin 1925

100 ›Rasputin‹
›Blätter der Piscatorbühne‹, 1, Januar 1928

101 Upton Sinclair
›Der Sumpf‹, Berlin 1924

Wand B

102 ›An Alle! 10 Jahre Sowjet-Union 1917–1927‹
Berlin 1927, S. 1, 8

103 ›1/6 der Erde unser!‹
Berlin 1928

104 Nr. 102, S. 14, 15

105 ›Italien in Ketten‹
Berlin 1928

106 Nr. 105, S. 4, 5

107 ›Klassenkampf gegen Koalition!‹
›Die Rote Fahne‹, 27. 5. 1928

108 ›Keinen Mann, keinen Pfennig den imperialistischen Kriegsrüstungen!‹
›Die Rote Fahne‹, 10. 10. 1928

109 ›Schlagt zu! Zeichnet Euch ein!‹
›Die Rote Fahne‹, 14. 10. 1928

110 ›So weit waren wir schon!‹
›Der Knüppel‹, 3, März 1926, 3. Seite

111 ›13 Jahre Mord‹
Berlin 1927
Titelseite; S. 10, 6/7

112 Erich Wollenberg
›Als Rotarmist vor München‹, Berlin 1929

113 Bucheinband für Nr. 112

114 ›Wie eine Fotomontage entsteht‹
(am Beispiel von Nr. 116)
Rekonstruktion

115 Reproduktion nach Nr. 114, bearbeitet
Rekonstruktion

116 Upton Sinclair
›Nach der Sintflut‹, Berlin 1925

117 Titelseite von Nr. 102

118 ›Illustrierte Geschichte des Bürgerkrieges in Rußland 1917–1927‹, Berlin 1928

119 Lieferungsumschlag von Nr. 118

120 ›Song der Roten Matrosen‹
›Kanonen gegen den Krieg‹, Berlin 1928, 4. Seite

121 Fjodor Gladkow
›Zement‹, Wien/Berlin 1927
Bildvorlage, Fotovergrößerung, retuschiertes Foto, Buchumschlag

122 ›... Zweierlei Rüstungen‹
›Kanonen gegen den Krieg‹, Berlin 1928, 3. Seite

123 ›O Tannenbaum, o Tannenbaum, dein Kleid soll uns was lehren!‹
›Die Kämpferin‹, 12, 1928

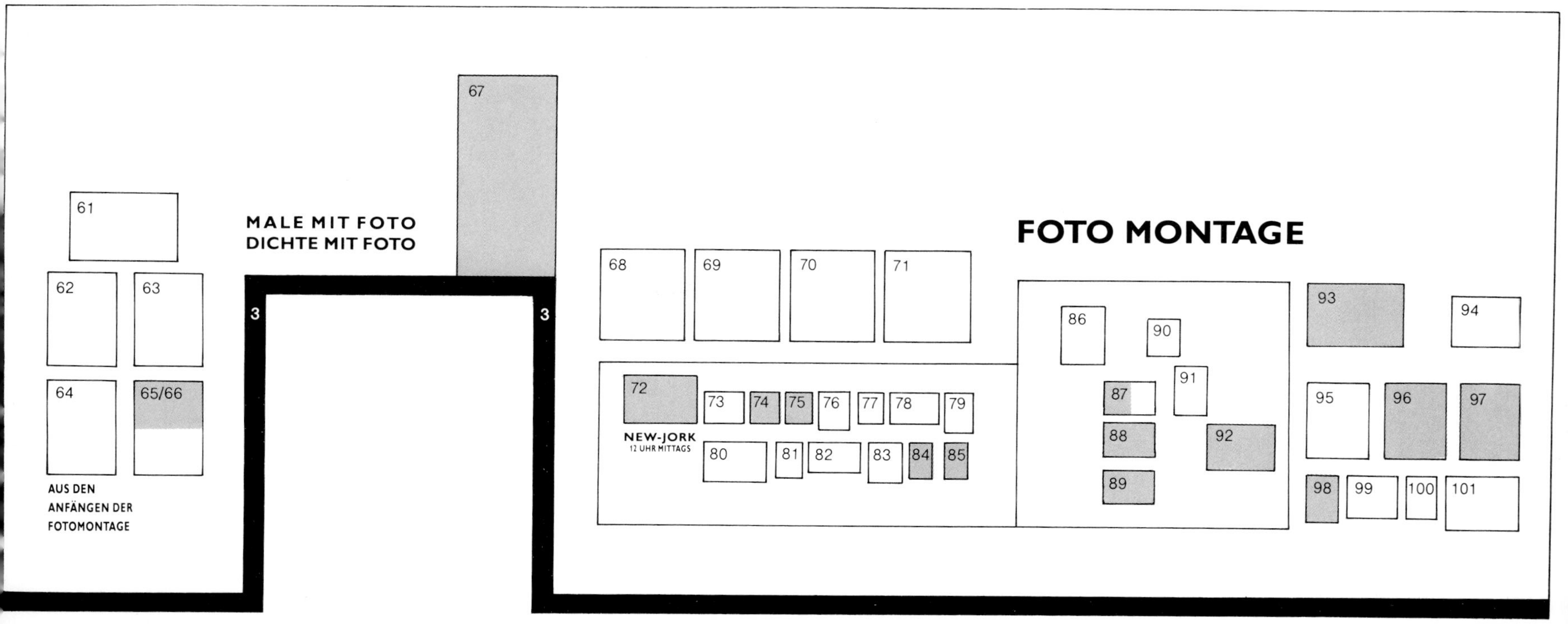

Elisabeth Patzwall

Verzeichnis zur Wandabwicklung ›FILM UND FOTO‹ 1929

Die Legendennumerierung entspricht der des Ausstellungsverzeichnisses im Katalog, das ausführlichere Information bereitstellt. Grau markierte Felder bezeichnen Reproduktionen.

Wand A

61 ›Erste Internationale Dada-Messe‹
Berlin 1920

62 ›Neue Jugend‹
Berlin-Südende, Juni 1917

63 Nr. 61, 2. und 4. Seite

64 ›Der dada 3‹, Berlin 1920,
Titelseite (2×); 8. und 9. Innenseite

65 ›Dada-merika‹
Collage, 1919

66 Nr. 64, 2. und 3. Innenseite

67 ›Nieder! Nieder! Nieder!‹
Plakat (?), Anfang der zwanziger Jahre

68 ›An Alle! 10 Jahre Sowjet-Union 1917–1927‹
Berlin 1927

69 W. I. Lenin
›Rede über die Revolution von 1905‹
Wien 1925

70 ›Illustrierte Geschichte der Russischen Revolution‹
Berlin 1927

71 ›Wählt Liste 5‹
›Die Kämpferin‹, 4/5, 1928

72 ›Leben und Treiben in Universal-City, 12 Uhr 5 mittags‹
Collage, 1920

73 Upton Sinclair
›Jimmie Higgins‹
Potsdam 1923 (11.–15. Tsd.)

74 Wladimir Majakowski
›150 Millionen‹, Berlin 1924

75 Upton Sinclair
›100%‹, Berlin 1921

76 Oskar Maria Graf
›Frühzeit‹, Berlin 1922

77 Maxim Gorki
›Märchen der Wirklichkeit‹
Berlin 1928

78 Upton Sinclair
›Samuel der Suchende‹
Berlin 1924

79 ›Jack London. Ein Dichter der Arbeiterklasse‹, Wien 1924

80 ›Platz dem Arbeiter!‹
Berlin 1924

81 Franz Jung
›Die Eroberung der Maschinen‹
Berlin 1923

82 Maxim Gorki
›Der 9. Januar‹, Berlin 1926

83 ›Der Fall Sacco und Vanzetti‹
Berlin 1927

84 Wilhelm Uhde
›Die Freundschaften Fortunas‹
Dresden 1927

85 Franz Jung
›Arbeitsfriede‹, Berlin 1922

86 Upton Sinclair
›Die goldene Kette‹, Berlin 1928

87 Heinrich Wandt
›Erotik und Spionage in der Etappe Gent‹
Wien/Berlin 1928
Entwurf für Buchumschlag, 1. Fassung

88 Buchumschlag für Nr. 87, 2. Fassung

89 Richard Huelsenbeck
›Afrika in Sicht‹, Dresden 1928

90 ›Die Arena‹, 1, Januar 1927

91 ›Die Arena‹, 2, Februar/März 1927

92 ›Eros. Das Buch der Leidenschaft und der Liebe‹
Berlin 1925

Als eine Verfahrensweise genau solcher Art, ebenso prinzipiell, ebenso universell, also auch für die Künste gültig, hatte Brecht Ende der zwanziger Jahre die materialistische Dialektik begriffen. Kein Wunder, daß er 1938, während der Expressionismusdebatte, in einer wichtigen Notiz nicht nur Eisler und Piscator, sondern auch Grosz und Heartfield neben sich stellte.[53] An Heartfield hatte er zuvor schon gedacht, anläßlich der Gründung der ›Union der Zwölf‹, deren Vorläufer die 1933 geplante ›Gesellschaft für materialistische Dialektik‹ war.[54]
Freilich war die dialektische Logik, wie jede andere Philosophie, nur in gewissen einzelnen Strukturen ins Bild umzusetzen. Es macht John Heartfields besondere Leistung aus, für den auch in der bildenden Kunst möglichen Widerspruch die reichste ästhetische Vermittlung gefunden zu haben: die visuelle Rhetorik der paradoxen Sprachfiguren und die Denkfigur der geistreichen Reflexion. Nur so konnte der drohende Schematismus der Antithese vermieden, das Montieren befähigt werden, vielfältigste Probleme aufzugreifen, eine satirische Form sui generis zu bilden. Wie alle Zeugen übereinstimmend berichten, ist Heartfield intuitiv zu seinen Ergebnissen gelangt, doch dürften die Anregungen seines Bruders Wieland Herzfelde nicht gering zu bewerten sein.
Die Verknüpfung von Denkformen und Darstellungsverfahren verschiedener Herkunft im Zeichen des Widerspruchs gelingt Heartfields Fotomontage so gut, weil sie zielbewußt die Möglichkeiten des Kupfertiefdrucks ergreift.[55] Denn erst auf der Grundlage dieser in den zwanziger Jahren modernsten Drucktechnik kommt sie als operative Kunst so recht zu sich selbst, gewinnt sie jenen Öffentlichkeitsraum, dessen das montierte Argument, diese neue Form künstlerischen Widerspruchsgeists, zu seiner wirkungsvollen Entfaltung unbedingt bedarf; wie andererseits alle öffentliche Verhandlung, alle forensische Rhetorik dem Gesetz des Widerspruchs folgt.

1 Zur Einführung in die Bildrhetorik vgl. folgende Texte: Leo Spitzer, ›Amerikanische Werbung – verstanden als populäre Kunst‹, in: ders., ›Eine Methode, Literatur zu interpretieren‹, München 1966, S. 79–126 (›Literatur als Kunst‹); Roland Barthes, ›Rhetorik des Bildes‹, in: Günther Schiwy (Hrg.), ›Der französische Strukturalismus. Mode, Methode, Ideologie‹, Reinbek 1970, S. 158–166; Gui Bonsiepe, ›Visuell/verbale Rhetorik‹, in: *Ulm. Zeitschrift der Hochschule für Gestaltung*, 14–16, 1965, S. 23–40.
2 Vgl. die umfassende Untersuchung von Eckhard Siepmann, ›Die Millionen-Montage. Versuch einer Strukturanalyse‹, in: ders., ›Montage: John Heartfield. Vom Club Dada zur Arbeiter-Illustrierten-Zeitung. Dokumente – Analysen – Berichte‹, Berlin (West) 1977, S. 240–253; siehe auch Annegret Jürgens-Kirchhoff, ›Technik und Tendenz der Montage in der bildenden Kunst des 20. Jahrhunderts. Ein Essay‹, Kunstwissenschaftliche Untersuchungen des Ulmer Vereins 7, Gießen 1978, S. 142–144.
3 Bertolt Brecht: ›Der anachronistische Zug oder Freiheit und Democracy‹, in: ders., ›Hundert Gedichte. 1918–1950‹, Berlin (Ost) 1959, S. 103.
4 Heinrich Lausberg, ›Handbuch der literarischen Rhetorik‹, München 1960, § 707; Registerband, S. 845.
5 Lausberg, ›Handbuch‹ (wie Anm. 4), § 638.1 und § 784; ders., ›Elemente der literarischen Rhetorik‹, München 1967, § 277 und § 279.1 sowie § 384.
6 Lausberg, ›Handbuch‹ (wie Anm. 4), § 785.3.
7 Johann Gottfried Herder, ›Kalligone‹, Beiträge zur deutschen Klassik: Texte 1, Weimar 1955, S. 131.
8 Alfred Kerr, ›Juden, Christen, Heiden im III. Reich‹, Prag 1935, S. 3.
9 Victor Klemperer, ›L T I. Notizbuch eines Philologen‹, Leipzig 1966, S. 149 u. 125.
10 Vgl. z. B. Hans Weigert, ›Geschichte der deutschen Kunst. Von der Vorzeit bis zur Gegenwart‹, Berlin 1942, S. 165.
11 Lausberg, ›Elemente‹ (wie Anm. 5), § 278.
12 Karl Marx/Friedrich Engels, ›Werke‹, Bd. 8, Berlin (Ost) 1969, S. 140.
13 Hermann Hesse, ›Unterm Rad‹, Leipzig 1969, S. 5.
14 Roland März, ›Über den Verfremdungseffekt in den Photomontagen John Heartfields‹, in: *Staatliche Museen zu Berlin. Forschungen und Berichte*, Bd. 13, Kunsthistorische und volkskundliche Beiträge, Berlin (Ost) 1971, S. 115–125; zu Broder Christiansens Begriff der Differenzqualität als Brücke zwischen der Grundannahme der Rhetorik, Verfremdung sei Abweichung von der stilistischen Nullfärbung (vgl. Lausberg, ›Elemente‹ [wie Anm. 5], §§ 84–90), und dem Verfremdungsbegriff der ›Formalen Schule‹ siehe den Aufsatz des Verfassers, ›Fotomontage und Rhetorik‹, in: ›Entwicklungsprobleme der proletarisch-revolutionären Kunst von 1917 bis zu den 30er Jahren‹, Arbeitskonferenz des Bereiches Kunstwissenschaft der Humboldt-Universität Berlin (31. 10. – 2. 11. 1977), Berlin (Ost) 1978, S. 160–169.

15 G. W. F. Hegel, ›Wissenschaft der Logik‹, T. 1, in: ›Jubiläumsausgabe‹, Bd. IV, Stuttgart 1928, S. 549.
16 G. W. F. Hegel, ›Philosophische Propädeutik‹, in: ›Jubiläumsausgabe‹, Bd. III, Stuttgart 1940, S. 1–227; hier: S. 213.
17 G. W. F. Hegel, ›Über Friedrich Heinrich Jacobi's Werke. Dritter Band‹, in: ›Jubiläumsausgabe‹, Bd. VI, Stuttgart 1956, S. 313–347; hier: S. 338.
18 G. W. F. Hegel, ›Die Phänomenologie des Geistes‹, in: ›Jubiläumsausgabe‹, Bd. II, Stuttgart 1927, S. 401.
19 Hegel, ›Philosophische Propädeutik‹ (wie Anm. 16), S. 213f.
20 Ebd., S. 214.
21 G. W. F. Hegel, ›Über Solgers nachgelassene Schriften und Briefwechsel‹, in: ›Jubiläumsausgabe‹, Bd. XX, Stuttgart 1930, S. 132–202; hier: S. 164.
22 Lausberg, ›Elemente‹ (wie Anm. 5), § 37.1.
23 Vgl. hierzu auch den Aufsatz des Verfassers, ›Rhetorik des Plakats. Die modernste Form der antiken Redetechnik‹, in: *Kunstwissenschaftliche Beiträge,* 17, S. 16–24 (Beilage in *Bildende Kunst,* 31, 8, 1983).
24 Robert Heiss, ›Wesen und Formen der Dialektik‹, Köln/Berlin 1959, S. 80–124.
25 Hegel, ›Phänomenologie‹ (wie Anm. 18), S. 401f.
26 Ebd., S. 402.
27 Ebd., S. 404.
28 Einen Einblick in diese Tradition gab Ulrich Schulz-Buschhaus mit seinem Vortrag ›Éloge de la peste‹ auf dem Kolloquium ›Paradoxes, Breakdowns, Cognitive Dissonance‹ (Dubrovnik, 29. 3. – 8. 4. 1989); vgl. die deutsche Fassung in: Hans Ulrich Gumbrecht/K. Ludwig Pfeiffer (Hrg.), ›Paradoxien, Dissonanzen, Zusammenbrüche. Situationen offener Epistemologie‹, Frankfurt a. M. 1991 (im Druck).
29 La Bruyère, ›Die Charaktere oder Die Sitten des Jahrhunderts‹, hrg. v. G. Hess, Leipzig 1962, S. 272f.
30 ›Die französischen Moralisten. La Rochefoucauld, Vauvenargues, Montesquieu, Chamfort‹, übertragen und hrg. v. Fritz Schalk, Leipzig 1980, S. 363.
31 Friedrich Schiller, ›Über die ästhetische Erziehung des Menschen in einer Reihe von Briefen‹, in: ders., ›Über Kunst und Wirklichkeit. Schriften und Briefe zur Ästhetik‹, hrg. v. Claus Träger, Leipzig 1959, S. 283.
32 MEW (vgl. Anm. 12), Ergänzungsband, T. 1, Berlin (Ost) 1968, S. 514f.
33 MEW (vgl. Anm. 12), Bd. 26.3, Berlin (Ost) 1968, S. 134.
34 Max Horkheimer/Theodor W. Adorno, ›Dialektik der Aufklärung. Philosophische Fragmente‹, hrg. v. Waltraud Beyer, Leipzig 1989, S. 13.
35 Max Herrmann-Neiße, ›Flüchtig aufgeschlagnes Zelt. Ausgewählte Gedichte‹, Berlin/Weimar 1969, S. 67.
36 Albert Ehrenstein, ›Stimme über Barbaropa. Ausgewählte Gedichte‹, Berlin/Weimar 1967, S. 74.
37 Ernst H. Gombrich, ›Aby Warburg. Eine intellektuelle Biographie‹, Frankfurt a. M. 1984, S. 373.
38 Werner Hofmann, ›Die Emanzipation der Dissonanzen‹, in: Jacques Le Rider/Gérard Raulet (Hrg.), ›Verabschiedung der (Post-)Moderne?‹, Tübingen 1987, S. 117–131.
39 Johann Peter Eckermann, ›Gespräche mit Goethe in den letzten Jahren seines Lebens 1823–1832‹, Berlin (Ost) 1962, S. 382.
40 Kurt Tucholsky, ›Mehr Fotografien!‹, in: ders., ›Gesammelte Werke‹, hrg. v. Mary Gerold-Tucholsky und Fritz J. Raddatz, Bd. 1, Reinbek 1960, S. 21; hierzu: Leo A. Lensing, ›»Photographischer Alpdruck« oder politische Fotomontage? Karl Kraus, Kurt Tucholsky und die satirischen Möglichkeiten der Fotografie‹, in: *Zeitschrift für deutsche Philologie,* 107,4, 1988, S. 556–571; Jochen Meyer mit Antje Bonitz, ›»Entlaufene Bürger«. Kurt Tucholsky und die Seinen‹, Marbacher Kataloge 45, Marbach 1990, S. 553–581.
41 Vgl. Hans J. Becker, ›Mit geballter Faust. Kurt Tucholskys »Deutschland, Deutschland über alles«‹, Abhandlungen zur Kunst-, Musik- und Literaturwissenschaft 230, Bonn 1978; Lothar Köhn, ›»Montage höherer Ordnung«. Zur Struktur des Epochenbildes bei Bloch, Tucholsky und Broch‹, in: ›Literaturwissenschaft und Geistesgeschichte. Festschrift für Richard Brinkmann‹, Tübingen 1981, S.585–615; H. W. Am Zehnhoff, ›Satire in word and image: satirical techniques of John Heartfield and Kurt Tucholsky in »Deutschland, Deutschland über alles«‹, in: *Word and Image,* 4, 1, 1988, S. 157–162.
42 Kurt Tucholsky, ›Die Tendenzphotographie‹, in: *Die Weltbühne,* 21, 17, 1925, S. 637.
43 ›Die Krise der Sozialdemokratie. Von JUNIUS‹, in: Rosa Luxemburg, ›Gesammelte Werke‹, Bd. 4 (August 1914 – Januar 1919), Berlin (Ost) 1987, S.49–164; hier: S. 163.
44 Fritz Schiff, ›Hans Baluschek‹, in: *Kulturwille. Monatsblätter für Kultur der Arbeiterschaft,* 7, 6, 1930, S. 163.
45 Heinz Lüdecke, ›Schulter an Schulter‹, in: *Der Arbeiter-Fotograf,* 4, 12, 1930, S. 275–278.
46 Alfred Durus, ›Konstruktivismus und dialektische Bildmontage. Zur 4. Ausstellung des Bundes revolutionärer Künstler‹, in: ›Faltblatt: »Künstler im Klassenkampf«. 4. Ausstellung »Revolutionäre Bildmontage«‹, Berlin 1932 (nicht paginiert).
47 Vgl. das ›Faltblatt: »Künstler im Klassenkampf«‹ (wie Anm. 46).
48 Hans Faber [Hans Schmitt-Rost], ›inhalt und form‹, in: *a bis z,* 3, 20, 1931, S. 77f.; hier: S. 77.
49 Hans Sckommodau, ›Thematik des Paradoxes in der Aufklärung‹, Sitzungsberichte der Wiss. Ges. an der Johann-Wolfgang-Goethe-Universität Frankfurt am Main, 10, 2 (1971), Wiesbaden 1972, S. 26.
50 Erwin Panofsky, ›Gothic Architecture and Scholasticism‹, New York 1957, S. 21, 27, 36, 68.
51 Ebd., S. 27.
52 Pierre Bourdieu, ›Der Habitus als Vermittlung zwischen Struktur und Praxis‹, in: ders., ›Zur Soziologie der symbolischen Formen‹, Frankfurt a. M. 1974, S. 125–158; hier: S. 143. Zu den Diskussionen über Panofskys Thesen und ihre Interpretation durch Bourdieu vgl. das Nachwort von Thomas Frangenberg in: Erwin Panofsky, ›Gotische Architektur und Scholastik. Zur Analogie von Kunst, Philosophie und Theologie im Mittelalter‹, Köln 1989, S. 115–130.
53 Bertolt Brecht, ›Hanns Eisler‹, in: ders., ›Schriften zur Literatur und Kunst‹, Bd. II (1934–1956), Berlin/Weimar 1966, S. 74–78; vgl. auch Werner Mittenzwei, ›Brecht und die Schicksale der Materialästhetik. Illusion oder versäumte Entwicklung einer Kunstrichtung?‹, in: ›Dialog 75. Positionen und Tendenzen‹, Berlin 1975, S. 9–44 (zu Heartfield S. 20f.).
54 Werner Mittenzwei, ›Das Leben des Bertolt Brecht oder Der Umgang mit den Welträtseln‹, Berlin/Weimar 1986, Bd. 1, S. 578.
55 Tom Fecht, ›Massenauflagen: Tiefdruck. Die Technik des Kupfertiefdrucks‹, in: Siepmann, ›Montage‹ (wie Anm. 2), S. 277–281.

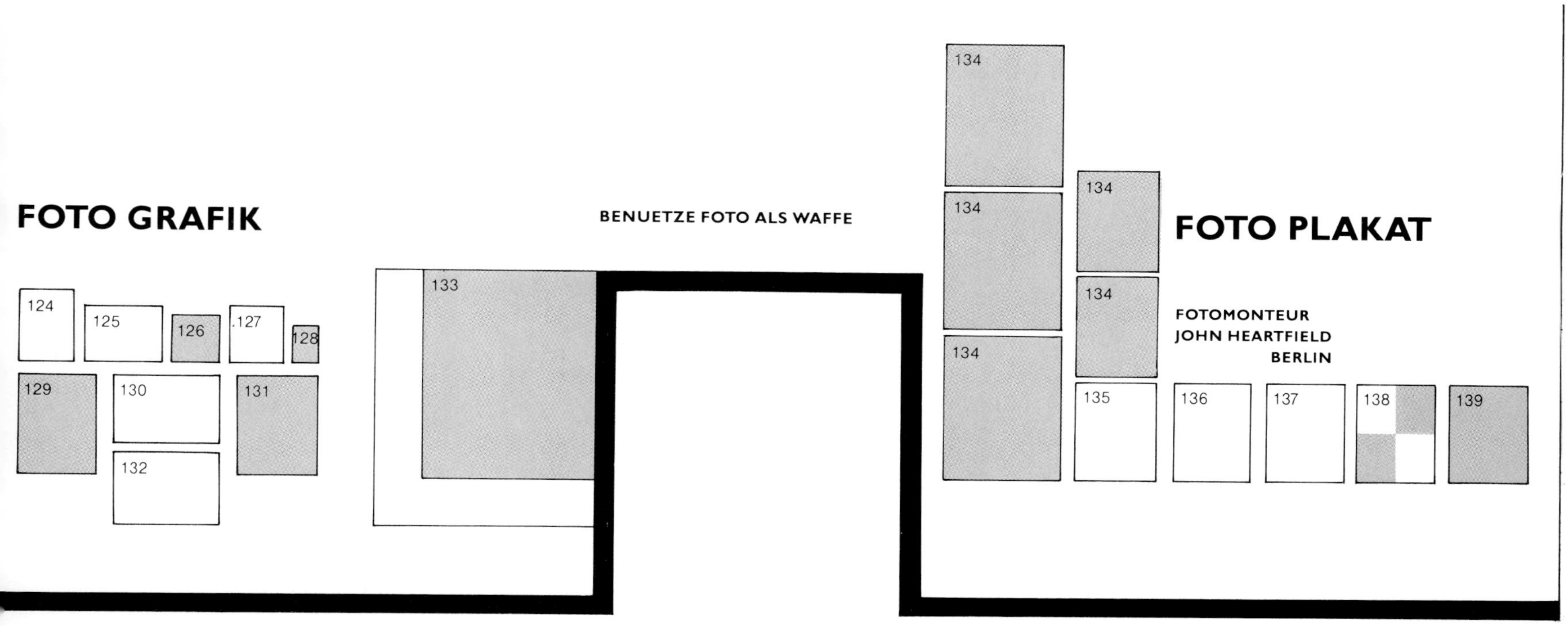

Wand C

124 ›Rot Front‹
Montagedetail, 1927

125 ›Jahrbuch für Politik–Wirtschaft–Arbeiterbewegung 1925/26‹, Hamburg/Berlin 1926

126 ›Illustrierte Geschichte der Deutschen Revolution‹, Berlin 1929

127 ›Illustrierte Geschichte der Russischen Revolution‹, Berlin 1928

128 Titel und Datierung unbekannt
(Zwei Hände zerbrechen ein Kruzifix)
vermutlich Entwurf für Buchumschlag

129 Nikolai Bucharin
›Probleme der chinesischen Revolution‹
Hamburg/Berlin 1927

130 Johannes R. Becher
›$(CH\,Cl : CH)_3$ As (Levisite) oder Der einzig gerechte Krieg‹, Wien/Berlin 1926

131 ›Mord an unsern Brüdern im Osten!‹
Plakat, 1927

132 Karl August Wittfogel
›Das erwachende China‹, Wien 1926

133 ›Proletarier aller Länder vereinigt Euch!‹
Mai-Zeitung der KPD, 1927

134 ›5 Finger hat die Hand ...‹
Wahlplakat der KPD, Mai 1928

135 ›Kanonen gegen den Krieg.
Der Krieg wirft seinen Schatten voraus!‹
Berlin 1928

136 Traugott Lehmann
›Die weiße Pest‹, Berlin 1926

137 ›Hurra! Der Panzerkreuzer A ist da!‹
Extrablatt der KPD, Berlin 1928

138 ›Die Rationalisierung marschiert!‹
›Der Knüppel‹, 2, Februar 1927
oben links: Entwurf für die 5. Seite
unten rechts: 5. Seite
oben rechts/unten links:
Günter Reimann
›Das deutsche Wirtschaftswunder‹
Berlin 1927

139 Entwurf für Buchumschlag-Rückseite von Nr. 136

Wand D

140 ›Grundlagen der neuen Welt‹
›Blätter der Piscatorbühne‹, März 1928,
S. 8/9

141 *oben:* ›Schöne Be-Scherung‹
›Der Knüppel‹, 5, August 1927,
vorletzte Seite
unten links: ›Religiöser Sozialismus‹
›Der Knüppel‹, 4, Juni 1927, 5. Seite
unten rechts: Entwurf für 5. Seite

142 *oben:* ›Ungesühnte Mordverbrechen‹
›Der Knüppel‹, 8, November 1926
Mitte: ›Generalprobe zum Leichenbegängnis des deutschen Reichstages‹
›Der Knüppel‹, 7, Juli 1926, 2. Seite (Detail)
unten: ›Weg mit der Sorgenmaske!‹
Anzeige aus: ›Der Knüppel‹, 4, April 1926,
3. Seite (Detail)
unten rechts: Entwurf zum Bild

143 ›Ein republikanischer Innenminister oder Zarentreu bis übers Grab‹
›Der Gummiknüppel‹, Oktober 1926
Retuschiertes Foto der Montage;
Entwurf für 3. Seite
unten: Detail der 3. Seite

144 ›Für sein Schweigen‹
›Blätter der Piscatorbühne‹, März 1928, S. 10

145 ›Amerika, du hast es besser ...!‹
›Blätter der Piscatorbühne‹, März 1928

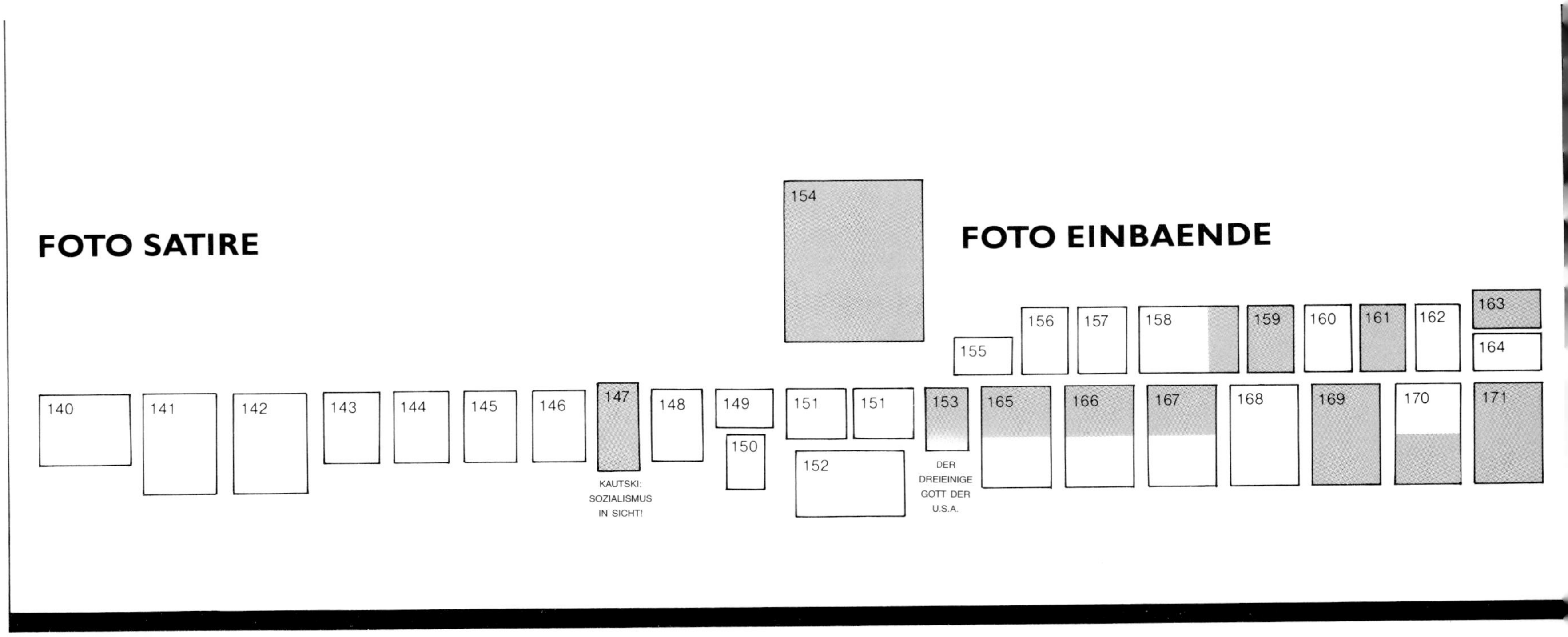

146 Ohne Titel
(Industrieller mit Monokel und Zylinder)
Entwurf für Bucheinband oder -umschlag für den Verlag für Literatur und Politik, um 1928

147 ›Kautski: Sozialismus in Sicht!‹
Fotomontage, 1928

148 ›Front Heil!‹
›Der Knüppel‹, 4, Juni 1927

149 ›Unsere Blauen Jungens‹
›Hurra! Der Panzerkreuzer A ist da!‹, 1928
Entwurf für 3. Seite

150 ›Eine Friedenstorte und ihre Zutaten‹
›Die rote Granate‹, August 1928

151 Jacob Dorfmann
›Im Lande der Rekordzahlen‹
Wien/Berlin 1927
Zwei Vorsatzblätter

152 Upton Sinclair
›Boston‹, Berlin 1929

153 ›Der Dreieinige Gott der U.S.A.‹
›Blätter der Piscatorbühne‹, März 1928, S. 3

154 ›Dada ist groß und John [Heartfield] ist sein Prophet‹
Fotomontage, 1919

155 Upton Sinclair
›Singende Galgenvögel‹, Berlin 1927

156 John Dos Passos
›Drei Soldaten‹, Berlin 1929
2. Fassung

157 F. C. Weiskopf
›Wer keine Wahl hat, hat die Qual‹
Berlin 1929

158 Maxim Gorki
›Die Mutter‹, Berlin 1927 (27.–35. Tsd.)
Buchumschlag
rechts: Vorlage für Titelbild

159 Marietta Schaginjan
›Abenteuer einer Dame‹, Berlin 1924

160 Ilja Grusdew
›Das Leben Maxim Gorkis‹, Berlin 1928

161 Wilhelm Herzog
›Im Zwischendeck nach Südamerika‹
Wien 1924

162 Ery H. Gulden
›Kreislauf der Liebe‹, Berlin 1927

163 Fritz Slang
›Panzerkreuzer Potemkin‹
3. Aufl., Berlin 1927

164 John Reed
›Zehn Tage, die die Welt erschütterten‹
Wien/Berlin 1927

165 Upton Sinclair
›Die Metropole‹, Berlin 1925
oben: Entwurf
unten: Buchumschlag

166 Upton Sinclair
›100 %‹, Berlin 1921
oben: Bucheinband, 1. Fassung
unten: Einbandpapier für das 21.–30. Tsd., 1924

167 Upton Sinclair
›Die Wechsler‹, Berlin 1925
oben: Entwurf
unten: Buchumschlag

168 Mynona (Salomo Friedlaender)
›Graue Magie‹, Dresden 1922

169 Paul Rosenhayn
›Die Insel der Träume‹, Berlin 1926

170 ›6 Tage-Rennen‹
›Die Arena‹, 2, November 1926, S. 78/79, 80/81

171 ›Dadaco. Dadaistischer Handatlas‹
nicht erschienen, geplant für 1920
4 Einzelseiten:
o. l.: Giorgio de Chirico (ohne Titel)
o. r.: Francis Picabia, ›Paysage‹
u. l.: ›Unser John‹
u. r.: ›Dada in den Schulen‹

Elisabeth Patzwall

Zur Rekonstruktion des Heartfield-Raums der Werkbundausstellung von 1929

Über die ›Internationale Werkbundausstellung FILM UND FOTO‹, die am Stuttgarter Interimstheaterplatz vom 18. 5. bis 7. 7. 1929 gezeigt wurde, schrieb Tilman Osterwold fünfzig Jahre später: »Das riesige Unternehmen – die Ausstellung umfaßte etwa 1000 Exponate von 218 Autoren – hatte erstmals auf internationaler Ebene und in breitem Umfang zeitgenössische Fotografien und Filme aller Spielarten mit ihren Anwendungsbereichen in den Blickpunkt gerückt; die Komplexität der Ausstellung blieb bis heute unübertroffen.«[1]

Einer der Autoren war John Heartfield; dieser Aufsatz versucht, die komplizierten Wege der Rekonstruktion eines Ausstellungsraums nachzuzeichnen (vgl. Abb. S. 290–293).

1.

Um den nachhaltigen Einfluß der epochalen Werkbundschau auf die fotografischen Medien bis in die Gegenwart hinein zu dokumentieren, plante der Württembergische Kunstverein für 1979 – ein halbes Jahrhundert nach dem Stuttgarter Ereignis – die Retrospektive ›FILM UND FOTO der zwanziger Jahre‹: eine Ausstellung über eine Ausstellung. Mit der Vorbereitung des Projekts beauftragt, erarbeitete Ute Eskildsen, damals Fotografin am Museum Folkwang in Essen, eine entsprechende Konzeption. Ihre Recherche führte sie im Februar 1978 auch in das John-Heartfield-Archiv der Akademie der Künste der DDR. Mir als der damaligen Archivleiterin erläuterte sie ihr Anliegen: Für eine Rekonstruktion des Heartfieldschen Werkbund-Raums benötigte sie schriftliche Hinweise über Art und Umfang seiner Beteiligung an der historischen Ausstellung. Die Quellensuche verlief jedoch negativ. Weder im Archiv selbst noch im schriftlichen Nachlaß, damals noch unbearbeitet im Besitz von Frau Gertrud Heartfield, der Witwe des Künstlers, fanden sich entsprechende Listen oder sonstige Hinweise. Immerhin konnte ich Frau Eskildsen zwei bereits veröffentlichte Fotos des Heartfield-Raums vorlegen, auf deren Grundlage wir schließlich einige Arbeiten identifizierten; von diesen sind dann Reproduktionen für die Ausstellung von 1979 verwendet worden. Trotz des vorläufig unbefriedigenden Ergebnisses war mein Interesse an einer möglichst vollständigen Rekonstruktion des Heartfield-Raums geweckt.

2.

Mangels detaillierter schriftlicher Belege (das ›Aussteller-Verzeichnis‹ von 1929 erwähnt auf Seite I des Nachtrags für Heartfield nicht die Titel einzelner Arbeiten, sondern nur die der Werkgruppen: ›Foto-Montage‹, ›Foto-Grafik‹, ›Foto-Satire‹, ›Foto-Plakat‹, ›Foto-Einbände‹) konnten Ergebnisse nur durch eine minutiöse Analyse der beiden Raumfotos, verbunden mit einer genauen Durchsicht der Archivbestände, erzielt werden. Mein wichtigstes Arbeitsinstrument wurde daher die Lupe. Die abgebildeten Arbeiten maßen auf den Fotos im Format 18 × 24 cm durchschnittlich gerade fünf bis zwanzig Millimeter in der Höhe, so daß einige, auch nach dem glücklichen Fund zweier weiterer Raumfotos, nicht mit Sicherheit identifiziert werden konnten.

Um einen ersten Gesamteindruck der Raumverhältnisse zu gewinnen, skizzierte ich die mögliche Folge der gerahmten Arbeiten und fertigte eine isometrische Skizze an: danach war der Raum rechteckig, fensterlos und hatte an zwei gegenüberliegenden Wänden je einen Türdurchbruch. Über den gerahmten Arbeiten befanden sich die im Katalog erwähnten Wandüberschriften; ferner war über einem Durchbruch ein Motto angebracht, das sich Heartfield programmatisch für seine Arbeit gewählt hatte: ›Benütze Foto als Waffe‹.

Aber das Resultat dieser ersten Rekonstruktionsversuche war noch nicht zufriedenstellend: Die Wandskizzen wiesen zuviele Lücken auf, als daß sich ein homogenes Ganzes ergeben hätte. Etwa siebzig Arbeiten schienen ausgestellt gewesen

S. 290–293
Verzeichnis zur Wandabwicklung ›FILM UND FOTO‹ 1929

zu sein; davon waren etliche dem Titel nach erkannt, andere blieben zweifelhaft. Einige wenige erschlossen sich überhaupt nicht. Schließlich mußte die Untersuchung in der Hoffnung auf künftige hilfreiche Umstände zurückgestellt werden.
Ende 1983 verstarb Frau Heartfield. Der umfangreiche Nachlaß der Eheleute fiel an die Akademie, deren Mitarbeiter in den Folgejahren die Grobaufnahme des enormen künstlerischen und schriftlichen Materials besorgten; 1987 schließlich war der Nachlaß für die Archivarbeit benutzbar. Bei der Durchsicht der zahlreichen Fotokonvolute gelang uns eine überraschende Entdeckung, die den entscheidenden Durchbruch für die weitere Rekonstruktionsarbeit bedeutete: 16 Originalfotografien der Stuttgarter Ausstellung von 1929 lagen uns vor! Trotz der perspektivischen Verzeichnungen, die nur mit Hilfe einer aufwendigen Entzerrungstechnologie – die uns nicht zur Verfügung stand – zu korrigieren gewesen wären, war es nun möglich, die bisherigen Ergebnisse anhand der Aufnahmen (die erstmals auch brauchbare Ansichten der Vitrinen zeigten) entscheidend zu ergänzen. Wenig später sollte sich die Möglichkeit bieten, diesen unerwarteten Erfolg privater Bemühungen öffentlich präsentieren zu können.

3.
Anläßlich des 100. Geburtstages von John Heartfield plante die Akademie der Künste der damaligen DDR für das Jahr 1991 eine umfangreiche Ausstellung seiner Werke in Berlin. Entgegen der bisherigen Gepflogenheit, Heartfields Arbeiten in Form von großen Fotoreproduktionen zu zeigen, sollten nun Originalmontagen ausgestellt werden, darunter auch bisher nicht gezeigte und unbekannte Exemplare. Den Schwerpunkt vorhergehender Heartfield-Ausstellungen bildeten in der Regel seine Fotomontagen zur Zeitgeschichte der dreißiger Jahre, die in Organen der Arbeiterpresse wie ›Arbeiter-Illustrierte-Zeitung‹ (AIZ) und ›Volks-Illustrierte‹ (VI) publiziert worden waren; das Œuvre der zwanziger Jahre hingegen war meist nur unzureichend repräsentiert gewesen. Die geplante Ausstellung sollte nunmehr das Gesamtwerk Heartfields in seiner ganzen Vielfalt dokumentieren. Zunächst galt die Aufmerksamkeit der Präsentation des Dadaisten Heartfield. Dazu bot sich an, einen Teil der Rekonstruktion der ›Ersten Internationalen Dada-Messe‹ von 1920 zu übernehmen, die Helen Adkins für die Ausstellung ›Stationen der Moderne‹ in der Berlinischen Galerie zusammengestellt hatte.[2] Es lag nahe, in Folge auch meinen Vorschlag umzusetzen, im Anschluß an die frühen Arbeiten auch die Rekonstruktion des ›FILM UND FOTO‹-Raums von 1929 vorzustellen.
Hierzu mußte die geleistete Vorarbeit jetzt mit Hilfe der neuentdeckten Originalfotos kritisch überprüft und ergänzt werden. Die Raummaße konnten über einen Maßstabsvergleich vorhandener Originalwerke mit ihren verkleinerten Abbildungen in den Raumfotos ermittelt werden. Von den insgesamt 13 Ausstellungsräumen der ›FILM UND FOTO‹ stand Heartfield der Raum 3 mit einer Fläche von etwa 10 × 10 m zur Verfügung (die Wände bezeichne ich zur Verständigung mit – im Uhrzeigersinn – A, B, C, D). In den Wänden A (Eingangswand) und C befand sich je ein Durchgang; sie waren etwas gegeneinander versetzt eingebaut, so daß sich eine entsprechend unterschiedliche Einteilung der Ausstellungsfläche ergab. Die Wände waren in großen Lettern mit den Titeln der jeweils ausgestellten Werkgruppen beschriftet. Über dem Eingang hatte Heartfield die Devise ›Male mit Foto/Dichte mit Foto‹ angebracht, gegenüber sein Motto ›Benütze Foto als Waffe‹. Ein Wort Vincent van Goghs war Heartfield so wichtig gewesen, daß er es in großen Lettern an die Wand montierte: »Ein Gefühl für die Dinge als solche ist viel wichtiger als ein Sinn für das

Malerische«. Die Werke selbst wurden auf den einzelnen Wänden eingerahmt in verschiedener Anordnung präsentiert, in einer Gruppe, einer Reihe oder in mehreren Reihen übereinander. Ferner waren im Raum vier vermutlich schwarze Vitrinen gleicher Größe (etwa 135–40 × 65–70 × 200 cm, bei einer Sockelhöhe von etwa 70 cm) aufgestellt: drei nebeneinander im rechten Winkel zur Wand B, die vierte parallel zur Wand D. Sie enthielten von Heartfield entworfene Bücher.
Mit Hilfe des einmal verwendeten Maßstabs wurde nun für jede Wand eine vollständige Wandabwicklung erarbeitet und die Schriftzüge sowie alle Ausstellungsstücke im Umriß ihrer Rahmen eingezeichnet. Dabei stellte ich fest, daß zwei große Arbeiten nicht gerahmt, sondern unter Glas mit Spiegelklammern gefaßt waren, zwei andere Werke waren auf Tafeln kaschiert, die Plakate ungerahmt an der Wand befestigt. Unter dem Schriftzug ›FOTO MONTAGE‹ hatte Heartfield Gruppen von Rahmen auf zwei verschiedenfarbigen Platten zusammengefaßt. Außerdem wurde deutlich, daß die Wandtexte zweifarbig gestaltet und die Rahmen nach Profilen und Farbtönen differenziert waren.
Ein detaillierter Vergleich der Raumfotos mit der von mir zusammengestellten Titelliste ermöglichte nicht nur Korrekturen, sondern auch die Identifizierung von vier Arbeiten, die, nach ihrer Präsentation bei ›FILM UND FOTO‹ verschollen, somit der Fachliteratur unbekannt geblieben sind:

a) Über dem Eingang der Wand A befand sich ein Plakat (?) mit der Titelschrift ›Nieder! Nieder! Nieder!‹; Thema und Datierung dieser Arbeit sind bis heute noch nicht eruiert worden.
b) Etwa in der Mitte von Wand B hing das didaktische Ensemble ›Wie eine Fotomontage entsteht‹. Auf einer Großtafel stellt Heartfield den Entstehungsprozeß einer Montage für einen Buchtitel in einem frühen Arbeitsgang dar. Rechts neben der Tafel hing eine fotografische Verkleinerung ungefähr im Buchformat, offenbar schon mit Retusche bearbeitet – wahrscheinlich aber nicht die Originalmontage, die als verschollen gelten muß –, darunter schließlich der fertig gedruckte Buchumschlag. Nur dieser Umschlag, für Upton Sinclairs ›Nach der Sintflut‹ (Kat.-Abb. S. 344), hat sich von dem dreiteiligen Arrangement erhalten, mit dem Heartfield offensichtlich drei seiner Arbeitsschritte demonstrieren wollte.
c) Wand C zeigte eine kleine Arbeit unbekannten Titels: Zwei Hände zerbrechen ein Kruzifix. Nach dem Format zu urteilen handelte es sich um den Entwurf für einen Bucheinband oder -umschlag, aber ein entsprechender Titel ließ sich bisher nicht ermitteln.
d) Etwa in der Mitte von Wand D findet sich eine Fotomontage mit der Textzeile ›Kautski: Sozialismus in Sicht!‹; zwar ist uns eine Montage dieses Titels in dieser Form unbekannt, aber auf der zweiten Seite einer KPD-Agitationsschrift namens ›Hurra! Der Panzerkreuzer A ist da!‹ ist eine fast identische Arbeit abgebildet, unten um etwa zwei Drittel verkürzt, links daneben das erwähnte Kautsky-Zitat (Kat.-Abb. 52b).

4.

In der Titelliste fehlten zu diesem Zeitpunkt noch die Vitrinenobjekte. Zunächst schien es unmöglich, die Fülle der ausgestellten Bücher exakt zu bestimmen (zu schweigen von ihrer Verfügbarkeit für die Ausstellung), so daß die Heartfield-Arbeitsgruppe sich vorläufig gegen den Vitrinennachbau entschied. Schließlich gelang es mir aber, obwohl nicht jeweils Vorder- und Rückseite der Vitrinen fotografiert worden waren, notfalls durch Entziffern von Spiegelungen im Glas einer Nachbarvitrine ihren Inhalt lückenlos zu bestimmen. Sie enthielten ausnahmslos Bücher mit ihren von Heartfield gestalteten Umschlägen, dazu einige seiner Bucheinbände: Die Vitrinen 1 und 2 zeigten Titel aus dem Malik-Verlag, Vitrine 3 Beispiele aus dem ›Verlag für Literatur und Politik‹, Vitrine 4 Exemplare verschiedener Herkunft. Bemerkenswert ist die unterschiedliche Anordnung der Bücher in den einzelnen Schaukästen: Reihung mehrerer Muster eines Titels im Wechsel von Vorder- und Rückseite, liegend oder aufrecht, auch aufgefächert nebeneinander. Besonders eindrucksvoll wirkt die – direkt auf den Buchtitel bezogene – blockhafte Anordnung aus 24 Exemplaren von Gladkows ›Zement‹.

Mit der nochmals ergänzten Titelliste konnte abschließend die Gesamtzahl der ausgestellten Werke ziemlich genau bestimmt werden. Unter Berücksichtigung einiger Titel, deren Entwürfe an den Wänden, deren gedruckte Umschläge aber in den Vitrinen präsentiert waren, ergab sich, daß die Menge der in den Vitrinen gezeigten Bücher (160) ungefähr der der Exponate an den Wänden entsprach: Heartfield hatte also mit über 300 Arbeiten sein Œuvre 1929 in der ›FILM UND FOTO‹ vorstellen können.

1 In: U. Eskildsen/J.-Chr. Horak (Hrg.), ›FILM UND FOTO der zwanziger Jahre. Eine Betrachtung der Internationalen Werkbundausstellung »Film und Foto« 1929‹, Stuttgart 1979, S. 6.

2 Vgl. ›Stationen der Moderne‹, Katalog der gleichnamigen Ausstellung, Berlinische Galerie, Berlin 1988.

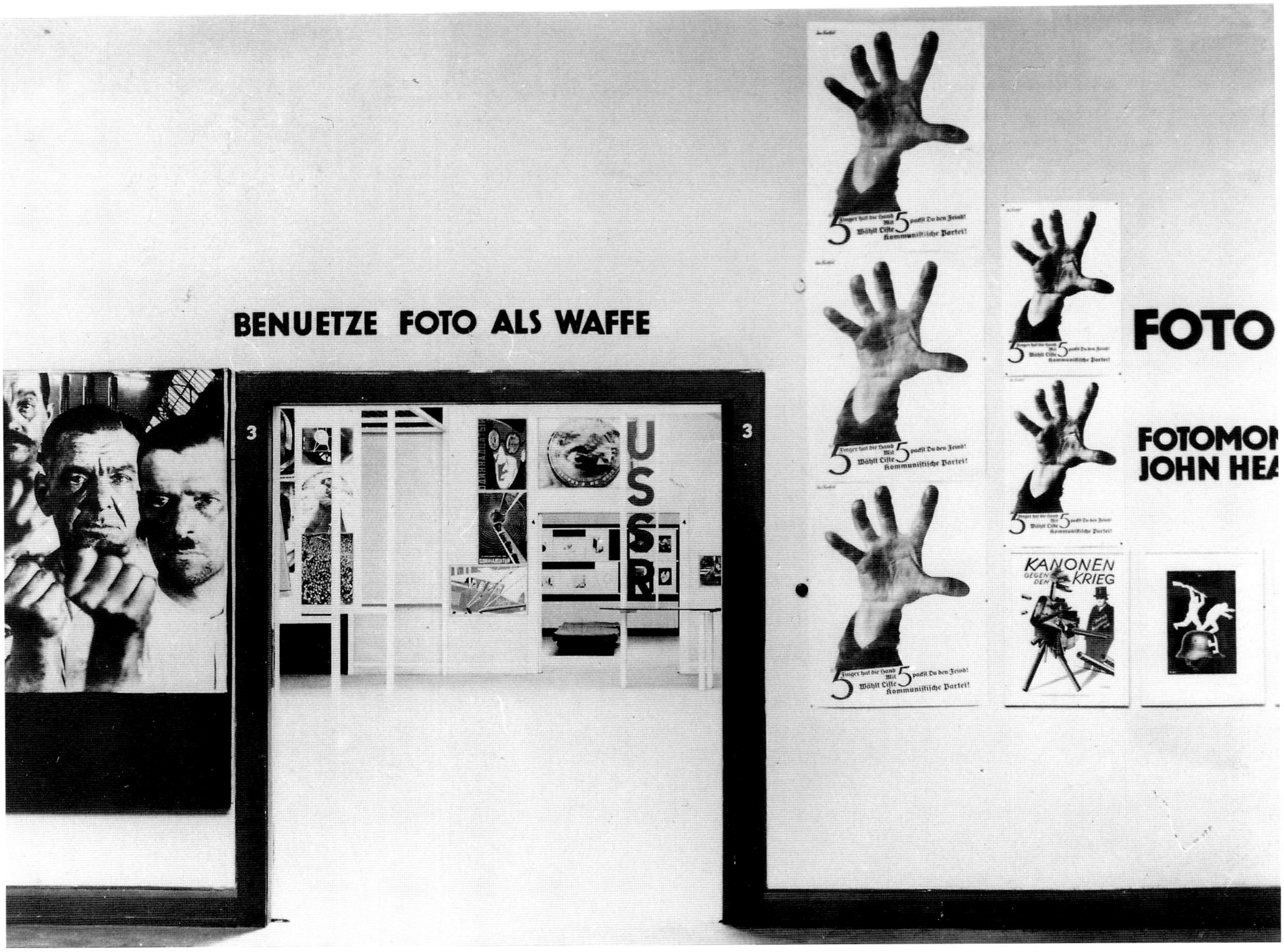

Internationale Werkbundausstellung ›FILM UND FOTO‹
Stuttgart 1929
Heartfield-Raum

Internationale Werkbundausstellung ›FILM UND FOTO‹
Stuttgart 1929
Heartfield-Raum

Hubertus Gaßner

Heartfields Moskauer Lehrzeit 1931–1932

Zweifellos verdankt Heartfield seine Bedeutung für die moderne Kunst vor allem seinen Leistungen auf dem Gebiet der Fotomontage. Hier hat er Wesentliches geschaffen, machte er doch – zumindest in Westeuropa – die Fotomontage buchfähig und die Illustrierte fotogen. Seine Verdienste liegen hierbei sowohl in der Funktionserweiterung der Gattung – er trug sie über den begrenzten Rahmen der künstlerischen Originalmontage hinaus in die rauhere Wirklichkeit der Massenmedien – als auch in der konsequenten Entwicklung der ihr eigenen ästhetischen Qualität. Der anfangs häufig linkisch und ungehobelt auftretenden Fotomontage verschaffte Heartfield einen gleichberechtigten Platz neben den anderen Bildmedien.
Neben der Beschreibung des operativen Konzepts von Heartfield wird deshalb im folgenden auch nach dem in seinen Arbeiten angewendeten Montageverfahren gefragt werden. Es zeigt sich, daß Heartfields Aufenthalt in Moskau 1931/32 in eine Zeit fiel, als dort, viel intensiver als unter den deutschen linken Künstlern, heftige Auseinandersetzungen um die sogenannte ›Schaffensmethode‹ in der Kunst geführt wurden. Auch Heartfields Fotomontagen waren bei diesen Auseinandersetzungen nicht nur Gegenstand der Reflexion. Die in der Sowjetunion und danach auch in Deutschland getroffenen Entscheidungen zur ›Schaffensmethode‹ der proletarisch-revolutionären Kunst blieben auf sie nicht ohne Auswirkung.
Entsprechend wollen wir der Frage nachgehen, ob dieses ›sowjetische Jahr‹ einen Einfluß auf Heartfield ausgeübt hat und wie er seinerseits mit den in Rußland vorgestellten Arbeiten die Entwicklung der sowjetischen Fotomontage als Kunstform beeinflußt hat. Bevor wir diese wechselseitigen Einflußnahmen aber näher untersuchen, muß der Stern erhellt werden, unter dem seine Mission ins Land der Sowjets stand. Denn daß es sich bei dem Aufenthalt nicht nur um eine private Vergnügungsreise handelte und auch nicht nur um einen üblichen Künstleraustausch zwischen zwei Ländern, legen Begleitumstände und Dauer nahe.

Unmittelbar vor Heartfields Eintreffen in Moskau im April 1931 erschien zur Einstimmung in der sowjetischen Kunstzeitschrift ›Brigada chudoschnikow‹ (›Künstlerbrigade‹) ein Interview mit dem ›rasenden Reporter‹ Egon Erwin Kisch: ›Ihre Meinung zu Heartfield, Genosse Kisch?‹
Während der russische Interviewer Heartfield einen »bei uns nur wenig bekannten Arbeiter der proletarischen und revolutionären Kunst« nennt, bezeichnet Kisch ihn hingegen als einen »der berühmtesten Künstler der Gegenwart«. Die Erfindung der Fotomontage gehe ebenso auf ihn zurück wie die Entwicklung der modernen amerikanischen Buchkunst. Obwohl die Bourgeoisie ihn zu vereinnahmen suche, lehne er alle finanziell verlockenden Angebote ab und sei der Arbeiterklasse mit seinem Schaffen treu geblieben. Heartfield habe, so Kisch, zwar seine Arbeitsmethode vom Dadaismus übernommen, stelle sie aber in den Dienst des »Klassenkampfs«, indem er die sozialen Gegensätze bildlich miteinander kontrastiere und so für den Betrachter die »revolutionäre Notwendigkeit« hervorhebe. Mit dieser Versicherung der Parteilichkeit wehrt Kisch die Fangfrage des russischen Interviewers ab, ob denn »die Kunst John Heartfields ihren Ursprung im Dadaismus« habe: Zu Beginn der dreißiger Jahre galt der Dadaismus in der Sowjetunion als Inbegriff bürgerlich dekadenter Kunst. Die Frage arbeitet durchaus mit der Insinuation, der dadaistische Ursprung der Fotomontage könne seinen Schatten auch auf ihre gegenwärtigen Erscheinungsformen werfen und sie dem Formalismusverdacht aussetzen.
Auf die rhetorische Frage, ob Heartfield vorhabe, die Sowjetunion zu besuchen, gibt Kisch zur Antwort: »Wie ich hörte, will er bald als Spezialist zur Umgestal-

tung des Revolutionsmuseums nach Moskau kommen. Seine Ankunft ruft offensichtlich großes Interesse in der Sowjetunion hervor, deren gewaltigen Aufbau er in Tausenden seiner Arbeiten dem Zerfall der kapitalistischen Gesellschaft gegenüberstellt.«[1]
Dem Interview beigefügt sind ein Selbstporträt Heartfields mit einer Schere in der Hand, die im Begriff ist, den Kopf des Berliner Polizeipräsidenten Zörgiebel vom Rumpf zu trennen, dergestalt die Arbeit des Monteurs und des Revolutionärs bildhaft in eins setzend (vgl. Kat.-Abb. 42). Zur Illustrierung des Kontrastverfahrens, auf das Kisch hinwies, dienen die Montage aus der ›Arbeiter-Illustrierten-Zeitung‹ (AIZ) vom 12. 3. 1930 mit der proletarischen Schwangeren und dem gefallenen Soldatensohn im Hintergrund (›Zwangslieferantin von Menschenmaterial. Nur Mut! Der Staat braucht Arbeitslose und Soldaten!‹ – vgl. Kat.-Abb. S. 345) sowie das Bild von den Reichstagsbänken, wo der nationalsozialistische Stahlhelm, der kapitalistische Zylinder und der klerikale Bischofshut den Vorsitz führen (›Das tote Parlament‹, AIZ vom 8. 10. 1930).
Obwohl laut ›Brigada chudoschnikow‹ in der Sowjetunion noch unbekannt, war Heartfield dennoch der erste westliche Künstler, dem in Moskau von der Allrussischen Kooperationsgenossenschaft ›Der Künstler‹ (›Wsekochudoschnik‹) eine Einzelausstellung gewidmet wurde. Die 1928 gegründete Kooperative organisierte vor allem Studienfahrten sowjetischer Künstlerbrigaden zu den Großbaustellen des Landes (Magnitogorsk, Kusbass, Dnjeprostroi u. a.) sowie Wanderausstellungen für die Arbeiter der Rayons und die Bauern der Sowchosen und Kolchosen. Heartfield nutzte in diesem Sinne das halbe Jahr zwischen seiner Ankunft im April und der Ausstellungseröffnung im November aktiv für praktische Arbeiten und Lehrtätigkeiten aus. Mit einer Künstlerbrigade fuhr er für mehrere Wochen zu den Erdölfeldern von Baku, um dort Aufnahmen und Ideen für eine montierte Fotoreportage in der sowjetischen Illustrierten ›USSR im Bau‹ (1931, Nr. 12) zu sammeln. Für Soldaten und Offiziere der Roten Armee gab er ebenso Montagekurse wie für Fotomonteure und Drucker im Polygrafischen Institut. In seiner Ausstellung fanden zahlreiche Diskussionen statt, und in diversen Instituten hielt Heartfield Vorträge.

John Heartfield, ›Das tote Parlament‹. ›Arbeiter-Illustrierte-Zeitung‹ (AIZ, Berlin), Nr. 42, 1930, S. 823

Die Zeitschrift ›Sa proletarskoje iskusstwo‹ (›Für eine proletarische Kunst‹) berichtet 1931 über seine Pläne: »Genosse Heartfield beabsichtigt in Moskau große Aufgaben für den ›Neuen Deutschen Verlag‹ zu erledigen. Er muß zwei Bücher über die Rote Armee und über den ersten und den zweiten Fünfjahresplan vorbereiten. Außerdem muß er Vorbereitungen für die Wiener Ausstellung ›Wir bauen den Sozialismus‹ treffen. Des weiteren arbeitet Genosse Heartfield im Revolutionsmuseum an der Vorbereitung der Ausstellung ›Der imperialistische Krieg und die Februarrevolution‹. Gleichfalls wird er die Ausstellung seiner eigenen Arbeiten in einem der größten Werkbetriebe von Moskau vorbereiten. Am 24. Juni hält Genosse Heartfield im Polytechnischen Institut einen Vortrag über die Fotomontage als Waffe im Klassenkampf. Bei diesem Vortrag wird eine große Anzahl seiner Fotomontagearbeiten gezeigt werden. Im Polygraphischen Institut hält Heartfield einen Vortrag mit Erläuterungen zu seiner Schaffensmethode – der Methode der Fotomontage, zu ihrer Entstehung, ihrem Aufbau, ihrer Entwicklung und ihren grundsätzlichen Möglichkeiten.«[2]
Die Einzelausstellung kam dann doch nicht, wie offenbar zunächst geplant, in unmittelbarer Umgebung der Arbeiter, in ihrem Betrieb zustande. Statt dessen stellte die schon erwähnte Kooperationsgenossenschaft ›Der Künstler‹ ihre neuen Ausstellungsräume im Stadtzentrum am Kusnezki most zur Verfügung. Ein Informationsblatt der WOKS (Allunionsgesellschaft für kulturelle Verbindungen

mit dem Ausland) berichtet, daß in der Ausstellung »Künstlerplakate, Umschläge, Zeitungszeichnungen außerordentlich scharfsinnig in ihren kompositionellen Gegenüberstellungen und klar verständlich in ihrer politischen Thematik« gezeigt wurden. »Die Ausstellung schloß mit einer Diskussion über die Arbeiten Heartfields, den Wert der Arbeit des Künstlers unterstreichend für unseren richtigen Weg bei der Verwendung der Fotomontage in der Polygrafie.«[3]
Diese summarische Einschätzung faßt die Diskussion unter den russischen Künstlern und Kunstkritikern über die Form und Funktion der Fotomontage zusammen, wobei Heartfields Arbeiten als Vorbilder oder als Gegenbeispiele zu denen der sowjetischen Konstruktivisten aufgeführt wurden. Bevor wir aber auf diese Diskussion und ihre praktischen Konsequenzen zu sprechen kommen, müssen wir uns zunächst das geistige Klima, in dem sie geführt wurde, vergegenwärtigen. Denn Heartfield traf sozusagen in der heißen Phase der Auseinandersetzungen um die Plakatgestaltung und Polygrafie als Mittel der Massenagitation und Propaganda in der Sowjetunion ein. Eingeleitet worden war sie mit dem ZK-Beschluß der Allrussischen Kommunistischen Partei über die Plakat-Bild-Agitation und Propaganda im Februar 1931, also knapp zwei Monate vor der Ankunft des deutschen Monteurs in Moskau. Der Parteibeschluß löste in den folgenden Monaten eine Fülle von Diskussionen unter den sowjetischen Künstlern, Kunstkritikern, Redakteuren und Organisatoren der Propagandaarbeit aus und führte auch zu institutionellen Konsequenzen wie der Vereinigung der gesamten Plakatproduktion des Landes im ›Staatsverlag für Kunst‹ (ISOGIS). In der Zeitschrift ›Brigada chudoschnikow‹ erschien in der dem Kisch-Interview zu Heartfield vorausgehenden Nummer ein von der Redaktion kommentierter Abdruck des ZK-Beschlusses. Der Kommentar zu § 1, worin ein »unvertretbar nachlässiges Verhalten gegenüber der Plakat-Bild-Produktion seitens der verschiedenen Verlage« und die »Herausgabe eines bedeutenden Prozentsatzes von antisowjetischen Plakaten und Bildern« festgestellt wird, lautet: »Das Plakat und das massenhaft reproduzierte Bild dringen in alle Gebiete der allgemeinen Lebensweise des Alltags ein und sind ein bildhaftes Medium zur ideologischen Umerziehung der breiten Massen.«[4]
Die Forderung nach einer Bildgestaltung, die die »Realität aufzudecken und zu bewerten« imstande ist, wird zum Leitmotiv der Plakatkritik, die vom Parteibeschluß eingeklagt wird. Die Suche nach Darstellungsmethoden, die zu diesem Aufdecken fähig wären, rückt die Fotomontagen von Heartfield in das Zentrum der Aufmerksamkeit und läßt sie für viele Plakatkritiker als vorbildhaft erscheinen.
Am 5. April 1931 fand die erste Sitzung des Arbeiterrates im Staatsverlag statt, wo Arbeitern und Arbeiterinnen Plakate aus der Verlagsproduktion zur Begutachtung vorgelegt wurden. Von den 22 Plakaten aus der aktuellen Produktion fanden nur zwei die uneingeschränkte Zustimmung der Gutachter: das grafische Plakat von Alexander Deineka (›Wir müssen selber Spezialisten werden‹) und das Fotomontageplakat von Gustav Klucis, ›Die UdSSR ist die Stoßbrigade des Weltproletariats‹. Beide Gestalter gehörten der Künstlergruppe ›OKTJABR‹ (›Oktober‹) an und zählten zu ihren prominentesten Mitgliedern Deineka (vor allem als Maler und Pressezeichner) und Klucis als den in der Sowjetunion führenden Fotomonteur.
Mit der polygrafischen Produktion der ›OKTJABR‹-Gruppe war Heartfield schon vor seiner Abreise in Berlin bekannt geworden. 1928 gegründet, vereinigte die Gruppe alle bedeutenden Konstruktivisten der Sowjetunion, etwa die Architekten M. Ginzburg und A. Wesnin, W. Meyerhold für das Theater, W. Majakowski und S. Tretjakow für die Literatur, S. Eisenstein und D. Wertow für den Film, A. Rodtschenko und B. Ignatowitsch für die Fotografie, El Lissitzky

und Gustav Klucis für die Plakat- und Ausstellungsgestaltung und viele andere mehr. 1931 zählte die Vereinigung etwa fünfhundert Mitglieder und war damit die entscheidende Konkurrenz zur Vereinigung der realistischen Maler, der ›Assoziation der Künstler des Revolutionären Rußland‹ (AChRR).
Nachdem die Vereinigung ›OKTJABR‹ mit einer ersten Ausstellung im Mai 1930 in Moskau reüssiert hatte, folgte ihre zweite im Oktober desselben Jahres in Berlin. Eingeladen hatte die ›Assoziation revolutionärer bildender Künstler Deutschlands‹ (ARBKD), der Heartfield verbunden war. Mit der Einladung der russischen Konstruktivisten wollte die deutsche ARBKD gegen die zuvor in Berlin gezeigten, vorwiegend genremäßigen und landschaftlichen Ölbilder aus dem Umkreis der AChRR protestieren. Deren malerisch verpackte »spießbürgerliche Ideologie« sollte durch eine neue Ausstellung mit »ideologisch konsequentere[r], eindeutig proletarisch-revoltuionäre[r] Kunst in der UdSSR«[5] konterkariert und kritisiert werden. So wurden die brandaktuellen Auseinandersetzungen in der Sowjetunion zwischen den Realisten und den Konstruktivisten um die revolutionäre Kunst auch auf den Berliner Nebenschauplatz übertragen und unter den interessierten Künstlern und Kritikern heftig diskutiert.
Die ›OKTJABR‹-Ausstellung in Berlin konzentrierte sich auf Architektur, Fotografie und Polygrafie – Gestaltungsbereiche, in denen die sowjetrussischen Konstruktivisten zu dieser Zeit führend waren. In der Abteilung für Druckgestaltung waren vor allem die Fotomonteure, allen voran Gustav Klucis, mit ihren Plakaten, Buchumschlägen, Illustrationen für Zeitschriften und Bücher, Zeitungsmontagen und Wandzeitungen vertreten. Die ausgestellten Arbeiten von Ėlkin, El Lissitzky, Klucis, Kulagina, Gutnow, Pinus, Rodtschenko, Sedelnikow, Senkin, Stenberg, Tagirow und Telingater führten den Künstlern der ARBKD und dem deutschen Publikum vor Augen, auf welch hohem Niveau und mit welchem Erfolg die sowjetischen Konstruktivisten die Fotomontage nicht nur im Bereich der Kunst, sondern auch in den alltäglichen Massenpublikationen zur Anwendung gebracht hatten. Heartfield war von all diesen Aktivitäten in Berlin nicht nur als enger Vertrauter der ARBKD betroffen, sondern nahm durch seine Bekanntschaft mit dem russischen Künstler und Grafiker A. Gutnow auch aktiv daran teil. Gutnow studierte Ende der zwanziger Jahre an der Kunstgewerbeschule in Berlin und gehörte zu den Gründungsmitgliedern der ›OKTJABR‹-Gruppe.
Im Reichstagswahlkampf zum 14. September 1930 hielt Gutnow Reden für die KPD in Berlin und Magdeburg; auch machte er gemeinsam mit Heartfield Propaganda für die Partei. So hatten sie für eine Woche am Brandenburger Tor zwei Schafe angebunden und mit einem Plakat ausstaffiert, auf dem zu lesen war: »Wir wählen Nationalsozialisten.«[6] Mit ihrer Prognose sollten sie leider recht behalten. Eine der ersten Arbeiten, die Heartfield 1930 für die AIZ montierte, zeigt einen großen Fisch, mit Zylinder, Hakenkreuz und Dollarnote drapiert, der einen kleineren verschlingt, auf dem geschrieben steht: »MIT GOTT FÜR HITLER UND KAPITAL« (AIZ, 14. 9. 1930). Die Subscriptio »Und den Fisch hab' ich gewählt!« ist dem Motto »6 Millionen Naziwähler: Futter für ein großes Maul« zur gegenseitigen Erhellung von Fakt und Wertung gegenübergestellt (vgl. Abb. S. 63). An der Vorbereitung und Durchführung der ›OKTJABR‹-Ausstellung in Berlin hatte Gutnow als Sekretär der Gruppe entscheidenden Anteil. Von ihm war das Material zum großen Teil ausgewählt und der Katalog gestaltet worden. Auf der Ausstellung selbst sprach er bei der Eröffnung und ferner auf zwei Diskussionsabenden, die mit deutschen Künstlern und Mitgliedern des ›OKTJABR‹ in Berlin stattfanden.
In einem Interview mit Alfred Durus (eigentlich Alfréd Keményi), dem Kunstkritiker der ›Roten Fahne‹, äußert sich Gutnow fünf Tage nach der Reichstags-

wahl zu den aktuellen Aufgaben des Künstlers aus der Sicht der ›OKTJABR‹-Gruppe. Gutnow stellt einen »neuen Künstlertypus« vor, der aus seinem Atelier in die Betriebe gegangen sei: »Der Künstler ist zum Industriearbeiter geworden, der mit den anderen Industriearbeitern zusammen im Betrieb arbeitet... Der Künstler muß entweder industriell-kollektiv oder als Agitator und Propagandist arbeiten. In der Gruppe ›OKTJABR‹ schaffen nur noch sechs Künstler in Ateliers, 240 Künstler sind bereits mit der Arbeit in den Fabriken und Betrieben verbunden...«[7] Die Künstler haben die Staffelei entweder mit den Instrumenten des Architekten, des Designers, Ausstellungs- oder Plakatgestalters und Typografen eingetauscht und arbeiten statt als geniale Individualisten im Kollektiv der Entwerfer, Techniker und Arbeiter; oder sie gestalten zusammen mit den Werktätigen die Räume, Ausstattung und Veranstaltungen der Arbeiterklubs und Festtagsumzüge. An den Kunstwerken des neuartigen Künstlertypus »arbeitet das Kollektiv seines Betriebes mit, z. B. bei der Ausarbeitung und Planung eines Klubs unter kritischer Beteiligung der Arbeiter«. Die neue, »proletarisch-revolutionäre« Kunst entsteht Gutnow zufolge aber auch nicht allein durch diesen neuen Künstler, sondern allererst und »vor allem durch die künstlerisch selbständigen Schichten des Proletariats selbst. Durch die Arbeit der Arbeiterzeichner, Arbeiterphotographen, durch das Wirken der Agitprop-Truppen (TRAM) usw.«[8]

Wie Alfred Durus in dem Interview bemerkt, orientieren sich auch die revolutionär gesinnten Mitglieder der deutschen ARBKD seit dem Ende der zwanziger Jahre an einem solchermaßen gewandelten Künstlerbild. Heartfield gab mit seinen Fotomontagen und typografischen Gestaltungen der revolutionären Presse und Buchpublikationen entscheidende Anregungen für diese Anleitung der Arbeiter zur gestaltenden Selbsttätigkeit. Er kann in dieser Hinsicht unter den deutschen Künstlern als Vorreiter gelten und stand deshalb den Konstruktivisten der ›OKTJABR‹-Gruppe nicht nur im Hinblick auf die technologische Ausrichtung der Bildproduktion durch die Fotomontage und Massenreproduktionsmittel nahe, sondern auch durch seine vom Dadaismus herrührende Kritik am individualistischen, vor allem sich selbst verwirklichenden Künstler.

Es war Heartfields späterer Freund und erster Biograf, der Schriftsteller Sergei Tretjakow, der während seines Berlinaufenthalts vom Januar bis zum April 1931 den neuen, zuerst von Gutnow und der ›OKTJABR‹-Gruppe vorgestellten Künstlertypus auf den Begriff des ›Operativismus‹ brachte. In seinen Vorträgen vor deutschen Intellektuellen am 21. Januar (zum Thema ›Der Schriftsteller und das sozialistische Dorf‹) und am 19. April (›Der neue Typus des Schriftstellers‹) wiederholt Tretjakow im Grunde noch einmal die Hauptargumente von Gutnow und untermauert sie mit den eigenen Erfahrungen aus der Praxis eines ›operierenden Schriftstellers‹. Wie Gutnow für den bildenden Künstler, so plädiert Tretjakow mit Bezug auf den Schriftsteller für die Doppelstrategie einer Teilnahme an der materiellen Produktion, oder zumindest an der Lebenspraxis im weiteren Sinne, und für die »Entprofessionalisierung der Literatur«. Die differentia specifica des neuen Typus verdeutlicht er im Vergleich mit der alten Schaffensmethode so: »Grob gesagt: eine wichtige Sache auszudenken – ist belletristischer Novellismus; eine wichtige Sache zu finden – ist die Reportage; eine wichtige Sache aufzubauen – ist Operativismus.« Für die andere Seite der Medaille, die ästhetische Massenaktivität, prognostiziert Tretjakow: »Das Schriftstellertum wird aus einer ungewöhnlichen individuellen Fertigkeit zu einem Gut der allgemeinen Bildung. Der Schriftsteller verliert seine zünftige Absonderung, indem er sich in den Wirtschaftsprozeß eingliedert. Er trennt sich von den Fetischen der individuellen, handwerksmäßigen Arbeit, indem er in die operativen Kollektivbrigaden eintritt.«[9]

Mehr als die ›OKTJABR‹-Ausstellung und das Auftreten von Gutnow erregten Tretjakows Vorträge in Deutschland die Gemüter; stellten sie doch schärfer als die neuen Gattungen des visuellen und des Produktdesigns die bisherige Praxis literarischen Schaffens apodiktisch in Frage, weil sie nicht nur einen anderen Stil oder eine andere Gattung – die literarische Reportage als Ergänzung zum Roman oder Gedicht etwa – forderten, sondern eine gänzlich neu organisierte Lebensführung vom Künstler verlangten.
Einspruch erhob sich unter den westlichen Intellektuellen gegen diese Umstellung der Kunst auf den Operativismus quer durch das ganze politische Spektrum: von Ezra Pounds, Gottfried Benns und Ludwig Marcuses prinzipiellen Einwänden gegen das Engagement der Kunst im praktischen Leben bis zur Position der äußersten Linken um Johannes Becher, der Tretjakows Überlegungen als »Unfug vom Ende der Literatur« vom Tisch wischte, und Georg Lukács, der dem operierenden Schriftsteller »Entstellung der Wahrheit« durch den Verzicht auf Totalitätsgestaltung und die Einengung der Weltsicht auf die empirischen Fakten ankreidete.[10]
Wie kaum ein anderer deutscher Künstler hatte sich Heartfield die Devise von Tretjakow – »operative Beziehungen nenne ich die Teilnahme am Leben des Stoffes selbst« – zu eigen gemacht und neben den Buch- und Plakatgestaltungen seit 1930 vor allem die Massenillustrierte als Aktionsfeld gewählt.
Wenn Walter Benjamin in Anknüpfung an Tretjakows Ausführungen zum Operativismus und zur Entprofessionalisierung des Schriftstellers die Zeitung als jenen paradoxen »Schauplatz der hemmungslosen Erniedrigung des Wortes« voraussieht, »auf welchem seine Rettung sich vorbereitet«[11], so kann die Möglichkeit dieser Errettung nicht nur für das Wort, sondern auch für das Bild, zumal das fotografische, geltend gemacht werden. Auch der verblendenden Bilderflut in den Massenmedien könnte – so die Rettungsstrategie – Einhalt geboten werden durch den operativen Fotografen und Monteur; dann nämlich, wenn die Bilder aus teilnehmender Beobachtung erwachsen und an einen spezifischen, interessegeleiteten Leserkreis adressiert sind, oder wenn gar die Leser ihre Bild- und Wandzeitung mit eigenem Material selbst gestalten.
In seiner Rede am Moskauer Polygrafischen Institut geht Heartfield auch auf die Pflicht des revolutionären Fotomonteurs ein, das neue Bildmedium im operativen Sinne für die Anleitung zur Selbsttätigkeit der Massen zu nutzen: »Wir müssen die Fotomontage als Mittel des Klassenkampfes immer und überall dort anwenden, wo sie sich einsetzen läßt: in Schulen, in Fabriken, in wissenschaftlichen Instituten. In den Händen von Menschen, die damit umzugehen verstehen, kann dieses Medium eine echte Waffe des Kampfes, des Lernens und des Aufbaus werden.«[12]
Sergei Tretjakow, der diese Rede Heartfields in Ausschnitten in seiner Monografie des Künstlers von 1936 publizierte, erkennt gerade in der Fotomontage aufgrund ihrer technischen Produktionsweise das für die Entprofessionalisierung der Kunst geeignetste Bildmittel. »Die Fotomontage wurde zur Kunst der tagtäglichen unmittelbaren Beeinflussung der Millionen Menschen, die am Aufbau des Sozialismus arbeiten. Sie wurde zu einer wirklichen Massenkunst, weil sie vom Fotomonteur nicht die speziellen Kenntnisse eines Malers oder Grafikers fordert – diese Kenntnisse werden durch die Handhabung der Schere ersetzt –, bei ihr gibt es dafür die unbegrenzte Kombinationsfähigkeit; Urteilsvermögen und Spürsinn sind die spezifischen Begabungen der Fotomonteure. (...) Wollte man die große Armee derjenigen zählen, die heute mit Foto und Schere arbeiten, so erhielte man bestimmt eine fünfstellige Zahl!«[13]
Tretjakow schildert, wie Heartfield in Moskau Rotarmisten die Methoden der Fotomontage erläuterte und praktisch mit ihnen arbeitete. Auch in Char-

John Heartfield, Buchumschlag (Titelseite und Rükken) für die ›Illustrierte Geschichte der Russischen Revolution‹, Berlin 1928

John Heartfield, Buchumschlag (Titelseite) für die ›Illustrierte Geschichte der Deutschen Revolution‹, Berlin 1928

kow, der Hauptstadt der Ukraine, und an anderen Orten lehrte und demonstrierte er die Kunst des aussage- und schlagkräftigen Montierens, vor allem für die überall im Land verbreiteten Wandzeitungen, aber auch für die gedruckte Presse. Gerade der meisterhafte Lakonismus und die Einprägsamkeit der besten Arbeiten von Heartfield hätten dazu geführt, »daß sie sehr schnell von den Arbeitern begriffen wurden. Sie kopierten sie, ahmten sie nach, variierten sie«[14] für ihre eigenen Fotomontagen.

Tretjakow selbst legte mit dem ›Feld-Herren‹ genannten Bericht über den im Kolchosbetrieb operierenden Schriftsteller und mit ›Den Schi Chua‹ seine zwei überzeugendsten Werke des literarischen Operativismus vor. In seinem Vorwort zu dem ›Bio-Interview‹ mit dem chinesischen Studenten heißt es zur operativen Methode: »Das Buch ›Den Schi Chua‹ haben zwei Menschen gemacht: Den Schi Chua selbst hat den Rohstoff der Tatsachen geliefert, und ich habe sie ohne Entstellung gestaltet.« Diese Zusammenarbeit mit dem Schriftsteller war nötig, weil der Student die »schwierige Kunst... sein eigenes Leben genau zu untersuchen« noch nicht beherrscht habe. Der Schriftsteller wird deshalb »abwechselnd zum Untersuchungsrichter, Vertrauensmann, Interviewer, Gesprächspartner und Psychoanalytiker«.

In beiden Tatsachenberichten scheut sich der Schriftsteller nicht, seine eigene Schreibweise zur literarischen Figur zu erheben. Tretjakow zeigt, wie er als Künstler in der Kolchose und im Interview ›operiert‹. Die Methoden der Faktenfixierung werden für den Leser ebenso einsehbar wie die Verfahren ihrer Montage nachvollziehbar. An beiden Erzählwerken ist nachzuprüfen, was mit der »Entindividualisierung« und »Entprofessionalisierung« der Kunst gemeint sei: nichts weniger als eine Vernachlässigung oder gar Nivellierung der künstlerischen Techniken oder eine Gleichgültigkeit gegenüber der ästhetischen Form. Operative Kunst muß vielmehr authentisches Tatsachenmaterial in eine künstlerische Form bringen, die neben der ästhetischen Erfahrung auch Einsichten in die Konflikte des wirklichen Lebensprozesses und ihre Gründe gewährt, um daraus den Wunsch nach seiner Veränderung in Betroffenen wie Rezipienten zu wecken. Dazu bedurfte es des hochqualifizierten Spezialisten; bei der literarischen Faktenfixierung eines Tretjakow ebenso wie bei der fotografischen eines Heartfield, und nicht minder bei der Verarbeitung und Montierung dieser Fakten zum Operationsbericht und zur Fotomontage.

Wie kaum ein anderer Monteur war Heartfield deshalb ein von seiner Profession Besessener – was keineswegs im Widerspruch zu seiner Zustimmung für das Unternehmen des operierenden Künstlers stand. Nicht nur János Reismann, Heartfields Fotograf, bezeugte diese Besessenheit in seinen Arbeitsberichten: »Heartfields Wirken ist ein täglich sich wiederholender Kampf um die Verwirklichung seiner Ideen und Absichten«, schreibt Reismann 1934 in der in Moskau erscheinenden Zeitschrift ›Internationale Literatur‹. »›Die Leute haben ja keine Ahnung‹, sagte er einmal, ›wie schwer es ist, Photomonteur zu sein.‹ Das ist richtig, mit der Einschränkung: Es ist schwer, Photomonteur wie Heartfield zu sein. (...) Die Aufnahmen, die ich für Heartfield nach einer haargenau festgelegten Bleistiftskizze und immer unter seiner persönlichen Leitung machte, dauerten oft Stunden, viele Stunden lang. Er kämpfte um Nuancen, die ich gar nicht mehr wahrnehmen konnte.«[15]

Zu den von Heartfield gestalteten Umschlägen für vor allem im Malik-Verlag seines Bruders Wieland Herzfelde erschienene Publikationen gehören auch diejenigen für Tretjakows ›Feld-Herren‹ (1931) und ›Den Schi Chua‹ (1932). Über den Operationsbericht aus China schreibt Heartfield später an Olga Tretjakowa, die Frau des Schriftstellers: »... mein Bruder Wieland Herzfelde und ich, wir bemühten uns beide, dem Buch den charakteristischen Umschlag zu geben, Tretjakow half uns dabei, indem er uns die von ihm in Peking selbst gemachten fotografischen Aufnahmen zusandte.« Wie Heartfield weiter berichtet, war der Autor dann »erstaunt und sehr erfreut, daß wir das Foto für den Schutzumschlag wählten, das den chinesischen Studenten, dessen Leben das Buch schildert, vor den vielen chinesischen Rollen mit Aufrufen stehend, zeigt. Wir hatten wirklich keine Ahnung, daß der Chinese auf dem Foto Den Chua ist.«[16]

Tretjakow war nicht nur ein virtuoser Literat und guter Klavierspieler, sondern auch ein passionierter Fotograf. Beispielsweise illustrierte er die russischen Ausgaben von ›Feld-Herren‹ mit eigenen Fotografien und arbeitete an eigenständigen Fotoessays. Allein von seinen Kolchosaufenthalten brachte er 4000 Fotografien mit. So konnte er, der fotografierende Literat und montierende Schriftsteller, Heartfields Fotomontagearbeit mit Fachkenntnis beurteilen – in seiner werkanalytischen Heartfield-Monografie (1936) tat er dies mit der Passion des Eingeweihten. Die Passage aus Heartfields Brief berichtet aber nicht nur vom Schriftsteller als Fotografen. Sie dokumentiert auch, daß Heartfield die beiden im Malik-Verlag erschienenen Bücher von Tretjakow nicht nur äußerlich kannte, sondern sich mit ihnen – zumindest aber mit dem ›Biointerview‹ des Chinesen – intensiv beschäftigt hatte, so daß ihm Tretjakows operierende Methode durchaus vertraut war. Die übereinstimmende Auffassung von der Notwendigkeit eines neuen Künstlertyps bildete eine der Grundlagen für die Freundschaft sowohl zwischen Heartfield und Tretjakow als auch zwischen Heartfield und Gutnow.

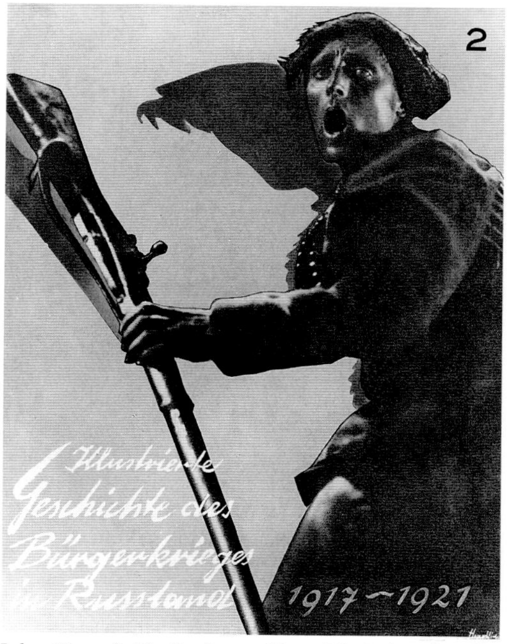

John Heartfield, Buchumschlag (Titelseite) für die ›Illustrierte Geschichte des Bürgerkrieges in Russland 1917–1921‹, Berlin 1929

Als Heartfield im April 1931 nach Moskau kommt, spitzen sich dort die bereits seit Ende 1930 mit zunehmender Heftigkeit geführten Auseinandersetzungen um die Methode der Kunst immer mehr zu. Für die bildende Kunst markiert der bereits erwähnte ZK-Beschluß der Kommunistischen Partei vom Februar 1931 über die Plakat-Bild-Agitation einen einschneidenden Wendepunkt in der Diskussion. Die Debatten werden dadurch vom Niveau einer Gruppenfehde und theoretischen Diskussion in Kritiker- und Künstlerkreisen auf die parteioffiziell reglementierte Ebene gehoben.

Der Parteibeschluß verpflichtet die ›Sektion Räumliche Künste des Instituts für Literatur, Bildende Kunst und Sprachwissenschaft der Kommunistischen Akademie‹ zur aktiven Mitarbeit an der Verbesserung der Plakatproduktion. Am 13. April und 4. Mai findet in der Akademie die erste große Diskussion über die Plakatproduktion des Staatsverlages (ISOGIS) statt. Hierbei spielen die Fotomontageplakate eine wichtige Rolle. Zwar sind sich die Diskussionsteilnehmer über die grundsätzliche Bedeutung der Montagetechnik einig, können jedoch zu keinem gemeinsamen Entschluß über Richtlinien für ihre weitere Entwicklung gelangen.[17] Deshalb wird eine Folgesitzung der Sektion anberaumt, wo ausschließlich die Probleme der Fotomontage behandelt werden sollen. An das von Gustav Klucis am 7. Juni gehaltene Grundsatzreferat schließt sich am 8. Oktober seine Diskussion durch die Sektionsmitglieder und andere Künstler an. In seinem Vortrag wiederholt und erweitert Klucis die Darlegungen seines Berliner Katalogtextes. Er geht auch auf Heartfield ein und bezeichnet ihn als »Mitglied unserer Stoßbrigade«.[18]

In der Tat zeigte Heartfield während seines Aufenthalts in Moskau auf der im Juni 1931 anläßlich des Vortrags von Klucis veranstalteten Fotomontageschau der ›OKTJABR‹-Gruppe im Ausstellungspavillon des ›Moskauer Kultur- und Erholungsparkes Gorki‹ einige seiner Arbeiten. Auf einer Stellwand sind drei seiner Buchumschläge neben anderen von Klucis und seiner Schülerin Pinus zu sehen; es handelte sich um Auftragsarbeiten von 1929 für den Neuen Deut-

Ausstellung der Gruppe ›OKTJABR‹, Ausstellungspavillon im Gorki-Park für Kultur und Erholung, Moskau, Juni 1931.
Linke Stellwand, Mitte: Buchumschläge von Gustav Klucis
Linke Stellwand, rechts: Buchumschläge von John Heartfield

John Heartfield und Gustav Klucis in Moskau, 1931

schen Verlag von Willi Münzenberg: die ›Illustrierte Geschichte der Deutschen Revolution‹, die ›Illustrierte Geschichte der Russischen Revolution‹ und die ›Illustrierte Geschichte des Bürgerkrieges in Russland 1917–1921‹. Auch in dem 1931 mit Verspätung erschienenen Sammelband ›ISOFRONT‹ (›Die Kunstfront. Der Klassenkampf an der Front der räumlichen Künste‹), von ›OKTJABR‹ herausgegeben, ist Heartfield mit seiner AIZ-Fotomontage ›Das tote Parlament‹ vertreten.

Heartfields Zusammenarbeit mit der ›OKTJABR‹-Gruppe kann nicht verwundern – hatte er doch damals seine Einladung in die Sowjetunion vom ›Internationalen Büro Revolutionärer Künstler‹, dem die beiden ›OKTJABR‹-Mitglieder Alfred Kurella und Bela Witz vorstanden, erhalten. In seinem Vortrag plädierte Klucis für den weltweiten Zusammenschluß aller politisch arbeitenden Fotomontagegruppen. Mit der Einladung an Heartfield war dafür ein Zeichen gesetzt. Die Beziehung von Klucis zu Heartfield war freundschaftlich. Sie verkehrten zusammen in Moskau. Auch trafen sich die beiden Leitfiguren der politischen Fotomontage im Sommer 1931 in Batumi im georgischen Kaukasus. Klucis war zusammen mit den Fotomonteuren Senkin und Elkin vom Sownarkom (Rat der Volkskommissare) für den August und September nach Georgien beordert worden, um dort in Tiflis, Suchumi, Batumi und im Donbass den Fortgang der Industrialisierung zu studieren und zu dokumentieren. Heartfield seinerseits besuchte zur gleichen Zeit mit einer Expeditionsbrigade im Auftrag der in mehreren Sprachen erscheinenden, bedeutendsten sowjetischen Fotoillustrierten ›USSR im Bau‹ ebenfalls die georgische Hauptstadt Tiflis, weiterhin die Erdölfelder von Baku und auch Batumi am Schwarzen Meer. Von dieser Expedition brachte der Trupp Hunderte von Fotografien mit, woraus dann Heartfield die Dezembernummer (1931) von ›USSR im Bau‹ montierte (Abb. S. 317).

Als Vorbild für seine überraschend konstruktivistisch inspirierte Umschlaggestaltung könnte ein Fotomontageplakat von Klucis gedient haben, das ebenfalls die vorfristige Erfüllung des Ersten Fünfjahrplanes propagiert und dafür Krankonstruktionen in dynamischer Schrägstellung in den roten Himmel ragen läßt. Auch andere Arbeiten Heartfields weisen zum Teil Ähnlichkeiten mit solchen von Klucis auf. Dennoch bleiben die Unterschiede zwischen den künstlerischen Verfahren deutlich.

Gustav Klucis, Plakatentwurf, 1928/30

Die Tendenz zur bildhaften Verschmelzung der Montageelemente in einer homogenen Bildstruktur mit weichen Übergängen ist für Heartfields Fotomontagearbeiten generell kennzeichnend. Darin unterscheidet er sich von den härteren Schnitten, betonteren Form-, Farb- und Fakturkontrasten, schärferen Kanten und abrupteren Übergängen zwischen den Teilen bei Klucis und den anderen russischen Konstruktivisten.

Der Unterschied wird anschaulich in der verschiedenen Bearbeitung desselben Motivs. Den von Heartfield durch einen Flugzeugflügel gerahmten Schattenriß Lenins über den Dächern einer Moskauer Neubausiedlung, montiert für die Nr. 9 (1931) der ›USSR im Bau‹ zum Wiederaufbau Moskaus (Kat.-Abb. S. 319), verwendet zum Beispiel auch Klucis in einem Fotomontage-Plakatentwurf, entstanden um 1928/30. Die Leninfigur steht hier auf einem riesigen Hochofen, der die Arbeiterscharen in der unteren Bildzone überragt und gleichsam in sich einschließt. Auch hier ist die kompositorische Anlage artifizieller, finden sich mehr formale Konstruktionselemente und eine kontrastivere, offenere, weniger bildhafte Montageform als im Heartfieldschen Pendant.

Die Montagen des Deutschen haben ihren Ursprung in den dadaistischen Collagen (vgl. den Beitrag von Hanne Bergius in diesem Band), wo ein eher unstrukturiert zusammengewürfeltes Konglomerat von Fotopartikeln mit Zitaten aus der Medien- und Warenwelt dieser einen kritisch verzerrten Spiegel vorhält und ihre Scheinbetriebsamkeit durch Überbietung als Leerlauf entlarven will. Vor allem durch die Arbeit am Buch werden Heartfields Fotomontagen seit 1923 zunehmend lakonischer, muß doch das Umschlagmotiv um der plakativ werbenden und zugleich agitierenden Wirkung willen quasi im Vorbeigehen erfaßt und verstanden werden können. Gerade diese Sparsamkeit im Einsatz der Mittel bei einer gleichzeitigen Evidenz der Aussage und visuellen Schlagkraft, die Adolf Behne veranlaßten, Heartfields Fotomontagen die Auszeichnung »Photographie plus Dynamit« zu verleihen, festigten auch in der Sowjetunion seinen Ruf als Meister seines Faches.

Die Fotomontagen der russischen Konstruktivisten entwickelten sich hingegen aus ihren formstrengen, gegenstandslosen Bildkonstruktionen. In solche linear akzentuierten und durch Fakturierung materialisierten Strukturen fügte Klucis erstmals 1919, also zeitgleich mit Heartfields ersten Montagen, Fotopartikel ein, und zwar – wie der Künstler später immer wieder betonte – in ihrer Doppelfunktion als Anreicherung der Bildfaktur und als Mittel der Darstellung.

Auch wenn die Darstellungsfunktion dieser Fragmente im Laufe der zwanziger Jahre bei den russischen Konstruktivisten an Bedeutung gewann, die kleinteilige Fragmentierung der Fotografien zum Teil größeren Ausschnitten wich und die konstruktiv-linearen Elemente der Bildstrukturen weniger offen als anfangs zutage traten, verleugneten die Künstler doch nie – zumindest nicht bis zu den Auseinandersetzungen von 1931 um die richtige Methode der Bildgestaltung – ihren Ausgangspunkt im Konstruktivismus. Weiterhin überwog die Kontrastierung der Bildelemente (monochrome Farbflächen, eigenständige Linienfiguren, Fotopartikel, Ziffern und Schriftzeilen) zwecks Evokation spannungsgeladener Fakturen eine Homogenisierung der Stofflichkeit zur geschlossenen Oberfläche illusionistischer Wirklichkeitsrepräsentation. Der Betonung taktiler Werte korrespondierte die raffiniert konstruierte Gegeneinanderstellung extremer Blickwinkel und Entfernungseinstellungen. Insgesamt hielt sich die selbstreflexive Bloßstellung der Bildkonstruktion und die so vom Betrachter nachzuvollziehende Referenz auf das artifiziell Gemachte und damit Relativierbare der Darstellung im Gleichgewicht mit der Suggestivkraft des Abbildmediums Fotografie.

In Heartfields Arbeiten wirken vergleichbare Gestaltungsweisen vor allem in der zweiten Hälfte der zwanziger Jahre, auch wenn bei ihm die formalen und technischen Montageverfahren fast immer einer bildlichen Umsetzung szenisch gefaßter oder literarisch-rhetorisch begründeter Bildideen dienen. Während die russischen Konstruktivisten bei ihren Bildfindungen von räumlicher und taktiler Wahrnehmung ausgehen, fußen die Fotomontagen von Heartfield zumeist auf Sprachfiguren menschlicher Gesten und Rede.

Die bei aller Nähe sichtbar werdenden Unterschiede trugen dazu bei, daß Heartfields Werke seit dem Spätsommer 1931 in der Sowjetpresse, den sowjetischen Kunstzeitschriften und in öffentlichen Diskussionen den Fotomonteuren der ›OKTJABR‹-Gruppe als die bessere Alternative gegenübergestellt wurden. Das Novemberheft (1931) von ›Brigada chudoschnikow‹ stellt einen Bildvergleich zwischen zwei Fotomontagen von Klucis und einer Arbeit Heartfields an. Sein auf der ›OKTJABR‹-Ausstellung gezeigter Umschlag für die ›Illustrierte Geschichte der Russischen Revolution‹ wird wegen der »ungewöhnliche[n] Einfachheit, Exaktheit und Eindeutigkeit« der Komposition als beispielhaft gelobt. Heartfield habe exemplarisch »nur die grundlegenden und wesentlichen« Fotoelemente und Bildmittel eingesetzt, um »einen verdichteten Ausdruck der Idee« zu erzielen.

Im Vergleich mit dieser Wahrnehmungsökonomie und Konzentration der Mittel wirken die Fotomontagen von Klucis nach Meinung des Kommentators

Gustav Klucis, Plakat ›Den Fünfjahresplan erfüllen wir in vier Jahren‹, 1930

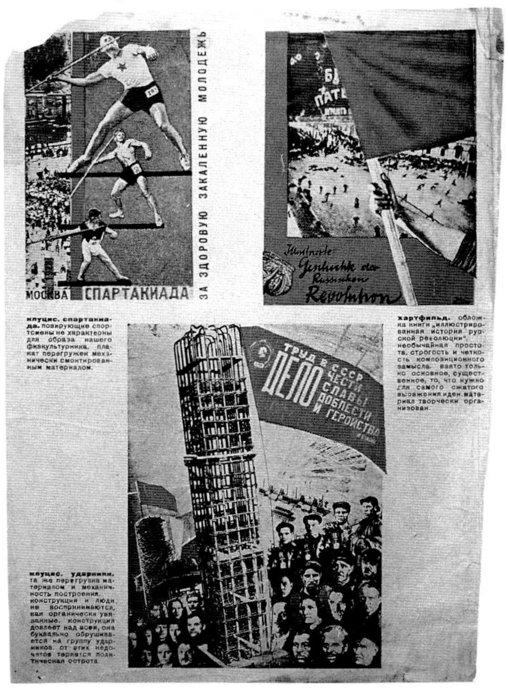

Ausriß aus ›Brigada chudoschnikow‹ (Moskau), Oktober 1931
Oben links: Gustav Klucis, Postkarte zur Spartakiade in Moskau, 1928
Oben rechts: John Heartfield, Buchumschlag (Titelseite) für die ›Illustrierte Geschichte der Russischen Revolution‹, Berlin 1928
Unten: Gustav Klucis, Plakat ›Die Arbeit in der UdSSR ist eine Sache der Ehre, des Ruhmes und des Heroismus‹, 1931

Gustav Klucis, Postkarte zur Spartakiade in Moskau, 1928

überhäuft mit Details und unzusammenhängend in ihrer Gesamtgestalt. Während die zur Moskauer Spartakiade 1928 herausgegebene Postkarte »mit mechanistisch montiertem Material überladen« sei und zudem die Haltungen der fotografierten Speerwerfer nicht der Vorstellung von einem Sowjetsportler entsprächen, wird bei dem Industrialisierungsplakat von 1931 zusätzlich noch die Beherrschung der Menschen durch die technische Umwelt bemängelt. Die aufragende Konstruktion falle »im wörtlichen Sinne über die Gruppe der Stoßarbeiter her«.

Die von Klucis im allgemeinen kunstvoll erzeugte Kontrastierung von Größenverhältnissen, Perspektiven, Entfernungseinstellungen und von Form- und Farbelementen als Hauptmittel der Fotomontage zur Mobilisierung von ›sozialer Energie‹ im Betrachter wird von der Kritik als mechanistische und überladene Anordnung des Materials moniert. So heißt es: »Die Konstruktion und die Menschen sind nicht als *organisch miteinander in Einklang* stehend aufgefaßt.«[19] Damit gerät die Formkritik zugleich zu einer weltanschaulichen: Weil die konstruktivistische Fotomontage die abgebildeten Baukonstruktionen und die Stoßarbeiterporträts nicht organisch miteinander verbinde, habe Klucis den politischen Fehler begangen, Arbeiterklasse und Technik nicht als eine organische Einheit zu begreifen und darzustellen. Aus der formalen Kontrastierung der horizontal angeordneten Kopfreihen und der vertikal aufragenden Gerüste wird auf eine vom Künstler bewußt intendierte Entgegensetzung von Mensch und Technik geschlossen. Das kann aber letztlich nur heißen, Klucis bezweifle, daß der Aufbau der sowjetischen Industrie dem Willen und Interesse der Arbeiter entspricht und allein zu ihrem Nutzen durchgeführt wird. Die Kunstkritik geht unmittelbar in politische Kritik über, wodurch ein ›Formfehler‹ automatisch als politisches Fehlverhalten ausgelegt werden kann.

Auch wenn das kritisierte Plakat nicht zu Klucis' überzeugendsten gehört: in unserem Zusammenhang interessiert weniger seine formale Qualität an sich als vielmehr die an ihm exemplifizierte Kritik. Was war seit dem Sommer des Jahres geschehen, als die konstruktivistischen Plakate der ›OKTJABR‹-Künstler in den öffentlichen Diskussionen grosso modo noch als vorbildlich eingestuft worden waren?

Gustav Klucis, Postkarte zur Spartakiade in Moskau, 1928

Der Bildvergleich zwischen Heartfield und Klucis war in ›Brigada chudoschnikow‹ als Kommentar zum Protokoll einer Diskussion abgedruckt worden, die am 8. Oktober im ›Institut für Literatur, Bildende Kunst und Sprachwissenschaft der Kommunistischen Akademie‹ in Moskau stattgefunden hatte. Auf dieser Veranstaltung wurde der von Klucis im Juni gehaltene, oben erwähnte Vortrag diskutiert. Auch in der Diskussion wird Klucis selbst von jenen, die der Fotomontage prinzipiell eine wichtige Rolle bei der zeitgenössischen Plakatproduktion zumessen, für seine Darstellung der Stoßarbeiter kritisiert. Ihm wird vorgeworfen, den vorbildhaften Arbeiter auf eine »unpersönliche Weise« abzubilden, anstatt ihn als emotional anrührende Identifikationsfigur zu gestalten, die »die Massen mobilisiert«.

Weiterhin bemängelt man in der Diskussion an den Fotomontagen von Klucis und den anderen russischen Konstruktivisten, daß sie im Gegensatz zu Heartfield den Klassenfeind bisher überhaupt nicht oder nur unzulänglich dargestellt hätten. Zum Schluß konstatiert der Kunstkritiker I. Maca (János Mácza), wie Klucis ein führendes Mitglied der ›OKTJABR‹-Gruppe, daß bei der Gestaltung das Hauptaugenmerk weniger auf die von Klucis angesprochenen Formkontraste gelegt werden müsse als vielmehr auf »die Exaktheit des Vorstellungsbildes ..., das auf dem Weg der Montage geschaffen wird und auf die Deutlichkeit und Exaktheit der Komposition selbst.«[20]

Für die beiden letzten Kritikpunkte werden auf der Veranstaltung die Fotomontagen von Heartfield ins Spiel gebracht, da sie sowohl den Klassenfeind darstellen und entlarven als auch der Forderung nach Exaktheit und Deutlichkeit der Bildaussage in hohem Maße gerecht würden. Vor allem Tagirow, ein Freund von Gutnow und ebenfalls Mitglied des ›OKTJABR‹, führt Heartfields Montagen als vorbildliche Arbeiten an: »Alle Plakate Heartfields besitzen einen großen politischen Wert, während bei Klucis ungeachtet dessen, daß seine Plakate besser sind, zu beobachten ist, daß er nur die Oberfläche der einzelnen Erscheinungen streift. Das ist eine oberflächliche politische Einstellung.« Tagirows genereller Einschätzung folgen praktische Vorschläge: »Wir müssen die deutsche Agitationskunst zeigen; Heartfield muß jährlich, wenn auch nur für ein, zwei Monate, zu uns ans Polygraphische Institut kommen und seine Erfahrungen in der Fotomontage vermitteln. Wir müssen seine Erfahrungen unbedingt ausnützen.«[21]

Gustav Klucis, Buchumschlag für N. Bobrow, ›Der Alltag der fliegenden Menschen‹, Moskau 1930

In seiner Replik wendet sich Klucis energisch gegen die Unterweisung der sowjetischen Fotomonteure durch Heartfield: »Ich persönlich kenne die Arbeiten Heartfields gut und schätze seine Arbeiten sehr, aber ich glaube, daß wir nur sehr wenig von ihm lernen können. Diese Begeisterung, die der Genosse Tagirow in bezug auf den deutschen Künstler Heartfield äußert, ist charakteristisch für jene Gruppe von Arbeitern, die vollkommen mechanisch die Prinzipien der Fotomontage auf ihre grafischen Arbeiten übertrugen und die ebenso mechanisch die Verfahrensweisen des Westens bei uns einführen wollen. Das, was Heartfield über den imperialistischen Krieg sagt, das sagt noch gar nichts über die Fotomontage selbst.«[22]

Die Entgegnung zeigt, daß der russische Konstruktivist Heartfield zwar als politisch engagierten Künstler schätzte, seiner Methode aber fremd, wenn nicht gar ablehnend gegenüberstand und sich gegen ihre Adaption als Richtschnur für die sowjetischen Künstler aussprach. Seine Forderung, »die exakte Komposition nicht [zu] vergessen«, belegt, daß Klucis in Heartfields Fotomontagen gerade die vom Konstruktivismus erarbeiteten Verfahrensweisen der polymorphen Kontrastierungen und offenen Konstruktion vermißte und die organische Verbindung der Bildelemente mit ihren fließenden Übergängen ablehnte. Auch war der konstruktivistischen Fotomontage die rhetorische, mit Allegorien arbeitende Bildsprache Heartfields und seine häufig von einem Wortspiel ausgehende Bildfindung fremd. Die russischen Arbeiten setzten nicht auf den Bildwitz und seine Intelligibilität durch den Betrachter, sondern vielmehr auf die emotional ansteckende und mitreißende Wirkung der visuellen Dynamik ihrer Raumstrukturen und kontrapunktisch montierten Fotofakten.

Doch der Einspruch von Klucis und mit ihm der ›OKTJABR‹-Konstruktivisten hielt der Kampagne gegen ihre Position nicht stand. Die im Herbst 1931 ihrem Höhepunkt zutreibende Diskussion um die methodische Verfahrensweise der Fotomontage war nur Teil eines umfassenderen Angriffs auf die letzten Bastionen der russischen Avantgarde. Der kritische, auf Kosten des Konstruktivismus ausgetragene Bildvergleich zwischen Heartfield und Klucis in ›Brigada chudoschnikow‹ hatte die Stichworte zusammengefaßt. In öffentlichen Verurteilungen wurden seine Exponenten des technizistischen Formalismus, der mechanistischen Verfahren, des kunstfeindlichen Funktionalismus und des vom Westen inspirierten, ›linken‹ Ästhetizismus beschuldigt.

Die Angriffe nahmen an Heftigkeit derart zu, daß sich die Konstruktivisten schließlich zur öffentlichen Selbstkritik gezwungen sahen und ihre alten Überzeugungen aufgeben mußten. Im Herbst 1931, offensichtlich noch vor der Diskussion seines Vortrags in der Kommunistischen Akademie, hatte sich Klucis zusammen mit den Fotomonteuren Elkin, Kulagina, Pinus, Senkin und anderen

V. l. n. r.: Heartfield, Alpert, Kiselowski, unbekannt, unbekannt, Schaichet. An der Schwarzmeerküste bei Batumi, August 1931

V. l. n. r.: Klucis, Heartfield, Bogorodski, Elkin, Senkin, Alpert, Schaichet. Batumi, 1931

von der ›OKTJABR‹-Gruppe losgesagt und um Aufnahme in die im Mai des Jahres gegründete ›Russische Assoziation proletarischer Künstler‹ (RAPCh) gebeten. Vor allem die RAPCh, eine Schwestervereinigung der Literaturorganisation RAPP (›Russische Assoziation proletarischer Schriftsteller‹), verschärfte das ideologische Trommelfeuer sowohl gegen die ›rechten Abweichler‹ (die alten realistischen Maler) als auch gegen die ›linken Abweichler‹ der Avantgardekunst, während sie sich selbst die Vertretung der wahren Parteilinie und der proletarischen Klasseninteressen anmaßte.
Eine ebenso aggressive Rolle spielte in diesem Vernichtungskampf gegen ›OKTJABR‹ die der RAPCh nahestehende ›Russische Gesellschaft der proletarischen Fotoreporter‹, ROPF genannt. Die ROPF hatte sich im September 1931 konstituiert; zu ihren aktivsten Gründungsmitgliedern gehörten Max Alpert und Arkadi Schaichet, jene beiden Fotografen, mit denen Heartfield kurz zuvor seine Fotoexkursion nach Baku und Georgien beendet hatte.
Dort, in Batumi, entstand das Foto mit Heartfield inmitten der sowjetischen Künstler. In dieser gelösten Atmosphäre an der Schwarzmeerküste scheint der Deutsche eine Art Integrationsfigur für die rivalisierenden Fraktionen gewesen zu sein. Freundschaftlich hat er seinen linken Arm um den Maler Fjodor Bogorodski gelegt, während sein rechter auf dem Bein von Gustav Klucis ruht. Der realistische Maler Bogorodski, einer der führenden Vertreter der ›Assoziation der Künstler des revolutionären Russland‹ (AChRR), gibt sich schon in seiner bayrisch anmutenden Kleidung als Traditionalist zu erkennen. Demgegenüber stilisiert sich das Dreigespann der ›OKTJABR‹-Mitglieder nicht weniger: zum Kollektiv der Avantgardisten. Klucis, Senkin und Elkin haben sich uniform den Schädel glattrasiert und in Sporttrikots gekleidet, dergestalt den funktional denkenden und agil operierenden Konstruktivisten im technischen Zeitalter hervorkehrend. Die gegenseitige Abneigung zwischen Klucis und Bogorodski wird in dieser Situation ebensowenig anschaulich wie die erbitterten Rivalitäten zwischen der Konstruktivistengruppe und der staatlich geförderten Realistenvereinigung um die Führung im Kunstleben.
Zu der Gruppe gesellen sich rechts noch Max Alpert und Arkadi Schaichet. Als Fotoreporter von ›USSR im Bau‹ gehörten sie zur vierköpfigen Expeditionsbrigade Heartfields. Von Alpert und Schaichet stammte auch die bekannte Fotoreportage über die Lebensweise der Moskauer Arbeiterfamilie Filipow, die 1931 in der AIZ abgedruckt worden war. Bei der sozialdemokratischen Presse hatte diese Reportage Zweifel an ihrer Authentizität hervorgerufen. Als Gegenbeweis bildete die AIZ ein Foto ab, das Heartfield im Kreise der Familie Filipow in Moskau zeigt. Die Fotografie ist mit folgender Unterschrift versehen: »Die Rolle der SPD wird täglich klarer: Sie ist der linke Flügel des Faschismus. Wie wäre es sonst möglich, daß sie die Sowjetunion, in der der Sozialismus eine neue Welt aufbaut, täglich mit neuen Lügenfeldzügen bekämpft? Unser Bild enthüllt eine derartige Lüge, es zeigt den bekannten Künstler John Heartfield bei der Familie Filipow in Moskau, die von der SPD-Presse ganz einfach als gar nicht existierend bezeichnet wurde …«
Auch wenn es keine Anzeichen dafür gibt, daß Heartfield sich an der ideologischen Kampagne gegen die ›OKTJABR‹-Künstler – von der sich die sowjetische Avantgardekunst bis heute nicht mehr erholt hat – beteiligte, so näherte er sich doch offensichtlich nach seiner Rückkehr von der Fotoexpedition im Spätsommer 1931 der neugegründeten ROPF an und rückte damit automatisch in Distanz zu den früheren Genossen des ›OKTJABR‹.
Im Dezember findet ein offizielles Treffen mit Heartfield und den Mitgliedern der ROPF statt.[23] Auch öffnet ihm ›Proletarskoje foto‹ ihre Seiten. Diese Fotozeitschrift wird in den Jahren 1931/32 zur Tribüne für die Attacken der ROPF-

Fotografen gegen die Konstruktivisten aus der ›OKTJABR‹-Gruppe. Gleich in ihrer Gründungsdeklaration, abgedruckt im Septemberheft von ›Proletarskoje foto‹, führt die ROPF mit den gängig gewordenen Schmähvokabeln einen Generalangriff gegen ›OKTJABR‹: »... es muß ein erbittertes Feuer gegen die ›Linken‹ eröffnet werden, die ihrem Wesen nach neu entstehende kleinbürgerliche Ästheten sind. Als Quelle für die Arbeit der Linken fungiert die westliche Dekadenz, vertreten durch die modernen bürgerlichen Fotografen, in der Hauptsache von Moholy-Nagy und seinen Nachahmern. (...) Unter den Verhältnissen der Sowjetunion führt die Nachahmung der westlichen Mode, das Verzichten auf die eingehende dialektisch-materialistische Analyse der uns umgebenden Erscheinungen zugunsten eines mechanischen Gleitens über die Oberfläche, zum Abweichen von jenem Weg, den die proletarische Fotografie im Zeitraum des sozialistischen Aufbaus gehen soll.«[24]
Während die Fotografen und Fotomonteure der ROPF für ihre eigene Arbeit in Anspruch nehmen, daß sie »das Wesen der Erscheinungen nach der Methode des dialektischen Materialismus aufdeckt«, erklären sie gleichzeitig die »Entlarvung des scheinrevolutionären Charakters« der ›OKTJABR‹-Künstler zu einer »der wichtigsten Aufgaben im Gesamtplan des Kampfes für die schöpferische Methode der proletarischen Fotografie«.[25]
Dieser Streit um die Kunstmittel wird unter dem Druck der Parteiführung zum Klassenkampf verzerrt, die politische Entlarvung und Vernichtung des Andersdenkenden zum vordringlichen Ziel. Die Schlacht um die wahre Linie bleibt aber so lange Schattenboxen, wie das Schlagwort vom dialektischen Materialismus als einer schöpferischen Methode nicht weiter konkretisiert wird. Hier kommen die Fotomontagen von Heartfield zu Hilfe. In ihnen sehen die Kritiker der Konstruktivisten die ›Schaffensmethode‹ am besten verwirklicht und am einleuchtendsten demonstrierbar.
Angesichts dieser Rolle der Heartfieldschen Montagen als wichtige Argumente in den damaligen Auseinandersetzungen um die zwar als verbindlich *vorgegebene,* aber eben noch nicht in praxi *vorgeführte* dialektisch-materialistische Methode, liegt die Vermutung nahe, daß die am 20. November eröffnete Ausstellung seines Gesamtwerkes mit circa 300 Arbeiten von den Veranstaltern ganz bewußt als Diskussionsbeitrag, ja mehr noch: als Richtschnur der künftigen Entwicklung geplant worden war. Jedenfalls wird in allen Rezensionen der vorbildhafte und instrumentelle Charakter des Unternehmens hervorgehoben. So schreibt die deutschsprachige Zeitschrift ›Sowjetkultur im Aufbau‹ beispielsweise: »Besonderes Interesse erregte die Ausstellung von Werken des deutschen Künstlers auf dem Gebiet der Photomontage John Heartfield in Moskau. Die Plakate, Buchumschläge und andere ausgestellte Werke Heartfields erweckten durch die ungewöhnliche Schärfe ihrer Absicht und ihre ausdrucksvolle Ausführung hohes Interesse nicht nur in den Künstlerkreisen der Sowjetunion, sondern auch bei den breiten Massen des Publikums. Wie diese Ausstellung selbst, so sind auch die Arbeitsmethoden Heartfields eingehend in der Sowjetpresse kommentiert worden. Die Ausstellung endete mit einer Diskussion über das Schaffen Heartfields, in der die Arbeiten dieses Künstlers, dem es gelungen ist, *den richtigen Weg* bei der Anwendung der Photomontage auf die Polygraphie einzuschlagen, als höchst wertvoll anerkannt wurden.«[26]
Auch eine unverdächtigere Zeugin, die zusammen mit ihrem Mann (dem Bauhaus-Meister Hinnerk Scheper) in Moskau weilende Bauhäuslerin Lou Scheper, teilte diese Einschätzung der Vorbildrolle Heartfields für die sowjetische Diskussion. In der Dezembernummer der Zeitschrift ›Moskauer Rundschau‹ kündigt Lou Scheper »Eine zeitgemäße Ausstellung« Heartfields an. Neben der technischen Virtuosität und Wirksamkeit seiner Arbeiten hebt die Rezensentin

Heartfield-Ausstellung in Moskau, 20.11.–10.12. 1931

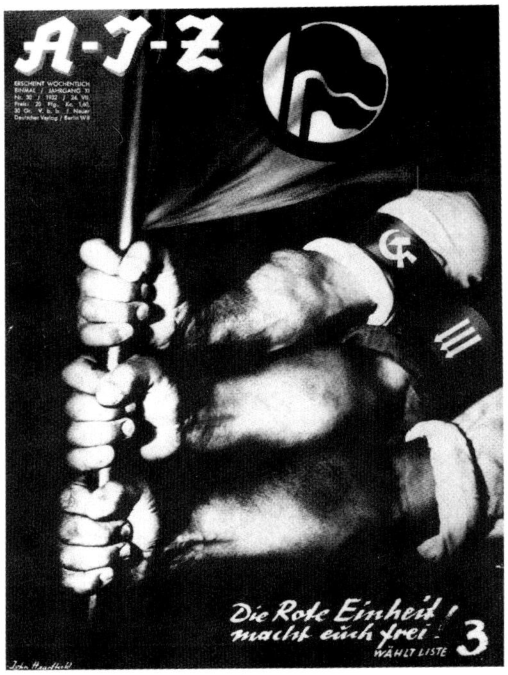

John Heartfield, ›Die Rote Einheit macht euch frei!‹ AIZ (Berlin), 24. 8. 1932, Titelseite

besonders ihren Ideengehalt hervor. »Nicht einer Arbeit – sei es Plakat, Bucheinband, Vorsatzpapier, Illustration oder was auch immer – fehlt die geistvolle politische Pointe, nirgends ist die Wirkung mit groben kunstfernen Mitteln erzielt, überall aber stehen diese Mittel eindeutig im Dienste der Wirkung. (...) Oft ist es eine ganz einfache, aber immer eine intellektuelle Idee, die politische Massenwirkung« hervorruft. Scheper schließt mit der Bemerkung, Heartfields Arbeiten wären vor allem durch die ihnen zugrundeliegende Methode der Ideengestaltung für die sowjetischen Fotomonteure von Bedeutung.[27]

In der Zeitschrift ›Sowjetskoje iskusstwo‹ (›Sowjetische Kunst‹) werden dagegen in denunzierender Manier die zum »künstlerischen Bild« montierten Arbeiten Heartfields dem »naivsten, inhaltsärmsten Formalismus« der konstruktivistischen Fotomonteure gegenübergestellt, die nichts anderes täten, als »einen Haufen Photographien zu nehmen, sie zu zerstückeln, auf ein Blatt zu kleben [und] die Komposition nach der ›Diagonale‹, ›Vertikale‹ oder ›Horizontale‹ zu lösen«. Dem deutschen Künstler gelingt es dagegen nach Ansicht des Rezensenten, mit der Ausstellung »in solch einer Fülle und Vollkommenheit das Gesicht der bürgerlichen Welt und den heldenhaften Kampf der kommunistischen Bruder-Parteien zu zeigen«, daß sie ein »Mittel zur internationalen Massenerziehung«[28] werden müsse.

In ›Proletarskoje foto‹, der inoffiziellen Plattform der ROPF, erscheint reich bebildert unter der Überschrift »FÜR DIE PROLETARISCHE SCHAFFENSMETHODE DER FOTOMONTAGE – JOHN HEARTFIELD EIN FORTSCHRITTLICHER WELTFOTOMONTEUR« ein Einführungsartikel der Redaktion zusammen mit mehreren Abhandlungen zu Heartfields Werk, die zuvor schon an anderem Ort abgedruckt worden waren: neben dem bereits zitierten Interview mit Egon Erwin Kisch unter dem neuen Titel ›Der größte Künstler der Gegenwart‹ ein Artikel von Sergei Tretjakow, worin der Schriftsteller einen Lebensabriß von Heartfield, Erläuterungen zu einigen seiner Montagen und Beispiele seiner Rezeption in der russischen und deutschen Arbeiterklasse gibt. Passagen dieses Artikels gehen später in Tretjakows breiter angelegtes Porträt des Künstlers (›Menschen eines Scheiterhaufens‹, 1936) und in seine Heartfield-Monografie (1936) ein.

Brigade K. G. Koretschki, Plakat ›Das ist unser letzter und entscheidender Schlag‹, 1932

Ein weiterer Beitrag der Artikelsammlung stammt von W. Kostin, kurz zuvor noch Vorsitzender der Jugendvereinigung des ›OKTJABR‹; auch er war durch psychischen und sogar physischen Druck von seiten der RAPCh gezwungen worden, dem Konstruktivismus abzuschwören und die Vereinigung zu verlassen.[29] Kostin nennt Heartfield jetzt – in polemischer Wendung gegen die von Klucis mehrfach geäußerten Ansprüche – den »Begründer der Fotomontage« und »ihren besten Künstler«. Auch wiederholt er den Vorwurf der Überladenheit und des formalistischen Ästhetizismus der konstruktivistischen Montagen, und zwar ex negativo: durch die Hervorhebung jener einfachen Mittel, die Heartfields Arbeiten ihre »außerordentliche Kraft und Überzeugung« gäben und »in den Massen [für] lebhaften Widerhall und Popularität« sorgten. »Mit echtem proletarischem Haß« enthülle der deutsche Fotomonteur »alle Triebfedern des kapitalistischen Wachstums und Wohlstandes«, als da wären Ausbeutung, Arbeitslosigkeit und Kolonialismus.

Offener als die beiden dem Konstruktivismus nahestehenden Schriftsteller und das ehemalige ›OKTJABR‹-Mitglied Kostin betont der vierte Beitrag, der des Redakteurs von ›Proletarskoje foto‹, L. Mescheritscher, die beispielhafte Funktion der Heartfield-Ausstellung. Seine Arbeiten überträfen »bei weitem alles, was bisher« sowjetische Künstler auf dem Gebiet der Fotomontage geleistet hätten, so daß man »unseren Fotografen, Plakatkünstlern und Illustratoren bedenkenlos raten [könne], von dem deutschen Genossen zu lernen«. Obwohl

Heartfield »einwandfrei die Form« beherrsche, »in die er das fotografische Ausgangsmaterial verwandelt«, werde er »niemals und nirgends zum Formalisten. Jede Art von Ästhetizismus ist ihm fremd.« Direkt an die konstruktivistischen Fotomonteure richtet sich die Zurechtweisung: »Unter unseren Meistern gibt es noch einige, die etwas bei der Bourgeoisie lernen wollen. Insbesondere die urbanistisch-dekadente Fotografie und Fotomontage des modernen Westens (Moholy-Nagy, Aenne Biermann, Man Ray u. a.) tragen in die Herzen einiger unserer Formalisten einen süßen Schmerz. Wir würden sie zu Heartfield in die Lehre schicken.«[30]

Mescheritscher empfiehlt, besonders auch für die Arbeiter-Fotokorrespondenten Massenexkursionen in die Ausstellung zu organisieren. In der Tat führte Heartfield wohl täglich Arbeiter, Bauern und auch Intellektuelle durch seine Werkschau, wobei Tretjakow zumeist als Übersetzer diente.[31] Wie Lou Scheper in ihrer Rezension, so betont auch Mescheritscher vor allem den Ideengehalt von Heartfields Fotomontagen. Die formale Anordnung des Materials vermeide jeglichen Formalismus, weil sie immer auf einer zugrundegelegten, prägnanten Bildidee fuße, die ihrerseits in einer politischen Aussage gründe. »Die politische Schärfe und kämpferische Zweckmäßigkeit der Arbeiten von Heartfield führen ihn zu einem äußersten Lakonismus, zu einer *höheren Einheit von Idee und Form.* (...) in allen seinen Werken erwächst die *Form aus der Idee.*«[32]

Mit seiner Feststellung, daß die *Idee* in Heartfields Werken »immer die herrschende Rolle« behält, versucht der Rezensent die Fotomontagen mit jenem Methodenpostulat in Übereinstimmung zu bringen, das auf der Charkower Konferenz von 1931 als verbindliche Richtlinie für die ›dialektisch-materialistische Schaffensmethode‹ in der Kunst bestimmt worden war. Die Ausführungen des Hauptreferats von L. Awerbach (dem Vorsitzenden der RAPP) erläuternd, erklärte A. Kurella dem deutschen Leser die »exakte Definition des Begriffs der proletarischen Literatur«, die auch für die bildende Kunst verbindlich werden sollte: »Nicht die Klassenherkunft und nicht die bloße Absicht« mache den proletarischen Künstler aus. Der »Klassencharakter« des Kunstwerks werde vielmehr »bestimmt an Hand der Untersuchung der *Ideen,* die objektiv in dem betreffenden Kunstwerk zum Ausdruck kommen, und dadurch, wem dieses Kunstwerk objektiv in den Klassenkämpfen seiner Zeit dient.«

Damit wird der Ideengehalt des Kunstwerks, was auch immer das im einzelnen Fall sein mag, zu einer der Säulen der ›dialektisch-materialistischen Schaffensmethode‹. Heartfield folgt diesen Direktiven, wenn er bei seinem Vortrag im Moskauer Polygrafischen Institut erklärt, die Bourgeoisie habe »keine begabten Künstler« und keine »große, gute Kunst ... weil ihr die gewaltigen *Ideen fehlen*«. In der Sowjetunion hingegen werde »eine neue Gesellschaft auf den Fundamenten gewaltiger und neuer Ideen aufgebaut. Auf dieser Basis des sozialistischen Aufbaus und der Arbeit entwickelt sich auch eine echte Kunst. Und ihre Ideen sind nicht nur gewaltig, sie sind nicht nur neu: es sind die *einzigen gewaltigen,* die einzigen *neuen Ideen.*«[33]

Weitere Merkmale der ›dialektisch-materialistischen Schaffensmethode‹ nennt der Einleitungsartikel zu den vier in ›Proletarskoje foto‹ veröffentlichten Abhandlungen. Der Autor stellt zunächst fest, daß die Arbeit eines jeden Künstlers darin bestehe, »die dargestellte Wirklichkeit *aus dem Blickwinkel der* klassenbedingten und klassengerichteten *Idee umzubilden*«. Zu dieser ideengeleiteten, parteilichen Umbildung der Wirklichkeit bedürfe es aber der Möglichkeit einer Verallgemeinerung der wiedergegebenen Fakten. Denn die bloße Aufzählung oder Aneinanderreihung der Fakten sage noch nichts aus über ihren Zusammenhang, und damit über das lebendige oder konfliktreiche Gewebe der Wirklichkeit.

›Besboschnik‹ (›Der Atheist‹), Nr. 7, Juli 1934, Titelseite
Adaption einer Fotomontage Heartfields zur Genfer Abrüstungskonferenz (vgl. Kat.-Abb. 99)

Die Fotografie aber sei an sich zu einer solch ideellen und womöglich vom Klassenstandpunkt her unternommenen Verallgemeinerung schlecht geeignet. Ihre mechanisierte Bildproduktion und dokumentarische Stärke sei zugleich Ursache ihrer Schwäche: das Kleben am Detail, am Einzelobjekt oder Ausschnitt. Doch die Fotomontage könne den Fotografen von seiner grundsätzlichen Fixierung auf die Fakten befreien; ihre Verfahren ermöglichten eine verallgemeinerte Bildaussage mit den Mitteln der Fotografie. Wie von jedem Künstler, so müßten auch vom Fotomonteur die natürlichen Proportionen modifiziert und die »zufälligen Wechselbeziehungen« zwischen den Fakten »neu organisiert« werden. Dazu sei »das *Wesentliche* und das *Typische*« vom »Zweitrangigen und Partikulären« zu befreien, damit der Künstler »aufbauend auf dem Material der Wirklichkeit aktiv ›seine‹ Absicht« gestalten kann, die seine »Weltanschauung« und die »Bestrebungen seines gesellschaftlichen Umfeldes« ausdrücken soll.

Die *»Verallgemeinerung«* der Wirklichkeit in parteilicher Perspektive und die Herausarbeitung des »Typischen« einer Situation oder eines Menschen auf der Grundlage einer vorgefaßten »Idee« werden als die wichtigsten Verfahren der ›dialektisch-materialistischen Schaffensmethode‹ auch im Bereich der Fotografie, der Fotomontage und Plakatgestaltung bestimmt. Die »Umbildung« der sichtbaren Wirklichkeit durch Montierung ihrer fotografisch fixierten Fakten soll das »Wesen« hinter den »Erscheinungen« sichtbar machen. Hierbei hat die Montage gegenüber der Malerei und Zeichnung nach Ansicht des Autors den Vorzug, daß sie aufgrund des dokumentarischen Charakters der einzelnen Fotografien dem künstlich montierten und ideell programmierten Zusammenhang der Einzelfotos die Überzeugungskraft des Faktischen verleiht: »Das Besondere der neu erhaltenen Abbildung beruht darin, daß sie *in ihren Formteilen den Wirklichkeitseindruck* der Fotografie beibehält, *in ihrer verallgemeinerten Form* aber die *›Eingeengtheit‹* der Fotografie, die Begrenztheit ihrer Fähigkeit zur Umbildung *überwindet.*« Auf dem Wege der Verallgemeinerung und Typisierung soll die Fotografie allererst ihren Ideengehalt erhalten und sich der *»synthetischen großen Kunst«*[34] annähern und gleichstellen können.

Was diese Forderung für die Fotomontage im besonderen und die Kunst im allgemeinen jedoch ganz konkret meint, belegt das vom Autor in ›Proletarskoje foto‹ angeführte Bildbeispiel: Einen Hochofen zusammen mit der Figur eines Arbeiters, der ihn an Höhe überragt, darzustellen, um so ein »Symbol der Schaffensmacht des Proletariats« zu erhalten und derart das fotografische Konterfei des Arbeiters zum »Herrscher« über die »gigantischen Errungenschaften der sozialistischen Technik« zu verallgemeinern, gelingt der Fotografie nur mit Mühe, der Fotomontage hingegen ohne Probleme.

Die von Konstruktivisten wie Klucis verfochtene Kontrastierung der Größenmaßstäbe und anderer Formrelationen zum Zwecke der Aktivierung des Sehens wird nun auf ein plumpes, rein affirmativ wirkendes Verfahren zur symbolischen Idealisierung und Monumentalisierung der Wirklichkeit verzerrt.

Die montierte »Umbildung« der Wirklichkeit durch die Verkehrung realer Proportionen folgt der vom ZK der Partei propagierten »Idee« der Arbeiterklasse als Eigentümerin und Beherrscherin des industriellen Aufbaus. In seiner entscheidenden Rede auf der Wirtschaftskonferenz vom 23. Juni 1931 formulierte Stalin das Verhältnis von Technik und Arbeitskraft neu. Während die allgemeine Losung seit 1928, zum Beginn des Ersten Fünfjahresplans, lautete: »Die Technik entscheidet alles«, erhält nun die lebendige Arbeit den Vorrang. Stalin spricht ausdrücklich von einem neuen Stadium des sozialistischen Aufbaus, der »neue Methoden« seiner Leitung erforderlich mache. »In der Tat ist der Produktionsplan die lebendige und praktische Tätigkeit von Millionen Menschen. Die Realität unseres Produktionsplanes, das sind die Millionen Werktätigen, die ein neues Leben schaffen. Die Realität unseres Programms, das sind lebendige Menschen, das sind wir selbst.«[35]

Stalin zog aus dieser allgemeinen, ›humanistisch‹ verbrämten Maxime sechs Weisungen für die neuen Leitungsmethoden, zum Beispiel die Einführung einer strikten Lohnhierarchie anstelle der Kollektivlöhne, die Ablösung der kollektiven Betriebsleitung durch die individuell verantwortliche Einmannleitung, die vermehrte Heranziehung der alten bürgerlichen, mit der Industrialisierung sympathisierenden Spezialisten und die Schulung einer technischen Intelligenz der Arbeiterklasse. Die Auswirkungen von Stalins Weisungen machten sich in der Kunstadministration mit einiger Verzögerung, dann aber durchschlagend bemerkbar. Stalins Hervorhebung des *»lebendigen* Menschen« als der entscheidenden Produktivkraft im industriellen Aufbau verlangte von den Künstlern nicht nur für die Motivik die Dominanz des Menschlichen gegenüber dem ›bloß Technischen‹. Auch die technizistischen Produktions- und Kompositionsverfahren der Fotomontage wurden jetzt von der parteilichen Kunstkritik als untragbar angesehen. Verlangt wurde die organische Verschmelzung der Fotostücke und Farbformen zu einer illusionistisch wirkenden Bildeinheit ohne innere Brüche. Die Verschleifung der harten Schnitte und Kanten zwischen den Fotopartikeln, die Milderung der fakturellen, farblichen und kompositionellen Kontrastierungen innerhalb einer Montage sollten dieserart den Darstellungsmodus seinem Sujet, der stalinistischen Lebens- und Arbeitswelt, qualitativ angleichen.

Die bereits zitierte Bildkritik in ›Brigada chudoschnikow‹ an den beiden Fotomontagen von Klucis (Abb. S. 309) gab einen Eindruck von der Übertragung der parteilichen Anordnungen für den Wirtschaftsbereich auf die bildende Kunst. Das Fehlen des *»organischen Einklangs«* zwischen den dargestellten Stoßarbeitern und der Technik wurde ebenso bemängelt wie die Sprünge und Disproportionen in der Montagestruktur. Diese Kritik wird in einem weiteren Artikel von Kostin über die »Fotomontage und die mechanistischen Fehler des ›OKTJABR‹« von 1932 noch einmal ausgebreitet. Auch hier bemüht der Autor Heartfields Arbeiten als beispielhaft für einen organischen Zusammenhang der Komponenten. Die Montagen gäben ein *»künstlerisches, lebendiges Bild«* (»obraz«), das zwar einen logischen, aber keinen »schematischen Aufbau« wie bei den Konstruktivisten habe.[36]

Aber während in diesem Vergleich Heartfields Lakonismus und Homogenisierung der Montagestruktur noch als positive Gegenbeispiele zur konstruktivistischen Heteronomie der Bildelemente angeführt wurde, trifft wenig später auch ihn die Kritik.

Der Kunstkritiker Jewgeni Kronman (Eugen Kronmann), von dem Tatlin zur gleichen Zeit (1932) wegen seines vermeintlichen »Abgangs in die Technik« scharf kritisiert worden war, meinte auch in Heartfields Fotomontagen einen Mangel an ›Menschlichem‹ und eine verhängnisvolle Tendenz zur »Verdinglichung« feststellen zu müssen: »Die letzte Arbeit Heartfields, die 12. Nummer der Fotozeitschrift ›USSR im Bau‹, die von ihm gestaltet wurde, beunruhigt uns sehr. Die Nummer ist der Erdölindustrie in der Sowjetunion gewidmet. (...) Jedoch fehlen in dieser Zeitschrift die neuen Erbauer, Stoßarbeiter«. Das »Wichtigste«, was die sozialistische Produktion ausmache, werde »von den Maschinen und Öltürmen verdeckt«. Bei aller »hohen technischen Vollkommenheit« der Aufnahmen und der »raffiniertesten Perspektiven« sei »die ganze Nummer ohne Beispiele neuer Qualität der sozialistischen Arbeit, ein Vergehen an der Sache des Ruhms, der Ehre, des Heldentums«.[37]

John Heartfield, Umschlag für ›USSR im Bau‹ (Moskau), Nr. 12, Dezember 1931

John Heartfield, ›15 Jahre Sowjet-Union‹. AIZ (Berlin), 30. 10. 1932, S. 1035

Die Drohung, die in dieser Kritik an Heartfields »kleinbürgerlichem Intellektuellentum« anklingt, wird aber wieder in eine versöhnlichere Belehrung zurückgebogen, wenn der Kritiker den Künstler wissen läßt, daß »der Aufenthalt in der Sowjetunion für ihn eine ernste Prüfung sein [wird]. Er wird sein theoretisches marxistisches Wissen vertiefen müssen und an sich viel arbeiten«, wenn er den »linken Formalismus« überwinden und die »materialistisch-dialektische« Methode erlernen und anwenden will. »Die Arbeitsmethode Heartfields ist nicht immer dialektisch, dem Meister steht bei ihrer Aneignung eine intensive Arbeit bevor.«[38]

Zwar verrät auch Kronman dem gerügten Monteur nicht, was die vermißte und geforderte ›dialektisch-materialistische Schaffensmethode‹ sei; er zählt nur auf, was sie nicht ist, nämlich weder »mechanistisch« oder »schematisch« noch »formalistisch« oder »verdinglicht«. Dafür weiß der Kritiker in Übereinstimmung mit der Parteilosung umso besser, was von der Kunst zu verlangen ist: das »Aufzeigen des neuen Menschen, des Stoßarbeiters«. Gemessen an dieser Forderung aber sei Heartfield »schon früher außerstande [gewesen], den positiven Teil des Programms des proletarischen Kampfes aufzuzeigen. Fast alle seine politischen Fotomontagen weisen auf die negativen Züge des Feindes hin, ...«[39]

Die von Stalin demagogisch proklamierte neue Menschlichkeit in der Wirtschaft verlangte auch vom Künstler ein ›humanistisches‹ Menschenbild. Die positive Figur des neuen Sowjetmenschen, der Held der Ehre und des Ruhms sollte an die Stelle der Entlarvung und Verspottung des Klassengegners treten.

Angesichts des bis 1932 vorliegenden Werks von Heartfield erscheint aber diese Mängelrüge ebenso einseitig überspitzt wie die Bemerkung W. Kostins vom Vorjahr, Heartfields Montagen zeigten neben Ausbeutung, kolonialer Sklaverei und dem »Verfaulen der Grundlagen der kapitalistischen Gesellschaft« »im Hintergrund dieser absterbenden Welt« auch die entschlossen voranschreitenden »Millionenreihen der Arbeitermassen«, aus deren Mund das »Lied der Komsomolzen ... munter ertönt«.[40]

In dieser Zeit der endgültigen Etablierung des Stalinismus hatte das objektive, dem Werk gegenüber gerecht abwägende Urteil keinen Platz. Tatsache ist, daß Heartfield sich die Kritik offensichtlich noch beim Verlassen der Sowjetunion zu Herzen nahm und einige heroische Bezwinger der Technik zu montieren versuchte (vgl. Kat.-Abb. 76). Dabei gelang ihm aber eine nur wenig überzeugende Beschwörung des »neuen Menschen«. Das Pathos der Inszenierung aber läßt sich mit dem unhintergehbaren Dokumentarcharakter der Fotografien nicht problemlos in Einklang bringen.

Überzeugender wirkt im Medium der Fotomontage die Synekdoche der geballten Faust mit den unzähligen ihr eingeschriebenen Gesichtern und Fäusten: ein ausdrucksvolles Bild für den Zusammenschluß vieler Menschen zur antifaschistischen Aktionseinheit. Offensichtlich machte Heartfield hier Anleihen bei Klucis, dessen bekanntes Fotomontageplakat mit den vielen ausgestreckten, aber in gemeinsamer Laufrichtung vereinten Händen votierender Menschen ebenso die Übereinstimmung des Individuums mit dem Kollektivwillen demonstriert. Nur dort kann das Pathos auch in der Fotomontage überzeugend wirken, wo es sich als konstruiertes zu erkennen gibt. Nur so kann Pathos vom Betrachter als Willensform und Appell verstanden werden, ohne vorgeben zu müssen, Widerspiegelung einer selbst pathetischen, angeblich bereits perfekten Wirklichkeit zu sein. Nur wenn das produzierte Bild der Wirklichkeit sich als

John Heartfield, ›Alle Fäuste zu einer geballt.‹ AIZ (Prag), 4. 10. 1934, Titelseite

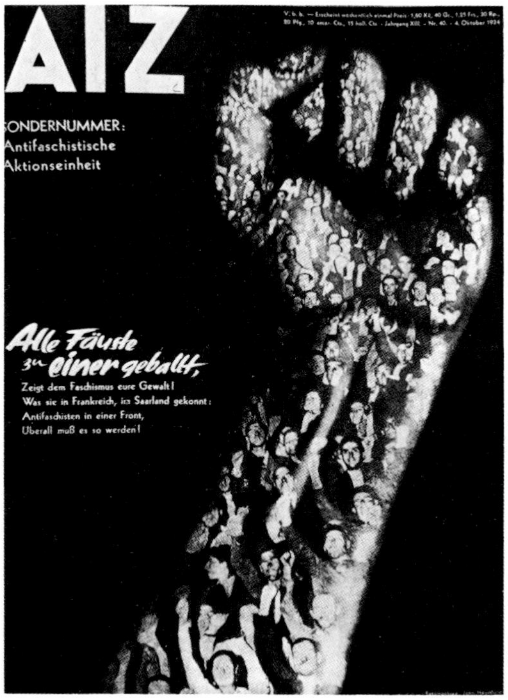

S. 319–326. ›The USSR in construction‹. Monatsschrift (Moskau), Nr. 9, September 1931. Kat.-Nr. 209

THE USSR IN CONSTRUCTION

Photographs by John Hartfield (Moscow).

1931

No 9

YESTERDAY AND..

СТОРОНА
БАХМЕТЬЕВСКИЙ АВТОБУСНЫЙ ПАРК
МОСКОВСКОЕ КОММУНАЛЬНОЕ ХОЗЯЙСТВО
ГАРАЖ ПОСТРОЕН В 1926-7-
В'ЕЗ
III
IV

TO-DAY

After four days of work, Moscow workmen have a well organised rest. The workman spends his free time in the library of the Park of Culture and Rest.

Or else he takes the air, stretched out on a garden chair.

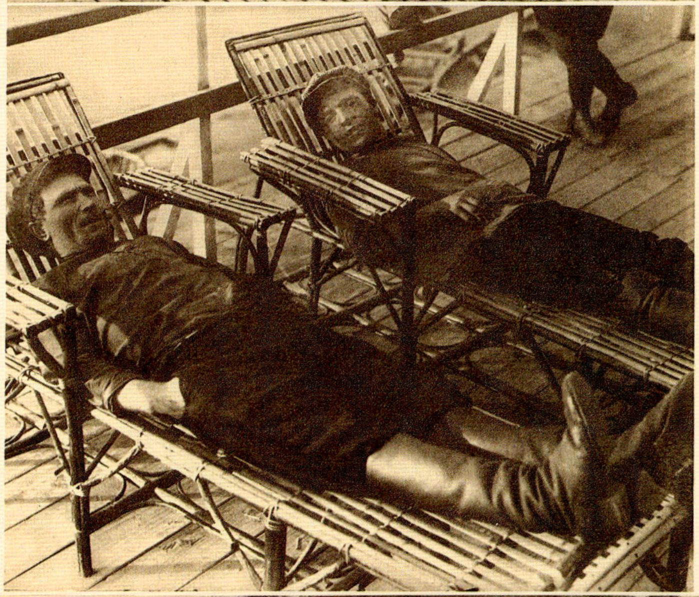

He can also take exercise in the park gymnasium.

Nowhere are children taken care of as they are in USSR. Two sets of figures prove it. Under the tsarist regime the death rate among infants was 27%, it is now 12%.

Women workers nursing their babies at the day nursery of the former „Tsindelevka“ factory, in the interval which they get for that purpose.

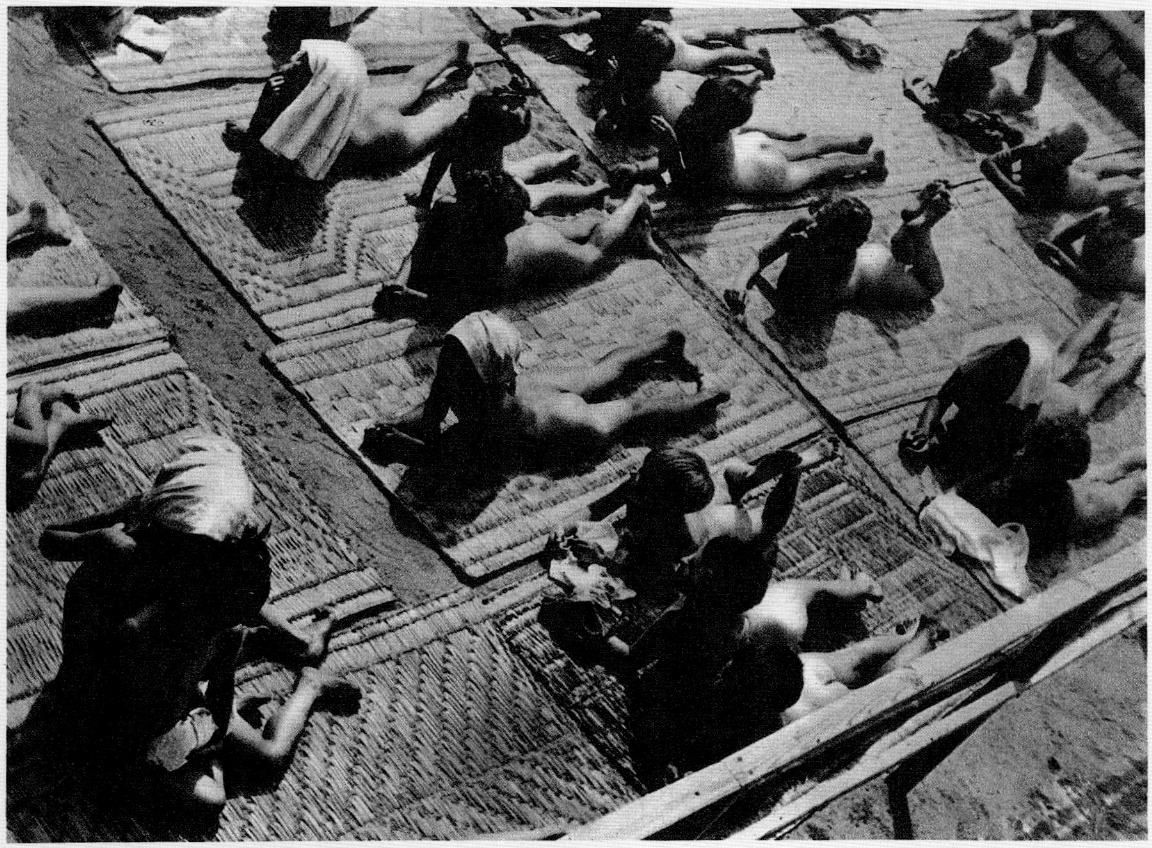

Children taking a sun bath in the children's solarium at the Park of Culture and Rest.

In the children's homes the children have their play out of doors.

Handicraft in bread making is dying out. Moscow has four bread factories.

Mechanised bread making produces from 100 000 to 250 000 kilos of bread per day.

Cooking kettles in the № 1 Kitchen-Factory in the Leningrad road.

Large kitchen-factories liberate women from kitchen work and set them free to work in factories and offices.

Enormous dining-rooms, like this one at „AMO“ works, are rightly called plant sections for purposes of nutrition.

The former jostle and tostle of markets places is replaced by regular rows of booths and stalls.

Workmen and employees get their food products and articles of general necessity in closed stores, attached to enterprises.

The demonstration of the workers' children at the setting to work of the reconstructed plant AMO.

USSR IN CONSTRUCTION

A MONTHLY ILLUSTRATED MAGAZINE

PUBLISHED IN RUSSIAN, ENGLISH, GERMAN AND FRENCH

№ 9 WERE DONE BY THE PHOTO REPORTERS:

Alpert, Blohin, Gliazer, Gruntal, Zaduraeff, Ignatovich, Carmen, Kudoyaroff, Langman, Mikulina, Ozersky, Petrussoff, Rodchenko, Samsonoff, „Soyuzphoto", Tuless, Friedland, Halip, Schaikhet, Sterenberg, Chemko, Yablonovsky

Lay-out by R. OSTROVSKY and I. URAZOV — Text by A. LITVAK and J. SUDACHKOFF

SUBSCRIPTION RATES FOR 1931: one year — $ 5.00; six months — $ 2.5; three months — $ 1.25

Subscriptions accepted by: USSR: „Mezhdunarodnaya Kniga", 18 Kuznetsky Most, Moscow; USA: „Amkniga" Corporation, 19 West, 27th street, New-York City; England: „Kniga", Ltd., Bush House, Aldwych, London, W. C. 2; Germany: „Kniga",— Buch-und Lehrmittelgesellschaft m. b. H., Ritterstrasse 61IV, Berlin SW 68

Editorial Offices: Malaya Nikitskaya, 6, Moscow, USSR. The State Publishing Union of RSFSR
IZOGIS № 2434. Glavlit № B-3883

Paper and printing by Goznak. Printed in USSR (Russia). Moscow, 1931

Produziertes nicht verleugnet, bleibt für den Betrachter erkennbar, daß auch die Wirklichkeit von ihm gemacht, das heißt verändert werden kann. Dagegen will die offizielle, an den Konstruktivismus gerichtete Forderung nach der »synthetischen Montage« (Mescheritscher) den Dokumentarcharakter des fotografischen Materials und das einsehbar Konstruierte ihres Bildzusammenhangs mittels der Fiktion des in sich stimmigen »lebendigen künstlerischen Bildes« (Kostin) unterlaufen, damit die Darstellung als Widerspiegelung der bereits verwirklichten Einheit von Mensch und Technik, Individuum und Gesellschaft, Masse und Parteiführung erscheine.

Gustav Klucis, Plakatentwurf ›Wir erfüllen den großen Plan‹, 1931

Die einsichtigste Würdigung von Heartfields Leistung gelang in der Sowjetunion neben Tretjakow vielleicht dem Kunstwissenschaftler A. Fjodorow-Dawydow, zur Zeit seiner Ausstellungsbesprechung Direktor der Moskauer Tretjakow-Galerie und ebenfalls ein Theoretiker der ›OKTJABR‹-Gruppe. Allerdings folgt auch Fjodorow-Dawydow den zeitbedingten Ritualen der politisierten Kunstkritik, indem er »prinzipielle, formalistische Fehler« »führender Meister der sowjetischen Fotomontage« rügt: »übertriebene Vorstellungen von den Möglichkeiten der Fotomontage, künstliche Gegensätze zur Malerei, und zugleich eine ungenügende Fähigkeit, die tatsächlichen Möglichkeiten der Fotomontage voll auszunutzen«.[41] Zugleich nimmt er wie seine Kollegen die »Erörterung der Schaffensmethode Heartfields … zum Ausgangspunkt für die Behandlung allgemeinerer Fragen der Fotomontage als besonderer Form der bildenden Kunst«. Auch sieht Fjodorow-Dawydow in Übereinstimmung mit anderen Kritikern in der Fotomontage eine »gute Möglichkeit für eine dialektische Darstellung der Erscheinungen«.[42]
Als einziger unter den bisher zitierten Verfechtern der ›dialektischen Schaffensmethode‹ in der bildenden Kunst bietet er jedenfalls eine Definition an, indem er sie als Darstellungsweise definiert, die »im Einzelnen, in all seiner realen Konkretheit, in seiner politischen und sozialen Aktualität das Allgemeine enthüllt«. »Diese Darstellung vermittelt in einer Art Momentaufnahme eine dialektische Vorstellung von einem Prozeß, einer Bewegung und der Einheit der Gegensätze, und schließlich nimmt sie eine Wertung der Erscheinung vor, indem sie ihre wirkliche Natur, ihre wesentlichen Zusammenhänge enthüllt.«[43] Zwar sei Heartfields »Schaffensmethode keine völlig dialektische Methode, d. h. proletarische«, weil sich auch in seinen Fotomontagen »Momente des Formalismus und Mechanismus« zeigten. Dennoch kämen sie der »dialektischen Darstellungsweise der Erscheinungen« nahe. Indem er die Gegenstände und Erscheinungen »aus der gewohnten, sozusagen ›realen‹ Umgebung herausreißt und sie in eine neue ›nicht reale‹ Umgebung« stellt, könne Heartfield sie in ungewohnte Beziehungen setzen, die wahrer als die »zufälligen ›realen‹ Beziehungen« seien. Vor allem durch die Gegenüberstellung von Dingen oder Ereignissen könnten sie in eine Situation geraten, die »das Wirkliche im Gegenwärtigen offenlegt«.
Zu den gelungensten Beispielen dieser enthüllenden Konfrontation zählt Fjodorow-Dawydow die Montage eines spielzeuggroßen Panzerkreuzers in den Händen des sozialdemokratischen Reichskanzlers Müller (Kat.-Abb. 52a), die Gegenüberstellung einer lyrischen Nachtansicht von Boston mit der Fotografie eines elektrischen Stuhls auf der Vorder- und Rückseite von Upton Sinclairs Roman ›Boston‹ und die Kombination eines Stahlhelms mit der Rheinlandschaft (Abb. S. 27). Die besondere Stärke dieser Montagen liegt für den Autor in ihrer unmittelbaren Verständlichkeit, die trotz der »sofortigen Erfassung durch den Betrachter« eine »komplizierte Kette logischer Assoziationen bewirkt, weil sie dazu zwingt, lange nachzudenken«.[44]

John Heartfield, Buchumschlag für Upton Sinclair, ›Boston‹, Berlin 1929

Der Kunstwissenschaftler versteht Heartfields Montagen als dialektische Bilder. Im Zusammenstoß von visuellen und verbalen Realitätszitaten aus scheinbar gegensätzlichen Wirklichkeitsbereichen decken sie deren untergründige, aber wesentliche Zusammengehörigkeit auf. Bei dieser Art von Entgegensetzung handelt es sich jedoch nicht, wie bei den Konstruktivisten, um visuelle Kontraste; Heartfields Montagen wecken zumeist ganz im Gegenteil die Illusion eines einheitlichen Bildraums, um gerade hierin die Einheit der sachlichen oder ereignishaften Gegensätze vor Augen zu führen.
Fjodorow-Dawydow bemüht auch die Hegelsche Dialektik der Einheit von Einzelnem und Allgemeinem im Besonderen, um die dialektische Methode im Schaffen Heartfields zu demonstrieren. Da »das Lächeln Müllers und der Panzerkreuzer... Heuchelei und Kompromißlertum« symbolisierten, werde »im Einzelnen und Besonderen ... sein Allgemeines und Gesetzmäßiges« wiedergegeben. Fraglich bleibt bei dieser Sicht der ›dialektischen Schaffensmethode‹, ob Heartfield wirklich, wie der Interpret vermutet, mit seiner Kombination des Unwahrscheinlichen die *allgemeine* Heuchelei der Sozialdemokratie symbolisieren wollte, oder nicht vielmehr einen ganz *spezifischen politischen Anlaß* und ein ganz *konkretes Angriffsziel* für seine Montage im Blick hatte.
Die Darlegung Fjodorow-Dawydows demonstriert das Bemühen, auch aus der Fotomontage eine Kunst zu machen und sie als gleichberechtigt neben die Malerei zu stellen. Bei dieser Argumentation geht es aber nicht so sehr um die Erhebung des Fotomonteurs auf den Künstlerparnaß. Die Verleihung der höheren Kunstweihen soll die Fotomontage vielmehr von ihrer Operationalität in der konkreten Lebenspraxis abtrennen und sie vom benennbaren und kritisierten Einzelfall auf das unverbindlich Allgemeine ablenken. Der Kunst wurde vorgeschrieben, ein Bild der Wirklichkeit zu schaffen, anstatt in diese Wirklichkeit einzugreifen. Diese Rückentwicklung der operativ einsetzbaren Methoden und massenhaft anwendbaren Bildtechniken der Fotomontage zur ›hohen‹, Verallgemeinerungen anstrebenden Kunst diente ihrer Entschärfung als Medium der Selbstartikulation der Massen im Alltagsleben wie im politischen Wirkungsfeld. Mit der pathetischen Inszenierung des Stoßarbeiters und der ›Sowjetintelligenz‹ als Typus des ›neuen Menschen‹ wird dem konkreten Individuum zugleich ein Kommunikationsmedium aus der Hand geschlagen. Die öffentliche Bildproduktion soll auf eine künstlerische Höhe gehoben werden, die der Masse nicht mehr als Produzent, sondern nur noch als Konsument eines scheinhaft überhöhten Abbildes ihrer selbst zugänglich ist.
Die zu Beginn der dreißiger Jahre im Kontext der Stalinisierung der Sowjetgesellschaft ausgebildeten Kriterien der Bildproduktion werden von den sowjetischen Kritikern umstandslos als Forderung auch auf die proletarisch-revolutionäre Kunst in den kapitalistischen Ländern übertragen. Damit wird sie ihrer bisher für gut befundenen kritischen Funktion beraubt. Von diesem regressiven Paradigmenwechsel in der Produktion und im Gebrauch des neuen, operativen Bildmediums und der mechanischen Übertragung des falschen Scheins eines pathetisch gestimmten Heroismus zeugen die Forderungen von Kostin, Kronman und Fjodorow-Dawydow nach einer Darstellung auch der positiven Seiten der Wirklichkeit, wie sie die Fotomontage allererst durch die Einheit der Gegensätze hervorbringen könnte.
Zum Beleg für die Spuren des Formalismus und des mechanistischen Weltbildes auch noch bei Heartfield führt Fjodorow-Dawydow an, daß er »viel stärker in der Satire, im Protest, in der Darstellung des Negativen, als in der *Darstellung des Positiven* ist. Wir würden«, schreibt der Kritiker, »vergeblich in seinen Arbeiten die klassischen Ideale des Proletariats suchen. Der ›Geist der Zerstörung‹ wird hier nicht gezeigt als ›Geist des Schaffens‹. Aber dies ist doch die *Einheit* der

Gegenüberstellung, das ist die dialektische Darstellung des revolutionären Proletariats.«[45]
In diesem Sinne wird am Ende des Jahres 1931 zunehmend die künstlerische Gestaltung der *Einheit* gegenüber der früheren Betonung der *Gegensätze* beschworen. Als Stalin schließlich 1932 die Errichtung der Grundlagen des Sozialismus und den Klassenkampf in der Sowjetunion für abgeschlossen erklärt, wird die Gestaltung der Einheit in der Mannigfaltigkeit individueller, aber nicht mehr gegensätzlicher Erscheinungen auch für die Kunst als verbindliche Schaffensmethode verordnet. Das ›Positive‹ wird zum alles beherrschenden Wert und vermittelt das Bild einer einig und enthusiastisch am Aufbau wirkenden Gesellschaft. Nur außerhalb dieser Insel der Seligen herrscht das Böse. Es erscheint verkörpert im militaristischen Aggressor gegen das Paradies der Werktätigen und wird mit karikierenden Mitteln entlarvt und bekämpft.
1932 wird die mit Brüchen und Entgegensetzungen gestaltete Bildkonstruktion aus der sowjetischen Kunst und Fotomontage ganz und gar verbannt. Sie weicht dem malerisch geglätteten und zur Formeinheit verschweißten Trugbild einer Wirklichkeit, die, von einem einzigen Willen beseelt, einem gemeinsamen Ziel entgegenstrebt. Die Fotomontage auch der ehemaligen Konstruktivisten war gezwungen, sich – manchmal bis zur Unkenntlichkeit ihrer technischen Mittel und Verfahren – der Malerei anzugleichen, um die Aufbauwirklichkeit detailreich mit harmonischen Formen und leuchtenden Farben auszumalen. Der Retuschepinsel verdrängte die Schere. Eine Dokumentierung der Fakten kam jetzt ebensowenig in Betracht wie ihre montierte Zusammensetzung für Erkenntnisse zu eingreifenden Veränderungen. Mehr noch: Jegliche Form der Montage war jetzt den sowjetischen Kritikern als nicht systemkonforme Gestaltungsweise verdächtig und wurde sogleich mit dem Verdammungsurteil ›formalistisch und mechanistisch‹ belegt. Als sich diese Invektiven auch gegen Heartfield richteten, hatte der allerdings schon das Land verlassen.
Während seine Verfahren der Materialorganisation bis 1931 trotz aller Individualität auch Analogien mit den russischen Konstruktivisten aufwiesen, machte sich nach der Rückkehr Heartfields aus der Sowjetunion 1932 ein verstärkter Hang zur Literarisierung der Montagen bemerkbar. Die zunehmende Bedeutung von Texten im Bild und von Redefiguren als Ausgangspunkt der Bildidee ist unter anderem auf die in der sowjetischen Diskussion und dann in Deutschland vor allem von Georg Lukács vertretene Forderung nach einer detaillierten und psychologisch motivierten Beschreibung gesellschaftlicher Totalität im Kunstwerk zurückzuführen.
Die Einführung der Begriffe ›Wesen‹ und ›Erscheinung‹ in die politisch-ästhetische Diskussion und die entsprechende Festlegung der Schaffensmethode auf eine Widerspiegelung des ›Wesens‹ in den ›Erscheinungen‹ stellt zu Beginn der dreißiger Jahre wieder eine Trennung von Bild und Wirklichkeit her. Die resultierende Herabsetzung der empirischen Wirklichkeit zu bloßer Oberfläche führte in den dreißiger Jahren aber nicht nur zur Kritik und Verurteilung der offenen Montageformen, sondern auch zur Kritik und Preisgabe des operativen Konzepts einer eingreifenden Kunst, deren Wirksamkeit für den Betrachter an diese Organisationsformen des Materials gebunden war. Der Konsument der Bilder wurde seiner Kompetenz als Produzent wieder beraubt, und die Enteignung im medialen Bereich ging mit der Entmündigung im politischen einher. In der Sowjetunion ist dieser erneute Paradigmenwechsel in der Kunst durch die Etablierung des Stalinismus, in Deutschland durch die des Faschismus markiert.
Wie direkt sich die Entscheidungen in der Sowjetunion um die richtige Methode in der Kunst auch in den deutschen parteigebundenen Organen und Vereini-

Gustav Klucis mit dem Retuschierpinsel vor der Fotomontagewand ›Die Partei ist die Spitze der Arbeiterklasse‹, um 1936

gungen niederschlugen, können die Ausführungen von Alfred Durus, dem Kunstkritiker der KPD, von 1932 belegen. Obwohl sich Heartfield, um die technische und proletarische Note seiner Arbeit in Entgegensetzung zur künstlerischen Tätigkeit hervorzuheben, stets als *Monteur* bezeichnete, ergreift Durus in der Besprechung einer Fotomontageausstellung des ›Bundes revolutionärer bildender Künstler Deutschlands‹ (BRBKD) gegen die Ableitung der Fotomontage aus der »neuartigen maschinellen Technik« das Wort. »Wir müssen«, schreibt Durus, »diese bürgerlich-mechanistische Auffassung, diese Überbetonung der technischen Seite der Photomontage bekämpfen. Die Photomontage ist kein Kran und kein Eisenbahnwaggon, und der Photomonteur ist kein Ingenieur.« Gegenüber diesem angeblich »bürgerlichen« Verständnis der Fotomontage bedeute sie »für uns« »in ihren Möglichkeiten einer erschöpfenden (totalen) bildlichen Erfassung der gesellschaftlichen Wirklichkeit, ein *epochales Mittel der Kunst*«.[46]

Diese Gegenüberstellung von ›bürgerlich-mechanistischer‹ Fotomontage und ›totaler bildlicher‹ Erfassung der Wirklichkeit ist nur als Reaktion auf die in der Sowjetunion geführten und auf Deutschland übertragenen Diskussionen um die ›dialektisch-materialistische Schaffensmethode‹ zu verstehen. Durus versucht, die Existenzberechtigung der Fotomontage unterm Postulat dieser Methode zu verteidigen, sie gegen den Vorwurf des Mechanistischen und der Kunstlosigkeit in Schutz zu nehmen.

Mit seiner Wortwahl und Begriffsopposition bezieht sich Durus direkt auf die Kontroversen um die ›Schaffensmethode‹ der proletarisch-revolutionären Kunst und vor allem der Literatur, die 1931/32 in der ›Linkskurve‹, dem Organ des ›Bundes proletarischer revolutionärer Schriftsteller‹ (BPRS), einer Schwesterorganisation des BRBKD, ausgetragen wurden.

In der Mai-Nummer von 1932 bezieht der Vorsitzende des Schriftstellerbundes, der Dichter Johannes R. Becher, gegen Heartfield Stellung, indem er seine Bedeutung für die Arbeiterbewegung herunterzuspielen sucht. Tretjakow hatte sich im Aprilheft des linken ›Magazins für Alle‹ aus dem Münzenberg-Verlag über die »Bildende Kunst« geäußert und dabei, wie schon in seinem Artikel für ›Proletarskoje foto‹, auf die Popularität Heartfields unter den deutschen Arbeitern hingewiesen: »Wie die Gedichte Weinerts, die Lieder Hanns Eislers kennt in Deutschland jeder Arbeiter, jeder Jungkommunist, jeder Pionier die Montagen Heartfields.« Becher widerspricht dieser Einschätzung, weil er »unsere Erfolge« in der proletarisch-revolutionären Literatur und Kunst nicht mit den von Tretjakow aufgezählten Namen verbunden wissen will.[47] Mit Eisler, Ottwalt und Tretjakow gehört auch Heartfield zu jenen linksbürgerlichen, Brecht nahestehenden Künstlern, die in verdeckter und zum Teil auch offen ausgetragener Feindschaft den Gegenpol zur Gruppe um Becher innerhalb der linken Intellektuellen bilden.

Theoretische Schützenhilfe erhält die Becher-Fraktion vor allem von Georg Lukács, der im Sommer 1931 zur Unterstützung der BPRS-Leitung gegen sogenannte ›linke‹ Abweichungen von Moskau nach Berlin geschickt worden war und sich vor allem in der ›Linkskurve‹ zu Fragen der Schaffensmethode äußerte. Dabei übertrug Lukács die Kriterien der sowjetischen Diskussion so umstandslos auf die ganz anders geartete künstlerische und sozioökonomische Situation in Deutschland, daß sich der Brecht und Tretjakow verbundene Schriftsteller Ernst Ottwalt zu der Entgegnung veranlaßt sah, »daß wir nicht blindlings die literaturpolitischen Probleme der Sowjetunion in unsere literaturpolitische Situation übernehmen können. Die Verhältnisse, gegen die wir kämpfen und unter denen wir zu produzieren gezwungen sind, sind andere.«[48]

Obwohl die methodisch-politischen Auseinandersetzungen unter den linken Künstlern in der Weimarer Republik im Unterschied zur Sowjetunion vor allem in den Schriftstellerkreisen ausgetragen wurden, blieben ihre Ergebnisse doch nicht ohne Auswirkungen auch auf die Bildmedien. Die von Lukács im Novemberheft der ›Linkskurve‹ von 1931 mit einer scharfen Kritik an Willi Bredels Arbeiterromanen eröffnete Verdammung der Reportage- und Montageformen als mechanistisches »Formexperiment« hatte auch Auswirkungen auf die parteioffizielle Akzeptanz von Heartfields Fotomontagen. Als gebranntes Kind schrieb Bredel später etwas äsopisch an ihn: »So dialektisch-kompliziert ist unsere Entwicklung, daß das, was Du als künstlerische Ausdrucksform neu erfandest, Formalismus sein sollte. In Wahrheit ist es gerade das Gegenteil davon ...«[49]

In seiner 1932 vorgetragenen Kritik an Ottwalts Tatsachenroman über die Deutsche Justiz, die ebenso kritisch auch das gerade veröffentlichte Bio-Interview ›Den Schi Chua‹ von Tretjakow streift, besteht Lukács vor allem auf der Notwendigkeit einer künstlerischen Gestaltung der »Totalität« von »lebendigen Wechselbeziehungen lebendiger Menschen untereinander und dadurch vermittelt mit der Gesellschaft, in der sie leben, mit der sie ihre Konflikte durchfechten«.[50] Diese schon aus der russischen Diskussion bekannte Forderung veranlaßte Durus zu seiner bereits erwähnten Feststellung, die Fotomontage sei ein *»epochales Mittel der Kunst«* zur »(totalen) bildlichen Erfassung der gesellschaftlichen Wirklichkeit«, da sie »soziale *Zusammenhänge und Wechselwirkungen, Übergänge und Gegensätze* aufzuzeigen« vermag und den »Blick für das Wesen der gesellschaftlichen Zusammenhänge«[51] beim Betrachter schärft.

Doch Lukács läßt solche auch von anderen Schriftstellern angeführten Einwände gegen die mit parteioffizieller Wucht vorgetragene Kritik an den Montage- und Reportageformen nicht gelten. Er beharrt auf seiner Behauptung, der proletarisch-revolutionäre Künstler könne nur »indem er den dialektischen Materialismus zur Grundlage seiner schöpferischen Methode macht, stets die treibenden Kräfte des Gesamtprozesses vor Augen« haben. Der Schriftsteller aber, »der in kleinbürgerlicher Opposition zur kapitalistischen Gesellschaft steht, [kann] nicht vom Gesamtprozeß und seinen treibenden Kräften, die er nicht versteht, ausgehen. Er will Einzelheiten entlarven.«[52]

Genau um diese Entlarvung konkreter Einzelheiten aber ging es – mit wenigen Ausnahmen – den seit 1930 entstehenden publizistischen Fotomontagen Heartfields: unmittelbar auf das Tagesgeschehen reagierend, enthüllten sie mit satirischen Mitteln die politische Phraseologie der bürgerlichen Parteien. Gerade der von Lukács in Übereinstimmung mit den sowjetischen Formalismuskritikern aufgestellte Katalog methodischer Fehler bietet eine Beschreibung der von Heartfield vor allem in seinen Arbeiten für die AIZ seit 1930 angewendeten Verfahren[53]:

1. Die kritisierte *Beschränkung der Darstellung auf »einzelne isolierte Tatsachen (oder bestenfalls Tatsachenkomplexe) abgetrennt von der bewegt widerspruchsvollen Einheit des Gesamtprozesses«* ist gerade Bedingung für die Konkretheit und Wirksamkeit der jeweiligen Fotomontagen zum Zeitgeschehen. Ihre häufig polemisch zugespitzte Einseitigkeit nimmt offensiv Partei und verzichtet bewußt darauf, die Entlarvung durch Berücksichtigung aller Aspekte zu relativieren.
2. *»Das ›Experimentieren‹ mit dem Stoff« führt nach Lukács zum »Arrangement des Materials unabhängig von Handlung und Komposition, es folgt abstrakten politischen ... Absichten des Verfassers.« Wie die Materialmontage insgesamt, so sei auch ihre »Hauptgestalt« nicht mehr das zur gesellschaftlich vermittelten Totalität gestaltete »individuelle Schicksal«, sondern »nichts als ein Demonstrationsobjekt für die*

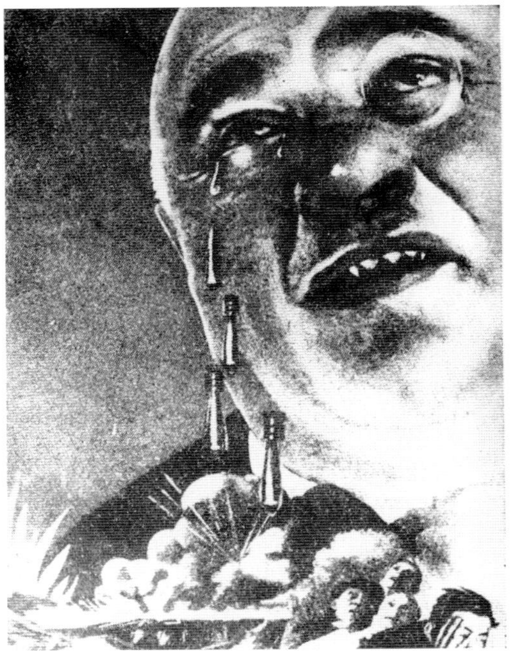

B. Klintsch, ›Die Tränen des Pazifisten‹, 1932

John Heartfield, ›Und auf Hitlers Friedensangebote folgen »alsbald« seine Friedenstauben‹. AIZ (Prag), 5. 4. 1936, Titelseite

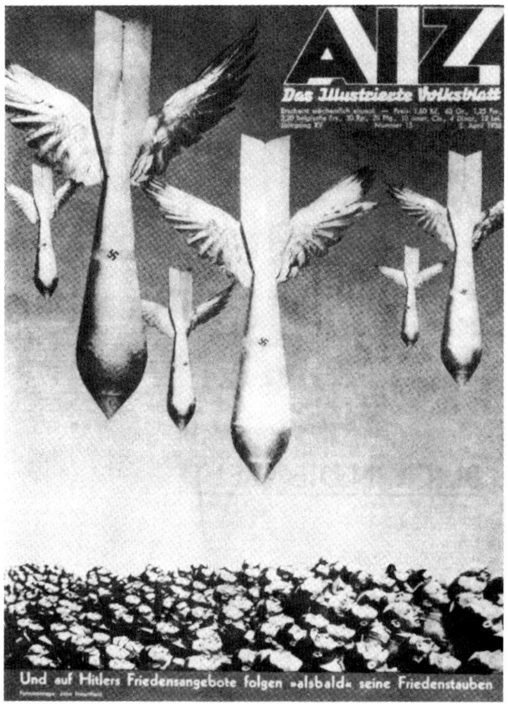

Vorführung sachlicher Inhalte«. In der Tat sind Heartfields Figuren Charaktermasken, Marionetten, Bestien, Opfer oder Helden und Klassenkämpfer: Träger einer Idee, aber keine Menschen mit individuellen Schicksalen. Auch das fotografische Porträt individualisiert die Symbolfigur nicht. Ihre Handlungen sind offensichtlich der Absicht des Autors entsprungen und zumeist so verfremdet, daß sie dem Betrachter das unbekannte Bekannte erkennbar werden lassen.

3. *Aus der Begrifflichkeit und der »Überbetonung des Inhaltlichen« gegenüber dem Erleben individueller Helden resultiert nach Lukács die »Gleichgültigkeit der Darstellungsweise dem Dargestellten gegenüber«: »Die Darstellungsweise hat zu dem Dargestellten überhaupt keine Beziehung.«* Gerade in der geplanten Inkongruenz, im grotesken Auseinanderklaffen liegt aber einer der wesentlichsten Verfremdungseffekte von Heartfields visuell-verbaler Rhetorik. Die Physiognomie, Haltung oder Handlung des Dargestellten widerspricht ihrer verbal zitierten Verlautbarung oder legt vor allem auch ihren unfreiwillig entlarvenden Doppelsinn bloß. Heartfield setzt die visuelle Realisierung der sprachlichen Metapher zur Enthüllung der im Sprachbild verborgenen Wahrheit ebenso ein wie paradoxe Beziehungen zwischen sprachlicher Aussage und bildlicher Erscheinung. Gerade diese »Begegnung unvereinbarer Elemente in der Montage provoziert unser Erkenntnisvermögen«[54], besonders aber dann, wenn die Wahrscheinlichkeit des fotografisch dargestellten Details und des eingefügten Textdokuments dem Unwahrscheinlichen ihrer Zusammenstellung kontrastiert.
4. *»Der in der Gestaltung beiseite geschobene subjektive Faktor erscheint im Werk als ungestaltete Subjektivität des Verfassers, als moralisierender Kommentar, und als überflüssige, zufällige, mit der Handlung nicht organisch verbundene Charakteristik der Gestalten.«* Es scheint, als beziehe sich Lukács' Kritikpunkt unmittelbar auf die emblematische Struktur der AIZ-Montagen von Heartfield, hat der Text in ihnen doch eine wesentliche strukturelle Funktion. Als Medium ist die Beschriftung dem bildlich Dargestellten in der Tat äußerlich, zugleich aber ihm unentbehrlich, weil das Bild ohne den Kommentar zumeist nicht nur unvollständig, sondern auch unverständlich bleibt. So steht der Text zum Bild der Fotomontage in einer zwar ›nichtorganischen‹, gleichwohl aber notwendigen Beziehung, ähnlich dem Brechtschen ›Intervall‹ zur Unterbrechung der Zuschauerillusionen, dennoch in keiner zufälligen oder gar überflüssigen Relation, wie Lukács unterstellt. Gerade im kontrapunktischen oder paradoxen Bezug formieren sich Text und Bild zu einer Einheit gegenseitiger Verweisungen.

1931 und 1932, als Georg Lukács im Auftrag von Moskau Normen der künstlerischen Schaffensmethode im Kreise der deutschen proletarisch-revolutionären und linksbürgerlichen Schriftsteller durchzusetzen suchte, erwähnte er den Namen von Heartfield nicht, so daß dieser sich von der harschen Kritik an den betreffenden Schriftstellern nicht unmittelbar hätte betroffen fühlen müssen. Andererseits waren die Bücher der von Lukács angegriffenen Autoren – neben Tretjakow und Ottwalt vor allem Ilja Ehrenburg, Vera Inber, Marietta Schaginjan, Wsewolod Iwanow und Michail Scholochow sowie Upton Sinclair und John Dos Passos – allesamt im Malik-Verlag von Wieland Herzfelde verlegt und von Heartfield gestaltet worden. So lief die Generalabrechnung mit der Tatsachenliteratur und ihrer Montagemethode auf eine indirekte, aber jedenfalls grundlegende Kritik der Verlagspolitik hinaus, auch wenn einige Malik-Bücher von Lukács durchaus respektiert wurden.[55]

Erst in der ›Expressionismusdebatte‹ der zweiten Hälfte der dreißiger Jahre, wo die Auseinandersetzungen von 1931/32 unter Beteiligung eines erweiterten Kreises deutscher Schriftsteller und Künstler im Exil wiederaufgenommen werden, kommt Lukács auch direkt auf Heartfield zu sprechen. In einer zentralen Passage zur Kritik des Montageverfahrens heißt Lukács die Fotomontage den Ursprung der literarischen Montage. Zwar schreibt er ihr nur eine geringe Bedeutung zu, erkennt aber doch ihre Berechtigung als mindere Gattung an: »Wo die Montage in ihrer Originalform, als Photomontage, frappant und mitunter agitatorisch stark wirken kann, stammt ihre Wirkung gerade daher, daß sie sachlich ganz verschiedene, vereinzelte und aus dem Zusammenhang gerissene Stücke der Wirklichkeit überraschend zusammenstellt. Die gute Photomontage hat die Wirkung eines guten Witzes. In dem Moment aber, wo diese – beim einzelnen Witz berechtigte und wirksame – eingleisige Verbindung mit der Prätension der Gestaltung der Wirklichkeit..., des Zusammenhanges..., der Totalität... auftritt, muß der Erfolg eine tiefe Monotonie sein.«[56]

Wie wenig aber Lukács den Witz als ein Verfahren der Kunst schätzte, mag seine einige Jahre zuvor geäußerte Kritik an dem russischen Schriftsteller Wsewolod Iwanow belegen. Lukács polemisiert gegen den von Heartfield mit einem vorzüglichen Einband ausgestatteten Erzählband ›Der Buchstabe G‹ (Kat.-Abb. 28), da die Geschichten einen »abgerissenen, isolierten, grotesken, anekdotischen Charakter« hätten. Die ironische Darstellung aber setze, »um mehr als ein oberflächliches Verspotten grotesker Oberflächenerscheinungen zu sein, ein ganz intimes Verständnis der wirklichen, treibenden Kräfte«[57] voraus. An anderer Stelle heißt es dann mit weiterer Einschränkung, die Ironie höre auf, »Ausdrucksmittel für diese Welt«[58] zu sein.

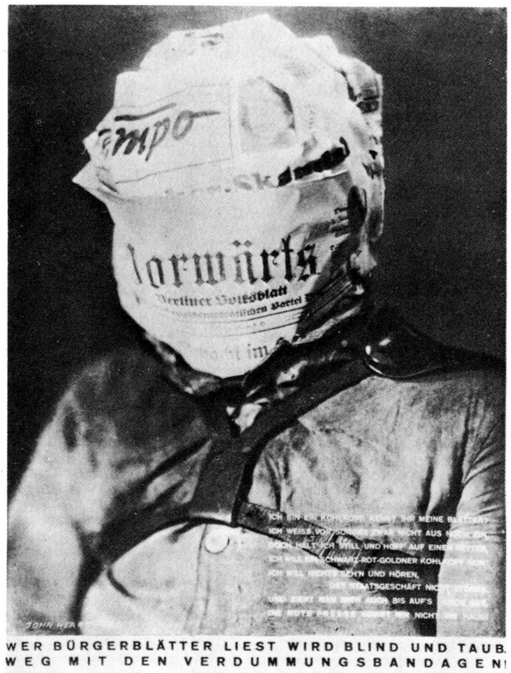

John Heartfield, ›Wer Bürgerblätter liest...‹. AIZ (Berlin), Nr. 6, 1930, S. 103

Gegen die Degradierung zum oberflächlichen Possenreißer wurde Heartfield von anderen sowjetischen Autoren in Schutz genommen. 1936, zwei Jahre vor Lukács' Herabsetzung der Fotomontage in der deutschsprachigen Zeitschrift ›Das Wort‹, publizierte Tretjakow seine Monografie über John Heartfield.

Ganz im Gegensatz zu Lukács' abschätzigem Hinweis auf die strukturelle Übereinstimmung von Fotomontage und Witz hebt Tretjakow diese Verwandtschaft positiv hervor: »Mögen diejenigen Genossen, die sich die Kunst der Fotomontage aneignen wollen, darauf achten, wie oft die Kompositionen Heartfields ihren Ursprung in einem Spaß, einem geistreichen Witz, Aussprüchen oder Metaphern haben.«[59] Als Beispiel führt Tretjakow die von Heartfield häufig verwendete visuelle Realisierung einer sprachlichen Metapher an, so, wenn der marode Reichstag mittels eines riesigen Sargdeckels ›eingesargt‹ oder wenn Hitlers Propagandareden vermöge einer Röntgenaufnahme seines Brustkorbs ›durchschaut‹ werden (Kat.-Abb. 94).

Semjon Fridljand, ›Das Gesicht der bürgerlichen Presse‹, 1931

Der Schriftsteller untersucht als erster der Interpreten Heartfields sein Verfahren der Bild-Text-Kombination genauer. Er erklärt die sprachliche Fundierung und Kommentierung der Heartfieldschen Bildfiguren zum entscheidenden Kriterium der Fotomontage überhaupt – ein Urteil, das für einen Schriftsteller naheliegt: »... dort, wo die Fotografie unter dem Einfluß des Textes nicht nur von dem in ihr fixierten Fakt berichtet, sondern auch über die sozialen Tendenzen, die sich in diesem Fakt äußern, dort handelt es sich um Fotomontage. Dort, wo es nicht möglich ist, die Fotografie vom Text zu trennen, ohne den Sinn zu zerstören, handelt es sich um Fotomontage.«[60]

Diese herausragende Bedeutung des Textes als integrierter und notwendiger Bestandteil der Bildmontage eignete Heartfields Arbeiten zunächst aber keineswegs. Ihre zentrale Rolle als ›Bildauslöser‹ und ›Bildschlüssel‹ erhält die verbale Formulierung, sei es als Sprichwort oder Redensart, als Metapher oder politische Parole bzw. Phrase, allererst nach Heartfields Rückkehr aus der Sowjet-

John Heartfield und Sergei Tretjakow in Moskau, 1931

union. Der zunehmend wichtigeren Rolle des Textes entspricht auch die direkte Beteiligung des Bruders Wieland Herzfelde, des Schriftstellers und Verlegers, an den Bildfindungen. »Viele Texte der Montagen stammen von ihm«, wie Tretjakow 1936 schreibt.[61]
Für die wachsende Textualisierung von Heartfields Fotomontagen nach 1931 dürften mehrere Faktoren ausschlaggebend gewesen sein. Der Kontext ihrer Publikation, das Schriftmedium Zeitung, für das Heartfield vor allem seit 1932 montiert, ist für diese Tendenz sicher ebenso verantwortlich gewesen wie die Forderungen der ›dialektisch-materialistischen Methode‹ nach einer ›totalen‹ Erfassung der gesellschaftlichen Wirklichkeit in ihren Zusammenhängen und Gegensätzen. Da diese Totalität der Wirklichkeitsdarstellung aber eigentlich nur geschichtsphilosophisch[62], kaum jedoch literarisch und schon gar nicht bildlich zu erzeugen ist, muß der Text häufig das Bild bei der Erfüllung der diesem Medium unangemessenen Aufgabenstellung unterstützen.
Heartfield gebraucht den Text aber nicht nur zum Zwecke der Verallgemeinerung und ›Totalisierung‹ der fotografisch dokumentierten Fakten, sondern ebenso zur Präzisierung der Aussage. Das Bild von sich aus wirkt selten präskriptiv. Mit Tretjakows Worten: »Bei komplizierten Montagen setzt Heartfield mitunter auch mehrere Texte ein – als würde er mit ihnen den Weg seiner Karikatur einzäunen, damit diese ihr Ziel sicher erreicht.«[63]
Diese Komplexitätssteigerung der Bildstruktur aber ging häufig zu Lasten der Bildqualität. Die narrative Anordnung der Fototeile und Texte beginnt zuweilen die Bildkomposition zu dominieren. Die visuelle Evidenz wird der Erzählung geopfert. Der 1931/32 so gepriesene Lakonismus seiner Montagen verliert sich später häufig in komplizierten Text-Bild-Beziehungen. Wenn die Montage mehr Schrift als Bild ist, muß der Betrachter zum Leser werden. So jedenfalls sieht es zu Recht ein Rezensent von Tretjakows Heartfield-Monografie: »Deshalb dürfen Heartfields Montagen nicht nur betrachtet, sondern sie müssen gelesen werden. Die einzelnen Details, die nach diesem oder einem anderen Plan zusammengestellt worden sind, werden zu lesbaren Zeichen. Und aufmerksam lesend, erfaßt der Betrachter, wessen Blut von den Beilklingen fließt, ...«[64] (Kat.-Abb. 98.)
Die Einzäunung und Lenkung der bei der Lektüre geweckten Assoziationen schien dem Monteur offenbar notwendig, als mit der Machtergreifung die Nationalsozialisten zur bevorzugten Zielscheibe seiner satirischen Kritik wurden. Jetzt mußten, genauer noch als früher, Namen genannt und Untaten gegeißelt werden.

Ein wesentlicher Aspekt der Heartfieldschen Methode war Tretjakow bei seiner ansonsten kenntnisreich geschriebenen und scharf beobachteten Analyse entgangen. Als intimer Kenner der Materie wie der Arbeitsweise des Künstlers hebt János Reismann in der Moskauer Zeitschrift ›Das Wort‹ die ideologiekritische Funktion von Heartfields Montagemethode hervor, die Entlarvung also der nationalsozialistischen Propaganda mit ihren eigenen Mitteln. Der Monteur zerschneide, vergrößere, verkleinere und montiere das Wort- und Fotomaterial des Gegners, »um ihren eigentlichen Inhalt [*sc.* der Fotos], der bewußt entstellt wurde, zu enthüllen; er fördert dadurch erst die wirkliche, manchmal nur schwer und nicht jedem zugängliche, dem Objekt des Fotos ganz und gar entsprechende Wahrhaftigkeit richtig zutage und demonstriert sie, für jeden begreifbar, als die Substanz, als das Wesentlichste der im ursprünglichen Foto enthaltenen, aber verfälschten Übermittlung. Die Herren des ›Dritten Reiches‹ lassen sich gerne und oft in Posen verlogener Volkstümlichkeit, geheuchelter Liebenswürdigkeit fotografieren. [...] Heartfield nimmt so ein Foto, läßt es durch seine Hexen-Küche gehen und zaubert ein fertiges, jedem verständliches ›Porträt‹ hervor, worin Lüge und Heuchelei entlarvt sind, eigentlicher Sinn und Bedeutung des Originals, weil richtig vermittelt, zu einer ungestörten Geltung kommen.«[65]

Auf die ideologiekritische Funktion der Montagen explizit zu verweisen mußte in der Sowjetunion einem Ausländer vorbehalten bleiben. Für die sowjetische Rezeption selbst wäre um 1936 ein entsprechender Hinweis verfänglich gewesen – hätte er doch allzuleicht auch als Aufforderung zu gleichartiger kritischer Analyse der ebenso posierenden und inszenierten Wiedergaben der sowjetischen Realität verstanden werden können. So stellt Tretjakow den Freund und Fotomonteur weniger als Ideologiekritiker denn als Epiker vor, der nicht nur eine »Kunst über die Wirklichkeit« geschaffen habe, sondern auch eine Kunst, die »in der Lage ist, diese Wirklichkeit zu verändern«. »Episches«, schreibt Tretjakow 1936, »ist darin, daß wir für jede Zufälligkeit Erklärungen im Stabilen und Gesetzmäßigen suchen.«[66]

Zwei Jahre zuvor hatte Walter Benjamin mit direktem Bezug auf Brecht, aber auch in Gedanken an Heartfield und den früheren, ›operierenden‹ Tretjakow, den epischen Künstler definiert als einen, der »es weniger darauf ab[sieht], das Publikum mit Gefühlen, und seien es auch die des Aufruhrs, zu erfüllen, als auf nachhaltige Art, durch Denken, den Zuständen zu entfremden, in denen es lebt. Nur nebenbei sei angemerkt, daß es fürs Denken gar keinen besseren Start gibt als das Lachen. Und insbesondere bietet die Erschütterung des Zwerchfells dem Gedanken gewöhnlich bessere Chancen dar als die der Seele. Das epische Theater ist üppig nur in Anlässen des Gelächters.«[67]

Hier das Epische als Suche nach dem Stabilen und Gesetzmäßigen – dort als Methode erkenntniskritischer Entfremdung vom Status quo: Tretjakow definiert das Epische unter stalinistischer, Benjamin angesichts nationalsozialistischer Herrschaft. Doch weder die pathetisch bestätigende Kunst noch die im Gelächter distanzierende konnte angesichts dieser teuflischen Machtkonstellation noch eine rettende Funktion ausüben. Tretjakow und Klucis wurden von den Schergen Stalins 1938 verhaftet und erschossen, Benjamin nahm sich 1941 auf der Flucht vor den Nationalsozialisten das Leben. Heartfield überstand den Terror im Exil, erst in Prag, dann in England, von wo er 1950 in die DDR zurückkehrte. Wie man weiß, wirkten dort zu seinen Lebzeiten die hier für die dreißiger Jahre referierten Formalismusvorwürfe gegen die Fotomontage weiter, so daß dem Monteur auch für seinen Lebensabend der angemessene Wirkungsbereich für seine revolutionäre Kunst versagt blieb.

1 ›Ihre Meinung zu Heartfield, Genosse Kisch?‹, in: *Brigada chudoschnikow*, 4, 1931, S. 25; hier zitiert nach der Übersetzung in: ›John Heartfield: Der Schnitt entlang der Zeit. Selbstzeugnisse – Erinnerungen – Interpretationen‹, hrg. v. Roland März, Dresden 1981, S. 275–276.
Im russischen Original steht in der Randleiste, gleichsam als letzte Meldung: »Zum Zeitpunkt der Drucklegung dieser Nummer traf Heartfield in Moskau ein« – womit der Monat April als Ankunftsdatum bestätigt wird.

2 *Sa proletarskoje iskusstwo*, 8, 1931.

3 ›Nachrichten zur Sowjetischen Kunst‹, Typoskript der WOKS (Allunionsgesellschaft für kulturelle Beziehungen mit dem Ausland), Zentrales Staatsarchiv der Oktoberrevolution.

4 ›Was bedeutet der Beschluß des Leninschen Führungsorgans und wie soll er erfüllt werden?‹ Beschluß des ZK der VKP(b) über die Plakat-Bild-Agitation und Propaganda, in: *Brigada chudoschnikow*, 2/3, 1931, S. 1–3; zitiert nach der deutschen Übersetzung in: ›Zwischen Revolutionskunst und Sozialistischem Realismus: Dokumente und Kommentare‹, hrg. v. Hubertus Gaßner und Eckhart Gillen, Köln 1979, S. 434.

5 Alfred Durus (Alfréd Keményi), ›Diskussionsabend der ARBKD [Assoziation revolutionärer bildender Künstler Deutschlands]: Kunst in der USSR. ARBKD beschließt eine neue Ausstellung sowjetrussischer Kunst‹, in: *Die Rote Fahne,* 179, 1930; Faksimile des Artikels in: Ausstellungskatalog ›Revolution und Realismus: Revolutionäre Kunst in Deutschland 1917 bis 1933‹, Nationalgalerie Berlin, Berlin (DDR) 1979, S. 29.

6 Mündliche Auskunft von A. Gutnow an den Verfasser.

7 A. I. Gutnow/F. Tagirow, ›Zur bevorstehenden Sowjetrussischen Ausstellung der Gruppe OKTJABR: Der Künstler wird Industriearbeiter‹ (Gespräch mit zwei Mitgliedern des ›OKTJABR‹), in: *Die Rote Fahne,* 19. 9. 1930; zitiert nach: ›Zwischen Revolutionskunst und Sozialistischem Realismus‹ (wie Anm. 4), S. 189ff.

8 Ebd.

9 Sergei Tretjakow, ›Der Schriftsteller und das sozialistische Dorf‹, in: ders., ›Die Arbeit des Schriftstellers: Aufsätze – Reportagen – Porträts‹, Reinbek 1972, S. 120ff. Zu Tretjakows Aufenthalt in Berlin vgl. Fritz Mierau, ›Tretjakow in Berlin‹, in: ›Berliner Begegnungen: Ausländische Künstler in Berlin 1918–1933‹, Berlin 1987, S. 206–211.

10 Die Entgegnungen von Siegfried Kracauer, Ludwig Marcuse, Gottfried Benn und Ezra Pound in: ›Russen in Berlin 1918–1933: Eine kulturelle Begegnung‹, hrg. v. Fritz Mierau, Berlin 1988, S. 544–565; zu J. Becher und G. Lukács vgl. Fritz Mierau, ›Erfindung und Korrektur: Tretjakows Ästhetik der Operativität‹, Berlin (DDR) 1976, S. 29ff.

11 Walter Benjamin, ›Der Autor als Produzent‹ (1934), in: ders., ›Versuche über Brecht‹, Frankfurt a. M. 1971, S. 101.

12 John Heartfield, Rede im Polygrafischen Institut, Moskau (1931), in: Eckhard Siepmann, ›Montage: John Heartfield. Vom Club Dada zur Arbeiter-Illustrierten-Zeitung‹, Berlin 1977, S. 175.

13 Sergei Tretjakow/Solomon Telingater, ›John Heartfield. Eine Monografie‹, Moskau 1936; zitiert nach der deutschen Übersetzung von Manfred Schreyer in: Siepmann, ›Montage‹ (wie Anm. 12), S. 175.

14 Ebd., S. 173.

15 János Reismann (Wolf Reiss), ›Als ich mit John Heartfield zusammenarbeitete‹, in: *Internationale Literatur* (Moskau), 5, 1934, S. 186–188; wiederabgedruckt in: ›John Heartfield‹ (wie Anm. 1), S. 188–191, hier: S. 189, 190.

16 John Heartfield, Brief vom 29. 9. 1962 an Olga Tretjakowa, in: ›John Heartfield‹ (wie Anm. 1), S. 321.

17 Vgl. die Diskussion über die Plakatproduktion des ISOGIS (Staatsverlag für Bildende Kunst), 13. April bis 4. Mai 1931; deutsche Übersetzung in: ›Zwischen Revolutionskunst und Sozialistischem Realismus‹ (wie Anm. 4), S. 435–438.

18 Gustav Klucis, ›Die Fotomontage als neues Problem der Agitationskunst‹, in: *Literatura i iskusstwo* (Moskau), 9/10, 1930, S. 86–95.

19 *Brigada chudoschnikow,* 5/6, 1931.

20 I. Maca (János Mácza), in: *Literatura i iskusstwo* (wie Anm. 18), S. 97.

21 F. Tagirow, ebd., S. 98f.

22 Gustav Klucis, ebd., S. 98.

23 Vgl. *Proletarskoje foto* (›Proletarische Fotografie‹), 1, Januar 1932, S. 41. Auf dem »großen schöpferischen Abend« der ROPF am 2. Dezember 1931 wird die ›Schaffensmethode‹ der Fotografie diskutiert. Wie der Bericht erwähnt, tritt auch »der bekannte deutsche Fotomonteur D. Heartfield« mit einem Vortrag auf.

24 Deklaration der Initiativgruppe ROPF, in: *Proletarskoje foto,* 2, Oktober 1931; zitiert nach der deutschen Übersetzung in: Rosalinde Sartori/Henning Rogge, ›Sowjetische Fotografie 1928–1932‹, München 1975, S. 79.

25 S. Fridljand, in: *Proletarskoje foto,* 1, September 1931; zitiert nach der deutschen Übersetzung in: Sartori/Rogge, ›Sowjetische Fotografie‹ (wie Anm. 24), S. 80.

26 *Sowjetkultur im Aufbau,* 2/3, 1932, S. 58.

27 Lou Scheper, ›Eine zeitgemäße Ausstellung‹, in: *Moskauer Rundschau,* 13. 12. 1931.

28 A. Alf, ›Masken des Feindes. Wege eines proletarischen Künstlers‹, in: *Sowjetskoje iskusstwo* (Moskau), 61, 30. 11. 1931; zitiert nach der deutschen Übersetzung in: ›John Heartfield‹ (wie Anm. 1), S. 277.

29 Vgl. ›W. Kostin über seine Fehler: Brief an die Redaktion‹, in: *Sa proletarskoje iskusstwo,* 3, 1932, S. 17; in deutscher Übersetzung in: ›Zwischen Revolutionskunst und Sozialistischem Realismus‹ (wie Anm. 4), S. 405f.

30 L. Mescheritscher, ›Die Arbeiten von Heartfield – Beispiel einer auf die Klasse gerichteten Meisterschaft‹, in: *Proletarskoje foto,* 3, 1932, S. 19.

31 Vgl. János Reismann, zitiert in: ›John Heartfield‹ (wie Anm. 1), S. 286.

32 Mescheritscher, ›Heartfield‹ (wie Anm. 30), S. 19.

33 Heartfield, Rede im Polygrafischen Institut (wie Anm. 12), S. 175.

34 ›L. P.‹, in: *Proletarskoje foto,* 3, 1932, S. 14.

35 J. W. Stalin, Rede am 23. Juni 1931, in: ›15 Eiserne Schritte: Die Sowjetunion in den Jahren des Aufbaus 1917–1932‹, hrg. v. A. Kurella, L. Mescheritscher u. a., mit einem Einbandentwurf von Heartfield, Berlin 1932, S. 258–266.

36 W. Kostin, ›Die Fotomontage und die mechanistischen Fehler des OKTJABR‹, in: *Sa proletarskoje iskusstwo,* 7/8, 1932, S. 18ff.

37 Jewgeni Kronman (Eugen Kronmann), ›John Heartfield‹, in: *Marxistisch-Leninistische Kunstwissenschaft* (Moskau), 5/6, 1932, S. 176–183; zitiert nach der deutschen Übersetzung in: Wieland Herzfelde, ›John Heartfield‹ (1962), 2. Aufl., Dresden 1971, S. 343f.

38 Ebd.

39 Ebd.

40 W. Kostin, ›Die Sprache des Klassenhasses‹, in: *Proletarskoje foto,* 3, 1932, S. 21.

41 Alexei Fjodorow-Dawydow, ›Kämpferische Kunst: John Heartfield, ein proletarischer Künstler‹, in: *Brigada chudoschnikow,* 1, 1932, S. 35ff.; zitiert nach der deutschen Übersetzung in: ›John Heartfield‹ (wie Anm. 1), S. 277–284; hier: S. 278.

42 Ebd., S. 279. Für diese und andere Textpassagen (Anm. 43, 45) folgt meine am Original überprüfte Übersetzung nur zum Teil der in Anm. 41 zitierten deutschen Vorlage.

43 Ebd. (aber vgl. Anm. 42).
44 Ebd., S. 280.
45 Ebd., S. 282 (aber vgl. Anm. 42).
46 Alfred Durus (Alfréd Kemény), ›Photomontage und Buchgraphik. Zur 3. Ausstellung des Bundes revolutionärer Künstler‹, in: *Die Rote Fahne*, 17, 1932; wiederabgedruckt in: ›John Heartfield‹ (wie Anm. 1), S. 178–179.
47 Johannes R. Becher, ›Kühnheit und Begeisterung‹, in: *Die Linkskurve*, 5, 1932, S. 2. Becher bezieht sich in seiner grundlegenden Abhandlung ausdrücklich auf die Diskussion in der Sowjetunion, wenn er anmerkt: »In diesem Aufsatz sind bestimmte Formulierungen aus den russischen Literaturdiskussionen, die auch für uns Geltung haben, teilweise wörtlich übernommen.« Zu den Auseinandersetzungen zwischen der offiziellen, von Becher vertretenen Parteifraktion und den linksbürgerlichen Künstlern vgl. z. B. die von Christel Hoffmann geschilderte Begebenheit in: ›Berliner Begegnungen‹ (wie Anm. 9), S. 146.
48 Ernst Ottwalt, ›»Tatsachenroman« und Formexperiment: Eine Entgegnung an Georg Lukács‹, in: *Die Linkskurve*, 10, 1932.
49 Willi Bredel, Würdigung (1961) zu Heartfields 70. Geburtstag, in: ›John Heartfield‹ (wie Anm. 1), S. 453. Auch Heartfield berichtet, daß die Zusammenarbeit mit der AIZ, deren Chefredakteurin die Frau von Johannes R. Becher (!), Lilly Becher, von 1927 bis 1933 war, nicht so problemlos verlief, wie es von dieser und anderen Mitarbeitern der AIZ im nachhinein gerne dargestellt wird. In einem Interview von 1967 berichtet Heartfield vom Widerstand der AIZ-Redaktion gegen eine Fortsetzung der regulären Zusammenarbeit. Diese Mitwirkung »war auch nicht ganz so einfach, aber da half mir die Klasse, das waren die Arbeiter selbst [...] Da haben die Arbeiter geschrieben. ›Ja, warum bringt denn der Heartfield, könnt ihr nicht wieder?‹ Das wurden so viele, das ist wahr [...] und die Leute sagten: ›Könntest doch wieder mal eins für uns machen.‹ Sagte ich: ›Na könnte ich, werde ich.‹ Und dann kam das, daß ich für die Arbeiter-Illustrierte und dann später, als ich in der Emigration in Prag wöchentlich, fast wöchentlich eine Montage machte...« (zitiert nach ›John Heartfield‹ [wie Anm. 1], S. 468).
Dieser Konflikt mit der Redaktion ereignete sich offensichtlich nach der Rückkehr von Heartfield aus der Sowjetunion. Denn nach seiner Ankunft in Berlin sind zunächst etwa drei Monate lang keine Fotomontagen von ihm in der AIZ erschienen, obwohl 1930, als die parteilichen Ästheten noch kein Verdikt über die Montageform ausgesprochen hatten, seine monatliche Mitarbeit in der AIZ angekündigt worden war. Als das Maiheft mit seiner ersten Fotomontage für das Jahr 1932 beschlagnahmt wurde, unterschrieben zwar zahlreiche linksbürgerliche Intellektuelle, darunter auch Brecht, offensichtlich aber weder Becher noch Lukács. Erst nach dem ZK-Beschluß der russischen Kommunistischen Partei vom 23. April 1932, der mit der Auflösung der RAPP, RAPCh, ROPF und aller anderen Schriftsteller- und Künstlergruppen auch eine verstärkte Zusammenarbeit mit den sogenannten ›Mitläufern‹ und bürgerlichen Künstlern anordnete, erschienen wieder Fotomontagen von Heartfield in der AIZ.
50 Georg Lukács, ›Reportage oder Gestaltung?‹, in: *Die Linkskurve*, 8, 1932, S. 28.
51 Durus, ›Photomontage und Buchgraphik‹ (wie Anm. 46), S. 178, 179.
52 Lukács, ›Reportage‹ (wie Anm. 50).
53 Alle folgenden nicht anders ausgewiesenen Zitate sind Lukács' Abhandlung (›Reportage‹, wie Anm. 50) entnommen.
54 Hilmar Frank, ›Visuelle Rhetorik: Zur Theorie der Fotomontage‹, in: Siepmann, ›Montage‹ (wie Anm. 12), S. 230–233; hier: S. 232.
55 Wie wichtig gerade die von Lukács gerügten Autoren für Heartfields eigene künstlerische Entwicklung waren, belegt eine Äußerung aus der englischen Emigration: »... eine positive Periode intensiver Entwicklung, Verbreitung, Aufnahme neuer Einflüsse – vom ›Proletkult‹, über russische Experimentalisten wie Tatlin oder Majakowski und besonders Schriftsteller wie Ehrenburg bis zur allmählichen *Schwerpunktverlagerung:* Hatte die Revolution die frohe Botschaft des *›Wir sind nicht allein‹* gebracht, so war die Lektion, die Ehrenburg und andere Russen lehrten: *Nicht* wie, *sondern* was.« (Protokoll von Francis D. Klingender eines Gesprächs mit Heartfield [1944], in: ›John Heartfield‹ [wie Anm. 1], S. 48–64; hier: S. 59).
56 Georg Lukács, ›Es geht um den Realismus‹, in: *Das Wort*, 6, 1938; wiederabgedruckt in: ›Die Expressionismusdebatte. Materialien zu einer materialistischen Realismuskonzeption‹, hrg. v. Hans-Jürgen Schmitt, Frankfurt a. M. 1973, S. 211.
57 Georg Lukács, ›Neue russische Belletristik‹, in: *Moskauer Rundschau*, 22, 26. 4. 1931.
58 Ebd.
59 Tretjakow, ›Heartfield‹ (wie Anm. 13), S. 174.
60 Ebd., S. 170.
61 Ebd.
62 Zum geschichtsphilosophisch orientierten, im zeitgenössischen russischen Kontext entwickelten Literaturkonzept von Lukács vgl. László Sziklai, ›Georg Lukács und seine Zeit: 1930–1945‹, Wien/Köln/Graz 1986, S. 100ff.
63 Tretjakow, ›Heartfield‹ (wie Anm. 13), S. 170.
64 I. Dukor, ›Heartfield‹, in: *Literaturnaja gaseta* (›Literatur-Zeitschrift‹, Moskau), 21, 1937; zitiert nach der deutschen Übersetzung in: ›John Heartfield‹ (wie Anm. 1), S. 319.
65 János Reismann (Wolf Reiss), ›John Heartfield‹, in: *Das Wort* (Moskau), 7, 1937; zitiert nach: ›John Heartfield‹ (wie Anm. 1), S. 317.
66 Sergei Tretjakow, ›Menschen eines Scheiterhaufens‹, Moskau 1936; zitiert nach der deutschen Übersetzung in: ders., ›Gesichter der Avantgarde‹, hrg. v. Fritz Mierau, Berlin/Weimar 1985, S. 134.
67 Benjamin, ›Der Autor als Produzent‹ (wie Anm. 11), S. 113.

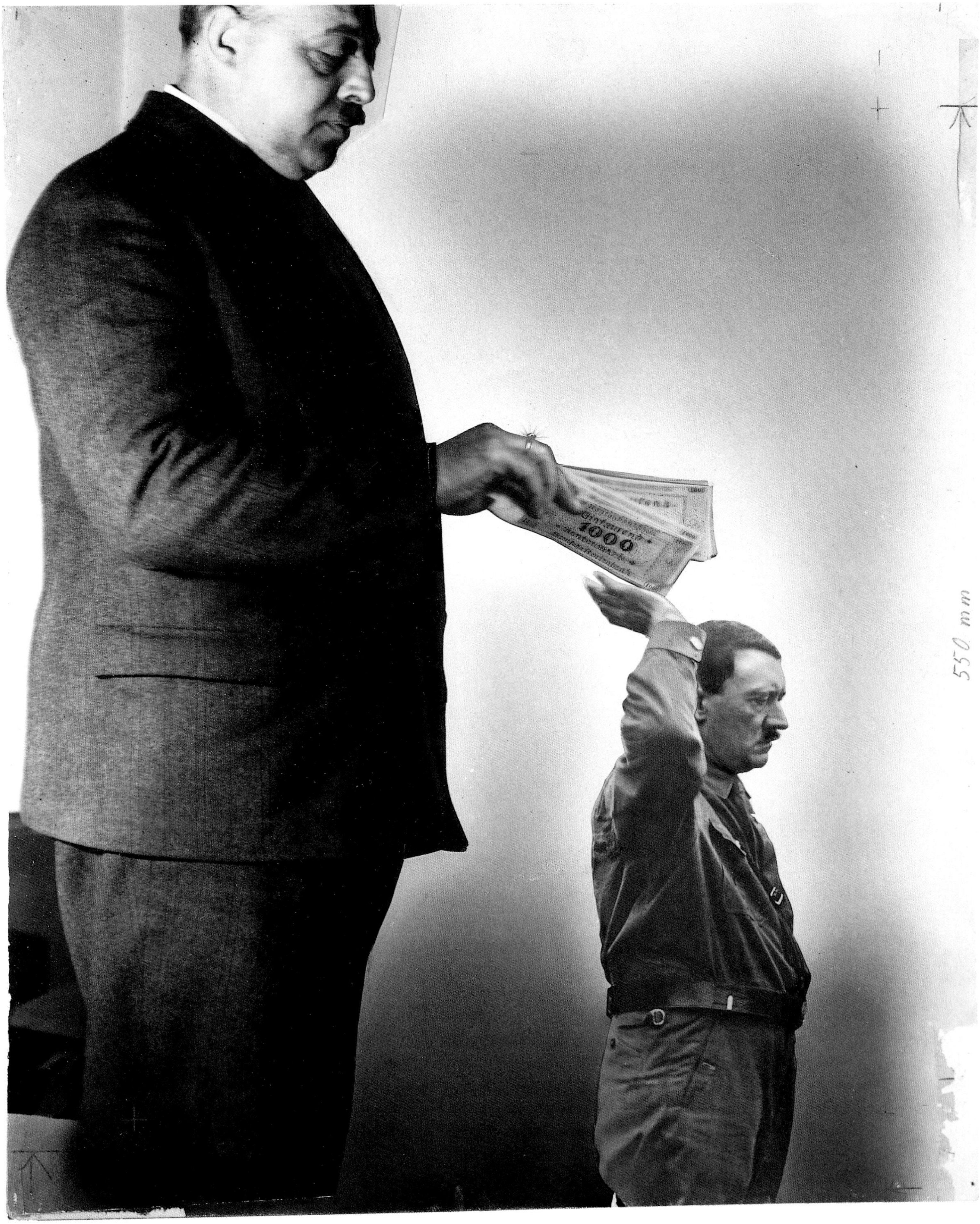

›Der Sinn des Hitlergrusses‹. Fotomontage für ›Arbeiter-Illustrierte-Zeitung‹
(AIZ, Berlin), 16. 10. 1932, S. 985. Kat.-Nr. 219

Sergei Tretjakow, 1936

›Elemente der Montage‹

Die Fotomontage des Dadaisten *Heartfield* bestand aus einer Vielzahl kleiner Details. Aber später, als *Heartfields* Sprache lakonischer wurde, baute er seine Fotomontage ökonomischer: mit einer geringen Anzahl von Elementen erzielte er größere Ausdruckskraft.
Die vollendetsten seiner Arbeiten sind die, in denen er nicht mehr als zwei Elemente benutzt. Dabei muß daran erinnert werden, daß die Fotomontage nicht zwangsläufig gleichzusetzen ist mit der Montage von Fotografien. Sie kann viel mehr sein: Foto und Foto, Foto und Text, Foto und Farbe, Foto und Zeichnung.
Er selbst sagt: »Mitunter brauchte eine Fotografie nur einen kleinen Farbklecks zu bekommen, damit sie zur Fotomontage, zu einem Kunstwerk besonderer Art wurde.«

Aus: Sergei Tretjakow / Solomon Telingater, ›John Heartfield. Eine Monografie‹, Moskau 1936; deutsch von Manfred Schreyer (vgl. ebd. für die nachfolgenden Zitate)

›Foto-Worte‹

Die Einfachheit, das Wissen und das Können, in ein paar ›Foto-Worten‹ einen großen Gedanken auszudrücken, macht die Qualität der Arbeiten *Heartfields* aus (...)
Ein Beispiel: der Kampf gegen Hitler, der demagogisch die breiten Massen zu gewinnen versucht, indem er auf die ›Uneigennützigkeit‹ seiner Politik verweist.
Heartfield verfügte über eine große Anzahl von Fotos, auf denen *Hitler* als Redner zu sehen ist. Davon wählte er eine Aufnahme aus: *Hitler* mit nach oben geworfener Hand, in der Geste des faschistischen Grußes. Aber der Künstler fand, daß mit dieser Bewegung noch etwas anderes ausgedrückt werden kann. Mit einer solchen Bewegung kann ein Mensch völlig entlarvt werden – genauso, wie das ungeschulte Ohr am schlurfenden Schritt den Zivilisten und am Klirren der Sporen den Offizier sofort erkennt.
In seiner erhobenen Hand kann *Hitler* eine Bombe halten, die er auf das Pulverfaß Europa zu werfen beabsichtigt. In diese Hand kann aber auch zur Demonstration eine Figur gesetzt werden, sagen wir vom Typ eines Horst *Wessel*, also einer von denjenigen, die aus der Fäulnis erregenden Kloake des heutigen bourgeoisen Zerfalls durch den Faschismus als große Figur emporgehoben werden.
Aber all das befriedigte *Heartfield* noch nicht. Er suchte die Lösung für seine Montage in den Aussprüchen *Hitlers*.
Hitler sagt gern: »Hinter mir stehen Millionen!« Millionen Menschen? Ja, kann sein – oder aber Millionen Mark? Wessen Millionen? Natürlich das Geld derjenigen Bankiers, die *Hitler* finanzierten, der seinerseits aber in ihren Händen kein riesiger Diktator, sondern lediglich eine Marionette mittlerer Größe ist.
Und so stellt er es uns auch in der Fotomontage dar: in der ausgestreckten Hand befindet sich ein Packen Geldscheine, die Gestalt des Gebenden ist sehr groß, und dadurch bekommt auch die Geste *Hitlers* einen anderen Sinn, sie erhält das richtige soziale Gewicht und die richtige soziale Bedeutung.

Ohne Titel (›Das letzte Grün‹). Foto-Farbmontage, Anfang 20er Jahre.
Kat.-Nr. 175

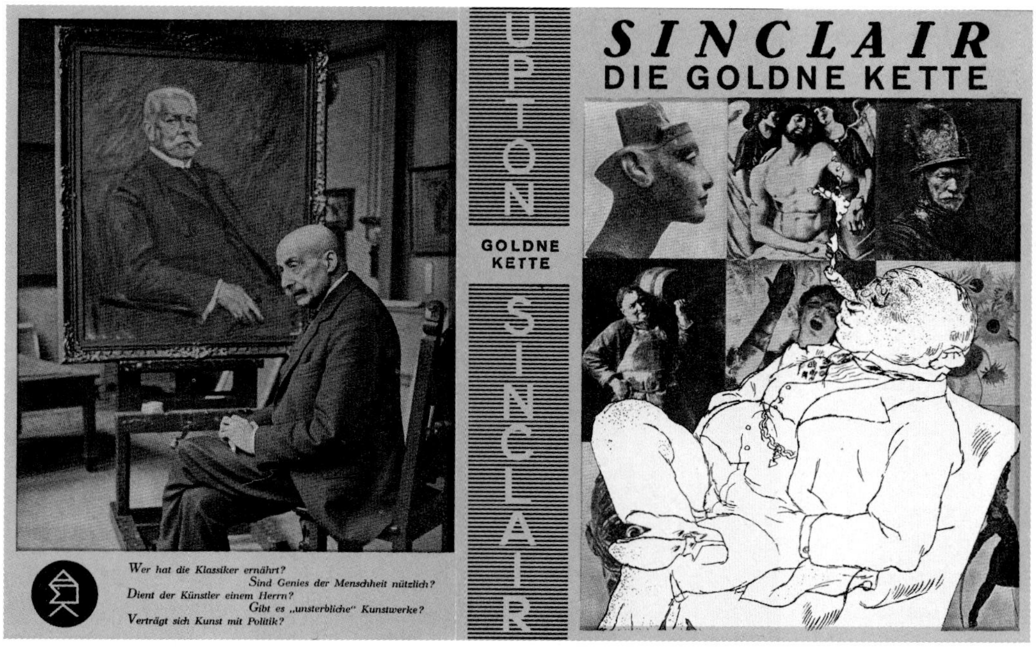

Upton Sinclair, ›Die goldne Kette‹. Buchumschlag, 1928. Außer Katalog

Foto und Farbe

Eine gewöhnliche Fotografie eines Zimmers in einer Arbeiterwohnung, das Fenster gewährt einen Durchblick auf eine beliebige Wand aus Mauersteinen, im Fenster steht eine kleine Pflanze – *Heartfield* gibt dem einzigen Blatt der Pflanze ein schwaches Grün, und das ganze Foto bekommt eine besondere gedankliche Bedeutung. Erstens: der Grauton der gesamten Fotografie wird zur grauen Farbe. Der schwache grüne Farbfleck des Blattes belebt die triste graue Atmosphäre des Zimmers. Das grüne Blatt wird zum einzigen Lebewesen, das verkümmern wird, wie alle in den Kasematten geborenen Wesen. Darin liegt die eigentliche Idee des Bildes – unter der Herrschaft des Kapitalismus wird die Proletarierwohnung zur Kasematte.
Hätte *Heartfield* für das Blatt ein kräftiges, klares Grün benutzt, so hätte das Bild eine völlig andere Aussage bekommen.
Die Durchsichtigkeit des Grüns hat er absichtlich gewählt, um in der Fotografie die Elemente der Schwächlichkeit, der Erschöpfung und der Blutleere hervorzuheben.

Foto und Foto

Natürlich liegt die Stärke *Heartfields* in seinen Montagen, in denen er Foto mit Foto vereinigte und das äußerst sparsam tat.
Darunter findet man sehr komplizierte Kompositionen, ganze Fotopoeme, die schwer entzifferbar sind und in sich einen ziemlich versteckten Sinn tragen. Es handelt sich dabei vor allem um Buchumschläge.
So hat *Heartfield* den Umschlag zum Buch ›Die goldene Kette‹ gebaut, ein Buch von *Sinclair*, das die Kunst in der kapitalistischen Gesellschaft als Sklavin und Prostituierte der Bourgeoisie sieht. Vor dem durch bekannte Werke der Weltkunst: Gemälde von *Rembrandt, Hals, Degas* sowie der Skulptur der ägyptischen Königin Nofretete – gebildeten Hintergrund sitzt deren Besitzer, ein Bourgeois, der über diese Kunstwerke herrscht und sich an ihnen ergötzt.
Um die Gegensätzlichkeit zwischen den schönen Bildern und diesem Menschen zu verstärken, setzte er für ihn kein Foto, sondern die Feder von George *Grosz* ein. Außer der Abscheulichkeit der ganzen Figur dieses übersättigten Rentiers verleiht diese Zeichnung der gesamten Montage etwas besonders Paradoxes. Die Gemälde sind fotografisch wiedergegeben. Sie zeigen (selbst in dieser Reproduktion) ein Stück existierende Realität. Ihr Besitzer, Beherrscher dagegen ist nicht real, er erscheint als Karikatur. Er ist ein Spuk, eine vorübergehende Erscheinung, dieser Herrscher, Sklavenhalter.
Die Rückseite dieses Umschlages bildet eine Fotografie, die den Maler Max *Liebermann* am *Hindenburg*-Porträt zeigt. Und dies ist ein konkretes Beispiel für die auf der Vorderseite allgemein formulierte Behauptung.
Ohne Erklärung können wir aber dieses Foto kaum verstehen. Aber der deutsche Intellektuelle (für den auch in erster Linie dieser Buchumschlag gemacht wurde) weiß, daß *Liebermann* der lebende Beweis für den Verfall der sogenannten ›unabhängigen‹ Kunst ist. Der überaus talentierte Maler blieb lange Zeit unabhängig und prinzipienfest, doch später wurde er, *Liebermann*, von der Bourgeoisie gekauft und zu einem hochbezahlten Porträtmaler der Bankiers, Militärs und Fürsten gemacht.
So wird auf den beiden Seiten dieses Buchumschlages die Produktion von Kunstwerken und deren Konsum in der kapitalistischen Gesellschaft demonstriert. Andererseits muß aber auch erwähnt werden, daß *Liebermann* als Präsident der Deutschen Akademie der Künste auch den Mut fand, den Faschisten entgegenzutreten, als diese die Kunst Deutschlands mit dem arischen Kamm frisierten: Er lehnte die Zusammenarbeit mit ihnen ab.

Foto und Text

Der Text ist in den Montagen *Heartfields* ein notwendiger Bestandteil. Bei komplizierten Montagen setzt *Heartfield* mitunter auch mehrere Texte ein, als würde er mit ihnen den Weg seiner Karikatur einzäunen, damit diese ihr Ziel sicher erreicht. Besonders deutlich ist die Wechselwirkung von Foto und Text in seinem weithin bekannten Wahlplakat mit der gespreizten Hand. Die Ziffer ›5‹, Nummer der Wahlliste der Kommunistischen Partei Deutschlands, prägt sich tief im Bewußtsein desjenigen ein, an den das Plakat adressiert ist, und das mit allen verfügbaren Mitteln. Dazu gehört: die Ziffer ›5‹, das Wort ›fünf‹ sowie die fünf gespreizten Finger der Hand. Aber das Wichtigste ist auch hier – ich erinnere nochmals daran –, daß die Fotomontage dort einsetzt, wo eine Umbewertung der Fotografie erfolgt: die Finger der Hand sind nicht nur Ausdruck für die Zahl ›fünf‹, sie haben in diesem Zusammenhang eine doppelte Bedeutung. Ein gleicher Zusammenhang besteht auch zwischen der Nummer der Wahlliste und der Hand, die im Begriff ist, den Feind zu packen. Dieser zweite Gedanke geht deutlich aus der Losung hervor. Um diese Ausdruckskraft noch zu unterstützen, korrigiert *Heartfield* auch das Foto der Hand, verlängerte (wo erforderlich) die Finger, versetzte den Daumen.

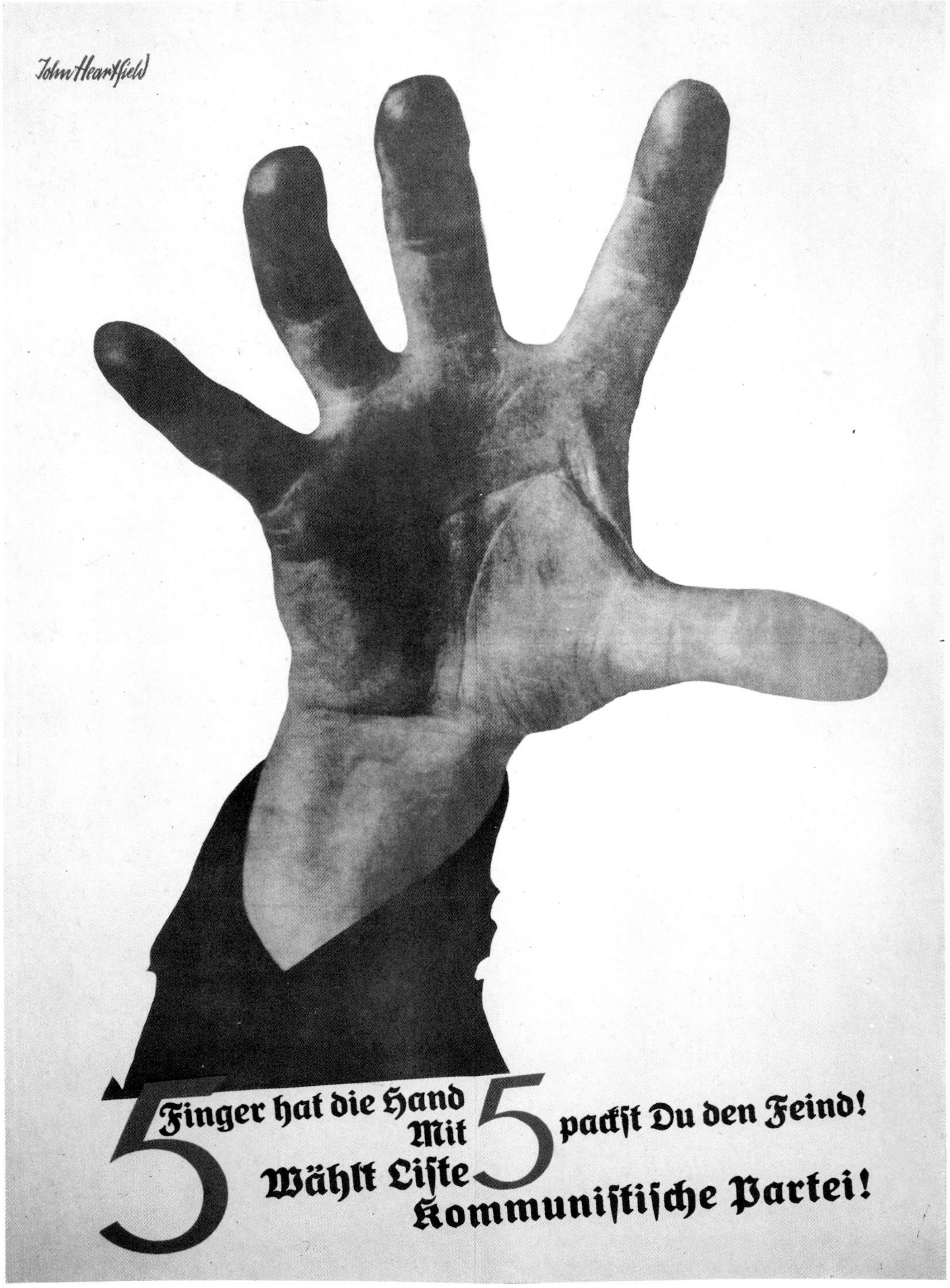

›Inszenierung‹

Es gibt bei *Heartfield* auch Fotografien, bei denen der Moment der Montage der Aufnahme vorausgeht – es sind dies die Inszenierungen.

›5 Finger hat die Hand . . .‹. Wahlplakat der KPD, Mai 1928. Kat.-Nr. 134

›O Tannenbaum im deutschen Raum, wie krumm sind deine Äste!‹ Inszenierte Montage für ›Arbeiter-Illustrierte-Zeitung‹ (AIZ, Prag), 27. 12. 1934, S. 848. Kat.-Nr. 286

›Räumliche und zeitliche Distanz‹

Das Größenverhältnis der dargestellten Dinge ist in der Fotomontage von konzeptioneller Bedeutung. (...)
In der Fotomontage ›Wolkenkratzer in der Sintflut‹ erzeugt die Verbindung zwischen der normalen Brandungswelle und den außerordentlich stark verkleinerten Wolkenkratzern keine Verniedlichung oder Abwertung der Hochhäuser, sondern die überdimensionierten Wellen symbolisieren die ungeheure Kraft, die sich gegen die bürgerliche Welt richtet.
Aber in der ›Fabrik für Kanonenfutter‹ und einigen anderen, ähnlich aufgebauten Arbeiten gibt es keinen paradoxen Kontrast im Größenverhältnis, kein überraschendes Gegenüberstellen. Im Gegenteil.
Zwei Elemente der Montage: eine müde schwangere Frau und der Leichnam eines erschlagenen Soldaten. Diese Leiche bildet perspektivisch den Hintergrund des Bildes. Ganz bewußt ist der Übergang von diesem Hintergrund zum großen Vordergrund vertuscht, damit die realistische Perspektive gewahrt bleibt.
So ist der Leichnam, der sich in der optischen Perspektive befindet, unvermeidbar auch in der sozialen Perspektive vorhanden.
Der aufgetriebene Bauch der schwangeren Arbeiterin und der hinter ihr liegende tote Soldat bilden eine dialektische Einheit. Der Soldat liegt nicht in einer räumlichen, sondern in einer zeitlichen Distanz. Diese Arbeit ist die dialektischste und ökonomischste von allen, die *Heartfield* gemacht hat. Vielleicht kommt sie aus diesem Grund auch ohne Unterschrift aus. (...)
In den erwähnten Fotomontagen schafft *Heartfield* vor allem die Illusion des realen Raumes, dabei korrigiert er fotografische Defekte und kann somit den Hintergrund nicht nur scharf, sondern auch größer als bei der fotografischen Übertragung wiedergeben. Dadurch gelingt es ihm, in der Perspektive die notwendige Bedeutung, Hervorhebung und Tendenz zu erreichen.

Upton Sinclair, ›Nach der Sintflut‹. Buchumschlag, 1925. Kat.-Nr. 116

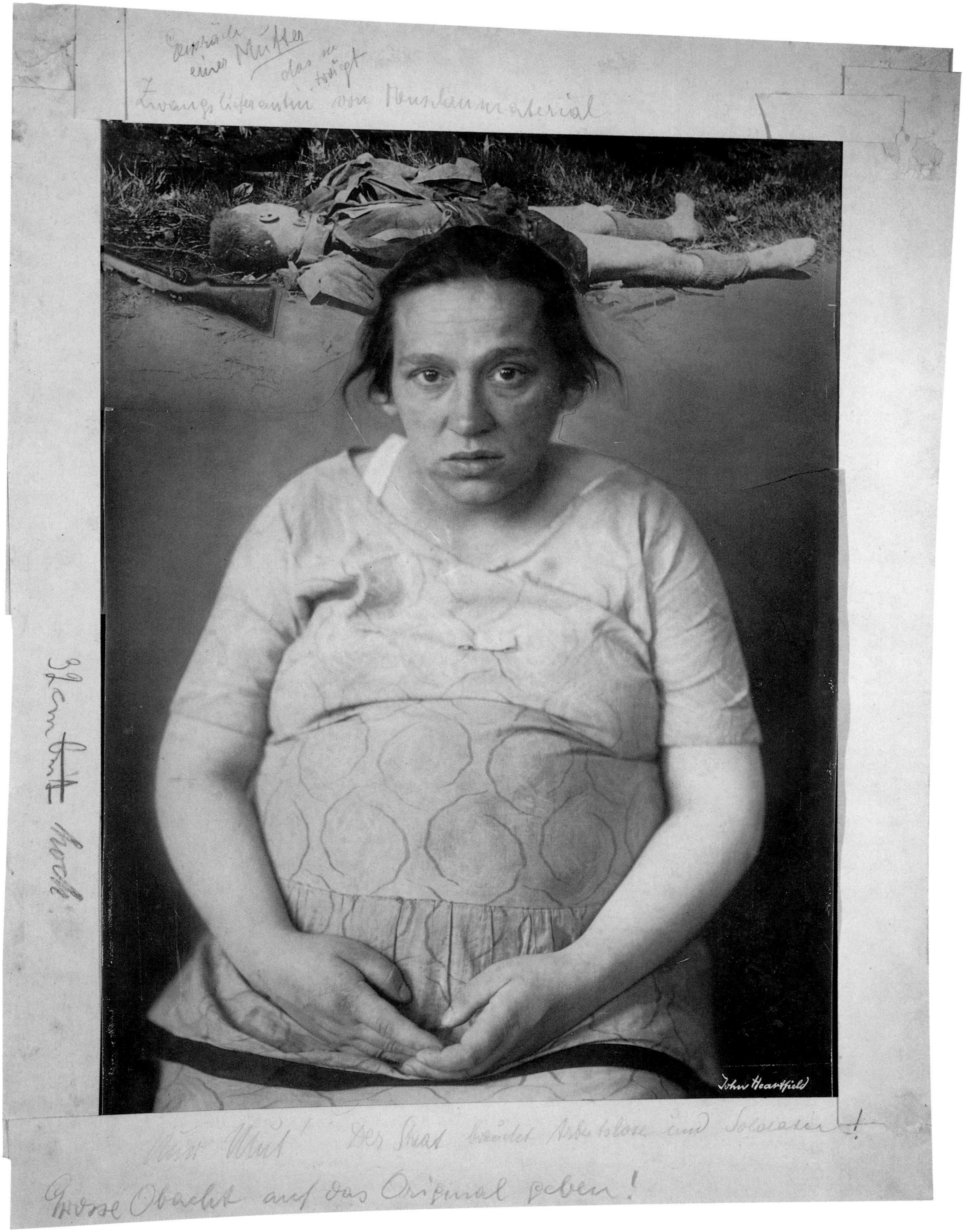

›Zwangslieferantin von Menschenmaterial‹. Fotomontage für ›Arbeiter-Illustrierte-Zeitung‹ (AIZ, Berlin), Nr. 10, 1930, S. 183. Kat.-Nr. 199

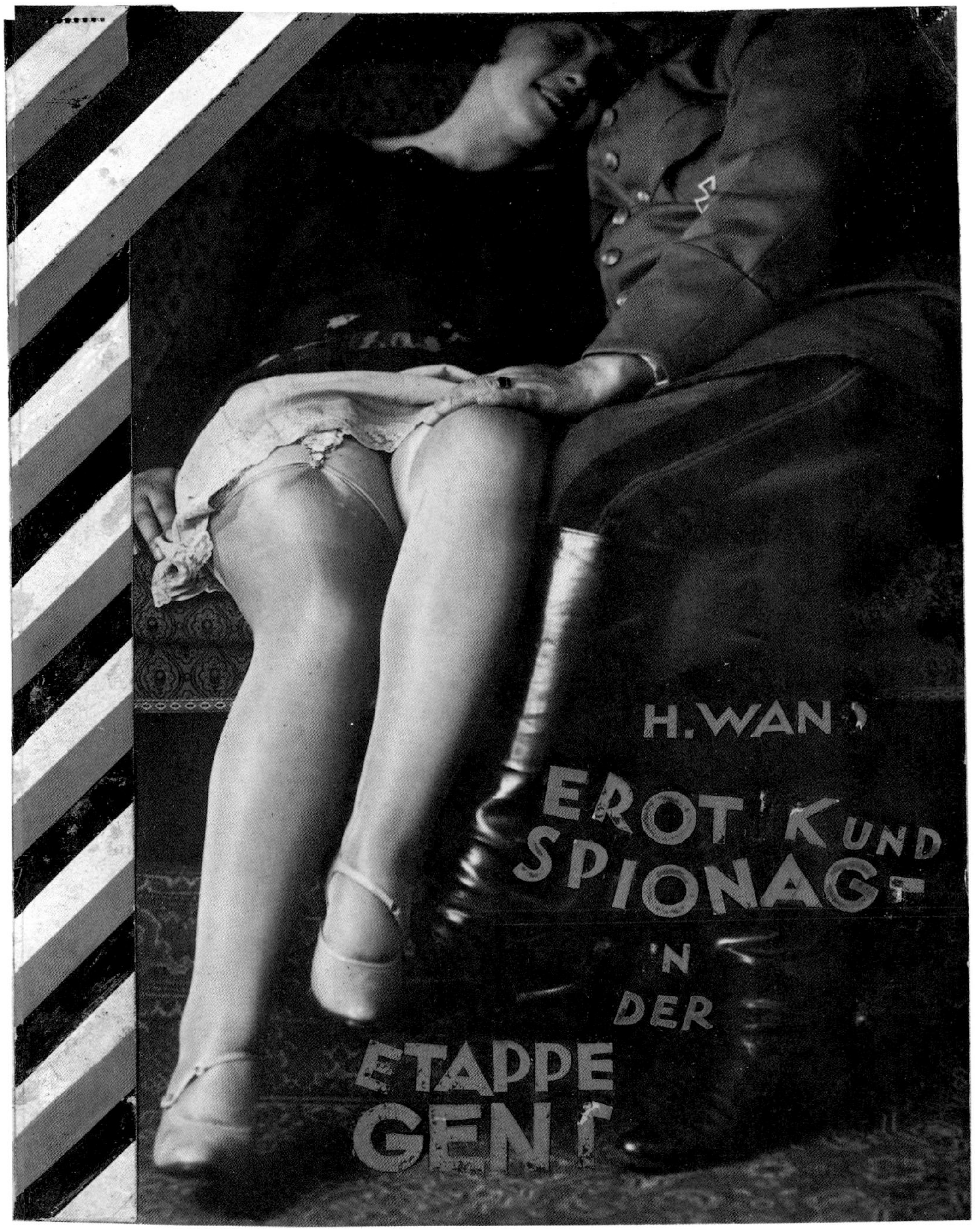

›Zensur verändert Bilder‹

Weil seine Montagen für die Kommunistische Partei Deutschlands wirkungsvolle und ausdrucksstarke Agitationsmittel waren, wurde *Heartfield* natürlich von der Zensur aufmerksam überwacht. Sie waren stets bereit, seine kämpferische Tätigkeit zu unterbinden. Er war gezwungen, viel Scharfsinn aufzubringen, um sein Recht durchzusetzen. (...)
In einem ... Fall war der Umschlag eines Buches über Erotik und Spionage Gegenstand der Verfolgung durch die Zensur. Auf dem Foto blickt ein fetter Offizier mit hohen Auszeichnungen gierig auf die Schenkel einer sich rekelnd an ihn lehnenden Frau. Das Gesicht des Offiziers war absichtlich nicht gezeigt worden. Dies gab der Zensur also auch nicht die Möglichkeit, wegen ›Persönlichkeitsverletzung‹ einzuschreiten. Statt dessen hat der Staatsanwalt die unsittliche Haltung der Hand des Offiziers entdeckt und gefordert, daß diese Obszönität beseitigt werden müsse. Schuld war natürlich nicht die Erotik. Im bürgerlichen Deutschland wurden Hunderte äußerst lasterhafte pornografische Bücher herausgegeben – nicht eins davon hat den Staatsanwalt beunruhigt. Es handelt sich vielmehr darum, daß diese erotische Szene den für das bürgerliche Gemüt heiligen deutschen Offiziersstand diskreditierte, den dann auch noch das Buch bezichtigte, die Wahrheit militärischer Geheimnisse verletzt zu haben.
Heartfield montierte in dieses Buchumschlagfoto noch eine dritte Figur hinein, nämlich einen Staatsanwalt, der mit einer riesigen Schere ein Blatt Papier beschneidet, das die beanstandete Stelle bedeckt. Aus dem Munde des Staatsanwalts kommen die Worte »Da muß man ja dazwischenfahren!« Diese Variante rief ein noch wütenderes Verbot hervor. Daraufhin entfernte *Heartfield* den Staatsanwalt, schnitt die entsprechende Stelle des Fotos heraus und klebte dort den exakten Wortlaut des Gerichtsurteils ein. Durch dieses Feigenblatt erhielt nun die Fotografie tatsächlich einen doppelten Sinn.

Heinrich Wandt, ›Erotik und Spionage in der Etappe Gent‹.
Fotomontage für Buchumschlag (1. Fassung), 1928. Kat.-Nr. 87

Heinrich Wandt, ›Erotik und Spionage in der Etappe Gent‹. Fotomontage für Buchumschlag (3. Fassung), 1928. Kat.-Nr. 326

Heinrich Wandt, ›Erotik und Spionage in der Etappe Gent‹. Buchumschlag (2. Fassung), 1928. Kat.-Nr. 88

Harald Olbrich

›Grün oder – Rot?‹ – Streit unter Avantgardisten

»Wenn ich Dokumente sammle, sie zusammenstelle und das geschickt mache, so wird die agitierend-propagandistische Wirkung auf die Massen gewaltig sein. Und das ist für uns das wichtigste. Das ist das Fundament unserer Arbeiten. Deshalb ist es unsere Aufgabe, so gut, so stark und so intensiv wie möglich auf die Massen einzuwirken.«[1] Diese bekannten Sätze aus John Heartfields Vortrag 1931 in Moskau hat Sergei Tretjakow überliefert. Sie charakterisieren schlaglichtartig das Programm des ›operierenden Künstlers‹, wie es Heartfield verstand und eben mit Tretjakow, Walter Benjamin und anderen teilte. Nicht Abschildern von irgendeiner Wirklichkeit ist gemeint, sondern die ästhetische Organisation eines bestimmten Materials durch den Künstler-Produzenten mit Blick auf die aktiven oder zu aktivierenden Nutzer. Sicher hatte Tretjakow bereits bei seinem Berliner Aufenthalt 1931 Heartfield mit seinen Vorstellungen des ›operierenden Schriftstellers‹ bekannt gemacht, aber er traf auf keinen Unvorbereiteten.[2] Die eingreifende Ästhetik Heartfields hat ihre eigene Logik, ihren eigenen Werdegang. Operative Kunst, wie Heartfield sie verstand und praktizierte, erscheint einleuchtend – und sie fasziniert. Sie gründet in politischen und ästhetischen Entscheidungen, geprägt durch ihre Zeit.

Die zwanziger Jahre waren erfüllt mit kunsttheoretischen Debatten, Positionierungen und Abgrenzungen, wohin man immer blickt. Sie lassen sich datieren, denn es ist wichtig, ob eine Selbstdefinition 1920, 1924 oder 1930 erfolgte. Aber einige Grundthemen kehrten in den Diskussionen immer wieder. Sie bestimmten den Diskurs über Kunst: das Verhältnis von Kunst und Künstler zu sozialen Gruppen und Parteiungen, Nähe oder Ferne zu den neuen technischen Medien, Werkbegriff und Funktionsfragen, das Verhältnis zwischen ›Was‹ und ›Wie‹; nicht zuletzt die Relation zwischen ›autonomer Kunst‹ und ›dienender Kunst‹. Man kann diese Entscheidungsfelder erweitern. Es läßt sich auch beschreiben, wie kompliziert ihr Ineinander sich dem einzelnen handelnden Subjekt darstellte. Diese Komplexität mit ihren treibenden Widersprüchen will ich am Beispiel Heartfield in einigen Grundzügen rekonstruieren.

Durch den Zerfall des ›real existierenden Sozialismus‹ kann die Frage nach der sozialistisch orientierten ›operativen Kunst‹ obsolet erscheinen. Sie wirkt wie unwiderruflich vergangen, wie ein abgeschlossenes Modell aufklärerischen künstlerischen Handelns mit den nur ihm eigenen ästhetischen Widersprüchen. Aber nicht nur hat Geschichte ihre eigene ›Logik‹; auch der historische ›Zufall‹ der Geburtsjahre und anderer Jubiläen wird stets von neuem die Erfahrungen der geschichtlichen Akteure, deren Antriebe, Utopien, Illusionen, Konflikte, die Ergebnisse ihres Handelns dem kritischen Blick der Gegenwart aussetzen. Eine Frage soll sich darauf richten, ob und wie im Werk Heartfields das Konzept des ›operierenden Künstlers‹, eine kunstgeschichtliche Tendenz, begann, ihren Gipfel oder ihr Ende erreichte. Eine andere zielt darauf, in adäquater Analyse die aufklärerische und kritische Bildform und ihre geistigen wie emotionalen Potentiale aufzuspüren.[3] Indem wir dieses eine Phänomen Heartfield herausgreifen, wollen wir uns die seinerzeitigen Diskurse, Praktiken und Resultate bewußt machen, samt ihrer Vorgeschichte und ihrem Nachhall. Letztlich aber geht es um die vieldeutigen Beziehungen der Künste zu jenen heterogenen sozialen, politischen und geistigen Bewegungen, die mit dem schillernden Begriff ›Moderne‹ nur notdürftig umschrieben sind, um die Bedingungen des künstlerischen Wirkens wenigstens von denen der alteuropäischen Gesellschaften zu unterscheiden. In dieser Moderne vervielfältigten und komplizierten sich die Bezugsebenen von Kunst, Künstler und Gesellschaft, entfaltete sich eine neue, vielschichtige und dynamische ›Typologie‹ des Künstlers und des Kunstbegriffs. Natürlich ist Heartfield das klassische Beispiel für den Typus des ›operierenden Künstlers‹, das ist wiederholt gewürdigt worden. Ich meine aber, daß wie überall in der Moderne auch hier eine identitätsstiftende Heroengeschichte zu kurz greift. Das Weiterarbeiten an diesem Künstlermythos verfehlt ein angemessenes Verhalten.

Ich gehe von einer jener eingangs erwähnten Debatten und ihrer emotional aufgeladenen Diktion aus. Sie hilft uns, die vergangenen Zusammenhänge dieses Künstlermodells genauer zu verstehen, vielleicht auch für heutige und zukünftige Orientierungen. Der Anlaß, eine der von Otto Nagel organisierten legendären Berliner Warenhaus-Ausstellungen sozial engagierter Kunst, und das Datum des ebenso kurzen wie heftigen Streits, 1926, stehen fest. Die Protagonisten, hinlänglich bekannt, waren der Architektur- und Kunstschriftsteller Adolf Behne und der Fotomonteur John Heartfield. Beide verstanden sich als Linke und als Avantgardisten. Der Streit offenbart einen tiefgreifenden Dissens zwischen ihnen, dessen Motivation eher bei Heartfield zu suchen ist. Denn in einem späteren Artikel wußte Behne sehr wohl »die technische Sicherheit ... die kritische Schärfe und dialektische Klarheit« der Fotomontagen Heartfields zu würdigen: »das ist Photographie plus Dynamit.«[4] Die besten Arbeiten Heartfields wögen »ganze Säle der Akademie« auf.[5] Indem die aus Dada und der dadaistischen Kulturkritik hervorgegangenen Fotomonteure mit der Fotografie »ganze logische Sätze bilden« lernten[6], gaben sie für Behne der Bildpublizistik einen neuen Standard, »in der politischen Propaganda wie in der Reklame und in der Buchillustration«.[7]

Damit ist zunächst der Konsens zwischen unseren Protagonisten bezeichnet. Er wurzelt in beider Bezug auf die Avantgarden des zweiten Jahrzehnts. Natürlich hatte Behne diese Erfahrung im Auge, als er beschrieb, wie im Lernprozeß der Monteure »die großartige Exaktheit [der fotografischen Technik – H. O.] auch *denkend*« gemacht wurde.[8] Nun verfaßte Behne diesen Text 1931 für den von Otto Nagel begründeten ›Eulenspiegel‹, inmitten einer politisch und sozial zugespitzten Situation. Aber es war nicht nur das Zeitgeschehen, das ihn zu diesen Wertungen trieb. In ihnen flossen die Erfahrungen eines Jahrzehnts im experimentellen Umgang mit Fotografie und Fotomontage zu einer ersten Bilanz zusammen. Ausstellungen bereiteten das Material auf: die Stuttgarter Werkbund-Ausstellung ›FILM UND FOTO‹ 1929, die Schau ›Fotomontage‹ im Berliner Kunstgewerbemuseum 1931, die 3. Ausstellung des Bundes revolutionärer bildender Künstler Deutschlands für ›Photomontage und Buchkunst‹ 1932. In den Texten des Zeitraums, einschließlich der bekannten Äußerungen Heartfields, zeigt sich das allgemeine neue Bewußtsein von den instrumentellen und operativen Potenzen des Mediums und von der Kompetenz seiner Akteure: von Walter Riezler 1929 über Raoul Hausmann 1931 und 1932, Alfred Durus 1931/32 bis zu Walter Benjamin 1934, Louis Aragon 1935 und schließlich Sergei Tretjakow.[9]

In seinen eigenen Beiträgen von 1926[10] und 1931 geht es Behne letztlich um eine zentrale Frage: Was kann, was leistet welche Kunstpraxis, vor allem *wie* tut sie dies, mit welchem ästhetischen Anspruch, an wen gerichtet? Er konnte sich die Antwort nur vielseitig vorstellen. Das Problem, das Behne beschäftigte, stellt sich natürlich für die Kunstgeschichte aller Umbruchszeiten in besonderem Maße. Hat eine wie auch immer entstandene Revolutionskunst zu Konsequenzen geführt, die mehr erbrachten als nur die »thematische Erfüllung der revolutionären Prinzipien?«[11] Derartige Erwartungen hat es zu verschiedenen Zeiten gegeben, und sie sind auch an das Schaffen Heartfields gerichtet worden, nicht nur von den Funktionären der politischen Bewegung. Dem Schriftsteller F. C. Weiskopf, für den sich »in der Kunst ... das Leben« manifestierte, dienten Werke Heartfields in der Großen Berliner Kunstausstellung 1929 einseitig als Belege dafür, daß »das Gefühl für die Dinge als solche ... wichtiger [ist] als der

Sinn für das Künstlerische!«[12] Allem anderen, zumal der »reinen Kunst« sprach er – mangels ihrer Tagesbezogenheit – Lebensberechtigung und Geltung ab. Die Richtung hatte bereits die Agitationsberatung im Rahmen des X. Parteitags der KPD vorgegeben. Einesteils forderte dort Ernst Schneller ein höheres Niveau von Inhalt und Aufmachung der Propagandamaterialien hinsichtlich der Anlässe, Zielgruppen und Zwecke. Anderenteils kritisierte er die satirische Zeitschrift ›Der Knüppel‹ – Heartfield war immerhin ihr Gestalter –, weil sie »es in vielen Fällen nicht [verstand], das geeignete Ausdrucksmittel – auch für den einfachen Arbeiter – zu finden«.[13] Unbehagen löste bei ihm auch eine vorgebliche Neigung zur »anarchistischen Kritik der Zersetzung der bürgerlichen Gesellschaft« aus.[14] Die »Bourgeoisie und ihr System ... demaskieren« hatte Wieland Herzfelde 1921 als »historische Aufgabe« des revolutionären Künstlers bezeichnet.[15] Von »Zersetzungsarbeit« war auch im Manifest der ›Roten Gruppe‹ die Rede. Im Vorbehalt Schnellers, der sich auf diese Diskussionslinie bezieht und mit den Unsicherheiten in der ›Roten Fahne‹ 1920 gegenüber der anarchischen Radikalität von Berlin-Dada zusammenhängt, schwingt allerdings auch der Wunsch nach parteilichen Mobilisierungsformeln mit.

Auf einem Umweg sind wir mitten in der Kontroverse zwischen Behne und Heartfield von 1926. Behne hatte damals nicht nur den Sinn der bildlichen Verdoppelungen von »Proletariat, Elend, Verzweiflung, Krankheit, Destille, Schwof« in einem Kaufhaus des proletarischen Wedding als bloßes »Reden von ...« bezweifelt.[16] Die soziale Predigt, wenngleich motiviert durch Solidarität mit den Rechtlosen, reichte ihm nicht aus. Das in der Ausstellung Gezeigte schien zudem zu sehr der bürgerlichen ›Neuen Sachlichkeit‹ nachzuhinken, anstatt die »Zukunft und den Weg zu ihr« zu zeigen.[17] Das war in diesem Moment sein wichtigstes Anliegen, das ihm verlorenzugehen schien. Behne bot daher zwei Vorschläge an. Zunächst erinnerte er an den konstruktivistischen Entwurf der gestalterischen »sozialen Tat ... selbstverständlich in ihrem Arbeitsgebiet«[18], also in der Kunst, mit Hinweis auf die »wenigen sonst noch aufrecht Gebliebenen«[19] der konstruktivistischen sozialethischen Utopie. »Rot zu Grün ordnen so, daß beide Farbquanten ihr höchstes Maß an Kraft, Würde, Freiheit erhalten, ist sehr viel revolutionärer als Handgranaten oder ›Sieg der Barrikade‹ malen.«[20] Sein zweiter Vorschlag wirkt wie eine Reaktion auf das Manifest der ›Roten Gruppe‹ von 1924 und auf die Streitschrift ›Die Kunst ist in Gefahr‹ von George Grosz und Wieland Herzfelde vom Jahr darauf. Nicht, »daß ein guter Kommunist in erster Linie Kommunist und dann erst Facharbeiter, Künstler usw. ist«[21], sondern die »besten Maler« sind »die besten Kämpfer für den Sozialismus. Denn, um Kunst für das Leben sein zu können, muß allerdings Kunst zunächst Kunst sein.«[22]

Das aber traf den Nerv der Selbstbestimmung und Abgrenzung in der ›Roten Gruppe‹ gegenüber bürgerlichem Kunstbetrieb und bürgerlicher Gesellschaft. In den Entscheidungen war verdrängt worden, was noch 1920 als künstlerische Doppelstrategie in der Erklärung der Opposition der Novembergruppe beschrieben worden war: eine »neue Gegenständlichkeit, die aus dem Abscheu über die ausbeutende bürgerliche Gesellschaft geboren wird«; die »vorbereitende[n] Versuche ungegenständlicher Optik«, ihrerseits nicht minder aus »Ablehnung dieser [bürgerlichen – H. O.] Ästhetik und Gesellschaft« hervorgegangen.[23] Heartfields Antwort mußte seinem Standpunkt entsprechend scharf und absolut ausfallen. Nichts sind die »kühnsten, wahrhaftigsten, logischsten Farbgedanken«, die Behne hervorhob und Heartfield im Zitat gegen ihn kehrte, wenn sie nicht Arbeiter gegen den Kapitalismus mobilisieren »oder auch nur ein Gewehr zum Abfeuern« bringen.[24] Revolutionäre Kunst ist auf *einen* Zweck gebracht, die Entwicklung zu beschleunigen, die über den »Bürgerkrieg«

zum Sozialismus führt. In revolutionäre Ungeduld verwandeltes dadaistisches Pathos des Bruchs mit allem Bisherigen sieht nur einen Weg gesellschaftlichen Wandels und ordnet die Kunst und ihre Mittel der Hoffnung auf eine neue Revolution unter: »Rot – oder Grün!« heißt es apodiktisch.[25] Die Entscheidung wird eingefordert für den »Wirkungsaspekt, der die Funktionalität der Mittel garantiert«.[26]

In seiner Replik gab Behne jedoch zu bedenken, daß es nicht genügt, »ein politisches Bekenntnis zu kolorieren«.[27] Vor allem warnte er davor, gerade der Kunst als Waffe »einen Vormund [zu] setzen«: damit stand auch das Bezugsfeld Auftraggeber – Künstler – Adressaten zur Diskussion. Heartfield dachte an eine Kunst, die den proletarischen Adressaten Klarheit über ihre Lage verschafft und Auswege zeigt, Wissen vermittelt und so zum Handeln befähigt, nicht »raffinierten Luxusbedürfnissen« dient[28]; Behnes Einwand tangierte sein Schaffen nicht. Für Heartfield war seine Folgerung aus dem Dada-Programm, »dem Leben nicht mehr ästhetisch gegenüber« zu stehen, entscheidend.[29] »Aus dem Genußmittel den Lehrgegenstand« machen, so charakterisierte auch Brecht 1930 seine didaktischen Theaterstücke.[30] Verkannte Behne 1926 dieses Funktionsmodell von Kunst als »Illustration«, die nur »schnell verpuffende Stimmungen« erzeugt?[31]

Sicher redeten Behne und Heartfield auch ein wenig aneinander vorbei. Behne reflektierte über Tafelbilder sozialer Thematik, aus der abgehobenen Kunstausstellung in einen Teilraum proletarischer Lebenswirklichkeit versetzt. Heartfield antwortete aus der Perspektive seines Mediums der Publikationstechnik und der illustrierten Presse. Dabei lehnten beide, das läßt sich aus ihren Texten schließen, eine allein thematisch rührende Gefühlskunst ab und setzten auf Rationalität und ordnende Klarheit, mit denen das ›Was‹ zur Wirkung gelangen sollte. Aus seiner Perspektive mußte Heartfield jedoch selbstverständlich erscheinen, daß »Rot zu Grün ordnen« keinen Arbeiter in Bewegung versetzt. Um seine Position und die der ›Roten Gruppe‹ zu legitimieren, mußte er sogar Behne polemisch unterstellen, daß für ihn die Aktualitäten keinen Platz in der Kunst hätten. Anlaß bot Behnes Bemerkung, die »Kunstausstellung Wedding ... will proletarisch, klassenbewußt, radikal sein«, richte sich aber nach dem »Modewandel der bürgerlichen Kunstkennerschaft«.[32] Heartfield legte diese und ähnliche Sätze als zum Kunstprinzip erhobene thematische Abstinenz und Distanz zur Gegenwärtigkeit aus. Für ihn galt mehr denn je ein Satz des Berliner ›Dadaistischen Manifests‹ von 1918, dem zufolge die »höchste Kunst« die sei, »der man anmerkt, daß sie sich von den Explosionen der letzten Woche werfen ließ«.[33]

Es ist also ein leichtes, festzustellen, daß Heartfields ›Entweder – Oder‹ den dadaistischen Handlungsimpuls aufhebt und mit dem linksradikalen Beschleunigungskonzept der Revolution verquickt. Dafür mußte er allerdings die ›Übergangsgestalt‹ der Dada-›Indifferenz‹ aufgeben für eine erneuerte Tendenzkunst. Im neuen Bezugssystem der revolutionären Bewegung aber näherte sich diese Haltung der leninistischen Unterordnung in der ›Parteikunst‹. 1924 war erstmals Lenins ›Parteiorganisation und Parteiliteratur‹ auf deutsch erschienen. In eine zunächst produktive Krise geriet hier, was 1918 auch für die Berliner Dadaisten im Aufbrechen der Grenzen von Kunst und Leben »unter Umständen heißen [konnte], mehr Kaufmann, mehr Parteimann als Künstler [zu] sein – nur zufällig Künstler [zu] sein«.[34] Indem aber Behne auch hier auf Kunst und ihrer Unabhängigkeit bestand, avancierte er im Blick der ›Roten Gruppe‹ folgerichtig zum neuen ›Kunstlump‹.[35] Er schien einen von Dada und der ›Roten Gruppe‹ offensichtlich überholten Standard zu setzen, der das Prinzip Kunst überzeichnete. Zudem war er auch nicht bereit, die Freiheit des Künstlers für

seine neuerliche Einbindung aufzugeben. Obschon Behne um die Widersprüche der autonomen Kunst wußte, bezog er sie dennoch 1926 programmatisch in die Debatte ein. Standen ihm bereits die Schwierigkeiten einer Avantgarde vor Augen, die im Funktionswechsel der Kunst zum Dienen am Bau, zur Produktgestalt oder zum Propagandamittel die Innovationen gefährdet sah durch ihren Gebrauch, Verschleiß oder gar Mißbrauch? Er warnte zudem vor der Selektion oder dem Ausschluß eines »Erbes«, das in den kommunistischen Kunstdebatten der Dekadenz zugeschlagen und bestenfalls am »lebendigen Nutzwert für den gegenwärtigen Kampf« gemessen wurde. Heartfield hingegen hatte bereits die Position einer zwar als eigenständig gewünschten, aber jedenfalls proletarischen Kampfkultur eingenommen, die Karl August Wittfogel 1925 systematisch begründet hatte.[36] Dennoch lassen sich weder der Streit zwischen Behne und Heartfield noch des letzteren Werk in seiner offenkundigen Neuartigkeit als bloße Reflexionen der politischen Positionen fassen.
In dem erwähnten Satz aus seiner kurzen Besprechung in der ›Roten Fahne‹ hatte Weiskopf nur geringfügig das von Vincent van Gogh erborgte Motto des Heartfield-Raumes der ›FiFo‹-Ausstellung abgewandelt. Bei ihm erscheint es linkssektiererisch ausgelegt. Doch waren auch andere Autoren von der Gewalt der neuen Tatsächlichkeiten und ihrer medialen Darstellung durch Fotografie und Fotomontage gebannt, denen man diese Einseitigkeit nicht unterstellen kann. Als »neue« Erkenntnis verstand Walter Riezler 1929 die »moralische Verpflichtung des Fotografen, als der objektive Berichterstatter der Zeit aufzutreten«.[37] Sie kulminiere in jenen Fotomontagen, die »diese Männer und Vorgänge« der Politik »so naturhaft« vorführen, daß die »stilisierte künstlerische Darstellung« der alten propagandistischen Bildmedien verblasse neben jener fotomontierten »Wirklichkeit«.[38]
Im Diskurs kristallisierte sich heraus, was Raoul Hausmann in seinen Aufsätzen 1931 und 1932 auf die Formel der »Formdialektik« von Fotografie und Fotomontage bringen konnte: »Dialektisch gesehen ergänzen Revolutionsperioden in Kunst, Technik und Soziologie sich gegenseitig.«[39] Hier klingt präzisiert weiter, was Wieland Herzfelde 1921 die »revolutionäre Umstellung ihrer Produktion«[40] inmitten des Aufbruchs des Malik-Kreises zur neuen Tendenzkunst nannte. Wir können also Hausmanns These als eine vorläufige Antwort auf die Frage nehmen, inwieweit es in den zwanziger Jahren »Revolutionskunst als morphologisches Spezifikum« gab[41], das die Kunstgeschichte weiterhin interessieren könnte. Jedoch schrieb Hausmann nicht nur von den propagandistischen Wirkungen, sondern stellte darüber hinaus fest, daß der »materialhaft neuen Ausdrucksform neuer Inhalte« eben die Arbeit an diesen Materialien und somit an der umstürzlerischen Form zugrunde lag. Er führt uns auf den Ausgangspunkt der Umwälzung zurück, auf die dadaistische Überzeugung, daß die »Malerei der Kriegszeit« an sich selbst zugrunde gegangen war und daher »alle Kunstgattungen und künstlerischen Techniken einer umwälzenden Veränderung bedürften«.[42]
Es war Hausmann bewußt, daß die politische und kommerzielle Anwendungsmöglichkeit der Fotomontage sie »von der anfänglichen individualistischen Spielerei zu entfernen« begann.[43] In dieser Wandlung vereinfachte sich für ihn die Technik, durch die »Anwendungsgebiete dazu gezwungen«. Sie gewann jedoch an »Fähigkeit zum Auswägen der schlagendsten Gegeneinanderstellungen«, eben an jenem »Formdialektischen«.[44] Er beschrieb damit einen neuartigen Bildprozeß in der Herstellung von Sinn und Bedeutung, den Heartfield als Intervention in die geschichtliche Bewegung verstand.
Die Absicht, auf Massen einzuwirken, teilten die politischen Fotomonteure mit den neuen, meist aus dem Konstruktivismus hervorgegangenen Werbekünst-

lern. Auch für sie galt der Anspruch einer Verantwortung für Aufgaben jenseits der Immanenz des Werks, »die den sogenannten ›freien‹ und hohen Künsten... längst entzogen worden sind«.[45] Aus dieser Entwicklung folgerten Gustav Friedrich Hartlaub und andere Autoren der zwanziger Jahre, daß die Werbekunst »neben der modernen Zweckarchitektur die einzig wahrhaft öffentliche Kunst«, die einzige »Massenkunst« sei.[46] In den Reflexionen auf sie konzentrierte sich wie in den Anfängen des modernen Plakats und der Reformkunstbewegung die idealistische Vision, ästhetisches Bewußtsein zu entwickeln. Adolf Behne sah in der Werbekultur den »totgesagte[n] Konstruktivismus... kräftig am Leben. Aufgehen im Tagesgebrauch und Tagesbedarf war sein Wunsch und Wille.«[47] Der Reklamekünstler sollte und wollte ein »sozialer Künstler« sein, wie es Lájos Kassák nannte.[48] Optimistische Meinungen, daß der Konkurrenzbetrieb der modernen Wirtschaft ästhetisch beherrschbar sei, und Zweifel daran wechselten; zur Jahrzehntwende wuchs die Skepsis. Was aber die Theoretiker und Praktiker der neuen Werbekultur, des neuen Bauens und der politischen Fotomontage oft isoliert beschrieben, faßte Hausmann synthetisch zusammen. In der »Erziehung unseres Sehens, unseres Wissens um die optische, psychologische und soziale Struktur«[49] korrelierten die verschiedenen Antriebe und Ziele. Sie waren getragen von der Überzeugung, einer neuen Wahrhaftigkeit Bahn zu brechen durch die »Klarheit ihrer Mittel, bei denen Inhalt und Form, Sinn und Gestaltgebung sich decken«.[50]

Klarheit übersetzte sich in den späteren zwanziger Jahren als »eine leichtere faßbarkeit« für »die im leben nicht immer sichtbaren zusammenhänge«, wie es László Moholy-Nagy nannte: für »einen eindeutigen sinn«.[51] Fotomontage in allen ihren technischen und Form-Gestalten bedeutete den Akteuren mehr als ein mechanisches Verfahren für die »Ordnung der Dinge und Geschehnisse«[52] angesichts einer zersplitterten und vieldeutigen Wirklichkeit. Diese globale Feststellung Jan Tschicholds über die Suche nach neuen Ordnungsprinzipien trifft auf das entwickelte Werk der Werbekünstler ebenso zu wie auf das der kritischen politischen Fotomonteure. Sie hat zur Folge, eine bestimmte emphatische Position zur ›Realität‹ einzunehmen, die von Dada und Konstruktivismus zunächst einmal das Prinzip Gegenwärtigkeit übernimmt und das Bewußtsein einer Welt in Bruchstücken ohne Sinn, der nur mit dem Formbruch beizukommen war.

Spätestens seit der Mitte der zwanziger Jahre schien aber eine andere, neue Ordnung der Zeichen angebracht, nicht nur die bloße Zerschlagung der vorgefundenen, erstarrten Zeichensysteme aus der Erkenntnis heraus, daß an den Symbolen nichts mehr stimmt. Den langen Weg im Erkenntnisprozeß, »daß diesem Irrsinn ein System zugrundelag«, beschrieben George Grosz und Wieland Herzfelde 1925[53]: Die zertrümmerten Zeichensysteme waren nunmehr neu zusammenzusetzen, mit eben den erarbeiteten Standards, um »die wirklichen Tatbestände wiederherzustellen«.[54] Dekonstruktion und Neukonstruktion sind in einem neuen künstlerischen Paradigma vermittelt, das sich aber nur noch experimentell produzieren ließ als bewußte und kritische visuelle Evidenz. Sie sollte nicht nur die Fiktionen als solche erkennbar machen. Indem man demonstrierte, daß sie sich zerlegen und durchschauen ließen, eröffneten sie auch Wege, ihre tückischen Verzauberungen und Fesselungen zu sprengen. »Den Wert seiner Arbeit an ihrer sozialen Brauchbarkeit und Wirksamkeit [zu] messen«[55], wie es Grosz und Herzfelde 1925 postulierten, hieß, von nun an stets im Zeichen einer mühsam gewonnenen Überzeugung künstlerisch zu arbeiten und also mit einer ›objektiven‹ historischen Tendenz konform zu gehen, deren Horizonte die Revolutionszeit abgesteckt zu haben schien. Veränderung des künstlerischen Produktionsapparates und Veränderung der Verhältnisse wurden in eins gedacht, gemäß dem Axiom, daß Wirklichkeit kein Zustand, sondern ein Prozeß, also veränderlich und veränderbar ist, auch durch künstlerisches Eingreifen. Eine andere Position als die Wahl »zwischen Technik und Klassenkampfpropaganda«[56] ergab für diese künstlerischen Agenten des historischen Prozesses keinen Sinn mehr. Und Montage konnte dafür per se als jenes dialektische Verfahren verstanden werden, dessen Leistung darin bestand, wie es allenthalben um 1930 hieß, »das Charakteristische des Gezeigten hervorzuheben«[57], als wahres Zeichen für die »sozialen Zusammenhänge und Wechselwirkungen, Übergänge und Gegensätze«[58] zu dienen.

Die neuen Stoffe, die Krieg und Revolution zutage gefördert hatten, waren in der präsentistischen Haltung Dadas erreicht. Nun ging es ›nur‹ noch um das ›Wie‹, ›Wozu‹ und ›Für Wen‹: »Wir statuieren den Primat der Funktion vor Inhalt und Form«, postulierte Wladimir Majakowski 1930 lapidar.[59] Hanns Eisler forderte, »die Methode des Musizierens der Funktion unterzuordnen«.[60] Die Reihe dieser programmatischen Äußerungen läßt sich bekanntlich erweitern. Die fotomontierten Inszenierungen von ›Realität‹ hatten dabei mehrfaches zu leisten: den Gesamtzustand der Welt in der Funktionale zu zeigen; bewußt auf die optimale Wirkung hinzuarbeiten; das Gezeigte und das Zeigen (und damit die »Denkmethoden der Arbeiterklasse«[61]) didaktisch und popularisierend aufzuarbeiten. Vom erfolgreichen Verständnis unter den revolutionären Adressaten zeugen Zuschriften an die Arbeiter-Illustrierte-Zeitung (AIZ). Die regelmäßig publizierten Montagen Heartfields stellten mit »wenig Aufwand viel Aktualität« her; sie seien von einer »verblüffenden ›Redekunst‹«, sie reizten zur Nachahmung durch politisch engagierte Autodidakten.[62] Kunst, so dezidiert als gesellschaftliche Kommunikationsform verstanden, schien auch die Chance zu bieten, gerade durch Parteinahme das Experiment am Leben zu erhalten.

Dies realisierte sich in freiwilliger Parteiarbeit – womit ein Konfliktfeld des »revolutionären Künstlers neuen Typus«[63] bezeichnet ist. Konnte so »eine nur hier und in keinem anderen Lebensbereich erfahrbare eigene Wahrheit zum Ausdruck« gebracht werden?[64] Zweifellos sprach die Fotomontage von den verschwiegenen ›Realitäten‹. Aber die heftige Reaktion Heartfields auf die Einwürfe Behnes ist auch als Ausdruck des Gegensatzes und der Konkurrenz von Kommunisten und Sozialdemokratie beschreibbar. Lassen wir dazu Sergei Tretjakow zu Wort kommen:

»Der Fotomonteur beschneidet mit einer Schere Fotografien. Soll es nun ein Foto schlechthin sein oder eine bestimmte Fotografie: Und wie soll sie beschnitten werden? Vielleicht so, daß es für den Dargestellten unangenehm wird? Diese Gedanken leiten die Hand mit der Schere, die den Kopf des Gegners abschneidet, hier ist es der sozialdemokratische Berliner Polizei-Präsident *Zörgiebel* [Kat.-Abb. 42]. Dieser Vorgang des Kopfabschneidens hat eine doppelte Bedeutung: erstens ist es die professionelle Bewegung des Fotomonteurs, der an Fotos herumschneidet (was auf diesem Foto eindeutig aus der Haltung der das Papier haltenden Finger *Heartfields* hervorgeht), zum anderen ist es auch eine politische Geste: Die Schere des kommunistischen Künstlers enthauptet den Gegner. Und um diesen Vorgang der Enthauptung sichtbar zu machen, wurde *Zörgiebels* Porträt auf natürliche Größe gebracht.«[65]

Die Erinnerung an dieses ambivalente Zitat lehrt vielerlei: nicht nur die historische Erinnerung an den Berliner Blutmai 1929 oder an die verhängnisvolle Sozialfaschismusdoktrin, die Heartfield, sicher geistvoll, aber eben belieferte. Die Sätze Tretjakows führen uns zugleich in die symbolischen Handlungen des Fotomonteurs ein, in seine analytische und propagandistische Destruktionsarbeit. Aber die Zerstörung der alten Mythen, so könnte man verallgemeinernd folgern, verschränkte sich wiederholt mit der Produktion neuer politischer Mythen, die auf ihre Weise ›Wirklichkeit‹ verstellen konnten. Ähnliches gilt für einige Montagen aus den späteren dreißiger Jahren, deren (allzu verständliches) antifaschistisches Mobilisierungspathos sich einer zwiespältigen Heroisierung des Arbeiters näherte.[66]

Mit ihrer aufklärerischen Analyse widersprach die Fotomontage Heartfields den Alltags- und den Herrschaftsreden. Durch die ganze Vielfalt seiner Mittel der Materialbearbeitung artikulierte Heartfield seine Antithesen zu den ›normalen‹, bewußten und unbewußten Praktiken, Konventionen, Manipulationen. Er baute den Wider-Spruch als analytisch-kritisches Gestaltungsprinzip in das neuartige Werkganze seiner Montagen ein, stellte durch die Schnittkanten, die rhetorische Bildkombinatorik, die emblematisch verdichteten Spannungen zwischen Wort und Bild die Teile und das Ganze in einen gegenseitig sich steigernden und kommentierenden Konflikt zueinander. Insofern wurde seine Fotomontage eine Technik der kritischen Widerrede. Sie brachte als Medium die seit der Französischen Revolution auf die Tagesordnung gesetzte Frage, wie die Aktualitäten, der Faktor Zeit künstlerisch zu bewältigen seien – besonders als Zeit des öffentlichen politischen Handelns –, zu einer gültigen Lösung. Sie war Teil des umfassenden Versuchs, innerhalb der Weimarer Republik (und mit dem expliziten Ziel ihrer Überwindung) im Vorgriff auf die Zukunft eine proletarische Gegenöffentlichkeit zu schaffen. Fotomontage aufklärerisch als Demontage zu entfalten[67] und an ein bestimmtes Publikum zu binden hieß aber auch, sich auf dieses einzulassen, sich bestimmte Gedanken und Normen zu eigen zu machen, andere auszuschließen. Das konnte freilich bedeuten, sich den Losungen und der Taktik des Augenblicks auszuliefern. Die Einseitigkeit war aber zugleich die Bedingung der Leistung Heartfields, sie strukturierte sie, beschädigte sie an bestimmten Punkten, trieb sie vor allem heraus und voran: indem sie »das Auge mit der Vernunft gleich[schaltete]« durch die bildliche Demonstration, daß ›Wirklichkeit‹ Beziehung, Verkettung und also durchschaubar ist.[68]

1 Zitiert nach: Roland März (Hrg.), ›John Heartfield: Der Schnitt entlang der Zeit. Selbstzeugnisse – Erinnerungen – Interpretationen‹, Dresden 1981, S. 274.
2 Vgl. Fritz Mierau, ›Erfindung und Korrektur. Tretjakows Ästhetik der Operativität‹, Berlin 1976.
3 Das Problem stellt sich jeder Revolutionskunst; vgl. Klaus Herding, ›Im Zeichen der Aufklärung. Studien zur Moderne‹, Frankfurt a. M. 1989, bes. S. 9f.
4 Adolf Behne, ›John Heartfield‹ (1931), in: ›John Heartfield‹ (wie Anm. 1), S. 186.
5 Ebd.
6 Ebd.
7 Ebd.
8 Ebd.
9 Vgl. die von Roland März zusammengestellte Dokumentation (wie Anm. 1).
10 Für 1926 ist von zwei Texten Behnes auszugehen: ›Kunstausstellung Wedding‹, in: ›John Heartfield‹ (wie Anm. 1), S. 140–142; ›An den Verein kommunistischer Kunstmaler‹, ebd., S. 144–147 (die Replik auf Heartfields Antwort).
11 Herding, ›Aufklärung‹ (wie Anm. 3), S. 10.
12 F.C. Weiskopf, ›Benütze Foto als Waffe! Zur Ausstellung der Arbeiten von John Heartfield auf der Großen Berliner Kunstausstellung‹, in: ›John Heartfield‹ (wie Anm. 1), S. 174.
13 ›Bericht über die Verhandlungen des X. Parteitages der KPD‹, Berlin 1926, S. 671. Vgl. zu dem Problem auch: Harald Olbrich, ›Proletarische Kunst im Werden‹, Berlin 1986, S. 160–166.

14 ›X. Parteitag‹ (wie Anm. 13), S. 693.
15 Wieland Herzfelde, ›Gesellschaft, Künstler und Kommunismus‹ (1921), in: ders., ›Zur Sache geschrieben und gesprochen zwischen 18 und 80‹, Berlin/Weimar 1976, S. 74.
16 Behne, ›Kunstausstellung‹ (wie Anm. 10), S. 140.
17 Ebd., S. 142.
18 Ebd., S. 141.
19 Ebd.
20 Ebd.
21 ›Rote Gruppe‹, ›Manifest‹, in: Uwe M. Schneede (Hrg.), ›Die Zwanziger Jahre. Manifeste und Dokumente deutscher Künstler‹, Köln 1979, S. 106.
22 Behne, ›Kunstausstellung‹ (wie Anm. 10), S. 141.
23 ›Offener Brief an die Novembergruppe‹, in: ›Die Zwanziger Jahre‹ (wie Anm. 21), S. 100.
24 John Heartfield, ›Grün oder – Rot?‹, in: ›John Heartfield‹ (wie Anm. 1), S. 142–144; hier: S. 143.
25 Ebd., S. 144.
26 Johanna Rosenberg, in: Manfred Nössig / Johanna Rosenberg / Bärbel Schrader, ›Literaturdebatten in der Weimarer Republik. Zur Entwicklung des marxistischen literaturtheoretischen Denkens 1918–1933‹, Berlin/Weimar 1980, S. 367 (mit einer positiven Darstellung der Leninisierung der KPD).
27 Behne, ›Verein‹ (wie Anm. 10), S. 146.
28 Heartfield, ›Grün oder – Rot?‹ (wie Anm. 24), S. 143.
29 ›Dadaistisches Manifest‹, in: ›Die Zwanziger Jahre‹ (wie Anm. 21), S. 21.
30 Bertolt Brecht/Peter Suhrkamp, ›Anmerkungen zur Oper »Aufstieg und Fall der Stadt Mahagonny«‹, in: Bertolt Brecht, ›Schriften zum Theater‹, Bd. 2, Berlin/Weimar 1964, S. 134.
31 Behne, ›Verein‹ (wie Anm. 10), S. 145.
32 Behne, ›Kunstausstellung‹ (wie Anm. 10), S. 141.
33 ›Dadaistisches Manifest‹ (wie Anm. 29), S. 20.
34 Ebd., S. 22. Dahinter steht das dadaistische Konzept des Dilettantismus.
35 Anspielung auf die sog. ›Kunstlump‹-Debatte. Vgl. die Dokumentation in: ›John Heartfield‹ (wie Anm. 1), S. 102–127.
36 Wittfogel schloß auch den Zukunftswert nicht aus. Zum Problem und zur Position Wittfogels vgl. Johanna Rosenberg (wie Anm. 26), S. 350–357; das Zitat S. 353.
37 Walter Riezler, ›»Form«, Foto und Film‹ (1929), in: ›John Heartfield‹ (wie Anm. 1), S. 175–176.
38 Ebd., S. 176.
39 Raoul Hausmann, ›Formdialektik der Fotografie‹ (1932), in: ›Die Zwanziger Jahre‹ (wie Anm. 21), S. 246.
40 Herzfelde, ›Gesellschaft‹ (wie Anm. 15), S. 68.
41 Herding, ›Aufklärung‹ (wie Anm. 3), S. 10.
42 Raoul Hausmann, ›Fotomontage‹ (1931), in: ›Die Zwanziger Jahre‹ (wie Anm. 21), S. 249.
43 Ebd., S. 252.
44 Ebd., S. 250.
45 Gustav Friedrich Hartlaub, ›Werbekunst‹, in: ›Graphische Werbekunst – Internationale Schau zeitgemäßer Reklame‹, Katalog der gleichnamigen Ausstellung, Mannheim 1927, S. 6. Zum Gesamtproblem vgl. Heidrun Schröder-Kehler, ›Vom abstrakten zum politischen Konstruktivismus. Oskar Nerlinger und die Berliner Gruppe »Die Abstrakten« (1919 bis 1933)‹, Phil. Diss., Heidelberg 1984, bes. S. 91 f.; dies., ›Künstler erobern die Warenwelt. Neue Typographie in der Werbegestaltung‹, in: Hubertus Gaßner (Hrg.), ›Wechselwirkungen. Ungarische Avantgarde in der Weimarer Republik‹, Katalog der gleichnamigen Ausstellung, Marburg 1986, S. 388–412.
46 Hartlaub, ›Werbekunst‹ (wie Anm. 45), S. 6.
47 Adolf Behne, ›Kunstausstellung Berlin‹, in: *Das neue Berlin,* 8, 1929, S. 150.
48 Lájos Kassák, ›Die Reklame‹, in: *Das Werk,* hrg. vom Schweizer Werkbund (Zürich), 7, 1926, S. 228.
49 Hausmann, ›Fotomontage‹ (wie Anm. 42), S. 252.
50 Ebd.
51 László Moholy-Nagy, ›Fotografie ist Lichtgestaltung‹, in: *bauhaus,* 2, 1, 1928.
52 Jan Tschichold, ›Die neue Typographie. Ein Handbuch für zeitgemäß Schaffende‹, Berlin 1928, S. 12.
53 George Grosz/Wieland Herzfelde, ›Die Kunst ist in Gefahr. Ein Orientierungsversuch‹ (1925), in: Diether Schmidt (Hrg.), ›Manifeste. Manifeste. 1905–1933‹, Dresden 1965, S. 352.
54 Bertolt Brecht, ›Über die Arbeiter-Illustrierte-Zeitung‹ (1931), in: ›John Heartfield‹ (wie Anm. 1), S. 185.
55 Grosz/Herzfelde, ›Kunst‹ (wie Anm. 53), S. 356.
56 Ebd., S. 358.
57 Ebd.
58 Alfred Durus, ›Photomontage und Buchgraphik. Zur 3. Ausstellung des Bundes revolutionärer Künstler‹, in: ›John Heartfield‹ (wie Anm. 1), S. 179.
59 Wladimir Majakowski, Rede auf dem Abend ›Eröffnung des Ref‹, in: ders., ›Publizistik, Werke‹, Bd. V, Berlin o.J., S. 306.
60 Hanns Eisler, ›Die Erbauer einer neuen Musikkultur‹, in: ders., ›Musik und Politik. Schriften 1924–1948‹, textkritische Ausgabe hrg. von Günter Mayer, Leipzig 1973, S. 142.
61 Ebd., S. 161.
62 Zitiert nach: Eckhard Siepmann, ›Montage: John Heartfield. Vom Club Dada zur Arbeiter-Illustrierten-Zeitung‹, Berlin 1977, S. 144.
63 Ebd.
64 Herding, ›Aufklärung‹ (wie Anm. 3), S. 11.
65 Sergei Tretjakow, ›John Heartfield montiert . . .‹ (1936), in: ›John Heartfield‹ (wie Anm. 1), S. 309.
66 Harald Olbrich, ›Heartfield und Lingner: Zwei Modelle antifaschistischer Kunst‹, in: Jutta Held (Hrg.), ›Der Spanische Bürgerkrieg und die bildenden Künste‹, Hamburg 1989, S. 152–164.
67 Annegret Jürgens-Kirchhoff, ›Technik und Tendenz der Montage in der bildenden Kunst des 20. Jahrhunderts‹, Lahn/Gießen 1978, S. 22.
68 Günther Anders, ›Moderne Hieroglyphen. Eine neue Kunst: Photomontage‹ (1938), in: ›John Heartfield‹ (wie Anm. 1), S. 400.

Hermann Weber

John Heartfields politische Fotomontagen und die Auseinandersetzungen von SPD und KPD in der Weimarer Republik

Zahlreiche Fotomontagen John Heartfields widerspiegeln den politischen Konflikt zwischen den beiden ›Arbeiterparteien‹ – der Sozialdemokratischen Partei Deutschlands und der Kommunistischen Partei Deutschlands – während der Weimarer Republik. Als Kommunist ergriff Heartfield eindeutig Partei gegen die Sozialdemokratie. Er übernahm dabei nicht nur die damals übliche Sprachregelung der KPD, sondern hat sie in seinen berühmten Fotomontagen auch illustrativ zur Geltung gebracht.
So verwendete er z. B. die These von der »bürgerlichen« SPD (›Arbeiter-Illustrierte-Zeitung‹ [AIZ], 6, 1930) in der bekannten Montage des ›Kohlkopfs‹ (Abb. S. 333 oben). Zu den SPD-Organen ›Vorwärts‹ und ›Tempo‹ textete er: »Wer Bürgerblätter liest wird blind und taub. Weg mit den Verdummungsbandagen!« Heartfield scheute sich nicht, den SPD-Politiker Karl Severing persönlich zu verunglimpfen: in einer »Urkunde« dankt ihm die »deutsche Bourgeoisie« (AIZ, 11, 1930). Ähnlich verfährt er in einer Fotomontage gegen den Sozialisten Vandervelde (AIZ, 22, 1930). Entgegen mancher Legende hat Heartfield – ganz im Sinne der KPD-Politik – bis 1930 in seinen veröffentlichten Montagen stets die SPD attackiert; die NSDAP nahm er erst nach deren Riesenwahlsieg im Juli 1930 aufs Korn.
Besonders bei linken Intellektuellen fand die Verhöhnung der ›schwächlichen‹ Haltung der SPD Anklang. Im Zuge der Radikalisierung der Arbeiterschaft in der Weltwirtschaftskrise erzielte indes solche Propaganda auch in diesen Schichten Zustimmung. Durch die relativ hohe Auflage der AIZ erhielten die Fotomontagen Heartfields große Popularität.
Doch selbst noch in späterer Sicht sollte bei der Wiederveröffentlichung von Heartfields Fotomontagen weiterhin das Bild einer ›verräterischen‹ SPD aufrechterhalten werden. So wurde auch in der Bundesrepublik im Band ›Krieg im Frieden‹ (München 1972) hämisch untertitelt: »Die SPD tolerierte die Notstandsmehrheit der Regierung Brüning. Klassenkämpferische und ideologische Prinzipientreue werden der Devise ›Alles, nur nicht Hitler‹ untergeordnet« – als ob das nach den Erfahrungen bis 1945 nicht eine durchaus vernünftige »Devise« gewesen war. Und im Kommentar zur ›Kohlkopf‹-Montage heißt es gar, die SPD habe nach 1928 eine »große Koalition mit den bürgerlichen Parteien unter Ausschluß der KPD gebildet« – so, als hätten die Kommunisten die Republik damals nicht radikal bekämpft, sondern seien etwa zu »Koalitionen« willens und fähig gewesen. Solche Verzerrungen der historischen Realität durch nachträgliche Kommentierungen der Heartfieldschen Fotomontagen, aber ebenso deren Inhalt selbst, machen eine Skizzierung des Kampfes zwischen KPD und SPD vor allem am Ende der Weimarer Republik heute immer noch notwendig.
SPD und KPD waren große deutsche Massenparteien, die bis zum Ende der Weimarer Republik erheblichen Wähler- und Mitgliederanhang besaßen. Für die SPD stimmten 1928 9 Millionen, 1930 8,5 und im November 1932 7,2 Millionen Wähler (sogar am 5. März 1933 – unter der Ausnahmesituation der Hitler-Diktatur – noch 7,1 Millionen). Auch die KPD hatte sich am Ende der Republik zu einer starken Wählerpartei entwickelt: 1928 erhielt sie 3,2 Millionen, 1930 4,5 Millionen, im November 1932 knapp 6 Millionen und trotz der Verfolgungen selbst am 5. März 1933 noch 4,8 Millionen Stimmen. Obwohl die KPD der sozialdemokratischen Konkurrenz offensichtlich Stimmen wegnehmen konnte, blieb die SPD doch die stärkere Arbeiterpartei. Sie hatte Ende 1932 noch fast eine Million Mitglieder in 10000 Ortsvereinen, dagegen zählte die KPD rund 300000 Mitglieder.
Doch beide Parteien gingen 1933 kampflos unter. Die KPD wurde sofort nach dem Reichstagsbrand zerschlagen und konnte in der Illegalität nur mühsam

John Heartfield, Plakat ›Die Sozialisierung marschiert!‹, 1932
Variante eines Entwurfs von 1918 (vgl. auch Kat.-Abb. 47)

›DAS sind die FEINDE der Demokratie!‹ SPD-Plakat, 1930

ihre Widerstandsgruppen aufbauen. Der SPD, die im Juni 1933 verboten wurde, gelang es allmählich, einen sozialistischen Widerstand zu organisieren. Beide Großorganisationen der Arbeiterbewegung haben in ihren ›Faschismus-Theorien‹ den Nationalsozialismus Hitlers damals nicht richtig eingeschätzt. Es gab lediglich bei den kleinen Gruppierungen der Arbeiterbewegung verschiedentlich scharfsichtige Analysen der Hitler-Gefahr. Für viele Sozialdemokraten war »Deutschland nicht Italien«; sie konnten sich einen Sieg der Faschisten allenfalls in rückständigeren Ländern ohne eine starke Arbeiterbewegung vorstellen, hielten also die Weimarer Republik für stabiler, als sie tatsächlich war. Da die SPD durch Überalterung und tradierte Verhaltensmuster ohnehin zum Immobilismus neigte, richtete sich die Kritik linker Intellektueller wie Heartfield gegen die Sozialdemokraten.

Zweifellos verhinderte der seit 1919 bestehende Haß zwischen Kommunisten und Sozialdemokraten deren Zusammenarbeit. Die KPD versuchte zwar, die blutigen Gegensätze von 1919 wachzuhalten (so auch Heartfield in seiner Montage ›Brudergrüße der SPD‹; vgl. die Variante der AIZ, 13, 1931 [Kat.-Abb. 93]), doch die vergiftete Atmosphäre leitete sich nicht allein aus den Revolutionskonflikten der Vergangenheit her. Schließlich war es in der stabilen Phase der Republik sporadisch auch zu Kooperationen gekommen, etwa beim Volksentscheid zur Fürstenenteignung 1926.

Angesichts der seit 1930 der gesamten Arbeiterbewegung drohenden Gefahr hätten frühere Gegensätze in den Hintergrund treten müssen. Daß es anders kam, hat die Geschichtswissenschaft der DDR bis 1989 damit begründet, daß zwar auch von der KPD »Fehler« begangen wurden, die SPD aber die Hauptschuld am Scheitern jeder Einheitsfront trage. Die Meinung, die aktive, antifaschistische KPD habe jede Möglichkeit genutzt, um mutig gegen Hitler zu kämpfen, die zögernde, am »kleineren Übel« orientierte SPD hingegen habe »versagt« und größere »Schuld« am Aufkommen der NSDAP, wurde auch im Westen verbreitet. Selbst in der Wissenschaft wird die These vertreten, die KPD habe wegen der Haltung der SPD gar nicht anders handeln können, so daß Fehlleistungen der KPD häufig als Reaktionen auf sozialdemokratische Politik hingestellt werden.

Diese Behauptungen sind Geschichtslegenden. Die KPD war weder die einzige konsequente Kämpferin gegen den NS-Faschismus, noch hatte sie die »Einheitsfront« mit Sozialdemokratie und Freien Gewerkschaften gegen Hitler angestrebt. Im Gegenteil: Die Strategie der KPD richtete sich, den Direktiven der Kommunistischen Internationale entsprechend, gerade gegen die Weimarer Republik und die SPD. Seit 1929 befolgte die KPD als deutsche Sektion der Komintern deren ultralinke Generallinie. So konstatierte sie nicht nur eine revolutionäre Situation in Deutschland, sondern bekämpfte die Sozialdemokratie als »sozialfaschistischen« Hauptfeind. Auf dieser Einstellung beharrte die KPD-Spitze, obwohl es an der Basis erbitterte und nicht selten blutige Auseinandersetzungen zwischen Kommunisten und Nazis gab. Mit ihrer verhängnisvollen Strategie verhinderte die KPD ein erfolgreiches Konzept zur Bekämpfung der NSDAP, indem sie alle ihre Gegner als »faschistisch« denunzierte und angriff und damit die von Hitler ausgehende bedrohliche Gefahr vernachlässigte.

Auch die SPD hat die Hitler-Bewegung unterschätzt; vor allem hoffte sie nach der Niederlage der NSDAP bei den Reichstagswahlen im November 1932, die faschistische Gefahr sei schon gebannt. Die Sozialdemokratie hatte sich seit ihrem Ausscheiden aus der Regierung 1930 auf die sogenannte Politik des »kleineren Übels« beschränkt, d. h., sie versuchte, Hitler dadurch zu verhindern, daß sie die Regierung Brüning tolerierte.

›Für den Befreiungskampf!‹ KPD-Plakat, 1931

Als republikanische und staatstragende Partei wurde die SPD, die sich mit Organisationen wie ›Reichsbanner‹ und ›Eiserne Front‹ bemühte, die Demokratie zu retten, mit den Schwächen der Republik identifiziert und geriet in eine immer schwierigere Lage. Den demagogischen Methoden wie der massiven Aggression der Nazis zeigte sich die Sozialdemokratie nicht gewachsen. Sie beharrte beim Staatsstreich Papens am 20. Juli 1932 gegen die sozialdemokratisch geführte Regierung Preußens auf ihrer defensiven und legalistischen Haltung, die vor allem den Widerspruch ihrer jüngeren Mitglieder provozierte. Die neuere Forschung sieht indes ihren damaligen Spielraum als sehr begrenzt an. Schließlich befand sich die SPD in einem ›Zweifrontenkrieg‹. Sie bekämpfte ja nicht nur die Nazis, sondern sah sich auch von seiten der Kommunisten gefährdet, die ihr als Konkurrenz in der Arbeiterschaft seit 1930 zunehmend Wähler abspenstig machten. Doch die SPD war die einzige deutsche Partei, die von einem republikanisch-demokratischen Standpunkt aus die NSDAP bekämpfte und die Weimarer Republik bis zuletzt verteidigte. Und deswegen wurde sie von der NSDAP, aber auch von der KPD aufs heftigste angegriffen.
Zudem bleibt schließlich festzuhalten: Hitler siegte in erster Linie, weil sich ihm die traditionellen Gegner der Arbeiterbewegung anschlossen, weil ihn die Konservativen und die sogenannten Eliten unterstützten. Demgegenüber sind damalige Fehler der Arbeiterbewegung zweitrangig. Allerdings zeigt sich bei näherer Betrachtung auch: die Politik der KPD am Ende der Weimarer Republik erwies sich für die Arbeiterbewegung als verheerend. Und dies gilt vor allem für die kommunistische Haltung gegenüber der SPD.
Die Komintern bestimmte – ausgehend sowohl von außen- wie innenpolitischen Interessen der Sowjetunion als auch von ideologischen Vorstellungen einer möglichen Revolution in Mitteleuropa – die für die KPD verbindliche Generallinie. Sie erwartete eine Radikalisierung der Arbeiterschaft und damit eine revolutionäre Situation. Gleichzeitig prognostizierte die Moskauer Führung eine »Faschisierung« der Sozialdemokratie und ein »Hineinwachsen« des bürgerlichen Staates in den Faschismus. In dieser Situation galt als Hauptaufgabe der Kommunistischen Parteien der wichtigen Länder (vor allem in Deutschland) die Vorbereitung der Revolution, der Kampf für das Sowjetregime und die »Dik-

tatur des Proletariats«. Strategische Priorität hatte daher die Gewinnung der Mehrheit der Arbeiter für die Kommunisten. Das hieß: Kampf gegen die »faschisierte« Sozialdemokratie, um deren Anhänger zu gewinnen.

Aus dieser Strategie der Komintern ergaben sich für die KPD die Konstanten ihrer Politik in den Jahren 1929 bis 1933:

1. Die KPD mußte ihr ganzes Gewicht dafür einsetzen, ihr Vorbild Sowjetunion vor einem angeblich drohenden Überfall, einem Krieg zu schützen. Typisch ist ein Plakat von John Heartfield aus dem Jahr 1929: ›Schützt die Sowjetunion‹. Von der KPD stammte die absurde These, die Sozialdemokraten bereiteten einen solchen Krieg vor. Die Kommunisten, die die Sowjetunion verherrlichten, sahen sie als ihr Idol, ja ihr »Vaterland«. Dazu gibt es von Heartfield eine (interessanterweise nach 1945 nicht mehr verbreitete) Montage mit der Parole »Wir schwören: ›In der Stunde der Gefahr lassen wir unser *sozialistisches* Vaterland nicht im Stich‹« (AIZ, Sondernummer ›15 Jahre Sowjetunion‹, 30. 10. 1932 [Abb. S. 318]).

2. Die KPD mußte den Kampf gegen die bestehende Regierung bzw. den Weimarer Staat in den Mittelpunkt stellen. Sie erwartete, daß mit dem »Heranreifen« der Revolution in Deutschland die »Frage des bewaffneten Aufstandes unvermeidlich auf die Tagesordnung treten wird«. Grundsätzliche Unterschiede zwischen bürgerlicher Demokratie und Faschismus wurden von ihr geleugnet, da angeblich beides Staatsformen der »Diktatur der Bourgeoisie« waren und sich die Demokratie »faschisierte«.

3. Die KPD erhob für sich den Anspruch, allein die Arbeiterklasse zu vertreten. Alle übrigen Parteien waren als konterrevolutionär, ja »faschistisch« zu bekämpfen. Differenzen im Weimarer Parteiensystem erklärte die KPD für unwesentlich, da sie in allen Parteien Organe des Kapitalismus sah. Die NSDAP (»Nationalfaschismus«) war unter diesem Aspekt nur eine gegnerische Partei wie andere, und sie fand erst ab 1930, nach ihrem rapiden Wachstum, die besondere Aufmerksamkeit der KPD. Das geht deutlich aus Heartfields damaligen Montagen hervor. Doch da die NSDAP als »Agent« des Kapitals beurteilt wurde, maß ihr die KPD keine besondere Eigenständigkeit zu.

4. Der Hauptfeind innerhalb der Arbeiterklasse war für die KPD die Sozialdemokratie (»Sozialfaschismus«), die es zu zerschlagen galt; deshalb lehnte die KPD jede Einheitsfront (»Einheitsfront von oben«) strikt ab. Aber durch die sogenannte »Einheitsfront von unten« wollte sie die SPD zersetzen sowie deren Anhänger für die KPD gewinnen. Die linken Sozialdemokraten galten dabei als »Hauptfeind«. Eine der bekanntesten Fotomontagen von Heartfield (AIZ, 30, 1932 [Abb. S. 314 oben]), auf der die Arbeiterfäuste verschiedener politischer Richtungen (Hammer-und-Sichel: KPD, Drei Pfeile: SPD) die rote Fahne tragen, macht dies deutlich: Der Losung »Die Rote Einheit macht euch frei!« folgt die Aufforderung »Wählt Liste 3« – und das war die KPD. Die »Einheitsfront von unten« reduzierte sich also auf Wahlwerbung für die KPD.

5. Auch die Freien Gewerkschaften diffamierte die KPD als »faschisiert«: sie seien mit dem bürgerlichen Staatsapparat verwachsen. Die KPD versuchte 1930 mit der Schaffung einer eigenen ›Revolutionären Gewerkschaftsopposition‹ (RGO) sogar die Freien, sozialdemokratisch geführten Gewerkschaften zu spalten.

Durch diese Strategie der KPD wurde so aus dem Konkurrenzkampf zwischen KPD und SPD um die Arbeiterschaft eine »Todfeindschaft«. Schließlich schrieb das Zentralorgan der KPD, ›Die Rote Fahne‹, am 9. Februar 1930: »Kommunist sein, heißt Todfeind des Sozialfaschismus sein.« Die feindselige Haltung der Kommunisten rief eine entsprechende Gegenwehr bei den Sozialdemokraten hervor und führte natürlich auch zu Überreaktionen. Beispielsweise sagte der

SPD-Vorsitzende Wels auf dem Parteitag 1931: »Bolschewismus und Faschismus sind Brüder.«
Der Gegensatz zwischen Kommunisten und Sozialdemokraten verschärfte sich 1931 erheblich, vor allem durch die Beteiligung der Kommunisten an einem von Deutschnationalen und Nazis 1931 durchgesetzten Volksentscheid gegen die sozialdemokratisch geführte Regierung Preußens. Die KPD hatte sich zunächst gegen das Volksbegehren gewandt, das die Rechten anstrengten und zu einem Volksentscheid brachten, doch die Führung der Komintern drängte die deutschen Kommunisten zur Teilnahme. Die Abhängigkeit der KPD von der Komintern und von Stalin war so groß, daß sie sich den Anordnungen aus Moskau unterwarf und nun aufrief: »Heraus zum Volksentscheid!« Während viele KPD-Wähler ihre Zustimmung beim Volksentscheid am 9. August 1931 versagten, gab es unter den eigenen Mitgliedern kaum Widerspruch; sie waren inzwischen diszipliniert, die Partei organisatorisch so zentralisiert, daß sie jede Wendung mitmachte. Man folgte der Zentrale, die im offiziellen Referentenmaterial zum Volksentscheid verkündet hatte: »Wir machen keine Einheitsfront mit den Todfeinden der Arbeiterklasse, so wenig wie mit Hugenberg oder Hitler, mit Seldte oder Duesterberg, ebensowenig mit Severing und Braun, mit Leipart und Tarnow. Die einen wie die anderen sind die Todfeinde der Arbeiterklasse.«
Diese Gleichsetzung von Nazis, Demokraten und Sozialdemokraten findet sich auch in einer Fotomontage von John Heartfield. In ›Hurra, Hurra! Der Brüning-Weihnachtsmann ist da!‹ (AIZ, 51, 1930 [Kat.-Abb. 92]) heißt es: »Es schließen Brüning, Hitler, Braun (das war den Brüdern zuzutraun), Burgfrieden unterm Weihnachtsbaum, auf daß die Dividenden steigen.« Wider alle Vernunft wurde solche Gleichsetzung der SPD- und Gewerkschaftsführer mit den Nazis von der KPD beibehalten, auch wenn die Taktik der Partei bis 1933 hin und wieder modifiziert wurde. Noch im Oktober 1932 auf der 3. Parteikonferenz der KPD bestand Thälmann auf der »Richtigkeit der Stalinschen These«, wonach »Faschismus und Sozialfaschismus nicht Widersacher, sondern Zwillinge sind«. Deshalb forderte er, weiterhin den »schärfsten Kampf« gegen die SPD zu führen.
Diese politische Strategie war der KPD durch ihre Einbindung in die Komintern vorgegeben. Erfolge der Partei (Ansteigen der Mitgliederzahl und Wählerschaft) signalisierten, daß ihre Politik zeitweise bei Arbeitern auf Resonanz stieß, also damaligen Massenstimmungen entgegenkam. Sowohl die Wirtschaftskrise als auch die politische Krise der Republik nach 1929 bildeten den Nährboden für eine Radikalisierung, die die KPD auffangen konnte. Die Unfähigkeit der Weimarer Republik, die Arbeiterschaft voll zu integrieren, führte in der Krise zu einer weiteren Distanzierung vieler Arbeiter von dieser Republik. Entsprechend wurde die Sozialdemokratie, die die Weimarer Demokratie bis zuletzt verteidigte, für die Krise des Systems mitverantwortlich gemacht. Die Massenstimmung ihrerseits wirkte auf Mitglieder und Funktionäre der KPD zurück und schien diesen die Richtigkeit der Generallinie zu bestätigen. Nicht zuletzt auf diese Weise wurde die Kluft zur Sozialdemokratie vertieft und der Kampf gegen den »Hauptfeind« SPD gerechtfertigt. Doch sowohl das Anwachsen der NSDAP als auch das unbarmherzige Vorgehen der Hitler-Anhänger gegen die Kommunisten zeigten, wo deren wirklicher »Hauptfeind« stand.
Die DDR-Geschichtsschreibung behauptete stets (und diese Legende ist bis heute weit verbreitet), die KPD habe die Gefahr des Hitler-Faschismus 1932 realistisch gesehen. Beweis dafür sei ihre Losung zur Reichspräsidentenwahl von 1932: »Wer Hindenburg wählt, wählt Hitler, wer Hitler wählt, wählt den Krieg«. Alle offiziellen Darstellungen in der ehemaligen DDR über Thälmann

›Schluss mit diesem System‹. KPD-Plakat, 1932

Wahlwerbung in Berlin zum zweiten Wahlgang der Reichspräsidentenwahl, 1932
Viertes Plakat von links: ›Kämpft gegen Hunger und Krieg! Wählt Thälmann!‹ von John Heartfield

haben gerade diese angeblich zentrale Wahllosung der KPD besonders hervorgehoben. In der umfassenden Thälmann-Biographie von 1979 ebenso wie in dem noch 1986 erschienenen Band ›Ernst Thälmann, Bilder, Dokumente, Texte‹ ist sogar jeweils ein Kapitel mit ihr überschrieben (S. 551 bzw. 274). 1979 hieß es in der Thälmann-Biographie (S. 522) entsprechend: »Die SPD-Führer behaupteten, nur durch die Stimmabgabe für Hindenburg sei ein Sieg Hitlers zu verhindern und desorientierten damit die sozialdemokratischen Wähler. Denn in Wahrheit stand zu erwarten, daß ein wiedergewählter Hindenburg zum Steigbügelhalter Hitlers werden würde, wie es in der Losung der KPD ›Wer Hindenburg wählt, wählt Hitler, wer Hitler wählt, wählt den Krieg!‹ warnend festgestellt wurde.«
Es ist nicht erstaunlich, daß für diese »Losung« nie genaue Belege angegeben wurden. Ein Blick in zeitgenössische Publikationen der KPD zeigt nämlich, daß sie keineswegs die »zentrale Losung« des Wahlkampfes war. Sie ist in diesem Wortlaut nicht nachweisbar oder bestenfalls vereinzelt auf Handzetteln zu finden. Tatsächlich lautete die Hauptlosung der KPD im Wahlkampf zur Präsidentenwahl 1932 (die sowohl die ›Rote Fahne‹ als auch die AIZ und der ›Rote Stern‹ groß brachten): »Klasse gegen Klasse – Parole Thälmann« (›Der Rote Stern‹, 11, 1932). Andere verbreitete Parolen waren: »Jede Stimme, die für Hindenburg oder Hitler abgegeben wird, nutzt den Kapitalisten«, oder, noch einfacher: »Schlagt die Hindenburgfront, und ihr schlagt Hitler«. Die ›Rote Fahne‹ verwendete als Schlagzeile nur die erste Hälfte der angeblichen Hauptlosung, nämlich: »Wer Hindenburg wählt, wählt Hitler«. Wie für die KPD alles außerhalb der eigenen Reihen »Faschismus« war, so wurde eben auch im Wahlkampf keine Differenzierung vorgenommen. Schon zum ersten Wahlgang zur Reichspräsidentenwahl sagte Thälmann am 10. März im Berliner Sportpalast: »Ob Hitler, ob Duesterberg oder Hindenburg gewählt werden, das soll – so lügt man den Massen vor – einen grundsätzlichen Unterschied darstellen«, es seien aber alle drei »Kandidaten des Hungers, des Faschismus und des Krieges«.
Diese Gleichsetzung galt eben auch bei der Beschwörung einer »Kriegsgefahr«, die nach damaliger Ansicht der KPD angeblich seit 1927 bestand. Sogar der sozialdemokratischen Regierung unter Hermann Müller wurde nach 1928 vorgeworfen, einen Krieg gegen die Sowjetunion vorzubereiten! In diesem Zusammenhang wurde der Aufruf zum Kampf gegen den Krieg ebenso instrumentalisiert wie der Faschismusbegriff. Im Reichspräsidentenwahlkampf lautete eine Losung nämlich tatsächlich: »Wer für Hindenburg und Hitler stimmt, stimmt für neue imperialistische Kriege« (vgl. z. B. AIZ, 15, 1932). Von der angeblichen politischen Weitsicht der KPD blieb so der tatsächliche Kampf der Kommunisten um Stimmen für ihren Vorsitzenden Thälmann, gegen alle anderen Kandidaten: Hitler wurde eben nicht als *der* Hauptfeind angesehen.
Auch die ›Antifaschistische Aktion‹ der KPD vom Mai 1932, die oft herhalten mußte, um wenigstens für dieses Jahr eine realistische Politik der Partei zu belegen, brachte keine grundsätzlich andere Haltung der KPD.
Nach ihren Wahlniederlagen im April (nicht nur ihr Kandidat Thälmann verlor im zweiten Wahlgang erheblich an Stimmen; auch in Preußen, Bayern usw. schnitt die Partei schlecht ab) und dem weiteren Aufstieg der NSDAP, nach dem Überfall der NSDAP-Fraktion im Preußischen Landtag auf kommunistische Abgeordnete schließlich, gab die Führung der KPD ihren Organisationen am 26. Mai 1932 in einem Rundtelefonat erstmals Anweisungen für eine flexiblere Taktik. Nun sollte durch die ›Antifaschistische Aktion‹ vor allem »dem Hitlerfaschismus der Weg zur Macht« verwehrt werden.
NSDAP und SPD wurden insofern differenzierter betrachtet, als es nach den Aussagen der KPD zwar weiterhin keinen »klassenmäßigen Unterschied oder

Gegensatz« zwischen ihnen gab, aber doch »heftige Konflikte dieser beiden Flügel« möglich erschienen. Die ›Antifaschistische Aktion‹ sollte allerdings »unter Führung der KPD« stehen; als Ziel galt es, »dem Hitlerfaschismus den Weg zur Regierungsmacht zu verlegen, die aufsteigende Welle des Hitlerfaschismus zum Stehen zu bringen und zurückzuschlagen«. Damit ließ die KPD erstmals Ansätze erkennen, nun den »Hauptstoß« gegen die NS-Gefahr zu richten.
Die neue Taktik kam bei den KPD-Funktionären gut an, so daß die Aktivitäten der Partei gesteigert werden konnten und die Kommunisten ihre Isolierung innerhalb der Arbeiterschaft wenigstens teilweise zu durchbrechen vermochten. In verschiedenen Orten kam es sogar zur Zusammenarbeit von Organisationen der KPD, SPD und SAP. Doch noch im Juni 1932 erhielt die KPD-Führung vom EKKI, dem in Moskau residierenden Exekutivkomitee der Komintern, ein Telegramm, in dem gegen solch »opportunistische Auswüchse« in der »Einheitsfronttaktik« protestiert wurde. Die KPD schwenkte wie üblich sofort um. Das ZK richtete am 26. Juli ein »Telegramm« an alle Kommunisten, um den Wahlkampf zu forcieren. Die ›Antifaschistische Aktion‹ verwandelte sich in eine parteipolitische Veranstaltung der KPD.
Das Fazit: Die taktische Wende vom Mai 1932 hatte eine Veränderung der KPD-Politik bedeutet. Die Einstellung gegenüber der NSDAP wurde härter und konsequenter, gegenüber SPD und Gewerkschaften flexibler. Auf Veranlassung der Komintern mußten jedoch bereits zwei Monate später, im Juli 1932, diese Schritte zur Einheitsfront wieder revidiert werden. Eine erneute taktische Wende und eine völlige Gleichsetzung von NSDAP und Sozialdemokratie erfolgte auf Druck der Komintern, die diese Linie dann schließlich auf ihrem XII. Plenum im August/September 1932 als verbindlich vorschrieb. Die KPD folgte ohne Widerspruch. Die 3. Parteikonferenz der KPD im Oktober 1932 – also ein Vierteljahr vor Hitlers Machtantritt – verlangte von den Kommunisten wieder, den »Hauptstoß« gegen die SPD zu richten. Auch dies macht deutlich: Die kommunistische Politik von 1929 bis 1933 mochte zwar Stimmungen der radikalisierten Arbeiter und insbesondere der Arbeitslosen widerspiegeln, doch ausgearbeitet, bestimmt und durchgesetzt wurde sie von der Komintern in Moskau.
Bei genauerer Betrachtung zeigt sich so, daß das Hauptproblem nicht die Spaltung als solche war. Zweifellos verschärfte die gleiche Herkunft und Tradition, das gemeinsame Bekenntnis zu einem jeweils verschieden interpretierten ›Marxismus‹ oder zum Fernziel ›Sozialismus‹ die Heftigkeit der Auseinandersetzung zwischen Sozialdemokraten und Kommunisten, da beide Richtungen dadurch in Konkurrenz um gleiche Gruppen (in erster Linie Arbeiter) standen. Die erbitterte Feindschaft, mit der die Konflikte ausgetragen wurden, die Steigerung bis zur »Todfeindschaft«, ist indessen letztlich nur durch die internationale Organisationsverflechtung zu verstehen. Da beide Parteien nach ihrer Herkunft und Ideologie sich als internationalistisch verstanden, hatte ihre Einbindung in die internationale Arbeiterbewegung besonderen Rang, wobei die internationale Verflechtung der KPD unverhältnismäßig krassere Auswirkungen zeitigte. Die SPD gehörte zwar der 1923 gegründeten Sozialistischen Arbeiter-Internationale an; die SAI hatte jedoch eine große ideologische und politische Bandbreite und war schon deswegen nur eine Föderation autonomer Parteien. Daher war der Einfluß der SAI auf die konkrete Politik der SPD gering.
Demgegenüber befand sich die KPD in immer stärkerem Maße in Abhängigkeit zur Komintern, deren deutsche Sektion sie war. Gerade dies bestimmte ihre praktische Arbeit, insbesondere gegenüber der SPD. Die Komintern verstand sich – nach ihrem Statut von 1920 – als eine »einheitliche kommunistische Partei

›Genosse hilf mit!‹ KPD-Plakat, 1933
Eines der wenigen Plakate der KPD, die zur Einheitsfront von Kommunisten und Sozialdemokraten aufriefen.

der ganzen Welt«; ihre Mitgliederorganisationen durften nur »Sektionen« der »Weltpartei« sein. Bestimmend sollten Zentralismus und »eiserne Disziplin«, ja eine »fast militärische Disziplin« sein. Das EKKI besaß eine entsprechend große Machtfülle, es konnte »bindende Richtlinien« erlassen und Personen, Gruppen und sogar ganze Parteien aus der Internationale ausschließen.

Die überragende Rolle, die das EKKI nach dem Statut und trotz Anfangsschwierigkeiten auch in der Praxis spielte, kam vor allem der sowjetischen Partei, der KPdSU zugute. Sie war die einzige Staatspartei der Weltorganisation, ihre Dominanz wuchs ständig. Damit unterstand die KPD als Sektion der Komintern nicht nur der Führung der Weltorganisation, sondern wurde auch von der sowjetischen Staatsführung unter Stalin abhängig. Der Zustrom zur KPD erfolgte nicht zuletzt wegen der Sympathie vieler linker Arbeiter für die russische Revolution, für Sowjetrußland und für die Komintern – das Verhältnis der KPD zur Sowjetunion und zur Komintern hatte so stets eine zentrale Bedeutung.

Mitte der zwanziger Jahre gelang es der Komintern, die Angleichung der KPD-Strukturen an das Vorbild KPdSU durchzusetzen. Die Wandlung der KPD durch diese Stalinisierung bedeutete die Veränderung des inneren Parteiaufbaus, die Entstehung einer straff disziplinierten und zentralisierten Organisation. Von nun an beherrschte die Führung mit Hilfe des hierarchisch aufgebauten Parteiapparats (d. h. der hauptamtlichen, von der Partei bezahlten Funktionäre) die Mitgliedschaft; sie praktizierte die Politik im Sinne und entsprechend den Weisungen der Stalinschen KPdSU.

Mit dem durch die Komintern oktroyierten Organisationsprinzip vollzog die KPD jedoch nicht nur eine Abkehr von eigenen Traditionen und von der deutschen Arbeiterbewegung, sondern vertiefte die Spaltung innerhalb der Linken: nun bestanden neben Unterschieden der Politik auch gegensätzliche Organisationsformen, da die KPD die Autonomie der unteren Organe durch den »demokratischen Zentralismus« aufgehoben und einen Apparat aus »Berufsrevolutionären« gebildet hatte. Die von Rosa Luxemburg begründete radikal-marxistische Partei wurde zur stalinistischen Apparatpartei deformiert, zur Hilfstruppe der UdSSR Stalins. So entstand auch der Typ des kommunistischen Funktionärs, der jederzeit die (oft wechselnde) »Linie« mitmachte, der sich freiwillig unterordnete und »Parteidisziplin« über alles stellte, als gehöre er einem strengen Orden an. Das devote Bekenntnis zu Stalin und seinem ›Leninismus‹ bedeutete, daß die Direktiven der jeweiligen Führung als unfehlbar akzeptiert wurden. Die veränderten Strukturen der KPD und die Säuberungen der Partei während der zwanziger Jahre bildeten die Grundlage für den sich verschärfenden Gegensatz innerhalb der Linken in Deutschland. Abhängigkeit von der Komintern bzw. der UdSSR hieß nun für die KPD auch die widerspruchslose Übernahme der Strategie und Taktik Moskaus. Gerade die Politik gegenüber der Sozialdemokratie wurde so von der Komintern dirigiert und weniger von der KPD selbst bestimmt.

Das Bekenntnis der SPD zur Weimarer Republik stand dem KPD-Ziel einer Revolution und eines »Sowjet-Deutschland« diamentral entgegen und erschwerte immer die Versuche aktueller Zusammenarbeit für gemeinsame Tagesziele. Da beide Parteien im Konkurrenzkampf um Anhänger und Wähler standen, mußten sie sich ständig gegeneinander abgrenzen. Die KPD warf der konkurrierenden SPD nicht nur Verrat am Marxismus vor; sie bemühte sich besonders, als kämpferische Partei von der ›lauen‹ reformistischen Organisation der SPD abzustechen. Die SPD ihrerseits kritisierte sowohl die Abhängigkeit der KPD von Moskau als auch ihre Obstruktionspolitik. Doch ab 1929 ging die KPD mit ihrer These, die »sozialfaschistische« SPD sei der »Hauptfeind«

innerhalb der Arbeiterbewegung, gegen sie als »Todfeind« der Kommunisten sei der »Hauptstoß« zu führen, sie sei zu »zerschlagen«, weit über die übliche harte Auseinandersetzung zwischen den beiden Linksparteien hinaus. Diese Strategie ist nicht nur aus der zugespitzten Konkurrenzsituation, der Krisenhaftigkeit der Politik und dem Haß breiter arbeitsloser Mitglieder- und Funktionärsschichten der KPD gegen die staatstragende SPD zu erklären, obwohl solche Faktoren diese Angriffe noch förderten. Die Position der KPD war auch keineswegs eine Reaktion auf die harte Haltung der SPD gegenüber den Kommunisten (wie bei den blutigen Ereignissen des 1. Mai 1929).

Die für die KPD 1933 selbst so verhängnisvoll endende Generallinie wurde ihr von der Komintern diktiert: die Gleichsetzung von Demokratie und Faschismus, Bezeichnung aller Nichtkommunisten als Faschisten (und dadurch katastrophale Unterschätzung der NSDAP), Sozialfaschismusthese und Gewerkschaftsspaltung. Die inzwischen völlig auf Stalin eingeschworene KPD übernahm freilich diesen Kurs bereitwillig und bekämpfte die SPD. Für die Komintern war jedoch die tatsächliche Politik der SPD gegenüber der KPD nur von peripherer Bedeutung. Die von der Komintern entwickelte und durchgesetzte Generallinie orientierte sich vor allem an den vermeintlichen Interessen der Sowjetunion sowie dem vermuteten neuen revolutionären Aufschwung. Wesentlich waren außenpolitische Motive der Sowjetunion: die Westorientierung der SPD lief auf die von Moskau befürchtete deutsch-französische Annäherung hinaus. Diese Annahme veranlaßte die Sowjetführung zur These vom Hauptfeind Sozialdemokratie. Auf dem XVI. Parteitag der KPdSU im Juli 1930 umriß Molotow das Ziel der Komintern mit den Worten: »Unversöhnlicher Kampf an der ganzen Front gegen den Sozialfaschismus und in Verbindung damit um die Gewinnung der Mehrheit der Arbeiterklasse für den Kommunismus, das ist die entscheidende Linie der Kommunistischen Internationale.« Die Verquickung solch unterschiedlicher Faktoren wie Außenpolitik der UdSSR, falscher Analyse der Krise mit der Erwartung einer »revolutionären Welle«, Konkurrenz vor allem zu den linken Sozialisten usw. zeigt sich bei der Ausarbeitung der Strategie allzu offensichtlich. Als entscheidend erwies sich jedoch, daß die KPD als Sektion der Komintern diese Strategie und ihre rigorose Praktizierung bedingungslos von der Moskauer Führung in die jeweilige Taktik übernehmen mußte, selbst dann, wenn sie der Realität in Deutschland erkennbar widersprach.

Die KPD-Politik in den Krisenjahren von 1929 bis 1933 war in ihrer möglichen und notwendigen Bandbreite erheblich eingeengt. Die völlige Einbindung und Unterordnung unter die Stalinsche Komintern-Führung erlaubten der KPD keine Alternative; sie mußte an der Strategie des »Hauptstoßes« gegen die Sozialdemokratie ebenso festhalten wie an der Unterschätzung der NSDAP. Als Komintern-Sektion konnte die KPD diese Strategie nicht einmal auf Dauer entsprechend ihren eigenen Interessen und der Situation in Deutschland taktisch modifizieren.

Vor allem dadurch wurde in Deutschland der Kampf der Linken untereinander verschärft und die Widerstandskraft gegen Hitler geschwächt. Vor diesem politischen Hintergrund sind auch die Fotomontagen Heartfields bis 1933 zu sehen, die er als Kommunist in den politischen Kampf einbrachte. Allerdings hat er – wie seine Fotomontagen insgesamt zeigen – früher als seine Parteiführung erkannt, daß der »Hauptfeind« beider Parteien Hitler war. Das absolut feindselige Verhältnis innerhalb der deutschen Arbeiterbewegung zwischen 1929 und 1933 war geprägt und beeinflußt durch die strukturellen Probleme der KPD, ihre Funktion als Instrument Stalins. Dies war letztlich 1933 der Grund für den Untergang der deutschen Arbeiterbewegung, von SPD *und* KPD.

S. 366–367
›Krieg und Leichen – Die letzte Hoffnung der Reichen‹. ›Arbeiter-Illustrierte-Zeitung‹ (AIZ, Berlin), Nr. 18, 1932, S. 420–421. Kat.-Nr. 214

KRIEG UND LEICHEN – DIE LE

FOTOMONTAGE: JOHN HEARTFIELD

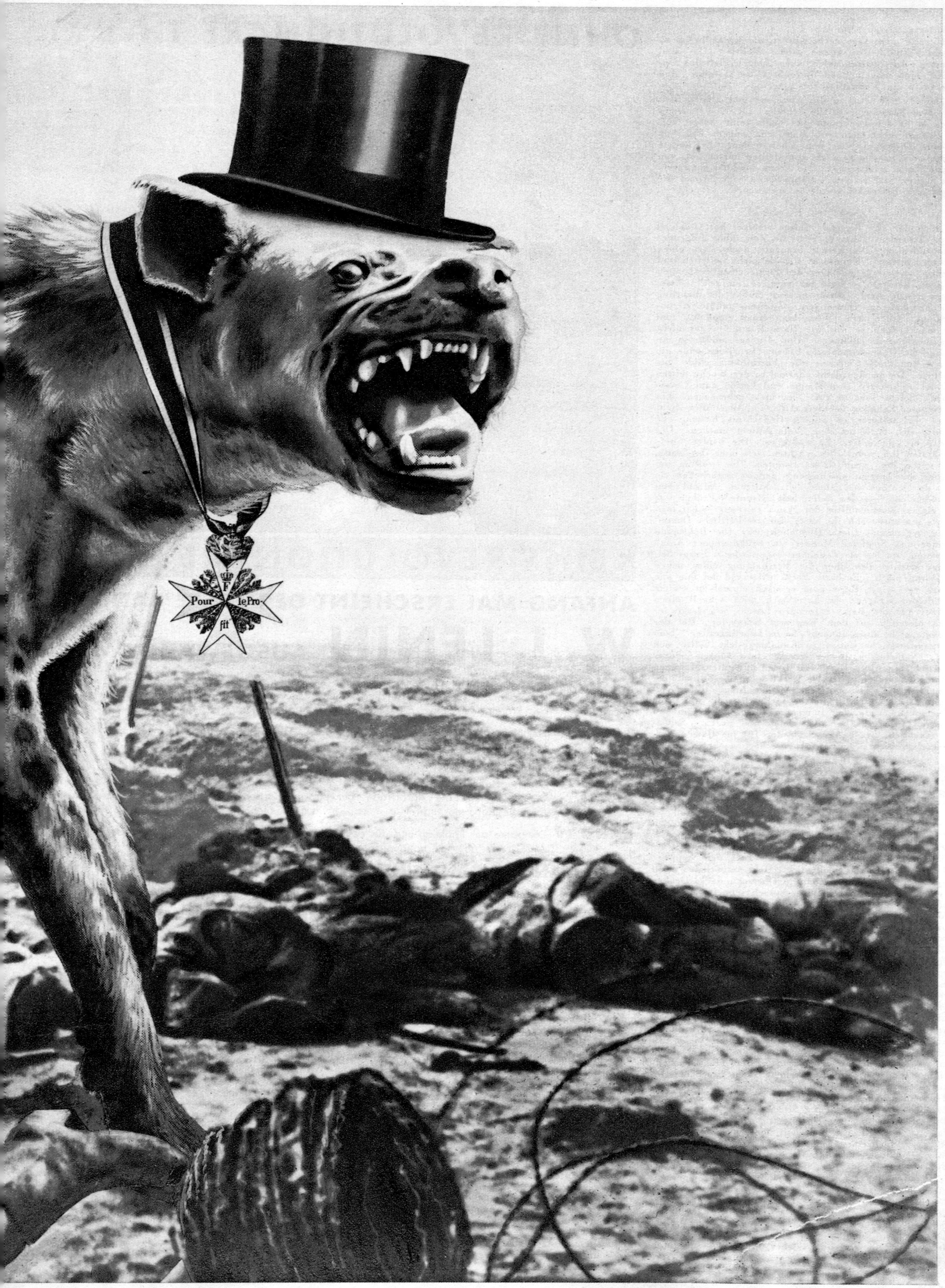

TE HOFFNUNG DER REICHEN

Michael Krejsa

NS-Reaktionen auf Heartfields Arbeit 1933–1939

Er hat mit seiner Kunst eine ganze Generation beeinflußt – und sogar im Dritten Reich treibt man Propaganda auf seine Art. Man ist sich bei den Henkern im Lande genau darüber im klaren, was für eine unschätzbare Waffe Heartfields Montage ist. Sie wissen, welchen Feind sie in dem kleinen, unscheinbaren Johnny haben. Sie hassen ihn wie kaum einen anderen, und wehe, wenn sie seiner habhaft werden!

Oskar Maria Graf, 1938[1]

Vorladung des Berliner Landgerichts vom 12.8. 1929 in der Strafsache gegen Unbekannt wegen »Einziehung und Unbrauchbarmachung« der drei Umschläge von ›Erotik und Spionage in der Etappe Gent‹ (vgl. Kat.-Abb. S. 346–347)

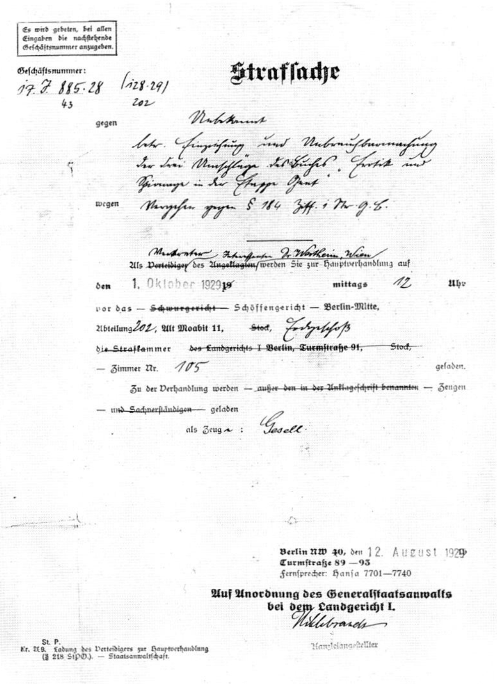
Es wird gebeten, bei allen Eingaben die nachstehende Geschäftsnummer anzugeben.

Geschäftsnummer: 17 J. 885.28 (128.29) 43 202

Strafsache

gegen Unbekannt

wegen § 184

Als Verteidiger des Angeklagten werden Sie zur Hauptverhandlung auf

den 1. Oktober 1929 mittags 12 Uhr

vor das — Schwurgericht — Schöffengericht — Berlin-Mitte,

Abteilung 202, Alt Moabit 11, Stock,

die Strafkammer des Landgerichts I Berlin, Turmstraße 91, Stock,

— Zimmer Nr. 105 geladen.

Zu der Verhandlung werden — außer den in der Anklageschrift benannten — Zeugen — und Sachverständigen — geladen

als Zeuge: Gesell

Berlin NW 40, den 12. August 1929
Turmstraße 89 — 93
Fernsprecher: Hansa 7701—7740

Auf Anordnung des Generalstaatsanwalts bei dem Landgericht I.

Kanzleiangestellter

St. P. Nr. 219. Ladung des Verteidigers zur Hauptverhandlung (§ 218 StPO.). — Staatsanwaltschaft.

John Heartfield wurde nicht erst mit dem Erscheinen seiner Fotomontagen zur Zeitgeschichte der dreißiger Jahre zum Angriffsziel antidemokratischer Kräfte in Deutschland. Bereits seit Juni 1924, dem Gründungsdatum der ›Roten Gruppe‹, in der sich alle in der KPD organisierten Maler und Zeichner zusammenschlossen, beschäftigte sich das Reichskommissariat für die Überwachung der öffentlichen Ordnung mit seiner Person. Neben Heartfield als Sekretär wurden auch dessen Freund George Grosz als Vorsitzender und Karl Witte als Stellvertreter auf einer Kartei namentlich erfaßt. In einem entsprechenden Rundschreiben an alle Nachrichtenstellen der Polizei in Deutschland wurde auf die wirksame Verbindung von KPD und Kunst hingewiesen: »Ein nicht zu unterschätzendes Propaganda-Mittel für die Kommunisten bilden die mit Hilfe der kommunistischen Künstler herausgegebenen illustrierten satyrischen Wochen- und Zeitschriften. (...) und es ist wohl angebracht, hier auf diese Propaganda die Nachrichtenstellen besonders hinzuweisen.«[2] Diese polizeiliche Beobachtung wurde in den Jahren der Weimarer Republik ununterbrochen fortgeführt und nahm in dem Maße zu, je mehr Heartfields Arbeit untrennbarer Bestandteil der Münzenbergpresse der KPD wurde. Direkte behördliche Verbote seiner Arbeiten bildeten dabei keine Ausnahme. Folgende Ereignisse waren die Höhepunkte der polizeilichen Verfolgung des Künstlers: seine Beteiligung an der Berliner ›Proletarischen Kunst- und Antikriegsausstellung‹ im September 1926; die von der Agitpropabteilung der Komintern in Moskau an Heartfield vergebenen Propagandaaufträge für die KPD im August 1928; die vom Berliner Landgericht angeordnete »Einziehung und Unbrauchbarmachung der drei Umschläge des Buches ›Erotik und Spionage in der Etappe Gent‹« (Kat.-Abb. S. 346–347) im August 1929 sowie die polizeiliche Beschlagnahme der Mai-Ausgabe der ›Arbeiter-Illustrierten-Zeitung‹ (AIZ) von 1932, in der die Fotomontage ›Krieg und Leichen‹ (Kat.-Abb. S. 366–367) abgebildet war.[3]

In den Jahren der faschistischen Diktatur konnten die Repressivorgane des Dritten Reichs auf die Arbeitsergebnisse des Polizeiapparates der Weimarer Republik zurückgreifen, was durch personelle Kontinuität oft noch erleichtert wurde – so war in den Anfangsjahren der NS-Diktatur die lückenlose Erfassung der Opposition gesichert. Dabei kam das gesamte Spektrum geheimpolizeilicher Aktivitäten zum Einsatz. Die Fäden liefen in Berlin zusammen, seit dem 26. 4. 1933 Sitz des ›Geheimen Staatspolizeiamts‹ in der Prinz-Albrecht-Straße 8.[4] Zuarbeit und Unterstützung kamen vom Reichsministerium des Innern sowie vom Auswärtigen Amt. Unter den Künstlern, die von den faschistischen Repressivorganen mit besonderer Aufmerksamkeit beobachtet wurden, muß man John Heartfield an einer der vordersten Stellen einordnen. Gerade in den Jahren 1933 bis 1938 entsprach die zunehmende Perfektion und Virtuosität seiner Fotomontagen ihrer ständig wachsenden Popularität. Das zwang die Nationalsozialisten, mit vielfältigen Repressionsmaßnahmen gegen seine Person zu reagieren. Nach der für Heartfield notwendig gewordenen Flucht reichten sie vom Verbot der AIZ und der Herausgabe einer NS-Variante dieser Zeitung über Pressekampagnen bis hin zum mißglückten Versuch, seiner durch Auslieferung habhaft zu werden.

Erste Konfrontationen mit der NS-Polizei gab es für den Fotomonteur bereits im Februar 1933 nach einem illegalen Treffen kommunistischer Künstler und bei der konspirativen Herstellung eines KPD-Wahlplakates für die Reichstagswahlen im März 1933, die aber ohne ernsthafte Folgen für ihn blieben. Mit dem Reichstagsbrand am 27. 2. 1933 und der tags darauf erlassenen Verordnung »zum Schutz von Volk und Staat« verschärfte sich die Situation jedoch schlagartig. Verstärkte Grenzkontrollen, Überprüfungen, Verhaftungen waren nun an der Tagesordnung. Mitstreiter Heartfields wie Johannes R. Becher, Bertolt Brecht und Willi Münzenberg flohen mit vielen anderen daraufhin am 28. 2. 1933 aus Deutschland; bis Ende März folgten ihnen auch Bodo Uhse und Franz Carl Weiskopf. Erst nach dieser dritten großen Fluchtwelle emigrierte John Heartfield Mitte April auf Geheiß der KPD. Es gab strikte Bestimmungen der illegal arbeitenden Partei, welches Mitglied wann mit welcher Aufgabe wohin emigrieren sollte.[5] Für Heartfield bedeutete dies die Flucht in letzter Minute.
Als er letztmals in der Nacht vom 16. zum 17. 4. 1933 seine Berliner Wohnung in der Potsdamer Straße 118 betrat, um einige seiner Arbeitsmaterialien zu retten, wurde er von einer Sturmabteilung der Nationalsozialisten überrascht. Am 26. 4. 1933 gab er der Prager Polizeidirektion über die näheren Umstände seiner anschließenden Flucht folgendes zu Protokoll: »Ich wurde zu Ostern nachts in meiner Wohnung in Berlin von SS- und SA-Leuten überfallen. Es gelang mir, durch das Fenster zu fliehen. Danach hielt ich mich einige Zeit bei Bekannten versteckt und versuchte, wenigstens das Notwendigste aus meiner Wohnung zu holen. Das erwies sich jedoch als Unmöglichkeit, da sich die Eindringlinge in meiner Wohnung festgesetzt hatten, und jeder, der dorthin gegangen wäre, um für mich die nötigsten Sachen (Kleidung und Dokumente) zu holen, hätte sich größter Gefahr ausgesetzt. (...) Ich ging von Oberschreiberhau zu Fuß über die Grenze der tschechoslowakischen Republik nach Dol. Rokytnice und fuhr von dort nach Prag. Hier fand ich Unterkunft bei Dr. Schmolka ...«[6]
Das Ausmaß der Gefahr und die Schnelligkeit des der NSDAP untergeordneten Polizeiapparats machte auch der Überfall auf die Wohnung von Hildegard Schaub deutlich. Sie war eine Bekannte des Künstlers und wurde irrtümlich von der Gestapo für seine Frau gehalten. Am Fluchttag Heartfields drangen zehn SA-Leute und ein Geheimpolizist mit gezogener Pistole in ihre Wohnung ein und verhörten sie eine Stunde lang. Dabei stellte sich heraus, daß seine Frau und seine beiden Kinder in Sippenhaft genommen werden sollten.[7]
Nach der Flucht in Prag angekommen, vervollständigte Heartfield den fast schon familiär anmutenden Redaktionsstab der AIZ.[8] Er fand relativ günstige Arbeitsbedingungen vor, da sein Bruder Wieland Herzfelde und dessen Freunde, darunter der deutschsprachige Prager Schriftsteller F. C. Weiskopf, inzwischen die Herausgabe der in Deutschland verbotenen Zeitung vorbereitet hatten. Am 25. 3. 1933 erschien die erste Exilausgabe. Wenngleich für Heartfield nun die intensivste Phase seines Schaffens begann, darf nicht vergessen werden, daß sich durch das Exil die materiellen Bedingungen entscheidend verschlechtert hatten und auch der Vertrieb der AIZ durch das neue politische Umfeld stark eingeschränkt war. Von ursprünglich 500000 Exemplaren im Jahr 1931 sank die Auflagenzahl der Zeitung bis 1936 auf etwa 12000.
Dieser schwierigen Phase redaktioneller Konsolidierung begegneten die Nationalsozialisten ihrerseits mit der eiligen Gründung des ABZ-Verlags in Berlin. Die Bekanntheit der ›Arbeiter-Illustrierten-Zeitung‹ unter der Arbeiterschaft ausnutzend, versuchte dieser Verlag mit der Herausgabe eines Blattes in ähnlicher Aufmachung und unter dem fast gleich klingenden Namen ›Arbeit in Bild und Zeit‹ (ABZ) die alte Leserschaft der AIZ zu binden. Teil der ausgeklügelten Strategie des NS-Plagiats war es, auch die Fotomontage als untrennbaren

Sitz des Redaktionsstabs der ›Arbeiter-Illustrierten-Zeitung‹ (AIZ) in Prag, Letohradská 42

›Arbeit in Bild und Zeit‹ (ABZ, Berlin), 6.8. 1933, Titelseite

Schwertwart, ›Weltwirtschaftskonferenz‹. ABZ, 6.8. 1933

Bestandteil der Zeitung zu präsentieren. Dabei kam ein Fotomonteur namens Schwertwart zum Einsatz. Seine nicht einfache Aufgabe bestand darin, Heartfields Montageduktus technisch zu kopieren, den Inhalt der Montagen jedoch zu entpolitisieren oder in sein Gegenteil zu verkehren. Dieser vorgetäuschten Weiterexistenz der AIZ auf deutschem Boden war allerdings kein langer Erfolg beschieden. Mit Ausnahme von Nummer 1 waren die insgesamt 19 Ausgaben der ›Arbeit in Bild und Zeit‹ nie ausverkauft. Mit harmlosen Rubriken wie ›Aus aller Welt‹, Sport, Gesundheit, Haushalt usw. war es ihr nicht gelungen, einen nennenswerten Leserkreis an sich zu binden, so daß der plumpe Täuschungsversuch im Herbst 1933 mit der Einstellung dieser Zeitschrift endete.[9]

Das AIZ-Kollegium seinerseits konnte dieser gegen sie gerichteten Aktivität nur durch gezielte Verbreitung seiner in Prag herausgegebenen Schriften in Deutschland entgegenwirken. Allerdings war der illegale Vertrieb großformatiger Schriften zu gefährlich; stattdessen wurden ausgewählte Nummern der Zeitung im Kleinformat publiziert. Ergänzt wurden diese Aktionen durch den Versand von Postkarten mit Fotomontagemotiven aus der AIZ (Abb. S. 372–373), mitunter direkt an führende NSDAP-Mitglieder, wie z.B. den Herausgeber des antisemitischen Hetzblattes ›Der Stürmer‹, Julius Streicher.[10]

Zwischen 1933 und 1938 griffen Heartfields AIZ-Arbeiten systematisch den gesamten Führungszirkel des Dritten Reiches an und stellten seine Mitglieder durch beißende Satire in der Öffentlichkeit bloß. Konkret geschah dies allein mit Adolf Hitler, dem Führer und Reichskanzler, etwa neunzigmal; mit Joseph Goebbels, dem Reichsminister für Volksaufklärung und Propaganda, vierzigmal; mit Hermann Göring, dem preußischen Ministerpräsidenten und späteren Oberbefehlshaber der Luftwaffe, dreißigmal. Auch der Stabschef der SA, Ernst Röhm, der Reichsminister für Ernährung und Landwirtschaft, Richard Walter Darré, der ›Stellvertreter des Führers‹, Rudolf Heß, der Reichsführer SS und Chef der Deutschen Polizei, Heinrich Himmler sowie der Leiter der Deutschen Arbeitsfront, Robert Ley – um nur die wichtigsten Führungskräfte der NS-Parteihierarchie zu nennen – waren immer wieder Gegenstand entlarvender Attacken Heartfields in der AIZ. Um diese von der Auslandsleitung der KPD gestützten Aktionen zu finanzieren, mußten noch im Mai 1933 die in Deutschland verbliebenen Geld- und Sachwerte der Redaktion auf abenteuerliche Weise nach Prag gebracht werden.

Da der Gestapo weder die ersten Veröffentlichungen der Prager AIZ noch deren Konsolidierungsbemühungen verborgen geblieben waren, sah sich die Redaktion von Beginn der Emigration an einem starken psychischen Druck ausgesetzt. Sowohl im Ausland als auch in der ČSR bespitzelte und verfolgte die Gestapo bereits frühzeitig alle Emigranten mit Hilfe eines ausgeklügelten Agentennetzes. Ziel war »die wirksame Bekämpfung aller gegen den Bestand und die Sicherheit des Staates gerichteten Angriffe« und »eine namentliche Erfassung aller derjenigen Personen«.[11]

So verwundert es kaum, daß bereits am 24. 5. 1933 der Chef der deutschen Gesandtschaft in Prag, Dr. Walter Koch, einen ersten Spitzelbericht mit dem Titel ›Nachrichtenfälscherzentrale in Prag‹ über die Aktivitäten von Wieland Herzfelde und John Heartfield an das Geheime Staatspolizeiamt in Berlin weitergab. In dem Bericht eines als »zuverlässig« eingestuften Sudetendeutschen namens Bruno Ernst Mika hieß es unter anderem: »In der Pension Star, Prag II, Jerusalemska, wohnte bis vor kurzem ein angeblicher Herr Hirschfelde (bei der hiesigen Polizei gemeldet als Herzfelde), der Inhaber des ehemaligen Verlages Malik... in Leipzig. (...) Vor ca. 14 Tagen stellte sich Herr Hirschfelde mir persönlich vor (...) Bei dieser Gelegenheit wurde ich ungewollt Zeuge nachstehender Gespräche. Eine Stimme fragte, wer diese Woche wieder nach Berlin fährt, um Geld zu holen. Darauf erklärte eine Dame, daß Hans an die Reihe käme. Hans weigerte sich und machte den Vorschlag, daß der Kurier für diese Woche ausgelost werden sollte. Das wurde scheinbar durchgeführt, denn man ... gab ihm die Instruktionen, die dahin lauteten, daß er unter dem Paß 7 reisen sollte und die Quittung des Geldes für 18000 RM die Unterschrift des Egon Erwin Kisch tragen muß. Das Geld bekäme der Kurier erst in Dresden ausgefolgt und zwar im dritten Wagen von rückwärts, in welchen Waggon ein Vertrauensmann einsteigt, der eine bestimmte Kleidung hat und sich auf ein Losungswort zu erkennen gibt. Gleichzeitig erfuhr ich, daß Herr Hirschfelde einen Bruder hat, der als Maler oder Graphiker in Deutschland unter dem Pseudonym Heartfield viel gearbeitet hat. Derselbe befand sich in einem Versteck in irgendeinem Gebirge und fürchtete um sein Leben. Nun teilte Herr Hirschfelde mit, daß sein Bruder bereits in Prag sei, nachdem die genannte Gruppe einen Weg gefunden habe, und zwar im Gebirge des Lausitzer Kammes (Reichenberg–Oybin–Hochwald–Lausche), ungehindert nach der Tschechoslowakei zu kommen, was auch anderen Mitgliedern gelänge. (...) Der erwähnte Bruder, der in Prag ist und die Photomontage der AIZ macht, arbeitete und arbeitet jetzt noch unter dem Namen Heartfield.«[12] In Folge dieses Berichtes beauftragte die Gestapo das Sächsische Ministerium des Innern mit der Überwachung der Telefongespräche aus Herzfeldes Wohnung in Prag.

Im Zuge der Vervollkommnung der nationalsozialistischen Repressivorgane wurden – wie hier im Falle Herzfelde / Heartfield – die Auslandsmissionen in zunehmendem Maße direkt durch das Auswärtige Amt angewiesen, die Tätigkeit von Emigranten zu beobachten und darüber zu berichten. Die Weisungsgewalt lag jedoch in jedem Fall beim Reichsministerium des Innern und der Gestapo, die sich so den Auswärtigen Dienst für ihre Zwecke erschlossen und auf dessen fortlaufende Informationen rechnen konnten. Von Hitler und Göring ist bekannt, daß beide größten Wert auf eine dermaßen allumfassende Emigrantenüberwachung legten. So erklärt sich auch die Zunahme der Ermittlungsersuchen und Nachforschungsaufträge, die die Gestapo in den Jahren 1933/34 über das Auswärtige Amt an die Deutsche Gesandtschaft nach Prag schickte. Ein Name spielte in diesem Zusammenhang immer wieder eine zentrale Rolle: Dr. Walter Koch. Wie bereits bei der Übermittlung des ersten bekannten Spitzelberichtes vom Mai 1933, war wiederum er es, der die Koordinierung der außenpolitischen und geheimpolizeilichen Manöver im Umfeld der internationalen Karikaturenausstellung des Prager Kunstvereins Mánes in der Zeit vom 6. 4. bis 3. 7. 1934 übernahm.

Der Prager Kunstverein ›Mánes‹ am Ufer der Moldau. Aufnahme von 1989

Neben einer Reihe von einheimischen Künstlern wie Antonin Pelc, Adolf Hoffmeister und Frantisek Bidlo waren auch berühmte Karikaturisten des Auslandes – namentlich Thomas Theodor Heine, George Grosz und nicht zuletzt auch John Heartfield – mit ihren Werken vertreten. Durch die Ablehnung der Teilnahme des offiziellen Deutschlands gesellte sich schon vor der Ausstellungseröffnung zur kulturellen Dimension die besondere politische Brisanz. Sie wurde noch durch eine Reihe von Werken verschiedener Künstler potenziert, die sich – wie die 36 Fotomontagen Heartfields – kritisch mit der weltpolitischen Entwicklung der beginnenden dreißiger Jahre, insbesondere mit dem aufkommenden Faschismus auseinandersetzten.

Dr. Walter Koch informierte das Auswärtige Amt in Berlin am 12. 4. 1934 unter dem Betreff ›Verunglimpfung führender deutscher Staatsmänner in einer internationalen Ausstellung in Prag‹ in Form einer auch an das Ministerium für Auswärtige Angelegenheiten der ČSR gerichteten Verbalnote: »In der Bildergalerie Mánes in Prag findet zur Zeit eine internationale Ausstellung von Karikaturen ausgesprochen politischer Tendenz statt, die von Verunglimpfungen

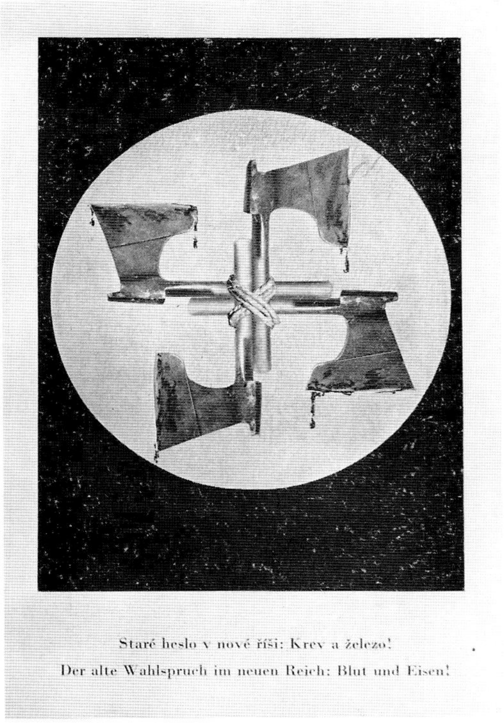

John Heartfield, Postkarten mit Motiven nach AIZ-Fotomontagen
oben: ›Der alte Wahlspruch im neuen Reich: Blut und Eisen!‹, 1934 (vgl. Kat.-Abb. 98)
unten: ›Klumpfüsschens Wunschtraum – »Hinweg mit diesen degenerierten Untermenschen!«‹, 1935

und Besudelungen der führenden deutschen Staatsmänner und -symbole strotzen. In dem nach dem verkehrsreichen ›Riegerovonabrezi‹ gelegenen Schaufenster ist im unteren Teil horizontal in der Mitte eine von J. Heartfield gezeichnete herabwürdigende Photomontage des Herrn Reichskanzlers und Führers Adolf Hitler ausgestellt. Unter der erwähnten Photomontage steht in großer Druckschrift *deutsch*: ›Adolf, der Übermensch: Schluckt Gold und redet Blech‹ (Kat.-Abb. 94). In der Ausstellung selbst fallen wegen ihrer gehässigen Darstellung besonders die Machwerke von John Heartfield, B. Sukajew und Godal auf. (...) Die Deutsche Gesandtschaft protestiert auf das Schärfste gegen diese erneuten Beleidigungen und Verunglimpfungen des Reichspräsidenten, des Reichskanzlers und anderer führender deutscher Staatsmänner sowie gegen die Herabwürdigung des deutschen politischen Lebens und der Staatssymbole. Das Zeigen dieser Bilder, teils öffentlich, teils in der Ausstellung im Zentrum der Stadt, mit dem offensichtlichen Zweck, Haßgefühle gegenüber Deutschland zu schüren, ist geeignet, die Beziehungen zwischen der Tschechoslowakei und dem deutschen Reich zu gefährden.«[13]

Diese unverhohlene Drohung gegen die tschechoslowakische Regierung macht die Selbstherrlichkeit der Außenpolitik im faschistischen Deutschland gegenüber den europäischen Nachbarstaaten recht anschaulich. Demselben Geist entsprang auch der Anschlußbericht zur Verbalnote vom 14. 4. 1934, der eine detaillierte Beschreibung der beanstandeten Werke enthält.[14] Dr. Koch gab in diesem Bericht den in einem Gespräch mit dem stellvertretenden tschechoslowakischen Außenminister Kamil Krofta dargelegten Standpunkt der deutschen Regierung zu den Arbeiten Heartfields und zum Verhältnis zwischen dem Deutschen Reich und der ČSR ungezügelt wieder: »Amtliche Drucksachen, die das Hakenkreuz tragen, werden nach wie vor an der tschechoslowakischen Grenze zurückgehalten; Aber wenn ein jüdischer Schmierfink das Emblem des Reiches aus Leichen zusammensetzt, dann passiert es ungehindert! Man soll uns ja nicht mit der Freiheit der Kunst kommen. (...) Die Führer im Reiche stehen der Karikatur, wenn sie durch Humor eines Künstlers gesehen sei, durchaus verständnisbereit gegenüber; aber diese Schmierereien seien nur durch die Galle eines Emigranten gesehen.«[15]

Peinlich genau wurden Pressereaktionen zur Ausstellung und die von der Deutschen Gesandtschaft eingeleiteten Schritte in umfangreichen Analysen ausgewertet und dem Auswärtigen Amt in Berlin zugeleitet. Von Berlin aus, vermutlich in direkter Abstimmung mit Hitler und Goebbels, wurden alle weiteren diplomatischen Schritte gegenüber der Regierung der ČSR koordiniert und schließlich erreichte man, daß das Prager Innenministerium am 17. 4. 1934 eine polizeiliche Revision in den Ausstellungshallen des Mánes durchführen ließ. Dabei wurden sieben Werke entfernt, die Anlaß des scharfen Protests der deutschen Regierung gewesen waren[16] (vgl. Kat.-Abb. 86).

Daß es hier nicht, wie in anderen Fällen, zu einschneidenden Konsequenzen gegenüber den Ausstellern kam, ist vor allem den demokratischen Vertretern des Prager Burgflügels zu verdanken, die es für ein selbstverständliches Recht der Emigranten hielten, »ihren eigenen politischen Standpunkt zu vertreten und Kritik an den Verhältnissen ihres Heimatlandes zu üben«.[17] Wenngleich die Entfernung der Fotomontagen Heartfields vom Auswärtigen Amt als »erheblicher Erfolg«, vor allem hinsichtlich der Wirkung auf die tschechoslowakische Öffentlichkeit und als »Schlappe, die die Prager Regierung erlitt[en]« hatte, bewertet wurde, muß festgestellt werden, daß das Gegenteil der Fall war. Es waren gerade die Methoden der deutschen Regierung, welche die Prager Öffentlichkeit zur Solidarisierung mit den Veranstaltern bewegten, was sich wiederum in den Besucherrekordzahlen niederschlug.[18]

Vor diesem Hintergrund erklärt es sich, daß die nicht nur durch Heartfield strapazierte Geduld Hitlers, Görings und Goebbels' in puncto Witz gerade während dieser Zeit zu einem scharfen Erlaß Röhms gegen Witzemacher führte.[19] Dieser Erlaß fand am 20. 9. 1934 seine im NS-Sinne folgerichtige Ausweitung. Mit dem ›Gesetz gegen heimtückische Angriffe auf Staat und Partei und zum Schutz von Parteiuniformen‹ erhielt das Verbot jeder Art von Kritik an den Zuständen im Dritten Reich seine gesetzliche Grundlage. Ausführungen wie der Paragraph 2 Abs. 1 machen die Zielrichtung des Gesetzes deutlich. Außerdem zeigt er, in welcher Gefahr sich Emigranten wie Heartfield befanden, wenn man bedenkt, daß die Gestapo zu dieser Zeit vor Erpressung, Entführung und selbst vor Mord nicht zurückschreckte[20]: »Wer öffentlich gehässige, hetzerische oder von niederer Gesinnung zeugende Äußerungen über leitende Persönlichkeiten des Staates oder der NSDAP, über ihre Anordnungen oder die von ihnen geschaffenen Einrichtungen macht, die geeignet sind, das Vertrauen des Volkes zur politischen Führung zu untergraben, wird mit Gefängnis bestraft.«[21]
In Berlin sann man jedoch vorerst auf eine dem Bekanntheitsgrad Heartfields angemessene Form der Bestrafung. Der Anlaß ließ nicht lange auf sich warten. Das Organ der SPD für das Saargebiet, die ›Volksstimme‹, veröffentlichte am 21. 9. 1934 einen Aufruf an die Bewohner der Region, bei dem bevorstehenden Plebiszit gegen die Angliederung des unter Völkerbundmandat stehenden Gebietes an das deutsche Reich zu stimmen. Zu den insgesamt 28 Unterzeichnern des Aufrufes zählten neben Heinrich Mann, Alfred Kerr und Erwin Piscator auch die Brüder Wieland Herzfelde und John Heartfield. Nach der ersten öffentlichen Auseinandersetzung mit diesem Aufruf im ›Völkischen Beobachter‹ vom 26. 9. 1934 wurde in Zusammenarbeit von Geheimer Staatspolizei, Reichsinnenministerium und Auswärtigem Amt unter direkter Einschaltung des preußischen Ministerpräsidenten Hermann Göring die Ausbürgerung aller Unterzeichner fieberhaft betrieben – soweit sie nicht ohnehin bereits erfolgt war.
Federführend bei der Expatriierung besonders bekannter Persönlichkeiten von SPD und KPD war Hans Pfundtner, Staatssekretär im Reichsministerium des Innern. Er veranlaßte am 11. 10. 1934 die Einleitung der Aktion und widmete dabei John Heartfield besondere Aufmerksamkeit: »Außerdem erscheint eine besondere Prüfung notwendig, ob der unter Nr. 6 aufgeführte John Heartfield etwa mit dem hier bereits zur Ausbürgerung vorgemerkten Wieland Herzfelde identisch ist und ob dieser John Heartfield in irgendwelchen Beziehungen zu der ebenfalls zur Ausbürgerung vorgemerkten Jenny Heartfield (Herzfelde) steht.«[22]
Daß »die Unterzeichnung jenes schimpflichen Aufrufs schon für sich allein die hinreichende Veranlassung zur sofortigen Ausbürgerung« darstellte, ließ in den Augen Pfundtners sogar eine Abweichung vom sonst üblichen, langwierigen Expatriierungsverfahren zu. Dennoch verzichteten der Innenminister und sein Staatssekretär nicht auf die Zuarbeit der Gestapo vom 23. 10. 1934: »Bei John Heartfield (alias Jonny oder Jenny Heartfield) handelt es sich um den Kunstmaler und Schriftsteller Helmuth Herzfeld, geboren am 19. 6. 1891 zu Berlin-Schmargendorf, zuletzt Berlin, Potsdamer Str. 118 wohnhaft. Herzfeld, der Dissident ist, und der KPD. angehörte, besitzt *die deutsche* Reichsangehörigkeit. Er war Mitarbeiter des kommunistischen Malik-Verlages, betätigte sich zeichnerisch und schriftstellerisch für die KPD. und zeichnete verantwortlich bei den Blättern ›Pleite‹ und ›Der Gegner‹. Er war Mitglied des ›Kampfkomitees der Künstler und Geistesarbeiter gegen Reaktion und Faschismus‹ und des ›Bundes proletarisch-revolutionärer Schriftsteller Deutschlands‹. Seine deutschfeindliche Tätigkeit im Auslande geht außer der Unterzeichnung des

John Heartfield, Postkarten mit Motiven nach AIZ-Fotomontagen
oben: ›Wie im Mittelalter ... so im Dritten Reich‹, 1934 (vgl. Kat.-Abb. 101)
unten: ›Der Galgengruss‹, 1933

John Heartfield, Buchumschlag für ›Das braune Netz. Gestapo-Arbeit im Ausland‹, Paris 1935 Ursprünglich für Willi Münzenbergs Editions du Carrefour (Paris) gestaltet; wiederveröffentlicht in der AIZ (Prag), 12. 9. 1935

berüchtigten Saar-Aufrufs ferner aus Artikeln hervor, die im kommunistischen ›Gegen-Angriff‹ (Prager Ausgabe) zum Abdruck gelangt sind. Es heißt so in der Nr. 29 der genannten Zeitung vom 19. Juli 1934, in der die Freilassung inhaftierter Kommunisten gefordert wird, ›nicht ein Tag darf vergehen, ohne daß man die Mörder Mörder nennt. Im Kampf gegen die Mörderregierung müssen alle zusammenstehen, die das Morden als Regierungsprinzip verabscheuen.‹ (...) Heartfield hält sich zur Zeit vermutlich in Prag auf.«[23]
Nachdem Hermann Göring als preußischer Ministerpräsident, Wilhelm Frick als Reichsminister des Innern und schließlich Konstantin Freiherr von Neurath als Außenminister ihre Zustimmung zur Ausbürgerung der 13 bisher noch nicht ausgebürgerten Unterzeichner des Aufrufs gegeben hatten, veröffentlichte der deutsche Reichsanzeiger und Preußische Staatsanzeiger Nr. 258 vom 3. 11. 1934 die mittlerweile dritte Liste des Landes verwiesener deutscher Staatsangehöriger seit 1933.[24] Im ›Völkischen Beobachter‹ Nr. 309 vom 9. 11. 1934 stand unter der Überschrift ›28 Verräter aus der deutschen Volksgemeinschaft ausgestoßen‹ unter Nummer 6 zu lesen: »Helmuth Herzfeld (John Heartfield), zur Zeit vermutlich in Prag, kommunistischer Schriftsteller, schreibt Hetzartikel im Prager ›Gegenangriff‹. Unterzeichner des Saaraufrufes.« Daß man in dieser Begründung nicht auf seine Fotomontagearbeiten Bezug nahm, dürfte an der Angst vor einer ungewollten Popularisierung Heartfields gelegen haben. Der Künstler schätzte seine Lage in einem selbstverfaßten Artikel, erschienen in jenem ›Gegenangriff‹ vom 28. 11. 1934, folgendermaßen ein: »Sie bürgern nicht nur jeden in ihre Konzentrationshöllen ein, der nur leise wagt, den Mund gegen sie zu öffnen. Sie – bürgern auch aus! Sie trachten so, die ihrem blutigen Arm bisher entronnen sind, zu treffen, sie erklären sie so für vogelfrei.«
Zusätzlich zur Ausbürgerung wurde die Lage der Emigranten noch durch das Gesetz Nr. 52 vom 28. 3. 1935 über den Aufenthalt von Ausländern in der ČSR erschwert. Hintergrund des Gesetzes war der Versuch, den illegalen Aufenthalt von Flüchtlingen zu unterbinden und im Bedarfsfall eine Handhabe gegen deren politische Betätigung zu haben; es begrenzte den genehmigungsfreien Aufenthalt auf zwei Monate.[25] Noch im selben Monat war der erneute Vertrieb von Postkarten mit Fotomontagemotiven, insbesondere der Montage ›Das Mörderkreuz‹, Anlaß zu einer weiteren Verbalnote der Deutschen Gesandtschaft. In dieser Situation erarbeitete das Geheime Staatspolizeiamt im Mai 1935 ein ›Verzeichnis der flüchtig gegangenen Kommunisten‹.[26] Unter den Nummern 916 und 917 sind Helmuth Herzfeld und Wieland Herzfelde erfaßt; aufgrund dieser Tatsache ist zu vermuten, daß Heartfield von März bis August 1935 aus Sicherheitsgründen nach Paris ging.
Während seines dortigen Aufenthaltes definierte das ›Schwarze Korps‹ am 19. 6. 1935 auf seiner ›Kunstseite‹ grundlegende Gestaltungsprinzipien für die bildkünstlerische Darstellung des Führers: »Ein Künstler, der den Führer zu gestalten versucht, muß mehr als nur Künstler sein (...) Das nichtssagende schlechte Bild aber zu veröffentlichen, ist wider die Ehre der Kunst und wider den Geist unseres Volkes (...) Der Beste aber unter den Besten wage die Gestaltung des Führers.« Ebendiese Auffassung widerlegend und immer wieder den Zorn der Mächtigen des Nationalsozialismus herausfordernd, war es gerade Heartfield, der die ›Gestaltung des Führers‹ wagte, so auch während der ›Internationalen Fotoausstellung‹ des Kunstvereins Mánes im März 1936, auf der Fotomontagen wie ›Hitler erzählt Märchen‹ oder ›Der Ehrendolch‹ wiederum den Protest der Deutschen Gesandtschaft nach bewährtem Muster heraufbeschworen.[27]
Diese erneuten Angriffe Heartfields führten schließlich dazu, daß sich der unter der Leitung von Reinhard Heydrich stehende ›Sicherheitsdienst des

John Heartfield vor seinen Fotomontagen in der ›Internationalen Fotoausstellung‹ im Kunstverein ›Mánes‹, Prag, März 1936

Reichsführers SS‹ teilweise in Kooperation mit der Gestapo mit seiner Person beschäftigte. Die ausgedehnte Überwachungstätigkeit wurde im ›Leitheft. Emigrantenpresse und Schrifttum‹ vom März 1937 dokumentiert. Bei diesem Heft handelt es sich in erster Linie um die gesamte Berichterstattung des Sicherheitsdienstes zum fraglichen Thema, die nur einem ausgewählten Kreis führender Funktionäre von Partei und Staat zugänglich gemacht wurde. Die Analyse enthält gleich mehrmals Hinweise auf Heartfields Tätigkeit und macht deutlich, wie stark die Wirkung seiner Arbeit eingeschätzt wurde. Besonders bemerkenswert dabei ist, daß der Künstler als Propagandist innerhalb der KPD neben Funktionären wie Wilhelm Pieck, Willi Münzenberg und dem Schriftsteller Johannes R. Becher in vorderster Reihe genannt wurde. Die von ihm so wirkungsvoll gestalteten Schriften ›Braunbuch‹ (Basel 1933) und ›Braunbuch II – Dimitroff contra Göring‹ (Paris 1934) gaben Anlaß zu folgender Einschätzung: »Man geht wohl nicht fehl, wenn man hinter diesen, einen neuen Abschnitt der Schrifttumshetze der Emigranten einleitenden Veröffentlichungen die Regie *Willi Münzenbergs* vermutet, dessen langjähriger Illustrator und Artikelschreiber *John Heartfield* (Helmuth Herzfeld) auf der Rückseite beider Braunbücher auftaucht.«[28] Über die Arbeit der Volks-Illustrierten, der Nachfolgerin der AIZ, findet sich folgender Hinweis: »Mitarbeiter sind vor allem John *Heartfield* (Deckname für *Herzfeld*), der die neben den *großen Bildberichten* (über Spanien, die Konzentrationslager, Sowjetaufmärsche u. ä.) für die VI charakteristischen *Fotomontagen* bringt; Heinrich Mann, O. M. Graf, Münzenberg, R. Rolland, Breitscheid, A. Seghers, Bodo Uhse u. a.«[29]

Trotz der immer schwierigeren Bedingungen setzte die VI-Redaktion ihre Arbeit fort. Im Herbst 1937, anläßlich des fünfzigjährigen Jubiläums des Prager Kunstvereins Mánes, beteiligte sich Heartfield erneut – wie bereits 1934 und 1936 – an einer Karikaturenausstellung unter dem Titel ›Der heutige Mánes‹. Entsprechend der zunehmend auf Konfrontation mit der ČSR gerichteten Politik des Dritten Reiches bot die Ausstellungseröffnung am 12. 10. 1937 einen willkommenen Anlaß, sofort eine scharfe Pressekampagne gegen die Prager Regierung zu entfalten.

Wieder waren Heartfields Montagen Gegenstand der Auseinandersetzung. Dieses Mal schaltete sich der Reichsminister für Volksaufklärung und Propaganda, Joseph Goebbels, persönlich in die Angelegenheit ein. In seinem Tagebuch heißt es am 15. 10. 1937: »In Prag gemeine Karikaturen gegen uns in einer Ausstellung unter amtlichem Protektorat gezeigt. Ich hetze die Presse darauf. Die zieht mächtig vom Leder.«[30] Wie die Presse im Zuge dieser Verleumdungskampagne gegen die Tschechoslowakei und die von ihr verteidigte Demokratie »vom Leder zog«, zeigen insbesondere der ›Völkische Beobachter‹ in Deutschland und NS-treue Henlein-Blätter wie ›Grenzwacht‹ und ›Patschkauer Wochenblatt‹ in der ČSR.[31] Die auf einer Pressekonferenz unter Leitung von Goebbels getroffene Entscheidung, auf die deutschfeindliche Stimmung in der ČSR hinzuweisen, führte zum Erscheinen des Artikels ›Prag bequemt sich‹ im ›Völkischen Beobachter‹ vom 16. 10. 1937: »Ohne den ›deutschen Einspruch‹ [wären] die ausgestellten Haßbilder [etwa die ›Hetzbilder‹ des ›Juden Herzfeld‹] von tschechischer Seite *unbeanstandet* [i.O. gesperrt] durch Wochen der Öffentlichkeit gezeigt und damit unter dem Protektorat der verantwortlichen Staatsmänner gegen Deutschland und das deutsche Volk gehetzt worden. [...] Und da sollen wir davon überzeugt sein, daß in den verantwortlichen Prager Regierungskreisen der ernste Wille zu einer Verständigung mit Deutschland besteht? Wahrhaftig, eine *schwere Aufgabe* [i.O. gesperrt].«[32]

Neben dem außenpolitischen Ziel, die ČSR unter Druck zu setzen, sollte Heartfields Arbeit nunmehr unter Einsatz aller propagandistischen Mittel offen dis-

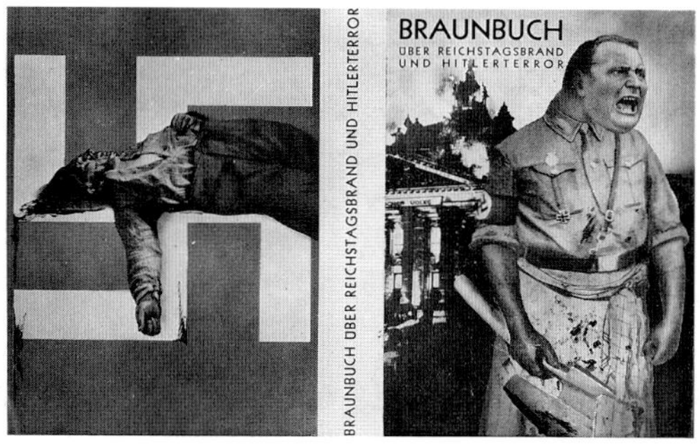

John Heartfield, Umschlag für das indizierte ›Braunbuch über Reichstagsbrand und Hitlerterror‹, Basel 1933

Vom ›Schwarzen Korps‹ publiziertes Plakat ›Haß aus Prag‹, November 1937; nach einer Montage von John Heartfield (›Die Saat des Todes‹, Abb. S. 59)

›Wer steckt dahinter?‹ ›Das Schwarze Korps‹, 2. 12. 1937

NS-Adaption der Heartfieldschen Montagetechnik: Atelier Bauer (?), ›Ganz Deutschland hört den Führer...‹. Plakat, 1936
Werbeplakat zum Kauf des ›Volksempfängers‹

kreditiert werden. Diese Aufgabe fiel dem Blatt Heinrich Himmlers, dem ›Schwarzen Korps‹, zu.[33] Auch hier wurde im November 1937 eine Pressekampagne unter dem Motto ›Haß aus Prag‹ angestrengt. Sie gipfelte in einer Plakataktion, die erstmals nach dem Verbot der AIZ von 1933 die deutsche Öffentlichkeit auf das Weiterwirken Heartfields aufmerksam machte. Unter Verwendung der Fotomontage ›Die Saat des Todes‹ (Abb. S. 59) wurde sowohl eine ganzseitige Montage im ›Schwarzen Korps‹ mit dem Titel ›Haß aus Prag‹ als auch ein gleichnamiges Plakat herausgegeben; auf diese Weise sollte in bisher nicht dagewesener Offensive mit Heartfield abgerechnet werden. Der Aktion war allerdings kein Erfolg beschieden: Als am 2. 12. 1937 das ›Schwarze Korps‹ eine eigene Montage mit der Schlagzeile ›Wer steckt dahinter?‹ versah und unmittelbar darunter den Kopf der antifaschistischen Zeitschrift ›Die Wahrheit‹ setzte, hatten die Hersteller der Ausgabe, gewollt oder ungewollt, die gesamte Aktion zu Fall gebracht. Himmler mußte wegen dieser Art ungewöhnlicher Aufklärung den schon auf vollen Touren laufenden Vertrieb des Blattes verbieten.[34]
Alle diese zentral regulierten Pressekampagnen waren Vorboten des eigentlichen NS-Propagandakrieges gegen die ČSR, der in den Monaten März bis September 1938 seinen Höhepunkt erreichte. Jetzt bekamen die von der Gestapo frühzeitig angelegten Fahndungslisten eine neue Bedeutung: Am 24. 3. 1938 wurden die bereits im Mai 1935 im ›Verzeichnis flüchtiger Kommunisten und Marxisten‹ aufgeführten Personen nun zur sofortigen Festnahme ausgeschrieben; die Liste enthielt auch die Namen Helmuth Herzfeld und Wieland Herzfelde.[35]
Spätestens seit dieser Zeit versuchte die Gestapo, Kontakt mit der tschechoslowakischen Polizei aufzunehmen, um die gesuchten Emigranten in die Hände zu bekommen. Ein Prager Regierungsbeamter zeigte den Brüdern noch im selben Monat eine vertrauliche Liste mit Namen deutscher Antifaschisten, deren Auslieferung die Reichsbehörden von der ČSR verlangten – auch die Namen der beiden Geschwister waren vermerkt.[36] Für John Heartfield erhöhte sich die Gefahr um ein Vielfaches unmittelbar nach den Ereignissen um das Münchener Abkommen vom 29. 10. 1938; Herzfelde befand sich zu diesem Zeitpunkt bereits in Zürich.
Wieder war es ein Prager Ministerialbeamter, der Heartfield zur sofortigen Flucht nach Rumänien riet, da die Dinge bereits so ernst standen, daß es »um Leben und Tod« ging. Das Auslieferungsgesuch der deutschen Regierung, von dem einige hundert Emigranten betroffen waren, konnte nur durch das Eingreifen britischer Politiker und Künstlerpersönlichkeiten verhindert werden.[37]
Die Situation der Verfolgten verschlechterte sich nun täglich, nicht zuletzt durch die Aufhebung der verfassungsmäßigen Freiheitsrechte der Person, des Hauses und der Presse in der ČSR im September 1938. Deshalb konnte auch Heartfield keine Arbeit mehr ausführen und geriet in finanzielle Schwierigkeiten. Er richtete seine gesamten Anstrengungen nun darauf, ein Ausreisevisum für die USA zu erhalten. Nach äußerst komplizierten, zum Teil parallel laufenden Bemühungen gelang es ihm Ende November 1938, eine Einreisegenehmigung für Großbritannien zu erhalten.[38]
Gemeinsam mit nur zehn anderen Emigranten konnte er am 6. 12. 1938 über Straßburg und Paris nach London fliegen. Damit hatte er sich dem drohenden Zugriff der Gestapo entzogen. Daß diese Gefahr akut war, beweist ein Rundschreiben des Präsidiums der Prager Landespolizeibehörde vom 5. 5. 1939: Aus ihm geht hervor, daß die Gestapo-Einsatzgruppe Böhmen seit dem 28. 4. 1939 dringend nach 31 Personen, zumeist Emigranten, fahndete. Unter Nummer 5 des Schreibens war Heartfield aufgeführt.[39] Die Gestapo hatte auf der Grundlage solcher Fahndungslisten bereits vier Tage nach dem Einmarsch der Wehr-

macht in Prag etwa 800 deutsche und tschechische Kommunisten verhaftet.[40] Trotz vielfältiger Anstrengungen war es den Feinden Heartfields nicht gelungen, seiner habhaft zu werden. So wurde ›Eines Mannes Krieg gegen Hitler‹[41] so lange weitergeführt, bis Heartfield endlich am 9. 5. 1945 seinem Bruder schreiben konnte: »Friede ist wieder da! Welch' großes Glück!! Die Naziherrschaft in Staub! Dies noch erlebt zu haben – es ist kaum zu erfassen in seiner ganzen Bedeutung.«[42]

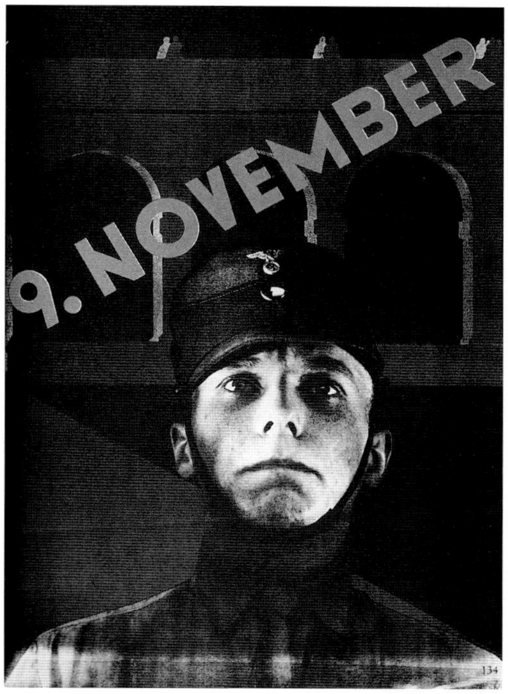

NS-Adaption der Heartfieldschen Montagetechnik:
Oben: ›9. November‹. Plakat, 1933, zum Gedenken an den 1923 gescheiterten Münchener Putschversuch der NSDAP
Unten: Hugo Fischer (?), ›Früher – Heute‹. Plakat, 1936, zur 1935 eingeführten Arbeitsdienstpflicht

1 Oskar Maria Graf, ›John Heartfield, der Fotomonteur und seine Kunst‹, in: *Deutsche Volkszeitung* (Paris/Prag/Kopenhagen), 20. 11. 1938.
2 Institut für Geschichte der Arbeiterbewegung Berlin, ZPA, St. 12/50.
3 Vgl. Institut für Geschichte der Arbeiterbewegung Berlin, ZPA, St. 12/50; Akademie der Künste zu Berlin, Heartfield-Archiv, ›Strafsache gegen Unbekannt‹ vom 12. 8. 1929; ›Von der Polizei beschlagnahmt!‹, in: *Neue Montags-Zeitung* (Berlin), 23. 5. 1932.
4 R. Rürup, (Hrg.), ›Topographie des Terrors‹, Berlin 1987.
5 Vgl. ›Richtlinien der in der ČSR emigrierten KPD Mitglieder vom Juli 1933 über das Verhalten der deutschen Emigranten in der Tschechoslowakei‹. Institut für Zeitgeschichte München, Archiv, Deutsche Emigration in der Tschechoslowakei 1933–1938, Ms. 159, Dokument 50, Bl. 163.
6 Staatliches Zentralarchiv Prag, Prager Polizeidirektion 1933–1939, H 1723/6, Gesuch des Kunstmalers und Grafikers Helmut Herzfeld (John Heartfield) an die Prager Polizeidirektion vom 26. 4. 1933; Übersetzung aus dem Tschechischen. Heartfield gab darüber hinaus an, nicht Mitglied der KPD gewesen zu sein und seine Flucht selbst organisiert zu haben. Das geschah offensichtlich aus Sicherheitsgründen.
7 Vgl. Akademie der Künste zu Berlin, Heartfield-Archiv, Brief von Hildegard Schaub (Berlin) an John Heartfield (Berlin) vom 15. 10. 1964.
8 Zum Prager Redaktionsstab der ›Arbeiter-Illustrierten-Zeitung‹ zählten im einzelnen: Fritz Erpenbeck, Werner Weidmann, John Heartfield, Hermann Leupold [Ps. Karl Vaněk] und Franz Carl Weiskopf. Die ebenfalls im Prager Exil weilenden Weiskopf-Herzfelde-Ehefrauen waren Schwestern. F. C. Weiskopf konnte als Bürger der ČSR günstige Bedingungen für die Zeitungsgründung schaffen. Vgl. auch L. Reinerová, ›Es begann in der Melantrichgasse‹, Berlin 1985.
9 Vgl. ›Arbeit in Bild und Zeit‹, Berlin 1933; Nr. 1 vergriffen, Erscheinen mit Nr. 19 eingestellt. Verantwortlicher Schriftleiter: Alfred Lehniger. ABZ-Verlag: Berlin SW 68, Wilhelmstr. 131/132. (Die Deutsche Bücherei in Leipzig verfügt über diese Zeitung.)
10 H. Larsen, ›Skabte fotomontagen som et våben mod militarismen‹, in: *Land og Folk* (Kopenhagen), 8. 7. 1961.
11 Runderlaß vom 4. 5. 1933 an alle Staatspolizeistellen. Die daraus resultierende ›Namenskartothek‹ und das Emigrantenarchiv des Reichssicherheitshauptamtes gingen bei Kriegsende verloren.
12 Institut für Geschichte der Arbeiterbewegung Berlin, ZPA, St. 10.
13 Bundesarchiv Potsdam, Reichministerium des Innern, Akte Nr. 25783, Bl. 379–380.
14 Solche Kurzbeschreibungen – auch von Werken Heartfields – finden sich mehrfach in den Akten. Stellvertretend sei hier eine zitiert: » ›Völkische Tiefenschau‹ (J. Heartfield, Prag): ›Ein neuer Lehrstuhl an den deutschen Universitäten‹. Ein Professor wird dargestellt, wie er seinen Hörern erklärt, dass das Hühnerauge, allerdings, wie aus der Beischrift zu entnehmen ist, nur das germanische, befähigt ist, in die Zukunft zu schauen [Kat.-Abb. 90]. Der Professor, mit vergeistigt wahnsinnigem Gesichtsausdruck, hat auf dem Vortragstisch seinen Fuss liegen, an welchem er seine Lehre bewiest [beweist].« Bundesarchiv Potsdam, Reichsministerium des Innern, Akte Nr. 25783, Bl. 394.
15 Bundessarchiv Potsdam, Reichministerium des Innern, Akte Nr. 25783, Bl. 386. Das ›Verständnis‹ der Führer im Reiche für die Karikatur spiegelt sich vor allem in der Herausgabe des Buches ›Hitler in der Karikatur der Welt 1924–1934‹ (o. O. 1938) von Ernst Franz Sedgwick Hafstengl wider. Die hier abgebildeten 84 Karikaturen äußern jedoch keinerlei analytisch-kritische Gedanken, obgleich darauf geachtet wurde, internationale Namen zu präsentieren. Daß sich Heartfield nicht unter den ausgewählten Künstlern befand, versteht sich von selbst. Das Buch endet mit den bemerkenswerten Zeilen über Adolf Hitler:
»Was immer also sie von ihm verbreiten,
er zwingt sie doch, um ihn uns zu beneiden.« [!]
16 Staatliches Zentralarchiv Prag, Polizeidirektion Prag 1931–1940, V 59/11, Bericht des Präsidiums der Polizeidirektion Prag vom 16. 5. 1934 über die im April und Mai 1934 vom Verein bildender Künstler ›Mánes‹ veranstaltete Karikaturenausstellung. Unter den sieben entfernten Werken befanden sich fünf Karikaturen von Heartfield: 1. ›Adolf, der Übermensch: Schluckt Gold und redet Blech‹ (Kat.-Abb. 94), 2. ›Der Sinn des Hitlergrußes‹ (Abb. S. 281), 3. ›S. M. Adolf‹ (Abb. S. 28), 4. ›Göring, der Henker des Dritten Reichs‹ (Kat.-Abb. 74), 5. ›Das Mörderkreuz‹.
17 Diese Meinung hatte Kamil Krofta gegenüber dem deutschen Gesandten bereits im Juni 1933 vertreten. Bundesarchiv Potsdam, Reichministerium des Innern, Akte Nr. 25782, Bl. 277–278.
18 »Die an Propagandaerfolgen reiche Hitlerregierung hat einen neuen großen Erfolg [...] zu verzeichnen. Auf die zweite Demarche des deutschen Gesandten Koch gegen die Ausstellung der Karikaturisten im ›Mánes‹ antwortete die Prager Bevölkerung durch einen Massenbesuch am gestrigen Sonntag. Die Besucherzahl überstieg 3000 – eine noch nie dagewesene Rekordziffer.« ›Demonstration für Mánes-Ausstellung‹, in: *Prager Mittag,* 16. 4. 1934.
19 Vgl. ›Deutschland zensiert Europa‹, in: *Weltbühne* (Prag/Zürich), 26. 4. 1934.
20 Daß sich Heartfield dieser Möglichkeit bewußt war, zeigen die in seinem Archiv vorhandenen Zeitungsausschnitte über bekanntgewordene Vorfälle von Emigrantenentführungen. Vgl. ›Menschenjäger‹, in: *Prager Mittag,* 17. 5. 1934.

21 Reichsgesetzblatt I vom 20. 9. 1934, S. 1269.
22 Politisches Archiv des Auswärtigen Amts Bonn, Inland II A/B, 127/1, Aberkennung der deutschen Staatsangehörigkeit der Saaraufruf-Unterzeichner durch das Reichsministerium des Innern und das Auswärtige Amt vom 11. 10. 1934.
23 Politisches Archiv des Auswärtigen Amts, Bonn, Inland II A/B, 127/1, Ermittlungen des Inspekteurs der Geheimen Staatspolizei für den Reichsminister des Innern vom 23. 10. 1934.
24 Die Reihenfolge dieser Listen läßt auch bestimmte Rückschlüsse auf die Feindbildstruktur der Nationalsozialisten zu. Auf der Liste 12 des Reichsanzeigers vom 16. 4. 1937 findet sich unter der Nummer 12 die zweite Ehefrau Heartfields, Barbara Herzfeld, geb. Friedmann. Hier zeigt sich, wie in anderen gleichgelagerten Fällen, daß man auch vor Sippenhaft nicht zurückschreckte. Bis 1938 war man bei Liste 84 und etwa 5000 Ausgebürgerten angelangt.
25 In den Akten des Staatlichen Zentralarchivs Prag finden sich im Bestand der Prager Polizeidirektion (1931–1940) eine Reihe von Gesuchen Heartfields zur Gewährung und Verlängerung der Aufenthaltsgenehmigung und die zu diesem Zweck erstellten Polizeiberichte.
26 Landeshauptarchiv Dresden, Amtshauptmannschaft Annaberg, Akte Nr. 3274, Teil 1, Bl. 39.
27 Politisches Archiv des Auswärtigen Amts in Bonn, A III 1 b 8, Verbalnote des deutschen Gesandten Dr. Walter Koch an das tschechoslowakische Ministerium für Auswärtige Angelegenheiten. Vgl. Roland März, ›John Heartfield: Der Schnitt entlang der Zeit. Selbstzeugnisse – Erinnerungen – Interpretationen‹, Dresden 1981, S. 364–366.
28 ›Leitheft. Emigrantenpresse und Schrifttum‹, hrg. vom Reichssicherheitshauptamt, Berlin 1937, S. 16.
29 Ebd., S. 38.
30 ›Die Tagebücher von Joseph Goebbels. Sämtliche Fragmente‹, Teil I: Aufzeichnungen 1924–1941, München et al. 1987, Bd. 3, S. 302. Interessanterweise schreibt Goebbels auf den Tag genau zwei Jahre später folgendes in sein Tagebuch: »Wir lassen glänzende Karikaturen gegen die Engländer zeichnen. Unsere Zeichner sind sehr auf der Höhe.« [!]
31 Durch besonders scharfe Artikel fallen folgende Ausgaben auf: ›Neue Prager Unverschämtheit‹, in: *Grenzwacht Glatz*, 14. 10. 1937; ›Minister eröffnet deutschfeindliche Kunstausstellung‹, in: *Patschkauer Wochenblatt*, 15. 10. 1937.
32 Zitiert nach: O. Thomae, ›Die Propaganda-Maschinerie. Bildende Kunst und Öffentlichkeitsarbeit im Dritten Reich‹, Berlin 1978, S. 115.
33 Vgl. ›Haß aus Prag‹, in: *Das Schwarze Korps* (Berlin), 4. 11. 1937; ›Wer steckt dahinter?‹, ebd., 2. 12. 1937. Vgl. Plakat: ›Das Schwarze Korps. Haß aus Prag‹, Berlin, Nov. 1937. Das Original befindet sich in der Plakatsammlung der Kunstbibliothek Staatliche Museen Preußischer Kulturbesitz, Berlin.
34 Vgl. ›Sensation! Himmler verbietet sein eigenes Blatt‹, in: *Deutsche Volkszeitung* (Paris), 19. 12. 1937.
35 Landeshauptarchiv Dresden, Amtshauptmannschaft Annaberg, Akte Nr. 3277, Teil 4, Bl. 93.
36 Vgl. Wieland Herzfelde, ›John Heartfield‹, 3. Aufl., Dresden 1986, S. 77.
37 Vgl. Deutsche Bibliothek Frankfurt a. M., Deutsches Exilarchiv 1933–1945, Exil-PEN, EB 75/175, Bl. 769, Brief von Wieland Herzfelde (Paris) an Rudolf Olden (London) vom 9.11.1938.
38 Vgl. Akademie der Künste zu Berlin, Herzfelde-Archiv, 12/12, Briefe von John Heartfield (Prag) an Wieland Herzfelde (Paris) vom 1.11.1938, 6.11.1938, 10.11.1938, 21.11.1938. Aus diesen Briefen geht auch hervor, daß es Heartfield entgegen seiner ursprünglichen Absicht nicht möglich war, in die USA zu emigrieren.
39 Vgl. Staatliches Zentralarchiv Prag, Prager Polizeidirektion 1933–1939, H 1723/6, Rundschreiben des Präsidiums der Prager Landespolizeibehörde zur Fahndung nach den aus Prag geflüchteten Emigranten vom 5.5.1939. Vgl. auch Akademie der Künste zu Berlin, Heartfield-Archiv, Brief von Lubomir Línhart (Prag) an John Heartfield (Berlin) vom 16.1.1963. Línhart erinnert sich in diesem Brief an ein Gestapoverhör im Jahr 1939, in dem die Beteiligung Heartfields an der ›Internationalen Fotoausstellung‹ 1936 in Prag eine wesentliche Rolle spielte.
40 Bundesarchiv Potsdam, Film Nr. 8370. Telegramm von Andor Hencke, Geschäftsträger der Deutschen Gesandtschaft Prag, an das Auswärtige Amt in Berlin vom 19.3.1939 über erste Verhaftungen nach der Okkupation der tschechischen Länder.
41 Titel einer Heartfield-Ausstellung in der Londoner Arcade Gallery im Dezember 1939.
42 Akademie der Künste zu Berlin, Herzfelde-Archiv, 12/12, Brief von John Heartfield (London) an Wieland Herzfeld (New York) vom 9.5.1945.

Bemerkung: Alle im Anhang ausgewiesenen Akten staatlicher Provenienz, welche die Bestandssignaturen des Zentralen Parteiarchivs (ZPA) des Instituts für Geschichte der Arbeiterbewegung tragen, wurden im Mai 1990 an die zuständigen Bundesarchive übergeben.

Ilse-Maria Dorfstecher

John Heartfield als Bühnenbildner 1951 bis 1966

In der Zeit von 1951 bis 1966 steht John Heartfield für neun Bühnenausstattungen auf den Programmzetteln. Anfangs wird dahinter der Name seines Bruders Wieland Herzfelde gesetzt, aber bei dessen Anteil an der Theaterarbeit (der hier ausgeklammert wird) kann es sich nur um einen Anschub, eine gedankliche Fixierung im Vorfeld der eigentlichen Arbeit gehandelt haben; zur Kennzeichnung der wichtigsten Arbeiten wurde das Doppelsignum der Brüder gar nicht verwendet.
Von den neun Bühnenbildarbeiten wurden sechs für das Deutsche Theater und die Kammerspiele in Berlin, je eine für das Berliner Ensemble, das Neue Theater in der Skala Wien und die Volksbühne Berlin angefertigt. Bei zwei weiteren Ausstattungen arbeitete Heartfield lediglich an Projektionen mit. Das ist nicht viel und wird noch weiter schrumpfen müssen, wenn nach weitreichender Bedeutung zu fragen ist.
Abgesehen von ›Hamlet‹, für den ihn Wolfgang Heinz zur Mitarbeit nach Wien holte, und ›Sozialaristokraten‹ beziehen sich die anderen Stücke thematisch auf Probleme der Gegenwart oder der jüngsten Vergangenheit, auf den ›Epochenkonflikt‹ des 20. Jahrhunderts. Dafür schien allen Auftraggebern Heartfield, der ausgewiesene Kämpfer gegen Militarismus, Imperialismus und Nationalsozialismus, der geeignete und glaubwürdige Mitarbeiter. Außer diesem Zeitbezug ergibt die Durchsicht der Stücke kein kohärentes literarisches oder stilistisches Programm.
Ob sich Heartfield nach seiner Rückkehr in die DDR – eine andere wäre für ihn nicht in Frage gekommen – aus freien Stücken auf die Theaterarbeit warf, ist nicht nachzuvollziehen. Es fehlen authentische Zeugen, er selbst hat sich dazu nicht geäußert. Es war nicht üblich, daß Kommunisten Defizite bei ihrer Partei einklagten. Der nicht sehr gesunde Mann, dem eine seinen Fähigkeiten entsprechende Tätigkeit in der englischen Emigration versagt blieb, der durch die dadurch bedingten relativ bescheidenen Lebensumstände, durch die Bombennächte in London ziemlich gealtert war, konnte, auch dank der Energien seines schon etablierten Bruders, zunächst von Leipzig aus rasch einen Einstieg in neue Arbeitsaufgaben finden. Die vor ihm zurückgekehrten alten Freunde und Kampfgefährten halfen, die Heimkehr zu erleichtern: Bald kamen Aufträge von Verlagen, Institutionen, Theatern. Besonders Bertolt Brecht und Wolfgang Langhoff, der Intendant des Deutschen Theaters, boten konkrete Hilfe durch Aufträge für Bühnenbilder, Plakate und Programmhefte – Arbeitsgebiete, die Heartfield, der nie verstanden hätte, weshalb ein Bucheinband, ein Plakat, ein Bühnenbild künstlerisch weniger wertvoll sein sollten als ein Gemälde, nicht fremd waren. Er hat mit der gleichen Akribie an jeder Aufgabe gearbeitet; künstlerische und technische Unstimmigkeiten, die die meisten Menschen übersehen hätten, machten ihn rasend.
Auf seinem ureigensten Gebiet, der Fotomontage, die seiner psychisch-künstlerischen Verfaßtheit am meisten entsprach, die er einmalig in Europa vertreten hatte, gab es über Jahre hinweg keine Möglichkeit, weiterzuarbeiten. Wieland Herzfelde gibt dafür mehrere Gründe an und drängt doch den eigentlichen, die bedrohliche Situation in der Kulturpolitik, an den Rand. Eine durch Johannes R. Becher 1951 zum 60. Geburtstag von Heartfield angekündigte Ausstellung, durch die sein Werk erst wieder ins allgemeine Bewußtsein gerückt worden wäre, fand nicht statt.
Seit 1948 hatte sich im Zusammenhang mit dem Kalten Krieg der Ideologien im Osten Deutschlands eine Auseinandersetzung auch über die Bestimmung des Kunstschaffens und der künstlerischen Mittel in der bildenden Kunst und in der Literatur entwickelt, die 1951 auf ihrem Höhepunkt dazu führte, daß das Wandbild von Horst Strempel in der Schalterhalle des Bahnhofs Friedrich-

straße übertüncht wurde. Andere Wandbildentwürfe wurden erst gar nicht ausgeführt. Hanns Eisler komponierte seine ›Faust‹-Oper nicht, Brecht/Dessau verwandelten ›Das Verhör des Lukullus‹ in ›Die Verurteilung des Lukullus‹. Wortführer dieser auf den haßerfüllten, brutalen Urteilen von A. A. Schdanow fußenden Verdammungskampagnen in der DDR waren Wilhelm Girnus, Helmut Holtzhauer, Kurt Magritz. Ins Kreuzfeuer gerieten unter anderen Carl Crodel, Horst Strempel, René Graetz, Arno Mohr, Herbert Behrens-Hangeler, Hans Grundig, Max Lingner, Fritz Cremer; bald dehnten sich die Angriffe auf vordem über jede Kritik erhabene Künstler wie Käthe Kollwitz, Ernst Barlach, Max Beckmann aus. Es wurde eine optimistische, an den Bedürfnissen der ›fortgeschrittenen‹ Klasse orientierte, an den Werken sowjetischer Künstler geschulte Kunst gefordert, die die pathetische Abbildung einer idealisierten Wirklichkeit mit den naturalistischen Stilmitteln des 19. Jahrhunderts leisten sollte. In den Ruch des Verfemten, als formalistisch, kosmopolitisch, antinational und antidemokratisch Gebrandmarkten geriet fast die gesamte moderne Kunstentwicklung seit dem Expressionismus, natürlich die Versuche der nichtfigurativen Malerei, das Bauhaus, aber auch die Agitpropkunst der zwanziger und dreißiger Jahre in Deutschland. Nicht Haltungen zur Wirklichkeit waren gefragt, sondern Abziehbilder von Wunschträumen – von sehr repressiven Wunschträumen.

Die unbeendete Realismus-Debatte aus der Exilzeit von 1937/38, in der Georg Lukács seine Vorbehalte gegen expressionistische und romantische Gestaltungsweisen, unter anderem auch gegen das Montage-Prinzip in einer sozialistisch-realistischen Kunst formulierte, feierte jetzt militante Urständ. Die Produkte dieses Kunstkampfes waren 1953 in der III. Deutschen Kunstausstellung in Dresden zu sehen. Heartfields Arbeiten wie die vieler anderer bedeutender Künstler der DDR waren nicht dabei. Auch die documenta 1952 hatte ihn nicht berücksichtigt. Heartfields Kunst war so für Jahre aus dem visuellen Gedächtnis der Zeitgenossen gestrichen.

Heartfield kam 1950 in ein Land, in dem er sein Lebensziel, den Aufbau einer humanistischen, von Unterdrückung freien Gesellschaftsordnung mitgestalten wollte. Und sein bestes Gestaltungsmittel war die Fotomontage. Als Parteimitglied war dieser spontane und naive Mann an Disziplin gewöhnt und durch einzelne Fehlschläge nicht so schnell aus der Bahn zu werfen. Den ›eigenen‹ Leuten brachte er grenzenloses Vertrauen entgegen. Er war, wie Stefan Heym formuliert, ein »guter Hasser«, aber er war auch ein sensibler Künstler. In die Strategie der aus Moskau zurückgekehrten Führungsriege hatte er keinen Einblick. Die Rückwirkung der Formalismus-Debatte auf seine Arbeit kann nur durch vorsichtige Annäherung genauer erforscht werden.

Nach mehr als zwei Jahren, die viele Künstler in Schaffenskrisen gestürzt hatten, kam es kurz vor dem Aufstand am 17. Juni 1953 im Neuen Kurs zu einer Korrektur. Den Künstlern wurde mehr Spielraum, mehr Verantwortung für ihre Auffassung zugebilligt, gleichzeitig aber am Monopolanspruch des Sozialistischen Realismus festgehalten. Durch die Gründung des Ministeriums für Kultur Anfang 1954 sollte einer kulturpolitischen Zuspitzung in Zukunft entgegengewirkt werden – bis 1957 die Äußerung des Plastikers und Malers René Graetz, der Expressionismus sei die nationale Form des deutschen Realismus (*Bildende Kunst,* 2, 1957), erneut eine scharfe Attacke gegen die ›Dekadenz‹ auslöste.

Als Heartfield selbst wieder künstlerisch aktiv wurde, forderte man bei den Künstlern die Mitwirkung an breiter Volksaufklärung für die Ziele einer klassenlosen Gesellschaft ein. Da die Entwicklung für alle Neuland war, half das Bewußtsein, an einem epochalen Ereignis beteiligt zu sein, über Reglementierung und Rückschläge hinweg. Daß der aufklärerische Impetus in der Kunst den Massen aus dem Geist des Realismus und der Parteinahme für das historisch Neue vermittelt werden mußte, war unter den meisten Künstlern gar nicht strittig: Für sie hatte Realismus etwas mit Haltung und nicht mit einem bestimmten Stilvokabular zu tun. So waren sie fatalerweise den dogmatischen Kulturpolitikern besonders hilflos ausgeliefert, weil sie meinten, mit ihnen an einem gemeinsamen Ziel zu arbeiten. Die damals gefährlich zugespitzte Situation beschreibt Günther Rücker in einem Brief so: »später erstand ich eine broschüre über formalismus in der plakatkunst ... viel shdanowzitate. und dort fand ich die verdammung heartfields so böse und drohend wie nie zuvor und nie danach.«

Dem Theater kam in der DDR seit der unmittelbaren Nachkriegszeit besondere Bedeutung zu. Hier trafen sich Neigungen der sowjetischen Sieger mit deutscher Theatertradition. Nie wieder gab es in einer so verwüsteten Stadtlandschaft wie Berlin einen solchen Theaterrausch. Es begann ein regelrechter kultureller Wettlauf zwischen den Alliierten, bei dem neben den Klassikern aus aller Welt auch ein Querschnitt durch die Gegenwartskunst geboten wurde. Die friedliche Konkurrenz aber schlug spätestens mit der Berlin-Blockade in kulturelle Kriegserklärung um; das Theater mußte stellvertretend politische Funktionen übernehmen. Der Kampf tobte mit aller Schärfe in der Presse. Westberliner Kritiker besprachen keine Aufführungen im Ostteil der Stadt mehr, die Ostberliner Kritiker revanchierten sich. Das Ensemble des Deutschen Theaters unter Langhoff, das Berliner Ensemble unter Weigel/Brecht und die Komische Oper Felsensteins wurden zu Brennpunkten eines weit ausstrahlenden Ostberliner Theaterlebens. Hatte man die ersten Aufführungen des Berliner Ensembles noch auf beiden Seiten begrüßt, so geriet der Theatererneuerer Brecht doch bald ins politische Abseits. Im Westen als Kommunist verfemt, im Osten als Formalist beargwöhnt, setzte er seine Arbeit hartnäckig fort. Die große internationale Anerkennung sorgte für einen gewissen Schutz für das Theaterleben, sie brachte Ruhe und Stabilität für die Arbeit. So waren die Aufträge des Deutschen Theaters und des Berliner Ensembles für Heartfield, der in seinem ureigensten Kunstfeld quasi einem Berufsverbot unterlag, regelrechte Hilfsangebote.

Es ist vielerorts darauf hingewiesen worden, daß Heartfield zeit seines Lebens dem Theater verbunden war: als Ausstatter der Reinhardt-Bühnen, als Mitgestalter verschiedener Unternehmungen Piscators, als Mitarbeiter bei gelegentlichen Aufführungen des Freien Deutschen Kulturbundes in London. Die Neigung zur Theaterarbeit speiste sich bei ihm aus denselben Quellen wie seine übrige künstlerische Tätigkeit, für die Heartfield nie eine Scheidung in hohe bildende und niedere angewandte Kunst hat gelten lassen. Die Mittel erwuchsen in Auseinandersetzung mit der Aufgabe, der Präzision der Arbeit und einem ungehemmten Spieltrieb. Seine Kunst hatte immer eine eminent kommunikative Funktion. Er selbst war von Natur aus auf Austausch angelegt, brauchte die Menschen zur gemeinsamen Arbeit, zum Streiten, zur Einwirkung. Er hatte die Gabe, in einer unruhigen, ja hektischen Atmosphäre produzieren zu können. Das Theater bot ihm ein ideales Umfeld, wo jeder auf jeden und alles reagieren mußte, wo sich eine Vielzahl von Wirkungen überschnitten und dramaturgisch gebündelt wurden. Berichte belegen, wie seine Mittel 1931 die revolutionäre Stimmung, die von Piscators Aufführung von Wolfs ›Tai Yang erwacht‹ ausging, mitgetragen haben (vgl. Kat.-Abb. 127).

Heartfield war nie ängstlich auf Durchsetzung seiner persönlichen Handschrift bedacht. Er konnte sich in einen kollektiven Prozeß einordnen, ohne sich aufzugeben. Seine erste Theaterarbeit in der DDR war eine Zuarbeit: die Fotoprojektionen (Kat.-Abb 130–132) und der kurze dokumentarische Schlußfilm für ›Die

Burjakowski, ›Julius Fučik‹. Bühnenfoto ›Petschek-Palais‹ der Inszenierung am Deutschen Theater, Berlin 1951

Mutter‹ am Berliner Ensemble unter der Regie von Brecht (1951). Heartfield kam erst nach Berlin, als Brecht die Arbeit an der Inszenierung mit seinem Bühnenbildner Caspar Neher schon begonnen hatte. Sieht man mit dem Abstand von fast vierzig Jahren den Film, den Manfred Wekwerth 1958 über die Inszenierung gedreht hat, so beeindruckt die poetische Kargheit der Arbeit. Sie wirkt weder banal noch agitatorisch. Die gemalten Hintergrundprojektionen emotionalisieren durch ihre bedrückende Atmosphäre die Szene; die fotografischen distanzieren sie. Sie sollten den großen politischen Bogen spannen und hatten daher eher pädagogische Funktion. An drei Stellen waren sie in Verbindung mit dem kommentierenden Text eingesetzt: ›Die Wlassowas aller Länder‹, ›Die großen Revolutionäre‹, ›Die großen Kriegstreiber‹. Die von Heartfield benutzten, für die Projektion überarbeiteten Fotodokumente deuten den Charakter der Figuren an. Lenin wird in einer lässig-zivilen, Kaiser Wilhelm II. in herrscherhaft-salopper Haltung dargestellt, die Bäuerin ist gebückt unter der Last eines mächtigen Reisigbündels. Aber die Charakterisierung ist nicht in die Richtung einer einseitigen Entlarvung oder Huldigung getrieben. Die Figuren waren monumental, denn sie reichten über die gesamte Höhe des Bühnenausschnittes, aber durch ihre Haltung wirkten sie gleichzeitig natürlich. Das von Heartfield entworfene Plakat zum Stück überzeugt in der Schlichtheit seiner Mittel (Kat.-Abb. 129). Die Dreiergruppe der Revolutionäre, in der Mitte die Weigel mit der roten Fahne, hat die Ruhe und Geschlossenheit eines klassischen Bildaufbaus. Das Layout, in allen frühen Plakaten des Berliner Ensembles identisch, stammte von Peter Palitzsch. Keines der von anderen Gestaltern entworfenen Plakate dieser Serie hat einen ähnlich beachtlichen künstlerischen Rang erreicht. Heartfield verwandelte die vom Layout vorgeschriebene Vorhanglinie in ein architektonisches Gerüst. Schrift, Signet und Foto sind so subtil aufeinander bezogen wie in seinen Fotomontagen. Durch die Konzentration auf wenige Elemente beachtete er die Gesetze des Plakats, das nicht durch zu viele, sich kreuzende Bestandteile belastet werden sollte.

In den Jahren 1951 und 1952 war Heartfield – zwischen zwei Herzinfarkten – verantwortlich für zwei Bühnenbildarbeiten. In ›Julius Fučik‹ von Burjakowski spielte Ernst Busch unter der Regie von Langhoff die Titelrolle; im ›Glockenspiel des Kreml‹ führte Busch Regie. Fotos von beiden Inszenierungen belegen einen Dekorationsstil, der nicht Kulissen noch Prospekte scheut. Es wurden Räume vorgeführt, die auch ohne Schauspieler schon gefüllt sind, die schon die schauspielerische Geste vorwegnahmen.

Zur selben Zeit fegt Heinrich Kilger, mit dem Wolfgang Langhoff vornehmlich bei seinen großen Klassikerinszenierungen zusammenarbeitete, die Bühne leer, läßt nur eine architektonische Struktur als Metapher des Ganzen stehen. Karl von Appen, der wenig später der Bühnenbildner Brechts nach dem Fortgang von Caspar Neher wird, kann sogar noch auf solche Metapher verzichten und wird stattdessen die konkrete Poesie des Details, des Requisits herausarbeiten. Heartfield dagegen schwelgt in Räumen, als hätte er lange danach gehungert. Seine Detailversessenheit ist in den räumlichen Arbeiten wie früher in den flächenhaften zu spüren: in den von Salzen zernagten Sockeln der Gebäude, den zerbrochenen Lehnen, der vom Zahn der Zeit angefressenen Kremlmauer im ›Glockenspiel‹, in der peniblen Marmorinkrustation der Säulen oder in den monumentalen Ansichten von Prag in ›Julius Fučik‹. Stets ist alles in Fülle vorhanden, nie einfach nur eine Bank, ein Zeichentisch, ein Strauch. So wurde in den fünfziger Jahren Gorki, so wurden fast überall sowjetische Stücke gespielt. Wollte Heartfield nach Jahren der Entsagung nun dem Theater geben, was ihm des Theaters schien? Oder wollte er im Raum das verwirklichen, was er in vielen Montagen in epischer Fülle gestaltet hatte? Es ist kaum glaubhaft, daß es nur ein

Pogodin, ›Das Glockenspiel des Kreml‹. Bühnenfoto ›Sabelins Zimmer‹ der Inszenierung des Berliner Ensembles, Berlin 1952

Zugeständnis an den verlangten Realismus sowjetischer Prägung war; der kleine Mann hat nie Angst vor Auseinandersetzungen gehabt. In beiden Ausstattungen mengte sich in die Detailtreue ein Hang zum Monumentalen und Sentimentalen, der nicht den Eindruck eines frischen Neubeginns vermittelt. Allerdings ist allen befragten Zuschauern von damals ›Julius Fučik‹ als großer, bewegender Theaterabend in Erinnerung, als überzeugende Darstellung antifaschistischer Bewährung, während ›Das Glockenspiel des Kreml‹ den Eindruck krampfhafter Volkstümelei, der Heldenverehrung hinterließ. Das Bühnenbild beider Aufführungen, vom selben Team inszeniert, spielt in der Erinnerung der Theaterbesucher keine Rolle. Das Beispiel zeigt eigentlich nur so viel, daß im Theater immer noch die Aussagekraft eines Stückes, seine innere Zeitbezogenheit und die schauspielerische Leistung entscheidend sind. Das Bühnenbild wird vom Besucher erst dann wahrgenommen, wenn es die allgemeine Erwartung nicht erfüllt, wenn es mehr ist als ein Vollzugsorgan der Regie.

Nach sehr langer Pause, verursacht durch den zweiten, schweren Herzinfarkt, beginnt Heartfields produktivste Phase der Theaterarbeit in der DDR. Die Stücke ›Harfe und Gewehr‹ von O'Casey, 1954 in der Regie von Rudolf Wessely, ›Sozialaristokraten‹ von Holz (Kat.-Abb. 133–137), 1955 in der Regie von Ernst Kahler oder ›Brooklyn-Ballade‹ von Irwin Shaw, 1956 in der Regie von Wolfgang Heinz – alles Inszenierungen für die Kammerspiele des Deutschen Theaters – weisen trotz unterschiedlicher Zeitbezüge und nationaler und milieugebundener Differenzen Ähnlichkeiten in Stil und Charakteristik auf. Die Figuren werden in ihrem sozialen Umfeld in ihrer ganzen Lächerlichkeit, ihrem politischen Illusionismus oder ihrer tragischen Realitätsverkürzung vorgeführt: statt Heldenverehrung Heldendemaskierung.

Die vielen Studien und ausführlichen Entwürfe, die Kostümzeichnungen, mit zum Teil sehr präzisen Angaben des der sozialen Realität der jeweiligen Figur entsprechenden Kleidungscodes, lassen vermuten, daß Heartfield unendlich viel Spaß an dieser Art Arbeit gefunden hat. Für das irische Stück sind darüber hinaus viele Belege für eigene historische Studien – Angaben von Geschichtswerken, Auszüge daraus, Darstellungen alter Gerätschaften aus unterschiedlichen Gegenden – im Nachlaß zu finden. Neben ihrem Wert als Dokumente widerlegen sie auch die These, daß der Fotomonteur nicht zeichnen konnte und deshalb zur Schere griff. Die typischen Kennzeichen der vorangegangenen Bühnenbildarbeiten finden sich auch hier, besonders die liebevolle Behandlung der Details, die Stimmigkeit des Milieus, die Fülle des Dargebotenen. Das Charakteristische wurde nicht wie in den beiden sowjetischen Stücken über Lenin und Fučik heroisiert, vielmehr wurde durch Steigerung das Absurde herausgeholt. Das Plüschsofa ist viel zu gewaltig, Papierbündel decken den Raum fast zu. Nicht zwei, drei Geweihe an der Wand bezeugen die Geisteshaltung des Hausherrn: 100 waren vorgesehen, zur Verzweiflung des Requisiteurs, der vom Bühnenbildner angewiesen wurde, zu inserieren – mit Erfolg und zum Erfolg der Inszenierung von ›Sozialaristokraten‹. Genauso einfühlsam geriet die Ausstattung des irischen Stückes ›Harfe und Gewehr‹. Schon der Bühnenvorhang ist ein Kleinod – ein Geschichtspanorama. In bewußtem Gegensatz dazu die jämmerliche Behausung des ehemaligen Revolutionärs. Man riecht förmlich die Armut. Eine gewisse Distanz zu den Ereignissen schafft der Bühnenbildner, indem er das Zimmer auf einen niedrigen Sockel stellt. Neben der Stube ist die triste Straße mit den Industrieschornsteinen gegenwärtig: das Enge, Verwinkelte immer auch als Ausdruck einer verschobenen geistigen und politischen Perspektive.

Die Plakate zu ›Harfe und Gewehr‹ und ›Sozialaristokraten‹ fehlen auf keiner Plakatretrospektive. Mit der Montage des sozialaristokratischen Typs aus Bart,

O'Casey, ›Harfe und Gewehr‹. Bühnenfoto der Inszenierung am Deutschen Theater (Kammerspiele), Berlin 1954

Schirm, Hut und Kneifer hat er eine seiner wenigen humorvoll-beschwingten Arbeiten geschaffen. Es ist erstaunlich, daß dieser neue Ansatz dem Bühnenbildner Heartfield nicht zum großen Durchbruch verhalf, neben seinen zur selben Zeit wirkenden Kollegen Appen und Kilger. Nimmt man noch ›Mutter Riba‹ von David Berg hinzu, 1955 von Günther Rücker für die Kammerspiele inszeniert, so fällt auf, daß die meisten Aufführungen, an denen er mitwirkte, von Regiedebütanten stammten, die auch später nicht zu bedeutenden Theaterregisseuren wurden. Um die einmal eingeschlagene Linie, die zur Ausbildung eines eigenen Ausstattungsstils à la Heartfield geführt haben könnte, wirksam werden zu lassen, hätte es weiterer Aufträge der oben angeführten Art bedurft. Die von Heartfield für ›Mutter Riba‹ angebotene Lösung (Kat.-Abb. 138–142) ist heute, nach Jahrzehnten, eine echte Entdeckung. Für den Anfänger Rücker war die Arbeit allerdings eine persönliche Niederlage. Er konnte das eher politisch bemühte als begabte Stück über die Auswirkungen des Koreakrieges auf betroffene Menschen in den USA dramaturgisch nicht retten. Günther Rücker verehrte den alten Kämpfer gegen den Nationalsozialismus sehr, er kannte seine Fotomontagen für die AIZ der tschechischen Exilzeit. Aber mit dem ihm angebotenen Bühnenbild konnte er nichts anfangen, fand nicht den Stil, seine Figuren darin agieren zu lassen. Heartfield stellt sich hier mit neuen Mitteln dar, die für die DDR der fünfziger Jahre vollkommen unüblich waren. Als dramaturgisch orientiertem Bühnenbildner ging es ihm nicht um Effekte. Mit Attributen wie bunt, knallig, frech, aufgeblasen, die sich bei Betrachtung der Entwürfe einstellen, wollte er vielmehr das amerikanische Milieu aus der Distanz kennzeichnen. Heute wirkt das Schaufenster des Supermarkts wie eine vorweggenommene Ouvertüre zur Pop Art. Die sozialen und optischen Erfahrungen für eine solche Darstellung brachte er aus England mit, aus der Welt der Werbung, der Illustrierten, der Comics. Ähnlich wie später die englischen Pop-Künstler collagierte er den totalen Konsumtraum aus Verpackungen und Figuren des Comic strip.

Neben der Schaufensterauslage haben auch die Innenräume der anderen Bilder für unsere heutige Betrachtungsweise nicht wie für den Regisseur Rücker den Anflug von Kunstgewerbe. Sie wirken in ihrer Charakteristik eher wie soziale Environments, die schon für sich den Zeitgeschmack der geschäumten Sitzmöbel, der genoppten Türen und der Nierentischform auf die Ebene des Dokuments heben. Die Dichte des Milieus wirkte bei Heartfield in seinen besten Arbeiten nicht in Richtung auf einen neuen Naturalismus, sondern trug immer Züge der Kritik einerseits und der Kunstfertigkeit andererseits.

Denkt man sich das Scheinwerferlicht und die zum Teil starkfarbigen Kostüme hinzu, so kann man verstehen, daß es eines anderen Kunsttemperaments, ähnlich dem Piscators, bedurft hätte, um aus dieser Vorgabe Kapital zu schlagen. Etwas wehmütig klingt denn auch der Wunsch Heartfields, in seinem Brief vom 7. 9. 1956 an den aus den USA in die Bundesrepublik zurückgekehrten Piscator, als Antwort auf dessen Glückwunsch zu seinem 65. Geburtstag: »Ja, ein Geburtstagsgeschenk wünsche ich mir von Dir auch mal, und zwar sollte es sein, daß ich die Dekoration für ein Stück mache, das Du bei uns in Berlin zur Aufführung bringst. Und dann müßte es eine sehr kühne Konstruktion sein, wie man sie nur mit Dir machen könnte, weil kein anderer Regisseur darauf einginge.«

Mit etwas Phantasie könnte man sich das damalige (Ost-)Berlin als ein kreatives Theaterzentrum denken, mit den Dioskuren Brecht/Appen, Felsenstein/Heinrich, Langhoff/Kilger, Piscator/Heartfield. Die politischen Konstellationen waren nicht so. Welche Lücken Nationalsozialismus, Krieg und Kalter Krieg in die deutsche Kulturentwicklung gerissen haben, welche Entwicklungen einfach

abgebrochen wurden, kommt erst heute zutage. Dabei wird auch deutlich, was an Aufarbeitung auf beiden Seiten des Eisernen Vorhangs versäumt wurde.
Bei Heartfield ließ nach 1956 das Engagement für die Theaterarbeit nach. Eine fruchtbare Zusammenarbeit mit Brecht, der nach Aussage Eislers in Heartfield direkt vernarrt war, kam nicht zustande. Während der Krankheiten des alten Mitstreiters Anfang der fünfziger Jahre hatte sich Brecht an Karl von Appen gebunden, der mit seinem poetischen Realismus, der zitathaften, beweglichen Bühnenausstattung, Brechts Spätstil kongenial entsprach.
Der Konfrontationskurs gegen den Formalismus war in der DDR mittlerweile einer differenzierten Betrachtungsweise gewichen. Die beträchtlichen Bemühungen Bertolt Brechts, Stefan Heyms, Bodo Uhses und anderer führten 1956, sechs Jahre nach der Rückkehr Heartfields, zu seiner Aufnahme in die Akademie der Künste. Seitdem wurde er auch zu kulturpolitischen Fragen gehört, arbeitete in vielen Gremien mit. Durch große Ausstellungen, die das Lebenswerk umfassend darstellten, gewann seine Arbeit endlich im Inland die Beachtung, die ihr im Ausland schon lange sicher war.
Zwischen 1955 und 1960 wurden fünf Motive von Fotomontagen aus den dreißiger Jahren mit verändertem Text als Plakate gegen Atomkriegsgefahr und Remilitarisierung in der Bundesrepublik Deutschland publiziert. Es scheint, als habe Heartfield im letzten Lebensjahrzehnt den Blick rückwärts auf die Zeit seiner größten Wirksamkeit gerichtet. Er sah für sich keine vergleichbar produktive Phase mehr. Dazu würde eine Bemerkung passen, die er gegenüber Konrad Jule Hammer 1966 anläßlich seiner Ausstellung im Europa-Center in der Galerie auf dem Dach äußerte – daß er *der* Designer des Sozialismus hätte werden können, die Banausen es aber nicht zugelassen hätten. Er habe sich nicht eindeutig gegen den Kurs von Partei und Regierung ausgesprochen, sondern eher mitleidig die vertanen Chancen gesehen, berichtete Hammer.
Seine beiden letzten Ausstattungen – ›Die Illegalen‹ von Weisenborn in der Regie von Ernst Kahler/Horst Drinda (Deutsches Theater, 1961) und das ›Lenin-Poem‹ von Majakowski in der Regie von Robert Trösch (Volksbühne, 1966) – zeigen eine ähnlich retrospektive Distanz. Die nicht mehr tabuisierten Mittel der Montage werden überlegt und dramaturgisch sinnvoll eingesetzt. So das Spinnennetz aus Hakenkreuzen, das die Handlungen der illegalen Kämpfer überschattet; so der Wechsel von Foto, Film, eingeblendeten Signets und Grafiken auf wechselnden Trägerelementen im ›Lenin Poem‹. Das Auge des präzise arbeitenden Fotomonteurs ist immer noch unbestechlich. Er weigert sich, den russischen Revolutionären die von der Polithierarchie gewünschten, vertrauten Tschapkas (die bekannten russischen Pelzmützen) aufzusetzen. Bei den Kostümen betont er grafische Strukturen, drückt sie weg von naturalistischer Nähe.
Anlaß für diese beiden letzten Aufführungen waren nicht mehr drängende Fragen an die Gegenwart gewesen; vielmehr waren sie festliche Reminiszenzen. Ein Impuls zur Weiterentwicklung der Mittel konnte aus solcher Perspektive nicht erfolgen.
Erwähnenswert bleiben so die Ausstattungen aus der Mitte der fünfziger Jahre, in denen Heartfield für sozialkritische Stücke eine Bühnendekoration entwikkelte, die mit ihrem kumulierenden und charakterisierenden Ansatz etwas Neues in der Theaterlandschaft der DDR darstellte. Sie sollten wichtig, aber nicht richtungweisend bleiben: Gegen die mächtigen Eindrücke, die von Appens und Kilgers Bühnenbildern jener Zeit ausgingen, konnten sie sich nicht vernehmlich durchsetzen.

Vgl. S. 434: Verzeichnis der mit Heartfields Beteiligung entstandenen Theaterproduktionen der Nachkriegszeit.

Weisenborn, ›Die Illegalen‹. Bühnenfoto der Inszenierung am Deutschen Theater, Berlin 1961

Majakowski, ›Lenin Poem‹. Bühnenfoto der Inszenierung an der Volksbühne, Berlin 1966

S. 386–387
›China, der Riese, erwacht – wehe dem Eindringling!‹ ›Volks-Illustrierte‹ (VI, Prag), 4. 5. 1938, o. S.
Kat.-Nr. 305

China, der Riese, erwa

nt – wehe dem Eindringling!

Michael Krejsa/Petra Albrecht

Biografische Dokumentation

Vorbemerkung: Diese als Text-Bild-Chronologie aufgebaute Dokumentation entstand vornehmlich aus Lebensläufen, die John Heartfield 1950, 1951 und 1956 geschrieben hat. Sie befinden sich – ebenso wie alles sonst nicht gesondert ausgewiesene Quellenmaterial – im Besitz der Akademie der Künste zu Berlin, Heartfield-Archiv.
Die entsprechenden biografischen Lebensabschnitte, in welche die Chronologie unterteilt ist, wurden durch vorrangig unveröffentlichte Quellen und Fotos ergänzt; insofern versteht sich die Dokumentation auch als Beitrag zur biografischen Standardliteratur.
Berichtigungen, insbesondere von Jahreszahlen, Ergänzungen und Auslassungen der Autoren, sind durch [ ] Klammern gekennzeichnet.

* * *

1891–1905

Geboren wurde ich am 19. Juni 1891 in Schmargendorf bei Berlin. Mein Vater Franz Herzfeld [Pseudonym: Franz Held (geb. 1862, gest. 1908 in geistiger Umnachtung)] war Dichter und Sozialist und in Düsseldorf geboren. Meine Mutter [Alice Herzfeld, geb. Stolzenberg (1867–1911)] wurde in Berlin geboren. Bis zu ihrer Verheiratung war sie Textilarbeiterin, späterhin Hausfrau. Auch sie war Sozialistin.

Lebenslauf, Leipzig 1950.

Ich verlor die Eltern 1899 und lebte seitdem als Waise bei verschiedenen Familien: bis 1905 in Salzburg in Österreich bei einem Landgastwirt [Ignaz Varnschein, Bürgermeister von Aigen] und einem Briefträger [Franz Bischof]; dann kam ich vierzehnjährig nach Wiesbaden (1905), nachdem ich die Volksschule abgeschlossen hatte.

Lebenslauf, Leipzig 1951.

Alice Herzfeld mit Tochter Hertha und Sohn Helmut. Berlin, um 1894

Familie Varnschein mit Pflegekindern: *(v. l. n. r.)* Ignaz Varnschein, unbekannt, Wieland, Helmut, Lotte, Klara Varnschein, Hertha, unbekannt. Aigen bei Salzburg, um 1901

Franz Held

Alice Herzfeld

Helmuth, Sohn des feinsinnigen Dichters Franz Held (Autor u. a. des Problemstücks ›Manometer auf 99‹, bei dessen Aufführung im Berliner Lessingtheater um die Jahrhundertwende die Meinungen derart aufeinanderprallten, dass das Stück abgesetzt werden musste) und seiner Frau Elisabeth, geborene von Stolzenberg, verlor sehr früh und plötzlich beide Eltern. Er nahm seine beiden jüngsten Geschwister Wieland (Wieland Herzfelde, Schriftsteller, Verleger, Leiter des Malik-Verlags) und Lotte (Lotte Herzfeld, bekannte Kunstgewerblerin) an den Händchen, die grössere Hertha ging erschrocken hinterher, und führte sie zu »Onkel Ignaz«, dem frommen, protestantischen Bürgermeister von Aigen bei Salzburg, wo die Familie gelebt hatte. Der beschloss, sich der armen Heidenkinder anzunehmen – die Eltern, die verschiedenen Konfessionen angehört hatten, waren anläßlich ihrer Vermählung beide Dissidenten geworden – und ließ sie zunächst einmal alle vier evangelisch taufen. Er gab sich viel Mühe mit ihnen, aber trotz grösster Zuneigung, die, wenn der alte Herr noch lebt, bis heute anhält, hielt er es doch nicht lange mit

ihnen aus und verteilte sie an verschiedene andere Erzieher. Helmuth, der Aelteste, kam also ins Kloster. Und ehe er morgens beim Zelebrieren der Messe helfen musste, betete er heimlich, um vom lieben Gott Verzeihung zu erlangen, daß er, der evangelisch Getaufte, im katholischen Gottesdienst mitwirkte.

Hellmuth Bachmann [vermutlich: Herzfeld, Barbara], ›John Heartfield: Zu seinem 50. Geburtstag am 19. Juni 1942‹, in: *Argentinisches Tageblatt* (Buenos Aires), 19. 6. 1942, Jg. 54, Nr. 167, S. 10.

1905–1914

In Wiesbaden kam ich in die Lehre in einer Buchhandlung, die dem Mann einer Schwester meiner Mutter [Heinrich Heuss] gehörte, blieb aber dort nicht lange, sondern wollte Kunstmaler werden und nahm Unterricht bei einem Maler [Hermann Bouffier].

Lebenslauf, Leipzig 1951.

[...] Dieser hatte acht Dackel, und die durfte dann Helmuth Herzfeld – ich hieß damals noch so – ausführen. Dafür durfte er dann später zuschaun, wie gemalt wurde, und sich alles abgucken, wie man es machen muß, daß man ein großer Maler wird. Und ein großer Maler wollte ich auf jeden Fall werden. Wenn alle Malschüler, die Bouffier-Schüler, weggingen, dann durfte ich die Pinsel, alle ihre Pinsel, wegtun. Ich war ein besseres Dienstmädchen, und weiter kam ich nicht in meinem Studium zum Malen. Deswegen reifte in mir der Plan auszurücken, und zwar nach München.

Rundfunkinterview, Berlin 1966.

›Die Hütte im Walde‹, Ölgemälde von Helmut Herzfeld, 1907

Als Helmuth vierzehn Jahre alt wurde, hatte er bereits mehrere hübsche Landschaftsbilder in Oel gemalt, und »Onkel Ignaz« schrieb an den in Berlin lebenden Bruder des Vaters der Kinder, der das väterliche Erbe – etwa 60 000 Mark pro Kind – verwaltete, er solle doch seine Einwilligung geben, dass der begabte Helmuth studieren könne. Unter »studieren« verstand der österreichische Onkel Ignaz, das Gymnasium besuchen, der berliner Onkel aber meinte die Universität. Nach seiner Ansicht war das viel zu früh für das Waisenkind, und er, der auch der Vormund war, schrieb ein energisches »nein!«. Helmuth kam nach Wiesbaden zu einem Buchhändler in die Lehre und von dort an verschiedene andere Stellen, wo er aber nirgends auslernte. Auf kindlich schlaue Weise – unter anderem versprach er, Zeichenlehrer mit fester staatlicher Anstellung zu werden – erreichte er es nach ein paar Jahren doch, dass man ihn nach München schickte, wo er das Künstlereinjährige machte und zum Studium auf die Malerakademie zugelassen wurde. Hier lernte er mit Feuereifer und mit einem lächerlich mageren Monatswechsel – der Onkel schickte ihm monatlich 50 Mark von seinem Geld, das restliche Vermögen verwaltete er, bis nach dem ersten Weltkrieg die Inflation es verschlang – studierte er hungrigen Magens alles, was die Grundlage eines Zeichners und Malers bedeutete, war dabei lustig und guter Dinge und stets von Freunden umringt.

Hellmuth Bachmann, a. a. O.

1908 ging ich nach München an die Staatliche Kunstgewerbeschule; die Kosten meiner Ausbildung brachte ich durch eigene kunstgewerbliche Arbeiten auf.

Lebenslauf, Leipzig 1951.

Ich kam 1911 [1912] in die Reklameabteilung der Papierverarbeitungsfabrik Gebrüder Bauer, Mannheim.

Lebenslauf, Leipzig 1950.

Ich lernte dort den damals sehr bekannten Kunstschriftsteller Max Deri, der die Kunsthalle mit begründete, kennen, und ich machte damals die ersten Plakate und lernte sehr viel über Künste und Kunst. Nämlich auch mich zu bereichern.

S. 391
Helmut in Wiesbaden, um 1906

Unter uns gesagt, niemals habe ich so gute Anzüge getragen wie damals. Nun ja, es ging mir sehr gut [...]. Ich hatte so viel gespart, daß ich tatsächlich nach Berlin fahren konnte, um dort weiter zu studieren.

Rundfunkinterview, Berlin 1966.

Seine radikalen Neigungen wurzelten damals mehr in seinem Charakter als in bestimmten Erkenntnissen. Ein Beispiel: Im Juli 1911 wurde in München das Silberjubiläum des bayrischen Prinzregenten Luitpold gefeiert. Das Festprogramm sah auch Sportkämpfe der Münchener Studenten vor. Mein Bruder war, obgleich klein und zierlich, ein guter Schwimmer und Läufer. Er wollte sich am Hundertmeterlauf beteiligen. Da er kein Training nachweisen konnte und keinem Sportverein angehörte, lehnte man ihn ab. Er wurde so wütend, daß man, um ihn zu besänftigen, nachgab. Und dann – durfte er in der ersten Reihe des Festzuges der Sportler marschieren, zwischen athletischen Gestalten, die gleich ihm Sandalen und eine griechische Toga trugen. Der Prinzregent drückte ihm einen vergoldeten Lorbeerkranz auf den Kopf. Helmut war nämlich – aus Zorn, weil man ihn bis zum Start gehänselt hatte – als erster durchs Ziel gelaufen. Dieser, wenn man so sagen darf, produktive Jähzorn hat ihn bei verschiedenen Anlässen, vor allem bei der Arbeit, zeitlebens begleitet.

Wieland Herzfelde, ›John Heartfield. Leben und Werk‹, 3. Aufl., Dresden 1986, S. 14–15.

Ich wollte aber freischaffender Künstler werden und ging ein Jahr später nach Berlin an die Charlottenburger Kunst- und Handwerkerschule, wo ich bis zum Ausbruch des ersten Weltkrieges meine Studien fortsetzte. Von der Stadt Berlin-Charlottenburg erhielt ich zu dieser Zeit ein Stipendium.

Lebenslauf, Leipzig 1951.

[Ernst Neumann] erwählte ich zu meinem künftigen Lehrer, da man bei ihm zum ersten Mal Aktzeichnen nach bewegtem Modell üben konnte. Neumann war mir ein sehr interessanter Lehrer, und er ermöglichte mir, in seinem Atelier mit ihm zusammen zu arbeiten. So beteiligte ich mich an einem Preisausschreiben, das der Deutsche Werkbund damals für die Weltausstellung in Köln-Kalk machte. Es war dies ein Fries, der für die Automobilfirmen zu entwerfen war. Ich gewann diesen ersten Preis.

Rundfunkinterview, Berlin 1966.

1914–1918

H.: Ich wurde schon im September 1914 eingezogen und zwar [...] zur Garde. Ich kam zum Kaiser-Franz-Josef-Regiment Neukölln.

[...] Ich kam aus der Kaiser-Franz-Josef-Kaserne niemals heraus. Und wenn wir bis zum Halleschen Tor marschierten und dann wir kleinen Leute zu sehen waren, rief die Bevölkerung uns zu: »Ah, Deutschlands letzte Rettung« und wir antworteten: »Deutschlands allerletzte«.

[...] Man hat uns zu Weihnachten, es war 1914 – damals hat man uns versprochen, sei der Krieg schon längst zu Ende –, im Grunewald zur Post beordert. Wir sollten Briefträger spielen und den ›Lokalanzeiger‹, dieses verhaßte kriegstreibende Blatt, an die Spießer des Bezirks Grunewald abliefern und deren Briefe. Wissen Sie, was ich getan habe? Ich bin zum nächsten Gully gegangen und habe die Briefe und alles in den Gully geworfen. Eines Tages habe ich Alfred Kerr in London erzählt: »Auch Ihre Briefe habe ich auf diese Art und Weise befördert.«

[...] Aber nicht nur produktiver Jähzorn war es, der mich zu einer sehr entscheidenden Handlung veranlaßte, wie z. B. dazu, meinen Namen in einen engli-

schen zu übersetzen. Das war meine Antwort auf Ernst Lissauers Haßgesang ›Gott strafe England‹. Das war aber nicht die einzige Protesthandlung gegen den Krieg. Mein Bruder Wieland gründete mit meiner Unterstützung den Verlag ›Neue Jugend‹. Die erste gedruckte Nummer war die Nummer 7.
[...] Ich habe ja schon in der ›Neuen Jugend‹, die damals in ganz großem Format von mir herausgebracht wurde, mit Foto zu arbeiten angefangen, und ich habe in Moskau Tretjakow erzählt von früheren Arbeiten, die ich mit anderen Menschen machte, die mich auf die Bahn zur Erfindung der Fotomontage – wenn Sie das so nennen wollen – brachten. Das waren Postkarten, die wir als Soldaten [...] oft machten. [...] Zur Bemerkung von George Grosz [der angab, er und Heartfield hätten in Grosz' Atelier an einem Maientage frühmorgens um fünf Uhr die Fotomontage erfunden] möchte ich sagen, daß ich sehr viele Klebebilder mit ihm machte, aber auch in jeder anderen Weise mit ihm zusammenarbeitete in unserem Verlag, in dem Verlag von meinem Bruder und mir, wie die ›Kleine Grosz-Mappe‹ und ›Das Gesicht der herrschenden Klasse‹, und daß ich auch die Zeichnungen sozusagen bei ihm bestellte und einsammelte für ›Die Pleite‹ und den ›Knüppel‹, deren Herausgeber ich war.
St.: George Grosz war ja Zeichner und Maler, und auch Sie zeichneten und malten anfangs. Interessant ist, daß Sie aber Fotos montierten, und das natürlich in einer ganz bestimmten Absicht. [...]
H.: Ja, das kam aber nicht plötzlich zustande. Wir merkten, oder ich besonders merkte vielleicht, daß der Bleistift zu schwach war, um wirklich glaubhaft den Menschen einzubleuen, was man eigentlich sagen mußte in dieser Zeit.

Rundfunkinterview, Berlin 1966.

Im letzten Kriegsjahr von 1917 bis 1918 arbeitete ich als Filmausstatter im Filmatelier Grünbaum in Weissensee; von Ende des Krieges ab – 1918 bis 1920 – in der Kulturabteilung der UFA als Regisseur. Außerdem richtete ich dort die Trickfilmabteilung der UFA ein.

Foto aus dem Dada-Almanach, Berlin 1920

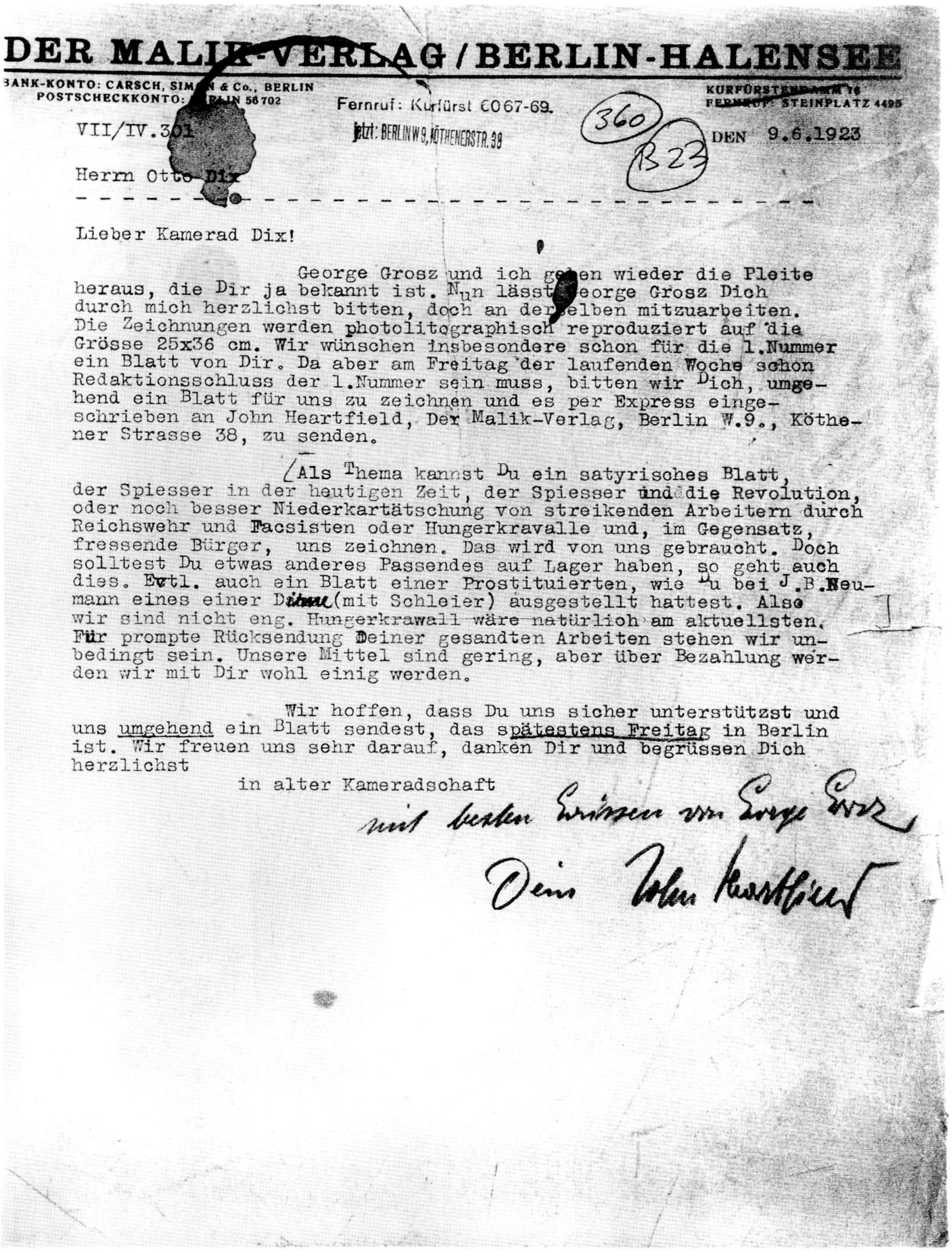

DER MALIK-VERLAG / BERLIN-HALENSEE

BANK-KONTO: CARSCH, SIMON & Co., BERLIN
POSTSCHECKKONTO: BERLIN 56702

Fernruf: Kurfürst 0067-69.

KURFÜRSTENDAMM 76
FERNRUF: STEINPLATZ 4495

VII/IV.301

jetzt: BERLIN W 9, KÖTHENERSTR. 38

360

B 23

DEN 9.6.1923

Herrn Otto Dix

Lieber Kamerad Dix!

George Grosz und ich geben wieder die Pleite heraus, die Dir ja bekannt ist. Nun lässt George Grosz Dich durch mich herzlichst bitten, doch an derselben mitzuarbeiten. Die Zeichnungen werden photolitographisch reproduziert auf die Grösse 25x36 cm. Wir wünschen insbesondere schon für die 1.Nummer ein Blatt von Dir. Da aber am Freitag der laufenden Woche schon Redaktionsschluss der 1.Nummer sein muss, bitten wir Dich, umgehend ein Blatt für uns zu zeichnen und es per Express eingeschrieben an John Heartfield, Der Malik-Verlag, Berlin W.9., Köthener Strasse 38, zu senden.

Als Thema kannst Du ein satyrisches Blatt, der Spiesser in der heutigen Zeit, der Spiesser und die Revolution, oder noch besser Niederkartätschung von streikenden Arbeitern durch Reichswehr und Facsisten oder Hungerkravalle und, im Gegensatz, fressende Bürger, uns zeichnen. Das wird von uns gebraucht. Doch solltest Du etwas anderes Passendes auf Lager haben, so geht auch dies. Evtl. auch ein Blatt einer Prostituierten, wie Du bei J.B.Neumann eines einer Dame (mit Schleier) ausgestellt hattest. Also wir sind nicht eng. Hungerkrawall wäre natürlich am aktuellsten. Für prompte Rücksendung Deiner gesandten Arbeiten stehen wir unbedingt sein. Unsere Mittel sind gering, aber über Bezahlung werden wir mit Dir wohl einig werden.

Wir hoffen, dass Du uns sicher unterstützst und uns umgehend ein Blatt sendest, das spätestens Freitag in Berlin ist. Wir freuen uns sehr darauf, danken Dir und begrüssen Dich herzlichst

in alter Kameradschaft

mit besten Grüssen von George Grosz

Dein John Heartfield

Brief von John Heartfield (Berlin) an Otto Dix, vom 9. 6. 1923. Nürnberg, Germanisches Nationalmuseum, Archiv für Bildende Kunst, Nachlaß Otto Dix

Am Gründungstag der KPD, de[m] 31. 12. 1918, trat ich der Partei bei. Ich fertigte Plakate für Versammlungen der Partei, für Demonstrationen und Wahlen, für die Agitprop der Partei an, entwarf das Zeichen [Motiv] für den Roten Frontkämpferbund (die geballte Faust im Kreis) etc. und besorgte die Drucklegung von illustrierten Partei-Wahlblättern, Flugblättern und Zeitschriften. Als Mitglied der Roten Künstlergruppe Berlin redigierte ich das satirische Witzblatt der Partei ›Der Rote Knüppel‹.

Lebenslauf, Leipzig 1951.

1918–1933

H.: Damals wurden wir Dadaisten. Natürlich war das eine, ich möchte sagen: nihilistische Haltung von uns Künstlern. Sie konnte gar nicht anders sein, denn

Heartfield bei der UFA, Berlin 1919

zum großen Teil stammten wir aus dem Bürgertum und hatten vor allem nicht die Verbindung zur Arbeiterschaft, die wir hätten haben müssen. Vorerst setzten wir uns heftig vor allem mit unseren Künstlerfreunden auseinander, auch auf dadaistische Weise. Doch nicht nur mit ihnen, sondern mit den Besuchern unserer Dada-Matineen und anderen Veranstaltungen.

St.: Verstanden die Besucher das, was Dada und was Sie damit wollten?

H.: Erstens waren die Besucher nicht eine geschlossene Masse, sondern sie nahmen die Dada-Veranstaltungen zum Teil mit großer Freude auf und waren mit uns einig, soweit man überhaupt uns verstehen konnte. Denn wir sprachen sehr durcheinander und in einer Weise, wo man eigentlich sehr schwer vom Verstehen sprechen kann, sondern es tatsächlich als einen Protest aufnehmen mußte gegen unser kulturelles Dasein und Leben. [...] die Dadaisten wehrten sich heftig gegen die Barbarei, in die Deutschland durch den Krieg gestürzt worden war und gehalten wurde. [...] Es war unsere absolute Meinung, daß der dadaistische Mensch der radikale Gegner der Ausbeutung war und sein muß, und wir haben das auch immer projektiert. Auch in der großen Ausstellung, die wir die ›Erste große dadaistische Messe‹ [›Erste Internationale Dada-Messe‹, 1920] nannten, eine Dadamesse, die wir bei Dr. Otto Burchard in Berlin veranstalteten.

Rundfunkinterview, Berlin 1966.

Boxaktion mit *(v. l. n. r.)* Erwin Piscator, George Grosz, Wieland Herzfelde und John Heartfield. Berlin, um 1924

Seit 1917 beschäftigte ich mich mit Typography und Buchherstellung. Ich machte Bucheinbände für die Verlage ›Literatur und Politik‹, ›Die Jugend Internationale‹, ›Neuer Deutscher Verlag‹, ›Malik-Verlag‹, ›Kiepenheuer Verlag‹ u.a.m. Bei all diesen Arbeiten entwickelte ich die von mir eingeführte Technik der Fotomontage, ganz besonders für die ›Arbeiter Illustrierte Zeitung‹. Einige Fotomontagen erschienen von mir auch in der ›Roten Fahne‹. Gemeinsam mit Kurt Tucholsky bin ich der Verfasser des Buches ›Deutschland, Deutschland über alles‹, herausgegeben im ›Neuen Deutschen Verlag‹.

Lebenslauf, Leipzig 1951.

1929 hatte der Verlag sogar Kurt Tucholsky dazu bewegen können, Texte zu ausgewählten Fotos und Fotomontagen von John Heartfield zu verfassen. Tucholsky unterzog sich dieser Aufgabe nur mit großen inneren Vorbehalten. Er mißtraute auch der militanten

Urlaubsfoto
1. Reihe, 3. v. l.: Eva Herzfeld; *2. Reihe, 5. v. l.:* John Heartfield; *11. v. l.:* Gertrud Bernheim; *12. v. l.:* Wieland Herzfelde. Vermutlich Portofino, 1924

Willi Münzenberg. Seit 1924 Inhaber und Leiter des Neuen Deutschen Verlages (›Münzenberg-Konzern‹), für den Heartfield wesentliche Veröffentlichungen künstlerisch gestaltet hat. 1939 wurde Münzenberg aus der KPD wegen gravierender parteipolitischer Differenzen ausgeschlossen.

und orthodoxen Welt der Kommunistischen Partei. Aber gemeinsam mit John Heartfield suchte ich ihn immer wieder auf, und schließlich gelang es unserer Überredungskunst, ihn umzustimmen. Die kommunistische Presse feierte ›Deutschland, Deutschland über alles‹ als ein tapferes Buch. Der Verlag erklärte in einem Werbebrief, »daß es sich zwar nicht um ein kommunistisches Buch handele, daß es aber in seiner Zusammensetzung sehr viel zur Auflockerung derjenigen Schichten beitragen wird, die wir unserer Bewegung nahebringen wollen«. Das Börsenblatt des Deutschen Buchhandels lehnte allerdings wegen der Umschlagmontage von Heartfield eine Anzeige des Buches ab [...].

Babette Gross, ›Willi Münzenberg. Eine politische Biographie‹, Stuttgart 1967, S. 226.

Für die Berliner Handelsvertretung der Sowjetunion machte ich Katalogentwürfe und die Ausstattung ihrer Messestände auf der Technischen Messe in Leipzig, sowie auf der Messe Köln-Kalk und Königsberg.
Von 1920 bis 1922 war ich künstlerischer Leiter des Ausstattungswesens des Deutschen Theaters, der Kammerspiele und des Grossen Schauspielhauses Berlin. Unter anderem entwarf ich die Dekorationen und Kostüme zu Büchner's: ›Wozzeck‹ (Regie Max Reinhardt), [...] Ernst Toller's: ›Maschinenstürmer‹ im Grossen Schauspielhaus (Regie Karl Heinz Martin). In den folgenden Jahren schuf ich eine Reihe von Ausstattungen für die Piscatorbühne, u. a. zu

Gorki's: ›Die Feinde‹ und ›Nachtasyl‹, Friedrich Wolf's: ›Tai Yang erwacht‹ im Wallner Theater, und für Berthold Viertel's Theater Ensemble ›Die Truppe‹ Georg Kaiser's: ›Nebeneinander‹.
Während der Weimarer Republik trat ich des öfteren als Redner in Versammlungen auf. Einmal wurde ich wegen Beleidigung der Weimarer Republik (Presse Gesetz) zu einer hohen Geldstrafe verurteilt.

Lebenslauf, Leipzig 1951.

[...] Einmal hatte er nur eine zum Zupacken bereite, riesengrosse Hand als Wahlplakat verwendet, wie immer mit eindringlichen Textworten (Fünf Finger hat die Hand – mit »5« schlägst du den Feind – wählt Liste 5). In den darauffolgenden Tagen erhielt er fantastische Angebote von drei großen deutschen Industriefirmen, Reklamechef bei ihnen zu werden – zum Teil mit dem versteckten Hinweis darauf, daß er seine politische Kunst, die ihn doch niemals zum reichen Mann machen würde, so in der freien Zeit und ohne Geldsorgen besser würde ausüben können. Er schlug die Angebote aus, wollte freie Hand behalten im politischen und weltanschaulichen Kampf, andere in diesem Kampf anspornen.

Hellmuth Bachmann, a.a.O.

Meine Freundschaft mit Heartfield ging schließlich an seiner politischen Radikalität zugrunde. Er verließ mich und schloß sich Bert Brecht an, der damals in jeder Beziehung der aufsteigende Stern war. Heartfield entwarf mir noch die Umschläge für meine Reisebücher ›Afrika in Sicht‹ und ›Der Sprung nach Osten‹ dann aber wurde er durch die Erfolge der Dreigroschenoper von Brechts dichterischem und, last not least, politischem Wert überzeugt. Da Heartfield, ebenso wie Hausmann, ein sehr loyaler Mann war, sagte er mir wenig über seine neuen Freunde, es wurde mir aber bald klar, daß sich sein Leben in anderen Bahnen bewegte.

Richard Huelsenbeck, ›Mit Witz, Licht und Grütze‹, Wiesbaden 1957, S. 122.

John Heartfield in Richterrobe. Berlin, um 1928

Eine Gesamtschau meiner Arbeiten wurde vor 1930 [1929] in Berlin auf Einladung der Künstler Organisation ›November Gruppe‹ in den Ausstellungshallen des ULAP, Berlin, gezeigt, sowie auf der Ausstellung ›Film und Foto‹ in Stuttgart.
1930 wurde ich in die Sowjetunion eingeladen und blieb dort ein Jahr [April 1931 bis Januar 1932]. Zuerst veranstaltete ich in Moskau eine Ausstellung meiner Arbeiten [1931], dann sandte mich der Verlag der Zeitschrift ›USSR im Bau‹ als Mitarbeiter einer Stoßbrigade von sowjetischen Meister Fotografen nach dem Kaukasus, Baku, Batum[i] und Odessa. In Odessa wurde ich zum Mitaufbau der Außenbauten für den Piscatorfilm ›Aufstand der Fischer von Santa Barbara‹ von Anna Seghers herangezogen.

Lebenslauf, Leipzig 1951.

1933–1938

In den ersten drei Monaten des Jahres 1933 stellte ich für die Wahl am 5. März 1933 in illegaler Arbeit für die Peuwag [Papier-Erzeugungs- und Verwertungs-AG] eine Anzahl Parteidrucksachen und ein großes Plakat nach meinem eigenen Entwurf her und überwachte deren Drucklegung.
Am Karfreitag, Ostern 1933, brach nachts die SS in meine Wohnung ein, in der ich mich zufällig gerade aufhielt, um meine künstlerischen Arbeiten zu packen. Es gelang mir, durch einen Sprung vom Balkon meiner hochparterre gelegenen Wohnung der Verhaftung zu entgehen. Auf Veranlassung der Partei emigrierte ich Ostern zu Fuß über das Riesengebirge in die CSR. Anfang November 1934 wurde ich von der Hitlerregierung ausgebürgert.

Lebenslauf, Leipzig 1951.

John Heartfield bei der Gestaltung der russischen Broschüre ›Kolchosbauern auf neuen Baustellen‹ des Bauernverlages, Moskau 1931

John Heartfield mit dem sowjetischen Fotoreporter Max Alpert beim Foxtrott, Batumi 1931

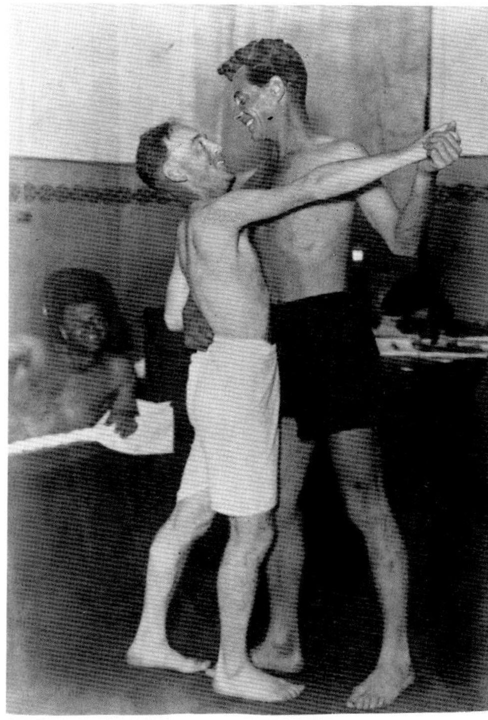

Er war nicht Mitglied einer Partei. Will für ständig in Prag bleiben und sich hier mit seinem Bruder eine neue Existenz aufbauen. Der Genannte ist verheiratet und hat zwei Kinder. Die Kinder sind in Holland, seine Frau ist noch in Deutschland beschäftigt. In Berlin wohnte er in der Potsdamer Straße [1]18 und war als freier Graphiker tätig. Er war am 16. April in der Nacht von Sturmabteilungen der deutschen Nationalsozialisten überfallen und mißhandelt worden (Zähne ausgeschlagen). Der Genannte ist jüdischer Religion (jetzt konfessionslos). Aus Deutschland mußte er fliehen, da er sich ständig in der Gefahr befand, überfallen zu werden. Seine Familie wird er nach Prag holen, wenn er die Reiseunterlagen hat. Er wurde aufgefordert, ein Gesuch auf Bewilligung des Aufenthalts ohne Reisepaß zu stellen.

Dokument zur Feststellung der Identität Heartfields, vom 25.4. 1933. Staatliches Zentralarchiv Prag, Prager Polizeidirektion 1931–1940, Sign. H 1723/6. Übersetzung aus dem Tschechischen.

Vom ersten Tag meines Eintreffens in Prag war ich ständiger Mitarbeiter der ›Volks-Illustrierten‹, in der wöchentlich meine satirischen Fotomontagen gegen das Hitlersystem erschienen. Für die Bücher des von meinem Bruder in Prag weitergeführten Malik-Verlages machte ich Bucheinbände, desgleichen für tschechische Verlage. Ich war Mitglied der Prager Parteigruppe und des Bert Brecht Klubs.

Im Frühjahr 1934 zeigte der Prager ›Manes‹ in einer Karikaturen-Ausstellung auch Arbeiten von mir, was zum offiziellen Einspruch der Hitlerregierung bei der tschechischen Regierung führte.

Lebenslauf, Leipzig 1951.

John Heartfield in der Ausstellung ›Revolutionäre Kunst des Westens‹ im Museum für Neue Westliche Kunst (Puschkin-Museum) vor seiner Arbeit ›5 Finger hat die Hand‹, Moskau 1932

Lieber Kamerad Heartfield! *25. II. 35.*

Wie mir unlängst mitgeteilt wurde, soll ich Deiner Ansich[t] nach hier mit anderen (u. a. wurde Keil genannt) gegen Dich arbeiten. Wie ich annehme, sind die realen Dimensionen Deiner diesbezüglichen Äusserungen durch den Klatsch noch beträchtlich vergrössert worden. Ich glaube, es wäre nicht richtig, wenn ich Deine Annahme mit Stillschweigen übergehen würde. Ich muss objektiv feststellen, dass Du falsch orientiert bist. Wir (nicht nur ich, sondern auch [Heinrich] Vogeler und Keil[, Alexander; d.i. Ék, Sándor]) haben hier stets mit der größten Hochachtung über Deine Arbeit und Deine Person gesprochen, und sind stets dem von mittelmäßigen ›Leuchten‹ wie Klutzis [Gustav Klucis] verbreiteten Gewäsch entgegengetreten. Dies erwähne ich nicht als unser Verdienst, sondern als selbst-

V. l. n. r.: Wieland Herzfelde, John Heartfield, Kurt Kersten, Prag 1934. (Kurt Kersten: Schriftsteller und Publizist, enger Vertrauter und Mitarbeiter Willi Münzenbergs; Veröffentlichung des Fotos bisher stets ohne Abbildung Kerstens)

verständlich revolutionäre Pflicht. Leider sind nun in dieselbe Nummer der ›Internationalen Literatur‹, wo mein Artikel über Dich erschien, alberne Ausfälle des sonst verdienten [Erich] Weinert gegen Dich, [Erwin] Piscator und George Grosz hineingeraten.
Wie Weinerts Autobiographie ohne Streichung der betreffenden Partien herauskommen konnte, ist für mich bis heute ein Rätsel. Ich kann es nur auf die Übermüdung [Karl] Schmückle's zurückführen. Wir wollen kameradschaftlich und aufrichtig reden. Wie kann ich gegen Dich arbeiten, wo ich für Deine Arbeit in der hiesigen Presse mit allen Kräften eintrete (in der nächsten Zeit erscheinen Artikel von mir über Deine Montagen in der englischen Ausgabe der ›Internationalen Literatur‹ und in ›Iskusstwo‹). Ich muss bekennen, dass mich dazu in erster Linie die in Deinen Arbeiten aufgespeicherte antifaschistische Energie veranlasste und nicht irgendwelche ästhetischen und noch weniger ›persönliche‹ Überlegungen. Aber kann man die Arbeit von der Person trennen? – Lieber Heartfield, ich glaube wir haben es alle genug schwer; wir sollten uns das Leben wirklich gegenseitig nicht noch schwerer machen. Ich meinerseits habe das Pech, zusammen mit Künschtlern an der theoretischen Front der bildenden Kunst arbeiten zu müssen. Ich habs wirklich satt. Ich habe das noch größere Pech, bis zum 15. Juni ein Buch über ›Deutsche revolutionäre Künstler‹ husch-die-husch fertigstellen zu müssen. [. . .] Ein Pech, weil die Beschaffung des unumgänglich nötigen Materials mit fast unüberwindlichen Schwierigkeiten verbunden ist. [. . .] Ich wär Dir sehr dankbar, wenn Du mir eine detaillierte Selbstbiographie senden könntest. Ich meine: Präzisierung Deiner Herkunft (zur Klärung, wie Du den Lebensstoff der Satire bereits biologisch zusammen mit der Muttermilch aufgesogen hast) – der Chaplin'sche tragikomische Stoff der äußeren Bedingungen Deiner Emigration usw. [. . .]

In Freundschaft
mit rev.[olutionären] Grüssen
Durus

Brief von Alfred Durus (Moskau) an John Heartfield (Prag), vom 25. 2. 1935. – Vgl. auch den Beitrag von Hubert Gaßner in diesem Band.

V. l. n. r.: John Heartfield, unbekannt, F. C. Weiskopf in der Druckerei M. Schulz A.G. bei der Gestaltung des Layouts der AIZ. Prag, um 1936

Auf Veranlassung von Louis Aragon, Henry Barbusse und Romain Rolland fand im Herbst 1934 [April/Mai 1935] eine Ausstellung meiner Arbeiten in Paris statt. Dort hielt ich mich ½ Jahr auf.

Lebenslauf, Leipzig 1951.

Ich beglückwünsche Dich zu einem Freund. Es hat seit Ibiza für mich keine eingreifende Bekanntschaft mehr gegeben, selten gibt es unter den neuen eine erfreuliche wie es unlängst die von John Heartfield war, mit dem ich ein wirklich schönes Gespräch über Photographie hatte.

Brief von Walter Benjamin (Paris) an Alfred Cohn (o.O.), vom 18. 7. 1935, in: Walter Benjamin, ›Briefe‹, Frankfurt a. M. 1966, Bd. 2, S. 670.

Sehr geehrte Herren,
Hocherfreut durch das mir von Ihrem hochgeschätzten Institut zuerkannte Arbeitsstipendium in Höhe von monatlich $ 30 für die Monate Mai, Juni, Juli 1938 spreche ich Ihnen meinen besten Dank dafür aus.
Gerade in dieser äusserst gefährdeten Situation, bei der enormen Arbeitserschwerung, die in letzter Zeitung [Zeit] täglich wuchs, bedeutet Ihre grosszügige Hilfe für meine, ich glaube äusserst wichtige Arbeit für die Freiheit deutscher Kultur, einen Rettungsanker.
Meine finanzielle Lage ist eine äusserst schwierige und da speziell meine Arbeit vorallem ohne geldliche Mittel überhaupt nicht auszuführen ist, ist ihre gute Hilfe eine grosse Arbeitsförderung, für die ich Ihnen sehr, sehr verbunden bin.
Leider ist der Ertrag für meine Arbeit, da die Unkosten so hoch sind bei der Herstellung einer Fotomontage, immer ein überaus kleiner, zumal die Blätter, für die alleine meine Arbeit in Frage kommt, finanziell die schlechtgestelltesten

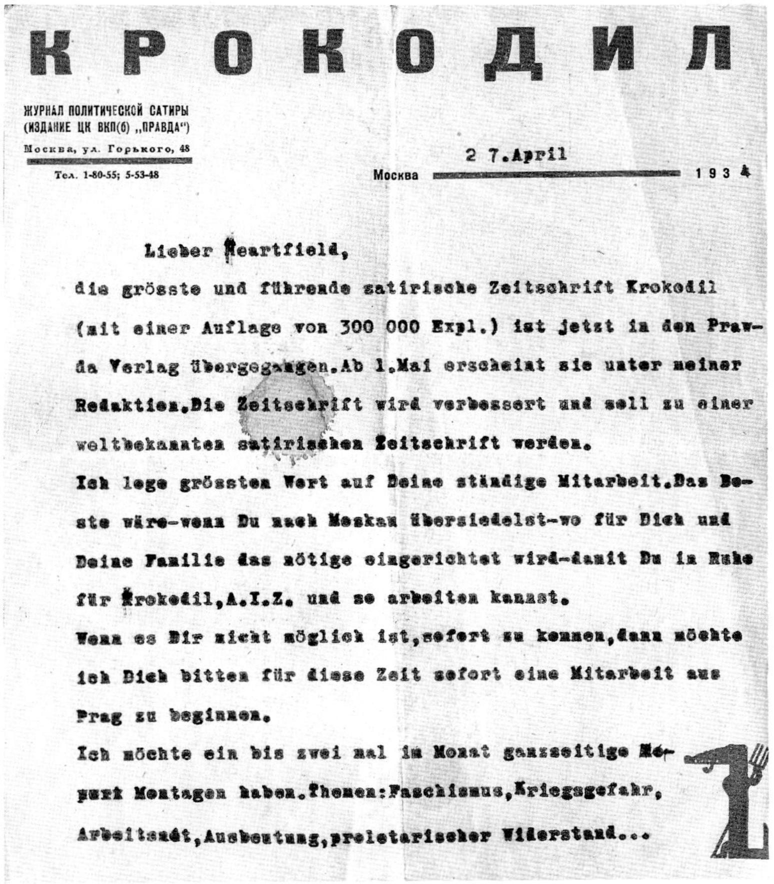

КРОКОДИЛ

ЖУРНАЛ ПОЛИТИЧЕСКОЙ САТИРЫ
(ИЗДАНИЕ ЦК ВКП(б) „ПРАВДА")
Москва, ул. Горького, 48
Тел. 1-80-55; 5-53-48

Москва 2 7.April 1934

Lieber Heartfield,

die grösste und führende satirische Zeitschrift Krokodil (mit einer Auflage von 300 000 Expl.) ist jetzt in den Prawda Verlag übergegangen. Ab 1. Mai erscheint sie unter meiner Redaktion. Die Zeitschrift wird verbessert und soll zu einer weltbekannten satirischen Zeitschrift werden.

Ich lege grössten Wert auf Deine ständige Mitarbeit. Das Beste wäre-wenn Du nach Moskau übersiedelst-wo für Dich und Deine Familie das nötige eingerichtet wird-damit Du in Ruhe für Krokodil, A.I.Z. und so arbeiten kannst.

Wenn es Dir nicht möglich ist, sofort zu kommen, dann möchte ich Dich bitten für diese Zeit sofort eine Mitarbeit aus Prag zu beginnen.

Ich möchte ein bis zwei mal im Monat ganzseitige Mopurt Montagen haben. Themen: Faschismus, Kriegsgefahr, Arbeitsnot, Ausbeutung, proletarischer Widerstand...

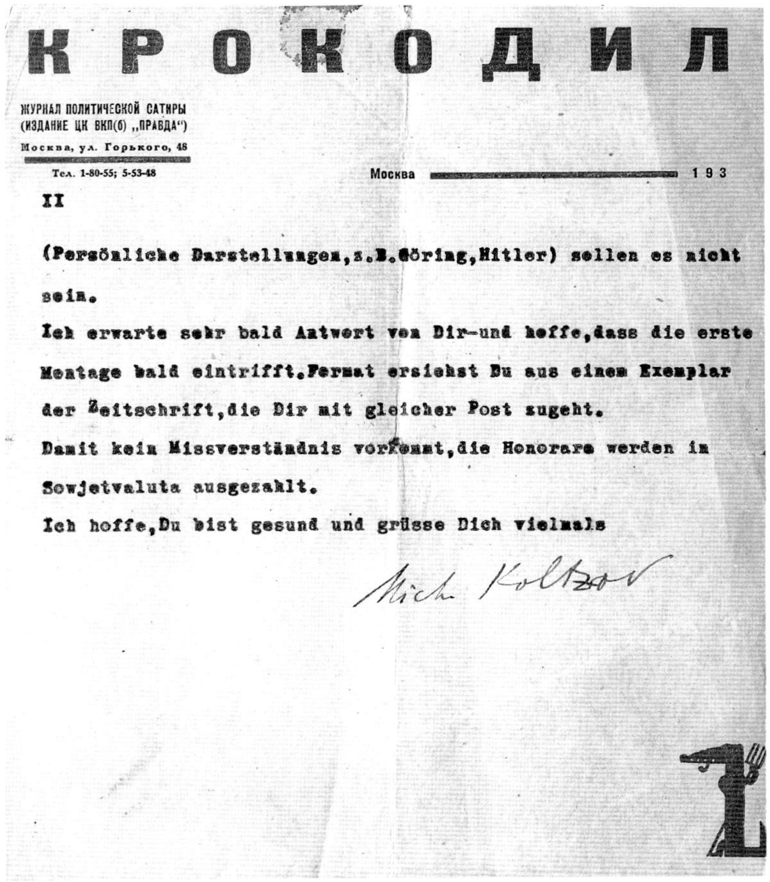

КРОКОДИЛ

ЖУРНАЛ ПОЛИТИЧЕСКОЙ САТИРЫ
(ИЗДАНИЕ ЦК ВКП(б) „ПРАВДА")
Москва, ул. Горького, 48
Тел. 1-80-55; 5-53-48

Москва 193

II

(Persönliche Darstellungen, z.B. Göring, Hitler) sollen es nicht sein.

Ich erwarte sehr bald Antwort von Dir-und hoffe, dass die erste Montage bald eintrifft. Format ersiehst Du aus einem Exemplar der Zeitschrift, die Dir mit gleicher Post zugeht.

Damit kein Missverständnis vorkommt, die Honorare werden in Sowjetvaluta ausgezahlt.

Ich hoffe, Du bist gesund und grüsse Dich vielmals

Mich. Koltzov

Brief von Michael Koltzow (Moskau) an John Heartfield (Prag) vom 27. 4. 1934

sind. Und die vielen Nachdrucke in der gesamten Weltpresse wurden mir bis heute, trotz vieler nutzloser Bemühungen, noch nie bezahlt. Eine Ausnahme macht nur die UdSSR, die aber Nachdruckshonorar mir nicht auszahlte noch auszahlt, sondern nur gut schreibt.
Meine persönliche Lage ist noch dazu erschwert durch familiäre Verhältnisse, durch das Vorhandensein zweier Kinder, die noch nicht verdienstfähig durch unsere Lage sind. Dies zwang mich auch, um existieren zu können und meine künstlerische Arbeit fortsetzen zu können, mich von meiner geliebten Frau zu trennen. Sie lebte bisher daher in Paris und nun in Bouenos Aires, um zu versuchen, sich dort ein neues Leben aufzubauen.
Ich mache Ihnen diese wenigen Andeutungen freilich ungern, denn wo ist die Grenze nach unten, so vielen unserer Brüder geht es noch, noch viel schlechter. Aber freilich hört dadurch auch jedes Kulturschaffen auf. [...]

Mit den besten Empfehlungen und
allen guten Wünschen für Ihre
gute Arbeit und Ihr hochgeschätztes Institut
verbleibe ich Ihr ergebener John Heartfield
(Helmut Herzfeld)

Brief von John Heartfield (Prag) an Gorah F. Brandes, Exekutivsekretär der American Guild for German Cultural Freedom, Inc. (New York), vom 27. 5. 1938. Deutsche Bibliothek Frankfurt a. M., Deutsches Exilarchiv 1933–1945, Bestand: American Guild, Sign. EB 70/117.

Im Sommer 1938 [Oktober/November 1937] fand wieder eine Ausstellung meiner Arbeiten im Kunstverein ›Manes‹ in Prag statt. Wiederum verlangte Hitler die Entfernung derselben von der tschechischen Regierung und erreichte es leider diesmal auch.

Lebenslauf, Leipzig 1951.

Oben links, v. l. n. r.: Gustav Regler, John Heartfield, Tristan Tzara in der Heartfield-Ausstellung, Paris 1935 (Veröffentlichung des Fotos bisher stets ohne Abbildung Reglers)

Oben rechts: Oskar Kokoschka und John Heartfield, Paris 1935

Unten links: John Heartfield mit seiner Frau Barbara, die sich seit 1933 im französischen Exil befand und maßgeblichen Anteil an der Organisierung seines Aufenthaltes hatte, Paris 1935 (vgl. auch den Beitrag von Michael Krejsa in diesem Band)

Unten rechts: Plakat zur Heartfield-Ausstellung (18. 4. – 5. 5.), in der auch seine tschechischen Künstler-Kollegen Hoffmeister, Pelc und Fritta ausstellten; organisiert von der ›Association des Ecrivains et Artistes Révolutionnaires‹, Paris 1935

1938–1950

Durch die Hilfsorganisationen unserer Partei in Prag wurde ich am 6. Dezember 1938 mittels Flugzeug nach London evakuiert; in London erhielt ich von dem ›Czech Trust Fund Commitee‹ (Thomas Mann Gruppe) Unterstützung. Genosse [Wilhelm] Koenen veranlaßte auf Wunsch der londoner deutschen Parteigruppe meine Unterbringung im Hause des mit einer Engländerin verheirateten deutschen Kunstmalers Fred Uhlmann, 47, Downshire Hill, London N.W.3.

Lebenslauf, Leipzig 1950.

Ein anderer Frühankömmling war Johnny Heartfield, einer der ersten Dadaisten und Erfinder der Fotomontage, die er in so hervorragender Weise für Anti-Nazi-Poster verwendet hat. Diana und ich boten ihm unsere Gastfreundschaft für einige Nächte an, aber er blieb fünf Jahre bei uns. Ich hatte ihn vorher nie gesehen, und da ich nur seine schonungslosen Fotomontagen kannte, hatte ich erwartet, jemanden kennenzulernen, der aggressiv ist; statt dessen trafen wir einen charmanten, bescheidenen, duldsamen und sanften kleinen Mann, der sich nur erregte und fanatisch wurde, wenn es um Politik ging. Als er uns schließlich verließ, um in Highgate zu leben, gab ich ihm ein Kaninchenpaar zum Geschenk, aber da Johnny sie weder töten noch loswerden wollte, vermehrten sie sich rapide, und er mußte jeden Tag Stunden damit verbringen, in Hampstead Heath Futter für sie zu sammeln. Nach dem Krieg ging er zurück nach Ostdeutschland [...]. Er hat uns nie eine Zeile geschrieben.

Fred Uhlmann, ›The Making of an Englishman‹, London 1960, S. 214. Übersetzung aus dem Englischen.

Dort [in Uhlmanns Haus] trafen sich damals Schriftsteller und Künstler der Emigration, um eine deutsche Künstlervereinigung ins Leben zu rufen. Der Kulturbund London war das Ergebnis dieser Bemühungen, an denen sich hauptsächlich die Genossen Prof. Meusel und Heinz Kamnitzer, Theo Balden und ich beteiligten.
Als erste große Veranstaltung des Kulturbundes fand eine politische Kabarettaufführung, betitelt ›24 Black Sheep‹ (24 schwarze Schafe), im londoner Arts Theatre statt. Die Ausstattung der meisten Szenen wurde von mir besorgt.

Lebenslauf, Leipzig 1951.

[Die] Texte – soweit nicht Joachim Ringelnatz, Bert Brecht, Jaroslav Hašek oder Walther Mehring herhalten mußten – lieferten Fritz Gottfurcht, Egon Larsen, Anna Maria Jokl und auch John Heartfield, der unter die Dichter gegangen war und ein Flüchtlingslied geschrieben hatte. Die Musik komponierte Ernst Hermann Meyer [...] und Fred Manfeld, während die Dekorationen von Heartfield, E. E. Stern und Wolpe-Wooping stammten.
Schwarze Schafe und uneinkalkuliertes Lachen gab es selbstverständlich schon bei den Proben. Dafür sorgten nicht zuletzt [Hans] Abarbanell und John Heartfield, zwei schwer in ein Geschirr zu spannende Temperamente; der in der Arbeit fast pedantische Abarbanell und der überschäumende Heartfield mit seinen Einfällen, die nicht immer mit den realen Möglichkeiten in Einklang zu bringen waren. Keiner der Dabeigewesenen hat wohl jene Probe im Arts-Theatre vergessen, als die beiden beim Streit um ein Bühnenbild

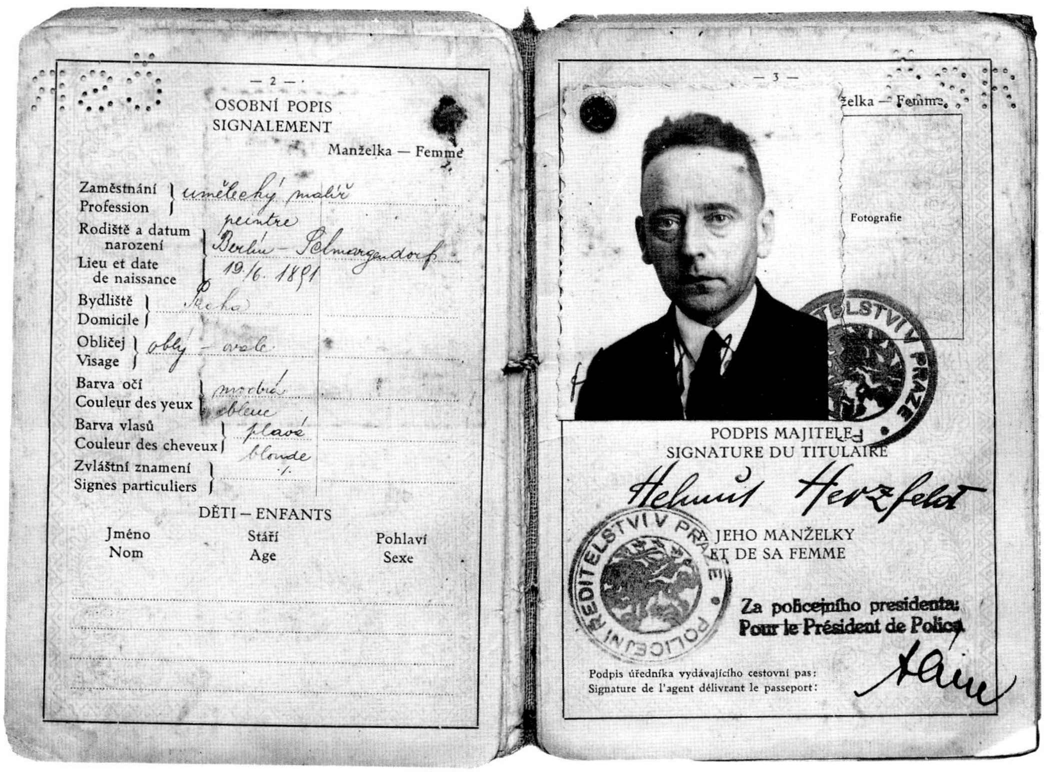

— 2 —
OSOBNÍ POPIS
SIGNALEMENT
Manželka — Femme
Zaměstnání / Profession: umělecký malíř / peintre
Rodiště a datum narození / Lieu et date de naissance: Berlin-Schmargendorf 19/6. 1891
Bydliště / Domicile: Praha
Obličej / Visage: oblý – ovale
Barva očí / Couleur des yeux: modrá / bleue
Barva vlasů / Couleur des cheveux: plavé / blonde
Zvláštní znamení / Signes particuliers: ./.
DĚTI – ENFANTS
Jméno / Nom — Stáří / Age — Pohlaví / Sexe

— 3 —
Manželka — Femme
Fotografie
PODPIS MAJITELE
SIGNATURE DU TITULAIRE
Helmut Herzfeld
A JEHO MANŽELKY
ET DE SA FEMME
POLICEJNÍ ŘEDITELSTVÍ V PRAZE
Za policejního presidenta:
Pour le Président de Police
Podpis úředníka vydávajícího cestovní pas:
Signature de l'agent délivrant le passeport:

Reisepaß der ČSR für Helmut Herzfeld (John Heartfield), Prag 1938

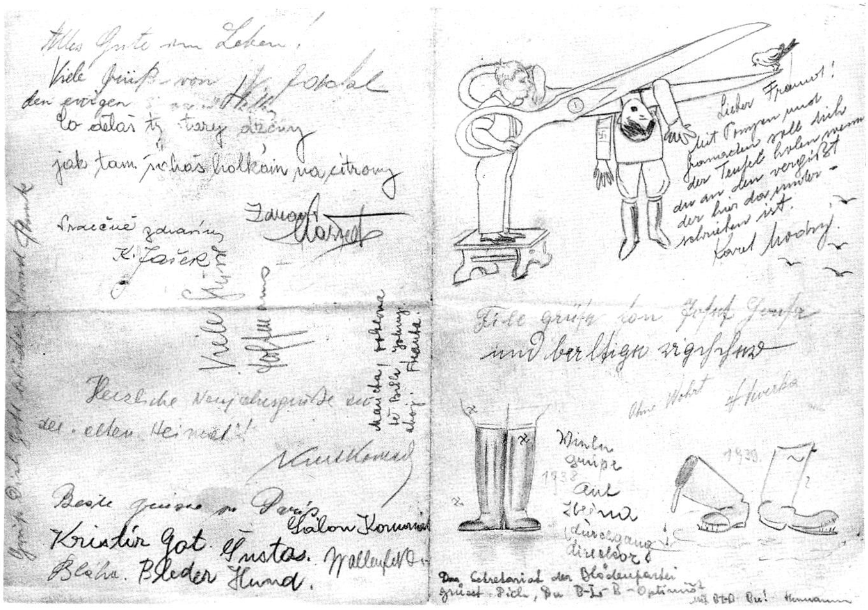

Abschiedsbrief tschechischer Freunde an John Heartfield. Prag, Dezember 1938

John Heartfield mit Sohn Tom, der 1936–38 vorübergehend in Prag weilte. Prag, um 1937

aneinander gerieten. Johnny verwandelte sich in einen wilden Mann, schmetterte den Hut auf den Boden, stampfte auf wie ein Berserker – und Abarbanell explodierte, fletschte die Zähne und – alles andere als ein geborener Akrobat – schnellte mit einem wahren Panthersprung von der Bühne über das Orchester hinweg bis in den Zuschauerraum. Er landete im Gang zwischen den Sitzreihen – wohlbehalten. Und nun, da der Schreck vorüber, kam das befreiende Lachen der anwesenden Kollegen.

Für die ›4 & 20 black sheep‹ hatte Johnny, wie gesagt, einen Song geschrieben und dazu, seines Amtes waltend, das Bühnenbild entworfen: New York, die Freiheitsstatue, der riesige Bug eines Ozeandampfers. In diese Aufbauten verteilt und von ihnen halb verdeckt, hätten die Akteure bereits im Kostüm der nächsten, ohne größere Conférence folgenden Nummer singen können. Aber die Dekorationsstücke – erst fünf Minuten vor der Aufführung fertiggestellt, so daß auf eine Aufbauprobe hatte verzichtet werden müssen – nahmen beim Montieren eine Zeit ein, die die halbe Vorstellung beansprucht haben würde. Jedenfalls war die Katastrophe, wie von Einsichtigen schon vorher befürchtet, bei der Premiere da: der Kampf mit der Heartfieldschen Dekoration mußte schließlich – trotz unseres lebhaft protestierenden Johnny – aufgegeben werden. Man ließ sie unfertig stehen, und das ›Flüchtlingslied‹ wurde hinter einem nur leicht auseinandergeschobenen Vorhang [. . .] gebracht. Das Publikum akzeptierte das als ›Regie‹ und hatte von den dramatischen Vorgängen hinter der Bühne nichts bemerkt.

Max Zimmering, ›Der gekreuzigte Grischa. Begegnung mit Zeitgenossen‹, Rudolstadt 1969, S. 68–69.

Dem Kulturbund gelang es bald ein eigenes Haus in Hampstead, London N.W. 3, Upper Park Road, zu bekommen. Zwei Jahre lang, bis zur Zeit meiner Internierung in England [Juli–August 1940], leistete ich täglich unbezahlte Kulturbundarbeit. Ich war Mitglied des Ehrenpräsidiums und Vorstandsmitglied. Da ich, solange die KPD in England bestand, Mitglied der Partei war, half ich die Parteibeschlüsse im Kulturbund zur Durchführung zu bringen. Ich machte Ausstattungen für verschiedene Vorstellungen auf der Bühne im Kulturbund-Haus, organisierte verschiedene künstlerische Veranstaltungen, Vortrags-

Links: John Heartfield und Gertrud Herzfelde vor der englischen Niederlassung des Malik-Verlages am Galen Place (Hintergrund), London 1939

Rechts: John Heartfield am Grab der Familie Marx, London 1939

Links, v. l. n. r.: Wieland Herzfelde, Gertrud Herzfelde, unbekannt, George Herzfelde bei der Ausreise in die USA. London, April 1939

Rechts, v. l. n. r.: George Herzfelde, John Heartfield, Wieland Herzfelde, London 1939

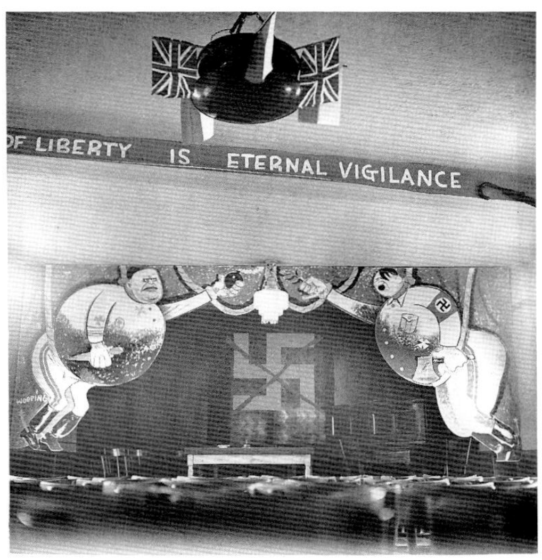

Links: Handzettel für die Kabarettaufführung ›4 & 20 Black Sheep‹ des Freien Deutschen Kulturbundes im Arts Theatre, London 1939

Rechts: Dekoration für ein politisch-satirisches Programm der Kleinen Bühne des Kulturbundes von Wolpe Wooping und John Heartfield. London, vierziger Jahre

Tafel 6 der Aussstellung ›Allies Inside Germany‹ (3. Juli – 26. August 1942) mit der hierfür angefertigten Fotomontage ›5 Minuten vor 12‹ von John Heartfield. Dokumentation: Heinz Worner; Graphische Gestaltung: René Graetz. Heinz-Worner-Archiv, Berlin

abende und hielt selbst eine Reihe von Vorträgen, auch an der Deutschen Hochschule. Außerdem leitete ich eine große Tolstoi-Feier des Kulturbundes im londoner Arts Theatre. Ich machte eine Theaterausstattung für ein Stück ›Comrade Dedective‹ des Unity Theatre, London (Theater der komm. Partei Englands), desgleichen die Ausstattung für Zuckmeyers [Zuckmayers] Stück ›Der Hauptmann von Köpenick‹, das im Theater der österreichischen Emigration ›Das Laterndl‹ aufgeführt wurde. Für eine politische Schriftenreihe, die von der russischen Zeitschrift ›Soviet War News‹ (Sowjet Kriegsnachrichten) in London herausgegeben wurde, entwarf ich die Einbände.
Meine Lebensgefährtin seit 1940 ist Gertrud Fietz; sie ist deutsche Staatsangehörige, geboren 24. 1. 1910 in Berlin-Charlottenburg. Ich lernte sie in London kennen, wo sie als Emigrantin lebte.
Während des Krieges war ich [in] England interniert, wurde jedoch aus Gesundheitsgründen (Kopfleiden) nach sieben Wochen entlassen.

Lebenslauf, Leipzig 1950.

Liebe Freunde,
Auf Eure Mitteilung betreffs der Absicht des Trust Funds, eine allgemeine Evacuierung aus London durchzuführen, bitte ich Euch dringen[d]st behilflich zu sein, auf alle Fälle in London bleiben zu können.
Wenn mein Gesundheitszustand – und die daraus für mich entspringenden Schwierigkeiten – mich bisher noch keine bezahlte Tätigkeit finden liessen, so hoffe ich dennoch in absehbarer Zeit eine Arbeit, der ich körperlich gewachsen bin, erhalten zu können, bin aber überzeugt, dass mir dies nur in London gelingen kann und dass nur hier Aussicht dazu besteht. Wie ihr wisst, war es mir möglich vor meiner Internierung an Londoner Zeitungen (Lilliput, Picture Post, Reynolds News) einige Zeitlang einige meiner Photomontagen als ›Freelandwork‹ [›freelance work‹] unterzubringen, ohne aber eine beruflich bezahlte Anstellung zu erhalten. Der jetzige Mangel an Raum in den Zeitungen hat diese Möglichkeit nun für mich sehr erschwert. Es ist dennoch nicht ausgeschlossen, dass ich an einer Zeitschrift wieder mitarbeiten kann.
[...] So nehme ich jetzt an einem Trainingskursus, der momentan an der Free German League of Culture abgehalten wird, teil, der es einem erleichtern kann, als Inspektor in der Metallindustrie Arbeit zu finden.
Ausserdem halte ich Vorträge über Kunst, so am 26. 4. über ›Was uns Bauern-Breugel zu sagen hat‹. Ferner veranstalte ich zu meinem 50. Geburtstag – in ungefähr zwei Monaten – eine Ausstellung von Arbeiten von mir, verbunden mit Vorträgen über meine Arbeitsmethode ›die Fotomontage‹. Die nötigen Unterlagen für meine Arbeiten kann ich nur in Londoner Bibliotheken finden, wie im Britischen Museum, Victoria und Albert Museum und Courtauld Institut. Ich bin noch in Behandlung im Maida Vale Hospital. In meiner jetzigen Wohnung, in der ich schon über zwei Jahre lebe, lässt man mir jegliche Pflege und Aufmerksamkeit zuteil werden, die für mich erforderlich ist.
Aus allen diesen Gründen bitte ich von einer Evacuierung abzusehen.
Mit freundlichen Grüssen John Heartfield (Helmut Herzfeld N° 393)

Brief von John Heartfield (London) an den Czech Refugee Trust Fund, Thomas-Mann-Gruppe (London), vom 1. 4. 1941. Deutsche Bibliothek Frankfurt a. M., Deutsches Exilarchiv 1933–1945, Nachlaß Wilhelm Sternfeld, Sign. EB 75/177.

Bald nach meiner Freilassung aus der Internierung, Ende August 1940, fand ich eine Anstellung als Buchhersteller im Londoner Verlag ›Lindsey [Lindsay] Drummond Ltd.‹, die ich bis Ende Januar 1950 innehatte [zuerst als freier, ab 1942 als fest angestellter Mitarbeiter]. Mitte März 1950 arbeitete ich in der Buchherstellungs-Abteilung des Verlages ›Penguin Books Ltd.‹ London.

Lebenslauf, Leipzig 1950.

John Heartfield während der Zeit seiner englischen Internierung in den Lagern Lutton, Huyton und York, Sommer 1940

Lieber alter John,
[...] Es war schön, von Dir zu hören und zu wissen, daß Du lebendig und rege bist, wie in den alten Tagen als ›Monteur‹ – erinnerst Du Dich? – als aus Deinen Taschen immer Papier und Zeitungen heraussteckten, so wie ein ›Monteur‹ eben aussieht. Und vielen Dank auch, daß Du an meinen 50sten Geburtstag gedacht hast [...] Deine Freundschaft hat mich tief gerührt, wo Freundschaft heute doch so rar ist und jeder allein dasteht. Es ist schön, daß unsere Freundschaft nicht von politischen Motten zerfressen wurde. Ich bin manchmal sehr bedrückt, wenn ich in den Emigranten-Zeitungen sehe, wie sich die verschiedenen Gruppen bekämpfen. Es ist irgendwie mein Geschick oder vielleicht meine Naturveranlagung, daß ich ein ›einsamer Wolf‹ bleiben muß (entschuldige, das klingt etwas romantisch, aber Du weißt, was ich damit sagen will) [...] Ich bin froh, daß der bestialisch-schreckliche Alptraum des Hitlerregimes zu Ende geht. Was die Zukunft uns bringt (außer den Tod) weiß niemand [...] ich bin eher skeptisch als optimistisch [...] Wiel [and Herzfelde] zeigte mir eine schöne Sammlung Deiner Fotomontagen [...] schade, daß die modernen Zeitschriften keine Fotomontagen bringen. Trotzdem dachte ich oft, daß dafür in den Staaten bessere Aussichten bestünden, als im recht konservativen England [...] Schade, daß Deine Talente in Europa nicht recht zur Geltung kommen [...] Wiel ist nicht gerade dick, wie [Stefan] Heym ihn darstellte, sagen wir: er ist etwas rundlich, doch voll Elan, wie stets [...] Er ist stolz auf seinen neuen Aurora Verlag; es ist wie vor 30 Jahren: der ganze Verlag in einem Zimmer [...]

Brief von George Grosz (New York) an John Heartfield (London), vom 4. 4. 1945, in: George Grosz, ›Briefe 1913–1959‹, hrg. v. Herbert Knust, Reinbek 1979, S. 348–349 (dieser Brief wurde nicht abgeschickt).

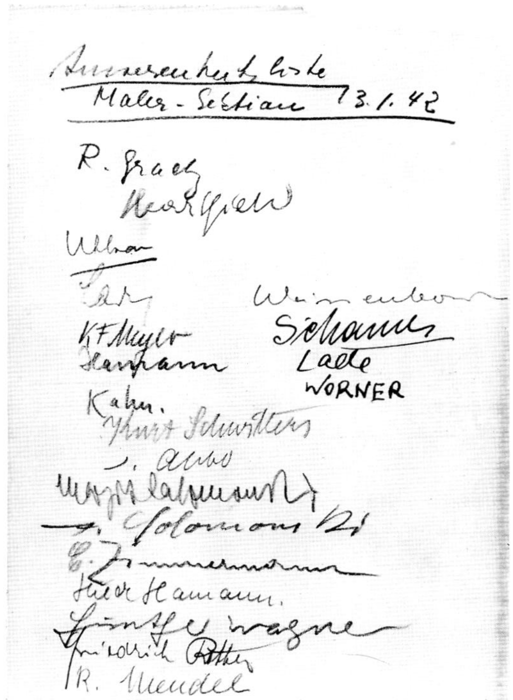

Anwesenheitsliste der Malersektion des Freien Deutschen Kulturbundes vom 13. 1. 1942. Zweite Unterschrift von oben: John Heartfield. Heinz-Worner-Archiv, Berlin

1945 wäre auch ich und meine Lebensgefährtin gerne nach Deutschland zurückgekehrt, aber mein Arzt, Dr. Otto Manasse, ein Sympathisierender und Mitglied des Kulturbundes, erklärte mich für reiseunfähig und informierte auch davon die Parteileitung. Ich litt damals an einem Leiden, das sich in sehr heftigen Schmerzen im Kopf und in den Augen äußerte und zeitweise zu Ohnmachtsanfällen und Sehstörungen führte. [...] In London unter der Einwirkung meiner vorübergehenden Internierung und der wiederholten Bombardierung der Stadt verschlechterte sich mein Zustand zusehends. [...] Durch die ruhige Lebensweise und die ständige ärztliche Behandlung besserte sich allmählich mein Zustand und ich gedachte Ende 1948 meine Rückreise in die Wege zu leiten, da konnte ich plötzlich nur mit Mühe und großen Schmerzen gehen. Ich glaubte zunächst, ebenso wie mein Arzt, es handele sich um einen besonders heftigen Rückfall von Rheumatismus, an dem ich im ersten Jahr meines Londoner Aufenthaltes litt, der aber dann verschwunden war. Ein paar Tage später konnte ich überhaupt nicht mehr gehen und es stellte sich heraus, daß ich mir die Wirbelsäule ausgerenkt hatte, und daß ein Wirbelknochen meinen Gehnerv verletzt hatte. Über drei Monate lag ich unfähig zu gehen, dann besserte sich allmählich der Zustand. Ich fühlte mich daher in der Lage, Ende 1949 eine Aufforderung, nach Deutschland zurückzukehren, bejahend zu beantworten. Die im Anschluß daran unternommenen Schritte beanspruchten über 8 Monate.

Lebenslauf, Leipzig 1950.

London 5. Mai 1945

Mein lieber guter Wiez[1],
mit grösster Freude erfüllten uns Deine lieben Briefe und alle anderen Sendungen. Ich bin so glücklich über jede liebe Zeile von Dir und Alles was Du uns sendest. Ich erhielt Deinen langen Brief, geschrieben am Ostersonntag 1945, mit den [dem] grossartigen Artikel über die beiden letzten Bücher unseres geliebten Böff[2], das Verlagscircular über Subscription, den nach altem erprobtem Muster so hübschgemachten Produktionsplan 1945 und mit späterer Post kam nun noch das grosse schöne Foto von Georgi[3], welches mir eine Riesenfreude machte und – Deine herrliche Erzählung ›Meine erste Begnadigung‹. Es ist wirklich sehr schwer für mich auf all dies so zu antworten, wie ich gar zu gerne möchte, denn es fehlt mir weniger noch an Zeit als an Kraft, nach des Tages reichhaltiger Arbeit, in später Abendstunde ausführlich und nach meines Herzens Bedürfnis zu antworten. Somit bitte ich Dich gleich am Anfang dieses Briefes mir zu verzeihen, wenn er etwas summarisch ist und zu kurz. Wenn ich aber warte bis ich genügend Musse finde, so zu schreiben, wie es wohl sein müsste und ich so gerne will, dann würde dies Antwortschreiben zu spät zu Dir gelangen. Nun sind alle Gründe, die ich glaubte für mein allzulanges Schweigen zu haben restlos verflogen. Ich brauche Dir wohl nicht erst zu sagen, dass es selbstverständlich niemals persönliche waren. Es fiel mir manchmal überaus schwer, mein Schweigen zu halten, da ich annehmen musste, dass Du es Dir nicht erklären kannst, und hinterher es kaum zu erklären ist. Ich möchte auch jetzt noch mit Erklärungen darüber warten, bis zu einem gelegeneren Zeitpunkt. Eines nur will ich kurz sagen: ›Zeit und Umstände‹ liessen es mich ratsam erscheinen und dann konnte ich den Bann kaum mehr brechen. Das sei alles darüber für heute – und bitte nehme es nicht übel, in keiner Weise, bitte, mein heissgeliebter guter Bruder Wiez. Und vergiss nicht zusammen mit Dir erst bin ich ein Ganzes. Das war immer von frühester Jugend an.

Nun in Kürze zu Deinen [Deinem] Brief vom Ostersonntag:

Der Doppelregenbogen und Dein spontaner Ausruf: »Der Friede« war wirklich zeitgemäss. Es war der Friede den der Doppelregenbogen anzeigte. Die heutige Feuereinstellung in Holland, Dänemark und in Nordwestdeutschland ist doch schon das komplet[t]e Ende. Der Aufstand in der Czechoslowakei, die sicherlich nicht allzulange Befreiung Norwegens ist der Schlusspunkt der militärischen vollkommenen Erledigung dieses scheus[s]lichen Reiches.

Ja, Wiez auch für Deutschland kann und wird zum erstenmal in seiner düsteren Geschichte der Frühling möglich. Es wird ein kleines Deutschland notwendigerweise sein, aber es kann, und wir sind wohl alle uns sicher darüber, auf jeden Fall [ein] reineres Deutschland, und ein besseres sein, d. h. nach schwerer langer Arbeit und harten Kämpfen.

Die ›Heusses‹[4] werden noch viel zu schaffen machen. Niemals dürfen sie das Heft wieder in die Hand bekommen. Ich bin fest überzeugt, dafür wird Sorge getragen werden, allein schon Russland wird danach drängen, fort und fort. –

Worte, oder zu welcher Zeit wir Sätze aussprechen, mag allzuoft uns dünken lassen, als ob wir nicht »gleich fühlten und dächten«, als wir es in Wahrheit wirklich, wirklich tun. Meine Weitschweifigkeit und eine gewisse Flatterhaftigkeit und die Schwerfälligkeit, mich precise [präzise] zu erklären, tragen daran die Schuld. Aber ich war mir stets und bin mir immer bewusst gewesen, dass wir mehr gleich fühlen und denken, als ich oft dachte, es Dir bewusst ist. Daher freue ich mich besonders von Dir bestätigt erhalten zu haben, dass Du, gleich mir, Dir bewusst bist, dass wir immer gleich fühlten und dachten. Dies macht mich überaus glücklich. Es schmerzt mich, dass Du veranlasst durch mein so endlos langes Schweigen, in so einer harten Zeit, Dir Sorgen über mich machtest und ich bitte Dich inniglichst um Verzeihung, dass ich sie Dir machte. Sei wieder gut und verzeihe mir wirklich, denn bedenke ich liebe Dich über alles.

Ja, ja Wiez, grösser als ihre unaussprechlichen Verbrechen ist die Dummheit der Burschen, die noch in ihrer letzten Minute die blöden, widerlichen Schweine sind, die sie eben sind. Denk zum Beispiel nur an den Herrn General v. Kleist[5], der mit 25 gepackten Koffern sich in die amerikanische Gefangenschaft heimlich drückte. Von allen anderen ganz zu schweigen. Ich stimme vollkommen mit Dir überein: Als Du ›The Beginning of the End‹ schriebst und Du richtig bereits erkann[tes]t, was ist. Schliesslich eine der

1 Wieland Herzfelde (1896–1988), Schriftsteller und Verleger, Bruder von John Heartfield.

2 George Grosz (1893–1959), Maler und Grafiker. Der Mitbegründer der Berliner Dada-Bewegung hatte Heartfield 1915 kennengelernt.

3 George F. Wyland (geb. 1925, lebt in Zürich), Sohn von Wieland Herzfelde.

4 Heinrich Heuß, Buchhändler; Helene Heuß (geb. Stolzenberg), Putzmacherin. Die Familie nahm 1905 beide Brüder auf und ermöglichte Heartfield eine Lehre als Buchhändler. Die ›Heuße‹ wurden für Helmuth und Wieland zum Inbegriff des Spießbürgertums.

5 Ewald von Kleist (1881–1954), Generalfeldmarschall und Oberbefehlshaber der Wehrmacht (Heeresgruppe A) von 1942–1944 an der deutsch-sowjetischen Front.

6 Erwin Piscator (1893–1966), Regisseur und Theaterleiter. In den Jahren der Weimarer Republik waren Piscator und Heartfield freundschaftlich verbunden. Ein Höhepunkt ihrer gemeinsamen Arbeit war die Produktion des Schauspiels ›Tai Yang erwacht‹ (1931) von Friedrich Wolf.

7 Gertrud Heartfield, geb. Fietz (1910–1983), kaufmännische Angestellte. Seit 1939 Lebensgefährtin von John Heartfield. 1952 wurde sie die dritte Ehefrau des Künstlers.

8 Eva Grosz, geb. Peter (1896–1960), Malerin, Frau von George Grosz.

9 Gertrud Herzfelde, geb. Bernheim (1902–1970), Hausfrau, Frau von Wieland Herzfelde.

10 Tom Heartfield (geb. 1918), Schriftsetzer, Sohn aus erster Ehe Heartfields mit Helene Balzer. Lebt seit 1938 in den USA.

11 Mit der Kriegserklärung Großbritanniens an Deutschland (3. 9. 1939) veränderte sich die Lage der in England lebenden Emigranten grundsätzlich. Neben der Novellierung des Fremdengesetzes, welches u. a. die vorläufige Internierung von Flüchtlingen ermöglichte, nahm auch die Überwachung der Tätigkeit von Ausländern durch das Home Office (Innenministerium) zu. In diesem Zusammenhang ist auch die Tätigkeit des British Postal Censor (britische Postzensur), die sich aus den verständlichen Sicherheitsinteressen des Landes bis Kriegsende ergaben, zu sehen.

12 ›Meine erste Begnadigung‹ ist Teil der autobiografischen Erzählungen von Wieland Herzfelde, die unter dem Titel ›Immergrün. Merkwürdige Erlebnisse und Erfahrungen eines fröhlichen Waisenknaben‹ erschienen (Aurora-Bücherei/Aufbau-Verlag, 1949). In dem an Heartfield übersandten Manuskript werden die Erlebnisse Herzfeldes an der deutsch-französischen Westfront des Jahres 1914 geschildert. Es enthält auch einen Absatz, in dem er das Verhältnis beider Brüder zueinander beschreibt: »Für ihn war, wie für mich, die Kunst das einzige, was dem Leben Wert und Sinn verlieh. [...] Er war maßlos im Haß und in der Liebe. Mich liebte er. Er liebte mich nicht nur, wie je ein älterer seinen jüngeren Bruder geliebt hat. Ich war auch sein vertrautester Freund, und manche meiner Gedichte konnte er auswendig. Den Bruder, den werdenden Dichter zu beschützen war sein fanatischer Wille.«

wichtigsten unserer Aufgaben. Darnach zu handeln selbstreden[d] eingeschlossen. Von Piscator[6] hielt ich schon seit ziemlich langer Zeit kaum mehr viel, trotz ›Erfolge[n]‹ in N.[ew] Y.[ork]. So wunderte ich mich nicht allzu arg über seine wankelmütige Haltung und das Aufgeben seiner Zusage Dein Stück aufzuführen. Aber es hat mich tief erzürnt. Ich kenne ihn – man brauch[t] mir nichts erzählen von ihm. Adieu Erwin! Die Menschen bleiben sich doch, (mit geringen Ausnahmen mag sein) nach einer gewissen Entwicklungslaufbahn, im Guten und im Schlechten die Gleichen. Und darüber zürne ich ihnen meist nicht. Doch über gewisse folgerichtigen [folgerichtige] Leistungen, nun ja, muss man erbost werden. Es könnte so leicht schöner und besser sein! Welche tiefe grosse Freude ist es da doch in das liebe gute Gesicht unseres Böffs zu blicken. Meine gute Kameradin Tutti[7] (und meine unermüdliche Helferin) sagte als sie Böffs Bild in dem Aurora-Katalog sah at once: »Was für ein guter Mensch! Welch gutes Gesicht!« Ich war so tief gerührt, dass ich stumm blieb. Ja, ich wie Du, wir wissen, es ist: der alte Böff! Was wir auch miteinander für »quarrel« [Querelen] haben mögen, nichts kann unsere Einigkeit brechen. Seid »Einig, Einig, Einig!« mag Böff höhnen, nichts kann ändern, in Vielem werden wirs wohl scheinbar nie sein, im Ganzen sind wir['s] stets.
Grüsse mir George innigst, und vergiss mir ja seine und unsere Maud[8] nicht und seine beiden grossen Söhne. Verüble mir bitte nicht, dass ich in diesem Brief nur flüchtig Trude[9] danke für alles was sie Liebes meinen [meinem] Tom[10] tat. Um den Zensor nicht zu überlasten, muss ich diesen Brief schon in zwei Teilen an Dich absenden. Da mit gleicher Post ein Brief an Trude und Georgi abgeht, wirst Du in diesem über meine Dankbarkeit für Trude und meine Freude über Georgi lesen und Dich versichern können, dass [ich mich] überaus glücklich [...] fühle, zu wissen, dass es Ihnen gut geht. Dennoch möchte ich kurz beide innigst auch hiermit grüssen. Dass Euer Sohn, und vergiss nicht mein Neffe, Georgi so ein guter Sohn Dir ist und so tüchtig, erfüllt mich mit grosser Freude und grossem Stolz. Ich freue mich auch sehr, dass er so ein schöner Mann ist, ich darf es doch wohl, nicht wahr?! In Deinem Brief, geschrieben am Ostersonntag lag kein Bild von ihm, dafür aber der hier beigelegte Zettel from the British Postal Censor[11], dass das beigefügte Bild, von dem Du im Brief schreibst, fehlte.
Ich schliesse nun. Vergiss nicht: dies ist eine Hälfte meines Briefes. Die andere folgt, mit den Ausführungen über den Produktionsplan, über meine Meinung, dass ich den Titel: ›Krieg im Frieden‹ für mein Buch [für] viel besser halte als ›Der Faschistenspiegel‹ und warum ich dieser Meinung bin. Dann darüber, dass ich Deine ›Erste Begnadigung‹[12] grossartig finde und mir heiss wünsche, Du wirst mehr Zeit zum Schreiben finden können, trotz aller Arbeitsüberlastung. Mit gleicher Post sende ich Dir auch die Überset-

Links, v. l. n. r.: Berthold Viertel, Oskar Kokoschka, Fred Uhlmann, die führenden Mitglieder des Freien Deutschen Kulturbundes in England. London, Frühjahr 1939

Mitte: London, 1 Jacksons Lane. Haus von Heartfields Freund und behandelndem Arzt, Dr. Otto Manasse, bei dem Heartfield von 1940–1950 lebte

Rechts: Gertrud Fietz und John Heartfield. Vermutlich in Blackwater, 1947

13 Walter Thedd (1907–?), Schauspieler, Übersetzer. In den vierziger Jahren zeitweilig freier Mitarbeiter von BBC London als Rundfunksprecher.

14 Eva Herzfeld (geb. 1920, lebt in Rotterdam), Hausfrau, Tochter aus der ersten Ehe Heartfields mit Helene Balzer.

15 Helene Balzer (1890–1949), Lehrerin. 1917 Heirat mit Heartfield. Aus der Ehe stammen die beiden Kinder Tom und Eva. Helene Balzer lebte von 1932–1945 gemeinsam mit der Tochter Eva in Rotterdam.

16 Felix Weil (1898–1975), Gesellschaftswissenschaftler und Ökonom. Der mit Wieland Herzfelde bekannte Wissenschaftler war 1929 Mitarbeiter des Malik-Verlages und der Piscator-Bühne.

17 Hertha Herzfeld (1893–1958), Hutmacherin, Schwester von John Heartfield.

18 Charlotte Herzfeld (1897–1973), Kunstgewerblerin, Schwester von John Heartfield.

zung von ›The fathe[r's] face‹, die der englische Schauspieler Walter Thedd[13] auf meine Bitte hin, übersetzen liess, da ich sie hier gerne so gedruckt wissen wollte, was aber nicht gelang. Die Übersetzung ist nach dem ersten (kürzeren) Manuskript, das Du mir sandtest, leider gemacht. Ich habe keine Abschrift, so hebe sie bitte gut auf. –
Nun, da Rotterdam frei, endlich frei ist, übrigens fast auf den Tag seit fünf Jahren, wirst Du sicher mir in jeder Weise sofort helfen, die Ungewissheit über den Verbleib unserer Eva[14], des einzigen Mädchens im jüngsten Zweig unserer Familie, zu beenden. Ihr und Lenas[15] Schicksal erfüllte und erfüllt mich mit tiefer Unruhe. Kannst Du nicht in meinem Namen Lix[16] bitten, sogleich in R'[otter]dam Nachforschungen über beider Verbleib anstellen zu lassen, sollte er noch Verbindung dahin haben. Selbstverständlich versuche ich von hier aus sogleich alles was möglich ist zu tun, schnellstens Sicherheit zu bekommen, über Beider Schicksal. Hilf mir Wiez dabei u.[nd] sei innigst geküsst und gegrüsst

von Deinem John

Tutti grüsst Dich u.[nd] die Deinen auch herzlichst.
An Herta[17] u.[nd] Lotte[18] denke ich so oft. Den Herzfeld-Mädchen war die Zeit nicht gut.

Brief von John Heartfield (London) an Wieland Herzfelde (New York), vom 5. 5. 1945. Akademie der Künste zu Berlin, Herzfelde-Archiv.

Sehr geehrter Herr Böhm,
Besten Dank für Ihr Schreiben vom 7. October [Gründungstag der DDR!] dies[es] Jahres. – Sie werden wohl verstehen, dass es mir von hier aus schwer fällt, eine Entscheidung zu treffen. Meine Wünsche gehen selbstverständlich dahin, wenn wieder in der Heimat zurück, meine künstlerischen Fähigkeiten dort einzusetzen, wo sie sich am nützlichsten für die Sache auswirken. Dass ich dies nur mit Ihrer gütigen Hilfe, der des Ministeriums für Volksbildung und der meiner Freunde in Deutschland herausfinden werden kann, steht für mich fest, denn ohne die dortigen Notwendigkeiten genau zu kennen, lässt sich dies nicht entscheiden.
Ich wäre nicht abgeneigt, einen Lehrstuhl für Grafik an der Kunsthochschule in Dresden zu übernehmen, würde aber vorziehen, einen solchen in Leipzig auszufüllen, sollte dazu eine Möglichkeit bestehen. Meiner schlechten Gesundheit wegen möchte ich von Berlin absehen. [. . .]

Mit besten Wünschen verbleibe ich
Ihr sehr ergebener [John Heartfield]

Brief von John Heartfield (London) an die Deutsche Verwaltung für Volksbildung in der Sowjetischen Besatzungszone, [Georg?] Böhm (Berlin), vom 6. 11. 1949.

1950–1968

Ende August verließ ich England und kehrte mit meiner Frau nach Deutschland zurück und lebe seither in der D.D.R. Lebenslauf, Berlin 1956.

Ich betätige mich als freischaffender Künstler. Ich arbeite mit meinem Bruder Professor Wieland Herzfelde zusammen. Meine Druckarbeiten und Montagen sind von nun an stets ›Heartfield Herzfelde‹ gezeichnet. Lebenslauf, Leipzig 1951.

[. . .] Da H. stets mit mir zusammengearbeitet hat und infolge seiner schlechten Gesundheit besonderen Wert darauf legt, beabsichtigt er künftig seine Arbeiten wie folgt zu zeichnen: Werkstatt: H & H.

Brief von Wieland Herzfelde (Leipzig) an die Deutsche Akademie der Künste, Gerhard Pommeranz-Liedtke (Berlin), vom 30. 10. 1950. Akademie der Künste zu Berlin, Zentrales Akademie-Archiv, Bestand: Sektion Bildende Kunst, Sign. 266.

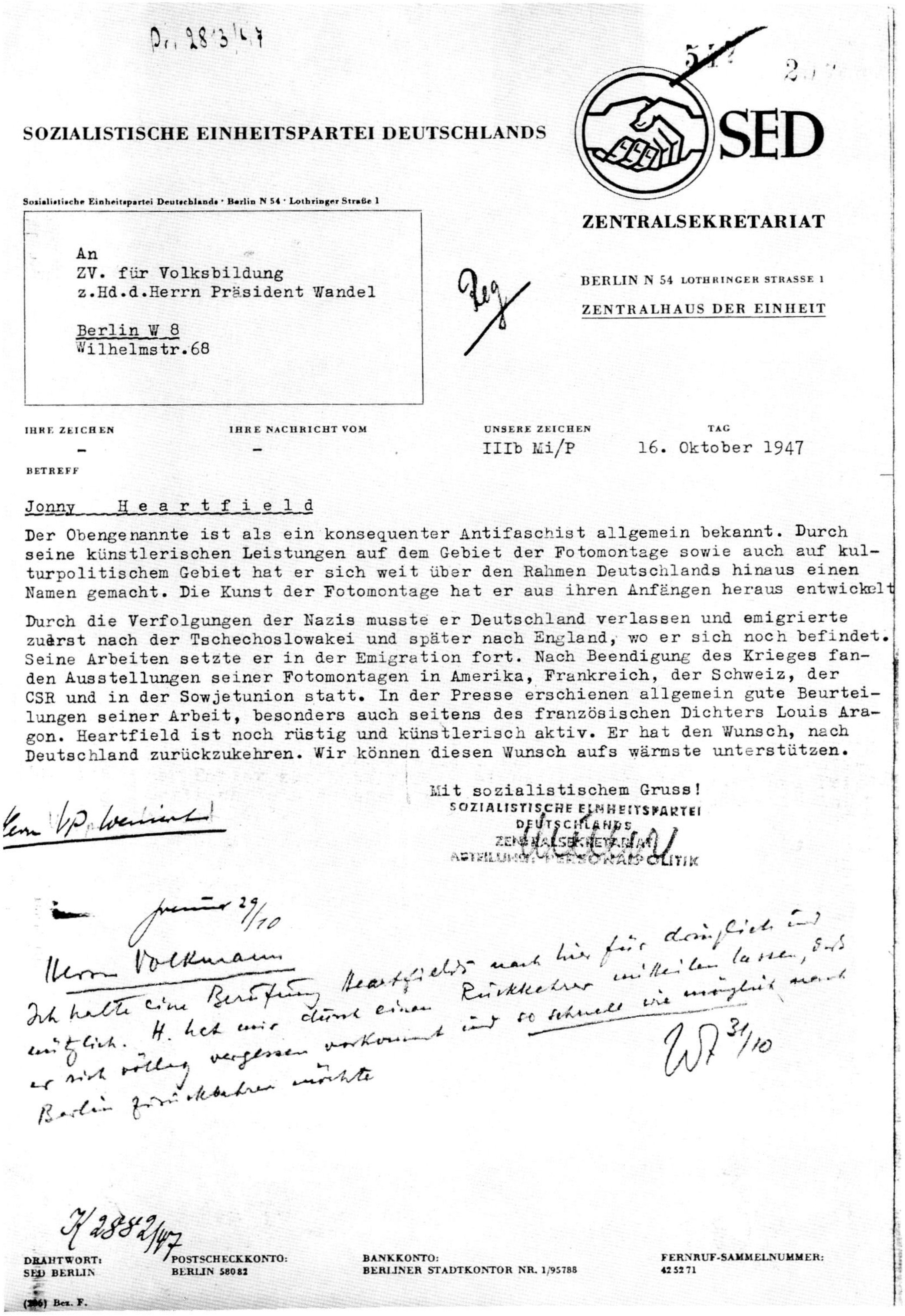

SOZIALISTISCHE EINHEITSPARTEI DEUTSCHLANDS

SED

ZENTRALSEKRETARIAT

Sozialistische Einheitspartei Deutschlands · Berlin N 54 · Lothringer Straße 1

An
ZV. für Volksbildung
z.Hd.d.Herrn Präsident Wandel

Berlin W 8
Wilhelmstr.68

BERLIN N 54 LOTHRINGER STRASSE 1

ZENTRALHAUS DER EINHEIT

IHRE ZEICHEN	IHRE NACHRICHT VOM	UNSERE ZEICHEN	TAG
-	-	IIIb Mi/P	16. Oktober 1947

BETREFF

Jonny Heartfield

Der Obengenannte ist als ein konsequenter Antifaschist allgemein bekannt. Durch seine künstlerischen Leistungen auf dem Gebiet der Fotomontage sowie auch auf kulturpolitischem Gebiet hat er sich weit über den Rahmen Deutschlands hinaus einen Namen gemacht. Die Kunst der Fotomontage hat er aus ihren Anfängen heraus entwickelt.

Durch die Verfolgungen der Nazis musste er Deutschland verlassen und emigrierte zuerst nach der Tschechoslowakei und später nach England, wo er sich noch befindet. Seine Arbeiten setzte er in der Emigration fort. Nach Beendigung des Krieges fanden Ausstellungen seiner Fotomontagen in Amerika, Frankreich, der Schweiz, der CSR und in der Sowjetunion statt. In der Presse erschienen allgemein gute Beurteilungen seiner Arbeit, besonders auch seitens des französischen Dichters Louis Aragon. Heartfield ist noch rüstig und künstlerisch aktiv. Er hat den Wunsch, nach Deutschland zurückzukehren. Wir können diesen Wunsch aufs wärmste unterstützen.

Mit sozialistischem Gruss!
SOZIALISTISCHE EINHEITSPARTEI DEUTSCHLANDS
ZENTRALSEKRETARIAT
ABTEILUNG PERSONALPOLITIK

DRAHTWORT:	POSTSCHECKKONTO:	BANKKONTO:	FERNRUF-SAMMELNUMMER:
SED BERLIN	BERLIN 58082	BERLINER STADTKONTOR NR. 1/95788	425271

Brief des Zentralsekretariats der SED vom 16. 10. 1947 an die Zentralverwaltung für Volksbildung betreffs Heartfields Rückkehr. Bundesarchiv, Abteilungen Potsdam, Bestand: R 2, Akte Nr. 1090, Bl. 207.

Wegen Verbindung zu Mitarbeitern der von Noel Field geschaffenen USC [Unitarian Service Committee] in London kann John Heartfield aus Sicherheitsgründen nicht in die Partei aufgenommen werden.

Dokument zum Parteiwiederaufnahmeverfahren Heartfields vom 19. 3. 1951. Institut für Geschichte der Arbeiterbewegung, Berlin, Zentrales Parteiarchiv, Sign. 2/4/457.

Mitgliedsausweis der Deutschen Akademie der Künste für John Heartfield, Berlin 1957

Wir entwarfen gemeinsam die ersten 10 Bände der Fortschrittlichen Bibliothek Deutscher Schriftsteller, das Plakat für Brecht's Schauspiel ›Die Mutter‹ und seiner Bearbeitung von ›Biberpelz und Roter Hahn‹, desgleichen die Filmprojektionen für die Aufführung von Brecht's ›Die Mutter‹ und ein Plakat für den ›Ersten Deutschen Kultur-Kongreß‹ in Leipzig. Wir führten auch die typographischen Anordnungen für eine Schriftenreihe der Deutschen Akademie, Berlin und Drucksachen des Deutschen Theaters, Berlin, aus. Zur Leipziger Frühjahrsmesse 1951 fertigte ich eine zwei Meter große Fotomontage gegen die Remilitarisierung für den Stand des Leipziger Friedens Komitees in Halle 10 an. Gleich nach meiner Rückkehr nach Deutschland im vorigen Herbst meldete ich mich bei der Partei.

Lebenslauf, Leipzig 1951.

[...] Johnnie spricht ohne Hemmungen von seinen Schwierigkeiten; er habe, da der Partei gegenüber absolute Offenheit Pflicht ist, dem Genossen Joos berichtet, daß er zwar nicht den Agenten Noel Field kannte, wohl aber dessen Bruder, den Zahnarzt, der ihm einst zwei Zähne plombierte; jetzt habe man ihn sozusagen ins Abseits gestellt, auf Zeit nur, dessen sei er sicher, bis sich die völlige Unschuld des Zahnarztes erwiesen.

Wieland Herzfelde und John Heartfield. Berlin, um 1952

John Heartfield, Berlin 1951

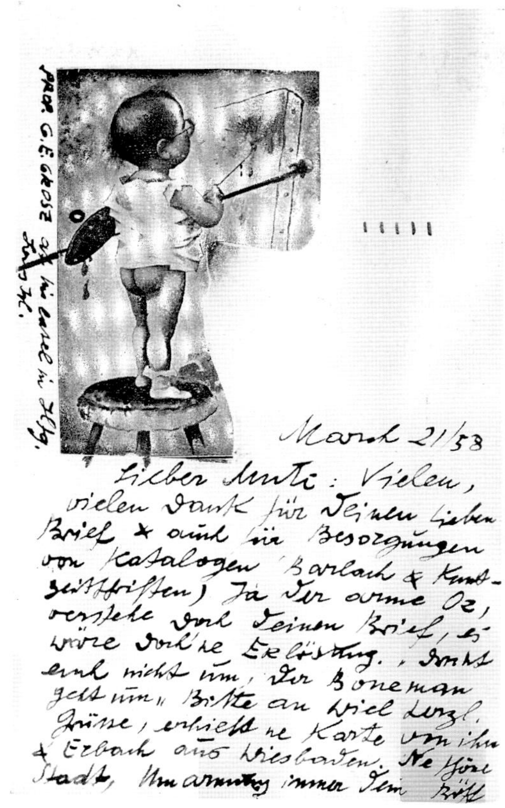

Karte von George Grosz (New York) an John Heartfield (Berlin), vom 21.3. 1958. – Abdruck mit freundlicher Genehmigung von Peter M. Grosz, The Estate of George Grosz, Princeton, N.J.

John Heartfield, Berlin 1958

Wieland enthält sich jeden Kommentars zu seines Bruders von Hoffnung und Vertrauen getragenen Worten [. . .].

Stefan Heym, ›Nachruf‹, Berlin 1990, S. 544–545. Vgl. auch Georg Hermann Hodos, ›Schauprozesse: Stalinistische Säuberungen in Osteuropa 1948–54‹, Berlin 1990, S. 57–65.

Bereits im vorigen Jahr wurde in einigen Sitzungen der Akademie der Vorschlag gemacht, Herrn John Heartfield *[i. O. gesperrt] zum Mitglied der Akademie zu wählen.*
Damals wurde beschlossen, erst seine Anwesenheit in Deutschland abzuwarten. In diesen Tagen wurde wieder der Vorschlag ernsthaft erhoben und noch folgendermassen unterstrichen: John Heartfield wird im Juni 60 Jahre. Seine Bedeutung für die Entwicklung der revolutionären Plakatkunst ist international anerkannt. Dazu käme, dass John Heartfield im Augenblick schwer erkrankt ist und ohne jede finanzielle Hilfsquelle nur auf seinen Bruder angewiesen ist.
Ich bitte um Stellungnahme der Partei, ob die Zuwahl John Heartfield's möglich ist oder nicht.

Mit sozialistischem Gruss (Engel)

Rudolf Engel (Berlin, Akademie der Künste) an das Zentralkomitee der SED, Kulturabteilung (Berlin), vom 9. 5. 1951. Akademie der Künste zu Berlin, Zentrales Akademie-Archiv, Bestand: Präsidium, Sign. OM 34.

[. . .] »Sagen Sie, wissen Sie vielleicht, was aus John Heartfield geworden ist?« Diese Frage, die sich wie die Anfangszeile eines Dedektivschmökers liest, war durchaus berechtigt. Ist es doch beinahe, als wäre einer der größten und originellsten Künstler unserer Zeit spurlos verschwunden – spurlos verschwunden bei uns, in der DDR! [. . .]
John Heartfield ist im Ausland wohlbekannt. In der Sowjetunion und in Amerika sind seine Werke mit Riesenerfolg ausgestellt worden. Nur nicht in der DDR – warum eigent-

Links: John Heartfield in seinem Arbeitsraum in der Deutschen Akademie der Künste zu Berlin am Pariser Platz, um 1960

Rechts, v. l. n. r.: John Heartfield mit den Prager AIZ-Retuscheuren Hübner und Hnizdo im Berliner Verlag zur Feier anläßlich seines 70. Geburtstages, Berlin 1961

lich? Gibt es etwa Leute, die meinen, Heartfields Fotomontagen seien ›Formalismus‹, weil Rückgrate aus Goldstücken nicht existieren? Ist das der Grund dafür, daß er nicht ermutigt wird, seine Fotomontagen fortzusetzen? [...]
Ich glaube, daß John Heartfield, seinem Werk und der Größe seiner Kunst entsprechend, in die Akademie gehört. [...]
Und schließlich glaube ich, es wäre gut und angebracht, wenn jene Körperschaften, die mit der Vergebung des Nationalpreises zu tun haben, John Heartfield ernsthaft dafür in Betracht zögen.
Nationalpreise werden in der Regel für ein Buch, ein Theaterstück, einen Film verliehen. Aber hier liegt ein ganzes Lebenswerk vor. Hier ist ein Künstler, der zeit seines Lebens bewiesen hat, was er kann und wo er steht. [...]

Stefan Heym, ›Offen gesagt‹, in: *Berliner Zeitung*, 10, 135, 13. 6. 1954, S. 2.

[...] Der Verband Bildender Künstler hat Johnny zum Nationalpreis vorgeschlagen. Diesmal scheint der Stein ins Rollen gekommen zu sein. Wollen mal sehen, ob es wie das Hornberger Schiessen ausgeht. [...]

Brief von Gertrud Heartfield (Leipzig) an Bertolt Brecht (Berlin), vom 31. 7. 1954.

Ich bin Mitglied des Verbandes Bildender Künstler im Kulturbund z. d. E. D. [zur demokratischen Erneuerung Deutschlands] Leipzig, des Friedens Komitees, Leipzig und [der] Gesellschaft für Deutsch-Sowjetische Freundschaft, Leipzig.

Lebenslauf, Berlin 1951.

Ich [...] fertigte Buchausstattungen, desgleichen Bühnenausstattungen. Die Bühnenausstattung ›Das Glockenspiel des Kreml‹ des Berliner Ensembles, ›Fučik‹ des Deutschen Theaters, Arno Holz' ›Sozialaristokraten‹, Sean O'Casey[s] ›Harfe und Gewehr‹ und David Bergs ›Mutter Riba‹ in den Kammerspielen sind von mir.

Lebenslauf, Berlin 1956.

Lieber Genosse Matern,
Ich bitte Dich gleichzeitig im Namen meiner Ehefrau, mit der Prüfungskommission die Frage unserer Parteimitgliedschaft zu behandeln.
Ich bin am 31. 12. 1918 in Berlin in die K.P. eingetreten, meine Frau Gertrud, geb. Fietz, gleichfalls in Berlin, Ende 1932. Nachdem wir im August 1950 aus

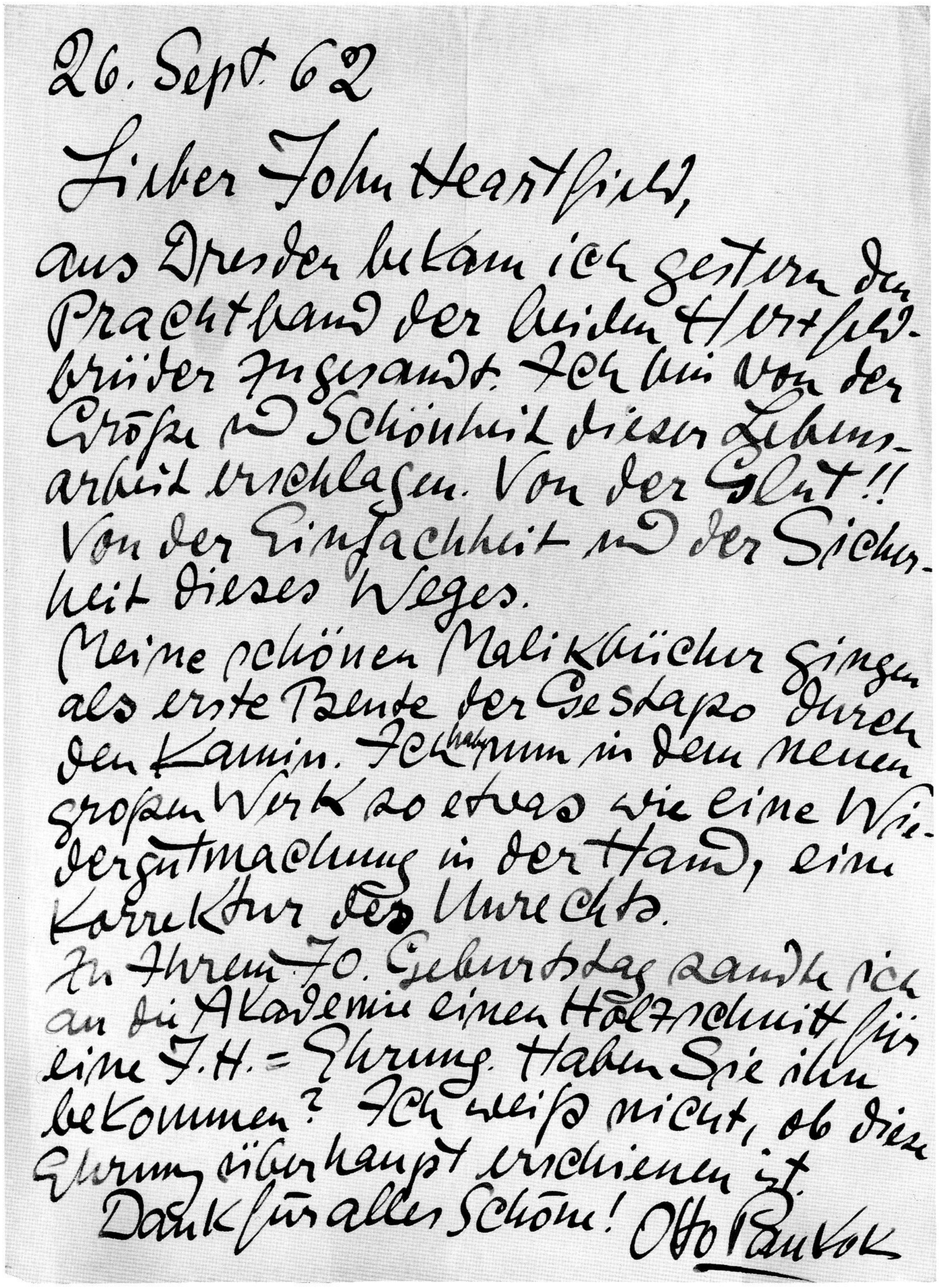
26. Sept. 62
Lieber John Heartfield,
aus Dresden bekam ich gestern den Prachtband der beiden Heartfieldbrüder zugesandt. Ich bin von der Größe und Schönheit dieser Lebensarbeit erschlagen. Von der Glut!! Von der Einfachheit und der Sicherheit dieses Weges.
Meine schönen Malikbücher gingen als erste Beute der Gestapo durch den Kamin. Ich habe nun in dem neuen großen Werk so etwas wie eine Wiedergutmachung in der Hand, eine Korrektur des Unrechts.
Zu Ihrem 70. Geburtstag sandte ich an die Akademie einen Holzschnitt für eine J.H. = Ehrung. Haben Sie ihn bekommen? Ich weiß nicht, ob diese Ehrung überhaupt erschienen ist.
Dank für alles Schöne! Otto Pankok

Brief von Otto Pankok (o.O.) an John Heartfield (Berlin) vom 26. 9. 1962. – Abdruck mit freundlicher Genehmigung von Eva Pankok, Otto-Pankok-Museum, Hünxe-Drevenack

England zurückgekehrt waren, meldeten wir uns in unserem Wohnbezirk in Leipzig bei der Grundorganisation unseres Wohnbezirkes wegen Aufnahme in die SED. Einige Zeit darauf sprachen wir im Parteihaus in Berlin vor, aber unser Antrag wurde abgelehnt. Näheres geht aus unseren Lebensläufen und unseren Akten hervor.
Wir waren selbstverständlich bestrebt, nach wie vor als Kommunisten zu handeln. – In der Hoffnung, daß Du unserer Bitte entsprechen kannst,

mit sozialistischem Gruß!
[John Heartfield]

Brief von John Heartfield (Berlin) an die Sozialistische Einheitspartei Deutschlands, Zentralkomitee, Hermann Matern (Berlin), vom 15. 6. 1956.

John Heartfield und Olga Tretjakowa, Frau des Autors der ersten Heartfield-Monografie, Sergei Tretjakow, der 1939 Opfer der stalinistischen Säuberungspolitik wurde. Moskau 1958

Dem Antrag des Genossen Helmut Herzfeld (John Heartfield) auf Wiederherstellung seiner Parteimitgliedschaft wird zugestimmt. Die Mitgliedschaft in der Partei der Arbeiterklasse gilt ab 31. 12. 1918 als ununterbrochen.
Begründung:
Der Beschluß vom 19. 3. 1951 ist unter den heutigen Gesichtspunkten nicht mehr richtig. Seit seiner Rückkehr aus der Emigration im Jahre 1950 ist Genosse Heartfield auch als Parteiloser im Sinne der Partei tätig gewesen.
Berlin, den 12. 7. 1956

Dokument zum Parteiwiederaufnahmeverfahren Heartfields vom 14. 7. 1956. Institut für Geschichte der Arbeiterbewegung, Berlin, Zentrales Parteiarchiv, Sign. 2/4/457.

[. . .] Als wir dann in die DDR kamen und die Brüder versuchten, gemeinsam künstlerisch weiter zu arbeiten, war das nicht gangbar. Die Emigrationsjahre mit den unterschiedlichsten Erlebnissen beiderseits in verschiedenen Ländern hatten verschiedene Menschen geformt. [. . .] Johnny war über diesen Zustand sehr unglücklich und verzweifelt, konnte ihn aber nicht verändern, er war ein anderer geworden. Oft verheimlichte er, was er arbeitete oder womit er beschäftigt war, nur um nicht bevormundet zu werden [. . .].

Links: Gertrud und John Heartfield, Berlin 1967

Rechts: Berliner Wohnung John Heartfields, aufgenommen nach seinem Tod 1968

Dann war Johnnies Krankheit – seine beiden Herzinfarkte und die anschließende Zeit mit seinen häufigen Krankenhaus-Aufenthalten [. . .].
Aber dann wurde John durch seine Freunde Brecht, Uhse und Hermlin, die einen langen Kampf durchführten, in die Akademie gewählt [1956]. Von jetzt an hatte John ein Eigenleben. Mit seinen Ausstellungen begann es [. . .].

Brief von Gertrud Heartfield (Berlin) an den Direktor der Akademie der Künste der DDR, Heinz Schnabel (Berlin), o. J. [1972].

Daß Heartfield ein großer Künstler war, wird heute kaum noch einer bestreiten – obwohl ich meine, daß nur wenige sagen können, warum er das war. Das ist und war immer eine sehr diffizile Frage. Daß dieser John Heartfield sein ganzes Können, das auf der großen europäischen Tradition aufgebaut war, in den Dienst der Tagespolitik gestellt hat, ist keine diffizile, sondern eine interessante Frage. Es gab für ihn in einem bestimmten historischen Moment keine wichtigere Sache als den Sozialismus. Nachdem er das erkannt hatte, war die Sache für ihn einfach – aber schwer zu machen. [. . .] Heartfield war – von weitem gesehen – ein einfacher Mensch. Von Nahem gesehen ein komplizierter – besser: ein Mensch mit einer immensen Spannweite. Er war ein Weiser und ein Kind. Ein entsetzlicher, kläubelnder Pedant und ein Künstler mit dem großen Wurf. Ein Liebender und ein Hassender. [. . .]
Die Welt und unser Leben scheinen sehr kompliziert. Heartfield machte sie durchschaubar. Sein Bruder half ihm dabei. Seine Frau ermöglichte es. [. . .]

Trauerrede zu Heartfields Tod von Werner Klemke (Sekretär der Sektion Bildende Kunst der Deutschen Akademie der Künste), vom 30. 4. 1968. Abgedruckt in: *Mitteilungen der Deutschen Akademie der Künste zu Berlin,* 6, 4, 1968, S. 2–3.

John Heartfield auf dem Gertraudenfriedhof, Güstrow 1962

Katalog der ausgestellten Werke

Vorbemerkung

Die Werkliste folgt sinngemäß der Ausstellung. Sie beginnt mit reproduzierten Arbeiten der ›Ersten Internationalen Dada-Messe‹, Berlin 1920. Helen Adkins hat hierfür einen Raumausschnitt nachempfunden und die Nrn. 1–60 erstellt. Es folgen die Werke des ›Heartfield-Raumes‹ aus der Internationalen Werkbundausstellung ›FILM UND FOTO‹, Stuttgart 1929, der erstmals für diese Ausstellung von Elisabeth Patzwall rekonstruiert wurde. Im entsprechenden Verzeichnisteil (Nrn. 61–172) ist angegeben, welche Arbeiten der Stuttgarter Ausstellung jetzt als Reproduktionen gezeigt werden, weil die originalen Werke verschollen oder nicht mehr auszustellen sind.
Die Nrn. 173–424 umfassen (in chronologischer Reihenfolge) Zeitungen und Zeitschriften, Buchumschläge und -einbände, Plakate und Theaterarbeiten in Form von Entwürfen (z. B. Fotomontagen, Zeichnungen) und/oder die originalen Drucke oder Reproduktionen.
Die Werkangaben für die Nrn. 61–424 wurden von Elisabeth Patzwall auf der Grundlage des von ihr 1990 abgeschlossenen und bisher unveröffentlichten Werkverzeichnisses erarbeitet. Die Arbeiten sind sämtlich Eigentum des John-Heartfield-Archivs der Akademie der Künste zu Berlin, auf dessen Bestand die Inventarnummern verweisen.
Bei den Maßangaben steht Höhe vor Breite. Die Fotomontagen sind mit wenigen Ausnahmen auf Pappe gearbeitet; die Maße hierfür und für alle anderen Arbeiten gelten – wenn nicht anders vermerkt – für die Papp- oder Blattgröße, *nicht* für die Bildausschnitte. Nachfolgende Abkürzungen werden im Ausstellungsverzeichnis benutzt:

AIZ	Arbeiter-Illustrierte-Zeitung
Bd.	Band
bez.	bezeichnet
f., fec.	fecit (hat es gemacht)
Hrg.	Herausgeber
Inv.-Nr.	Inventarnummer
l.	links
mont.	montiert
Nachf.	Nachfolger
Nr.	Nummer
o.	oben
o. J.	ohne Jahr
o. S.	ohne Seitenzahl
r.	rechts
Rs.	Rückseite
S.	Seite
S. M.	Seine Majestät
u.	unten
unbez.	unbezeichnet
VI	Volks-Illustrierte

1–60 Dada-Raum, 1920

Diese konzentrierte Zusammenstellung einer Auswahl von Werken, die 1920 auf der ›Ersten Internationalen Dada-Messe‹ in der Berliner Galerie von Dr. Otto Buchard gezeigt wurden, beruht auf den Recherchen, die 1988 zu der historischen Rekonstruktion des ersten Raumes der Dada-Messe führten (siehe Ausstellungskatalog ›Stationen der Moderne‹, Berlinische Galerie, Berlin 1988). Die Werkauswahl und die ›dadaistische Hängung‹ versuchen wesentliche Schwerpunkte der Messe, die Beteiligung Heartfields sowie seinen Freundeskreis vorzustellen. Es werden ausschließlich Reproduktionen, Rekonstruktionen und Faksimiledrucke gezeigt. Viele der Werke sind verschollen und können nur in dieser Form ausgestellt werden. Die Dadaisten selbst legten keinen Wert auf den Begriff ›Originalkunstwerk‹; 1920 zeigten sie Originale und Reproduktionen gleichberechtigt nebeneinander. Nach ihren eigenen Worten ging es um die »Pflicht, zeitlich und örtlich das gegenwärtige Geschehen zum Inhalt ihrer Bilder zu machen, weswegen sie (...) die illustrierte Zeitung und die Leitartikel der Presse als Quelle ihrer Produktion ansehen«.
Die Autorenangaben und Werktitel richten sich nach den Angaben des Ausstellungsverzeichnisses von 1920. Die sämtlich verschollenen Schriftplakate waren in der ursprünglichen Werkliste nicht aufgeführt. Sie sind höchstwahrscheinlich das Ergebnis fruchtbarer Abenddiskussionen zwischen den Veranstaltern der Dada-Messe, dem ›Dadasophen‹ Raoul Hausmann, dem ›Monteurdada‹ John Heartfield und dem ›Marschall‹ G. Grosz. An dieser Stelle sei allen Mitarbeitern der historischen Rekonstruktion von ›Stationen der Moderne‹ nochmals gedankt – insbesondere Ariel Alvarez, Michael Sellmann, Henryk Weiffenbach und Hanns-Rudolf von Wild.

Helen Adkins

Wand 1

1 John Heartfield
Dadaphoto: Porträt des Dadasophen Raoul Hausmann, 1920/1988
Schwarzweißfoto, retuschiert und mit Schrift beklebt: »Nieder die Kunst« (Schwarze Tinte auf Papier)
105 × 86 cm
George Grosz, Raoul Hausmann, John Heartfield
Zwei Schriftplakate
Hochdruck (schwarze Tinte) auf Papier
›Sperren Sie endlich Ihren Kopf auf!‹, 1920/1988
38 × 86 cm
›Machen Sie ihn frei für die Forderungen der Zeit!‹, 1920/1988
29 × 86 cm
Rekonstruktion: Michael Sellmann und Henryk Weiffenbach (Foto); Michael Sellmann (Plakate)

2 Raoul Hausmann
Optophonetisches Gedicht (›kp'erioUM‹), 1919
Reproduktion in ›dadaco‹-Größe
32 × 24 cm
(›dadaco‹-Vorlage: Privatsammlung)

3 Raoul Hausmann
›Synthetisches Cino der Malerei‹, 1918
Reproduktion in ›dadaco‹-Größe
32 × 24 cm
(Originalmontage: Privatsammlung)

Wand 2

4 John Heartfield
Dadaphoto: Porträt des Monteurdada John Heartfield, 1920/1988
Schwarzweißfoto, retuschiert und mit Schrift beklebt: »Dada (ist) groß« (rote Tinte auf Papier), »und John Heartfield ist sein Prophet« (schwarze Tinte auf Papier)
135 × 86 cm
George Grosz, Raoul Hausmann, John Heartfield
Zwei Schriftplakate
Hochdruck (rote Tinte) auf Papier
›Nieder die Kunst‹
20 × 86 cm
›Nieder die bürgerliche Geistigkeit‹
30 × 86 cm
Rekonstruktion: Michael Sellmann und Henryk Weiffenbach (Foto); Michael Sellmann (Plakate)

5 George Grosz
›Der Schuldige bleibt unerkannt‹, 1919
Reproduktion
50,7 × 35,5 cm
(Originalcollage: Chicago, The Art Institute of Chicago)

6 Raoul Hausmann, John Heartfield
›Dadaco. Dadaistischer Handatlas‹, 1920
›Dada in den Schulen‹
Reproduktion
32 × 24 cm
(Original: Mailand, Arturo Schwarz)

7 Raoul Hausmann, John Heartfield
›Dadaco. Dadaistischer Handatlas‹, 1920
›Unser John‹
Reproduktion
32 × 24 cm
(Original: Mailand, Arturo Schwarz)

8 Raoul Hausmann, John Heartfield
›Dadaco. Dadaistischer Handatlas‹, 1920
›die Zementarbeiter ein!‹
Reproduktion
32 × 24 cm
(Original: Mailand, Arturo Schwarz)

9 Dadaphoto: Heartfield-Hausmann, 1920
Reproduktion
17 × 12,5 cm
(Verbleib des Originals unbekannt)

10 George Grosz, Raoul Hausmann, John Heartfield
Schriftplakat ›Wiertz: »Dereinst wird die Photographie die gesamte Malkunst verdrängen und ersetzen«‹, 1920/1988
Hochdruck (schwarze Tinte) auf grünem Papier; aufgeklebtes Foto (Selbstporträt von John Heartfield)
60 × 80 cm
Rekonstruktion: Michael Sellmann

11 John Heartfield
Druckbogen für die ›Kleine Grosz-Mappe‹, Juni 1917
Der Malik Verlag (4 Seiten)
Reproduktion (alle Seiten)
28,1 × 21,5 cm
(Originale: Berlin, Berlinische Galerie; Berlin, Heartfield-Archiv in der Akademie der Künste zu Berlin)

Wand 3

12 Max Ernst
›Staubgefäße und Marseillaise des dada Arp‹, 1919
Reproduktion
30,2 × 25 cm
(Original: Privatsammlung)

13 Hannah Höch
Zwei Dadapuppen, 1916/1988
Textilien, Pappe, Perlen
Höhe: ca. 60 cm
Rekonstruktion: Isabel Kork und Barbara Kugel
(Originale: Berlin, Berlinische Galerie, Hannah-Höch-Archiv)

14 George Grosz, Raoul Hausmann, John Heartfield
›Der dada 3‹, April 1920

Der Malik Verlag (16 Seiten)
Reproduktion
23,2 × 15,7 cm
(Original: Berlin, Heartfield-Archiv in der Akademie der Künste zu Berlin)

15 John Heartfield
›Neue Jugend‹, Wochenausgabe Nr. 2, Juni 1917
Der Malik Verlag (4 Seiten)
Reproduktion
64 × 49,5 cm

Wand 4

16 John Heartfield
Dadaphoto: Porträt des Propagandada Marschall G. Grosz, 1920/1988
Schwarzweißfoto, retuschiert
105 × 80 cm
George Grosz, Raoul Hausmann, John Heartfield
Zwei Schriftplakate
Hochdruck (schwarze Tinte) auf Papier
›Dada ist die willentliche Zersetzung‹
34 × 80 cm
›der bürgerlichen Begriffswelt‹
18 × 80 cm
Rekonstruktion: Michael Sellmann und Henryk Weiffenbach (Foto); Michael Sellmann (Plakate)

17 George Grosz, Raoul Hausmann, John Heartfield
Schriftplakat ›Dada steht auf Seiten des revolutionären Proletariats‹, 1920/1988
Hochdruck (rote Tinte) auf Papier
60 × 75 cm
Rekonstruktion: Michael Sellmann

18 ›Grosz-Heartfield‹
Einband der politischen Mappe von George Grosz ›Gott mit uns!‹, 1920
Der Malik Verlag (Mappe mit neun Lithografien)
Reproduktion
49,2 × 32,8 cm
(Original: Berlin, Heartfield-Archiv in der Akademie der Künste zu Berlin)

19 John Heartfield
Einband für ›Deutschland muß untergehen‹ von Richard Huelsenbeck, 1920
Der Malik Verlag (13 Seiten)
Reproduktion
23 × 15,5 cm
(Original: Berlin, Heartfield-Archiv in der Akademie der Künste zu Berlin)

20 John Heartfield
›Leben und Treiben in Universal City, 12 Uhr 5 mittags‹, 1919
Reproduktion
ca. 57 × 71 cm
(Original verschollen)
wie Nr. 15
Reprint 1967 (Rückseite)
56 × 45 cm (Originalmaße: 64 × 49,5 cm)

21 George Grosz, Raoul Hausmann, John Heartfield
Schriftplakat ›Dada ist politisch‹, 1920/1988
Hochdruck (rote Tinte) auf Papier
55 × 80 cm
Rekonstruktion: Michael Sellmann

Wand 5

22 George Grosz
›Herr Krause‹
Reproduktion
55 × 32 cm
(Verbleib des Originals unbekannt)

23 Hannah Höch
›Schnitt mit dem Küchenmesser Dada durch die letzte weimarer Bierbauchkulturepoche Deutschlands‹, 1919
Reproduktion
114 × 90 cm
(Original: Berlin, SMPK, Nationalgalerie)

24 Raoul Hausmann
›Die Schieberger‹, 1920
Reproduktion
31,5 × 23 cm
(Original verschollen)

25 Raoul Hausmann
›Der Kunstreporter‹, 1919
Reproduktion
31,7 × 25,4 cm
(Original: London, The Trustees of the Tate Gallery)

Wand 6

26 Johannes Alberts
›A. Preiss †, der erste wahre unvergeßliche Obermusikdada in seiner Szene »dadaistischer Holzpuppentanz«‹, 1919
Reproduktion
30,5 × 14 cm
(Original verschollen)

27 Raoul Hausmann
›Tatlin lebt zu Hause‹, 1920
Reproduktion
41 × 28 cm
(Original 1967 verschollen)

28 Raoul Hausmann
›Ein altes Meisterwerk‹, 1920/1988
19 × 23,5 cm
Rekonstruktion: Michael Sellmann

Wand 7

29 George Grosz, Raoul Hausmann, John Heartfield
Schriftplakat ›Dada ist gegen den Kunstschwindel der Expressionisten‹, 1920/1988
Hochdruck (schwarze Tinte) auf Papier
65 × 75 cm
Rekonstruktion: Michael Sellmann

30 ›Grosz-Heartfield mont.‹
›Dada-merika‹, 1919
ca. 64 × 48,5 cm
(Originalmontage verschollen)

31 Raoul Hausmann
›Porträt eines Dienstmannes (Dr. Anselm Ruest)‹, 1919
Reproduktion
26,5 × 21 cm
(Original: Privatsammlung)

32 Raoul Hausmann, John Heartfield
›Dadaco. Dadaistischer Handatlas‹, 1920
›Karawane‹
Reproduktion
32 × 24 cm
(Original: Mailand, Arturo Schwarz)

33 Raoul Hausmann, John Heartfield
›Dadaco. Dadaistischer Handatlas‹, 1920
›Hausmann – bürger Deetse‹
Reproduktion
32 × 24 cm
(Original: Mailand, Arturo Schwarz)

34 Raoul Hausmann, John Heartfield
›Dadaco. Dadaistischer Handatlas‹, 1920
›anlogo blago bung‹
Reproduktion
32 × 24 cm
(Original: Mailand, Arturo Schwarz)

35 Raoul Hausmann, John Heartfield
›Dadaco. Dadaistischer Handatlas‹, 1920
›Meliorismus‹
Reproduktion
32 × 24 cm
(Original: Mailand, Arturo Schwarz)

36 Francis Picabia
›OEIL ROND, Buschmannzeichnung‹, 1920
Reproduktion
40 × 31 cm
(Original verschollen)

37 Johannes Baader
›Gutenberggedenkblatt‹, 1920
Reproduktion
35 × 49 cm
(Original: Paris, Musée National d'Art Moderne, Centre Georges Pompidou)

38 John Heartfield
Einband für ›Phantastische Gebete‹ von Richard Huelsenbeck, 1920
Der Malik Verlag (31 Seiten)
Reproduktion
26 × 18 cm
(Original: Zürich, Kunsthaus Zürich)

39 George Grosz
›Mißachtung eines Meisterwerkes von Botticelli‹, 1920/1988
17,5 × 27 cm
Rekonstruktion: Michael Sellmann

40 George Grosz, Raoul Hausmann, John Heartfield
Schriftplakat ›Dada kann Jeder‹, 1920/1988
Hochdruck (schwarze und rote Tinte) auf Papier
55 × 60 cm
Rekonstruktion: Michael Sellmann

41 Francis Picabia
›Muscles Brillants‹, 1919
Reproduktion
22,8 × 18 cm
(Original verschollen)

42 Otto Schmalhausen
›High School Course in Dada‹, 1920
Reproduktion
11,9 × 15,4 cm
(Original: Berlin, Berlinische Galerie, Hannah-Höch-Archiv)

43 George Grosz
›Der »Sträfling« Monteur John Heartfield nach Franz Jungs Versuch ihn auf die Beine zu stellen. 1920‹

Reproduktion
41,9 × 30,5 cm
(Original: New York, Museum of Modern Art)

44 John Heartfield
Einband für ›Dada siegt‹ von Richard Huelsenbeck, 1920
Der Malik Verlag (40 Seiten)
Reproduktion
22 × 13 cm
(Original: Berlin, Heartfield-Archiv in der Akademie der Künste zu Berlin)

45 George Grosz
›Porträt des Dichters vom Kurfürstendamm Wieland Herzfelde. 1920‹
Reproduktion
29,5 × 23 cm
(Original verschollen)

46 George Grosz, Raoul Hausmann, John Heartfield
Schriftplakat ›Ich kann ohne Essen und Trinken leben, aber nicht ohne DADA. Marschall G. Grosz. – Ich auch nicht. John Heartfield. – Auch ich nicht. Raoul Hausmann‹, 1920/1988
Hochdruck (schwarze und rote Tinte) auf grünem Papier
50 × 70 cm
Rekonstruktion: Michael Sellmann

47 John Heartfield
›Neue Jugend‹, Wochenausgabe, Nr. 1, Mai 1917
Der Malik Verlag (4 Seiten)
Reproduktion
64 × 49,5 cm

48 Rudolf Schlichter
›Phänomen-Werke‹, 1920
Reproduktion
61,7 × 46,6 cm
(Original: Privatsammlung)

49 George Grosz, Raoul Hausmann, John Heartfield
Schriftplakat ›Dada ist das Gegenteil von Lebensfremdheit‹, 1920/1988
Hochdruck (schwarze Tinte) auf Papier
32 × 40 cm
Rekonstruktion: Michael Sellmann

50 George Grosz, Raoul Hausmann, John Heartfield
Schriftplakat ›Dilettanten erhebt Euch gegen die Kunst‹, 1920/1988
Hochdruck (schwarze und rote Tinte) auf Papier
65 × 80 cm
Rekonstruktion: Michael Sellmann

51 Otto Dix
›45 % erwerbsfähig!‹, 1920
Reproduktion
ca. 165 × 245 cm
(Original um 1938 zerstört)

52 George Grosz
›Ein Opfer der Gesellschaft‹, 1919
Reproduktion
49 × 39,5 cm
(Original: Paris, Musée National d'Art Moderne, Centre Georges Pompidou)

53 George Grosz
›Galerie deutscher Mannesschönheit, Preisfrage »Wer ist der Schönste?«‹, 1919
Reproduktion
27,5 × 36 cm
(Original verschollen)

54 George Grosz, Raoul Hausmann, John Heartfield
Schriftplakat ›Nehmen Sie Dada ernst, es lohnt sich!‹, 1920/1988
Hochdruck (schwarze Tinte) auf orangefarbenem Papier
55 × 70 cm
Rekonstruktion: Michael Sellmann

Wand 8

55 George Grosz
›Deutschland, ein Wintermärchen‹, 1917
Reproduktion
ca. 215 × 132 cm
(Verbleib des Originals unbekannt)

Wand 9

56 Georg Scholz
›Bauernbild‹, 1920
Reproduktion
98 × 70 cm
(Original: Wuppertal, Von-der-Heydt-Museum)

57 Dadaist Walter Serner, 1920
Fotografie (Reproduktion)
21,2 × 17,2 cm
(Original verschollen; Negativvorlage: Heidelberg, Walter-Serner-Archiv)

58 George Grosz, Raoul Hausmann, John Heartfield
Schriftplakat ›Die Kunst ist tot. Es lebe die neue Maschinenkunst Tatlins‹, 1920/1988
Hochdruck (schwarze Tinte) auf orangefarbenem Papier
60 × 80 cm
Rekonstruktion: Michael Sellmann

Im Raum

59 ›Grosz-Heartfield mont.‹
›Der wildgewordene Spießer Heartfield (Elektro-mech. Tatlin-Plastik)‹, 1920/1988
Schneiderpuppe, Revolver, Klingel, Messer, Gabel, ›C‹, ›27‹, Gebiß (Gips), Schwarzer Adlerorden (bestickter Pferdedeckenorden), Osram-Glühbirne (Osram-Rekonstruktion von 1988 des Modells von 1920), Eisernes Kreuz
Sockel: 90 × 45 cm; Figur: 130 cm hoch
Rekonstruktion: Michael Sellmann
Berlin, Berlinische Galerie

60 ›Heartfield-Schlichter mont.‹
›Preußischer Erzengel (Deckenplastik)‹, 1920/1988
Schweinekopf aus Papiermaché, Offiziersuniform, Bauchbinde »Vom Himmel hoch, da komm ich her«, Schild »Um dieses Kunstwerk vollkommen zu begreifen, exerziere man täglich zwölf Stunden mit vollgepacktem Affen und feldmarschmäßig ausgerüstet auf dem Tempelhoferfeld.«
ca. 180 cm hoch
Rekonstruktion: Isabel Kork, Michael Sellmann
Berlin, Berlinische Galerie

61–172 Rekonstruktion des Heartfield-Raumes aus der Internationalen Werkbundausstellung ›FILM UND FOTO‹, Stuttgart 1929

Der Katalog der Ausstellung ›FILM UND FOTO‹ enthielt kein detailliertes Verzeichnis der Heartfieldschen Arbeiten, wahrscheinlich, weil ihre Auflistung allein bereits den Umfang des Kataloges gesprengt hätte. Mit diesem Verzeichnis kann jetzt nach über sechzig Jahren Heartfields umfangreicher Beitrag zur Werkbundschau präzise dokumentiert werden (siehe auch den Beitrag, S. 294 ff., in diesem Band).
Elisabeth Patzwall

Wand A

61 ›Erste Internationale Dada-Messe‹, Berlin 1920
Katalog-Titelseite
31,2 × 38,5 cm
unbez.
Nachdruck

62 ›Neue Jugend, Wochenausgabe Nr. 2, Prospekt zur Kleinen Grosz-Mappe‹
Der Malik-Verlag, Berlin-Südende, Juni 1917, Titelseite
64 × 51,5 cm
unbez.
Reprint (verkleinert)

63 wie Nr. 61
2. und 4. Seite
Reproduktionen

64 ›Der dada 3‹
Der Malik-Verlag, Abteilung Dada, Berlin 1920
Titelseite (2x), 8. und 9. Innenseite
je 23,2 × 15,7 cm
Die Titelseite bez. u. l.: ›John Heartfield mont.‹
Inv.-Nr. 4877, 1459

65 *oben:*
›Dada-merika‹
Collage, 1919
26 × 19 cm
bez. u. l.: ›dada-merika/Grosz-Heartfield mont.‹
Reproduktion (Original verschollen)

66 *unten:*
wie Nr. 64
2. und 3. Innenseite
je 23,2 × 15,7 cm
bez. im Impressum: ›Drucktechnische Anordnung: John Heartfield‹
Inv.-Nr. 4877

67 ›Nieder! Nieder! Nieder!‹
Plakat(?), Mitte 20er Jahre
Reproduktion
(Original verschollen)

68 ›An Alle!
10 Jahre Sowjet-Union 1917–1927‹
Vereinigung Internationaler Verlagsanstalten, Berlin 1927
Entwurf für Zeitschriftenrückseite
Fotomontage mit rotem Papier

49,6 × 39,2 cm
unbez.
Inv.-Nr. 876

69 W. I. Lenin
›Rede über die Revolution von 1905‹
Verlag für Literatur und Politik, Wien 1925
Entwurf für Buchumschlag
Fotomontage, Schrift
27,5 × 17,8 cm
unbez.
Inv.-Nr. 1424

70 ›Illustrierte Geschichte der Russischen Revolution‹
Neuer Deutscher Verlag, Berlin 1927
Prospekt-Titelseite
29 × 22,5 cm
bez. u. l.: ›Heartfield‹
Inv.-Nr. 1562

71 ›Wählt Liste 5. Mai 1928. Kampfruf: Wählt Kommunisten!‹
›Die Kämpferin‹, Berlin, Nr. 4/5, 1928
(ursprünglich Entwurf für Titelseite, verschollen)
Titelseite
31,9 × 23,7 cm
unbez.
Inv.-Nr. 2392

72 ›Leben und Treiben in Universal-City, 12 Uhr 5 mittags‹
Collage, 1919
Reproduktion
(Original verschollen)

73 Upton Sinclair
›Jimmie Higgins‹
Gustav Kiepenheuer Verlag, Potsdam 1923 (11.–15. Tsd.)
Entwurf für Titelseite und Rücken
Fotomontage mit rotem Papier, Schrift
19,4 × 17 cm
bez. u. l.: ›Heartfield‹
Inv.-Nr. 592

74 Wladimir Majakowski
›150 Millionen‹
Malik-Verlag, Berlin 1924
Malik-Bücherei, Bd. 5
Entwurf für Bucheinband
Reproduktion
(Original verschollen)

75 Upton Sinclair
›100%‹
Malik-Verlag, Berlin 1921
Rote Roman-Serie, Bd. 2
Entwurf für Bucheinband, 1. Fassung
Reproduktion
(Original verschollen)

76 Oskar Maria Graf
›Frühzeit‹
Malik-Verlag, Berlin 1922
Rote Roman-Serie, Bd. 5
Entwurf für Bucheinband
Fotomontage mit rotem Papier, Schrift
22,5 × 15,5 cm
unbez.
Inv.-Nr. 566

77 Maxim Gorki
›Märchen der Wirklichkeit‹
Malik-Verlag, Berlin 1928
Buchumschlag
19 × 12,5 cm
unbez.
Inv.-Nr. 5167

78 Upton Sinclair
›Samuel der Suchende‹
Malik-Verlag, Berlin 1924
Buchumschlag
19 × 27,7 cm
unbez.
Inv.-Nr. 1584

79 Franz Jung (Hrg.)
›Jack London. Ein Dichter der Arbeiterklasse‹
Verlag für Literatur und Politik, Wien 1924
Entwurf für Bucheinband
Fotomontage mit rotem Papier, ausgeschnittene Schrift
25,8 × 19,3 cm
bez. u. l.: ›Heartfield‹
Inv.-Nr. 567

80 ›Platz dem Arbeiter! Erstes Jahrbuch‹ [des Malik-Verlages]
Malik-Verlag, Berlin 1924
Einbandpapier
23,5 × 31,5 cm
unbez.
Inv.-Nr. 5167 (Nachdruck)

81 Franz Jung
›Die Eroberung der Maschinen‹
Malik-Verlag, Berlin 1923
Entwurf für Bucheinband
Fotomontage, Schrift
22,2 × 16,5 cm
unbez.
Inv.-Nr. 564

82 Maxim Gorki
›Der 9. Januar‹
Malik-Verlag, Berlin 1926
Malik-Bücherei, Bd. 20
Entwurf für Bucheinband
Fotomontage, Schrift
19,2 × 26,1 cm
unbez.
Inv.-Nr. 4500

83 ›Der Fall Sacco und Vanzetti‹
Vereinigung Internationaler Verlagsanstalten, Berlin 1927
Entwurf für Heftumschlag
Fotomontage mit Schrift
23,7 × 15,5 cm
bez. u.l.: ›Heartfield‹
Inv.-Nr. 595

84 Wilhelm Uhde
›Die Freundschaften Fortunas‹
Rudolf-Kaemmerer-Verlag, Dresden 1927
Bucheinband
19,5 × 12,5 cm
unbez.
Reproduktion

85 Franz Jung
›Arbeitsfriede‹
Malik-Verlag, Berlin 1922
Rote-Roman-Serie, Bd. 4
Buchumschlag
19,1 × 12,7 cm
unbez.
Reproduktion

86 Upton Sinclair
›Die Goldene Kette‹
Malik-Verlag, Berlin 1928
Entwurf für Buchumschlag-Titelseite
Fotomontage mit rotem Papier und der Reproduktion einer Zeichnung von George Grosz
34,2 × 23 cm
unbez.
Inv.-Nr. 1761

87 Heinrich Wandt
›Erotik und Spionage in der Etappe Gent‹
Agis-Verlag, Wien/Berlin 1928
Entwurf für Buchumschlag, 1. Fassung
Fotomontage
20,9 × 17,8 cm
unbez.
Inv.-Nr. 2234
(Rückseite als Reproduktion)

88 wie Nr. 87
Buchumschlag, 2. Fassung
(nach Eingriff der Zensur)
18,6 × 27,5 cm
unbez.
Reproduktion

89 Richard Huelsenbeck
›Afrika in Sicht‹
Wolfgang-Jess-Verlag, Dresden 1928
Buchumschlag
20,3 × 28,8 cm
Die Titelseite bez. u.l.: ›John Heartfield‹
Reproduktion

90 ›Die Arena. Das Sportmagazin‹
Arena-Verlag, Berlin, Heft 1, Januar 1927
Entwurf für Titelseite
Fotomontage mit rotem Papier
25,2 × 18,5 cm
bez. u.l.: ›Heartfield‹
Inv.-Nr. 1425

91 ›Die Arena. Das Sportmagazin‹
Arena-Verlag, Berlin, Heft 2, Februar/März 1927, Titelseite
24,5 × 17 cm
bez. u.l.: ›John Heartfield‹
Inv.-Nr. 2954

92 ›Eros. Das Buch der Leidenschaft und der Liebe‹
Rudolf-Kaemmerer-Verlag, Berlin 1925
Buchumschlag
22,3 × 30 cm
Die Titelseite bez. u.l.: ›Heartfield‹
Reproduktion

93 John Pepper
›Der Generalstreik und der Generalverrat in England‹
Verlag Carl Hoym Nachf., Hamburg/Berlin 1925
Entwurf für Bucheinband
Reproduktion
(Original verschollen)

94 Alexander Fadejew
›Die 19‹
Verlag für Literatur und Politik, Wien/Berlin 1928
(ursprünglich Entwurf für Buchumschlag, verschollen)
Buchumschlag
19,8 × 28,8 cm

Die Rückseite bez. u.l.: ›Heartfield‹
Inv.-Nr. 1695

95 ›Das Neue Rußland. Zeitschrift für Kultur, Wirtschaft und Literatur‹
Neuer Deutscher Verlag, Berlin, Heft 3/4, Mai 1927
Entwurf für Titelseite
Fotomontage mit farbigen Papieren, ausgeschnittener und Pinselschrift
24,6 × 18,4 cm
bez. u.l.: ›Heartfield‹
Inv.-Nr. 1100

96 ›Das neue Rußland. Zeitschrift für Kultur und Wirtschaft‹
Berlin, Heft 1/2, März 1927, Titelseite
Reproduktion

97 ›Das Neue Rußland. Zeitschrift für Kultur, Wirtschaft und Literatur‹
Berlin, Heft 5/6, Juli 1927, Titelseite
Reproduktion

98 ›Das Neue Rußland. Zeitschrift für Kultur, Wirtschaft und Literatur‹
Berlin, Heft 3/4, Mai 1927, Titelseite
Reproduktion

99 Upton Sinclair
›König Kohle‹
Malik-Verlag, Berlin 1925
Entwurf für Buchumschlag
Foto-Schrift-Montage
19,8 × 29 cm
unbez.
Inv.-Nr. 597

100 ›Rasputin, die Romanows, der Krieg und das Volk, das gegen sie aufstand‹
›Blätter der Piscatorbühne‹, Berlin, Nr. 1, Januar 1928
Entwurf für Programmheft-Titelseite
Fotomontage mit farbigem Papier
25 × 17,2 cm
bez. u.l.: ›Heartfield‹
Inv.-Nr. 586

101 Upton Sinclair
›Der Sumpf‹
Malik-Verlag, Berlin 1924
(ursprünglich Entwurf für Buchumschlag, verschollen)
Buchumschlag
19 × 28,3 cm
Die Rückseite bez. u.l.: ›Heartfield‹
Inv.-Nr. 1621

Wand B

102 ›An Alle!
10 Jahre Sowjet-Union 1917–1927‹
Vereinigung Internationaler Verlagsanstalten, Berlin 1927
S. 1, 8
je 37 × 27 cm
bez. im Impressum: ›Gesamtanordnung: Heartfield‹
Inv.-Nr. 902

103 ›1/6 der Erde unser!
Wirtschaftliche und politische Tatsachen in Bildern aus der Sowjetunion‹
Verlag Die Einheit, Berlin 1928
Außenblatt
31 × 40 cm
Die Titelseite bez. u.l.: ›Heartfield‹
Inv.-Nr. 1213

104 wie Nr. 102
S. 14
Inv.-Nr. 3871
S. 15
Reproduktion

105 ›Italien in Ketten‹
Vereinigung Internationaler Verlagsanstalten, Berlin 1928
Titelseite: ›Das Gesicht des Faschismus‹
38 × 27 cm
bez. im Impressum: ›Bildanordnung und Typographie: John Heartfield‹
Inv.-Nr. 3869

106 wie Nr. 105
S. 4/5: ›Mussolini schafft »Ordnung!«‹
38 × 54 cm
Inv.-Nr. 3869

107 Klassenkampf gegen Koalition!
Rot Front im Roten Berlin!‹
›Die Rote Fahne‹, Berlin, Nr. 124, 27. 5. 1928, Titelseite
47 × 32 cm
bez. u.l.: ›John Heartfield‹
Inv.-Nr. 655

108 ›Keinen Mann, keinen Pfennig den imperialistischen Kriegsrüstungen!
Heraus zum Volksbegehren!‹
›Die Rote Fahne‹, Berlin, Nr. 239, 10. 10. 1928, Titelseite
47 × 32 cm
bez. o.r.: ›Heartfield‹
Inv.-Nr. 659

109 ›Schlagt zu! Zeichnet Euch ein!‹
›Die Rote Fahne‹, Berlin, Nr. 243, 14. 10. 1928, Titelseite
47 × 32 cm
bez. o.r.: ›Heartfield‹
Inv.-Nr. 4692

110 ›So weit waren wir schon!‹
›Der Knüppel‹, Berlin, Nr. 3, März 1926, 3. Seite
ca. 33 × 27 cm
unbez.
Inv.-Nr. 3910

111 ›13 Jahre Mord‹
Vereinigung Internationaler Verlagsanstalten, Berlin (1927),
Titelseite/S. 10; S. 6/7
je 26 × 18,5 cm
bez. im Impressum:
›Gesamtanordnung John Heartfield‹
Inv.-Nr. 4130, 1211

112 Erich Wollenberg
›Als Rotarmist vor München‹
Internationaler Arbeiter-Verlag, Berlin 1929
Entwurf für Bucheinband
Fotomontage mit rotem Papier, Schrift
25,2 × 34,6 cm
unbez.
Inv.-Nr. 575

113 wie Nr. 112
Bucheinband
18,5 × 12,5 cm
unbez.
Reproduktion

114 ›Wie eine Fotomontage entsteht‹
(am Beispiel der Montage zu Upton Sinclair, ›Nach der Sintflut‹)
Rekonstruktion
(Original verschollen)

115 Upton Sinclair
›Nach der Sintflut‹
(ursprünglich Reproduktion von Nr. 114, retuschiert)
Rekonstruktion
(Original verschollen)

116 Upton Sinclair
›Nach der Sintflut‹
Malik-Verlag, Berlin 1925
Buchumschlag
19 × 28 cm
unbez.
Inv.-Nr. 762

117 ›An Alle! 10 Jahre Sowjet-Union 1917–1927‹
Vereinigung Internationaler Verlagsanstalten, Berlin 1927, Titelseite
37 × 27 cm
bez. u.l.: ›Heartfield‹
Inv.-Nr. 687

118 ›Illustrierte Geschichte des Bürgerkrieges in Rußland 1917–1927‹
Neuer Deutscher Verlag, Berlin 1928
Entwurf für Buchumschlag
Fotomontage mit rotem Papier, Pinselschrift (Titelseite) und Druck (Rückseite)
25,3 × 18,6 cm (Titelseite)
33 × 25,8 cm (Rückseite)
bez. u.r.: ›Heartfield‹
Inv.-Nr. 1098

119 wie Nr. 118
Lieferungsumschlag
28,7 × 43,7 cm
bez. u.r.: ›Heartfield‹
Inv.-Nr. 1657

120 ›Song der Roten Matrosen‹
Entwurf für ›Kanonen gegen den Krieg‹, Berlin 1928, 4. Seite
Fotomontage, Federschrift
48,2 × 56,2 cm
unbez.
Inv.-Nr. 505

121 Fjodor Gladkow
›Zement‹
Verlag für Literatur und Politik, Wien/Berlin 1927
Bildvorlage
7,7 × 9,8 cm
Inv.-Nr. 563
Fotovergrößerung
18 × 13 cm
Inv.-Nr.1848
Retuschiertes Foto
18 × 12,8 cm
Inv.-Nr.1849
Buchumschlag
20 × 42,6 cm
bez. u.l.: ›John Heartfield‹
Inv.-Nr. 1608

122 ›. . . Zweierlei Rüstungen‹
Entwurf für ›Kanonen gegen den Krieg‹, Berlin 1928, 3. Seite
Fotomontage mit grauem Papier
48,3 × 64 cm
unbez.
Inv.-Nr. 525

123 ›O Tannenbaum, O Tannenbaum, dein Kleid soll uns was lehren.‹
›Die Kämpferin‹, Berlin, Nr. 12, 1928, Titelbild
22,2 × 19,4 cm
unbez.
Inv.-Nr. 1750

Wand C

124 ›Rot Front‹, 1927
Montagedetail, Andruck
25 × 16,7 cm
unbez.
Inv.-Nr. 1672

125 ›Jahrbuch für Politik – Wirtschaft – Arbeiterbewegung 1925/1926‹
Verlag Carl Hoym Nachf., Hamburg/Berlin 1926
Entwurf für Buchumschlag
Fotomontage mit rotem Papier, Pinselschrift
19 × 30 cm
Die Titelseite bez. u.l.: ›Heartfield‹
Inv.-Nr. 570

126 ›Illustrierte Geschichte der Deutschen Revolution‹
Internationaler Arbeiter-Verlag, Berlin 1929
Buchumschlag
29 × 21 cm
unbez.
Reproduktion

127 ›Illustrierte Geschichte der Russischen Revolution‹
Neuer Deutscher Verlag, Berlin 1928
Lieferungsumschlag
28,7 × 21,7 cm
bez. u.r.: ›John Heartfield‹
Inv.-Nr. 3048

128 Titel und Datierung unbekannt
(Zwei Hände zerbrechen ein Kruzifix)
vermutlich Entwurf für einen Buchumschlag
Reproduktion nach dem Ausstellungsfoto von 1929
(Original verschollen)

129 Nikolai Bucharin
›Probleme der chinesischen Revolution‹
Verlag Carl Hoym Nachf., Hamburg/Berlin 1927
Bucheinband
21,1 × 14,5 cm
bez. u.l.: ›Heartfield‹
Reproduktion

130 Johannes R. Becher
›(CH Cl : CH)$_3$ As (Levisite) oder Der einzig gerechte Krieg‹
Agis-Verlag, Wien/Berlin 1926
Entwurf für Bucheinband
Fotomontage mit farbigem Papier
31,5 × 45,5 cm
bez. u.l.: ›John Heartfield‹
Inv.-Nr. 1494

131 ›Mord an unseren Brüdern im Osten!
Sturm in Europa gegen die Henker Chinas‹
Plakat, 1927
63,8 × 47,5 cm
bez. u. l.: ›Heartfield‹
Reproduktion

132 Karl August Wittfogel
›Das erwachende China‹
Agis-Verlag, Wien 1926
Entwurf für Buchumschlag
Fotomontage mit farbigem Papier
37 ×51,5 cm
bez. u. l.: ›Heartfield‹
Inv.-Nr. 581

133 ›Proletarier aller Länder vereinigt Euch!‹
Titelbild für die Mai-Zeitung der KPD, 1927
Reproduktion
(Original verschollen)

134 ›5 Finger hat die Hand
Mit 5 packst Du den Feind!
Wählt Liste 5
Kommunistische Partei!‹
Wahlplakat der KPD, Mai 1928
63 × 48 cm und 85,5 × 59 cm
bez. o. l.: ›John Heartfield‹
Reproduktionen

135 ›Kanonen gegen den Krieg.
Der Krieg wirft seinen Schatten voraus!‹
Extrablatt der KPD, Berlin 1928
Entwurf für Titelseite
Fotomontage
63,2 ×48,2 cm
bez. u. r.: ›John Heartfield‹
Inv.-Nr. 422

136 Traugott Lehmann
›Die weiße Pest‹
Vereinigung Internationaler Verlagsanstalten, Berlin 1926
Entwurf für Buchumschlag-Titelseite
Fotomontage mit schwarzem und weißem Papier
48,2 × 36,4 cm
bez. u. l.: ›Heartfield‹
Inv.-Nr. 501

137 ›Hurra! Der Panzerkreuzer A ist da!‹
Extrablatt der KPD, Berlin 1928
Entwurf für Titelseite
Fotomontage, Schrift
61 × 48 cm
bez. u. r.: ›Heartfield‹
Inv.-Nr. 445

138 ›Arbeiterzeichnungen und Gedichte aus den Betrieben. Die Rationalisierung marschiert!‹
›Der Knüppel‹, Berlin, Nr. 2, Februar 1927, S. 5
oben links:
Entwurf für S. 5
Fotomontage, Deckfarbe
32 × 23,5 m
unbez.
Inv.-Nr. 865
unten rechts:
5. Seite
32 × 24 cm
bez. u. r.: ›John Heartfield fec.‹
Inv.-Nr. 3928

oben rechts/unten links:
Günter Reimann
›Das deutsche Wirtschaftswunder‹
Vereinigung Internationaler Verlagsanstalten, Berlin 1927
Bucheinband
23 × 15,7 cm
bez. u. l.: ›Heartfield‹
Reproduktionen

139 Traugott Lehmann
›Die weiße Pest‹
Vereinigung Internationaler Verlagsanstalten, Berlin 1926
Entwurf für Buchumschlag-Rückseite
Reproduktion
(Original verschollen)

Wand D

140 ›Grundlagen der neuen Welt‹
›Amerika, du hast es besser. . .!‹, ›Blätter der Piscatorbühne‹, Berlin, März 1928
Entwurf für S. 8/9
Fotomontage, retuschiert
32 ×46 cm
unbez.
S. 8/9
23 × 31 cm
unbez.
Inv.-Nr. 513

141 *oben:*
›Schöne Be-Scherung‹
›Der Knüppel‹, Berlin, Nr. 5, August 1927, vorletzte Seite
32 × 24 cm
bez. u. r.: ›fec. John Heartfield‹
Inv.-Nr. 676
unten links:
›Religiöser Sozialismus‹
›Der Knüppel‹, Berlin, Nr. 4, Juni 1927, 5. Seite
22,2 × 21,5 cm
bez. u. r.: ›Frei nach einem Filmbild aus Harald Lloyd »Der Sportstudent«. Von John Heartfield‹
Inv.-Nr. 677
unten rechts:
Entwurf für 5. Seite
Filmbild, retuschiert
22 × 20,5 cm
unbez.
Inv.-Nr. 2064

142 *oben:*
›Ungesühnte Mordverbrechen‹
›Der Knüppel‹, Berlin, Nr. 8, November 1926, o.S.
ca. 12 × 24 cm
unbez.
Inv.-Nr. 1543
Mitte:
›Generalprobe zum Leichenbegängnis des deutschen Reichstages‹
›Der Knüppel‹, Berlin, Nr. 7, Juli 1926, 2. Seite (Mitte)
ca. 19 × 24 cm
unbez.
Inv.-Nr. 3918
unten:
›Weg mit der Sorgenmaske!‹ Anzeige für ›Dr. Völkerbund's Wiederaufbau-Salz‹
›Der Knüppel‹, Berlin, Nr. 4, April 1926, 3. Seite (Detail)
ca. 9 × 24 cm
unbez.
Inv.-Nr. 3911

unten rechts:
Anzeigenentwurf
Fotomontage, retuschiert
12,2 × 15,4 cm
bez. u. l.: ›Heartfield‹
Inv.-Nr. 866

143 *oben:*
›Ein republikanischer Innenminister oder Zarentreu bis übers Grab‹
›Der Gummiknüppel‹, Berlin, Oktober 1926, 3. Seite
Retuschiertes Foto des Entwurfs
22,4 × 20,1 cm (Bild)
und
Entwurf für 3. Seite oben
Fotomontage
13,5 × 20,2 cm (Bild)
Inv.-Nr. 872
unten:
Detail der 3. Seite oben
ca. 11 × 14 cm
bez. o. r.: ›fec. John Heartfield‹
Inv.-Nr. 873

144 ›Für sein Schweigen‹
›Amerika, du hast es besser ...!‹, ›Blätter der Piscatorbühne‹, Berlin, März 1928, S. 10
23 × 15,5 cm
bez. u. l.: ›Heartfield‹
Inv.-Nr. 3283

145 ›Amerika, du hast es besser ...!‹, ›Blätter der Piscatorbühne‹, Berlin, März 1928
Entwurf für Titelseite
Fotomontage, Pinselschrift
32 × 24 cm
bez. u. l.: ›Heartfield‹
Inv.-Nr. 500

146 Ohne Titel
(Industrieller mit Monokel und Zylinder)
Entwurf für Bucheinband oder -umschlag-Titelseite, für den Verlag für Literatur und Politik, Wien/Berlin, ca. 1928
Fotomontage mit rotem Papier
22,1 × 15,5 cm
unbez.
Inv.-Nr. 1861

147 ›Kautski: Sozialismus in Sicht!‹
Fotomontage, 1928
Reproduktion nach dem Ausstellungsfoto von 1929
(Original verschollen)

148 ›Front Heil!‹
›Der Knüppel‹, Sondernummer: ›Der Klempnerladen‹, Berlin, Nr. 4, Juni 1927, Titelbild
32 × 24 cm (Blatt)
bez. u. r.: ›Photomontage von John Heartfield‹
Inv.-Nr. 670

149 ›Unsere Blauen Jungens‹
›Hurra! Der Panzerkreuzer A ist da!‹, Extrablatt der KPD, Berlin 1928
Entwurf für 3. Seite oben
Fotomontage, retuschiert
27,6 × 33,4 cm
unbez.
Inv.-Nr. 711

150 ›Eine Friedenstorte und ihre Zutaten‹
›Die Rote Granate‹, Berlin, August 1926, Rückseite
32 ×24 cm
bez. u. r.: ›f. John Heartfield‹
Inv.-Nr. 3919

151 Jacob Dorfmann
›Im Lande der Rekordzahlen‹
Verlag für Literatur und Politik, Wien/Berlin 1927
2 Vorsatzblätter
je 19,4 × 25,9 cm
unbez.
Inv.-Nr. 1103, 1728

152 Upton Sinclair
›Boston‹
Malik-Verlag, Berlin 1929
Buchumschlag
19 × 31,6 cm
unbez.
Inv.-Nr. 235

153 ›Der Dreieinige Gott der U.S.A.‹
›Amerika, du hast es besser ...!‹, ›Blätter der Piscatorbühne‹, Berlin, März 1928
Entwurf für S. 3
Reproduktion
(Original verschollen)

154 ›Dada ist groß und John [Heartfield] ist sein Prophet‹
Fotomontage, 1919
Reproduktion

155 Upton Sinclair
›Singende Galgenvögel‹
Malik-Verlag, Berlin 1927
Entwurf für Buchumschlag
Fotomontage mit weißem und grünem Papier
21,8 × 33 cm
Die Rückseite bez.: ›Original Heartfield Malik-Verlag‹
Inv.-Nr. 1485

156 John Dos Passos
›Drei Soldaten‹
Malik-Verlag, Berlin 1929
Entwurf für Buchumschlag-Titelseite, 2. Fassung
Fotomontage, Pinselschrift
19,6 × 13,3 cm
unbez.
Inv.-Nr. 576

157 Franz Carl Weiskopf
›Wer keine Wahl hat, hat die Qual‹
Malik-Verlag, Berlin 1929
Entwurf für Buchumschlag-Titelseite
Fotomontage, Schrift
27,7 × 18 cm
unbez.
Inv.-Nr. 598

158 Maxim Gorki
›Die Mutter‹
Malik-Verlag, Berlin 1927 (27.–35. Tsd.)
Buchumschlag
18,8 × 29 cm
Die Rückseite bez. u. r.: ›Heartfield‹
Inv.-Nr. 3015

und

Vorlage für Titelbild aus dem gleichnamigen russischen Film
Reproduktion
(Original verschollen)

159 Marietta Schaginjan
›Abenteuer einer Dame‹
Malik-Verlag, Berlin 1924
Bucheinband
19 × 13 cm
unbez.
Reproduktion

160 Ilja Grusdew
›Das Leben Maxim Gorkis‹
Malik-Verlag, Berlin 1928
Buchumschlag
18,8 × 12,5 cm
unbez.
Inv.-Nr. 3014

161 Wilhelm Herzog
›Im Zwischendeck nach Südamerika‹
Malik-Verlag, Wien 1924
Bucheinband
17,8 × 12 cm
unbez.
Reproduktion

162 Ery H. Gulden
›Kreislauf der Liebe‹
Rudolf-Kaemmerer-Verlag, Berlin 1927
Entwurf für Buchumschlag
Fotomontage mit blaugrauem Papier, Pinselschrift
23,5 × 17,5 cm
bez. u. l.: ›Entwurf bleibt Eigentum Heartfield‹
Inv.-Nr. 1762

163 Fritz Slang
›Panzerkreuzer Potemkin‹
Malik-Verlag, 3. Aufl., Berlin 1927
Malik-Bücherei, Bd. 19
Bucheinband
18 × 12,3 cm
unbez.
Reproduktion

164 John Reed
›Zehn Tage, die die Welt erschütterten‹
Verlag für Literatur und Politik, Wien/Berlin 1927
Entwurf für Buchumschlag
Fotomontage, retuschiert
20,4 × 32,3 cm
unbez.
Inv.-Nr. 593

165 Upton Sinclair
›Die Metropole‹
Malik-Verlag, Berlin 1925
Entwurf für Buchumschlag
Reproduktion (Original verschollen)
Buchumschlag
19 × 27,5 cm
unbez.
Inv.-Nr. 1631

166 Upton Sinclair
›100 %‹
Malik-Verlag, Berlin 1921
Rote Roman-Serie, Bd. 2
Buchumschlag, 1. Fassung
18 × 28 cm
bez. u. l.: ›John Heartfield‹
Reproduktion
Einbandpapier zur Auflage von 1924 (21.–30. Tsd.)
18,9 × 26 cm
unbez.
Inv.-Nr. 1613

167 Upton Sinclair
›Die Wechsler‹
Malik-Verlag, Berlin 1925
Entwurf für Buchumschlag
Fotomontage, Pinselschrift
22,8 × 16,7 cm
unbez.
Reproduktion
Buchumschlag
19 × 28,5 cm
unbez.
Inv.-Nr. 3116

168 Mynona (Salomo Friedlaender)
›Graue Magie‹
Rudolf-Kaemmerer-Verlag,
Dresden 1922
Entwurf für Buchumschlag
Fotomontage mit schwarzem Papier
28 × 23,6 cm
unbez.
Inv.-Nr. 578

169 Paul Rosenhayn
›Die Insel der Träume‹
Rudolf-Kaemmerer-Verlag, Berlin 1926
Bucheinband
18,8 × 12,2 cm
bez. u. r.: ›Heartfield‹
Reproduktion

170 ›6 Tage-Rennen. Eine Tatbestands-Aufnahme von John Förste, fotoillustriert von John Heartfield‹
›Die Arena. Das Sportmagazin‹,
Berlin, Heft 2, November 1926
Doppelseite 78/79
24 × 34 cm
Inv.-Nr. 1546
Doppelseite 80/81
Reproduktion

171 Raoul Hausmann, John Heartfield
›Dadaco. Dadaistischer Handatlas‹
Verlagsprojekt des Kurt Wolff Verlages, München, vorgesehen für Januar 1920, nicht erschienen.
Vier Einzelseiten:
oben links: Giorgio de Chirico (ohne Titel)
oben rechts: Francis Picabia, ›Paysage‹
unten links: ›Unser John‹
unten rechts: ›Dada in den Schulen‹
Reproduktionen

Im Raum

172 Drei Vitrinen mit Büchern verschiedener Verlage

Vor Wand B:

Vitrine 1
Bücher aus dem Malik-Verlag, Berlin.
Autoren: Upton Sinclair, Ilja Grusdew, Max Hoelz.

Vitrine 2
Bücher aus dem Malik-Verlag, Berlin, dem Verlag Wolfgang Jess, Dresden, und der Vereinigung Internationaler Verlags-anstalten, Berlin.
Autoren: Franz Carl Weiskopf, John Dos Passos, Upton Sinclair, Richard Huelsenbeck, Wera Figner, Maxim Gorki, Wladimir Majakowski.

Vitrine 3
Bücher aus dem Verlag für Literatur und Politik, Wien.
Autoren: Fjodor Gladkow, Alexander Fadejew, Fjodor Panferow.

Ursprünglich vor Wand D:

Vitrine 4
Bücher aus dem Malik-Verlag, Berlin, dem Verlag für Literatur und Politik, Wien, dem Rudolf-Kaemmerer-Verlag, Berlin.
Autoren: Fritz Slang, Upton Sinclair, Leo Lania, Franz Jung, Richard Huelsenbeck, Marietta Schaginjan.

173 ›So sieht der Heldentod aus‹
ca. 1917/18
Fotos, Handschrift
13,8 × 8,8 cm
unbez.
Inv.-Nr. 4633

174 ›Jedermann sein eigner Fussball‹
Berlin/Leipzig, Nr. 1, 15. Februar 1919
4 Seiten
43,3 × 29,3 cm
Die 4. Seite bez.: ›Verantwortlich für den gesamten Inhalt: Helmut Herzfeld, Berlin‹
Inv.-Nr. 3804

175 Ohne Titel (›Das letzte Grün‹)
etwa Anfang 20er Jahre
Foto-Farbmontage
23,3 × 22,2 cm
unbez.
Inv.-Nr. 4632

176 ›S.M.‹
›Die Pleite‹, Berlin, Nr. 7, Juli 1923, Titelseite
46 × 29 cm
bez. u. r.: ›Zeichnung von Georg Grosz‹
Inv.-Nr. 2330 (Reprint)

177 ›Faschistenruf‹
›Die Pleite‹, Berlin, Nr. 7, Juli 1923, o.S.
46 × 29 cm
bez. o. l.: ›Zeichnung v. John Heartfield‹
Inv.-Nr. 5171

178 ›Nach zehn Jahren: Väter und Söhne 1924‹
Fotomontage, retuschiert
37,3 × 40,5 cm
Die Rückseite bez.: ›John Heartfield; Väter und Söhne . . ./Nach 10 Jahren‹
Inv.-Nr. 515

179 ›Kameraden! Leute! 5 Jahre unentwegt Gut und Blut geopfert . . .‹
›Der Knüppel‹, Berlin, Nr. 6, Juni 1926, o.S.
32 × 24 cm
bez. u. r.: ›f(ecit) John Heartfield‹
Inv.-Nr. 673

180 Entwurf für Nr. 179
Fotomontage, retuschiert
32,5 × 24,5 cm
bez. o. r.: ›Eigentum Heartfield‹
Inv.-Nr. 674

181 John Heartfield vor einem Großfoto seiner Montage und dem Buch von Upton Sinclair, ›Nach der Sintflut‹
Entwurf für ›Gebrauchsgrafik‹, Berlin, Heft 7, 1927, S. 17
Fotomontage, retuschiert
16,4 × 22,2 cm
unbez.
Inv.-Nr. 641

182 ›Eine Friedenstorte und ihre Zutaten‹
›Die rote Granate‹, Berlin, August 1926
Entwurf, 1. Fassung, überarbeitet zu einer 2. Fassung für den ›Arbeiterkalender‹, 1927
Fotomontage mit farbigem Papier
40 × 38 cm
unbez.
Inv.-Nr. 712

183 ›Seid kampfentschlossen wie diese Drei. Wählt Liste 5 – Kommunistische Partei!‹
›Die Rote Fahne‹, Berlin, Nr. 115, 17. Mai 1928, Titelseite
47 × 32 cm
bez. u. l.: ›John Heartfield‹
Inv.-Nr. 4691

184 ›Rechnet ab!
Demonstriert für die Revolution!‹
›Die Rote Fahne‹, Berlin, Nr. 118, 20. Mai 1928, Titelseite
47 × 32 cm
bez. u. r.: ›John Heartfield‹
Inv.-Nr. 3867

185 ›Keinen Mann, keinen Pfennig den imperialistischen Kriegsrüstungen! Heraus zum Volksbegehren!‹
›Die Rote Fahne‹, Berlin, 10. Oktober 1928
Entwurf für Titelseite
Fotomontage
53,3 × 48,5 cm
bez. o. r.: ›Heartfield‹
Inv.-Nr. 414

186 ›Schlagt zu! Zeichnet Euch ein!‹
›Die Rote Fahne‹, Berlin, 14. Oktober 1928
Entwurf für Titelseite
Fotomontage
48,4 × 34,5 cm
bez. o. r.: ›Heartfield‹
Inv.-Nr. 423

187 ›Hurra! Der Panzerkreuzer A ist da!‹
Extrablatt der KPD, Berlin 1928, Titelseite
47 × 31,5 cm
bez. u. r.: ›Heartfield‹
Inv.-Nr. 4712

188 ›Sozialismus in Sicht! Immer auf dem Boden der Tatsachen . . .‹
wie Nr. 187, 2. Seite
47 × 31,5 cm
bez. u. r.: ›Photomontagen von John Heartfield‹
Inv.-Nr. 3864

189 ›Unsere Blauen Jungens‹
wie Nr. 187, 3. Seite
47 ×31,5 cm
unbez.
Inv.-Nr. 4712

190 ›Auflösung des raffinierten Vexier-Pussel-spieles‹
wie Nr. 187, 8. Seite
47 × 31,5 cm
bez. u. r.: ›Zusammengeschnitten aus Original-Flugblättern der SPD. von John Heartfield‹
Inv.-Nr. 1237

191 ›Sozialismus in Sicht!‹
Fotoreproduktion nach Zeitungsseite (siehe Nr. 188), retuschiert (Druckvorlage zu: W. Herzfelde, ›John Heartfield – Leben und Werk‹, Dresden 1962, Abb. S. 32)
19,2 × 19,3 cm
unbez.
Inv.-Nr. 1890

192 Entwurf für Nr. 190
Montage aus Flugblättern
23,5 × 31 cm
unbez.
Inv.-Nr. 429

193 ›5 Finger hat die Hand – Mit 5 packst Du den Feind! – Wählt Liste 5 – Kommunistische Partei!‹
›Die Rote Fahne‹, Berlin, Nr. 112, 13. Mai 1928, Titelseite
47 × 32 cm
bez. u. l.: ›John Heartfield‹
Inv.-Nr. 658

194 wie Nr. 193
Entwurf für Titelseite
Foto freigestellt, retuschiert
32 × 21,7 cm
unbez.
Inv.-Nr. 503

195 ›Benütze Foto als Waffe! Zur Ausstellung der Arbeiten von John Heartfield auf der großen Berliner Kunstausstellung‹
AIZ, Berlin, Nr. 37, 1929, S. 17
38 × 27 cm
unbez.
Inv.-Nr. 2265

196 John Heartfield mit Polizeipräsident Zörgiebel
Entwurf für Nr. 195 (Detail o. l.)
Fotomontage, retuschiert
28 × 21,1 cm
unbez.
Inv.-Nr. 430

197 ›Zwangslieferantin von Menschenmaterial. Nur Mut! Der Staat braucht Arbeitslose und Soldaten!‹
AIZ, Berlin, Nr. 10, 1930, S. 183
38 × 27 cm
bez. u. r.: ›John Heartfield‹
Inv.-Nr. 1244

198 für Nr. 197 verwendete Fotografie
40 × 33 cm
unbez.
Inv.-Nr. 1932

199 Entwurf für Nr. 197
Fotomontage, retuschiert
51, 5 × 39 cm
bez. u. r.: ›John Heartfield‹
Inv.-Nr. 514

200 ›Vandervelde oder Die vollkommene Schamlosigkeit‹
AIZ, Berlin, Nr. 22, 1930, S. 423
38 × 27 cm
bez. u. r.: ›Mont. John Heartfield‹
Inv.-Nr. 6

201 ›Macdonald-Sozialismus‹
AIZ, Berlin, Nr. 28, 1930, S. 543
38 × 27 cm
bez. u. r.: ›Mont. John Heartfield‹
Inv.-Nr. 288

202 ›Sonnenfinsternis am »befreiten« Rhein‹
AIZ, Berlin, Nr. 31, 1930, S. 603
38 × 27 cm
bez. u. r.: ›John Heartfield‹
Inv.-Nr. 8

203 ›Für Brot und Freiheit!‹
Sondernummer der AIZ, Berlin, Herbst 1930 (nach Nr. 35 erschienen), Titelbild
38 × 27 cm
bez. u. r.: ›John Heartfield‹
Inv.-Nr. 14

204 Entwurf für Nr. 203
Fotomontage, retuschiert
54 × 14,4 cm
bez. u. r.: ›Heartfield‹
Inv.-Nr. 470

205 ›6 Millionen Naziwähler: Futter für ein großes Maul‹
AIZ, Berlin, Nr. 40, 1930, S. 783
38 × 27 cm
bez. u. r.: ›John Heartfield‹
Inv.-Nr. 1249

206 ›Hurra, Hurra! Der Brüning-Weihnachtsmann ist da!‹
AIZ, Berlin, Nr. 51, 1930, S. 1003
38 × 27 cm
bez. u. l.: ›Montiert: John Heartfield‹
Inv.-Nr. 15

207 Entwurf für Nr. 206, 1. Fassung
Inszenierte Montage
40,3 × 29,2 cm
bez. u. l.: ›Montiert: John Heartfield‹
Inv.-Nr. 1878

208 Entwurf für Nr. 206, 2. Fassung
Inszenierte und geklebte Montage
40 × 30,3 cm
unbez.
Inv.-Nr. 491

209 ›The USSR in Construction‹
Monatsschrift, Nr. 9, Moskau 1931, Innentitel
41,8 × 29,7 cm
bez. u.: ›Photographs [korrekt: Negativmontage] by John Hartfield [sic] (Moscow)‹
Inv.-Nr. 4317

210 ›Man muß eine besondere Veranlagung zum Selbstmord haben . . .‹
Entwurf für AIZ, Berlin, Nr. 13, 1931, S. 253
Montage aus Presseausschnitten
(Variante einer Montage von 1927)
47 × 31,5 cm
unbez.
Inv.-Nr. 882

211 ›Zum Krisen-Parteitag der SPD‹
AIZ, Berlin, Nr. 24, 1931, S. 477
38 × 27 cm
bez. u. r.: ›Foto-Montage: John Heartfield‹
Inv.-Nr. 18

212 ›Ob schwarz, ob weiß – im Kampf vereint!‹
AIZ, Berlin, Nr. 26, 1931, S. 517
38 × 27 cm
bez. u. r.: ›Fotomontage: John Heartfield‹
Inv.-Nr. 19

213 ›Auferstehung‹
Fotomontage, 1932
42 × 57,9 cm
unbez.
Inv.-Nr. 518

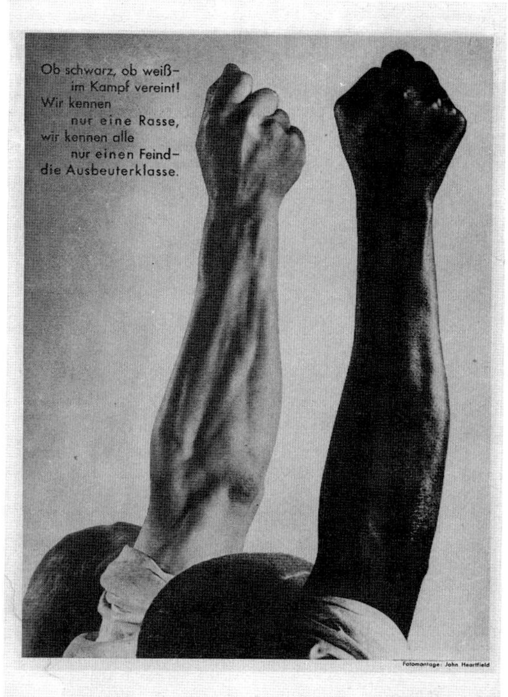

212

214 ›Krieg und Leichen – Die letzte Hoffnung der Reichen‹
AIZ, Berlin, Nr. 18, 1932, S. 420/421
38 × 54 cm
bez. o. r.: ›Fotomontage: John Heartfield‹
Inv.-Nr. 2259

215 ›In diesem Zeichen will man euch verraten und verkaufen!‹
AIZ, Berlin, Nr. 27, 3. 7. 1932, S. 627
38 × 27 cm
bez. u. r.: ›Montage: John Heartfield‹
Inv.-Nr. 209

216 ›Adolf, der Übermensch: Schluckt Gold und redet Blech‹

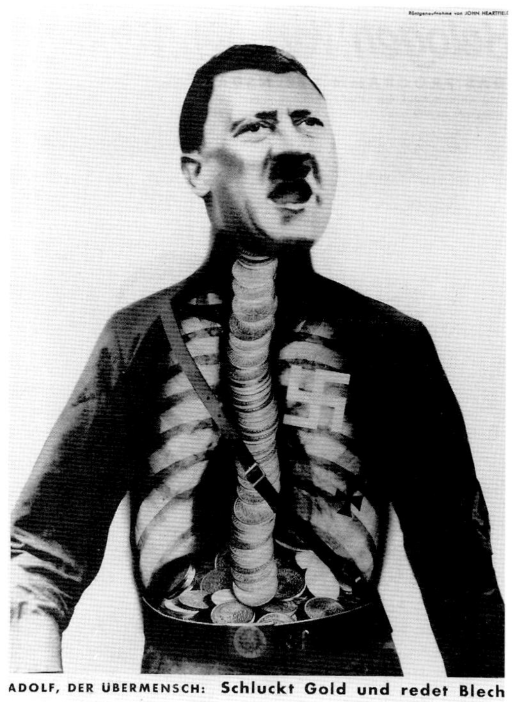

AIZ, Berlin, Nr. 29, 17.7. 1932, S. 675
38 × 27 cm
bez. o. r.: ›Röntgenaufnahme von John Heartfield‹
Inv.-Nr. 2261

217 Entwurf für Nr. 216
Fotomontage, retuschiert
70,5 × 59 cm
unbez.
Inv.-Nr. 524

218 ›S. M. Adolf.
Ich führe Euch herrlichen Pleiten entgegen!‹
AIZ, Berlin, Nr. 34, 21.8. 1932, S. 795
38 × 27 cm
bez. u. r.: ›Fotomontage: John Heartfield‹
Inv.-Nr. 1254

219 ›Der Sinn des Hitlergrusses:
Kleiner Mann bittet um große Gaben.
Motto: Millionen stehen hinter mir!‹
AIZ, Berlin, Nr. 42, 16. 10. 1932, S. 985
38 × 27 cm
bez. u. r.: ›John Heartfield‹
Inv.-Nr. 217

220 Entwurf für Nr. 219
Fotomontage, retuschiert
45,8 × 35,7 cm
unbez.
Inv.-Nr. 509

221 ›6 Millionen kommunistische Stimmen‹
AIZ, Berlin, Nr. 47, 20. 11. 1932, S. 1113
38 × 27 cm
bez. u. r.: ›Montage: John Heartfield‹
Inv.-Nr. 4210

221

222 Entwurf für Nr. 221
Fotomontage, retuschiert
44,7 × 36 cm
unbez.
Inv.-Nr. 494

223 ›Der Sinn von Genf. Wo das Kapital lebt, kann der Friede nicht leben!‹
AIZ, Berlin, Nr. 48, 27. 11. 1932, S. 1137
38 × 27 cm
bez. u. r.: ›Montage: John Heartfield‹
Inv.-Nr. 1258

224 Entwurf für Nr. 223
Fotomontage, retuschiert
49,1 × 35,6 cm
unbez.
Inv.-Nr. 421

225 ›Zur »Beurlaubung« Gregor Strassers durch Adolf Hitler. Kleiner SA-Mann, was nun?‹
AIZ, Berlin, Nr. 52, 25. 12. 1932, S. 1227
38 × 27 cm
bez. u. r.: ›Montage: John Heartfield‹
Inv.-Nr. 648

226 ›»Der Krieg ist die Fortsetzung der Politik mit den Mitteln der Gewalt« – Lenin‹
›Illustrierte Rote Post‹, Berlin, Nr. 39, September 1932 (Sondernummer ›Berlin im Krieg 19 . .?‹), Titelseite
46 × 32 cm
bez. u. r.: ›Die Zerstörung Berlins – Photomontage von John Heartfield‹
Inv.-Nr. 4490 (Foto)

227 ›Reklame-Aufbau der U.S.S.R vor dem Bahnhofsgebäude Leipzig zur Messe‹, 1927
Entwurf
Pinsel über Bleistift
45,5 × 28 cm
bez. o.: ›Entwurf John Heartfield, Berlin‹
Inv.-Nr. 1027

228 Reklameaufbau nach dem Entwurf von Nr. 227
Foto
16 × 12 cm
Inv.-Nr. 5144

229 ›Keinen Mann, keinen Pfennig den imperialistischen Kriegsrüstungen! Heraus zum Volksbegehren!‹
Plakat, 1928
70,1 × 99 cm
bez. o. r.: ›John Heartfield‹
Inv.-Nr. 2382

230 ›Kämpft mit uns!
Wählt Kommunisten Liste 4‹
Plakat zur Reichstagswahl am 14. 9. 1930
96 × 64,5 cm
bez. u. r.: ›John Heartfield‹
Inv.-Nr. 3939 (Nachdruck)

231 ›Das letzte Stück Brot raubt ihnen der Kapitalismus. Kämpft für Euch und Eure Kinder! Wählt Kommunisten! Wählt Thälmann!‹
Plakat, 1932
95 × 71,5 cm
bez. o. r.: ›John Heartfield‹
Inv.-Nr. 3935 (Nachdruck)

232 ›Nieder mit den Kriegshetzern!
Kämpft für die Sowjetunion!
Heraus zum Kampfmai 1932‹
Plakat
71,6 × 49,2 cm
bez. o. r.: ›John Heartfield‹
Inv.-Nr. 4002 (Nachdruck)

233 ›Todeskonjunktur‹
AIZ, Berlin, Nr. 4, 22. 1. 1933, S. 75
38 × 27 cm
bez. u. r.: ›Montage: John Heartfield‹
Inv.-Nr. 2193

234 ›Durch Licht zur Nacht.
Also sprach Dr. Goebbels: Lasst uns aufs neue Brände entfachen, auf dass die Verblendeten nicht erwachen!‹
AIZ, Prag, Nr. 18, 10.5. 1933, S. 312
38 × 27 cm
unbez.
Inv.-Nr. 2195

235 ›Morgan spricht: »Der Staat bin ich«‹
AIZ, Prag, Nr. 22, 8. 6. 1933, S. 387
38 × 27 cm
bez. u. l.: ›Fotomontage: John Heartfield‹
Inv.-Nr. 4213

236 ›Zur Gründung der deutschen Staatskirche. Das Kreuz war noch nicht schwer genug‹
AIZ, Prag, Nr. 23, 15.6. 1933, S. 403
38 × 27 cm
bez. u. r.: ›Fotomontage: John Heartfield‹
Inv.-Nr. 766

237 ›Alles in schönster Ordnung!‹
AIZ, Prag, Nr. 25, 29. 6. 1933, S.436
38 × 27 cm
bez. u. r.: ›Fotomontage: John Heartfield‹
Inv.-Nr. 35

238 Entwurf für Nr. 237
Fotomontage, retuschiert
44,5 × 30,7 cm
unbez.
Inv.-Nr. 478

239 ›Weil er sich auf das Programm der NSDAP berief. »Dir werden wir unsern ‹Sozialismus› im Konzentrationslager schon beibringen«‹
AIZ, Prag, Nr. 28, 20. 7. 1933, S. 483
36 × 27 cm
bez. u. r.: ›Fotomontage: John Heartfield‹
Inv.-Nr. 38

240 Entwurf für Nr. 239
Fotomontage, retuschiert
49,8 × 32,5 cm
unbez.
Inv.-Nr. 486

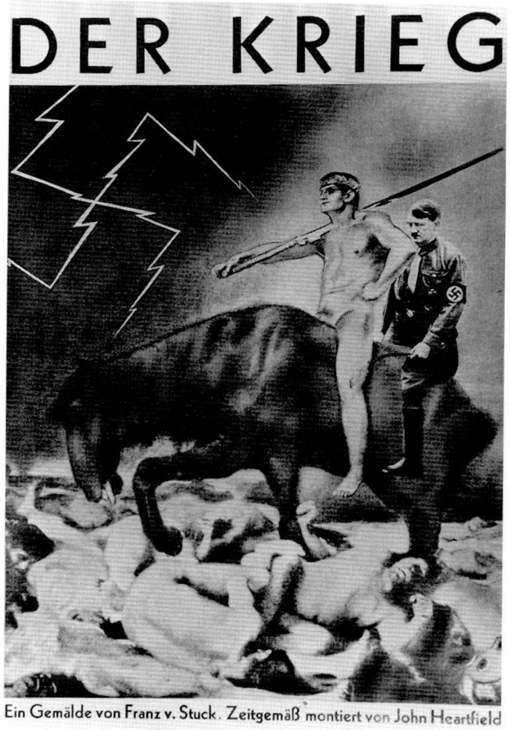

241

241 ›Der Krieg‹
AIZ, Prag, Nr. 29, 27. 7. 1933, S. 499
38 × 27 cm
bez. u.: ›Ein Gemälde von Franz v. Stuck. Zeitgemäß montiert von John Heartfield‹
Inv.-Nr. 5168

242 Entwurf für Nr. 241
Fotomontage, retuschiert
27 × 23,8 cm
unbez.
Inv.-Nr. 493

243 ›Das Mörderkreuz‹
AIZ, Prag, Nr. 30, 3. 8. 1933, S. 515
38 × 27 cm
bez. u. r.: ›Fotomontage: John Heartfield‹
Inv.-Nr. 39

244 ›Neuer Lehrstuhl an den deutschen Universitäten. Völkische Tiefenschau‹
AIZ, Prag, Nr. 34, 31. 8. 1933, S. 579
38 × 27 cm
bez. u. r.: ›Original-Aufnahme aus dem teutonischen Busch von John Heartfield‹
Inv.-Nr. 42

245 Entwurf für Nr. 244
Fotomontage, retuschiert
46 × 33 cm
unbez.
Inv.-Nr. 496

246 ›Goering. Der Henker des Dritten Reichs‹
AIZ, Prag, Nr. 36, 14. 9. 1933, S. 609
38 × 27 cm
bez. u. l.: ›Fotomontage: John Heartfield‹
Inv.-Nr. 1261

247 ›Deutsche Eicheln 1933‹
AIZ, Prag, Nr. 37, 21. 9. 1933, S. 627
38 × 27 cm
bez. u. r.: ›Fotomontage: John Heartfield‹
Inv.-Nr. 770

247

248 Entwurf für Nr. 247
Fotomontage, retuschiert
40,2 × 31,7 cm
unbez.
Inv.-Nr. 452

249 ›Zum Brandstifter-Prozeß in Leipzig. Sie winden sich und drehen sich und nennen sich deutsche Richter‹
AIZ, Prag, Nr. 41, 19. 10. 1933, S. 691
38 × 27 cm
bez. u. r.: ›Fotomontage John Heartfield‹
Inv.-Nr. 1263

250 Entwurf zu Nr. 249
Fotomontage auf schwarzem Papier, retuschiert
51,7 × 41,2 cm
unbez.
Inv.-Nr. 507

251 ›Gleiche Brüder/Gleiche Mörder‹
AIZ, Prag, Nr. 43, 2. 11. 1933, S. 736
38 × 27 cm
bez. u. r.: ›Fotomontage: John Heartfield‹
Inv.-Nr. 47

252 Ursprünglich Entwurf für Nr. 251
Fotomontage, mit Retusche überarbeitet zu einer 2. Fassung (vgl. Nr. 253)
50,2 × 37,5 cm
Die Rückseite (Mitte) bez. für 1. Fassung, aber gestrichen: ›Streicher wird von Farinacci in Italien begrüßt‹;
Rückseite (oben), für 2. Fassung: ›Ein Pangermane‹
Inv.-Nr. 5159

253 ›Ein Pangermane. Der Schoß ist fruchtbar noch, aus dem das kroch‹
(Abbildung in: W. Herzfelde, ›John Heartfield – Leben und Werk‹, Dresden 1962, Tafel 157)
Reproduktion

254 ›Der Richter/Der Gerichtete‹
AIZ, Prag, Nr. 45, 16. 11. 1933, S. 755
38 × 27 cm
bez. u. l.: ›Fotomontage: John Heartfield‹
Inv.-Nr. 4220

255 Entwurf für Nr. 254
Fotomontage, retuschiert
44,3 × 36 cm
unbez.
Inv.-Nr. 508

256 ›Der Henker und die Gerechtigkeit‹
AIZ, Prag, Nr. 47, 30. 11. 1933, S. 787
38 × 27 cm
bez. o. r.: ›Fotomontage: John Heartfield‹
Inv.-Nr. 733

257

257 ›Das Urteil der Welt:
In seinen Zügen steht geschrieben, was das Gericht verschwiegen hat.‹
AIZ, Prag, Nr. 51, 28. 12. 1933, S. 851
38 × 27 cm
bez. u. r.: ›Montiert John Heartfield‹
Inv.-Nr. 774

258 Bildvorlage für Nr. 257,
aus der Zeitschrift ›Wild und Hund‹
veröffentlicht in: AIZ, Prag, Nr. 42, 26. 10. 1933, Titelseite
38 × 27 cm
Inv.-Nr. 46

259 Entwurf für Nr. 257
Gekontertes Foto von Nr. 258, mit Pinsel überarbeitet
49,9 × 40 cm
unbez.
Inv.-Nr. 436

260 ›Ab 1. Januar neue Briefmarken im Dritten Reich‹
AIZ, Prag, Nr. 1, 4. 1. 1934, S. 3
38 × 27 cm
bez. u. r.: ›Fotomontage: John Heartfield‹
Inv.-Nr. 1309

261 ›Der Reichsbischof richtet das Christentum aus. »He, der Mann da, das Kruzifix etwas weiter nach rechts!«‹

AIZ, Prag, Nr. 3, 18. 1. 1934, S. 35
38 × 27 cm
bez. u. r.: ›Fotomontage: John Heartfield‹
Inv.-Nr. 53

260

262

262 ›Der alte Wahlspruch im »neuen« Reich: Blut und Eisen‹
AIZ, Prag, Nr. 10, 8. 3. 1934, S. 147
38 × 27 cm
bez. u. r.: ›Fotomontage: John Heartfield‹
Inv.-Nr. 2897

263 Entwurf für Nr. 262
Fotomontage, retuschiert

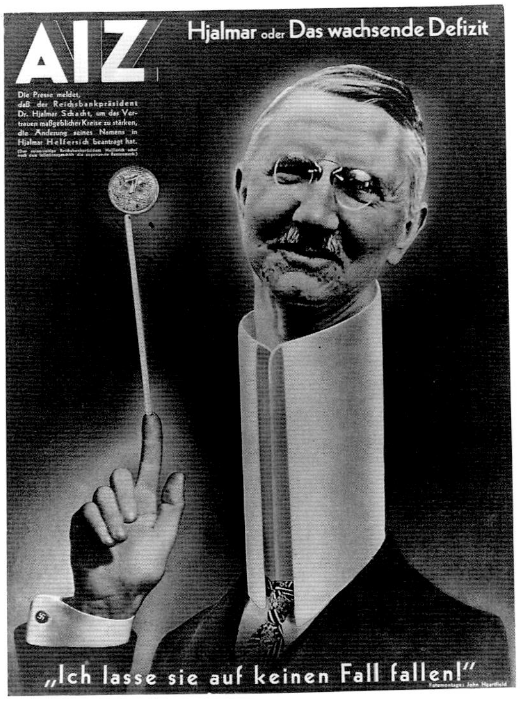

264

37, 2 × 32,5 cm
unbez.
Inv.-Nr. 504

264 ›Hjalmar oder Das wachsende Defizit. »Ich lasse sie auf keinen Fall fallen!«‹
AIZ, Prag, Nr. 14, 5. 4. 1934, S. 224
38 × 27 cm
bez. u. r.: ›Fotomontage: John Heartfield‹
Inv.-Nr. 1327

265 Entwurf für Nr. 264
Fotomontage, retuschiert
54 × 38,3 cm
unbez.
Inv.-Nr. 446

266

266 ›Chor der Rüstungsindustrie: »Ein feste Burg ist unser Genf«‹
AIZ, Prag, Nr. 15, 12. 4. 1934, S. 240
38 × 27 cm
bez. o. l.: ›Fotomontage: John Heartfield‹
Inv.-Nr. 2900

267 Entwurf für Nr. 266
Fotomontage, retuschiert
53 × 38,8 cm
unbez.
Inv.-Nr. 1803

268

268 ›Mimikry‹
AIZ, Prag, Nr. 16, 19. 4. 1934, S. 241
38 × 27 cm
bez. u. l.: ›Fotomontage: John Heartfield‹
Inv.-Nr. 1329

269 ›Zur Intervention des Dritten Reichs Je mehr Bilder sie weghängen, umso sichtbarer wird die Wirklichkeit!‹
AIZ, Prag, Nr. 18, 3. 5. 1934, S. 288
38 × 27 cm
bez. u. r.: ›Fotomontage: John Heartfield‹
Inv.-Nr. 779

270 Entwurf für Nr. 269
Fotomontage, retuschiert
47,7 × 33,5 cm
unbez.
Inv.-Nr. 435

271 ›Wie im Mittelalter ... so im Dritten Reich‹
AIZ, Prag, Nr. 22, 31. 5. 1934, S. 352
38 × 27 cm
bez. o. l.: ›Fotomontage: John Heartfield‹
Inv.-Nr. 780

272 Entwurf für Nr. 271
Fotomontage, retuschiert
59,6 × 35,8 cm
unbez.
Inv.-Nr. 435

271

273

273 ›Gespräch im Berliner Zoo‹
AIZ, Prag, Nr. 23, 7. 6. 1934, S. 368
38 × 27 cm
bez. u. r.: ›Fotomontage: John Heartfield‹
Inv.-Nr. 1337

274 Entwurf für Nr. 273
Fotomontage, retuschiert
54,5 × 44,5 cm
unbez.
Inv.-Nr. 441

275 ›Die Nachtleuchter tagen in Brüssel
Wo die hinleuchten, wirds duster!‹
AIZ, Prag, Nr. 24, 14. 6. 1934, S. 384
38 × 27 cm
bez. u. r.: ›Fotomontage: John Heartfield‹
Inv.-Nr. 1338

276 ›Herr von Papen, ein Gesandter,
doch kein Geschickter‹
AIZ, Prag, Nr. 32, 9. 8. 1934, S. 520
38 × 27 cm
bez. u. r.: ›Fotomontage: John Heartfield‹
Inv.-Nr. 81

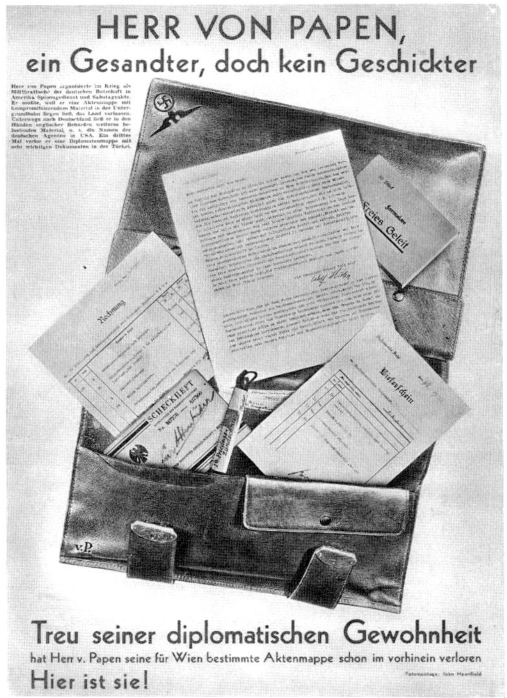

276

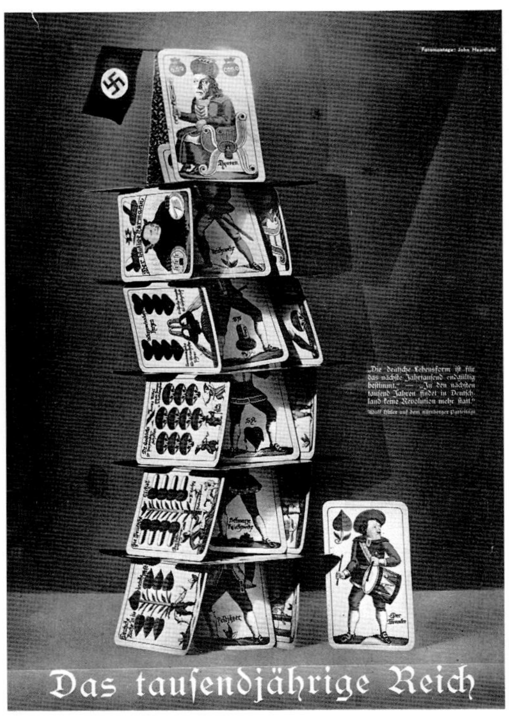

279

277 ›Deutsche Naturgeschichte. Metamorphose‹
AIZ, Prag, Nr. 33, 16. 8. 1934, S. 536
38 × 27 cm
bez. u. r.: ›Fotomontage: John Heartfield‹
Inv.-Nr. 1345

278 ›Nach zwanzig Jahren‹
AIZ, Prag, Nr. 37, 13. 9. 1934, S. 592/593
38 × 54 cm
bez. u. l.: ›Fotomontage: John Heartfield‹
Inv.-Nr. 86

279 ›Das tausendjährige Reich‹
AIZ, Prag, Nr. 38, 20. 9. 1934, S. 616
38 × 27 cm
bez. o. r.: ›Fotomontage: John Heartfield‹
Inv.-Nr. 783

280 Entwurf für Nr. 279
Fotomontage, retuschiert
46 × 34,5 cm
unbez.
Inv.-Nr. 2182

281 ›Jedem Kriegsopfer sein Ehrenkreuz!‹
AIZ, Prag, Nr. 39, 27. 9. 1934, S. 632
38 × 27 cm
bez. u. r.: ›Fotomontage: John Heartfield‹
Inv.-Nr. 88

281

282 Entwurf für Nr. 281
Fotomontage, retuschiert
45,8 × 34 cm
unbez.
Inv.-Nr. 438

283 ›Ein neuer Mensch – Herr einer neuen Welt‹
AIZ, Prag, Nr. 44, 1. 11. 1934, S. 697
38 × 27 cm
bez. u. r.: ›Fotomontage: John Heartfield‹
Inv.-Nr. 764

284 Entwurf für Nr. 283
Fotomontage, retuschiert
45,5 × 34,8 cm
unbez.
Inv.-Nr. 443

285 ›O Tannenbaum im deutschen Raum –
wie krumm sind deine Äste!‹
AIZ, Prag, Nr. 52, 27. 12. 1934, S. 848
38 × 27 cm
bez. u. r.: ›Fotomontage: John Heartfield‹
Inv.-Nr. 2087

286 Entwurf für Nr. 285
Foto der inszenierten Montage
53,3 × 40 cm
unbez.
Inv.-Nr. 475

287 ›Die drei Weisen aus dem Sorgenland
Und die bilden sich ein: das geht fünfundzwanzigtausend Jahre so weiter!‹
AIZ, Prag, Nr. 1, 3. 1. 1935, S. 16
38 × 27 cm
bez. u. r.: ›Fotomontage: John Heartfield‹
Inv.-Nr. 787

287

288 Entwurf für Nr. 287
Fotomontage, retuschiert
53,7 × 42,7 cm
unbez.
Inv.-Nr. 517

289 ›Ernst Moritz Arndt,
der deutsche Freiheitsdichter spricht …‹
AIZ, Prag, Nr. 3, 17. 1. 1935, S. 48
38 × 27 cm
bez. u. r.: ›Montiert: John Heartfield‹
Inv.-Nr. 2343

290 Entwurf für Nr. 289
Montage eines Schriftsatzes aus Metallettern, retuschiert
43,5 × 32,5 cm
bez. u. r.: ›Montiert: John Heartfield‹
Inv.-Nr. 468

291 ›Programm der Olympiade 1936‹
AIZ, Prag, Nr. 48, 28. 11. 1935, S. 760/761
38 × 54 cm
bez. u. r.: ›Fotomontage: John Heartfield‹
Inv.-Nr. 4487

292 ›Hurrah, die Butter ist alle!‹
AIZ, Prag, Nr. 51, 19. 12. 1935, S. 816
38 × 27 cm
bez. u. r.: ›Fotomontage: John Heartfield‹
Inv.-Nr. 1183

293 ›»O du fröhliche, o du selige, gnadenbringende Zeit«‹
AIZ, Prag, Nr. 52, 26. 12. 1936, S. 832
38 × 27 cm
bez. u. r.: ›Fotomontage: John Heartfield‹
Inv.-Nr. 125

294 ›Wenn Hitler vom Frieden spricht, denkt daran: Der Friede sitzt mit Ernst Thälmann im Kerker.‹
AIZ, Prag, Nr. 16, 12. 4. 1936, S. 256
38 × 27 cm
bez. u. r.: ›Fotomontage: John Heartfield‹
Inv.-Nr. 139

295 ›Faschistische Ruhmesmale‹
AIZ, Prag, Nr. 17, 22. 4. 1936, S. 272
38 × 27 cm
bez. u. l.: ›Fotomontage: John Heartfield‹
Inv.-Nr. 140

296 ›Normalisierung
»Diese kleine Differenz werden wir auch noch aus der Welt schaffen«.‹
AIZ, Prag, Nr. 31, 29. 7. 1936, S. 496
38 × 27 cm
bez. o. r.: ›Fotomontage: John Heartfield‹
Inv.-Nr. 1396

297 ›Madrid 1936 ¡No Pasaran! ¡Pasaremos!‹
VI, Prag, Nr. 15, 25. 11. 1936, S. 240
38 × 27 cm
bez. u. r.: ›Fotomontage: John Heartfield‹
Inv.-Nr. 800

298 ›Der Gipfel ihrer Wirtschaftsweisheit‹
VI, Prag, Nr. 17, 28. 4. 1937, S. 269
38 × 27 cm
bez. u. r.: ›Fotomontage: John Heartfield‹
Inv.-Nr. 816

299 ›Der friedfertige Raubfisch‹
VI, Prag, Nr. 19, 12. 5. 1937, S. 307
38 × 27 cm
bez. u. r.: ›Fotomontage: John Heartfield‹
Inv.-Nr. 2198

300 ›Die Ursache‹
VI, Prag, Nr. 20, 19. 5. 1937, S. 321
38 × 27 cm
bez. u. r.: ›Fotomontage: John Heartfield‹
Inv.-Nr. 184

301 ›Den katholischen Opfern des Faschismus zum Gedenken!‹
VI, Prag, Nr. 23, 9. 6. 1937, S. 369
38 × 27 cm
bez. u. r.: ›Fotomontage: John Heartfield‹
Inv.-Nr. 820

302 ›Windstärke 1917
»Macht euch bereit, macht euch bereit, jetzt segeln wir in die GROSSE ZEIT!«‹
VI, Prag, Nr. 39, 29. 9. 1937
38 × 27 cm
bez. u. r.: ›Fotomontage: John Heartfield‹
Inv.-Nr. 827

303 ›Mahnung‹
VI, Prag, Nr. 41, 13. 10. 1937
38 × 27 cm
bez. u. r.: ›Fotomontage: John Heartfield‹
Inv.-Nr. 828

304 ›Illustration zu Grimms Märchen von der Katze und der Maus‹
VI, Prag, Nr. 9, 2. 3. 1938
38 × 27 cm
unbez.
Inv.-Nr. 834

305 ›China, der Riese erwacht – wehe dem Eindringling!‹
VI, Prag, Nr. 18, 4. 5. 1938
27 × 38 cm
bez. u. r.: ›Fotomontage: John Heartfield‹
Inv.-Nr. 2205

306 ›Das ist das Heil, das sie bringen!‹
VI, Prag, Nr. 26, 29. 6. 1938
38 × 27 cm
bez. u. r.: ›Fotomontage: John Heartfield‹
Inv.-Nr. 2314

307 ›Brauner Künstlertraum‹
VI, Prag, Nr. 29, 20. 7. 1938
38 × 27 cm
bez. u. r.: ›Montiert: John Heartfield‹
Inv.-Nr. 646

308 ›Das gigantischeste Lügenmaul aller Zeiten. Aber die Zähne sind faul: Demonstration in Hamburg, Berlin, München und Wien‹
VI, Prag, Nr. 40, 5. 10. 1938
38 × 27 cm
unbez.
Inv.-Nr. 1415

309 ›Der Fuchs und der Igel.
Eine Tierfabel nach Lafontaine‹
VI, Prag, Nr. 24, 15. 6. 1938
38 × 27 cm
bez. u. r.: ›Fotomontage: John Heartfield‹
Inv.-Nr. 207

310 ›Krieg. Sudetendeutsche, euch trifft es zuerst!‹
VI, Prag, Nr. 37, 14. 9. 1938
38 × 27 cm
bez. u. r.: ›Fotomontage: John Heartfield‹
Inv.-Nr. 206

311 ›Reservations. Jews driven like Cattle‹
Entwurf für ›Reynolds News‹, London, Dezember 1939
Fotomontage, retuschiert
56 × 39 cm
unbez.
Inv.-Nr. 424

312 ›Kaiser Adolf: The Man Against Europe‹
›Picture Post‹ (kanad. Ausgabe), 23. 9. 1939, Titelseite
34,7 × 26 cm
unbez.
Inv.-Nr. 4703

313 ›5 Minuten vor 12‹
Fotomontage, London 1942
48,3 × 40,3 cm
unbez.
Inv.-Nr. 473

314 ›Kleine Grosz-Mappe‹
Malik-Verlag, Berlin-Halensee 1917
Vierseitiges Vorblatt, S. 1/4, 2/3
28,4 × 43,4 cm
unbez.
Inv.-Nr. 3853

315 ›Sonniges Land‹
Collage, 1919
Reproduktion
(Original verschollen, Maße unbekannt)

bez. u. l.: ›Grosz-Heartfield mont.‹;
u. r.: ›Sonniges Land‹

316 Richard Huelsenbeck
›Dada siegt! Eine Bilanz des Dadaismus‹
Malik-Verlag, Abteilung Dada, Berlin 1920
Heftumschlag unter Verwendung von
Nr. 315 im Querformat
22,2 × 29 cm
Die Rückseite bez. wie Nr. 315
Inv.-Nr. 4258

317 Alfred Polgar
›Gestern und heute‹
Rudolf-Kaemmerer-Verlag, Dresden 1922
Entwurf für Buchumschlag-Titelseite
Fotoreihung, Pinselschrift
28,7 × 22,7 cm
bez. u. l.: ›Heartfield‹
Inv.-Nr. 1428

318 Upton Sinclair
›König Kohle‹
Malik-Verlag, Berlin 1925
Buchumschlag
19 × 29 cm
unbez.
Inv.-Nr. 724

319 Upton Sinclair
›Petroleum‹
Malik-Verlag, Berlin o. J. (1927)
Buchumschlag
18,8 × 30,3 cm
unbez.
Inv.-Nr. 1744

320 Richard Huelsenbeck
›Der Sprung nach Osten‹
Verlag Wolfgang Jess, Dresden 1928
Buchumschlag
21 × 29 cm
Die Rückseite bez. u. l.: ›John Heartfield‹
Inv.-Nr. 1597

321 Upton Sinclair
›100%‹
Malik-Verlag, Berlin o. J.
(1928; 36.–42. Tsd.)
Buchumschlag
19 × 27,7 cm
unbez.
Inv.-Nr. 233

322 Upton Sinclair
›100%‹
Malik-Verlag, Berlin o. J.
(1928; 43.–50. Tsd.)
Buchumschlag
19 × 28,5 cm
unbez.
Inv.-Nr. 1616

323 Entwurf für die Titelseite von Nr. 322
Fotomontage, retuschiert
28,4 × 22,5 cm
bez. u. r.: ›Heartfield‹
Inv.-Nr. 591

324 Upton Sinclair
›Jimmie Higgins‹
Malik-Verlag, Berlin o. J.
(1928; 36.–42. Tsd.)
Buchumschlag
19 × 28,8 cm
Vorder- und Rückseite bez. u. l.: ›Heartfield‹
Inv.-Nr. 1610

325 Upton Sinclair
›Der Sündenlohn‹
Malik-Verlag, Berlin 1928
Buchumschlag
19,1 × 28,5 cm
unbez.
Inv.-Nr. 1636

326 Heinrich Wandt
›Erotik und Spionage in der Etappe Gent‹
Agis-Verlag, Wien/Berlin 1928
Entwurf für Buchumschlag-Titelseite,
3. Fassung
Fotomontage, retuschiert
24,8 × 20,6 cm
unbez.
Inv.-Nr. 583

327 John Dos Passos
›Drei Soldaten‹
Malik-Verlag, Berlin 1929 (11.–17. Tsd.)
Buchumschlag
18,7 × 28,6 cm
unbez.
Inv.-Nr. 1586

328 Ilja Ehrenburg
›Die ungewöhnlichen Abenteuer des Julio
Jurenito‹
Malik-Verlag, Berlin 1929
Werbeblatt
20,6 × 25 cm
unbez.
Inv.-Nr. 2416

329 – 339 Kurt Tucholsky
›Deutschland, Deutschland über alles. Ein Bilderbuch von Kurt Tucholsky und vielen Fotografen. Montiert von John Heartfield‹, Neuer Deutscher Verlag, Berlin 1929

329 Buchumschlag
23,5 × 39 cm
unbez.
Inv.-Nr. 1646

330 ›Brüderlich zusammenhält‹
Entwurf für Einband- und Umschlagrückseite
Fotomontage, retuschiert
32,7 × 25,7 cm
unbez.
Inv.-Nr. 600

331 S. 46–51
je 23,5 × 18,3 cm
unbez.
Reproduktionen

332 ›Deutscher Sport‹
Entwurf für S. 109
Fotomontage
33 × 20,4 cm
unbez.
Inv.-Nr. 602

333 ›Der schlafende Reichstag‹
Entwurf für S. 138
Negativmontage, retuschiert
27,3 × 32 cm
unbez.
Inv.-Nr. 1909

334 ›Süße Tinte‹
Entwurf für S. 107
Fotomontage, retuschiert
33 × 24 cm
unbez.
Inv.-Nr. 573

335 ›Ich kenne nur Paragraphen‹
Entwurf für S. 163
Fotomontage, retuschiert
29,8 × 21,2 cm
unbez.
Inv.-Nr. 601

336 ›Das? Das ist die Zeit, sie schreit nach Satire‹
Entwurf für S. 101
Fotomontage, retuschiert
41,6 × 33,7 cm
unbez.
Inv.-Nr. 462

337 ›Berliner Redensart‹
Entwurf für S. 176
Fotomontage, retuschiert
11 × 12 cm
unbez.
Inv.-Nr. 1496

338 ›Untertanen‹
Entwurf für S. 152
Fotomontage
31,8 × 17,5 cm
unbez.
Inv.-Nr. 502

339 ›Deutscher Tonfilm‹
Entwurf für S. 225
Fotomontage, retuschiert
42,8 × 34,9 cm
unbez.
Inv.-Nr. 489

340 Ilja Ehrenburg
›13 Pfeifen‹
Malik-Verlag, Berlin 1930 (4.–7. Tsd.)
Buchumschlag
18,8 × 28,7 cm
unbez.
Inv.-Nr. 2241

341 Maxim Gorki
›In der Steppe‹
Malik-Verlag, Berlin 1930
Buchumschlag
18,8 × 29 cm
unbez.
Inv.-Nr. 725

342 Wsewolod Iwanow
›Der Buchstabe G‹
Malik-Verlag, Berlin 1930
Buchumschlag
18,8 × 28,7 cm
unbez.
Inv.-Nr. 241

343 Maria Leitner
›Hotel Amerika‹
Neuer Deutscher Verlag, Berlin 1930
Entwurf zum Buchumschlag
Fotomontage, retuschiert
27,6 × 44,5 cm
bez. u. l.: ›Heartfield‹
Inv.-Nr. 585

344 Walter Müller
›Wenn wir 1918...‹
Malik-Verlag, Berlin 1930
Buchumschlag
19 × 29,5 cm
unbez.
Inv.-Nr. 1573

345 Fjodor Panferow
›Die Genossenschaft der Habenichtse‹
Verlag für Literatur und Politik, Wien/Berlin o. J. (1930)
Buchumschlag
19,8 × 31,4 cm
unbez.
Inv.-Nr. 758

346 Entwurf für Nr. 345
Fotomontage
30,5 × 25 cm
unbez.
Inv.-Nr. 587

347 Larissa Reissner
›Oktober‹
Neuer Deutscher Verlag, Berlin 1930 (6.–10. Tsd.)
Buchumschlag
19,1 × 29,5 cm
unbez.
Inv.-Nr. 719

348 Otto Rühle
›Illustrierte Kultur- und Sittengeschichte des Proletariats in Europa‹
Neuer Deutscher Verlag, Berlin 1930
Buchumschlag-Titelseite
28 × 21,5 cm
unbez.
Inv.-Nr. 1653

349 Upton Sinclair
›Das Geld schreibt‹
Malik-Verlag, Berlin 1930
Buchumschlag-Rückseite, 1. Fassung
19 × 13 cm
unbez.
Inv.-Nr. 230

350 Buchumschlag, 2. Fassung, für Nr. 349 (nach Klage des abgebildeten Schriftstellers)
19 × 28,5 cm
unbez.
Inv.-Nr. 1628

351 Ludwig Turek
›Ein Prolet erzählt‹
Malik-Verlag, Berlin 1930
Buchumschlag
18,5 × 29,6 cm
unbez.
Inv.-Nr. 1617

352 Ilja Ehrenburg
›Die heiligsten Güter‹
Malik-Verlag, Berlin 1931
Buchumschlag
18,6 × 28,9 cm
unbez.
Inv.-Nr. 242

352a *Drei Inszenierungen für Buchumschlag-Titelseite*
Fotografien
je 30,1 × 20,2 cm
unbez.
Inv.-Nr. 1850, 1852, 4642

352b Patronen-Kruzifix
Messing
19 cm hoch
(Original-Reiseandenken, das in Ypern an Besucher der Schlachtfelder verkauft wurde)
Inv.-Nr. 5164

353 Ilja Ehrenburg
›Die Traumfabrik‹
Malik-Verlag, Berlin 1931
Buchumschlag-Titelseite und -rücken
18,5 × 15,5 cm
unbez.
Inv.-Nr. 2515

354 Michael Gold
›Juden ohne Geld‹
Neuer Deutscher Verlag, Berlin 1931
Buchumschlag
19,2 × 29,2 cm
unbez.
Inv.-Nr. 1604

355 Upton Sinclair
›So macht man Dollars‹
Malik-Verlag, Berlin 1931
Buchumschlag
19 × 28,6 cm
unbez.
Inv.-Nr. 263

355a ›Was geht hier vor?‹
Inszenierung für den Entwurf zur Buchumschlag-Titelseite von Nr. 355
Fotoreihung, beschriftet
Bild o. l. (Mitte): John Heartfield und Wieland Herzfelde
35,3 × 50,9 cm
Inv.-Nr. 488

355b Entwurf für Buchumschlag-Titelseite (vgl. Nr. 355a, Foto u. r.)
Foto, Pinsel, Spritzretusche
40 × 31,6 cm
unbez.
Inv.-Nr. 1427

356 Upton Sinclair
›Alkohol‹
Malik-Verlag, Berlin 1932
Buchumschlag, 3. Fassung (nach zweimaliger Klage der Whisky-Firma, deren Name auf dem Etikett stand)
18,9 × 29,7 cm
unbez.
Inv.-Nr. 228

357 ›Freedom Calling.
The Story of the Secret German Radio‹
Frederick Muller, London 1939
Entwurf zum Heftumschlag, 1. Fassung
Fotomontage, retuschiert
34 × 25,8 cm
unbez.
Inv.-Nr. 4449

358 Heartfield am Radio
Montagedetail für Nr. 357
13,5 × 13,8 cm
unbez.
Inv.-Nr. 4450

359 Ivor Halstead
›Heroes of the Atlantic‹
Lindsay Drummond, London 1941
Buchumschlag-Titelseite und -rücken
18,9 × 15 cm
unbez.
Inv.-Nr. 3186

360 Entwurf für Nr. 359
Fotomontage mit rotem Papier
31,2 × 23,5 cm
unbez.
Inv.-Nr. 749

361 Roger Motz
›La Belgique Invaincue‹
Lindsay Drummond, London ca. 1942
Entwurf für Buchumschlag-Titelseite und -rücken
Fotomontage, retuschiert
27,2 × 26,5 cm
bez. u. r.: ›John Heartfield‹
Inv.-Nr. 754

362 ›»Und sie bewegt sich doch!«‹
Verlag Freie Deutsche Jugend, London 1943
Entwurf zum Broschüreneinband
Fotomontage
39 × 26,8 cm
unbez.
Inv.-Nr. 484

363 Heinrich Fraenkel
›The Other Germany‹
Lindsay Drummond, London o. J. (1944)
Buchumschlag-Titelseite und -rücken
22,9 × 15,5 cm
unbez.
Inv.-Nr. 965

364 Ivor Halstead
›Post Haste‹
Lindsay Drummond, London 1944
Buchumschlag
19 × 27,5 cm
Die vordere Klappe bez.: ›Book jacket designed by John Heartfield‹
Inv.-Nr. 251

365 Entwurf zur Rückseite von Nr. 364
Fotomontage
27,2 × 19,5 cm
unbez.
Inv.-Nr. 1422

366 Matthew Halton
›Ten Years to Alamein‹
Lindsay Drummond, London 1944
Entwurf zum Buchumschlag
Fotomontage, Pinsel
26,1 × 39,5 cm
Die Vorderseite bez. u. l.: ›John Heartfield‹
Inv.-Nr. 740

367 Richard Perry
›I went a'shepherding‹
Lindsay Drummond, London 1944
Entwurf für Buchumschlag-Titelseite und -rücken
Fotomontage, retuschiert
30,5 × 47,5 cm
unbez.
Inv.-Nr. 617

368 Ilja Ehrenburg
›The Russians Reply to Lady Gibb‹
Soviet War News, London 1945
Entwurf für Heftumschlag-Titelseite
Fotomontage mit farbigem Papier
39,5 × 29,7 cm
bez. u. l.: ›John Heartfield‹
Inv.-Nr. 739

369 H. B. Egmont Hake
›The new Malaya and You‹
Lindsay Drummond, London 1945
Entwurf für Buchumschlag-Titelseite
Fotomontage, retuschiert
26, 5 × 18,7 cm
unbez.
Inv.-Nr. 736

370 J. J. Lynx (Hrg.)
›The Future of the Jews‹
Lindsay Drummond, London 1945
Buchumschlag-Titelseite und -rücken
22,2 × 16 cm
Die vordere Klappe bez.: ›Book Jacket by John Heartfield‹
Inv.-Nr. 257

371 Entwurf für Nr. 370
Reinzeichnung, retuschiert
34,6 × 28,7 cm
unbez.
Inv.-Nr. 1083

372 Alexander Pokryschkin
›Red Air Ace‹
Soviet War News, London 1945
Entwurf für Heftumschlag-Vorderseite
Fotomontage mit blauem Papier
28,3 × 22,3 cm
bez. u. r.: ›This Original has to be returned to Mr. J. Heartfield‹
Inv.-Nr. 753

373 Pawel Trojanowski
›The last Days of Berlin‹
Soviet News, London 1945
Heftumschlag-Titelseite
18,2 × 12,5 cm
unbez.
Inv.-Nr. 1286

374 Soldaten der Roten Armee in den Trümmern der Reichskanzlei in Berlin
Bildvorlage zur Umschlagrückseite für Nr. 373
17,3 × 23,2 cm
Die Rückseite bez.: ›Foto: A. Kapustanski, SIB Photoservice, Moscow‹
Inv.-Nr. 4502

375 Entwurf zur Umschlagrückseite für Nr. 373
Fotomontage, retuschiert
50,4 × 38,2 cm
bez. u. l.: ›John Heartfield‹
Inv.-Nr. 4503

376 Egon Larsen
›Inventors' Scrapbook‹
Lindsay Drummond, London 1947
Buchumschlag
22,2 × 32 cm
Die vordere Klappe bez.: ›Book jacket and Typographie designed by John Heartfield‹
Inv.-Nr. 979

377 Entwurf zur Umschlagtitelseite für Nr. 376
Fotomontage
27,8 × 20,4 cm
unbez.
Inv.-Nr. 1958

378 Bert Stiles
›Serenade to the Big Bird‹
Lindsay Drummond, London 1947
Buchumschlag-Titelseite und -rücken
22 × 16,1 cm
Die vordere Klappe bez.: ›Book jacket and typographie by John Heartfield‹
Inv.-Nr. 225

379 Entwurf für Nr. 378
Pinsel, Tempera, Spritztechnik
30,8 × 23 cm
unbez.
Inv.-Nr. 1065

380 David Buxton
›Travels in Ethiopia‹
Lindsay Drummond, London 1949
Buchumschlag-Titelseite und -rücken
22,5 × 17 cm
Die vordere Klappe bez.: ›Jacket design and Typography by John Heartfield‹
Inv.-Nr. 925

381 Bertolt Brecht
›Stücke XII‹
Aufbau-Verlag, Berlin 1959
Buchumschlag-Titelseite und -rücken
19,4 × 15,1 cm
unbez.
Inv.-Nr. 927

382 Gerhart Hauptmann
– ›Die Weber‹
384 Großes Schauspielhaus, Berlin 1921
Bühnenbildentwürfe, wohl nicht realisiert

382 ›Villa Dreißiger‹
Rohrfeder über Bleistift, aquarelliert
28 × 40,5 cm
unbez.
Inv.-Nr. 3328

383 ›Bergige Frühlingslandschaft mit Hütten‹
Rohrfeder, aquarelliert
35 × 50,6 cm
bez. u. l.: ›John Heartfield 21‹
Inv.-Nr. 3329

384 ›Winterlandschaft mit Hütte und Friedhof‹
Rohrfeder, aquarelliert
23,9 × 39 cm
unbez.
Inv.-Nr. 3327

385 Nikolai Pogodin
›Mein Freund‹
Revolutionstheater, Moskau 1931
Szenenfoto
(Verwendung einer Montage für Bühnenrückwand)

386 Bertolt Brecht nach Maxim Gorki
– ›Die Mutter‹
389 Berliner Ensemble. Gastspiel im Deutschen Theater, Berlin 1951
Ausstattung: Caspar Neher; gemalte Projektionen: Hainer Hill; Film- und Fotoprojektionen: John Heartfield und Wieland Herzfelde

386 Szenenfoto mit Projektion
Reproduktion

387 Raster für Hintergrund-Projektionsfläche
Rekonstruktion

388 Projektionsvorlage: Wilhelm II./George V./Rockefeller/Clemenceau
Fotomontage, retuschiert; Schrift
39,7 × 56,7 cm
unbez.
Inv.-Nr. 5092

389 Projektionsvorlage: Lenin/Stalin/Mao Tse Tung
Fotomontage, retuschiert; Schrift
50,3 × 65 cm
unbez.
Inv.-Nr. 5094

390 Arno Holz
– ›Sozialaristokraten‹
400 Deutsches Theater – Kammerspiele, Berlin 1955
Bühnenbild, Bühnenvorhang, Kostüme: John Heartfield

390 Bühnenvorhang
Reproduktion
(Original verschollen)

391 Entwurfsskizze zum Bühnenvorhang
Aquarell über Bleistift
26 × 42 cm
unbez.
Inv.-Nr. 4932

392 Entwurf zum Bühnenvorhang
Aquarell über Bleistift
47,5 × 63 cm
unbez.
Inv.-Nr. 4935

393 Bühnenfoto
›Arbeitszimmer des Herrn Fiebig‹
Reproduktion

394 Entwurf für Nr. 393
Bleistiftskizze
34,3 × 57,1 cm
unbez.
Inv.-Nr. 4924

395 Entwurf ›Zimmer des Dr. Gehrke‹
Bleistiftskizze
42,2 × 54 cm
unbez.
Inv.-Nr. 4925

396 Kostümentwurf ›Fiebig‹
Bleistift
41 × 26,8 cm
unbez.
Inv.-Nr. 4947

397 Kostümentwurf ›Meischen mit Schultertuch‹
Bleistift, Farbstifte
31,7 × 27 cm
unbez.
Inv.-Nr. 4940

398 Kostümentwurf
›Meischen mit Hut und Seidenbluse‹
Bleistift
35 × 22 cm
unbez.
Inv.-Nr. 4942

399 Kostümentwurf ›Redakteur‹
Bleistift, wenig Rotstift
41,5 × 26,8 cm
unbez.
Inv.-Nr. 4951

400 Kostümentwurf ›Schriftsteller‹
Bleistift, wenig Rotstift
41,8 × 27 cm
unbez.
Inv.-Nr. 4948

401 David Berg
– ›Mutter Riba‹
405 Deutsches Theater – Kammerspiele, Berlin 1955
Bühnenbild: John Heartfield

401 Bühnenbild ›Supermarkt‹
Bühnenfoto

402 Detailentwurf für Nr. 401
›Supermarkt-Firmenschild‹
Tempera über Bleistift
25 × 52 cm
unbez.
Inv.-Nr. 4987

403 Schriftentwurf für Schaufensterfront mit beigeklebter Abbildung der Fensterfront eines Supermarktes
Bleistift
8/12,2 × 83,5 cm
unbez.
Inv.-Nr. 5002

404 Vierteiliger Entwurf für die Fensterfront des Supermarktes
Pinsel, Feder, Tempera über Bleistift, zum Teil montiert
27,8/30 × 100 cm
unbez.
Inv.-Nr. 4989–4992

405 Bühnenbildentwurf (zwei Teile)
›Schneiderwerkstatt »Ajax-Röcke«‹
Tempera über Bleistift
44 × 48,5 cm (Hintergrund)
45,5 × 17 cm (Werkstatt)
unbez.
Inv.-Nr. 4976, 4981

406 David Berg
›Mutter Riba‹
Deutsches Theater – Kammerspiele, Berlin, Spielzeit 1954/55, Heft 9
Programmheft-Titelseite
20,5 × 13,7 cm
bez. im Impressum: ›Umschlag des Heftes: John Heartfield‹
Inv.-Nr. 3368

407 ›Die Mutter von Brecht nach Motiven aus Gorkis Roman‹
Berliner Ensemble, 1951, Gastspiel im Deutschen Theater
Plakat
84,7 × 59,3 cm
bez. u. r.: ›Brüder Heartfield Herzfelde‹
Inv.-Nr. 3968

408 ›Winterschlacht‹
Schauspiel von Johannes R. Becher, Berliner Ensemble, 1954
Plakat
118,5 × 84 cm
bez. u. l.: ›Brüder Heartfield Herzfelde‹
Inv.-Nr. 2000

409 ›Harfe und Gewehr‹
Tragikomödie von Sean O'Casey, Deutsches Theater – Kammerspiele, Berlin 1954
Plakat
83,8 × 59,4 cm
bez. u. r.: ›Brüder Heartfield Herzfelde‹
Inv.-Nr. 4000

410 ›Sozialaristokraten‹
Komödie von Arno Holz, Deutsches Theater – Kammerspiele, Berlin 1955
Plakat
83,5 × 58,5 cm
bez. u. l.: ›John Heartfield‹
Inv.-Nr. 3981

411 ›Der Stellvertreter‹
Schauspiel von Rolf Hochhuth, Deutsches Theater, Berlin 1966
Plakat
81 × 57,5 cm
bez. u. l.: ›John Heartfield‹
Inv.-Nr. 3978

412 ›Lenin Poem‹
Schauspiel von Wladimir Majakowski, Volksbühne, Berlin 1966
Plakat
83 × 59 cm
bez. u. r.: ›John Heartfield‹
Inv.-Nr. 3982

413 Bertolt Brecht
›An meine Landsleute‹
Typografisches Blatt, 1950
60 × 42 cm
unbez.
Inv.-Nr. 5160

414 ›Deutsche sprechen mit Deutschen. Erster Deutscher Kulturkongreß, Leipzig, 16.–18. Mai 1951‹
Plakat
84 × 59 cm
bez. u. r.: ›Brüder Heartfield Herzfelde‹
Inv.-Nr. 1152

415 ›Wenn wir es alle nicht wollen, wird es nie sein!‹
Plakat, 1957
82 × 61 cm
bez. u. l.: ›John Heartfield‹
Inv.-Nr. 4011

416 ›Niemals wieder!‹
(1960 von Heartfield für Ausstellungen entworfen, seinerzeit *nicht* als Plakat gedruckt)
40,6 × 28,7 cm
unbez.
Inv.-Nr. 4173 (Nachdruck)

417 Juri Burjakowski
›Julius Fučik‹
Deutsches Theater, Berlin 1951
Bühnenbild ›Gestapozimmer‹
Bühnenfoto

418 – 419 Nikolai Pogodin
›Das Glockenspiel des Kreml‹
Berliner Ensemble. Gastspiel im Deutschen Theater, Berlin 1952

418 Bühnenbild ›Vor der Kremlmauer‹
Bühnenfoto

419 Bühnenbild ›Sitzungssaal‹
Bühnenfoto

420 Sean O'Casey
›Harfe und Gewehr‹
Deutsches Theater – Kammerspiele, Berlin 1954
Bühnenbild ›Stube‹
Bühnenfoto

421 – 422 David Berg
›Mutter Riba‹
Deutsches Theater – Kammerspiele, Berlin 1955

421 Bühnenbild ›Modesalon‹
Bühnenfoto

422 Bühnenbild ›Schneiderwerkstatt »Ajax-Röcke«‹
Bühnenfoto

423 – 424 Günter Weisenborn
›Die Illegalen‹
Deutsches Theater – Kammerspiele, Berlin 1961

423 Bühnenbild ›Straße‹
Bühnenfoto

424 Bühnenbild ›Dachkammer‹
Bühnenfoto

Heartfields Mitarbeit an Theaterproduktionen der Nachkriegszeit

1951 Brecht/Gorki, ›Die Mutter‹ (Berliner Ensemble): Fotoprojektionen und Film, Plakat
1951 Burjakowski, ›Julius Fučik‹ (Deutsches Theater): Bühnenbild, Plakat
1951 Hauptmann, ›Biberpelz und Roter Hahn‹ (Berliner Ensemble): Plakat
1951 Kantorowicz, ›Die Verbündeten‹ (Deutsches Theater): Plakat
1952 Pogodin, ›Das Glockenspiel des Kreml‹ (Berliner Ensemble): Bühnenbild, Plakat, Programmheft
1954 O'Casey, ›Harfe und Gewehr‹ (Deutsches Theater): Bühnenbild und Kostüme
1954 Becher, ›Winterschlacht‹ (Berliner Ensemble): Plakat
1954 Shakespeare, ›Hamlet‹ (Neues Theater in der Skala Wien): Bühnenbild
1954 Maltz, ›Hotelboy Ed Martin‹ (Deutsches Theater): Plakat und Programmheft
1955 Berg, ›Mutter Riba‹ (Deutsches Theater): Bühnenbild, Kostüme, Programmheft
1955 Holz, ›Sozialaristokraten‹ (Deutsches Theater): Bühnenbild, Kostüme, Plakat, Programmheft
1956 Sternheim, ›Bürger Schippel‹ (Deutsches Theater; gelangte nicht zur Aufführung): Plakatentwurf
1956 Wilde, ›Bunbury‹ (Deutsches Theater): Programmheft
1956 Brecht, ›Die Tage der Kommune‹ (Städtische Theater Karl-Marx-Stadt): Plakat
1957 Roblès, ›Montserrat‹ (Deutsches Theater): Plakat
1957 Shaw, ›Brooklyn-Ballade‹ (Deutsches Theater): Bühnenbild
1959 Wolf, ›Professor Mamlock‹ (Deutsches Theater): Zwischentitel und Projektionsmontagen
1961 Weisenborn, ›Die Illegalen‹ (Deutsches Theater): Bühnenbild, Plakat, Programmheft
1962 Pogodin, ›Mein Freund‹ (Volksbühne): Plakat
1966 Majakowski, ›Lenin Poem‹ (Volksbühne): Bühnenbild (gemeinsam mit Eddy Fischer), Plakat, Programmheft
1966 Hochhuth, ›Der Stellvertreter‹ (Deutsches Theater): Plakat
1968 Sternheim, ›Die Kassette‹ (Deutsches Theater): Plakatentwurf

Register

Fotonachweis

Im Auftrag der Akademie der Künste zu Berlin wurden die Farbaufnahmen zum Werk von John Heartfield von Egon Beyer, Berlin, die einfarbigen Aufnahmen im Tafelteil und in der Biografischen Dokumentation von Klaus Liebig, Leipzig, hergestellt. Die Werkreproduktionen zu John Heartfield in den Textbeiträgen und im Ausstellungsverzeichnis stammen von Bernd Kuhnert, Berlin. Alle weiteren Aufnahmen zu John Heartfield wurden dem Heartfield-Archiv der Akademie der Künste zu Berlin entnommen (von einigen Fotografien ist die Autorenschaft nicht mehr nachweisbar).

Archiv DuMont Buchverlag, Köln: S. 33, S. 42 u., S. 44 u., S. 45 o., S. 47 u., S. 48 u., S. 49 u., S. 50 o., S. 63 o., S. 278, S. 279 u.
Dawn Ades, ›Photomontage‹, Thames and Hudson, London 1976: S. 43
Friedrich Arnold (Hrg.), ›Anschläge. Politische Plakate in Deutschland 1900–1980‹, Frankfurt/Olten/Wien 1985: S. 26 u. l., S. 27 u. l., S. 358 u., S. 359, S. 362, S. 363, S. 375 u., S. 376, S. 377
›Beispiel Eisenstein‹, Katalog der Städtischen Kunsthalle Düsseldorf, 1983: S. 40, S. 41
Harald Olbrich u.a. (Hrg.), ›Sozialistische deutsche Karikatur 1948–1978‹, Berlin 1979: S. 25 o., S. 26 u. r.
Jerzy Toeplitz, ›Geschichte des Films‹, Bd. 1: 1895–1928, Henschelverlag, Berlin 1979: S. 42 l., S. 44 o.
Werner Schmalenbach, ›Kurt Schwitters‹, Köln 1984: S. 279 o.
© Berlinische Galerie, Berlin: S. 263 u., S. 264 o.
Documentation Photographique des Collections du Musée National d'Art Moderne, Paris: S. 61
© Edition Staeck, Heidelberg: S. 51 o.
Foto © 1991, The Art Institute of Chicago. Alle Rechte vorbehalten: S. 263 o.
Foto © The Museum of Modern Art, New York: S. 264 u.
Rheinisches Bildarchiv, Köln: S. 50 u.

Alle übrigen Abbildungen entstammen, sofern nicht anders ausgewiesen, den Archiven der in den Bildunterschriften erwähnten Institutionen und denen der Autoren.

Copyrightnachweis